Agrippa d'Aubigné

Les Tragiques

*Édition présentée, établie et annotée
par Frank Lestringant*

Ouvrage publié avec le concours
du Centre national du livre

Gallimard

PREFACE

A la mémoire d'André Fermigier.

I

Ceci est un livre qui brûle. L'avertissement est clairement formulé : voici, nous dit l'avis « aux lecteurs », le larcin de Prométhée, le héros tragique qui, un jour, vola le feu aux dieux et le révéla aux hommes. Ce livre est un feu qui couvait, tant qu'il était caché, et qui, maintenant qu'il est découvert, volé à son auteur et répandu à travers le monde, s'embrase à la lecture. Dans une gravure protestante du temps des guerres de Religion, on voit Calvin, Luther et les principaux Réformateurs assiégeant la ville de Rome et jetant en guise de projectiles des Bibles enflammées par-dessus les murailles. Tels apparaissent Les Tragiques *publiés en 1616 au commencement du règne de Louis XIII. Inopportun, anachronique et d'un style passé de mode, le poème est un brûlot lancé depuis le désert huguenot dans la France catholique de l'aube du Grand Siècle.*

C'est un peu comme si les guerres de Religion, de mémoire récente, avaient engendré, non pas les campagnes désolées dépeintes dans Misères, *mais le désert de la Révélation, le Sinaï aride où souffle l'Esprit brûlant, où, regrettant les aulx* et les oignons d'Egypte, le peuple de l'ancienne alliance attendit quarante années l'entrée dans la Terre promise. Le désert, « promesse des Cieux », ce désert d'élection invoqué dans la Préface en vers des Tragiques, est le lieu mental à partir duquel d'Aubigné* peut incendier la littérature de son temps.

Singulier présent, à la réflexion, que ce livre dérobé à la nuit. Les Tragiques ont décidément tout pour déplaire. Leur auteur, dont l'identité transparaît derrière l'acronyme L.B.D.D. — Le Bouc Du Désert —, a fait l'impossible pour heurter, choquer, irriter. Peine perdue au lecteur désireux de savourer le plaisir d'une belle prosodie, l'harmonie d'une composition équilibrée aux couleurs chatoyantes, ou de goûter la cadence régulière du rythme héroïque. Bien avant Hugo, d'Aubigné a disloqué « ce grand niais d'alexandrin ». Il malmène en outre la cohérence de la phrase et de l'expression, violente la syntaxe, emporte le vers, en des suites d'enjambements forcenés, dans une déferlante prosodique, où plus rien ne retient le sens ni la rime, réduite souvent à une pure assonance.

Du jardin poétique légué par Ronsard et amoureusement cultivé par les émules de la Pléiade, bruissant d'eaux vives et noyé d'ombrages, il ne reste qu'un paysage sinistré, une terre calcinée et à jamais stérile. Animé par une rage iconoclaste, d'Aubigné transporte jusque dans le verger des Muses la guerre civile qui fait rage au-dehors, à travers toute la France des guerres de Religion. C'est avec un bel entrain qu'il saccage les parterres dessinés par lui-même dans Le Printemps, l'œuvre de jeunesse composée au temps de sa passion pour Diane Salviati, la nièce de la Cassandre de Ronsard. On

---

* Aubigné devrait s'écrire sans particule, quand il n'est précédé ni du prénom ni du titre. C'est du reste la forme que l'on rencontre constamment dans *Sa vie à ses enfants*, autobiographie rédigée à la troisième personne. Nous nous rangeons toutefois à l'usage moderne, qui, suivant Littré et Grevisse, recommande en ce cas le d' devant la voyelle initiale.

a coutume de rapprocher les deux œuvres, afin de montrer la filiation paradoxale qui unit l'une à l'autre. Mais d'Aubigné lui-même, dans la Préface *des* Tragiques, *se plaît au contraire à les opposer, à détruire en fait l'une par l'autre, pour montrer à quel point leurs esthétiques respectives jurent entre elles.*

Cet iconoclasme poétique signifie, bien plus qu'un reniement, la conversion irréversible à une esthétique de la laideur et du déplaisir. La preuve en actes en est administrée dans plusieurs tableaux du poème. Dès le seuil des Misères, le cadre traditionnel de l'églogue, ce bocage ensoleillé et fleuri où les poètes anciens venaient puiser l'inspiration, s'inverse en paysage d'horreur : les ruisselets d'argent se métamorphosent en égouts et roulent sur des lits d'ossements une eau « rouge de nos morts » (I, 59-64). Le caractère désagréable de la vision est accentué par le choc des sonorités : ce murmure liquide, qui, tout à coup, « heurte contre des os », est bien fait pour inspirer une peur révulsive au lecteur, dont les divers sens, l'ouïe, la vue, le toucher sont simultanément agressés.

La blessure que le poète inflige d'entrée de jeu à ses lecteurs, plongés dans un abîme de dégoût, jetés sans préambule face aux laideurs du monde, pourrait être l'expression d'une haine et d'une douleur inextinguibles. Cette haine universelle des autres et de soi et cette souffrance sans fond se traduisent sur le plan esthétique par le désir de détruire les harmonies de la nature et de l'art, par la volonté sadique de profaner la beauté.

Melpomène, la muse tragique invoquée au début du poème, a la bouche qui saigne, les cheveux hérissés. Elle hurle d'une voix enrouée sa douleur et jette à pleines mains son sang jusqu'aux voûtes du ciel. Cette morte vivante n'a pas sa patrie sur le Parnasse, dans les prairies sensuelles d'un éternel printemps : elle surgit, hagarde, des tombeaux fraîchement creusés. Image guère plus rassurante, la maternité cannibale que met en scène le premier livre et qui condense l'horreur *des guerres de Religion. La mère délie tendrement son enfant du berceau, le caresse et l'embrasse, mais c'est pour le déchirer aussitôt à belles dents et apaiser ainsi une faim monstrueuse. On connaît de la même manière l'allégorie de la France en mère affligée, « qui est entre ses bras de deux enfants chargée » et dont la poitrine dénudée devient champ de bataille, s'ensanglante et distille au lieu de lait un venin mortel.*

Les *Tragiques* sont ainsi remplis de bien étranges métamorphoses : tyrans « allouvis », qui quittent la table pour se ruer sur les humains à la manière de loups-garous, juges transformés en fauves parqués dans des tanières et ayant de la chair humaine entre les dents, roi travesti en courtisane à perruque et vertugadin, courtisans en chiens et en singes, le Louvre en ménagerie, le Palais de Justice en Enfer, les églises en lupanars ou en cabinets d'aisance. Les villes sont violées par leurs princes protecteurs, les sujets trahis par leurs rois, les frères par leurs frères. Plus que jamais en cette période maudite où les liens les plus sacrés sont quotidiennement bafoués, l'antique adage se vérifie : « L'homme est en proie à l'homme, un loup à son pareil » (I, 211). En réplique à ce scandale universel, de pieux huguenots profanent les sanctuaires catholiques, où ils croient reconnaître les idoles toujours debout de Bélial. Pour restaurer le sacré et renouer l'alliance perdue entre l'humanité et Dieu, il n'est que d'ajouter au désordre de nouveaux sacrilèges.

Ces transformations n'obéissent pas seulement au mécanisme rigide du « monde renversé » qui consiste à imaginer des poissons en plein ciel, des oiseaux nageants, des esclaves fouettant leurs maîtres, des mules chevauchant leurs cavaliers. Sans doute le « monde à l'envers » apparaît-il comme l'une des structures fondatrices du poème qui voit progressivement, au fil des sept livres, la victoire apparente du mal s'inverser en triomphe du bien. Dans son usage critique et satirique, le topos *du monde renversé reste d'une redoutable efficacité pour dénoncer les vices de la cour et des grands, les abus d'une justice inique et la subversion de tout ordre, de toute valeur morale. Mais il n'a pas chez d'Aubigné cette seule fonction conservatrice et, pourrait-on dire, orthopédique.*

Plus profondément, ce glissement d'une apparence à son contraire traduit jusqu'au vertige le déficit du réel. Qu'un frais ruisseau se peuple d'ossements et charrie des caillots de sang, qu'un visage radieux, comme celui du ciel aux derniers jours, se torde soudain de douleur dans un rictus d'agonie, que les rires de l'enfant se muent inévitablement en cris, les lèvres qui baisent en dents qui mordent et le corps désirable en charogne mangée des chiens trahissent l'impossibilité, ici et maintenant, d'une jouissance certaine. Tout rêve se dégrade en cauchemar, tout plaisir s'achève en douleur. Le monde, inexorablement, court à sa perte, et la conscience lucide du poète porte le deuil du paradis perdu.

On comprend dès lors que la souillure infligée ne l'est pas gratuitement ou par pure perversion. Ces glissements répétés de la beauté à l'horreur et de la quiétude à l'effroi révèlent une angoisse incoercible. A l'instar de ces soldats huguenots qui polluent les calices et brisent les autels pour, croient-ils, purifier la religion, d'Aubigné conduit à travers ces bris de figures et d'images une entreprise métaphysique de restitution. La Réforme doit se comprendre aussi en ce sens cathartique. Le retour à l'origine s'accompagne de la volonté d'en finir avec la malédiction qui frappe toute chair périssable. C'est paradoxalement pour restaurer la paix sur terre qu'il faut commencer par meurtrir, rouvrir les plaies et fouailler les corps. Par-delà l'attirance morbide pour la noirceur du mal et la délectation d'un pessimisme sans fond, l'entreprise suppose, en définitive, un optimisme proprement déraisonnable. « Comme le jour de la nuit sort », cette accumulation d'horreurs prépare l'aurore radieuse qui marquera, à la fin des temps, le retour en ce monde du Fils de l'homme. Le parcours tragique, qui déroule, de la terre fangeuse vers le ciel rayonnant, les sept cercles d'un approfondissement douloureux, aboutit au ravissement des derniers vers, à ce blanc extatique qui achève le cri dans le silence de la perte et de la plénitude.

Mais pour atteindre à cette résolution bienheureuse, il a fallu explorer chaque recoin de l'Enfer d'ici-bas. En attendant ce miracle de la fusion dans la présence divine, les Métamorphoses *qu'écrit d'Aubigné sont, comme celles d'Ovide, l'œuvre orpheline d'un exilé et d'un mort :*

> Va Livre, tu n'es que trop beau
> Pour être né dans le tombeau
> Duquel mon exil te délivre...

Nul hasard si la « Préface de l'Auteur à son livre » s'ouvre sous le signe des Tristes. *D'Aubigné répète à sa manière le chant d'Ovide, mais c'est un Ovide noir, qui s'interdirait dans sa disgrâce les consolations de la fable et du romanesque. Des récits de la mythologie antique, il ne retient que les plus brutaux et les plus monstrueux, ceux qui mettent en scène les Lycaons et les Thyestes, les seuls à s'accorder à l'univers dénaturé qu'il veut peindre. De la sorte, l'universelle métamorphose verse de mal en pis. La labilité du monde ne se résout jamais en conte, mais en tragédie, sous l'implacable lumière qui fige les gestes de l'acteur à l'instant du désespoir et de l'agonie. C'est pourquoi l'œuvre dédaigne les finesses de la psychologie, les émois de la conscience et les joliesses du style. Au lieu d'expliquer l'horreur et le caractère incompréhensible du monde par la fiction, elle dénonce le mensonge de toute littérature, la vaine illusion qu'en tire l'esprit aiguillonné par les sens, et ramène de force à l'horreur, à l'incompréhensible, au sol ingrat et dur d'une réalité qui s'impose à vous et vous repousse tout à la fois. Inutile fardeau de la terre, tel se dépeint, en une formule imitée d'Homère, le poète-soldat marchant de tuerie en tuerie ; tels nous sommes, lecteurs des* Tragiques, *retombant sans cesse des hauteurs de l'exaltation poétique à la défaite du sens, à l'anéantissement du style.*

Que l'on prenne par exemple le thème des innombrables, superbement orchestré dans un passage pivot de Princes : *c'est le sable au bord de la mer blanchissante, les étoiles émaillant une nuit claire, quand l'air est balayé « des froids soupirs de bise », les feuilles des forêts, les fleurs de la terre (II, 1061-1068). L'inventaire infini des beautés du monde cède soudain la place à une nuée de pestes et d'infections qui tombe du « ciel armé » sur la tête des humains, universellement réprouvés par la Nature. On ne peut imaginer discordance plus criante, désillusion plus subite : au lieu des beautés de la Création, l'homme n'a en jouissance que les monstres suscités par la colère de Dieu. Nous voici ramenés sans transition aux laideurs morales de la cour, aux monstres à la mode : ces hommes-femmes fardés comme des courtisanes, ces mignons en perruque et jupons, et à l'universelle prostitution qui règne ici-bas. Il faut crever l'abcès, retourner le fer dans la plaie. Baudelaire se souviendra de ces vers pour l'épigraphe de la première édition des* Fleurs du mal :

Mais le vice n'a point pour mère la science
Et la vertu n'est pas fille de l'ignorance.

Si la dégradation est inévitable, c'est que le sang se dissimule sous les mains chargées de présents, le serpent sous les fleurs, et le poison dans les mets les plus délicats. La métamorphose n'est ici que l'effet d'une sorte de double vue, qui, derrière les apparences chatoyantes, décèle l'omniprésence du mal. Telle est, sans nul doute, l'évidence première, celle qui faisait voir au Christ des « sépulcres blanchis » dans d'honnêtes pharisiens. La paroi du tombeau a beau être chaulée de frais ; un implacable et mystérieux travail de décomposition ne s'en poursuit pas moins à l'intérieur. Et la puanteur criante en monte jusqu'au ciel, irritant la face de Dieu.

II

« *Nous sommes ennuyés de livres qui enseignent, donnez-
nous-en pour émouvoir* », *nous dit encore l'imprimeur dans
son épître liminaire. Non pas que l'auteur renonce à édifier,
ou qu'il refuse d'écrire une poésie didactique et qui délivre un
message, bien au contraire. Mais le simple enseignement ne
saurait suffire, car il ne serait pas reçu d'auditeurs incrédules
et pervertis par un siècle de corruption et de mensonges. Il
faut donc réintroduire la guerre au milieu de la paix, mettre
fin à la concorde précaire qu'a su instaurer Henri IV et qui
lui survit quelque temps, et incendier la demeure poétique
qui, sous l'influence de Malherbe et de Bertaut, se projette
alors selon les lignes claires et aérées du classicisme. Autre-
ment dit, il s'agit de jeter, par le recours systématique et
raisonné à l'* « énergie », la terreur dans les lettres.*

La « *non-commune image* » *(I, 65) qui résulte de cette
esthétique terroriste relève d'un montage onirique. L'énergie
— au double sens de violence rhétorique (*energeia*) et d'effet
descriptif qui projette devant les yeux du lecteur ce qui est
suggéré par le discours (*enargeia*) — se situe, comme l'inspira-
tion même de l'orateur selon Quintilien, au confluent de la
volonté et du rêve. C'est le fruit de l'enthousiasme du poète
inspiré, mais aussi de sa maîtrise technique. Non seulement la
spontanéité apparente du style de d'Aubigné, ce négligé qui
atteint délibérément au chaotique, mais aussi la* « *contrainte
du vrai* » *partout présente dans* Les Tragiques *ressortissent,
de toute évidence, à ce principe mixte de l'énargie, qui fait
concourir l'inconscient aux desseins réfléchis de la volonté, au
risque de la submersion et de l'inachèvement.*

*Ce n'est pas la vraisemblance des images décrites qui
incitera le lecteur à les* « *accueillir dans son esprit* », *mais leur
impact affectif, autrement dit leur vérité criante. La disparate
est donc requise, la faute de goût bienvenue. D'Aubigné
oppose lui-même le vraisemblable doux, c'est-à-dire une*

*vérité assujettie aux lois conjuguées de la raison et du plaisir,
à la vérité nue et sanglante, cette vérité exilée qu'évoquent
encore* Misères *(I, 694) et* Princes *(II, 162-164) : « bannie, /
Meurtrie et déchirée, ... aux prisons, aux fers », ou bien
égarant « ses pas parmi les lieux déserts ». La vérité, que l'on
considère depuis Aristote comme le ressort de l'histoire, alors
que le vraisemblable préside à la poésie et plus généralement
à la fiction littéraire, devient ici, par le recours à l'énergie, le
principe d'une poésie hallucinée, plus véridique que la réalité
même.*

*Plus encore que l'ancienne rhétorique et allant dans le
même sens qu'elle, il y a l'injonction prophétique, nourrie de
la Bible et s'exprimant sans cesse à travers elle : « Ne chante
que de Dieu » (V, 1425). Pour ce faire, il faut se plier à la
dictée de l'Esprit qui bouleverse syntaxe et prosodie. La
parole chaotique du prophète est une parole contrainte,
précipitée, tout entière placée dans la dépendance de la voix
transcendante qui l'inspire. Dans l'urgence de cette écriture
sous la dictée de l'Esprit, les mots viennent comme ils
peuvent, tombent en avalanche, se heurtent dans un désordre
et une cacophonie qui témoignent de l'étrangeté radicale de
leur origine. Ce chant venu d'ailleurs a pour règle l'inconve-
nance, pour registre l'excès et pour fin l'abolition du sujet
parlant, simple organe à la voix céleste qui s'exprime à
travers lui.*

Le paradoxe est alors que le plus lyrique dans Les
Tragiques *est aussi le plus impersonnel : le verbe poétique
emprunte la « langue de Canaan », ce mot à mot de la Bible,
pour atteindre à l'intensité suprême. A deux reprises, dans les
dernières stances de* La Chambre dorée *puis au terme de*
Jugement, *le poète est soudain frappé de mutisme. Le relève
une première fois David, dont la harpe résonne contre les
nouveaux juges, plus iniques que les anciens. C'est la voix
même du psalmiste qui confère à la péroraison son acmé
rhétorique. Ce lyrisme sacré s'inscrit dans l'acte liturgique
d'une répétition. Le « je » poétique reprend au mot près, pour*

*l'adapter à une situation inédite, le chant antérieur du roi
musicien :*

> Oyez David ému sur des juges plus doux ;
> Ce qu'il dit à ceux-là nous l'adressons à vous
> (III, 1009-1010).

*Ce « nous », décidément, est un autre. En cette profération
ultime, le poète fait l'expérience d'une dépossession. Le
lyrisme n'a plus rien ici d'une confidence ou d'une effusion
subjective. Avant de connaître, au finale, l'extase fusionnelle
« au giron de son Dieu » (VII, 1218), le « je » s'abolit une
première fois dans la figure antérieure de David, lui-même
instrument prophétique d'une voix qui le possède et chante
par lui. De cet élan lyrique du style, dans lequel aucun sujet
particulier n'est engagé désormais, procède l'emportement du
poème, frappant dans l'attaque abrupte et dans le couronne-
ment de chaque livre. La prière pour la vengeance qui s'élève
au faîte de* Misères, *la descente de Dieu sur terre en
ouverture de* La Chambre dorée, *l'imprécation contre les
mauvais juges à la fin du même livre, l'appel à la venue du
Seigneur aux premiers vers de* Jugement, *autant de para-
phrases des Psaumes qui scandent le chant tragique et
consomment, d'une stase lyrique à la suivante, une perte
progressive d'identité, annonciatrice de la pâmoison finale.*

*Il est malaisé de dire ce qui chez d'Aubigné prévaut, de
l'orgueil démesuré de celui qui écrit des grands de ce monde
qu'il aime mieux leur Etat que sa vie à l'envers, et qui,
nouveau David, frappe au front le vice-Goliath, ou de
l'humilité du poète indigne et balbutiant qui retombe en
enfance, pour réapprendre à parler sous la dictée de l'ange.
Les deux figures, qui se répondent selon une parfaite symétrie
du seuil des Princes au seuil de Vengeances, sont en vérité
moins contradictoires qu'il n'y paraît. David, en qui s'incar-
nent les vertus de jeunesse et d'innocence, ne vainc Goliath
qu'en raison de sa faiblesse même : c'est Dieu qui l'accom-*

*pagne et l'emplit de sa force, guide sa fronde et sa main. De
même la royauté du poète, thème que d'Aubigné a hérité de
Ronsard, ne lui vient ni de race ni de naissance, moins encore
de ses mérites. Elle est un don provisoire, un dépôt éphémère
qui lui sera retiré à la moindre révolte. C'est donc tout à la
fois dans le plus complet dénuement et paré de la splendeur la
plus manifeste que d'Aubigné aligne les sept piliers de son
édifice.*

*Il y a aussi, de l'orgueil à l'humilité, la succession de tâches
complémentaires et l'alternance de lieux scénographiques
bien distincts. Dans* Princes, *c'est un nouveau Juvénal qui se
lève, prêt à pourfendre les vices de son siècle, résolu à percer
l'écorce des apparences pour fouiller les purulences qu'elle
recouvre. La scène est sur terre, dans le champ clos d'une
société humaine où la violence de l'invective apparaît comme
le seul remède à l'hypocrisie. En revanche dans* Vengeances *se
poursuit l'ascension qui, loin d'une terre abandonnée au mal
et promise à la destruction, va conduire l'initié à considérer
face à face la gloire de Dieu. Ce n'est plus le satirique qui
parle en son nom, ou investi par la collectivité d'une mission
de salut public, mais l'élu empli d'un feu qui l'envahit et le
porte. La langue devient « langue de flamme », impétueuse,
incohérente, mystique. Elle abonde en énigmes, en oxymores,
qui renvoient à une réalité inexprimable. Au terme des
vengeances de Dieu et de son Jugement dernier, l'action de
grâces se mue en chant de l'imminence divine. Alors, à la
limite extrême où le cantique confine au silence, d'Aubigné
trouve des accents qui apparentent sa voix à celle des
mystiques espagnols du Siècle d'Or, les Jean de la Croix, les
Thérèse d'Avila, ses contemporains :*

Mes sens n'ont plus de sens, l'esprit de moi s'envole,
Le cœur ravi se tait, ma bouche est sans parole :
Tout meurt, l'âme s'enfuit, et reprenant son lieu
Extatique se pâme au giron de son Dieu

(VII, 1215-1218).

III

Comme le laissait prévoir l'Imprimeur-Prométhée, le feu joue un rôle clef dans Les Tragiques. Des quatre éléments, c'est le plus volatil et le plus pur, celui qui, s'élevant du bas monde jusqu'à l'empyrée, assure la liaison ascendante de la terre vers le ciel. Aussi le feu se propage-t-il de seuil en seuil au fil du poème, tour à tour destructeur et rédempteur. Une même ligne de feu parcourt le front des sept livres, de Misères à Jugement. Les « feux d'aigre humeur arrosés » dont Annibal découpe les Alpes pour s'y ouvrir un passage (I, 3) se prolongent dans les « traits de la vive lumière » dont s'arme le poète, au début de Princes, pour « crever » le serpent Pithon (II, 1). Le palais de flammes où trône l'Eternité resplendissante (III, 1) appelle, au livre suivant, l'entrée triomphale, « par la porte dorée », dans Jérusalem reconquise, des martyrs vainqueurs blanchis aux flammes des bûchers (IV, 1-14). Au début des Fers le retour de Dieu, « grand soleil du monde » (V, 28) dans son palais de lumière, a pour écho différé, dans Vengeances, l'invocation au « Soleil » de l'univers, pour que son feu descende sur l'holocauste du poète (VI, 12). Jugement s'ouvre par une invocation à l'Eternel tirée du Psaume CLXIV pour qu'il frappe les monts cornus et les fasse « fumer et fendre » (VII, 2). Ce feu encore contenu, qui couve et tarde à éclater, irradie progressivement la scène des derniers jours, « l'œil du ciel » embrasant dans l'extase suprême l'âme du poète évanoui.

L'omniprésence du feu au septuple seuil des Tragiques accompagne l'omniprésence de Dieu — un Dieu d'abord caché, un Dieu lointain longtemps réduit au rôle de spectateur indigné ou compatissant, un Dieu terrible et justicier dont l'action donne toute sa mesure dans les deux derniers livres, quand le sens de l'Histoire devient irréversible et que le monde désemparé roule vers l'ekpyrose, où il sera consumé, avant de renaître de ses cendres, rajeuni et purifié. De

Misères *à* Princes *le feu est projeté en lumière rasante, à fleur de terre. Ce n'est pas la clarté venue d'en haut, mais une lumière déléguée en quelque sorte, qui agit latéralement dans l'espace terrestre, découpant les Alpes au vinaigre, crevant dans sa tanière l'enflé Pithon. Ce feu, dont le conquérant et le poète sont les dépositaires, traduit l'effort prométhéen d'une transgression. Le déchirement qui en résulte révèle une vérité interdite, jusque-là enveloppée de ténèbres. Par l'éclat emprunté qu'il a dérobé au foyer divin, le héraut, tout empli d'ardeur prophétique, met au jour dans le monde l'évidence du scandale qui s'y dissimulait.*

Avec le prologue de La Chambre dorée *s'amorce une remontée au ciel, qui sera confirmée au début de chacun des livres suivants,* Les Feux *et* Les Fers. *L'ouverture des* Fers *répète assez exactement celle de* La Chambre dorée : *le « palais flamboyant », dressé d'emblée avec son faste solaire et ses cohortes d'anges, se confond avec le « palais d'ivoire » où siège la divinité et dans la description duquel se mêlent des souvenirs de l'Apocalypse et d'Ovide (V, 26). Le parallélisme qui relie les livres III et V par-delà l'intervalle des* Feux, *le brasier central du poème, se retrouve plus loin entre* Vengeances *et* Jugement. *Les deux derniers livres s'ouvrent par des invocations en écho : prière pour l'embrasement de l'offrande propitiatoire au commencement de* Vengeances ; *appel dans* Jugement *à la prompte descente du feu céleste sur les monts cornus et l'orgueil des tyrans.*

Au centre de l'œuvre, le feu dévorant occupe tout un livre et lui donne son nom. Le livre des Feux, *« d'un style tragique moyen », est comme l'épicentre du poème, le premier sommet, avant la vision céleste des* Fers *et l'apothéose de* Jugement, *d'un parcours ascensionnel plusieurs fois contrarié et marqué d'abandons, de « révoltes » et de chutes. Dans la ligne en dents de scie que dessinent* Les Tragiques, Les Feux *représentent un premier point de contact entre l'humanité aveugle et Dieu rayonnant. Le monde, au demeurant, ne cesse d'empirer. Le mal partout prospère. Après le tableau des*

Misères, *qui peignait sur le modèle du monde renversé la France déchirée et meurtrie des guerres de Religion, il y a eu la satire véhémente des* Princes et des juges *de* La Chambre dorée, *doublement responsables du malheur public. Vient alors, conséquence d'une justice inique, la floraison des bûchers où meurent les témoins du Christ. Le désordre s'accroît, l'horreur monte d'un cran, avec le détail insoutenable de supplices prolongés des heures, des jours durant. Mais le nœud tragique n'est pas noué. La saison pire est encore à venir, celle des* Fers *consumés de rouillure, lorsque le sens du combat s'obscurcit et que les témoins font défaut ou périssent dans l'anonymat des batailles et des massacres, à Jarnac et Moncontour en 1569, lors de la Saint-Barthélemy le 24 août 1572. Avant l'épreuve cruciale,* Les Feux *représentent la pause ultime dans la gradation du mal. C'est le répit inespéré que Dieu concède à l'humanité souffrante, la preuve d'amour qui permettra aux justes d'affronter dans l'espérance la crise ultime, quand la nuit viendra et que leur cause aura perdu toute signification apparente.*

Le bûcher flamboyant des martyrs permet une première fois le passage de la terre au ciel. La clarté ardente qui monte de leurs corps troue le couvercle de ténèbres qui enserre le monde et ouvre une échappée sur l'au-delà. L'air tonne, le ciel se déchire, les éléments s'unissent à la souffrance des justes. A l'instar du Christ couronné d'épines et mourant sur la croix, les triomphants martyrs ne sont vaincus qu'en apparence. « La conformité de Christ, dira d'Aubigné dans une lettre où il cite le livre des Feux, rend l'Eglise amoureuse des Martyrs, pource qu'elle voit en eux les lignes et les couleurs qui sont embrasées d'éternelles amours. » Leur mort sereine au milieu des tourments, les paroles de foi qu'ils prononcent à l'instant suprême, quand un feu bien réel embrase leurs poumons et s'échappe de leurs lèvres tuméfiées, rétablissent les certitudes ébranlées, ressoudent en un seul corps mystique la communauté dispersée et font comme si, l'espace d'un éblouissement, le règne de Dieu était advenu *sur la terre. De plus, la sublimation de leurs corps dans les flammes qui montent vers le ciel, avec accompagnement de foudre et d'éclairs, manifeste très concrètement cette ascension générale qui entraîne la chaîne des sept livres jusqu'à l'extase dernière de* Jugement.

D'Aubigné a rêvé pour lui-même d'un tel témoignage. Non seulement sa bouche véhémente, mais son corps tout entier deviendrait torche ardente, expression tangible d'un zèle brûlant. Le bûcher qu'il imagine pour son élévation suprême a la forme d'une pyramide ou d'une échelle, qui s'appuie sur la terre et touche au ciel. Pyramide dont l'étymologie, croit-il, remonte au feu, au grec pyr, pyros; échelle bienheureuse de Jacob, dont les échelons sont de flammes et qui conduiraient son corps là où déjà volent ses désirs, au trône de l'Eternel, pour régner et triompher dans la compagnie des anges.

Le plus extraordinaire peut-être est qu'un tel vœu est formulé, non pas dans une méditation lyrique, mais en conclusion d'un traité politique, où il est question Du devoir mutuel des Rois et des sujets. *Il y aurait donc chez d'Aubigné une politique du martyre. Quand le pacte est rompu entre le prince et ses sujets et qu'il n'existe plus d'issue au malheur du monde, il reste l'évasion par l'échelle brûlante, l'ascension par la pyramide de flammes. Cette politique n'est pas une politique du pire : c'est au contraire la manifestation la plus éclatante de la liberté chrétienne. Dans cette exaltation par la foi qui embrase et soulève, le croyant n'est plus que lumière. Sa présence, à l'instant du sacrifice, irradie, renouvelant aux yeux du monde les miracles conjugués de la Passion et de la Pentecôte.*

Seulement, à l'heure tardive où d'Aubigné souscrivait cet engagement, dans les premières années du règne de Louis XIII, le temps n'était plus au martyre. En cette arrière-saison des guerres de Religion, il appartenait au livre de prendre la place du témoin et de dire pour lui, en traits de feu, de quelle menace mortelle est empreinte la profession de la vérité. C'est ainsi que d'Aubigné, par la littérature, donnait procuration. On ne brûla pas l'auteur des Tragiques, *mais les écrits sortis de sa plume.*

IV

De toute évidence, l'univers tourmenté des Tragiques *n'obéit pas seulement à des prescriptions d'ordre stylistique ou à un programme littéraire une fois adopté et scolairement suivi. Il répond à la contrainte du réel, et, plus souterrainement, aux injonctions contradictoires d'une vie particulièrement féconde en heurts, en traumatismes et en déchirements. D'emblée cette vie est hantée par la mort. Le baptême de sang qui accueille sur terre le jeune Théodore-Agrippa lui vaut son second prénom : aegre partus, celui qui a été engendré dans la douleur. Cette naissance difficile, le 8 février 1552, cause la mort de sa mère. Le père en a décidé ainsi, après que les médecins lui eurent proposé « le choix de mort pour la mère, ou pour l'enfant ». Il en résultera plus tard le rêve étrange d'une femme blanche et froide penchée sur son lit, et l'embrassant, et peut-être l'obsession de la mère sanglante et déchirée qui hante* Les Tragiques *sous les figures contrastées de la femme humiliée et meurtrie, et de la mère dévoreuse de ses propres enfants (I, 89-120 et 499-542).*

Cependant ce mythe personnel va de pair avec une réussite sociale indéniable, quoique entravée à plusieurs reprises. La conscience de d'Aubigné est indiscutablement tragique. Mais dans le temps même où il se débat avec cette obsession de mort, nous voyons ce roturier porté par un mouvement d'ascension irrésistible, qui est celui de son groupe et de sa classe. Par son père, Jean d'Aubigné, Théodore-Agrippa appartient à une famille de tanneurs-cordonniers de Loudun, dont il parviendra à faire oublier le souvenir peu flatteur. Par sa mère, Catherine de L'Estang, ce « bourgeois-gentil-homme » accède par une voie détournée à la petite noblesse.

Son père, qui s'est progressivement élevé de la condition de domestique et secrétaire à celle de juge à Pons en Saintonge, lui fait donner dès son plus jeune âge une éducation de « noble » et d'humaniste : à six ans, à l'en croire, Agrippa « lisait aux quatre langues », français, latin, grec, hébreu ; à sept, il aurait traduit le Criton *de Platon, « sur la promesse du père qu'il le ferait imprimer avec l'effigie enfantine au devant du livre ». Le modèle philosophique n'est pas indifférent : en traduisant un dialogue où Socrate s'avance au-devant d'une mort librement consentie et lucidement acceptée, par obéissance aux lois, d'Aubigné se trouve à nouveau confronté au choix de mort, une fois de plus par la volonté paternelle. Placé en 1562 sous la férule du savant Matthieu Béroald, il approfondit sa connaissance des humanités et grandit dans les principes de la Réforme calviniste.*

Bientôt les horreurs de la guerre vont traverser une enfance précocement studieuse. Dès 1560, Agrippa est voué par son père à la défense de la Cause devant le spectacle des décapités d'Amboise. Les têtes des conjurés, dira-t-il plus tard dans Sa vie à ses enfants, *étaient encore reconnaissables sur un bout de potence. Le père se désole, s'exclame au milieu de la foule d'un jour de foire : « Ils ont décapité la France, les bourreaux », et suivi du garçon âgé de huit ans, pique des deux pour échapper aux réactions hostiles. Auparavant il lui a fait jurer devant tous de « venger ces chefs pleins d'honneur », le menaçant de sa malédiction s'il ne s'y emploie. Contradictoirement, le père qui, par le truchement de Socrate, recommandait l'obéissance aux lois civiles, exige à présent la révolte.*

De la tension résultant de ces deux impératifs antagonistes, le devoir de soumission envers les autorités et le devoir de révolte, non moins pressant, non moins vital pour la minorité réformée, découle pour le jeune d'Aubigné une instabilité tragique qui hantera sa vie et son œuvre. En attendant, les péripéties se multiplient, les traverses achèvent d'embrouiller les lignes de ce destin singulier. Dans Orléans assiégée où

Jean d'Aubigné commande en second (1563), Agrippa dédaigne l'étude et se mêle aux soldats des tranchées. Lorsque, peu après, son père meurt des suites de ses blessures, l'orphelin est chassé de la maison paternelle. Dès lors, il poursuit à Paris, Genève, où il a pour maître Théodore de Bèze, et Lyon, des études chaotiques, interrompues par des fugues, la tentation du suicide et des rencontres douteuses. A seize ans, il prend les armes, se distingue sous les drapeaux du prince de Condé (1568), avant de devenir le compagnon fidèle et intransigeant d'Henri de Navarre. Sa carrière au service du parti protestant semble toute tracée.

Mais à partir de 1572 — l'année de la Saint-Barthélemy est celle de ses vingt ans — s'ouvre une assez longue parenthèse dans un destin qui se voudrait exemplaire et que l'autobiographie a quelque peu retouché. C'est la période de sa vie que d'Aubigné évoquera par la suite comme « un printemps de péchés » (Les Tragiques, VI, 34). Il échappe fortuitement au massacre où périssent plusieurs milliers de ses coreligionnaires : ayant blessé un sergent qui voulait l'empêcher de servir de second dans un duel, « près la place Maubert », il doit quitter Paris trois jours avant le déclenchement de la grande boucherie. Peu reconnaissant envers la Providence de cette sortie miraculeuse, il songe encore et d'abord à ses amours. Fort épris de Diane Salviati, nièce de l'immortelle Cassandre, et repoussé par la famille de celle-ci comme étant d'extraction incertaine, il se précipite pour mourir entre ses bras, après qu'il est grièvement blessé à l'automne de 1572 dans une embuscade en Beauce. En cette triste saison des Saint-Barthélemy, la vie, décidément, prend des allures de roman courtois. D'Aubigné galopant à bride abattue jusqu'au château de Talcy pour exhaler aux pieds de sa dame les derniers soupirs rappelle Lancelot blessé courant dans le lit de sa dame et y laissant trace de sang. Remis de ses blessures, mais non de son chagrin, il rejoint Henri de Navarre prisonnier de la cour à Paris (août 1573) et, durant près de trois années, il partage l'existence oisive et passablement débauchée des « Princes » qu'il évoquera au second livre des Tragiques. *Sans doute s'agit-il d'organiser l'évasion du futur Henri IV, qui ne réussira qu'en février 1576, mais en attendant, le jeune huguenot est en fort bons termes avec Henri de Guise, ennemi juré des siens, et il participe de bon cœur aux bals, joutes, mascarades qui égaient l'automne tumultueux de la dynastie des Valois. Bien plus, il fait partie en 1574 de l'armée catholique qui combat en Normandie le comte de Montgomery, l'un des rares chefs huguenots en mesure de poursuivre la résistance et qui, une fois vaincu et fait prisonnier, sera supplicié la même année.*

Est-ce un écho inconscient qu'il faut percevoir dans l'extraordinaire prophétie du début de Jugement, qui vise incidemment un indigne héritier des Bourbons ? Les pères se lèveront de leurs tombeaux, hâves et formidables. On verra le sang coller leurs cheveux blancs en touffes hirsutes. Ils saisiront les mains de leurs fils dégénérés, pour leur adresser la plus terrible des malédictions. Reprochant leurs trahisons, leur familiarité avec les bourreaux, leur honteuse et lâche servitude, ils leur ordonneront de les venger et de mourir. Qu'ils se meurtrissent de coups et se défigurent, à l'exemple de l'esclave romain fidèle à son maître, et connaissent enfin une mort digne de leur sang (VII, 111-134) ! On pense à un drame célèbre composé dans le même temps que Les Tragiques : le spectre qui s'adresse à Hamlet sur la plate-forme d'Elseneur ne prononce pas un ordre plus effroyable.

Le père d'Hamlet inspirait l'effroi aux sentinelles, et à son fils un désespoir qui prenait dès cet instant les couleurs d'une folie réelle ou simulée, on ne sait trop. Ceux que met en scène d'Aubigné sont plus terrifiants encore. Cette armée des ténèbres incarne une génération héroïque, les premiers défenseurs de la Cause qui ont refusé toute compromission avec la tyrannie et ont presque toujours payé de leur vie un militantisme sans faille et sans état d'âme. Mais voici que les temps ont changé. Sans aller jusqu'à boire la honte de ce Bourbon dévoyé qui sert à la messe, relève le bas de la *chasuble du prêtre et rince les burettes, d'Aubigné se trouve lui-même confronté à une période indécise et trouble, entre chien et loup. A l'été flamboyant des martyrs sans peur et sans reproche, cette chevalerie des Feux montée à la vue de tous dans la gloire de Dieu, succède l'ère ténébreuse des Fers, quand, refusant de mourir sur les bûchers ou hésitant même à livrer bataille, les huguenots traitent avec l'ennemi, pactisent avec le diable, se compromettent avec l'idolâtrie. D'Aubigné n'a pas toujours eu la force de la révolte et du sacrilège. Aurait-il été capable, comme ces grands aînés lui en montrent l'exemple, de profaner les églises, de souiller de ses excréments les lieux saints et de fouler aux pieds l'« idole » du saint sacrement ? Rien n'est moins sûr : il sent profondément en lui l'impuissance commune à l'époque, cette faiblesse inhérente à une génération de fils collectivement indignes de succéder à leurs pères : le glorieux connétable de Bourbon, vainqueur de Rome assiégée, les Condé, les Coligny, voire les Jean d'Aubigné. Dans la confession en règle qui ouvre le livre des* Vengeances, *le poète n'a pas de mots assez durs envers lui-même pour dénoncer ses lâchetés, ses fuites continuelles, la hantise du parjure. Il faudra, pour le ramener dans le chemin escarpé de l'impossible devoir, toute la puissance supérieure de Dieu, ce Père infiniment pitoyable, qui le fera mourir et revivre, à l'instar du prophète Jonas jeté à la mer, noyé dans les tempêtes du monde, avant d'être avalé par le poisson puis recraché après trois jours. Remonté des « abîmes creux », ressuscité d'entre les morts, il aura enfin la force de témoigner.* Les Tragiques *seront le fruit tardif de cette injonction répétée et longtemps restée lettre morte.*

Le serment d'Amboise n'a donc pas suffi, pas plus que l'agonie de Talcy, cette impulsion première sans effet immédiat. Dans la destinée d'Agrippa d'Aubigné, l'accroc n'est réparé qu'en 1577, à l'occasion d'une seconde blessure grave reçue au combat à Casteljaloux. C'est alors que, retrouvant la mort en face, il dicte, « étant au lit de ses blessures », les premières « clauses » des Tragiques. *Dans l'œuvre achevée,*

*Casteljaloux se confond avec Talcy et le choc de l'inspiration
initiale remonte au moment de la première agonie. Se dessine
alors dans tous ses détails la « vision d'où est sorti le livre » :
pendant que, « sanglant et blême », son corps abandonné gît
sur une table, couvert d'un drap en guise de suaire, l'esprit du
poète est transporté, sept heures durant, dans les régions
célestes, où les anges déroulent pour lui sur la voûte étoilée les
secrets de l'histoire universelle.*

V

Les Tragiques *deviennent dès lors l'œuvre d'une vie. Leur
composition, de 1577 à 1616, s'échelonne sur près de quarante
années d'une existence partagée entre la guerre, jusqu'en
1598, et une paix précaire, obstinément dénoncée comme
mensongère et mortelle, une paix traîtresse qui profiterait
exclusivement aux jésuites et à la Contre-Réforme catholi-
que. De la vraie guerre à la « fausse paix », le poème s'est
développé par strates successives, ce qui explique un mode de
composition non point linéaire, mais concentrique et feuilleté.
Dans la structure septénaire du chant d'apocalypse, la menue
monnaie des circonstances récentes est venue se déposer.*

*C'est parce que l'histoire se répète que la spirale des
Tragiques peut ainsi s'enrouler sur elle-même. Trois grandes
époques scandent le déroulement de l'histoire universelle : la
geste du peuple hébreu au désert où fut conclue l'ancienne
Alliance ; le temps béni de la primitive Église, des apôtres du
Christ à la gloire sanglante des martyrs ; l'âge déclinant de
l'Église avec l'ultime vague de persécutions déclenchée contre
les chrétiens réformés, prélude aux derniers jours. Chaque
époque est préfiguration de la suivante : le peuple élu de
l'Ancien Testament a passé le relais à l'assemblée universelle
des premiers chrétiens, celle-ci se résorbant à la veille du
Jugement dans l'Église minoritaire des justes persécutés. Au
niveau inférieur chacune de ces époques se déroule selon un*

cycle analogue : de l'aurore à la décadence et du printemps à l'automne. D'une génération à l'autre enfin, les mêmes figures reviennent : la régence de Marie de Médicis, période de troubles et de contre-offensive religieuse, répète celle de Catherine de Médicis, une autre Florentine, pareillement acharnée contre la singularité politique et confessionnelle des huguenots. Louis XIII, l'enfant-roi, rappelle les précédents fâcheux de François II et de Charles IX. Les trêves traîtresses conclues avec la Régente sont aussi lourdes de menaces que la paix de Saint-Germain d'où, après deux ans, est sortie tout armée la Saint-Barthélemy.

Quant à Henri IV, David déchu en Saül, roi-prophète mué après son abjuration en « hypocrite bigot » (II, 985), c'est la figure clef qui permet d'articuler entre elles ces périodes contrastées. Beaucoup de traits qui, de Princes à Vengeances, visent le « tyran », antithèse du roi juste, ne concernent pas, comme on s'y attendrait, le dernier des Valois, nommé comme lui Henri et s'entourant d'une cour de flatteurs et de dévots. Le bon roi Henri, ainsi qu'on l'appellera bientôt, est enveloppé par d'Aubigné dans les philippiques qui stigmatisent l'ingratitude, l'hypocrisie et le souverain égoïsme du roi oublieux de ses devoirs envers ses sujets. Cette hargne et cet acharnement, dont la violence peut surprendre après l'assassinat de 1610, sont à la mesure des espérances que le parti protestant avait longtemps placées dans l'Oint d'Israël. A Coutras, à Arques, à Ivry, des combats surhumains avaient été livrés par les soldats à l'écharpe blanche, inférieurs en nombre et mal équipés. Annoncée par le chant des Psaumes entonné au début de la bataille, la victoire remportée contre toute espérance humaine avait été saluée à chaque fois comme le signe du triomphe prochain de la vraie Religion. Or en dépit de ces gages indubitables du Ciel, Henri, par politique, s'est rallié à ses ennemis et à la Contre-Réforme.

La fin de la carrière de d'Aubigné se déroule sous le signe de cette chance historique manquée. La seconde conversion

du roi au catholicisme en 1593 et son abjuration à Saint-
Denis le dimanche 25 juillet sonnent le glas du rêve politique
des protestants. Il n'y aura jamais en France de prince
réformé sur le trône. Le sacre de Chartres l'année suivante et
plus tard les cérémonies de l'absolution à Rome, par per-
sonnes interposées, où l'on voit « la pantoufle crotter les lys de
la couronne », ajoutent l'opprobre à la trahison.

Jusqu'au bout d'Aubigné aura tenté de détourner celui qui
fut son compagnon d'armes de ce fatal dessein. A l'exception
de brouilles passagères suivies de retraites qu'il met à profit,
notamment en 1578-1579, pour la rédaction de son grand
poème, d'Aubigné ne déposera l'épée qu'après l'abjuration
du roi. Retiré dans sa forteresse de Maillezais en Vendée, il
poursuit par l'écrit le combat en faveur de la Cause : c'est la
publication, après la mort d'Henri IV, des Tragiques (1616),
de l'Histoire universelle (1618, 1619 et 1620), des Avantures
du baron de Faeneste (1619). Compromis dans la conspira-
tion contre le duc de Luynes, le favori de Louis XIII (1620),
il se réfugie à Genève, où il s'occupe des fortifications de la
ville. Veuf de Suzanne de Lezay, qu'il avait épousée en 1583,
il se remarie alors avec la riche Renée Burlamachi, la sage et
pieuse confidente des dernières années. Avant de mourir, le 9
mai 1630, au terme d'un « hiver » malgré tout serein, dont
témoignent les poésies religieuses et les Méditations sur les
Psaumes réunies dans les Petites Œuvres mêlées qui parais-
sent l'année même de sa mort, il voit son fils Constant, le père
de la future Mme de Maintenon, se révolter contre lui, et il
assiste, avec le siège et la capitulation de La Rochelle (1628), à
la défaite du parti qu'il avait servi, ferme parmi les
« Fermes », par la plume et par l'épée.

Sans l'échec politique qui se cristallise au moment de
l'abjuration de 1593 et se confirme lors de l'assassinat du roi
en 1610, il est probable que Les Tragiques n'auraient pas vu
le jour sous cette forme. Il est même possible que le poème fût
resté dans les cartons de l'écrivain, rangé à côté du Prin-
temps, qui attendra, pour être imprimé, trois cents ans et la

sagacité de la critique érudite du siècle dernier. Lorsqu'ils sont enfin publiés, Henri IV est mort. La prophétie que lui aurait adressée d'Aubigné, après l'attentat de Châtel qui l'avait blessé une première fois à la bouche, s'est réalisée : « Sire, vous n'avez encore renoncé Dieu que des lèvres, il s'est contenté de les percer ; mais quand vous le renoncerez de cœur, il vous percera le cœur. » L'animosité longtemps gardée envers le prince renégat se teinte à présent d'une immense commisération. Dans le souvenir du roi défunt se condensent les espoirs et les déceptions passés, mais aussi toutes les nostalgies de l'Histoire. Une autre issue était possible, que le Ciel n'a pas agréée.

Sous la forme d'un avis de l'Imprimeur au Lecteur, jeté sur le marbre à la dernière minute, nous est-il dit, pour emplir un feuillet vide, mais présenté plus loin comme le « couronnement du Livre », d'Aubigné a inséré à la suite des Tragiques un panégyrique de « Henri Quatrième, très auguste, très victorieux ». Tout en fixant pour la postérité les traits légendaires du défunt roi, de l'enfance béarnaise à la reconstruction de l'Etat et au retour de la paix, d'Aubigné brosse le portrait du monarque modèle. Celui-ci est dépeint comme un restaurateur, rappelé en même temps à son devoir de vigilance. La paix véritable dont il est le garant n'est que le terme et la récompense des « tourmentes » essuyées auparavant, non pas le fruit de l'illusoire et fausse Pax Romana prônée par les jésuites. Il doit allier la magnanimité à la vertu de prudence et savoir user de largesse envers ses amis, de clémence envers ses ennemis. Le roi juste, inaccessible aux flatteurs et généreux envers ses fidèles serviteurs, est une figure d'utopie bien conforme au cœur de d'Aubigné.

Le huguenot au parler franc, à la raideur qui sent son « vieux style », a un peu joué auprès d'Henri IV le rôle de Kent, le vassal du roi Lear, obstinément fidèle au prince qui l'a honteusement exilé. Aussi, homme de guerre avant tout et compagnon des jours difficiles, d'Aubigné se refuse-t-il à peindre son maître en souverain pacifique, pour ne voir en lui *que le roi combattant. Les années de paix du règne, où s'exerce sans contrepartie l'influence maligne des « pilotes d'eau douce », sont funestes à ses yeux, à la différence de la guerre victorieuse où jouait à plein le jugement de Dieu, où se prouvait à l'évidence l'élection du Prince — et dans l'ombre de celui-ci, la sienne propre.*

Par cette pièce ajoutée au sombre et flamboyant poème, d'Aubigné tente de redresser le portrait négatif qu'il a tracé du roi défunt. A ceux qui, comme le père Cotton, lui reprochaient de ne savoir que blâmer, il réplique par cette projection idéalisée du monarque. La correction, sans doute, arrive bien tard. Le mince supplément que constitue cet éloge en prose ne saurait contrebalancer le flot d'invectives inspirées qui, du premier au dernier chant, traverse le « discours tragique ». Il accuse au contraire un déséquilibre où l'on peut lire le reflet du drame que vivent d'Aubigné et ses coreligionnaires. Alors que la monarchie française tourne le dos à la formule contractuelle qu'ils préconisent et s'engage irrévocablement sur la voie de l'absolutisme, brisant au passage la résistance des féodaux et du parti protestant, il paraît bien vain de rêver d'une réconciliation posthume avec le premier Bourbon, à l'origine d'un tel processus. Ce regard jeté en arrière in extremis ne fait que souligner chez d'Aubigné l'écart grandissant entre le plan de l'action et celui du rêve. En porte à faux désormais, parce que renvoyant à une situation historique dépassée, Les Tragiques n'en continuent pas moins de livrer bataille. Le champ du combat ne peut plus être seulement la France et l'Europe du début du XVIIe siècle où la contre-offensive catholique paraît courir de succès en succès ; il embrasse désormais le cosmos où se livre, entre Dieu et Satan, le duel des derniers jours. D'où la portée plus générale du poème : de la prophétie politique, condamnée à court terme, il s'élève bientôt à la prédiction apocalyptique.

VI

Lorsqu'ils furent publiés en 1616, Les Tragiques *ne pouvaient donc plus changer le monde, mais ils étaient en mesure d'en représenter avec une certaine vraisemblance la destruction imminente. Ils s'aventuraient même, en accord avec des pronostications du temps, à fixer la date de cette issue terrible : l'an 1666 verrait la fin du pouvoir des papes et le triomphe universel de l'Eglise réformée (V, 1416). Durant les longues années d'un exil intérieur, qui allait bientôt devenir effectif, avec la fuite définitive pour le Refuge de Genève, il est probable que l'écrivain s'était préparé à cette conversion. Bien avant d'en avoir terminé, d'Aubigné s'était rendu à cette vérité entre toutes déconcertante, récemment rappelée par David Quint, qu'il y a des épopées qui perdent comme il y a des épopées qui gagnent. Le modèle héroïque constamment présent dans* La Divine Comédie *huguenote n'est pas l'Enéide, mais* La Pharsale, *ce chant de guerre civile et de défaite qui proclame que la vraie victoire n'est pas de ce monde, mais réside au ciel des idéaux. En choisissant Lucain contre Virgile, le baroque contre le classicisme et la plainte tragique contre l'apaisement du poème fédérateur, d'Aubigné laissait présager l'échec terrestre de son parti, tout en lui ménageant, à l'étage supérieur de la Création, une revanche prévisible.*

Car Les Tragiques *ne perdent pas sur tous les plans : à travers la figure majeure de l'ironie, le spectacle désolant d'ici-bas s'inverse en un chant de triomphe. Coligny assassiné au matin de la Saint-Barthélemy, Coligny percé de coups, mutilé et moqué, se rit au même instant de contempler, depuis le ciel où siège dorénavant son âme, les Parisiens jouer à la boule avec son tronc. En vain ses bourreaux se déchaînent sur son cadavre, en vain ils s'épuisent sinistrement en passe-temps sadiques. Déjà dans* La Pharsale, *que d'Aubigné imite d'assez près dans ce passage des* Princes, *les mânes envolés de Pompée considéraient avec amusement l'outrage fait à sa dépouille décapitée. Comme les Césariens vain-*

*queurs et comme la foule des massacreurs catholiques, Satan
est pris au piège des apparences. Ses suppôts ne brassent que
du vent.* Tandis qu'ils pensent triompher sur terre, le
véritable combat se déroule ailleurs, au ciel d'où le Fils de
l'homme s'apprête à revenir dans sa gloire pour livrer le
dernier combat, avant de juger les vivants et les morts. En
s'élevant de la terre vers le ciel, la tragédie se retourne en
comédie. La distance qui manquait aux protagonistes du
drame pour en prendre la juste mesure se découvre dans le
transport du songe et de l'extase. Au poète ravi au ciel, comme
aux anges et aux bienheureux, la perspective s'ouvre à l'infini,
renversant la trame apparente de l'histoire, confondant la
raison des sages, insultant à la toute-puissance des tyrans.

On reconnaît sans peine ici le Sermon sur la Montagne, que
confirme peu après dans l'Evangile le récit de la Passion. Des
Béatitudes aux Tragiques, il y a seulement peut-être la
transposition de la Palestine du premier siècle à la France des
guerres de Religion. Le monde renversé n'était qu'une
manière de voir empruntée au folklore : la leçon de l'Evan-
gile élargit ce processus d'inversion au cours de l'histoire
universelle. Coligny humilié et riant rappelle sans doute les
apothéoses stoïques de Pompée ou de Caton, mais il répète
avec non moins d'évidence la royauté bafouée et bientôt
triomphante du Christ. De la couronne d'épines à la cou-
ronne de gloire, le Rédempteur échange le rôle de la victime
pour celui du justicier.

Le mouvement général des Tragiques accomplit cette
révolution dans le passage des cinq premiers livres aux deux
derniers. L'asymétrie même de la construction qui d'abord
semble privilégier le mal et retarde, pour mieux la faire
attendre, l'action réparatrice du Dieu vengeur, souligne le
caractère extraordinaire du retournement, aussi inespéré que
la gloire du Christ après la Passion :

Ils le virent lié, le voici les mains hautes
(VII, 747).

Sans doute ce sursaut triomphal, qui referme le temps historique, avait-il été préparé dans Vengeances *par l'énumération des punitions infligées aux tyrans, pâles prémices du Jugement à venir. Tout au long du livre VI, le rebond quelque peu mécanique du crime sur le châtiment s'inspirait du recueil des* Grands et redoutables Jugements de Dieu *du pasteur Chassanion de Monistrol. Mais d'emblée on observe que d'Aubigné est plus proche de Dante que d'un modèle en définitive assez puéril. Ce n'est pas exactement la loi du talion qui s'exerce dès ce monde sur les méchants, mais ce que Bertrand de Born, tenant sa tête coupée comme une lanterne, définissait au chant XXVIII de* L'Enfer *comme le* contra-passo, *le « contre-pas », la contredanse : pour avoir dressé un fils contre son père et disjoint ce qui devait être uni, le troubadour déambulait ainsi la tête séparée du tronc. Au-delà de la réplique œil pour œil, dent pour dent, la « juste analogie » relève dans* Les Tragiques *de la vive peinture et de la métamorphose. Dieu, dit encore d'Aubigné, « peint » « du crayon de la mort les couleurs de la vie » (VI, 793-794). Les sanglants étouffent dans leur propre sang, les enragés sont ravagés par un feu qui brûle leurs entrailles, ceux qui ont fait taire la voix de leur conscience sont dévorés, non de remords tardifs, mais par les vers qui grouillent dans leur chair toujours sensible.*

La logique du renversement symétrique est sous-tendue par le dynamisme d'un verbe qui modèle en profondeur l'étoffe du monde et des êtres. Les Vengeances *consolent, moins parce qu'elles promettent le sûr châtiment du coupable, qu'en raison de la confiance qu'elles établissent dans une Parole qui travaille à son gré la pâte épaisse de l'Histoire, associant dans le même anneau la victime et son bourreau, la douleur reçue et la peine infligée.*

C'est dans Jugement *que culmine la puissance du Verbe, au jour de la résurrection de la chair. Par la vertu des déictiques et des locatifs, le lecteur est rendu témoin d'un*

*miracle actuel, rapporté au présent de l'indicatif : la résurrec-
tion se déroule littéralement sous ses yeux. Reconstitués brin à
brin, recouvrant simultanément vie et forme, et s'élevant de
terre comme des plantes flexibles d'os et de chair, les
ressuscités ne sont encore que des « ressuscitants ». La méta-
morphose apparaît progressive, multiple, suspendue dans un
inachèvement mystérieux. Comme le font les pèlerins du
Caire, où un miracle comparable s'accomplit chaque Ven-
dredi Saint, on pourrait presque toucher du doigt ces corps
« asserrés », ces membres qui s'animent, ces visages, ces
torses, ces épaules qui surgissent du sol, soulevant la base des
plus forts châteaux. Le tableau a beau se déliter en détails
fulgurants, il n'en acquiert pas moins une universalité, une
intangibilité fascinantes. Avec ces amas de vers grouillant
dans la gorge des tortionnaires,* Vengeances *représentait
l'Enfer déjà présent sur terre, dans les tribulations de
l'histoire ;* Jugement, *ici et maintenant, porte témoignage du
salut et de la liesse des bienheureux.*

VII

*Si le poème venait trop tard, délibérément trop tard, peut-
on penser, pour influer sur le cours décevant de l'Histoire, il
réservait à ses lecteurs choisis de rares consolations. Sans
attendre d'avoir mis le point final au grand œuvre, d'Au-
bigné le disséquait, en parsemait sa correspondance, les
menues pièces de circonstances sorties de sa plume et ses
somptueuses* Méditations sur les Psaumes. *Dans cet éparpille-
ment,* Les Tragiques, *qui sont rarement nommés, changent
d'usage et s'adaptent à un profit privé, à une jouissance
intime. Ce n'est plus l'œuvre collective d'un parti, désormais
en crise et dissocié entre « Fermes » et « Prudents », mais le
point d'appui de la réflexion spirituelle et de la prière, une
préparation personnelle à l'au-delà : la version calviniste, si
l'on veut, des* Exercices spirituels *de saint Ignace.*

Dans un écrit occasionnel comme la Lettre à Madame, Sœur unique du Roi, de la douceur des afflictions, *publiée en 1601 et adressée à Catherine de Bourbon, duchesse de Bar, sur qui s'exerçaient de fortes pressions pour se convertir au catholicisme, d'Aubigné remploie deux longues tirades des* Feux *décrivant les martyres parallèles de Jeanne Grey, la princesse décapitée, et des sœurs Foucaud, suppliciées à Paris au temps des Barricades (IV, 207-220 et 1263-1282). La citation s'accompagne d'une paraphrase en prose destinée à tirer de ces exemples élevés, radieux et presque surhumains une application concrète. Il n'est pas question pour la sœur d'Henri IV de courir au-devant du bûcher, dont on ne la menace pas, du reste, ni même de témoigner un héroïsme comparable à ces femmes bénies, illuminées au jour de leur mort par une clarté surnaturelle, tombée d'en haut. La fonction de ces illustres exemples est seulement de renforcer la résolution de la princesse calviniste en face de ses convertisseurs, qui n'exerceront jamais sur elle qu'une torture toute morale. En cette époque de fausse paix et de conciliation mensongère entre les deux religions, il s'agit seulement de répéter en mineur la geste des martyres, de rejouer au plan privé un drame qui s'est déroulé une première fois en public, à la face du ciel et devant la terre rassemblée. Tel serait, en définitive, le rôle de ces* Tragiques *démembrés, émiettés et récités par cœur : puisque l'Histoire, pour pasticher une formule fameuse de Marx, de tragédie s'est dégradée en farce, il n'est que d'intérioriser, pour la garder vivante, pour la maintenir présente, l'action accomplie récemment, mais déjà rejetée dans un passé insondable et qui, tellement incroyable, tellement archaïque dans sa brutalité, s'efface inéluctablement de la mémoire des hommes.*

Dans les Méditations, *où, pour reprendre le mot de Calvin, l'âme se contemple au miroir de l'Ecriture, d'Aubigné exprime ses doutes, ses alarmes, sa quête de certitudes, son aspiration au repos du soir, à travers le réseau complexe de citations qui transitent d'un Psaume à l'autre, ou des*

Prophètes de l'Ancien Testament aux Evangiles et aux Epîtres. La confession emprunte chez lui le chemin obligé d'une Parole antérieure, comme si la communication avec Dieu ne pouvait se passer d'un texte premier, venu d'ailleurs, antécédent à toute expérience nouvelle. Il se trouve qu'en entrant dans l'intertexte biblique, Les Tragiques *rejoignent cette strate fondatrice, ce sous-sol de la pensée religieuse, et acquièrent du même coup le statut de livre sacré.* Les Tragiques, *alors, n'appartiennent plus à leur auteur. Mais d'Aubigné en a-t-il jamais été l'auteur véritable ? Il le dit et le répète tout au long de son poème, c'est une œuvre qui s'est faite en dépit de lui, contre lui, comme venue du dehors, dictée par l'Esprit. Avant même que l'Imprimeur-Prométhée n'accomplisse son larcin, cette œuvre dès sa genèse lui avait été arrachée, extorquée. D'où le détachement paradoxal dont il fait preuve à son égard, et en même temps, contradictoire-ment, les procès en paternité qu'il ne cesse d'intenter aux « chouettes » et plagiaires, qui, de Pierre Matthieu au père Cotton, se sont efforcés de lui ravir cet enfant de la nuit. Comme avec la Bible, d'Aubigné entretient avec son poème une relation ambiguë, d'intimité jalouse et de distance intimidée. Tout comme la Bible, dont il a goûté le suc depuis l'enfance, l'œuvre qu'il a engendrée l'a nourri à son tour, tantôt chichement, tantôt avec la générosité de cette fille allaitant son père condamné à travers les barreaux de sa prison, pour reprendre l'apologue de Valère Maxime cité dans la* Préface. *Tour à tour il a éprouvé pour elle les joies d'une paternité comblée et le désespoir de l'incompréhension et de l'éloignement. Les* Méditations sur les Psaumes, *qui sont aussi, en partie, des* Méditations sur les Tragiques, *scelle-raient, au terme des épreuves et des tempêtes de la vie, l'ultime réappropriation consolatrice. La fusion de l'âme « au giron de son Dieu » que dépeint* in fine *le livre de* Jugement *prend à ce moment la forme d'une adhésion simultanée aux versets du psalmiste et aux stances enflammées du poème perdu et retrouvé.*

Si la proposition n'était hérétique, on pourrait dire que Les Tragiques *sont un livre de plus ajouté à l'Ecriture sainte, à l'intersection de l'Ancien et du Nouveau Testament, pour dire et annoncer la nouvelle Nouvelle Alliance conclue entre Dieu et les élus du dernier âge. Le sort de cet écrit testamentaire rappelle alors le destin réservé à ceux du passé : cette voix qui clame dans le désert ne sera d'abord entendue que de peu, et de très loin. En attendant de susciter, à plusieurs siècles de distance, les accents véhéments ou douloureux de Hugo et de Baudelaire, et de trouver dans* Les Châtiments *et* Les Fleurs du mal *un écho imprévu, des reflets d'or et de sang, elle aura permis à son auteur et aux siens d'apprivoiser la mort et de goûter, au bord de l'abîme, une étrange et définitive sérénité.*

Frank Lestringant

NOTE SUR LA STRUCTURE
DES « TRAGIQUES »

Le dessin général

Les sept livres qui composent *Les Tragiques* se distribuent en deux volets antithétiques qui animent le drame logique auquel se ramène en définitive le plan du Rédempteur : désordre et ordre ; monde renversé de la perversion actuelle où les « mères non-mères » sont réduites à manger leurs propres enfants, où le roi, « non juste Roy, mais juste harquebusier » (V, 951), tire sur ses sujets et se gausse de leurs corps massacrés ; et, par contraste, règne de la Justice divine que laisse présager l'apocalypse imminente. C'est tout d'abord la fresque des misères présentes, telle qu'elle est brossée dans les trois premiers livres du poème ; *Misères* (I) évoque la patrie déchirée et agonisante ; *Princes* (II) et *La Chambre dorée* (III) stigmatisent, en une satire des plus féroces, les vices de la cour des derniers Valois (les fameux « mignons » du roi Henri III) et la turpitude d'une justice cannibale trônant dans un palais d'ossements humains. A cet univers dénaturé s'oppose l'accomplissement de la volonté divine, dans l'histoire, puis hors de l'histoire. Telle est la matière des deux derniers livres : *Vengeances* (VI), par lesquelles la vindicte céleste s'exerce dans le cours même de l'histoire universelle contre les persécuteurs de l'Eglise depuis Caïn, et *Jugement* (VII) qui voit au dernier jour la résurrection des corps et la juste rétribution des âmes. Dans l'intervalle, le diptyque des *Feux* (IV) et des *Fers* (V), de trame plus énumérative et narrative, décrit en une litanie de supplices les bûchers des martyrs, puis les batailles et les massacres des guerres civiles. C'est le moment de plus grande intensité tragique, lorsque l'attente des fidèles persécutés se pro-

longe et que, retiré de la terre au ciel, au début du livre V, Dieu
diffère sa vengeance jusqu'au jour où le mal aura atteint son comble.
Dans *Vengeances* (283-284), le poète pourra enfin dire :

> Nos péchés sont au comble et, jusqu'au ciel montés,
> Par-dessus le boisseau versent de tous côtés.

En attendant, le livre des *Fers* représente le suspens du drame
apocalyptique et constitue le « nœud » des *Tragiques*. C'est là que
réside le sens le plus aigu de l'œuvre et que se découvre la pathétique
solitude de la minorité protestante.

Si l'on veut schématiser à l'extrême une telle disposition, on
distingue deux grandes étapes : au déséquilibre croissant en faveur
de Satan, qui s'accentue tout au long des cinq premiers livres,
répond, non pas un retour à l'équilibre, mais un déséquilibre
inverse, exercé cette fois dans un sens positif, à l'avantage de Dieu
dont les deux derniers chants célèbrent le triomphe et la gloire.

Symétries

Mais ce schéma de composition n'est pas unique. Il se combine à
d'autres, qu'il faut aussi prendre en compte pour apprécier toute la
richesse polyphonique du poème.

Si l'on isole par exemple le livre IV, *Les Feux*, qui constitue le
centre géométrique du poème, on constate, autour de ce livre-pivot,
un ensemble de symétries rigoureuses : correspondances entre I et
V, II et VI, III et VII. Le tableau initial de *Misères*, « choses vues »
par le poète-soldat, est amplifié dans les tableaux célestes des *Fers*,
qui rassemblent les principales scènes des guerres de Religion. A la
satire des *Princes* répond la litanie des *Vengeances* de Dieu, qui
s'abattent en premier lieu sur les tyrans et les rois sanguinaires.
Quant à *La Chambre dorée*, séjour d'une justice inique, elle
préfigure sur le mode inverse la justice divine, qui éclate au jour du
Jugement. Ainsi donc, pour reprendre l'analyse de Marie-Madeleine
Fragonard, « les misères terrestres sont transposées en justices
célestes [1] ». Pivot de cette transformation et de ce retournement : le

---

1. Marie-Madeleine Fragonard (en collaboration avec F. Lestringant
et G. Schrenck), *La Justice des Princes. Commentaires des « Tragiques »*,

livre des *Feux*, centre rayonnant des *Tragiques*. C'est, après le recueil de Jean Crespin[1] qui lui a servi de modèle, un second *Livre des Martyrs*, quand la lumière du témoignage, visible à tous, monte vers Dieu. A l'instant suprême de leur agonie, les martyrs sont illuminés par la clarté d'en haut, de sorte que leur bûcher assure la transition de la terre au ciel. Ces intercesseurs dont la mort imite la Passion du Christ annoncent la parousie, lorsque reviendra, au dernier livre, « le Fils de l'homme et du grand Dieu le Fils » (VII, 697).

Point de vue et style

D'autres découpages sont encore possibles. Si l'on retient comme critère de discrimination le point de vue sur le monde et l'Histoire, on obtient le schéma suivant : trois ensembles de deux livres, couronnés d'un septième.

Livres I et II : Dieu est au ciel. Le point de vue est celui d'un témoin humain, Agrippa d'Aubigné, le militant de la Cause, homme parmi les hommes, englué dans la boue des batailles, instrument autant que victime des misères du temps.

Livres III et IV : Dieu visite la terre. C'est son point de vue, en vol rasant, qui ordonne la description.

Livres V et VI : Dieu remonte dans l'empyrée céleste. L'âme du poète « en pâmoison » est transportée au ciel, parmi les anges et les élus. Le point de vue est celui du ciel, qui surplombe la terre et permet d'exercer, à cette distance sereine, une ironie générale sur le monde.

Livre VII : Fin du monde et des temps. Dieu revient sur la terre au jour du Jugement dernier.

----

livres II et III, Mont-de-Marsan, Edition InterUniversitaires, 1990, p. 39. Je suis redevable envers M.-M. Fragonard de ces différentes hypothèses de montage des *Tragiques*.

1. D'abord publié en 1554 à Genève et sans cesse augmenté jusqu'à l'édition définitive de 1619 présentée par Simon Goulart, le *Livre* ou l'*Histoire des martyrs* du libraire éditeur Jean Crespin est un ouvrage collectif qui rassemble de la manière la plus exhaustive les témoignages venus de l'Europe entière sur les persécutions au cours des guerres de Religion.

Cette disposition a par exemple l'avantage de faire ressortir la différence de statut et de style qui sépare *Princes* de *La Chambre dorée*. Le livre II se situe à hauteur d'homme, alors que le livre III s'ouvre par une ascension en plein ciel. Le monde y est vu ensuite à travers le regard de Dieu qui accomplit sa tournée d'inspection sur la terre. La transition entre *Princes* et *La Chambre dorée* est assurée par un songe, le songe du jeune homme de retour de la cour et visité dans son sommeil par Fortune et Vertu (II, 1175-1486).

De même, l'ouverture des *Feux* voit le poète songeant « au matin » (IV, 24) et dialoguant avec sa conscience personnifiée. Plus décisive encore est la pâmoison des *Fers* (V, 1195-1206), qui transporte l'âme du poète loin de sa « moitié » charnelle et périssable. Montée au « céleste pourpris » (V, 1199), elle contemple les tableaux vivants que des anges déroulent sur la voûte des cieux. C'est ainsi que lui sont dévoilés « les beaux secrets » de l'histoire universelle et la signification profonde et ultime des guerres de Religion.

Le songe, événement épiphanique qui fait communiquer la terre avec le ciel, assure par conséquent le passage d'un point de vue à un autre et d'un niveau stylistique au niveau stylistique supérieur. Du style satirique moyen, qui, à en croire l'avis de l'imprimeur « Aux Lecteurs », caractérise *Princes*, il fait accéder au « style tragique moyen » des *Feux*, puis au « style tragique élevé » des *Fers*. Le songe scande de la sorte l'élévation progressive du point de vue et du style. Il marque les paliers d'une montée qui conduit des ténèbres originelles à l'éblouissement final (VII, 1209-1218).

Une action oratoire

Il reste à considérer un dernier schéma de construction, celui qu'a mis en lumière Gisèle Mathieu-Castellani dans ses « Structures rhétoriques des *Tragiques*[1] ». *Les Tragiques* dans leur ensemble ressortiraient au style de l'éloquence judiciaire. Dans leur disposition également, ils refléteraient l'ordonnancement d'un réquisitoire doublé d'une apologie *pro domo*. *Misères* correspondrait à l'exorde

1. Gisèle Mathieu-Castellani, « Structures rhétoriques des *Tragiques* », *La Littérature de la Renaissance. Mélanges offerts à Henri Weber*, Genève, Slatkine, 1984, p. 303-320.

— exorde tiré, comme le veut la définition, « de la nature du sujet », qui est l'« état piteux du Royaume ». L'auditeur est directement pris à partie, appelé à devenir « acteur » du drame qui se joue sous ses yeux.

Jugement formerait la *péroraison*, à fonction émotive et conative, comme l'exorde. Ce n'est pas un résumé, ni une conclusion argumentée du discours, mais le point culminant d'une action oratoire qui, ayant ému les passions, doit les empêcher de s'éteindre sans laisser de traces. La péroraison débouche logiquement sur une action.

Le « corps démonstratif » est constitué de deux ensembles successifs, livres II et III, livres IV et V, qui composent la « narration », c'est-à-dire l'exposition des faits dans une perspective particulière. *Princes* et *La Chambre dorée* sont plutôt « descriptifs ». *Feux* et *Fers* plus « historiaux ». *Vengeances* (VI) constitue un livre à part : c'est la « confirmation », argumentation qui emporte l'adhésion.

Eloquence judiciaire ou style épique ? Faut-il trancher ? Si la fonction conative apparaît prépondérante dans *Les Tragiques*, et si la relation entre destinateur et destinataire l'emporte constamment sur la fonction référentielle, cela n'est pas un obstacle pour y voir l'accomplissement du poème héroïque. Comme le rappelait en effet Goethe à son correspondant Schiller [1], l'épopée privilégie l'émotion au détriment de la représentation. A l'instar de l'orateur, le poète épique, qui recourt de manière privilégiée à l'*energeia* et aux « tableaux » peints (*ekphraseis*), agit puissamment sur les passions de l'auditeur ou du lecteur. Dès lors qu'il n'y a nulle incompatibilité de style ni d'effets, il est aisé de conclure que *Les Tragiques* relèvent tout à la fois de l'*épos* et du plaidoyer.

Mobiles

En définitive le plan général des *Tragiques* n'est ni simplement linéaire ni strictement concentrique. Il n'obéit pas à une chronologie unifiée. Au schéma argumentatif de type judiciaire se combine un schéma narratif de type historique : le récit des guerres de Religion.

---

1. Goethe, *Ueber epische und dramatische Dichtung* (*Sur la poésie épique et dramatique*).

Mais aucun des deux modèles n'est véritablement prédominant. Se greffe encore sur cette construction complexe une autobiographie littéraire et spirituelle, centrée sur l'épreuve de la mort et un épisode de conversion, plusieurs fois rapporté dans le poème (I, 55-74, 1067-1078 ; II, 27-76, 1419-1434 ; V, 1195-1205, 1417-1430 ; VI, 31-68, 99-140). Se surimpose enfin une scansion poétique, qui, dans chaque livre, multiplie les symétries précaires, confère à la déferlante prosodique une sorte de pulsation saccadée et fait alterner, dans les grandes masses du poème, les déliés et les pleins, la sèche énumération de l'historien et le lyrisme sacré du Psaume, la truculence réaliste de la satire et le sublime d'une vision indicible.

Ainsi le regard oscille sans cesse entre mobilité et stabilisation. Mobilité de l'histoire personnelle et de l'histoire collective, sujettes à accidents et à erreurs de lecture, qui de surcroît se récrivent désordonnément, par incises et surimpressions, sur une période de plus de quarante années. Mobilité du dispositif des tableaux peints sur la voûte du ciel et qui tournent d'Orient en Occident et de la gauche vers la droite par rapport au dormeur visionnaire dont l'œil est fixé au zénith (V, 1207-1209).

Ces mobilités kaléidoscopiques, qui se déroulent à des rythmes variables, sont elles-mêmes contredites par des formes immobilisantes, telles que les allégories présentées en « tableaux », en « triomphes » (Thémis au livre III) ou encore en défilés d' « images agissantes », comme le cortège des Vices qui tiennent compagnie à l'Injustice dans sa tanière de la Chambre dorée du Palais de justice de Paris (III, 233-510).

De brusques mises au point, au sens photographique du terme, succédant à des variations de focale, permettent le passage du mouvement à l'immobilité, du flux à la stase, et du discours général à l'anecdote particulière, ou inversement. Le poète-narrateur ne cherche nullement à masquer ces ruptures et ces décrochements : il les souligne au contraire en les accompagnant d'un bref commentaire (I, 367-371, et II, 1058-1060). C'est un effet de l'art que de présenter ces fractures discursives comme l'effet d'une nécessité transcendante ou d'un souvenir obsédant : il n'est pas de plus forte contrainte que l'inspiration divine ou qu'un phénomène de mémoire involontaire. Si le poète s'avoue « vaincu de la mémoire » (I, 369), c'est pour donner à son dire le caractère de l'urgence et contraindre d'autant plus violemment le spectateur, sommé à son tour de céder à l'empire de la tragédie.

Toute recherche de structure se heurte inévitablement au désordre apparent d'une vie — à la fois transcendante et subjective — qui perturbe à chaque instant l'ordonnancement rhétorique et architectural du poème.

Une œuvre en expansion

Dernier trait déstabilisateur : *Les Tragiques*, à l'exemple des *Essais* de Montaigne, si différents, au reste, dans leur philosophie, sont un texte en continuelle transformation — *a work in progress* — dont les métamorphoses accompagnent le cours d'une vie. Pour l'ensemble du poème, on dispose de deux états imprimés du texte et d'un manuscrit préparatoire à la seconde édition, à quoi s'ajoute le manuscrit partiel de *La Chambre dorée* antérieur à l'édition *princeps*. Ces divers états indiquent comment d'Aubigné travaillait, ajoutant ici et là selon l'actualité du moment, multipliant incises et interpolations, sans presque jamais retrancher. De la sorte la structure initiale, déjà marquée de heurts et de ruptures, est à la longue menacée d'éclatement.

Ces interpolations posent en outre une difficulté d'ordre sémantique. Tel portrait (II, 391-458) s'applique-t-il à Henri III ou à Henri IV ? Si l'on s'accorde, comme il semble bien, avec la seconde identification, convient-il d'y voir une critique du jeune Henri de Navarre ou d'Henri IV, le roi parjure et abjurateur ? La « mobilité de la représentation » dont a parlé J.-R. Fanlo [1] est indissociable de ce statut d'« œuvre modulaire » qu'a défini Michel Jeanneret et que *Les Tragiques* partagent en quelque mesure avec nombre de productions littéraires de la Renaissance [2]. Qu'il s'agisse de Rabelais, de Ronsard ou de Montaigne, l'œuvre du XVIᵉ siècle porte les traces de sa gestation. A l'instar du *Pantagruel*, des *Amours* ou des *Essais*,

---

1. Jean-Raymond Fanlo, *La Mobilité de la représentation dans « Les Tragiques » d'Agrippa d'Aubigné*, thèse, Université de Provence, 1990. Le titre de cette thèse imprimée est devenu : *Tracés, ruptures. La composition instable des « Tragiques »*, Champion, 1990.
2. Michel Jeanneret (en collaboration avec Jacqueline Cerquiglini), « Savoir, signe, sens : dialogue d'une médiéviste et d'un seiziémiste », *The Journal of Medieval and Renaissance Studies*, 22, 1, hiver 1992, p. 23-27 en particulier.

le grand poème des *Tragiques* semble ne pas avoir conduit jusqu'à son terme l'intégration de ses parties.

Sans doute le concept d'œuvre modulaire, variante de celui d'œuvre ouverte cher à Umberto Eco, ne saurait être utilisé ici qu'avec précaution. Le mot désignerait alors, à l'échelon microtextuel, le gonflement progressif d'un poème où est versée, jour après jour, la menue monnaie de l'actualité politique et religieuse du règne d'Henri IV et de la Régence de Marie de Médicis. Quant à l'ordonnance générale du monument et de chacun de ses sept piliers, il va de soi qu'elle obéit à une stricte clôture, refermée entre une origine prophétique et un terme apocalyptique. Entre ces bornes millénaires nul errement du sens n'est permis, sinon dans le détail de l'accidentel et de l'insignifiant.

F. L.

NOTE SUR L'EDITION

La première édition in-4° est anonyme. Publiée en 1616, elle a pour titre : LES TRAGIQUES/ DONNEZ AU PUBLIC PAR / le larcin de Promethee. / AU DEZERT, PAR / L.B.D.D./ M.DC.XVI.

P. 221, à la fin du livre V, dont le dernier vers est « Aux uns portes du Ciel, aux autres de l'Enfer », on trouve un emblème avec la devise : « Virtutem claudit carcere pauperies ».

La seconde édition in-8°, sans lieu ni date, mais portant mention d'auteur, fut imprimée à Genève dans les toutes dernières années de la vie d'Agrippa d'Aubigné. Comme l'a récemment établi J.-R. Fanlo, elle ne saurait être antérieure à 1627 et pourrait même être repoussée jusqu'aux premiers mois de 1630. Elle a pour titre : LES TRAGIQUES / CI-DEVANT/ DONNEZ AU PUBLIC / par le larcin de Promethee. / Et depuis / AVOUEZ ET ENRICHIS / par le Sr D'AUBIGNE.

Notre texte

Le texte de base est celui, corrigé et modernisé, de l'édition critique procurée par A. Garnier et J. Plattard (Société des textes français modernes, 1932-1933). Sans doute ce travail remarquable en son temps peut-il être discuté aujourd'hui du point de vue philologique. Il résulte de la comparaison méthodique entre la seconde édition sans date des *Tragiques* (Genève, vers 1627) et le manuscrit Tronchin 158 de la Bibliothèque universitaire de Genève, meilleur « sur certains points » que le texte donné par l'imprimeur.

Il s'agit donc d'un texte hybride, composé pour majeure partie d'une source imprimée et complété par des fragments prélevés sur le manuscrit d'un copiste. La solution la plus défendable sans doute aurait consisté dans l'édition intégrale du manuscrit et de ses variantes, tâche à laquelle J.-R. Fanlo s'est consacré depuis, ou encore dans la republication de l'édition sans date, la dernière à être parue du vivant de d'Aubigné.

Pourtant, malgré ses quelques défauts, l'édition de Garnier et Plattard méritait d'être retenue, d'une part en raison de sa notoriété et de son caractère canonique, d'autre part parce qu'elle donne des *Tragiques* une version presque maximale, faite de la somme de ses variantes. Sur les points où notre leçon s'écarte de l'édition de référence, c'est qu'elle tient compte des rectifications les plus récentes, vérifiées sur les éditions originales ou sur les manuscrits de Genève. Nous les signalons pour la plupart dans les notes.

La principale nouveauté du texte que nous publions réside dans la restitution du « paratexte » des *Tragiques*, pièces liminaires présentes dès la seconde édition, et postface de « Prométhée », omise par la plupart des éditeurs précédents. Or cet épilogue est au moins aussi important que l'avis liminaire « Aux Lecteurs », où le même Prométhée prenait la parole pour excuser son pieux larcin. On y voit d'Aubigné s'efforcer de redresser l'image de « grand rabroueur » qui est la sienne en intégrant après coup à son livre un éloge d'Henri IV, figure si souvent malmenée dans le cours du poème. Cette pièce décisive quant à la politique de d'Aubigné est également intéressante par la hantise du plagiat qu'elle révèle et confirme. Le conseiller Pierre Matthieu était pris à partie dans l'avis « Aux Lecteurs » ; c'est à présent le père Cotton, confesseur du roi, qui est mis en cause. Il n'y avait donc aucune raison de tomber dans le piège tendu par le soi-disant Prométhée qui arguait de la feuille vide pour insérer *in extremis* cette pièce aussi « rare » que révélatrice. Si d'Aubigné l'avait considérée comme superflue, il l'aurait écartée de la seconde édition. Or il n'en est rien. Bien au contraire, il s'est arrangé pour que l'Imprimeur, dans la nouvelle variante proposée, se plaigne « de n'avoir que trois vers — et non plus deux — pour sa dernière feuille ». Comme le suggère enfin celui-ci, dans une adresse ultime au lecteur, le panégyrique d'Henri IV n'est nullement un bouche-trou, mais le véritable « couronnement » du livre.

Quant aux trois sonnets liminaires du pasteur Daniel Chamier et de la princesse Anne de Rohan, qui appartiennent en propre à la seconde édition, ils apportent un témoignage précieux sur la première réception des *Tragiques* en milieu protestant. *Les Feux* et *Vengeances* ont tout spécialement retenu l'attention de Chamier pour leur valeur édifiante. Des sept livres des *Tragiques*, c'étaient les plus capables de soutenir, aux jours indécis du règne de Louis XIII, l'énergie fléchissante de la minorité huguenote. Le livre des martyrs rappelait l'exemple héroïque des « saints témoins », âmes d'une époque plus forte et plus fertile en générosités ; le livre des *Jugements*, comme le désigne Chamier, assurait les opprimés d'hier de la constance du Dieu vengeur, lent mais terrible dans son action rétributrice. En composant un sonnet de présentation « pour mettre au devant » de chacun de ces deux livres, le pasteur de Montauban laisse à penser qu'il les considérait comme des éléments autonomes, détachables de l'ensemble du poème. Le sonnet d'Anne de Rohan, huguenote lettrée, reprend la fiction du larron Prométhée et l'imagerie parentale exposée dans la Préface en vers, pour reconnaître en d'Aubigné le « tyran » du Parnasse, celui qui, par un coup de force, détrône Apollon et lui ravit sa lyre.

Nous avons apporté les retouches d'usage concernant la ponctuation, l'accentuation, les cédilles, la distinction des lettres i et j, u et v, etc. Par ailleurs, et conformément aux principes de la collection, nous modernisons l'orthographe, en restituant notamment les formes actuelles du passé simple ou de l'imparfait, à condition toutefois de ne pas trahir la qualité sonore du vers. On ne trouvera donc pas de réfection orthographique qui entre en contradiction avec la rime ou qui modifie la couleur de la prosodie. La fréquence des allitérations, l'abondance des paronomases et autres jeux verbaux qui émaillent un livre comme celui des *Feux*, la rhétorique de l' « énergie » enfin limitaient considérablement la marge de manœuvre en ce domaine. Pour les mêmes raisons, nous avons en règle générale respecté l'orthographe des noms propres, quelque arbitraire et flottante qu'elle soit le plus souvent, mais révélatrice du souci qu'avait d'Aubigné de retrouver, par le détour d'une « étymologie » parlante, quoique fantastique, la vérité déposée au cœur des mots. Les principales difficultés lexicales sont éclaircies dans le glossaire.

F. L.

LES
TRAGIQUES

CI-DEVANT

DONNES AU PUBLIC
par le larcin de PROMETHEE.

Et depuis

AVOUES ET ENRICHIS
par le Sr D'AUBIGNE.

AUX LECTEURS

Voici le larron Prométhée[1], qui, au lieu de grâce, demande gré de son crime, et pense vous pouvoir justement faire présent de ce qui n'est pas à lui, comme ayant dérobé pour vous ce que son maître vous dérobait, à soi-même, et qui plus est, ce feu que j'ai volé mourait sans air ; c'était un flambeau sous le muid[2], mon charitable péché l'a mis en évidence : je dis charitable à vous et à son auteur. Du milieu, des extrémités de la France, et même de plus loin, notamment d'un vieil pasteur d'Angrogne[3], plusieurs écrits secondaient les remontrances de vive voix par lesquelles les serviteurs de Dieu lui reprochaient le talent caché[4], et quelqu'un en ces termes : « Nous sommes ennuyés de livres qui enseignent, donnez-nous-en pour émouvoir, en un siècle où tout zèle chrétien est péri, où la différence du vrai et du mensonge est comme abolie, où les mains des ennemis de l'Eglise cachent le sang duquel elles sont tachées sous les présents, et leurs inhumanités sous la libéralité[5]. Les Adiaphoristes[6], les profanes moqueurs, les trafiqueurs du droit de Dieu font montre de leur douce vie, de leur récompense, et par leur éclat ont ébloui les yeux de nos jeunes gens que l'honneur ne pique plus, que le péril n'éveille point. » Mon Maître répondait : « Que voulez-vous que j'espère parmi ces cœurs abâtardis, sinon que de voir mon livre jeté aux ordures avec celui de *L'Etat de l'Eglise*, l'*Alethye*, *Le Réveille-matin*, la *Légende Sainte Catherine*[7], et autres de cette sorte ? Je gagnerai une place au rôle des fols, et de plus le nom de turbulent, de républicain : on confondra ce que je dis des Tyrans pour être dit des Rois[8], et l'amour loyal et la fidélité que j'ai montrée par mon épée à mon grand Roi jusques à la fin, les distinctions que j'apporte partout seront examinées par ceux que j'offense, surtout par l'inique Justice pour me faire déclarer criminel de lèse-Majesté. Attendez ma mort qui ne peut être loin, et puis examinez mes labeurs : châtiez-les de ce que l'ami et l'ennemi y peuvent reprendre, et en usez alors selon vos équitables jugements. » Telles excuses n'empêchaient point plusieurs doctes vieillards d'appeler notre auteur devant Dieu et protester contre lui. Outre leurs remontrances je me mis à penser ainsi : Il y a trente-six ans et plus que cet œuvre est fait, assavoir aux guerres de septante et sept à Castel-Jaloux, où l'auteur commandait quelques chevaux-légers, et se tenant pour mort pour les plaies reçues en un grand combat, il traça comme pour testament cet ouvrage, lequel encore quelques années après il a pu polir et emplir[9]. Et où sont aujourd'hui ceux à qui les actions, les factions et les choses monstrueuses de ce temps-là sont connues sinon à fort peu, et dans peu de jours à nul ? Qui prendra après nous la peine de lire les rares histoires de notre siècle, opprimées, éteintes et étouffées par celles des charlatans gagés ? Et qui sans l'histoire prendra goût aux violences de notre auteur ? — Doncques, avant le reste de la mémoire, du zèle et des saintes passions éteintes, mon bon, mon violent désir se changea en courage : je dérobai de derrière les coffres et dessous les armoires les paperasses crottées et déchirées desquelles j'ai arraché ce que vous verrez. Je faillis encore à quitter mon dessein sur tant de litures[10] et d'abréviations et mots que l'auteur même ne pouvait lire pour la précipitation de son esprit en écrivant. Les lacunes que vous y verrez à regret me déplurent au commencement, et puis j'ai estimé qu'elles contraindront un jour un bon père de ne laisser pas ses enfants ainsi estropiés. Je crois même que nous amènerons l'auteur à favoriser une édition seconde, où non seulement les défauts seront remplis, mais quelques annotations éclairciront les lieux plus difficiles[11]. Vous trouverez en ce livre un style souvent trop concis, moins poli que les œuvres du siècle, quelques rythmes[12] à la règle de son siècle, ce qui ne paraît point aujourd'hui aux pièces qui sortent de mêmes mains, et notamment en quelques-unes faites à l'envi de la mignardise qui court : c'est ce que j'espère vous présenter pour la seconde partie de mon larcin. Ce qui réchauffa mon désir et m'ôta la crainte de l'offense, ce fut de voir les impudents larcins des chouettes[13] de ce temps qui glanaient déjà sur le champ fertile avant la moisson. Je vis dans les quatrains de Matthieu jusques à trois vers de suite dérobés dans le *Traité des douceurs de l'affliction*, qui était une lettre écrite promptement à Madame[14], de laquelle je vous promets la réponse au recueil que j'espère faire. Ainsi l'amour de l'Eglise qui a besoin de fomentations, l'honneur de celui que j'offense auquel je veux ôter la négligence de ses enfants, et à ces larrons leur proie, et puis l'obligation que je veux gagner sur les meilleurs de ce siècle sont les trois excuses que je mets en avant pour mon péché.

Il vient maintenant à propos que je dise quelque chose sur le travail de mon Maître et sur ce qu'il a de particulier. Je l'ai servi vingt et huit ans presque toujours dans les armes, où il exerçait l'office de maréchal de camp[15] avec un soin et labeur indicible, comme estimant la principale partie du capitaine d'être présent à tout. Les plus gentilles de ses pièces sortaient de sa main, ou à cheval ou dans les tranchées, se délectant non seulement de la diversion, mais encore de repaître son esprit de viandes hors de temps et saison. Nous lui reprochions familièrement cet Empereur[16] qui ne voulait le poisson de mer que porté de cent lieues. Ce qui nous fâchait le plus, c'était la difficulté de lui faire relire. Quelqu'un dira : il y paraît en plusieurs endroits, mais il me semble que ce qui a été moins parfait par sa négligence vaut bien encore la diligence de plusieurs. J'en dirais davantage si l'excessive louange de mon Maître n'était en quelque façon la mienne. J'ai pris quelques hardiesses envers lui, dont je pense en devoir toucher quelques-unes : comme sur quelques mots qui sentent le vulgaire. Avant nous répondre il fournissait toujours le vers selon notre désir, mais il disait que le bonhomme Ronsard, lequel il estimait par-dessus son siècle en sa profession, disait quelquefois à lui et à d'autres : « Mes enfants, défendez votre mère de ceux qui veulent faire servante une Damoiselle de bonne maison. Il y a des vocables qui sont français naturels, qui sentent le vieux, mais le libre français, comme *dougé, tenue, empour, dorne, bauger, bouger*, et autres de telle sorte[17]. Je vous recommande par testament que vous ne laissiez point perdre ces vieux termes, que vous les employiez et défendiez hardiment contre des marauds qui ne tiennent pas élégant ce qui n'est point écorché du latin et de l'italien, et qui aiment mieux dire *collauder, contemner, blasonner* que *louer, mépriser, blâmer* : tout cela est pour l'écolier de Limousin[18]. » Voilà les propres termes de Ronsard. Après que nous lui remontrions quelques rythmes qui nous semblaient maigres[19], il nous disait que Ronsard, Bèze, du Bellay et Jodelle[20] ne les avaient pas voulues plus fécondes, qu'il n'était pas raisonnable que les rythmeurs imposassent des lois sur les poèmes. Sur quelques autres difficultés, comme sur les prétérits féminins après les accusatifs[21] et telles observations, il donnait cela à la licence, et quant et quant à la richesse de la langue. Toutefois toutes ses œuvres de ce temps ont pris les lois du temps. Et pour les rythmes des simples aux composés ou des composés aux autres, il n'y en a que trois ou quatre en tout l'œuvre. Il approuve cette rigueur et l'a suivie au temps qu'elle a été établie[22], sans toutefois vouloir souffrir que les premiers poètes de la France en soient mésestimés. Voilà pour les étoffes des parties. Voici pour la matière générale, et puis je dirai un mot de la disposition.

La matière de l'œuvre a pour sept livres sept titres séparés, qui toutefois ont quelque convenance, comme des effets aux causes. Le premier livre s'appelle *Misères*, qui est un tableau piteux du Royaume en général, d'un style bas et tragique, n'excédant que fort peu les lois de la narration. Les *Princes* viennent après, d'un style moyen mais satirique en quelque façon : en cettui-là il a égalé la liberté de ses écrits à celles des vies de son temps, dénotant le sujet de ce second pour instrument du premier. Et puis il fait contribuer aux causes des misères l'injustice, sous le titre de *La Chambre dorée*, mais ce troisième de même style que le second. Le quart, qu'il appelle *Les Feux*, est tout entier au sentiment de la religion de l'auteur et d'un style tragique moyen. Le cinquième, sous le nom des *Fers*, du style tragique élevé, plus poétique et plus hardi que les autres : sur lequel je veux conter une notable dispute entre les doctes amis de l'auteur. Rapin, un des plus excellents esprits de son siècle[23], blâma l'invention des tableaux célestes[24] disant que nul n'avait jamais entrepris de peindre les affaires de la terre au ciel, bien les célestes en terre. L'auteur se défendait par les inventions d'Homère, de Virgile, et de nouveau du Tasse[25], qui ont feint les conseils tenus au Ciel, les brigues et partialités des Célestes sur les affaires des Grecs, des Romains et, depuis, des Chrétiens. Ce débat les poussa à en croire de très doctes personnages, lesquels ayant demandé de voir la tissure de l'œuvre pour en juger approuvèrent l'invention, si bien que je garde curieusement des lettres sur ce sujet dérobées à mon Maître incurieux, surtout celles de Monsieur de Sainte-Marthe[26], qui, ayant été un des arbitres, dit ainsi : « Vous vous égayez dans le ciel pour les affaires du ciel même ; j'y ai pris tel goût que je crains votre modestie : au lieu donc de vous décourager, si vous aviez quelque chose plus haut que le ciel, vous y devriez loger ce qui est tout céleste. » Le livre qui suit le cinquième s'appelle *Vengeances*, théologien et historial. Lui et le dernier, qui est le *Jugement*, d'un style élevé, tragique, pourront être blâmés pour la passion partisane ; mais ce genre d'écrire a pour but d'émouvoir, et

l'auteur le tient quitte s'il peut cela sur les esprits déjà
passionnés ou pour le moins équanimes.

Il y a peu d'artifice en la disposition : il y paraît seulement
quelques épisodies, comme prédictions de choses advenues
avant l'œuvre clos, que l'auteur appelait en riant ses *apophé-*
ties. Bien veux-je constamment assurer le lecteur qu'il y en a
qui méritent un nom plus haut, comme écrites avant les
choses advenues. Je maintiens de ce rang ce qui est à la
Préface :

> Je vois venir avec horreur
> Le jour qu'au grand Temple d'erreur...

et ce qui s'ensuit de la stance[27] ; aux *Princes*, où tout ce qui
est dit du fauconnier qui tue son oiseau par une corneille[28]
est sur la mort du Roi Henri troisième ; et puis aux endroits
qui dénotent la mort d'Henri quatrième, que je montrerais
être dit par prédiction si les preuves ne désignaient par trop
mon auteur. Vous remarquerez aussi en la disposition la
liberté des entrées avec exorde[29], ou celle qu'on appelle
abruptes. Quant aux titres des livres, je fus cause de faire ôter
des noms étrangers, comme au troisième *Ubris*[30], au dernier
Dan[31], aimant mieux que tout parlât français.

Or voilà l'état de mon larcin, que le père plein de vie ne
pourra souffrir déchiré et mal en point, et le pied usé comme
sont les chevaux d'Espagne qu'on dérobe par les montagnes.
Il sera contraint de remplir les lacunes, et, si je fais ma paix
avec lui, je vous promets les commentaires de tous les points
difficiles qui vous renverraient à une pénible recherche de
l'histoire ou de l'onomastique[32]. J'ai encore par-devers moi
deux livres d'*Epigrammes français*, deux de *latins*, que je
vous promets à la première commodité ; et puis des *Polémi-*
ques en diverses langues, œuvres de sa jeunesse, quelques
Romans, cinq livres de *Lettres missives* : le premier de
Familières, pleines de railleries non communes, le second de
Points de doctrine démêlés entre ses amis, le troisième de

Points théologaux, le quatrième d'*Affaires de la guerre*, le cinquième d'*Affaires d'Etat* [33]. Mais tout cela attendra l'édition de l'*Histoire* [34], en laquelle c'est chose merveilleuse qu'un esprit igné et violent de son naturel ne se soit montré en aucun point partisan, ait écrit sans louanges et blâmes, fidèle témoin et jamais juge, se contentant de satisfaire à la question du fait sans toucher à celle du droit.

La liberté de ses autres écrits a fait dire à ses ennemis qu'il affectait plus le gouvernement aristocratique que monarchique, de quoi il fut accusé envers le Roi Henri quatrième étant lors Roi de Navarre. Ce Prince, qui avait déjà lu tous *Les Tragiques* plusieurs fois [35], les voulut faire lire encore pour justifier ces accusations : et n'y ayant rien trouvé que supportable, pourtant, pour en être plus satisfait, appela un jour notre auteur en présence des Sieurs du Fay [36] et du Pin [37], lesquels discouraient avec lui sur les diversités des Etats. Notre auteur, interrogé promptement quelle était de toutes administrations la meilleure, répondit que c'était la monarchique selon son institution entre les Français, et qu'après celle des Français il estimait le mieux celle de Pologne. Pressé davantage sur celle des Français, il répliqua : « Je me tiens du tout à ce qu'en dit du Haillan [38] et tiens pour injuste ce qui en a été changé, quand ce ne serait que la soumission aux Papes. Philippe le Bel était souverain et brave, mais il est difficile que qui subit le joug d'autrui puisse donner à ses sujets un joug supportable. » J'ai voulu alléguer ces choses pour justifier ses écrits, esquels vous verrez plusieurs choses contre la tyrannie, nulle contre la Royauté ; et de fait ses labeurs, ses périls et ses plaies ont justifié son amour envers son Roi. Pour vous en montrer son opinion plus au net, j'ai ajouté ici trois stances qui lui serviront de confession en ce qui est de la Royauté ; elles sont en une pièce qui paraîtra Dieu aidant parmi ses *Mélanges* à la première occasion. Vers la fin, après la stance qui commence :

Roi, qui te sieds enfant, sur la peau de ton père,

suivent[39] :

Le Règne est beau miroir du régime du monde,
Puis l'Aristocratie en honneur la seconde,
Suit l'Etat populaire inférieur des trois.
Tout peut se maintenir en régnant par soi-même ;
Mais j'appelle les Rois ployés sous un Suprême
Tyrans tyrannisés, et non pas de vrais Rois.

Le Monarque du Ciel en soi prend sa justice,
Le prince de l'Enfer exerce le supplice,
Et ne peut ses rigueurs éteindre ou échauffer :
Le Roi régnant par soi, aussi humble que brave,
Est l'image de Dieu ; mais du tyran esclave
Le dur gouvernement image de l'Enfer.

Celui n'est souverain qui reconnaît un maître,
Plus infâme valet qui est valet d'un prêtre ;
Servir Dieu, c'est régner : ce règne est pur et doux.
Rois de Septentrion[40], heureux Princes et sages,
Vous êtes souverains qui ne devez hommages
Et qui ne voyez rien entre le ciel et vous.

Voilà le plus au vif que j'ai pu le crayon de mon Maître. Quant à son nom, on n'exprime point les noms dans les tableaux ; il est temps que vous l'oyez par sa bouche, de laquelle vous n'aurez point de louanges serviles, mais bien des libres et franches vérités.

POUR LES FEUX.

Un même esprit de feu fit la saison fertile
De Champions de Christ, qui au feu, qui en l'eau,
Et aux fers ont montré ce courage nouveau
Et paisible aux tourments, et en la mort facile.

5 Même feu anima cet angélique style
Qui fait florir les morts, et revivre au tombeau ;
Encouragea l'Auteur au mépris du couteau,
Et d'un funeste arrêt, et d'une mort civile [3].

Témoin des saints témoins, vrai martyr des martyrs [4],
10 Tu te mêle avec eux pour le moins de désirs.
Chacun de vous fait part de l'état où vous êtes,

Et la prend de l'autrui : car en changeant de sort,
Tu les fais, Aubigné, après leur mort poètes,
Ils te font, Aubigné, martyr avant ta mort.

Et vous ne pensiez pas, ô monstres de nature,
Vous ne le croyez pas qu'il y eût dans les cieux
Un Dieu qui recherchât, et juste et curieux,
Vos forfaits pour en faire une vengeance dure.

5 Voyez-le[6], ô malheureux ! dans la belle peinture
Des tableaux d'Aubigné. Et conséquentieux[7],
Vivez dorénavant sans démentir vos yeux
Repus des doctes traits[8] de cette portraiture.

Que ferez-vous, méchants ? Les bons meurent de peur,
10 Aux foudres de ces vers qui leur font voir l'horreur[9]
De vos maux, et des maux qui vos maux vont suivant.

Braves vers, graves vers, qui d'une voix terrible
Vous crient, ô Tyrans ! voyez qu'il est horrible
De choir entre les mains de ce grand Dieu vivant[10].

SONNET
De Très-Illustre Princesse
ANNE DE ROHAN[11],
A Prométhée sur son larcin.

O Trop subtil larron[12], plutôt hardi preneur ;
Non preneur seulement, ains voleur ordinaire,
Non seulement voleur, mais cruel sanguinaire,
Qui prends notre renom âme de notre honneur.

5 Inimitable chant, admirable sonneur
Qui tonnant nous étonne[13], et parlant nous fait taire ;
Nous fait rougir de honte, et pâlir de colère ;
Nous ôtes tous nos biens, étant du tien donneur.

Tu montres ton enfant[14], tu fais cacher les nôtres,
10 Tu prends tout seul le los que l'on donnait aux autres,
Tu te rends des neuf sœurs Maître et non pas Mignon[15] ;

Tu ravis d'Apollon la lyre avec main forte,
Et au lieu qu'en fureur Parnasse nous transporte,
Tu transportes, tyran, Parnasse dans Dognon[16].

PREFACE

L'AUTEUR A SON LIVRE

Va Livre, tu n'es que trop beau
Pour être né dans le tombeau
Duquel mon exil te délivre ;
Seul pour nous deux je veux périr :
Commence, mon enfant, à vivre
6 Quand ton père s'en va mourir.

   Encore vivrai-je par toi,
Mon fils, comme tu vis par moi ;
Puis il faut, comme la nourrice
Et fille du Romain grison,
Que tu allaite et tu chérisse
12 Ton père, en exil, en prison.

   Sois hardi, ne te cache point,
Entre chez les Rois mal en point ;
Que la pauvreté de ta robe
Ne te fasse honte ni peur,
Ne te diminue ou dérobe
18 La suffisance ni le cœur.

   Porte, comme au sénat romain,
L'avis et l'habit du vilain
Qui vint du Danube sauvage,
Et montra hideux, effronté,
De la façon non du langage,
24 La mal-plaisante vérité.

Si on te demande pourquoi
Ton front ne se vante de moi,
Dis-leur que tu es un posthume
Déguisé, craintif et discret,
Que la vérité a coutume
30 D'accoucher en un lieu secret.

Ta tranche n'a or ne couleur,
Ta couverture sans valeur
Permet, s'il y a quelque joie,
Aux bons la trouver au-dedans ;
Aux autres fâcheux je t'envoie
36 Pour leur faire grincer les dents.

Aux uns tu donneras de quoi
Gémir et chanter avec toi,
Et les autres en ta lecture
Fronçant le sourcil de travers
Trouveront bien ta couverture
42 Plus agréable que tes vers.

Pauvre enfant, comment parais-tu
Paré de la seule vertu ?
Car, pour une âme favorable,
Cent te condamneront au feu ;
Mais c'est ton but invariable
48 De plaire aux bons, et plaire à peu.

Ceux que la peur a révoltés
Diffameront tes vérités,
Comme fait l'ignorante lie :
Heureux livre qui en deux rangs
Distingue la troupe ennemie
54 En lâches et en ignorants.

Bien que de moi déjà soit né
Un pire et plus heureux aîné,
Plus beau et moins plein de sagesse,
Il chasse les cerfs et les ours,
Tu déniaises son aînesse,
60 Et son partage est en amours.

    Mais le second pour plaire mieux
    Aux vicieux fut vicieux.
    Mon esprit par lui fit épreuve
    Qu'il était de feu transporté :
    Mais ce feu plus propre se treuve
66 A brûler qu'à donner clarté.

    J'eus cent fois envie et remord
    De mettre mon ouvrage à mort :
    Je voulais tuer ma folie,
    Cet enfant bouffon m'apaisait ;
    Enfin, pour la fin de sa vie,
72 Il me déplut, car il plaisait.

    Suis-je fâcheux de me jouer
    A mes enfants, de les louer ?
    Amis, pardonnez-moi ce vice,
    S'ils sont camus et contrefaits,
    Ni la mère ni la nourrice
78 Ne trouvent point leurs enfants laids.

    Je pense avoir été sur eux
    Et père et juge rigoureux :
    L'un à regret a eu la vie,
    A mon gré chaste et assez beau ;
    L'autre ensevelit ma folie
84 Dedans un oublieux tombeau.

    Si en mon volontaire exil
    Un juste et sévère sourcil
    Me reprend de laisser en France
    Les traces de mon perdu temps :
    Ce sont les fleurs et l'espérance,
90 Et ceci les fruits de mes ans.

    Aujourd'hui abordé au port
    D'une douce et civile mort,
    Comme en une terre seconde,
    D'autre humeur je fais d'autres vers,
    Marri d'avoir laissé au monde
96 Ce qui plaît au monde pervers.

Alors je n'adorais sinon
L'image vaine du renom,
Renom de douteuse espérance :
Ici sans espoir, sans émoi,
Je ne veux autre récompense
102 Que dormir satisfait de moi.

Car la gloire nous n'étalons
Sur l'échafaud en ces vallons,
En ma libre-franche retraite :
Les triomphes des orgueilleux
N'entrent pas dedans ma logette,
108 Ni les désespoirs sourcilleux.

Mais là où les triomphes vains
Peuvent dresser leurs chefs hautains,
Là où se tient debout le vice,
Là est le logis de la peur ;
Ce lieu est lieu de précipice,
114 Fait dangereux par sa hauteur.

Vallons d'Angrogne bienheureux,
Vous bienheurez les malheureux !
Séparant des fanges du monde
Votre chrétienne liberté,
Vous défendez à coups de fonde
120 Les logis de la vérité.

Dedans la grotte d'un rocher
La pauvrette a voulu chercher
Sa maison, moins belle et plus sûre ;
Ses pertuis sont arcs triomphants,
Où la fille du ciel assure
126 Un asile pour ses enfants.

Car je la trouve dans le creux
Du logis de soi ténébreux,
Logis élu pour ma demeure,
Où la vérité sert de jour,
Où mon âme veut que je meure,
132 Furieuse de saint amour.

Je cherchais de mes tristes yeux
La vérité aux âpres lieux,
Quand de cette obscure tanière
Je vis resplendir la clarté,
Sans qu'il y eût autre lumière :
138 Sa lumière était sa beauté.

J'attache le cours de mes ans
Pour vivre à jamais au-dedans ;
Mes yeux de la première vue,
Bien que transis et éplorés,
L'eurent à l'instant reconnue
144 A ses habits tous déchirés.

C'est toi, dis-je, qui sus ravir
Mon ferme cœur à te servir ;
A jamais tu seras servie
De lui tant qu'il sera vivant :
Peut-on mieux conserver sa vie
150 Que de la perdre en te servant ?

De celui qui aura porté
La rigoureuse vérité
Le salaire est la mort certaine.
C'est un loyer bien à propos :
Le repos est fin de la peine,
156 Et la mort est le vrai repos.

Je commençais à arracher
Des cailloux polis d'un rocher,
Et elle tordait une fonde ;
Puis nous jetions par l'univers,
En forme d'une pierre ronde,
162 Ses belles plaintes et mes vers.

Quelquefois en me pourmenant
La vérité m'allait menant
Aux lieux où celle qui enfante,
De peur de se perdre, se perd,
Et où l'Eglise qu'on tourmente
168 S'enferma d'eau dans le désert.

O Désert, promesse des cieux,
Infertile mais bienheureux !
Tu as une seule abondance,
Tu produis les célestes dons,
Et la fertilité de France
174 Ne gît qu'en épineux chardons.

Tu es circuit, non surpris,
Et menacé sans être pris.
Le dragon ne peut et s'essaie :
Il ne peut nuire que des yeux.
Assez de cris et nulle plaie
180 Ne force le destin des cieux.

Quel château peut si bien loger ?
Quel Roi si heureux qu'un berger ?
Quel sceptre vaut une houlette ?
Tyrans, vous craindrez mes propos :
J'aurai la paix en ma logette,
186 Vos palais seront sans repos.

Je sens ravir dedans les cieux
Mon âme aussi bien que mes yeux,
Quand en ces montagnes j'avise
Ces grands coups de la vérité,
Et les beaux combats de l'Eglise
192 Signalés à la pauvreté.

Je vois les places et les champs
Là où l'effroi des braves camps,
Qui de tant de rudes batailles
Rapportaient les fers triomphants,
Purent les chiens de leurs entrailles,
198 Défaits de la main des enfants.

Ceux qui par tant et tant de fois
Avaient vu le dos des François,
Eurent bras et cœur inutile ;
Comme cerfs paoureux et légers,
Ils se virent chassés trois mille
204 Des fondes de trente bergers.

Là l'enfant attend le soldat,
Le père contre un chef combat ;
Encontre le tambour qui gronde
Le psalme élève son doux ton,
Contre l'arquebouze la fonde,
210 Contre la pique le bâton.

Là l'enseigne volait en vain,
En vain la trompette et l'airain ;
Le fifre épouvante au contraire
Ceux-là qu'il devait échauffer :
Ils sentaient que Dieu savait faire
216 La toile aussi dure que fer.

L'ordre témoin de leur honneur
Aux chefs ne réchauffa le cœur ;
Rien ne servit l'expérience
Des braves lieutenants de Roi :
Ils eurent peur, sans connaissance
222 Comment ils fuyaient et pourquoi.

Aux cœurs de soi victorieux
La victoire, fille des cieux,
Et la gloire aux ailes dorées
Présentent chacune un chapeau ;
Les insolences égarées
228 S'égarent loin de ce troupeau.

Dieu fit là merveille, ce lieu
Est le sanctuaire de Dieu ;
Là Satan n'a l'ivraie mise
Ni la semence de sa main ;
Là les agnelets de l'Eglise
234 Sautent au nez du loup romain.

N'est-ce pour ouvrir nos esprits ?
N'avons-nous pas encore appris
Par David que les grands du monde
Sont impuissants encontre nous,
Et que Dieu ne veut qu'une fonde
240 Pour instrument de son courroux ?

Il se veut rendre assujettis,
Par les moyens les plus petits,
Les fronts plus hautains de la terre ;
Et pour terrasser à l'envers
Les Pharaons, il leur fait guerre
246 Avec les mouches et les vers.

    Les Ciréniens enragés,
Un jour en bataille rangés,
Dépitaient le ciel et le foudre,
Voulant arracher le soleil :
Et Dieu prit à leurs pieds la poudre,
252 Pour ses armes et leur cercueil.

    Quand Dieu veut nous rendre vainqueurs,
Il ne choisit rien que les cœurs,
Car toutes mains lui sont pareilles ;
Et mêmes entre les Païens,
Pour y déployer ses merveilles,
258 Il s'est joué de ses moyens.

    L'exemple de Scévole est beau,
Qui, ayant failli du couteau,
Chassa d'une brave parole
L'ennemi du peuple romain ;
Et le feu qu'endura Scévole
264 Fit plus que le coup de sa main.

    Contre les tyrans violents
Dieu choisit les cœurs plus brûlants ;
Et quand l'Eglise se renforce
D'autres que de citoyens,
Alors Dieu affaiblit sa force,
270 La maudit et tous ses moyens.

    Car quand l'Eternel fit le chois
Des deux les premiers de ses Rois,
Rien pour les morgues tromperesses
Ne se fit, ni pour les habits :
L'un fut pris entre les ânesses,
276 Et l'autre parmi les brebis.

O mauvais secours aux dangers
Qu'un chef tiré des étrangers !
Heureuse française Province
Quand Dieu propice t'accorda
Un prince, et te choisit un prince
282 Des pavillons de son Juda !

    Malheur advint sur nous François
Quand nous bâtîmes sur François,
Et ses malcontentes armées,
Les forces d'un prince plus fort :
Hélas ! elles sont consumées,
288 Et nous sur le seuil de la mort.

    Autant de tisons du courroux
De Dieu courroucé contre nous
Furent ces troupes blasphémantes :
Nous avons appris cette fois
Que ce sont choses différentes
294 Que l'Etat de Dieu et des Rois.

    Satan, ennemi caut et fin,
Tu voyais trop proche ta fin ;
Mais tu vis d'un œil pâle et blême
Nos cœurs ambitieux jaloux,
Et dès lors tu nous fis nous-mêmes
300 Combattre pour et contre nous.

    Les Samsons, Gédéons, et ceux
Qui n'épargnèrent paresseux
Le corps, le hasard et la peine,
Pour, dans les feux d'un chaud été,
Boire la glace à la fontaine,
306 Ramenèrent la vérité.

    Rends-toi d'un soin continuel,
Prince, Gédéon d'Israël :
Bois le premier dedans l'eau vive,
En cette eau trempe aussi ton cœur ;
Il y a de la peine oisive,
312 Et du loisir qui est labeur.

Bien que tu as autour de toi
Des cœurs et des yeux pleins de foi,
J'ai peur qu'une Dalide fine
Coupe ta force et tes cheveux,
Te livre à la gent philistine,
318 Qui te prive de tes bons yeux.

Je vois venir avec horreur
Le jour qu'au grand temple d'erreur
Tu feras rire l'assistance ;
Puis, donnant le dernier effort
Aux deux colonnes de la France,
324 Tu te baigneras en ta mort.

Quand ta bouche renoncera
Ton Dieu, ton Dieu la percera,
Punissant le membre coupable ;
Quand ton cœur, déloyal moqueur,
Comme elle sera punissable,
330 Alors Dieu percera ton cœur.

L'amour premier t'aveuglera,
Et puis le meurtrier frappera.
Déjà ta vue enveloppée
N'attend que le coup du couteau
Ainsi que la mortelle épée
336 Suit de près le triste bandeau.

Dans ces cabinets lambrissés,
D'idoles de cour tapissés,
N'est pas la vérité connue :
La voix du Seigneur des Seigneurs
S'écrit sur la roche cornue,
342 Qui est plus tendre que nos cœurs.

Ces monts ferrés, ces âpres lieux,
Ne sont pas si doux à nos yeux,
Mais l'âme y trouve ses délices ;
Et là où l'œil est contenté
De braves et somptueux vices,
348 L'œil de l'âme y est tourmenté.

Echos, faites doubler ma voix,
Et m'entendez à cette fois ;
Mi-célestes roches cornues,
Poussez mes plaintes dedans l'air,
Les faisant du recoup des nues
354 En France une autre fois parler.

   Amis, en voyant quelquefois
Mon âme sortir de ses lois,
Si pour bravement entreprendre
Vous reprenez ma sainte erreur,
Pensez que l'on ne peut reprendre
360 Toutes ces fureurs sans fureur.

   Si mon esprit audacieux
Veut peindre le secret des cieux,
J'attaque les Dieux de la terre :
Il faut bien qu'il me soit permis
De fouiller, pour leur faire guerre,
366 L'arsenal de leurs ennemis.

   Je n'excuse pas mes écrits
Pour ceux-là qui y sont repris :
Mon plaisir est de leur déplaire.
Amis, je trouve en la raison
Pour vous et pour eux fruit contraire,
372 La médecine et le poison.

   Vous louerez Dieu, ils trembleront ;
Vous chanterez, ils pleureront :
Argument de rire et de craindre
Se trouve en mes vers, en mes pleurs,
Pour redoubler et pour étreindre
378 Et vos plaisirs et leurs fureurs.

   Je plains ce qui m'est ennemi,
Les montrant j'ai pour eux gémi :
Car qui veut garder la justice,
Il faut haïr distinctement
Non la personne, mais le vice,
384 Servir, non chercher l'argument.

Je sais que les enfants bien nés
Ne chantent, mais sont étonnés,
Et ferment les yeux, débonnaires
(Comme deux des fils de Noé),
Voyant la honte de leurs pères
390 Que le vin fumeux a noyé.

Ainsi, un temps, de ces félons
(Les yeux bouchés, à reculons,)
Nous cachions l'orde vilenie :
Mais nous les trouvons ennemis,
Et non pères de la patrie,
396 Qui ne pèchent plus endormis.

Rends donc, ô Dieu, si tu connois
Mon cœur méchant, ma voix sans voix :
O Dieu, tu l'élève au contraire,
C'est trop retenu mon devoir ;
Ce qu'ils n'ont pas horreur de faire,
402 J'ai horreur de leur faire voir.

Sors, mon œuvre, d'entre mes bras ;
Mon cœur se plaint, l'esprit est las
De chercher au droit une excuse :
Je vais le jour me refusant
Lorsque le jour je te refuse,
408 Et je m'accuse en t'excusant.

Tu es né légitimement,
Dieu même a donné l'argument,
Je ne te donne qu'à l'Eglise ;
Tu as pour support l'équité,
La vérité pour entreprise,
414 Pour loyer l'immortalité.

LES TRAGIQUES

LIVRE PREMIER

MISERES

Puisqu'il faut s'attaquer aux légions de Rome,
Aux monstres d'Italie, il faudra faire comme
Hannibal, qui par feux d'aigre humeur arrosés
Se fendit un passage aux Alpes embrasés.
5 Mon courage de feu, mon humeur aigre et forte
Au travers des sept monts fait brèche au lieu de porte.
Je brise les rochers et le respect d'erreur
Qui fit douter César d'une vaine terreur.
Il vit Rome tremblante, affreuse, échevelée,
10 Qui en pleurs, en sanglots, mi-morte, désolée,
Tordant ses doigts, fermait, défendait de ses mains
A César le chemin au sang de ses germains.
    Mais dessous les autels des idoles j'avise
Le visage meurtri de la captive Eglise,
15 Qui à sa délivrance (aux dépens des hasards)
M'appelle, m'animant de ses tranchants regards.
Mes désirs sont déjà volés outre la rive
Du Rubicon troublé : que mon reste les suive
Par un chemin tout neuf, car je ne trouve pas
20 Qu'autre homme l'ait jamais écorché de ses pas.
Pour Mercures croisés, au lieu de Pyramides,
J'ai de jour le pilier, de nuit les feux pour guides.
Astres, secourez-moi : ces chemins enlacés
Sont par l'antiquité des siècles effacés,

25 Si bien que l'herbe verte en ses sentiers accrue
　　En fait une prairie épaisse, haute et drue,
　　Là où étaient les feux des prophètes plus vieux ;
　　Je tends comme je puis le cordeau de mes yeux,
　　Puis je cours au matin ; de ma jambe arrosée,
30 J'éparpille à côté la première rosée,
　　Ne laissant après moi trace à mes successeurs
　　Que les reins tous ployés des inutiles fleurs,
　　Fleurs qui tombent sitôt qu'un vrai soleil les touche,
　　Ou que Dieu fenera par le vent de sa bouche.
35 　Tout-Puissant, tout-voyant, qui du haut des hauts cieux
　　Fends les cœurs plus serrés par l'éclair de tes yeux,
　　Qui fis tout, et connus tout ce que tu fis être ;
　　Tout parfait en ouvrant, tout parfait en connaître,
　　De qui l'œil tout courant, et tout voyant aussi,
40 De qui le soin sans soin prend de tout le souci,
　　De qui la main forma exemplaires et causes,
　　Qui préveus les effets dès le naître des choses ;
　　Dieu, qui d'un style vif, comme il te plaît, écris
　　Le secret plus obscur en l'obscur des esprits :
45 Puisque de ton amour mon âme est échauffée,
　　Jalouse de ton nom, ma poitrine embrasée
　　De ton feu pur, repurge aussi de mêmes feux
　　Le vice naturel de mon cœur vicieux ;
　　De ce zèle très saint rebrûle-moi encore,
50 Si que (tout consommé au feu qui me dévore,
　　N'étant serf de ton ire, en ire transporté
　　Sans passion) je sois propre à ta vérité ;
　　Ailleurs qu'à te louer ne soit abandonnée
　　La plume que je tiens, puisque tu l'as donnée.
55 　Je n'écris plus les feux d'un amour inconnu,
　　Mais, par l'affliction plus sage devenu,
　　J'entreprends bien plus haut, car j'apprends à ma plume
　　Un autre feu, auquel la France se consume.
　　Ces ruisselets d'argent, que les Grecs nous feignaient,
60 Où leurs poètes vains buvaient et se baignaient,

Ne courent plus ici : mais les ondes si claires
Qui eurent les saphirs et les perles contraires
Sont rouges de nos morts ; le doux bruit de leurs flots,
Leur murmure plaisant heurte contre des os.
65 Telle est en écrivant ma non commune image :
Autre fureur qu'amour reluit en mon visage ;
Sous un inique Mars, parmi les durs labeurs
Qui gâtent le papier et l'encre de sueurs,
Au lieu de Thessalie aux mignardes vallées
70 Nous avortons ces chants au milieu des armées,
En délassant nos bras de crasse tout rouillés
Qui n'osent s'éloigner des brassards dépouillés.
Le luth que j'accordais avec mes chansonnettes
Est ores étouffé de l'éclat des trompettes ;
75 Ici le sang n'est feint, le meurtre n'y défaut,
La mort joue elle-même en ce triste échafaud,
Le Juge criminel tourne et emplit son urne.
D'ici la botte en jambe, et non pas le cothurne,
J'appelle Melpomène en sa vive fureur,
80 Au lieu de l'Hippocrène éveillant cette sœur
Des tombeaux rafraîchis, dont il faut qu'elle sorte,
Échevelée, affreuse, et bramant en la sorte
Que fait la biche après le faon qu'elle a perdu.
Que la bouche lui saigne, et son front éperdu
85 Fasse noircir du ciel les voûtes éloignées,
Qu'elle éparpille en l'air de son sang deux poignées
Quand épuisant ses flancs de redoublés sanglots
De sa voix enrouée elle bruira ces mots :
    « O France désolée ! ô terre sanguinaire,
90 Non pas terre, mais cendre ! ô mère, si c'est mère
Que trahir ses enfants aux douceurs de son sein
Et quand on les meurtrit les serrer de sa main !
Tu leur donnes la vie, et dessous ta mamelle
S'émeut des obstinés la sanglante querelle ;
95 Sur ton pis blanchissant ta race se débat,
Là le fruit de ton flanc fait le champ du combat. »

Je veux peindre la France une mère affligée,
Qui est entre ses bras de deux enfants chargée.
Le plus fort, orgueilleux, empoigne les deux bouts
100 Des tétins nourriciers ; puis, à force de coups
D'ongles, de poings, de pieds, il brise le partage
Dont nature donnait à son besson l'usage ;
Ce voleur acharné, cet Esau malheureux
Fait dégât du doux lait qui doit nourrir les deux,
105 Si que, pour arracher à son frère la vie,
Il méprise la sienne et n'en a plus d'envie.
Mais son Jacob, pressé d'avoir jeûné meshui,
Ayant dompté longtemps en son cœur son ennui,
A la fin se défend, et sa juste colère
110 Rend à l'autre un combat dont le champ est la mère.
Ni les soupirs ardents, les pitoyables cris,
Ni les pleurs réchauffés ne calment leurs esprits ;
Mais leur rage les guide et leur poison les trouble,
Si bien que leur courroux par leurs coups se redouble.
115 Leur conflit se rallume et fait si furieux
Que d'un gauche malheur ils se crèvent les yeux.
Cette femme éplorée, en sa douleur plus forte,
Succombe à la douleur, mi-vivante, mi-morte ;
Elle voit les mutins tout déchirés, sanglants,
120 Qui, ainsi que du cœur, des mains se vont cherchant.
Quand, pressant à son sein d'une amour maternelle
Celui qui a le droit et la juste querelle,
Elle veut le sauver, l'autre qui n'est pas las
Viole en poursuivant l'asile de ses bras.
125 Adonc se perd le lait, le suc de sa poitrine ;
Puis, aux derniers abois de sa proche ruine,
Elle dit : « Vous avez, félons, ensanglanté
Le sein qui vous nourrit et qui vous a porté ;
Or vivez de venin, sanglante géniture,
130 Je n'ai plus que du sang pour votre nourriture. »
Quand éperdu je vois les honteuses pitiés
Et d'un corps divisé les funèbres moitiés,

Quand je vois s'apprêter la tragédie horrible
Du meurtrier de soi-même, aux autres invincible,
135 Je pense encore voir un monstrueux géant,
Qui va de braves mots les hauts cieux outrageant,
Superbe, florissant, si brave qu'il ne treuve
Nul qui de sa valeur entreprenne la preuve ;
Mais lorsqu'il ne peut rien rencontrer au-dehors
140 Qui de ses bras nerveux endure les efforts,
Son corps est combattu, à soi-même contraire :
Le sang pur a le moins, le flegme et la colère
Rendent le sang non sang ; le peuple abat ses lois,
Tous nobles et tous Rois, sans nobles et sans Rois ;
145 La masse dégénère en la mélancolie ;
Ce vieil corps tout infect, plein de sa discrasie,
Hydropique, fait l'eau, si bien que ce géant,
Qui allait de ses nerfs ses voisins outrageant,
Aussi faible que grand n'enfle plus que son ventre.
150 Ce ventre dans lequel tout se tire, tout entre,
Ce faux dispensateur des communs excréments
N'envoie plus aux bords les justes aliments :
Des jambes et des bras les os sont sans moelle,
Il ne va plus en haut pour nourrir la cervelle
155 Qu'un chime venimeux dont le cerveau nourri
Prend matière et liqueur d'un champignon pourri.
Ce grand géant changé en une horrible bête,
A sur ce vaste corps une petite tête,
Deux bras faibles pendants, déjà secs, déjà morts,
160 Impuissants de nourrir et défendre le corps ;
Les jambes sans pouvoir porter leur masse lourde
Et à gauche et à droit font porter une bourde.
Financiers, justiciers, qui opprimez de faim
Celui qui vous fait naître ou qui défend le pain,
165 Sous qui le laboureur s'abreuve de ses larmes,
Qui souffrez mendier la main qui tient les armes,
Vous, ventre de la France, enflés de ses langueurs,
Faisant orgueil de vent vous montrez vos vigueurs ;

Voyez la tragédie, abaissez vos courages,
170 Vous n'êtes spectateurs, vous êtes personnages :
Car encor vous pourriez contempler de bien loin
Une nef sans pouvoir lui aider au besoin
Quand la mer l'engloutit, et pourriez de la rive,
En tournant vers le ciel la face demi-vive,
175 Plaindre sans secourir ce mal oisivement ;
Mais quand, dedans la mer, la mer pareillement
Vous menace de mort, courez à la tempête,
Car avec le vaisseau votre ruine est prête.

La France donc encor est pareille au vaisseau
180 Qui outragé des vents, des rochers et de l'eau,
Loge deux ennemis : l'un tient avec sa troupe
La proue, et l'autre a pris sa retraite à la poupe.
De canons et de feux chacun met en éclats
La moitié qui s'oppose, et font verser en bas,
185 L'un et l'autre enivré des eaux et de l'envie,
Ensemble le navire et la charge, et la vie :
En cela le vainqueur ne demeurant plus fort,
Que de voir son haineux le premier à la mort,
Qu'il seconde, autochire, aussitôt de la sienne,
190 Vainqueur, comme l'on peut vaincre à la Cadméenne.

Barbares en effet, François de nom, François,
Vos fausses lois ont fait des faux et jeunes Rois,
Impuissants sur leurs cœurs, cruels en leur puissance ;
Rebelles ils ont vu la désobéissance :
195 Dieu sur eux et par eux déploya son courroux,
N'ayant autres bourreaux de nous-mêmes que nous.

Les Rois, qui sont du peuple et les Rois et les pères,
Du troupeau domestic sont les loups sanguinaires ;
Ils sont l'ire allumée et les verges de Dieu,
200 La crainte des vivants : ils succèdent au lieu
Des héritiers des morts ; ravisseurs de pucelles,
Adultères, souillant les couches des plus belles
Des maris assommés ou bannis pour leur bien,
Ils courent sans repos, et quand ils n'ont plus rien

205 Pour saouler l'avarice, ils cherchent autre sorte
Qui contente l'esprit d'une ordure plus forte.
Les vieillards enrichis tremblent le long du jour ;
Les femmes, les maris, privés de leur amour,
Par l'épais de la nuit se mettent à la fuite,
210 Les meurtriers soudoyés s'échauffent à la suite ;
L'homme est en proie à l'homme, un loup à son pareil ;
Le père étrangle au lit le fils, et le cercueil
Préparé par le fils sollicite le père ;
Le frère avant le temps hérite de son frère.
215 On trouve des moyens, des crimes tout nouveaux,
Des poisons inconnus ; où les sanglants couteaux
Travaillent au midi, et le furieux vice
Et le meurtre public ont le nom de justice.
Les bélîtres armés ont le gouvernement,
220 Le sac de nos cités : comme anciennement
Une croix bourguignonne épouvantait nos pères,
Le blanc les fait trembler, et les tremblantes mères
Croulent à l'estomac leurs poupons éperdus
Quand les grondants tambours sont battant entendus.
225 Les places de repos sont places étrangères,
Les villes du milieu sont les villes frontières ;
Le village se garde, et nos propres maisons
Nous sont le plus souvent garnisons et prisons.
L'honorable bourgeois, l'exemple de sa ville,
230 Souffre devant ses yeux violer femme et fille
Et tomber sans merci dans l'insolente main
Qui s'étendait naguère à mendier du pain.
Le sage justicier est traîné au supplice,
Le malfaiteur lui fait son procès ; l'injustice
235 Est principe de droit ; comme au monde à l'envers
Le vieil père est fouetté de son enfant pervers ;
Celui qui en la paix cachait son brigandage
De peur d'être puni, étale son pillage
Au son de la trompette, au plus fort des marchés
240 Son meurtre et son butin sont à l'encan prêchés :

Si qu'au lieu de la roue, au lieu de la sentence,
La peine du forfait se change en récompense.
Ceux qui n'ont discerné les querelles des grands
Au lit de leur repos tressaillent, entendant
245 En paisible minuit que la ville surprise
Ne leur permet sauver rien plus que la chemise :
Le soldat trouve encor quelque espèce de droit,
Et même, s'il pouvait, sa peine il lui vendroit.
L'Espagnol mesurait les rançons et les tailles
250 De ceux qu'il retirait du meurtre des batailles
Selon leur revenu ; mais les Français n'ont rien
Pour loi de la rançon des Français que le bien.
Encor' vous bienheureux qui, aux villes fermées,
D'un métier inconnu avez les mains armées,
255 Qui goûtez en la peur l'alternatif sommeil,
De qui le repos est à la fièvre pareil ;
Mais je te plains, rustic, qui, ayant la journée
Ta pantelante vie en rechignant gagnée
Reçois au soir les coups, l'injure et le tourment,
260 Et la fuite et la faim, injuste payement.
Le paisan de cent ans, dont la tête chenue
Est couverte de neige, en suivant sa charrue
Voit galoper de loin l'argolet outrageux,
Qui d'une rude main arrache les cheveux,
265 L'honneur du vieillard blanc, piqué de son ouvrage
Par qui la seule faim se trouvait au village.
Ne voit-on pas déjà, dès trois lustres passés,
Que les peuples fuyards, des villages chassés,
Vivent dans les forêts ? là chacun d'eux s'asserre
270 Au ventre de leur mère, aux cavernes de terre ;
Ils cherchent, quand l'humain leur refuse secours,
Les bauges des sangliers et les roches des ours,
Sans compter les perdus à qui la mort propice
Donne poison, cordeau, le fer, le précipice.
275   Ce ne sont pas les grands, mais les simples paisans,
Que la terre connaît pour enfants complaisants.

La terre n'aime pas le sang ni les ordures :
Il ne sort des tyrans et de leurs mains impures
Qu'ordures ni que sang ; les aimés laboureurs
280 Ouvragent son beau sein de si belles couleurs,
Font courir les ruisseaux dedans les verdes prées
Par les sauvages fleurs en émail diaprées ;
Ou par ordre et compas les jardins azurés
Montrent au ciel riant leurs carreaux mesurés ;
285 Les parterres tondus et les droites allées
Des droiturières mains au cordeau sont réglées ;
Ils sont peintres, brodeurs, et puis leurs grands tapis
Noircissent de raisins et jaunissent d'épis.
Les ombreuses forêts leur demeurent plus franches,
290 Eventent leurs sueurs et les couvrent de branches.
La terre semble donc, pleurante de souci,
Consoler les petits en leur disant ainsi :
« Enfants de ma douleur, du haut ciel l'ire émue
Pour me vouloir tuer premièrement vous tue ;
295 Vous languissez, et lors le plus doux de mon bien
Va soûlant de plaisirs ceux qui ne valent rien.
Or attendant le temps que le ciel se retire,
Ou que le Dieu du ciel détourne ailleurs son ire
Pour vous faire goûter de ses douceurs après,
300 Cachez-vous sous ma robe en mes noires forêts,
Et, au fond du malheur, que chacun de vous entre,
Par deux fois mes enfants dans l'obscur de mon ventre.
Les fainéants ingrats font brûler vos labeurs,
Vos seins sentent la faim et vos fronts les sueurs :
305 Je mets de la douceur aux amères racines,
Car elles vous seront viande et médecines ;
Et je retirerai mes bénédictions
De ceux qui vont suçant le sang des nations :
Tout pour eux soit amer, qu'ils sortent exécrables
310 Du lit sans reposer, allouvis de leurs tables ! »
Car pour montrer comment en la destruction
L'homme n'est plus un homme, il prend réfection

Des herbes, de charogne et viandes non prêtes,
Ravissant les repas apprêtés pour les bêtes ;
315 La racine douteuse est prise sans danger,
Bonne, si on la peut amollir et manger ;
Le conseil de la faim apprend aux dents par force
A piller des forêts et la robe et l'écorce.
La terre sans façon a honte de se voir,
320 Cherche encore des mains et n'en peut plus avoir.
Tout logis est exil : les villages champêtres,
Sans portes et planchers, sans meubles et fenêtres,
Font une mine affreuse, ainsi que le corps mort
Montre, en montrant les os, que quelqu'un lui fait tort.
325 Les loups et les renards et les bêtes sauvages
Tiennent place d'humains, possèdent les villages,
Si bien qu'en même lieu, où en paix on eut soin
De resserrer le pain, on y cueille le foin.
Si le rustique peut dérober à soi-même
330 Quelque grain recelé par une peine extrême,
Espérant sans espoir la fin de ses malheurs,
Lors on peut voir coupler troupe de laboureurs,
Et d'un soc attaché faire place en la terre
Pour y semer le blé, le soutien de la guerre ;
335 Et puis l'an ensuivant les misérables yeux
Qui des sueurs du front trempaient, laborieux,
Quand, subissant le joug des plus serviles bêtes,
Liés comme des bœufs, ils se couplaient par têtes,
Voient d'un étranger la ravissante main
340 Qui leur tire la vie et l'espoir et le grain.
Alors baignés en pleurs dans les bois ils retournent,
Aux aveugles rochers les affligés séjournent ;
Ils vont souffrant la faim qu'ils portent doucement
Au prix du déplaisir et infernal tourment
345 Qu'ils sentirent jadis, quand leurs maisons remplies
De démons encharnés, sépulcres de leurs vies,
Leur servaient de crottons, ou pendus par les doigts
A des cordons tranchants, ou attachés au bois

Et couchés dans le feu, ou de graisses flambantes
350 Les corps nus tenaillés, ou les plaintes pressantes
De leurs enfants pendus par les pieds, arrachés
Du sein qu'ils empoignaient, des tétins asséchés.
Ou bien, quand du soldat la diète allouvie
Tirait au lieu de pain de son hôte la vie,
355 Vengé mais non saoulé, père et mère meurtris
Laissaient dans les berceaux des enfants si petits
Qu'enserrés de cimois, prisonniers dans leur couche,
Ils mouraient par la faim ; de l'innocente bouche
L'âme plaintive allait en un plus heureux lieu
360 Eclater sa clameur au grand trône de Dieu ;
Cependant que les Rois parés de leur substance
En pompes et festins trompaient leur conscience,
Etoffaient leur grandeur des ruines d'autrui,
Gras du suc innocent, s'égayant de l'ennui,
365 Stupides, sans goûter ni pitiés ni merveilles,
Pour les pleurs et les cris n'ayant yeux ni oreilles.
　　Ici je veux sortir du général discours
De mon tableau public ; je fléchirai le cours
De mon fil entrepris, vaincu de la mémoire
370 Qui effraie mes sens d'une tragique histoire :
Car mes yeux sont témoins du sujet de mes vers.
　　J'ai vu le reître noir foudroyer au travers
Les masures de France, et comme une tempeste,
Emporter ce qu'il peut, ravager tout le reste ;
375 Cet amas affamé nous fit à Montmoreau
Voir la nouvelle horreur d'un spectacle nouveau.
Nous vînmes sur leurs pas, une troupe lassée
Que la terre portait, de nos pas harassée.
Là de mille maisons on ne trouva que feux,
380 Que charognes, que morts ou visages affreux.
La faim va devant moi, force est que je la suive.
J'ois d'un gosier mourant une voix demi-vive :
Le cri me sert de guide, et fait voir à l'instant
D'un homme demi-mort le chef se débattant,

385 Qui sur le seuil d'un huis dissipait sa cervelle.
    Ce demi-vif la mort à son secours appelle
    De sa mourante voix, cet esprit demi-mort
    Disait en son patois (langue de Périgord) :
    « Si vous êtes Français, Français, je vous adjure,
390 Donnez secours de mort, c'est l'aide la plus sûre
    Que j'espère de vous, le moyen de guérir ;
    Faites-moi d'un bon coup et promptement mourir.
    Les reîtres m'ont tué par faute de viande,
    Ne pouvant ni fournir ni ouïr leur demande ;
395 D'un coup de coutelas l'un d'eux m'a emporté
    Ce bras que vous voyez près du lit à côté ;
    J'ai au travers du corps deux balles de pistole. »
    Il suivit, en coupant d'un grand vent sa parole :
    « C'est peu de cas encor et de pitié de nous ;
400 Ma femme en quelque lieu, grosse, est morte de coups.
    Il y a quatre jours qu'ayant été en fuite
    Chassés à la minuit, sans qu'il nous fût licite
    De sauver nos enfants liés en leurs berceaux,
    Leurs cris nous appelaient, et entre ces bourreaux
405 Pensant les secourir nous perdîmes la vie.
    Hélas ! si vous avez encore quelque envie
    De voir plus de malheur, vous verrez là-dedans
    Le massacre piteux de nos petits enfants. »
    J'entre, et n'en trouve qu'un, qui lié dans sa couche
410 Avait les yeux flétris, qui de sa pâle bouche
    Poussait et retirait cet esprit languissant
    Qui, à regret son corps par la faim délaissant,
    Avait lassé sa voix bramant après sa vie.
    Voici après entrer l'horrible anatomie
415 De la mère asséchée : elle avait de dehors
    Sur ses reins dissipés traîné, roulé son corps,
    Jambes et bras rompus, une amour maternelle
    L'émouvant pour autrui beaucoup plus que pour elle.
    A tant elle approcha sa tête du berceau,
420 La releva dessus ; il ne sortait plus d'eau

De ses yeux consumés ; de ses plaies mortelles
Le sang mouillait l'enfant ; point de lait aux mamelles,
Mais des peaux sans humeur : ce corps séché, retrait,
De la France qui meurt fut un autre portrait.
425 Elle cherchait des yeux deux de ses fils encore,
Nos fronts l'épouvantaient ; enfin la mort dévore
En même temps ces trois. J'eus peur que ces esprits
Protestassent mourant contre nous de leurs cris ;
Mes cheveux étonnés hérissent en ma teste ;
430 J'appelle Dieu pour juge, et tout haut je déteste
Les violeurs de paix, les perfides parfaits,
Qui d'une sale cause amènent tels effets :
Là je vis étonnés les cœurs impitoyables,
Je vis tomber l'effroi dessus les effroyables.
435 Quel œil sec eût pu voir les membres mi-mangés
De ceux qui par la faim étaient morts enragés ?
    Et encore aujourd'hui, sous la loi de la guerre,
Les tigres vont brûlant les trésors de la terre,
Notre commune mère ; et le dégât du pain
440 Au secours des lions ligue la pâle faim.
En ce point, lorsque Dieu nous épanche une pluie,
Une manne de blés pour soutenir la vie,
L'homme, crevant de rage et de noire fureur,
Devant les yeux émus de ce grand bienfaiteur
445 Foule aux pieds ses bienfaits en villénant sa grâce,
Crache contre le ciel, ce qui tourne en sa face.
La terre ouvre aux humains et son lait et son sein,
Mille et mille douceurs que de sa blanche main
Elle apprête aux ingrats, qui les donnent aux flammes.
450 Les dégâts font languir les innocentes âmes.
En vain le pauvre en l'air éclate pour du pain :
On embrase la paille, on fait pourrir le grain
Au temps que l'affamé à nos portes séjourne.
Le malade se plaint : cette voix nous ajourne
455 Au trône du grand Dieu, ce que l'affligé dit
En l'amer de son cœur, quand son cœur nous maudit,

Dieu l'entend, Dieu l'exauce, et ce cri d'amertume
Dans l'air ni dans le feu volant ne se consume ;
Dieu scelle de son sceau ce piteux testament,
460 Notre mort en la mort qui le va consumant.
    La mort en payement n'a reçu l'innocence
Du pauvre qui mettait sa chétive espérance
Aux aumônes du peuple. Ah ! que dirai-je plus ?
De ces événements n'ont pas été exclus
465 Les animaux privés, et hors de leurs villages
Les mâtins allouvis sont devenus sauvages,
Faits loups de naturel et non pas de la peau :
Imitant les plus grands, les pasteurs du troupeau
Eux-même ont égorgé ce qu'ils avaient en garde.
470 Encor les verrez-vous se venger, quoi qu'il tarde,
De ceux qui ont ôté aux pauvres animaux
La pâture ordonnée : ils seront les bourreaux
De l'ire du grand Dieu, et leurs dents affamées
Se crèveront des os de nos belles armées.
475 Ils en ont eu curée en nos sanglants combats,
Si bien que des corps morts rassasiés et las,
Aux plaines de nos camps, de nos os blanchissantes,
Ils courent forcenés les personnes vivantes.
    Vous en voyez l'épreuve au champ de Montcontour :
480 Héréditairement ils ont depuis ce jour
La rage naturelle, et leur race enivrée
Du sang des vrais Français se sent de la curée.
    Pourquoi, chiens, auriez-vous en cette âpre saison
(Nés sans raison) gardé aux hommes la raison,
485 Quand Nature sans loi, folle, se dénature,
Quand Nature mourant dépouille sa figure,
Quand les humains privés de tous autres moyens,
Assiégés, ont mangé leurs plus fidèles chiens,
Quand sur les chevaux morts on donne des batailles
490 A partir le butin des puantes entrailles ?
Même aux chevaux péris de farcin et de faim
On a vu labourer les ongles de l'humain

Pour chercher dans les os et la peau consumée
Ce qu'oubliait la faim et la mort affamée.
495   Cette horreur que tout œil en lisant a douté,
Dont nos sens démentaient la vraie antiquité,
Cette rage s'est vue, et les mères non-mères
Nous ont de leurs forfaits pour témoins oculaires.
C'est en ces sièges lents, ces sièges sans pitié,
500 Que des seins plus aimants s'envole l'amitié.
La mère du berceau son cher enfant délie ;
L'enfant qu'on débandait autrefois pour sa vie
Se développe ici par les barbares doigts
Qui s'en vont détacher de nature les lois.
505 La mère défaisant, pitoyable et farouche,
Les liens de pitié avec ceux de sa couche,
Les entrailles d'amour, les filets de son flanc,
Les intestins brûlant par les tressauts du sang,
Le sens, l'humanité, le cœur ému qui tremble,
510 Tout cela se détord et se démêle ensemble.
L'enfant, qui pense encore aller tirer en vain
Les peaux de la mamelle, a les yeux sur la main
Qui défait les cimois : cette bouche affamée,
Triste, sourit aux tours de la main bien aimée.
515 Cette main s'employait pour la vie autrefois ;
Maintenant à la mort elle emploie ses doigts,
La mort qui d'un côté se présente, effroyable,
La faim de l'autre bout bourrelle impitoyable.
La mère ayant longtemps combattu dans son cœur
520 Le feu de la pitié, de la faim la fureur,
Convoite dans son sein la créature aimée
Et dit à son enfant (moins mère qu'affamée) :
« Rends misérable, rends le corps que je t'ai fait ;
Ton sang retournera où tu as pris le lait,
525 Au sein qui t'allaitait rentre contre nature ;
Ce sein qui t'a nourri sera ta sépulture. »
La main tremble en tirant le funeste couteau,
Quand, pour sacrifier de son ventre l'agneau,

Des pouces elle étreint la gorge, qui gazouille
530 Quelques mots sans accents, croyant qu'on la chatouille :
Sur l'effroyable coup le cœur se refroidit.
Deux fois le fer échappe à la main qui roidit.
Tout est troublé, confus, en l'âme qui se trouve
N'avoir plus rien de mère, et avoir tout de louve.
535 De sa lèvre ternie il sort des feux ardents,
Elle n'apprête plus les lèvres, mais les dents,
Et des baisers changés en avides morsures.
La faim achève tout de trois rudes blessures,
Elle ouvre le passage au sang et aux esprits ;
540 L'enfant change visage et ses ris en ses cris ;
Il pousse trois fumeaux, et n'ayant plus de mère,
Mourant, cherche des yeux les yeux de sa meurtrière.
    On dit que le manger de Thyeste pareil
Fit noircir et fuir et cacher le soleil.
545 Suivrons-nous plus avant ? voulons-nous voir le reste
De ce banquet d'horreur, pire que de Thyeste ?
Les membres de ce fils sont connus aux repas,
Et l'autre étant déçu ne les connaissait pas.
Qui pourra voir le plat où la bête farouche
550 Prend les petits doigts cuits, les jouets de sa bouche ?
Les yeux éteints, auxquels il y a peu de jours
Que de regards mignons embrasaient ses amours !
Le sein douillet, les bras qui son col plus n'accollent,
Morceaux qui soûlent peu et qui beaucoup désolent ?
555 Le visage pareil encore se fait voir,
Un portrait reprochant, miroir de son miroir,
Dont la réflexion de coupable semblance
Perce à travers les yeux l'ardente conscience.
Les ongles brisent tout, la faim et la raison
560 Donnent pâture au corps et à l'âme poison.
Le soleil ne put voir l'autre table fumante :
Tirons sur cette-ci le rideau de Thimante.
    Jadis nos Rois anciens, vrais pères et vrais Rois,
Nourrissons de la France, en faisant quelquefois

565 Le tour de leur pays en diverses contrées,
    Faisaient par les cités de superbes entrées.
    Chacun s'éjouissait, on savait bien pourquoi ;
    Les enfants de quatre ans criaient : vive le Roi !
    Les villes employaient mille et mille artifices
570 Pour faire comme font les meilleures nourrices,
    De qui le sein fécond se prodigue à l'ouvrir,
    Veut montrer qu'il en a pour perdre et pour nourrir.
    Il semble que le pis, quand il est ému, voie ;
    Il se jette en la main, dont ces mères de joie,
575 Font rejaillir aux yeux de leurs mignons enfants
    Du lait qui leur regorge : à leurs Rois triomphants,
    Triomphant par la paix, ces villes nourricières
    Prodiguaient leur substance, et en toutes manières
    Montraient au ciel serein leurs trésors enfermés,
580 Et leur lait et leur joie à leurs Rois bien aimés.
      Nos tyrans aujourd'hui entrent d'une autre sorte,
    La ville qui les voit a visage de morte.
    Quand son prince la foule, il la voit de tels yeux
    Que Néron voyait Rome en l'éclat de ses feux ;
585 Quand le tyran s'égaye en la ville où il entre,
    La ville est un corps mort, il passe sur son ventre,
    Et ce n'est plus du lait qu'elle prodigue en l'air,
    C'est du sang, pour parler comme peuvent parler
    Les corps qu'on trouve morts : portés à la justice,
590 On les met en la place, afin que ce corps puisse
    Rencontrer son meurtrier ; le meurtrier inconnu
    Contre qui le corps saigne est coupable tenu.
      Henri, qui tous les jours vas prodiguant ta vie,
    Pour remettre le règne, ôter la tyrannie,
595 Ennemi des tyrans, ressource des vrais Rois,
    Quand le sceptre des lis joindra le Navarrois,
    Souviens-toi de quel œil, de quelle vigilance,
    Tu vois et remédie aux malheurs de la France ;
    Souviens-toi quelque jour combien sont ignorants
600 Ceux qui pour être Rois veulent être tyrans.

Ces tyrans sont des loups, car le loup, quand il entre
Dans le parc des brebis, ne suce de leur ventre
Que le sang par un trou et quitte tout le corps,
Laissant bien le troupeau, mais un troupeau de morts :
605 Nos villes sont charogne, et nos plus chères vies,
Et le suc et la force en ont été ravies ;
Les pays ruinés sont membres retranchés
Dont le corps sèchera, puisqu'ils sont asséchés.

France, puisque tu perds tes membres en la sorte,
610 Apprête le suaire et te compte pour morte :
Ton pouls faible, inégal, le trouble de ton œil
Ne demande plus rien qu'un funeste cercueil.

Que si tu vis encor, c'est la mourante vie
Que le malade vit en extrême agonie,
615 Lorsque les sens sont morts, quand il est au rumeau,
Et que d'un bout de plume on l'abèche avec l'eau.

Si en louve tu peux dévorer la viande,
Ton chef mange tes bras ; c'est une faim trop grande :
Quand le désespéré vient à manger si fort
620 Après le goût perdu, c'est indice de mort.

Mais quoi ? tu ne fus oncq si fière en ta puissance,
Si roide en tes efforts, ô furieuse France !
C'est ainsi que les nerfs des jambes et des bras
Roidissent au mourant à l'heure du trépas.

625 On resserre d'impôt le trafic des rivières,
Le sang des gros vaisseaux et celui des artères :
C'est fait du corps auquel on tranche tous les jours
Des veines et rameaux les ordinaires cours.

Tu donnes aux forains ton avoir qui s'égare,
630 A celui du dedans rude, sèche et avare :
Cette main a promis d'aller trouver les morts
Qui, sans humeur dedans, est suante au dehors.

France, tu es si docte et parles tant de langues !
O monstrueux discours, ô funestes harangues !
635 Ainsi, mourant les corps, on a vu les esprits
Prononcer les jargons qu'ils n'avaient point appris.

Tu as plus que jamais de merveilleuses têtes,
Des cerveaux transcendants, de vrais et faux prophètes :
Toi, prophète, en mourant du mal de ta grandeur,
640 Mieux que le médecin tu chantes ton malheur.

France, tu as commerce aux nations étranges,
Partout intelligence et partout des échanges :
L'oreille du malade est ainsi claire, alors
Que l'esprit dit adieu aux oreilles du corps.

645 France, bien qu'au milieu tu sens des guerres fières,
Tu as paix et repos à tes villes frontières :
Le corps tout feu dedans, tout glace par dehors,
Demande la bière et bientôt est fait corps.

Mais France, on voit doubler dedans toi l'avarice ;
650 Sur le seuil du tombeau les vieillards ont ce vice :
Quand le malade amasse et couverte et linceux
Et tire tout à soi, c'est un signe piteux.

On voit périr en toi la chaleur naturelle,
Le feu de charité, toute amour mutuelle ;
655 Les déluges épais achèvent de noyer
Tous chauds désirs au cœur qui était leur foyer ;
Mais ce foyer du cœur a perdu l'avantage
Du feu et des esprits qui faisaient le courage.

Ici marquez honteux, dégénérés François,
660 Que vos armes étaient légères autrefois,
Et que, quand l'étranger éjambait vos barrières,
Vos aïeux dédaignaient forts et villes frontières :
L'ennemi, aussitôt comme entré combattu,
Faisait à la campagne essai de leur vertu.

665 Ores, pour témoigner la caduque vieillesse
Qui nous ôte l'ardeur et nous croît la finesse,
Nos cœurs froids ont besoin de se voir emmurés,
Et, comme les vieillards, revêtus et fourrés
De remparts, bastions, fossés et contre-mines,
670 Fausses-braies, parapets, chemises et courtines ;
Nos excellents desseins ne sont que garnisons,
Que nos pères fuyaient comme on fuit les prisons :

Quand le corps gelé veut mettre robe sur robe,
Dites que la chaleur s'enfuit et se dérobe.
675 L'Ange de Dieu vengeur, une fois commandé,
Ne se détourne pas pour être appréhendé :
Car ces symptômes vrais, qui ne sont que présages,
Se sentent en nos cœurs aussitôt qu'aux visages.
    Voilà le front hideux de nos calamités,
680 La vengeance des cieux justement dépités.
Comme par force l'œil se détourne à ces choses,
Retournons les esprits pour en toucher les causes.
    France, tu t'élevais orgueilleuse au milieu
Des autres nations ; et ton père et ton Dieu
685 Qui tant et tant de fois par guerres étrangères
T'éprouva, t'avertit des verges, des misères,
Ce grand Dieu voit au ciel du feu de son clair œil
Que des maux étrangers tu doublais ton orgueil.
Tes superstitions et tes coutumes folles
690 De Dieu qui te frappait te poussaient aux idoles.
Tu te crevais de graisse en patience, mais
Ta paix était la sœur bâtarde de la paix.
Rien n'était honoré parmi toi que le vice ;
Au ciel était bannie en pleurant la justice,
695 L'Eglise au sec désert, la vérité après.
L'enfer fut épuisé et visité de près,
Pour chercher en son fond une verge nouvelle
A punir jusqu'aux os la nation rebelle.
    Cet enfer nourrissait en ses obscurités
700 Deux esprits, que les cieux formèrent, dépités,
Des pires excréments, des vapeurs inconnues
Que l'haleine du bas exhale dans les nues.
L'essence et le subtil de ces infections
S'affina par sept fois en exhalations,
705 Comme l'on voit dans l'air une masse visqueuse
Lever premièrement l'humeur contagieuse
De l'haleine terrestre ; et quand auprès des cieux
Le choix de ce venin est haussé, vicieux,

Comme un astre il prend vie, et sa force secrète
710 Epouvante chacun du regard d'un comète.
Le peuple, à gros amas aux places ameuté,
Bée douteusement sur la calamité,
Et dit : « Ce feu menace et promet à la terre,
Louche, pâle ou flambant, peste, famine ou guerre. »
715   A ces trois s'apprêtaient ces deux astres nouveaux.
Le peuple voyait bien ces cramoisis flambeaux,
Mais ne les put juger d'une pareille sorte.
Ces deux esprits meurtriers de la France mi-morte
Naquirent en nos temps : les astres mutinés
720 Les tirèrent d'enfer, puis ils furent donnés
A deux corps vicieux, et l'amas de ces vices
Trouva l'organe prompt à leurs mauvais offices.
    Voici les deux flambeaux et les deux instruments
Des plaies de la France, et de tous ses tourments :
725 Une fatale femme, un cardinal qui d'elle,
Parangon de malheur, suivait l'âme cruelle.
    Malheur, ce dit le Sage, au peuple dont les lois
Tournent dans les esprits des fols et jeunes Rois
Et qui mangent matin : que ce malheur se treuve
730 Divinement prédit par la certaine épreuve !
Mais cela qui fait plus le règne malheureux
Que celui des enfants, c'est quand on voit pour eux
Le diadème saint sur la tête insolente,
Le sacré sceptre au poing d'une femme impuissante,
735 Aux dépens de la loi que prirent les Gaulois
Des Saliens Français pour loi des autres lois.
Cet esprit impuissant a bien peu, car sa force
S'est convertie en poudre, en feux et en amorce,
Impuissante à bien faire et puissante à forger
740 Les couteaux si tranchants qu'on a vu égorger
Depuis les Rois hautains échauffés à la guerre
Jusqu'au ver innocent qui se traîne sur terre.
Mais plût à Dieu aussi qu'elle eût pu surmonter
Sa rage de régner, qu'elle eût pu s'exempter

745 Du venin florentin, dont la plaie éternelle,
    Pestifère, a frappé et sur elle et par elle !
       Plût à Dieu, Jésabel, que, comme au temps passé
    Tes ducs prédécesseurs ont toujours abaissé
    Les grands en élevant les petits à l'encontre,
750 Puis encor rabattus par une autre rencontre
    Ceux qu'ils avaient haussés, sitôt que leur grandeur
    Pouvait donner soupçon ou méfiance au cœur
    — Ainsi comme eux tu sais te rendre redoutable,
    Faisant le grand coquin, haussant le misérable,
755 Ainsi comme eux tu sais par tes subtilités,
    En maintenant les deux, perdre les deux côtés,
    Pour abreuver de sang la soif de ta puissance —
    Plût à Dieu, Jésabel, que tu euss' à Florence
    Laissé tes trahisons, en laissant ton pays,
760 Que tu n'eusses les grands des deux côtés trahis
    Pour régner au milieu, et que ton entreprise
    N'eût ruiné le noble et le peuple et l'Eglise !
    Cinq cents mille soldats n'eussent crevé, poudreux,
    Sur le champ maternel, et ne fût avec eux
765 La noblesse faillie et la force faillie
    De France, que tu as fait gibier d'Italie.
    Ton fils eût échappé ta secrète poison
    Si ton sang t'eût été plus que ta trahison.
    Enfin, pour assouvir ton esprit et ta vue,
770 Tu vois le feu qui brûle et le couteau qui tue.
    Tu as vu à ton gré deux camps de deux côtés,
    Tous deux pour toi, tous deux à ton gré tourmentés,
    Tous deux Français, tous deux ennemis de la France,
    Tous deux exécuteurs de ton impatience,
775 Tous deux la pâle horreur du peuple ruiné,
    Et un peuple par toi contre soi mutiné.
    Par eux tu vois déjà la terre ivre, inhumaine,
    Du sang noble français et de l'étranger pleine,
    Accablés par le fer que tu as émoulu ;
780 Mais c'est beaucoup plus tard que tu n'eusses voulu :

Tu n'as ta soif de sang qu'à demi arrosée,
Ainsi que d'un peu d'eau la flamme est embrasée.
  C'était un beau miroir de ton esprit mouvant
Quand, parmi les nonnains, au florentin convent,
785 N'ayant pouvoir encor de tourmenter la terre,
Tu dressais tous les jours quelque petite guerre :
Tes compagnes pour toi se tiraient aux cheveux.
Ton esprit dès lors plein de sanguinaires vœux
Par ceux qui prévoyaient les effets de ton âme
790 Ne put être enfermé, subtil comme la flamme.
Un malheur nécessaire et le vouloir de Dieu
Ne doit perdre son temps ni l'assiette du lieu :
Comme celle qui vit en songe que de Troie
Elle enfantait les feux, vit aussi mettre en proie
795 Son pays par son fils, et, pour savoir son mal,
Ne put brider le cours de son malheur fatal.
Or ne veuille le ciel avoir jugé la France
A servir septante ans de gibier à Florence !
Ne veuille Dieu tenir pour plus longtemps assis
800 Sur nos lis tant foulés le joug de Médicis !
Quoi que l'arrêt du ciel dessus nos chefs destine,
Toi, verge de courroux, impure Florentine,
Nos cicatrices sont ton plaisir et ton jeu ;
Mais tu iras enfin comme la verge au feu,
805 Quand au lit de la mort ton fils et tes plus proches
Consoleront tes plaints de ris et de reproches,
Quand l'édifice haut des superbes Lorrains
Maugré tes étançons t'accablera les reins,
Et par toi élevé t'accrasera la tête.
810 Encor ris-tu, sauvage et carnassière bête,
Aux œuvres de tes mains, et n'as qu'un déplaisir,
Que le grand feu n'est pas si grand que ton désir !
Ne plaignant que le peu, tu t'égaye ainsi comme
Néron l'impitoyable en voyant brûler Rome.
815   Néron laissait en paix quelque petite part,
Quelque coin d'Italie égaré à l'écart

Echappait ses fureurs ; quelqu'un fuyait de Sylle
Le glaive et le courroux en la guerre civile ;
Quelqu'un de Phalaris évitait le taureau,
820 La rage de Cinna, de César le couteau ;
Et (ce qu'on feint encore étrange entre les fables)
Quelqu'un de Diomède échappait les étables ;
Le lion, le sanglier qu'Hercule mit à mort
Plus loin que leur buisson ne faisaient point de tort,
825 L'hydre assiégeait Lerna, du taureau la furie
Courait Candie, Anthée affligeait la Lybie.
    Mais toi qui au matin de tes cheveux épars
Fais voile à ton faux chef branlant de toutes parts,
Et, déployant en l'air ta perruque grisonne,
830 Les pays tout émus de pestes empoisonne,
Tes crins éparpillés, par charmes hérissés,
Envoient leurs esprits où ils sont adressés ;
Par neuf fois tu secoue, et hors de chaque pointe
Neuf démons conjurés décochent par contrainte.
835   Quel antre caverneux, quel sablon, quel désert,
Quel bois, au fond duquel le voyageur se perd,
Est exempt de malheurs ? Quel allié de France
De ton breuvage amer n'a humé l'abondance ?
Car diligente à nuire, ardente à rechercher,
840 La lointaine province et l'éloigné clocher
Par toi sont peints de rouge, et chacune personne
A son meurtrier derrière avant qu'elle s'étonne.
O qu'en Lybie Anthée, en Crète le taureau,
Que les têtes d'Hydra, du noir sanglier la peau,
845 Le lion Néméan et ce que cette fable
Nous conte d'outrageux fut au prix supportable !
Pharaon fut paisible, Antiochus piteux,
Les Hérodes plus doux, Cinna religieux ;
On pouvait supporter l'épreuve de Pérille,
850 Le couteau de César, et la prison de Sylle ;
Et les feux de Néron ne furent point des feux
Près de ceux que vomit ce serpent monstrueux.

Ainsi, en embrasant la France misérable,
Cette Hydra renaissant ne s'abat, ne s'accable
855 Par veilles, par labeurs, par chemins, par ennuis ;
La chaleur des grands jours ni les plus froides nuits
N'arrêtent sa fureur, ne brident le courage
De ce monstre porté des ailes de sa rage ;
La peste ne l'arrête, ains la peste la craint,
860 Pource qu'un moindre mal un pire mal n'éteint.
L'infidèle, croyant les fausses impostures
Des démons prédisant par songes, par augures
Et par voix de sorciers que son chef périra
Foudroyé d'un plancher qui l'ensevelira,
865 Perd bien le jugement, n'ayant pas connaissance,
Que cette maison n'est que la maison de France,
La maison qu'elle sape ; et c'est aussi pourquoi
Elle fait trébucher son ouvrage sur soi.
Celui qui d'un canon foudroyant extermine
870 Le rempart ennemi sans brasser sa ruine
Ruine ce qu'il hait, mais un même danger
Acravante le chef de l'aveugle étranger
Grattant par le dedans le vengeur édifice,
Qui fait de son meurtrier en mourant sacrifice.
875 Elle ne l'entend pas, quand de mille poteaux
Elle fait appuyer ses logis, ses châteaux :
Tu ne peux empêcher par arc-boutant ni fulcre
Que Dieu de ta maison ne fasse ton sépulcre ;
L'architecte mondain n'a rien qui tienne lieu
880 Contre les coups du ciel et le doigt du grand Dieu.
Il fallait contre toi et contre ta machine
Appuyer et munir, ingrate Catherine,
Cette haute maison, la maison de Valois,
Qui s'en va dire adieu au monde et aux François.
885 Mais, quand l'embrasement de la mi-morte France
A souffler tous les coins requiert sa diligence,
La diligente au mal, paresseuse à tout bien,
Pour bien faire craint tout, pour nuire ne craint rien.

C'est la peste de l'air, l'Erynne envenimée,
890 Elle infecte le ciel par la noire fumée
Qui sort de ses nareaux ; elle halène les fleurs :
Les fleurs perdent d'un coup la vie et les couleurs ;
Son toucher est mortel, la pestifère tue
Les pays tous entiers de basilique vue ;
895 Elle change en discord l'accord des éléments.
En paisible minuit on oit ses hurlements,
Ses sifflements, ses cris, alors que l'enragée
Tourne la terre en cendre, et en sang l'eau changée.
Elle s'ameute avec les sorciers enchanteurs,
900 Compagne des démons compagnons imposteurs,
Murmurant l'exorcisme et les noires prières.
La nuit elle se vautre aux hideux cimetières,
Elle trouble le ciel, elle arrête les eaux,
Ayant sacrifié tourtres et pigonneaux
905 Et dérobé le temps que la lune obscurcie
Souffre de son murmure ; elle attire et convie
Les serpents en un rond sur les fosses des morts,
Déterre sans effroi les effroyables corps,
Puis, remplissant les os de la force des diables,
910 Les fait saillir en pieds, terreux, épouvantables,
Oit leur voix enrouée, et des obscurs propos
Des démons imagine un travail sans repos ;
Idolâtrant Satan et sa théologie,
Interrogue en tremblant sur le fil de sa vie
915 Ces organes hideux ; lors mêle de leurs tais
La poudre avec du lait, pour les conduire en paix.
Les enfants innocents ont prêté leurs moelles,
Leurs graisses et leur suc à fournir des chandelles,
Et, pour faire trotter les esprits aux tombeaux,
920 On offre à Belzébub leurs innocentes peaux.
    En vain, Reine, tu as rempli une boutique
De drogues du métier et ménage magique ;
En vain fais-tu amas dans les tais des défunts
De poix noire, de camphre à faire tes parfums ;

925 Tu y brûles en vain cyprès et mandragore,
La ciguë, la rue et le blanc hellébore,
La tête d'un chat roux, d'un céraste la peau,
D'un chat-huant le fiel, la langue d'un corbeau,
De la chauve-souris le sang, et de la louve
930 Le lait chaudement pris sur le point qu'elle trouve
Sa tanière volée et son fruit emporté,
Le nombril frais coupé à l'enfant avorté,
Le cœur d'un vieil crapaud, le foie d'un dipsade,
Les yeux d'un basilic, la dent d'un chien malade
935 Et la bave qu'il rend en contemplant les flots,
La queue du poisson, ancre des matelots,
Contre lequel en vain vent et voile s'essaie,
Le vierge parchemin, le palais de frésaie :
Tant d'étranges moyens tu recherches en vain,
940 Tu en as de plus prompts en ta fatale main.
Car quand dans un corps mort un démon tu ingères,
Tu le vas menaçant d'un fouet de vipères ;
Il fait semblant de craindre, et pour jouer son jeu
Il s'approche, il refuse, il entre peu à peu,
945 Il touche le corps froid et puis il s'en éloigne,
Il feint avoir horreur de l'horrible charongne :
Ces feintes sont appâts ; leur maître, leur Seigneur
Leur permet d'affronter, d'efficace d'erreur,
Tels esprits que le tien par telles singeries.
950 　Mais toi qui par sur eux triomphes, seigneuries,
Use de ton pouvoir : tu peux bien triompher
Sur eux, puisque tu es vivandière d'enfer ;
Tu as plus de crédit, et ta voix est plus forte
Que tout ce qu'en secret de cent lieux on te porte.
955 Va, commande aux démons d'impérieuse voix,
Reproche-leur tes coups, conte ce que tu vois,
Montre-leur le succès des ruses florentines,
Tes meurtres, tes poisons, de France les ruines,
Tant d'âmes, tant de corps que tu leur fais avoir,
960 Tant d'esprits abrutis, poussés au désespoir,

Qui renoncent leur Dieu ; dis que par tes menées
Tu as peuplé l'enfer de légions damnées.
De telles voix sans plus tu pourras émouvoir,
Employer, arrêter tout l'infernal pouvoir.
965 Il ne faut plus de soin, de labeur, de dépense
A chercher les savants en la noire science ;
Vous garderez les biens, les états, les honneurs
Pour d'Italie avoir les fins empoisonneurs,
Pour nourrir, employer cette subtile bande,
970 Bien mieux entretenue, et plus riche et plus grande
Que celle du conseil ; car nous ne voulons point
Que conseillers subtils, qui renversent à point
En discords les accords, que les traîtres qui vendent
A peu de prix leur foi, ceux-là qui mieux entendent
975 A donner aux méchants les purs commandements,
En se servant des bons tromper leurs instruments.
    La foi par tant de fois et la paix violée
Couvrait les faux desseins de la France affolée
Sous les traités d'accord ; avant le pourparler
980 De la paix, on savait le moyen de troubler.
Cela nous fut dépeint par les feux et la cendre
Que le malheur venu seul nous a pu apprendre,
Les feux, dis-je, celés dessous le pesant corps
D'une souche amortie et qui, n'ayant dehors
985 Poussé par millions toujours ses étincelles,
Sous la cendre trompeuse a ses flammes nouvelles.
La traîtresse Pandore apporta nos malheurs,
Peignant sur son champ noir l'énigme de nos pleurs,
Marquant pour se moquer sur ses tapisseries
990 Les moyens de ravir et nos biens et nos vies,
Même écrivant autour du tison de son cœur
Qu'après la flamme éteinte encore vit l'ardeur.
    Tel fut l'autre moyen de nos rudes misères,
L'Achitophel bandant les fils contre les pères,
995 Tel fut cette autre peste et l'autre malheureux,
Perpétuel horreur à nos tristes neveux,

Ce cardinal sanglant, couleur à point suivie
Des désirs, des effets, et pareille à sa vie :
Il fut rouge de sang de ceux qui au cercueil
1000 Furent hors d'âge mis, tués par son conseil ;
Et puis le cramoisi encore nous avise
Qu'il a dedans son sang trempé sa paillardise,
Quand en même sujet se fit le monstrueux
Adultère, paillard, bougre et incestueux.
1005 Il est exterminé ; sa mort épouvantable
Fut des esprits noircis une guerre admirable.
Le haut ciel s'obscurcit, cent mille tremblements
Confondirent la terre et les trois éléments ;
De celui qui troublait, quand il était en vie,
1010 La France et l'univers l'âme rouge ravie
En mille tourbillons, mille vents, mille nœuds,
Mille foudres ferrés, mille éclairs, mille feux,
Le pompeux appareil de cette âme si sainte
Fit des moqueurs de Dieu trembler l'âme contrainte.
1015 Or n'étant dépouillé de toutes passions,
De ses conseils secrets et de ses actions
Ne pouvant oublier la compagne fidèle,
Vomissant son démon, il eut mémoire d'elle,
Et finit d'un adieu entre les deux amants
1020 La moitié du conseil et non de nos tourments.
  Prince choisi de Dieu, qui sous ta belle-mère
Savourais l'aconit et la ciguë amère,
Ta voix a témoigné qu'au point que cet esprit
S'enfuyait en son lieu, tu vis saillir du lit
1025 Cette Reine en frayeur qui te montrait la place
Où le cardinal mort l'acostait face à face
Pour prendre son congé : elle bouchait ses yeux,
Et sa frayeur te fit hérisser les cheveux.
  Tels malheureux cerveaux ont été les amorces,
1030 Les flambeaux, boute-feux et les fatales torches
Par qui les hauts châteaux jusqu'en terre rasés,
Les temples, hôpitaux pillés et embrasés,

Les collèges détruits par la main ennemie
Des citoyens émus montrent l'anatomie
1035 De notre honneur ancien (comme l'on juge aux os
La grandeur des géants aux sépulcres enclos).
Par eux on vit les lois sous les pieds trépignées,
Par eux la populace à bandes mutinées
Trempa dedans le sang des vieillards les couteaux,
1040 Etrangla les enfants liés en leurs berceaux,
Et la mort ne connut ni le sexe ni l'âge ;
Par eux est perpétré le monstrueux carnage
Qui, de quinze ans entiers, ayant fait les moissons
Des Français, glene encor le reste en cent façons.
1045   Car quand la frénésie et fièvre générale
A senti quelque paix, dilucide intervalle,
Nos savants apprentifs du faux Machiavel
Ont parmi nous semé la peste du duel.
Les grands, ensorcelés par subtiles querelles,
1050 Ont rempli leurs esprits de haines mutuelles ;
Leur courage employé à leur dissension
Les fait serfs de métier, grands de profession.
Les nobles ont choqué à têtes contre têtes ;
Par eux les princes ont vers eux payé leurs dettes ;
1055 Un chacun étourdi a porté au fourreau
De quoi être de soi et d'autrui le bourreau ;
Et de peur qu'en la paix la féconde noblesse
De son nombre s'enflant ne refrène et ne blesse
La tyrannie un jour, qu'ignorante elle suit,
1060 Misérable support du joug qui la détruit,
Le Prince en son repas par louanges et blâmes
Met la gloire aux duels, en allume les âmes,
Peint sur le front d'autrui et n'établit pour soi
Du rude point d'honneur la pestifère loi,
1065 Réduisant d'un bon cœur la valeur prisonnière
A voir devant l'épée, et l'enfer au derrière.
    J'écris ayant senti avant l'autre combat
De l'âme avec son cœur l'inutile débat,

Prié Dieu, mais sans foi comme sans repentance,
1070 Porté à exploiter dessus moi la sentence ;
Et ne faut pas ici que je vante en moqueur
Le dépit pour courage et le fiel pour le cœur.
Ne pense pas aussi, mon lecteur, que je conte
A ma gloire ce point, je l'écris à ma honte.
1075 Oui j'ai senti le ver réveillant et piqueur
Qui contre tout mon reste avait armé le cœur,
Cœur qui à ses dépens prononçait la sentence
En faveur de l'enfer contre la conscience.
    Ces Anciens, vrais soldats, guerriers, grands conquéreurs
1080 Qui de simples bourgeois faisaient des Empereurs,
Des princes leurs vassaux, d'un avocat un prince,
Du monde un règne seul, de France une province,
Ces patrons de l'honneur honoraient le sénat,
Les chevaliers après, et par le tribunat
1085 Haussaient le tiers état aux degrés de leur ville,
Desquels ils repoussaient toute engeance servile.
Les serfs demi-humains, des hommes excréments,
Se vendaient, se comptaient au rôle des juments ;
Ces malheureux avaient encores entre eux-même
1090 Quelque condition des extrêmes l'extrême :
C'étaient ceux qu'on tirait des pires du troupeau
Pour ébattre le peuple aux dépens de leur peau.
Aux obsèques des grands, aux festins, sur l'arène,
Ces glorieux marauds bravaient la mort certaine,
1095 Avec grâce et sang-froid mettaient pourpoint à part,
Sans s'ébranler logeaient en leur sein le poignard.
Que ceux qui aujourd'hui se vantent d'estocades
Contrefassent l'horreur de ces viles bravades :
Car ceux-là recevaient et le fer et la mort
1100 Sans cri, sans que le corps se tordît par effort,
Sans posture contrainte, ou que la voix ouïe
Mendiât lâchement des spectateurs la vie.
Ainsi le plus infect du peuple diffamé
Périssait tous les jours, par milliers consumé.

1105 Or tel venin cuida sortir de cette lie
  Pour échauffer le sang de la troupe anoblie ;
  Puis quelques Empereurs, gladiateurs nouveaux,
  De ces corps condamnés se firent les bourreaux ;
  Joint (comme l'on trouva) que les mères volages
1110 Avaient admis au lit des pollus mariages
  Ces visages félons, ces membres outrageux,
  Et convoité le sang des vilains courageux.
  On y dressa les nains. Quelques femmes perdues
  Furent à ce métier finalement vendues.
1115 Mais les doctes écrits des sages animés
  Rendirent ces bouchers (quoique grands) diffamés ;
  Et puis le magistrat couronna d'infamie
  Et atterra le reste en la plus basse lie,
  Si bien que ce venin en leur siècle abattu
1120 Pour lors ne put voler la palme de vertu.
   On appelle aujourd'hui n'avoir rien fait qui vaille
  D'avoir percé premier l'épais d'une bataille,
  D'avoir premier porté une enseigne au plus haut,
  Et franchi devant tous la brèche par assaut.
1125 Se jeter contre espoir dans la ville assiégée,
  La sauver demi-prise et rendre encouragée,
  Fortifier, camper ou se loger parmi
  Les gardes, les efforts d'un puissant ennemi,
  Employer, sans manquer de cœur ni de cervelle,
1130 L'épée d'une main, de l'autre la truelle,
  Bien faire une retraite, ou d'un scadron battu
  Rallier les défaits, cela n'est plus vertu.
   La voici pour ce temps : bien prendre une querelle
  Pour un oiseau ou chien, pour garce ou maquerelle,
1135 Au plaisir d'un valet, d'un bouffon gazouillant
  Qui veut, dit-il, savoir si son maître est vaillant.
  Si un prince vous hait, s'il lui prend quelque envie
  D'employer votre vie à perdre une autre vie
  Pour payer tous les deux, à cela nos mignons
1140 Vont riant et transis, deviennent compagnons

Des valets, des laquais. Quiconque porte épée
L'espère voir au sang d'un grand prince trempée.
De cette loi sacrée ores ne sont exclus
Le malade, l'enfant, le vieillard, le perclus :
1145 On les monte, on les arme. On invente, on devine
Quelques nouveaux outils à remplir Libitine ;
On y fend sa chemise, on y montre sa peau :
Dépouillé en coquin, on y meurt en bourreau.
Car les perfections du duel sont de faire
1150 Un appel sans raison, un meurtre sans colère,
Au jugement d'autrui, au rapport d'un menteur ;
Somme, sans être juge, on est l'exécuteur.
Ainsi faisant vertu d'un exécrable vice,
Ainsi faisant métier de ce qui fut supplice
1155 Aux ennemis vaincus, sont par les enragés
De leurs exploits sur eux les diables soulagés.
Folle race de ceux qui pour quelque vaisselle
Vautrés l'échine en bas, fermes sur leur rondelle,
Sans regret, sans crier, sans tressauts apparents,
1160 Se faisaient égorger au profit des parents !
Tout péril veut avoir la gloire pour salaire,
Tels périls amenaient l'infamie au contraire ;
Entre les valeureux ces cœurs n'ont point de lieu ;
Les anciens leur donnaient pour tutélaire Dieu
1165 Non Mars chef des vaillants : le chef de cette peste
Fut Saturne le triste, infernal, et funeste.
   Le Français aveuglé en ce siècle dernier
Est tout gladiateur et n'a rien du guerrier.
On débat dans le pré les contrats, les cédules ;
1170 Nos jeunes conseillers y descendent des mules ;
J'ai vu les trésoriers du duel se coiffer,
Quitter l'argent et l'or pour manier le fer ;
L'avocat débauché du barreau se dérobe,
Souille à bas le bourlet, la cornette et la robe :
1175 Quel heur d'un grand malheur, si ce brutal excès
Parvenait à juger un jour tous nos procès !

Enfin rien n'est exempt : les femmes en colère
Otent au faux honneur l'honneur de se défaire ;
Ces hommaces, plutôt ces démons déguisés,
1180 Ont mis l'épée au poing, les cotillons posés,
Trépigné dans le pré avec bouche embavée,
Bras courbé, les yeux clos, et la jambe levée ;
L'une dessus la peur de l'autre s'avançant
Menace de frayeur et crie en offensant.
1185   Ne contez pas ces traits pour feinte ni pour songe,
L'histoire est du Poitou et de notre Saintonge :
La Boutonne a lavé le sang noble perdu
Que ce sexe ignorant au fer a répandu.
    Des triomphants martyrs la façon n'est pas telle ;
1190 Le premier champion de la haute querelle
Priait pour ses meurtriers et voyait en priant
Sa place au ciel ouvert, son Christ l'y conviant.
Celui qui meurt pour soi, et en mourant machine
De tuer son tueur, voit sa double ruine :
1195 Il voit sa place prête aux abîmes ouverts,
Satan grinçant les dents le convie aux enfers.
    Depuis que telles lois sur nous sont établies,
A ce jeu ont volé plus de cent mille vies ;
La milice est perdue, et l'escrime en son lieu
1200 Assaut le vrai honneur, escrimant contre Dieu.
    Les quatre nations proches de notre porte
N'ont humé ce venin, au moins de telle sorte,
Voisins qui par leur ruse, au défaut des vertus,
Nous ont pipés, pillés, effrayés et battus :
1205 Nous n'osons nous armer, les guerres nous flétrissent,
Chacun combat à part et tous en gros périssent.
    Voilà l'état piteux de nos calamités,
La vengeance des cieux justement irrités.
En ce fâcheux état, France et Français, vous êtes
1210 Nourris, entretenus par étrangères bêtes,
Bêtes de qui le but et le principal soin
Est de mettre à jamais au tyrannique poin

De la bête de Rome un sceptre qui commande
L'Europe, et encor plus que l'Europe n'est grande.
1215   Aussi l'orgueil de Rome est à ce point levé
Que d'un prêtre tout Roi, tout Empereur bravé
Est marchepied fangeux ; on voit, sans qu'on s'étonne,
La pantoufle crotter les lys de la couronne :
Dont, ainsi que Néron, ce Néron insensé
1220 Renchérit sur l'orgueil que l'autre avait pensé :
    « Entre tous les mortels, de Dieu la prévoyance
M'a du haut ciel choisi, donné sa lieutenance.
Je suis des nations juge à vivre et mourir ;
Ma main fait qui lui plaît et sauver et périr,
1225 Ma langue déclarant les édits de Fortune
Donne aux cités la joie ou la plainte commune ;
Rien ne fleurit sans moi ; les milliers enfermés
De mes gladiateurs sont d'un mot consumés ;
Par mes arrêts j'épars, je détruis, je conserve
1230 Tout pays ; toute gent, je la rends libre ou serve ;
J'esclave les plus grands : mon plaisir pour tous droits
Donne aux gueux la couronne et le bissac aux Rois. »
    Cet ancien loup romain n'en sut pas davantage ;
Mais le loup de ce siècle a bien autre langage :
1235 « Je dispense, dit-il, du droit contre le droit ;
Celui que j'ai damné, quand le ciel le voudroit,
Ne peut être sauvé ; j'autorise le vice ;
Je fais le fait non fait, de justice injustice ;
Je sauve les damnés en un petit moment ;
1240 J'en loge dans le ciel à coup un régiment ;
Je fais de boue un Roi, je mets les Rois aux fanges ;
Je fais les Saints, sous moi obéissent les Anges ;
Je puis (cause première à tout cet univers)
Mettre l'enfer au ciel et le ciel aux enfers. »
1245   Voilà votre évangile, ô vermine espagnole,
Je dis votre évangile, engeance de Loyole,
Qui ne portez la paix sous le double manteau,
Mais qui empoisonnez l'homicide couteau :

C'est votre instruction d'établir la puissance
1250 De Rome, sous couleur de points de conscience,
Et, sous le nom menti de Jésus, égorger
Les Rois et les Etats où vous pouvez loger.
Allez, prêchez, courez, volez, meurtrière trope,
Semez le feu d'enfer aux quatre coins d'Europe !
1255 Vos succès paraîtront quelque jour, en cuidant
Mettre en Septentrion le sceptre d'Occident :
Je vois comme le fer piteusement besogne
En Mosco, en Suède, en Dace et en Pologne ;
Insensés, en cuidant vous avancer beaucoup,
1260 Vous élevez l'Agneau, atterrant votre loup.
O Prince malheureux qui donne au Jésuite
L'accès et le crédit que ton péché mérite !
     Or laissons là courir la pierre et le couteau
Qui nous frappe d'en haut, voyons d'un œil nouveau
1265 Et la cause et le bras qui justement les pousse ;
Foudroyés, regardons qui c'est qui se courrouce,
Faisons paix avec Dieu pour la faire avec nous ;
Soyons doux à nous-même et le ciel sera doux ;
Ne tyrannisons point d'envie notre vie,
1270 Lors nul n'exercera dessus nous tyrannie ;
Otons les vains soucis, notre dernier souci
Soit de parler à Dieu en nous plaignant ainsi :
     « Tu vois, juste vengeur, les fléaux de ton Eglise,
Qui par eux mise en cendre et en masure mise
1275 A contre tout espoir son espérance en toi,
Pour son retranchement le rempart de la foi.
     « Tes ennemis et nous sommes égaux en vice
Si, juge, tu te sieds en ton lit de justice ;
Tu fais pourtant un choix d'enfants ou d'ennemis,
1280 Et ce choix est celui que ta grâce y a mis.
     « Si tu leur fais des biens, ils s'enflent en blasphèmes ;
Si tu nous fais du mal, il nous vient de nous-mêmes.
Ils maudissent ton nom quand tu leur es plus doux ;
Quand tu nous meurtrirais, si te bénirons-nous.

1285 « Cette bande meurtrière à boire nous convie
Le vin de ton courroux : boiront-ils point la lie ?
Ces verges, qui sur nous s'égaient comme au jeu,
Sales de notre sang, vont-elles pas au feu ?

« Châtie en ta douceur, punis en ta furie
1290 L'escapade aux agneaux, des loups la boucherie ;
Distingue pour les deux, comme tu l'as promis,
La verge à tes enfants, la barre aux ennemis.

« Veux-tu longtemps laisser en cette terre ronde
Régner ton ennemi ? N'es-tu Seigneur du monde,
1295 Toi, Seigneur, qui abats, qui blesses, qui guéris,
Qui donnes vie et mort, qui tue et qui nourris ?

« Les princes n'ont point d'yeux pour voir tes grand's
[merveilles ;
Quand tu voudras tonner, n'auront-ils point d'oreilles ?
Leurs mains ne servent plus qu'à nous persécuter ;
1300 Ils ont tout pour Satan et rien pour te porter.

« Sion ne reçoit d'eux que refus et rudesses,
Mais Babel les rançonne et pille leurs richesses :
Tels sont les monts cornus qui, avaricieux,
Montrent l'or aux enfers et les neiges aux cieux.

1305 « Les temples du païen, du Turc, de l'idolâtre
Haussent au ciel l'orgueil du marbre et de l'albâtre ;
Et Dieu seul, au désert pauvrement hébergé,
A bâti tout le monde et n'y est pas logé !

« Les moineaux ont leurs nids, leurs nids les hirondelles ;
1310 On dresse quelque fuie aux simples colombelles ;
Tout est mis à l'abri par le soin des mortels ;
Et Dieu seul, immortel, n'a logis ni autels.

« Tu as tout l'univers où ta gloire on contemple,
Pour marchepied la terre et le ciel pour un temple :
1315 Où te chassera l'homme, ô Dieu victorieux ?
Tu possèdes le ciel et les cieux des hauts cieux !

« Nous faisons des rochers les lieux où on te prêche,
Un temple de l'étable, un autel de la crèche ;
Eux du temple une étable aux ânes arrogants,

1320 De la sainte maison la caverne aux brigands.

« Les premiers des chrétiens priaient aux cimetières :
Nous avons fait ouïr aux tombeaux nos prières,
Fait sonner aux tombeaux le nom de Dieu le fort
Et annoncé la vie aux logis de la mort.

1325 « Tu peux faire conter ta louange à la pierre ;
Mais n'as-tu pas toujours ton marchepied en terre ?
Ne veux-tu plus avoir d'autres temples sacrés
Qu'un blanchissant amas d'os de morts massacrés ?

« Les morts te loueront-ils ? Tes faits grands et terribles
1330 Sortiront-ils du creux de ces bouches horribles ?
N'aurons-nous entre nous que visages terreux
Murmurant ta louange aux secrets de nos creux ?

« En ces lieux caverneux tes chères assemblées,
Des ombres de la mort incessamment troublées,
1335 Ne feront-elles plus résonner tes saints lieux
Et ton renom voler des terres dans les cieux ?

« Quoi ! serons-nous muets, serons-nous sans oreilles ?
Sans mouvoir, sans chanter, sans ouïr tes merveilles ?
As-tu éteint en nous ton sanctuaire ? Non,
1340 De nos temples vivants sortira ton renom.

« Tel est en cet état le tableau de l'Eglise :
Elle a les fers aux pieds, sur les géennes assise,
A sa gorge la corde et le fer inhumain,
Un psaume dans la bouche, et un luth en la main.

1345 « Tu aimes de ses mains la parfaite harmonie :
Notre luth chantera le principe de vie ;
Nos doigts ne sont plus doigts que pour trouver tes sons,
Nos voix ne sont plus voix qu'à tes saintes chansons.

« Mets à couvert ces voix que les pluies enrouent ;
1350 Déchaîne donc ces doigts, que sur ton luth ils jouent ;
Tire nos yeux ternis des cachots ennuyeux,
Et nous montre le ciel pour y tourner les yeux.

« Soient tes yeux adoucis à guérir nos misères,
Ton oreille propice ouverte à nos prières,
1355 Ton sein déboutonné à loger nos soupirs,

Et ta main libérale à nos justes désirs.

     « Que ceux qui ont fermé les yeux à nos misères,
Que ceux qui n'ont point eu d'oreille à nos prières,
De cœur pour secourir, mais bien pour tourmenter,
1360 Point de main pour donner, mais bien pour nous ôter,

     « Trouvent tes yeux fermés à juger leurs misères ;
Ton oreille soit sourde en oyant leurs prières ;
Ton sein ferré soit clos aux pitiés, aux pardons ;
Ta main sèche, stérile aux bienfaits et aux dons.

1365   « Soient tes yeux clairvoyants à leurs péchés extrêmes ;
Soit ton oreille ouverte à leurs cris de blasphèmes,
Ton sein déboutonné pour s'enfler de courroux,
Et ta main diligente à redoubler tes coups.

     « Ils ont pour un spectacle et pour jeu le martyre ;
1370 Le méchant rit plus haut que le bon n'y soupire :
Nos cris mortels n'y font qu'incommoder leurs ris,
Les ris de qui l'éclat ôte l'air à nos cris,

     « Ils crachent vers la lune et les voûtes célestes :
N'ont-elles plus de foudre et de feux et de pestes ?
1375 Ne partiront jamais du trône où tu te sieds
Et la mort et l'enfer qui dorment à tes pieds ?

     « Lève ton bras de fer, hâte tes pieds de laine,
Venge ta patience en l'aigreur de la peine,
Frappe du ciel Babel : les cornes de son front
1380 Défigurent la terre et lui ôtent son rond ! »

LIVRE II

PRINCES

Je veux, à coups de traits de la vive lumière,
Crever l'enflé Python au creux de sa tanière,
Je veux ouvrir au vent l'Averne vicieux,
Qui d'air empoisonné fasse noircir les cieux,
5 Percer de ces infects les pestes et les rognes,
Ouvrir les fonds hideux, les horribles charognes
Des sépulcres blanchis : ceux qui verront ceci,
En bouchant les naseaux, fronceront le sourci.
Vous qui avez donné ce sujet à ma plume,
10 Vous-mêmes qui avez porté sur mon enclume
Ce foudre rougissant acéré de fureur,
Lisez-le : vous aurez horreur de votre horreur !
Non pas que j'aie espoir qu'une pudique honte
Vos pâles fronts de chien par vergogne surmonte ;
15 La honte se perdit, votre cœur fut taché
De la pâle impudence, en aimant le péché ;
Car vous donnez tel lustre à vos noires ordures
Qu'en fascinant vos yeux elles vous semblent pures.
J'en ai rougi pour vous, quand l'acier de mes vers
20 Burinait votre histoire aux yeux de l'univers.
Sujet, style inconnu : combien de fois fermée
Ai-je à la vérité la lumière allumée ?
Vérité de laquelle et l'honneur et le droit,
Connu, loué de tous, meurt de faim et de froid ;

25 Vérité qui ayant son trône sur les nues
   N'a couvert que le ciel, et traîne par les rues.
   Lâche jusques ici, je n'avais entrepris
   D'attaquer les grandeurs, craignant d'être surpris
   Sur l'ambiguïté d'une glose étrangère,
30 Ou de peur d'encourir d'une cause légère
   Le courroux très pesant des princes irrités.
   Celui-là se repent qui dit leurs vérités,
   Celui qui en dit bien trahit sa conscience :
   Ainsi en mesurant leur âme à leur puissance,
35 Aimant mieux leur État que ma vie à l'envers,
   Je n'avais jamais fait babiller à mes vers
   Que les folles ardeurs d'une prompte jeunesse.
   Hardi, d'un nouveau cœur, maintenant je m'adresse
   A ce géant morgueur, par qui chacun trompé
40 Souffre à ses pieds languir tout le monde usurpé.
   Le fardeau, l'entreprise est rude pour m'abattre,
   Mais le doigt du grand Dieu me pousse à le combattre.
   Je vois ce que je veux, et non ce que je puis,
   Je vois mon entreprise, et non ce que je suis :
45 Prête-moi, vérité, ta pastorale fonde,
   Que j'enfonce dedans la pierre la plus ronde
   Que je pourrai choisir, et que ce caillou rond
   Du vice-Goliath s'enchâsse dans le front.   s'enfoncer
   L'ennemi mourra donc, puisque la peur est morte.
50 Le temps a crû le mal ; je viens en cette sorte,
   Croissant avec le temps de style, de fureur,
   D'âge, de volonté, d'entreprise et de cœur ;
   Car d'autant que le monde est roide en sa malice,
   Je deviens roide aussi pour guerroyer le vice.
55   Çà, mes vers bien-aimés, ne soyez plus de ceux
   Qui les mains dans le sein tracassent, paresseux,
   Les stériles discours, dont la vaine mémoire
   Se noie dans l'oubli en ne pensant qu'y boire.
      Si quelqu'un me reprend que mes vers échauffés
60 Ne sont rien que de meurtre et de sang étoffés,

Qu'on n'y lit que fureur, que massacre, que rage,
Qu'horreur, malheur, poison, trahison et carnage,
Je lui réponds : ami, ces mots que tu reprends
Sont les vocables d'art de ce que j'entreprends.
65 Les flatteurs de l'amour ne chantent que leurs vices,
Que vocables choisis à peindre les délices,
Que miel, que ris, que jeux, amours et passe-temps,
Une heureuse folie à consommer son temps.
Quand j'étais fol heureux, si cet heur est folie
70 De rire ayant sur soi sa maison démolie,
Si c'est heur d'appliquer son fol entendement
Au doux laissant l'utile, être sans sentiment
Lépreux de la cervelle, et rire des misères
Qui accablent le col du pays et des frères,
75 Je fleurissais comme eux de ces mêmes propos,
Quand par l'oisiveté je perdais le repos.
Ce siècle, autre en ses mœurs, demande un autre style.
Cueillons des fruits amers, desquels il est fertile.
Non, il n'est plus permis sa veine déguiser,
80 La main peut s'endormir, non l'âme reposer,
Et voir en même temps notre mère hardie
Sur ses côtés jouer si dure tragédie,
Proche à sa catastrophe, où tant d'actes passés
Me font frapper des mains et dire : c'est assez !
85 Mais où se trouvera qui à langue déclose,
Qui à fer émoulu, à front découvert ose
Venir aux mains, toucher, faire sentir aux grands
Combien ils sont petits et faibles et sanglants !
Des ordures des grands le poète se rend sale
90 Quand il peint en César un ord Sardanapale,
Quand un traître Sinon pour sage est estimé,
Déguisant un Néron en Trajan bien aimé,
Quand d'eux une Thaïs une Lucrèce est dite,
Quand ils nomment Achille un infâme Thersite,
95 Quand, par un fat savoir, ils ont tant combattu
Que, soudoyés du vice, ils chassent la vertu.

Ceux de qui les esprits sont enrichis des grâces
De l'Esprit éternel, qui ont à pleines tasses
Bu du nectar des cieux, ainsi que le vaisseau
100 D'un bois qui en poison change la plus douce eau,
Ces vaisseaux venimeux de ces liqueurs si belles
Font l'aconite noir et les poisons mortelles.
   Flatteurs, je vous en veux, je commence par vous
A déployer les traits de mon juste courroux,
105 Serpents qui retirés de mortelles froidures,
Tirés de pauvreté, élevés des ordures
Dans le sein des plus grands, ne sentez leur chaleur
Plus tôt que vous piquez de venin sans douleur
Celui qui vous nourrit, celui qui vous appuie :
110 Vipéreaux, vous tuez qui vous donne la vie !
Princes, ne prêtez pas le côté aux flatteurs :
Ils entrent finement, ils sont subtils quêteurs,
Ils ne prennent aucun que celui qui se donne ;
A peine de leurs lacs vois-je sauver personne ;
115 Mêmes en les fuyant nous en sommes déçus,
Et, bien que repoussés, souvent ils sont reçus.
Mais en ce temps infect tant vaut la menterie,
Et tant a pris de pied l'énorme flatterie,
Que le flatteur honteux, et qui flatte à demi,
120 Fait son Roi non demi, mais entier ennemi.
Et qui sont les flatteurs ? Ceux qui portent les titres
De conseillers d'Etat ; ce ne sont plus bélîtres,
Gnathons du temps passé ; en chaire les flatteurs
Portent le front, la grâce, et le nom de prêcheurs :
125 Le peuple, ensorcelé, dans la chaire émerveille
Ceux qui au temps passé chuchetaient à l'oreille,
Si que par fard nouveau, vrais prévaricateurs,
Ils blâment les péchés desquels ils sont auteurs,
Coulent le moucheron et ont appris à rendre
130 La louange cachée à l'ombre du reprendre,
D'une feinte rigueur, d'un courroux simulé
Donnent pointe d'aigreur au los emmiellé.

De tels coups son enfant la folle mère touche,
La cuisse de la main et les yeux de la bouche.
135 Un prêcheur mercenaire, hypocrite effronté,
De qui Satan avait le savoir acheté,
A-t-il pas tant cherché fleurs et couleurs nouvelles
Qu'il habille en martyr le bourreau des fidèles !
Il nomme bel exemple une tragique horreur,
140 Le massacre justice, un zèle la fureur ;
Il plaint un Roi sanglant, surtout il le veut plaindre
Qu'il ne pût en vivant assez d'âmes éteindre ;
Il fait vaillant celui qui n'a vu les hasards,
Studieux l'ennemi des lettres et des arts,
145 Chaste le malheureux au nom duquel je tremble
S'il lui faut reprocher les deux amours ensemble ;
Et fidèle et clément il a chanté le Roi
Qui, pour tuer les siens, tua sa propre foi.
Voilà comment le Diable est fait par eux un ange,
150 Au chantre et au chanté vergogneuse louange !
Nos princes sont loués, loués et vicieux ;
L'écume de leur pus leur monte jusqu'aux yeux
Plus tôt qu'ils n'ont du mal quelque voix véritable :
Moins vaut l'utile vrai que le faux agréable,
155 Sur la langue d'aucun à présent n'est porté
Cet épineux fardeau qu'on nomme vérité.
Pourtant suis-je ébahi comment il se peut faire
Que de vices si grands on puisse encore extraire
Quelque goût pour louer, si ce n'est à l'instant
160 Qu'un Roi devient infect, un flatteur quant et quant
Croît, à l'envi du mal, une orde menterie.
Voilà comment de nous la vérité bannie,
Meurtrie et déchirée, est aux prisons, aux fers,
Où égare ses pas parmi les lieux déserts.
165 Si quelquefois un fol, ou tel au gré du monde,
La veut porter en cour, la vanité abonde
De moyens familiers pour la chasser dehors ;
La pauvrette soutient mille plaies au corps,

L'injure, le dédain, dont elle n'est fâchée,
170 Souffrant tout à plaisir hormis d'être cachée.
Je l'ai prise aux déserts, et la trouvant au bord
Des Iles des bannis, j'y ai trouvé la mort.
La voici : par la main elle est marquée en sorte
Qu'elle porte un couteau pour celui qui la porte.
175 Que je sois ta victime, ô céleste beauté,
Blanche fille du ciel, flambeau d'Eternité !
Nul bon œil ne la voit qui transi ne se pâme,
Dans cette pâmoison s'élève au ciel tout âme ;
L'enthousiasme apprend à mieux connaître et voir :
180 De bien voir le désir, du désir vient l'espoir,
De l'espoir le dessein, et du dessein les peines,
Et la fin met à bien les peines incertaines.
Mais n'est-il question de perdre que le vent
D'un vivre malheureux qui nous meurtrit souvent,
185 Pour contenter l'esprit rendre l'âme délivre
Des bourreaux, des menteurs qui se perdent pour vivre ?
Dois-je pour mes bâtards tuer les miens, afin
De fuir de ma vie une honorable fin ?
Parricides enfants, poursuivez ma misère,
190 L'honorable malheur ou l'heur de votre père ;
Mourons, et en mourant laissons languir tous ceux
Qui en flattant nos Rois achètent, malheureux,
Les plaisirs de vingt ans d'une éternelle peine.
Qu'ils assiègent ardents une oreille incertaine,
195 Qu'ils chassent haletants ; leur curée et leur part
Seront : dire, promettre, et un double regard.
Ces lâches serfs seront, au milieu des carnages
Et des meurtres sanglants troublés en leurs courages ;
Les œuvres de leurs mains, quoiqu'ils soient impiteux,
200 Feront dresser d'horreur et tomber leurs cheveux,
Transis en leurs plaisirs ! O que la plaie est forte
Qui même empuantit le pourri qui la porte !
Cependant, au milieu des massacres sanglants,
Exercices et jeux aux déloyaux tyrans,

205 Quand le peuple gémit sous le faix tyrannique,
    Quand ce siècle n'est rien qu'une histoire tragique,
    Ce sont farces et jeux toutes leurs actions ;
    Un ris sardonien peint leurs affections ;
    Bizarr' habits et cœurs, les plaisants se déguisent,
210 Enfarinés, noircis, et ces bateleurs disent :
    « Déchaussons le cothurne et rions, car il faut
    Jeter ce sang tout frais hors de notre échafaud,
    En prodiguant dessus mille fleurs épanchées,
    Pour cacher notre meurtre à l'ombre des jonchées. »
215 Mais ces fleurs sècheront, et le sang recelé
    Sera puant au nez, non aux yeux révélé :
    Les délices des grands s'envolent en fumée
    Et leurs forfaits marqués teignent leur renommée.
        Ainsi, lâches flatteurs, âmes qui vous ployez
220 En tant de vents, de voix que siffler vous oyez,
    O ployables esprits, ô consciences molles,
    Téméraires jouets du vent et des paroles !
    Votre sang n'est point sang, vos cœurs ne sont point cœurs,
    Même il n'y a point d'âme en l'âme des flatteurs,
225 Car leur sang ne court pas, duquel la vive source
    Ne branle pas pour soi, de soi ne prend sa course ;
    Et ces cœurs non vrais cœurs, ces désirs non désirs
    Ont au plaisir d'autrui l'aboi de leurs plaisirs.
    Vous êtes fils de serfs, et vos têtes tondues
230 Vous font ressouvenir de vos mères vendues.
    Mais quelle âme auriez-vous ? Ce cinquième élément
    Meut de soi, meut autrui, source de mouvement,
    Et votre âme, flatteurs, serve de votre oreille
    Et de votre œil, vous meut d'inconstance pareille
235 Que le caméléon : aussi faut-il souvent
    Que ces caméléons ne vivent que de vent.
        Mais ce trop sot métier n'est que la théorique
    De l'autre, qui apporte après soi la pratique ;
    Un nouveau changement, un office nouveau
240 D'un flatteur idiot fait un fin maquereau.

Nos anciens, amateurs de la franche justice,
Avaient de fâcheux noms nommé l'horrible vice :
Ils appelaient brigand ce qu'on dit entre nous
Homme qui s'accommode, et ce nom est plus doux ;
245 Ils tenaient pour larron un qui fait son ménage,
Pour poltron un finet qui prend son avantage ;
Ils nommaient trahison ce qui est un bon tour,
Ils appelaient putain une femme d'amour,
Ils nommaient maquereau un subtil personnage
250 Qui sait solliciter et porter un message.
Ce mot maquerellage est changé en poulets,
Nous faisons faire aux grands ce qu'eux à leurs valets,
Nous honorons celui qui entre eux fut infâme ;
Nul esprit n'est esprit, nulle âme n'est belle âme,
255 Au période infect de ce siècle tortu,
Qui à ce point ne fait tourner toute vertu.
On cherche donc une âme et tranquille et modeste
Pour sourdement cacher cette mourante peste ;
On cherche un esprit vif, subtil, malicieux,
260 Pour ouvrir les moyens et dénouer les nœuds.
La longue expérience assez n'y est experte,
Là souvent se profane une langue diserte ;
L'éloquence, le luth et les vers les plus beaux,
Tout ce qui louait Dieu, ès mains des maquereaux
265 Change un psaume en chanson, si bien qu'il n'y a chose
Sacrée à la vertu que le vice n'expose.
Ou le désir brûlant, ou la prompte fureur,
Ou le traître plaisir fait errer notre cœur,
Et quelque feu soudain promptement nous transporte
270 Dans le seuil des péchés, trompés en toute sorte :
Le maquereau est seul qui pèche froidement,
Qui toujours bourrelé de honte et de tourment,
Vilainement forcé, pas après pas s'avance,
Retiré des chaînons de quelque conscience.
275 Le vilain tout tremblant, craintif et refronché,
Même montre en péchant le nom de son péché,

Tout vice tire à soi quelque prix : au contraire
Ce vice, qui ne sent rien que la gibecière,
Le coquin, le bissac, a pour le dernier prix,
280 Par les veilles du corps et celle des esprits,
La ruine des deux. Le ciel pur, de sa place,
Ne voit rien ici-bas qui trouble tant sa face,
Rien ne noircit si tôt le ciel serein et beau
Que l'haleine et que l'œil d'un transi maquereau.
285   Il est permis aux grands, pourvu que l'un ne fasse
De l'autre le métier et ne change de place,
D'avoir renards, chevaux et singes et fourmis,
Serviteurs éprouvés et fidèles amis :
Mais le malheur advient que la sage finesse
290 Des renards, des chevaux la nécessaire adresse,
La vitesse, la force et le cœur aux dangers,
Le travail des fourmis, utiles ménagers,
S'emploie aux vents, aux coups ; ils se plaisent d'y être ;
Tandis le singe prend à la gorge son maître,
295 Les fait haïr, s'il peut, à nos princes mignons
Qui ont beaucoup du singe et fort peu des lions.
Qu'advient-il de cela ? Le bouffon vous amuse,
Un renard ennemi vous fait cuire sa ruse,
On a pour économe un plaisant animal,
300 Et le prince combat sur un singe à cheval.
   Qu'ai-je dit des lions ? Les élevés courages
De nos Rois abaissaient et leur force et leurs rages,
Doctes à s'en servir ; les sens efféminés
De ceux-ci n'aiment pas les fronts déterminés,
305 Tremblent de leurs lions, car leur vertu étonne
De nos coupables Rois l'âme basse et poltronne.
L'esprit qui s'employait jadis à commander
S'emploie, dégénère, à tout appréhender :
Pourtant ce Roi, songeant que les griffes meurtrières
310 De ses lions avaient crocheté leurs tanières
Pour le déchirer vif, prévoyant à ces maux
Fit bien mal à propos tuer ces animaux.

Il laissa le vrai sens, s'attachant au mensonge.
Un bon Joseph eût pris autrement un tel songe,
315 Et eût dit : « Les lions superbes, indomptés,
Que tu dois redouter, sont princes irrités,
Qui briseront tes reins et tes faibles barrières
Pour n'être pas tournés aux proies étrangères ;
Apprends, Roi, qu'on nourrit de bien divers moyens
320 Les lions de l'Afrique, ou de Lion les chiens :
De ces chiens de Lion tu ne crains le courage
Quand tu changes des Rois et l'habit et l'usage,
Quand tu blesses des tiens les cœurs à millions,
Mais tu tournes ta robe aux yeux de tes lions
325 Quand le royal manteau se change en une aumusse,
Et la couronne au froc d'un vilain Pique-puce.
    Les Rois aux chiens flatteurs donnent le premier lieu,
Et, de cette canaille endormis au milieu,
Chassent les chiens de garde ; en nourrissant le vice,
330 S'assiègent de trompeurs ; l'étrangère malice
Jette par quelque trou sa richesse et ses os,
Pour nourrir aux muets le dangereux repos.
On voit sous tels valets, ou plutôt sous tels maîtres,
Du corps traître les yeux et les oreilles traîtres :
335 Car les plus grands, qui sont des princes le conseil,
Sont des princes le cœur, le sens, l'oreille et l'œil.
Si ton cœur est méchant, ta cervelle insensée,
Si l'ouïr et le voir trahissent ta pensée,
Qu'un précipice bas paraisse un lien bien sûr,
340 Qu'une amère poison te soit une douceur,
Le scorpion un œuf, où auras-tu puissance
De fuir les dangers et garder l'assurance ?
    Si quelque prince un jour, sagement curieux
D'ouïr de son oreille et de voir de ses yeux
345 Ses péchés sans nul fard, déguisant son visage
Et son habit, voulait faire quelque voyage,
Savoir du laboureur, du rançonné marchand
Si son prince n'est pas exacteur et méchant,

Savoir de quel renom s'élève sa prouesse,
350 S'il est le Roi des cœurs comme de la noblesse :
Qu'il passe plus avant et, pour se décharger
Du vouloir de connaître, aille voir l'étranger ;
Où, ainsi qu'autrefois ce très grand Alexandre,
Ce prudent Germanic prirent plaisir d'entendre,
355 Espions de leurs camps, sous habits empruntés,
Dans l'obscur de la nuit leurs claires vérités :
(Déguisés, ils rouaient les tentes des armées
Pour, sans déguisement, goûter leurs renommées) :
Le prince, défardé du lustre de son vent,
360 Trouvera tant de honte et d'ire en se trouvant
Tyran, lâche, ignorant, indigne de louange
Du tiers état, du noble et en pays étrange,
Que s'il veut être heureux, à son heur avisé,
A jamais il voudra demeurer déguisé.
365 Mais, étant en sa cour, des maquereaux la troupe
Lui fait humer le vice en l'obscur d'une coupe.
　　Les monts les plus hautains, qui de rochers hideux
Fendent l'air et la nue et voisinent les cieux,
Sont tout couverts de neige, et leurs cimes cornues
370 Des malices de l'air, des excréments des nues
Portent le froid chapeau ; leurs chefs tout fiers et hauts
Sont braves et fâcheux, et stériles et beaux ;
Leur cœur et leur milieu on oit bruire des rages
Des tigres, des lions, et des bêtes sauvages,
375 Et de leurs pieds hideux aux rochers crevassés
Sifflent les tortillons des aspics enlacés :
Ainsi les chefs des grands sont faits par les malices
Stériles, sans raison, couverts d'ire et de vices,
Superbes, sans esprit, et leurs seins et leurs cœurs
380 Sont tigres impuissants et lions dévoreurs ;
En leurs faux estomacs sont les noires tanières,
Dans ce creux les désirs, comme des bêtes fières,
Désirs, dis-je, sanglants, grondent en dévorant
Ce que l'esprit volage a ravi en courant ;

385 Leurs pas sont venimeux, et leur puissance impure
    N'a soutien que le fer, que poison et qu'injure ;
    De ce superbe mont les serpents sont au bas,
    La ruse du serpent conserve leurs états,
    Et le poison secret va détruisant la vie
390 Qui, brave, s'opposait contre la tyrannie.
      Dieu veut punir les siens quand il lève sur eux,
    Comme sur des méchants, les princes vicieux,
    Chefs de ses membres chers : par remède on asseure
    Ce qui vient de dehors la plaie extérieure ;
395 Mais si la noble part loge un pus enfermé,
    C'est ce qui rend le corps et mort et consumé ;
    Même si le mal est au haut, car la cervelle
    A sa condition tous les membres appelle.
      Princes que Dieu choisit pour du milieu des feux,
400 Du service d'Egypte et du joug odieux
    Retirer ses troupeaux, beaux piliers de son temple,
    Vous êtes de ce temple et la gloire et l'exemple :
    Tant d'yeux sont sur vos pieds, et les âmes de tous
    Tirent tant de plaisirs ou de plaintes de vous !
405 Vos crimes sont doublés et vos malheurs s'accroissent,
    D'un lieu plus élevé plus hautains ils paroissent.
    Ha ! que de sang se perd pour piteux paiement
    De ce que vous péchez ! Qu'il vole de tourment
    Du haut de vos coupeaux ! Que de vos cimes hautes
410 Dessus le peuple bas roulent d'amères fautes !
    C'est pourquoi les sueurs et les labeurs en vain,
    Sans force et sans conseil, délaissent votre main.
    Vous êtes courageux, que sert votre courage ?
    Car Dieu ne bénit point en vos mains son ouvrage.
415 En vain, tout contristés, vous levez vers les cieux
    Vos yeux, car ce ne sont que d'impudiques yeux ;
    Cette langue qui prie est salie en ordures,
    Les mains que vous joignez ce sont des mains impures :
    Dieu tout vrai n'aime point tant de feintes douleurs,
420 Il veut être fléchi par pleurs, mais autres pleurs ;

Il éprouve par feu, mais veut l'âme enflammée
D'un brasier pur et net et d'un feu sans fumée.
Ce luth qui touche un psaume a un métier nouveau,
Il ne plaît pas à Dieu, car il est maquereau ;
425 Ces lèvres qui en vain marmottent vos requêtes
Vous les avez ternis en baisers déshonnêtes,
Et ces genoux ployés, dessus des lits vilains,
Profanes, ont ployé parmi ceux des putains,
Si depuis quelques temps vos rimeurs hypocrites,
430 Déguisés, ont changé tant de phrases écrites
Aux profanes amours, et de mêmes couleurs
Dont ils servaient Satan, infâmes bateleurs,
Ils colorent encor leurs pompeuses prières
De fleurs des vieux païens et fables mensongères :
435 Ces écoliers d'erreur n'ont pas le style appris
Que l'Esprit de lumière apprend à nos esprits,
De quelle oreille Dieu prend les phrases flattresses
Desquelles ces pipeurs fléchissaient leurs maîtresses.
Corbeaux enfarinés, les colombes font choix
440 De vous, non à la plume, ains au son de la voix.
En vain vous déployez harangue sur harangue
Si vous ne prononcez de Canaan la langue,
En vain vous commandez et restez ébahis
Que, désobéissant, vous n'êtes obéis :
445 Car Dieu vous fait sentir, sous vous, par plusieurs têtes,
En leur rébellion, que rebelles vous êtes ;
Vous secouez le joug du puissant Roi des Rois,
Vous méprisez sa loi, on méprise vos lois.
    Or si mon sein, bouillant de crève-cœur extrême
450 Des taches de nos grands, a tourné sur eux-mêmes
L'œil de la vérité, s'ils sont piqués, repris
Par le juste fouet de mes aigres écrits,
Ne tirez pas de là, ô tyrans, vos louanges,
Car vous leur donnez lustre, et pour vous ils sont anges.
455 Entre vos noirs péchés n'y a conformité :
Hommes, ils n'ont bronché que par infirmité,

Et vous (comme jadis les bâtards de la terre)
Blessez le Saint-Esprit et à Dieu faites guerre.
   Rois, que le vice noir asservit sous ses lois,
460 Esclaves de péché, forçaires non pas rois
De vos affections, quelle fureur dépite
Vous corrompt, vous émeut, vous pousse et vous invite
A tremper dans le sang vos sceptres odieux,
Vicieux commencer, achever vicieux
465 Le règne insupportable et rempli de misères,
Dont le peuple poursuit la fin par ses prières ?
Le peuple étant le corps et les membres du Roi,
Le Roi est chef du peuple, et c'est aussi pourquoi
La tête est frénétique et pleine de manie
470 Qui ne garde son sang pour conserver sa vie,
Et le chef n'est plus chef quand il prend ses ébats
A couper de son corps les jambes et les bras.
Mais ne vaut-il pas mieux, comme les traîtres disent,
Lorsque les accidents les remèdes maîtrisent,
475 Quand la plaie noircit et sans mesure croît,
Quand premier à nos yeux la gangrène paroît,
Ne vaut-il pas bien mieux d'un membre se défaire
Qu'envoyer lâchement tout le corps au suaire ?
Tel aphorisme est bon alors qu'il faut curer
480 Le membre qui se peut sans la mort séparer,
Mais non lorsque l'amas de tant de maladies
Tient la masse du sang ou les nobles parties :
Que le cerveau se purge, et sente que de soi
Coule du mal au corps duquel il est le roi.
485 Ce Roi donc n'est plus Roi, mais monstrueuse bête,
Qui au haut de son corps ne fait devoir de tête.
La ruine et l'amour sont les marques à quoi
On peut connaître à l'œil le tyran et le Roi :
L'un débrise les murs et les lois de ses villes,
490 Et l'autre à conquérir met les armes civiles ;
L'un cruel, l'autre doux, gouvernent leurs sujets
En valets par la guerre, en enfants par la paix ;

L'un veut être haï pourvu qu'il donne crainte,
L'autre se fait aimer et veut la peur éteinte ;
495 Le bon chasse les loups, l'autre est loup du troupeau ;
Le Roi veut la toison, l'autre cherche la peau ;
Le Roi fait que la paix du peuple le bénie,
Mais le peuple en ses vœux maudit la tyrannie.

Voici quels dons du ciel, quels trésors, quels moyens,
500 Requéraient en leurs Rois les plus sages païens,
Voici quel est le Roi de qui le règne dure :
Qui établit sur soi pour reine la nature,
Qui craint Dieu, qui émeut pour l'affligé son cœur,
Entrepreneur prudent, hardi exécuteur,
505 Craintif en prospérant, dans le péril sans crainte,
Au conseil sans chaleur, la parole sans feinte,
Imprenable au flatteur, gardant l'ami ancien,
Chiche de l'or public, très libéral du sien,
Père de ses sujets, ami du misérable,
510 Terrible à ses haineux, mais à nul méprisable,
Familier, non commun, aux domestiques doux,
Effroyable aux méchants, équitable envers tous ;
Faisant que l'humble espère et que l'orgueilleux tremble,
Portant au front l'amour et la peur tout ensemble
515 Pour se voir des plus hauts et plus subtils esprits
Sans haine redouté, bien aimé sans mépris ;
Qu'il ait le cœur dompté, que sa main blanche et pure
Soit nette de l'autrui, sa langue de l'injure ;
Son esprit à bien faire emploie ses plaisirs,
520 Qu'il arrête son œil de semer des désirs ;
Debteur au vertueux, persécuteur du vice,
Juste dans sa pitié, clément en sa justice.
Par ce chemin l'on peut, régnant en ce bas lieu,
Etre dieu secondaire, ou image de Dieu.
525 Ç'a été, c'est encore une dispute antique,
Lequel, du Roi méchant ou du conseil inique,
Est le plus supportable : hé ! nous n'avons de quoi
Choisir un faux conseil ni un inique Roi !

De ruiner la France au conseil on décide :
530 Le Français en est hors, l'Espagnol y préside,
On foule l'orphelin, le pauvre y est vendu,
Point n'y est le tourment de la veuve entendu.
D'un cerveau féminin l'ambitieuse envie
Leur sert là de principe et de tous est suivie ;
535 Là un prêtre apostat, prévoyant et rusé,
Veut, en ployant à tous, de tous être excusé ;
L'autre, pensionnaire et valet d'une femme,
Emploie son esprit à engager son âme ;
L'autre fait le royal et, flattant les deux parts,
540 Veut trahir les Bourbons et tromper les Guisards ;
Un charlatan de cour y vend son beau langage,
Un bourreau froid, sans ire, y conseille un carnage,
Un boiteux étranger y bâtit son trésor,
Un autre, faux Français, troque son âme à l'or ;
545 L'autre, pour conserver le profitable vice,
Ne promet que justice et ne rend qu'injustice.
Les princes là-dessus achètent finement
Ces traîtres, et sur eux posent leur fondement ;
On traite des moyens et des ruses nouvelles
550 Pour sucer et le sang et les chiches moelles
Du peuple ruiné, on fraude de son bien
Un Français naturel pour un Italien ;
On traite des moyens pour mutiner les villes,
Pour nourrir les flambeaux de nos guerres civiles,
555 Et le siège établi pour conserver le Roi
Ouvre au peuple un moyen pour lui donner la loi.
Et c'est pourquoi on a pour cette comédie
Un âne Italien, un oiseau d'Arcadie,
Ignorant et cruel, et qui pour en avoir
560 Sait bien ne toucher rien, n'ouïr rien, ne rien voir.
     C'est pourquoi vous voyez sur la borne de France
Passer à grands trésors cette chiche substance
Qu'on a tiré du peuple au milieu de ses pleurs.
Français, qui entretiens et gardes tes voleurs,

565 Tu sens bien ces douleurs, mais ton esprit n'excède
Le sentiment du mal pour trouver le remède ;
Le conseil de ton Roi est un bois arrangé
De familiers brigands, où tu es égorgé.
   Encor ce mol tyran aux Français redoutable,
570 Qui s'est lié les poings pour être misérable,
Te fait prendre le fer pour garder tes bourreaux
Inventeurs de tes maux journellement nouveaux.
Au conseil de ton Roi ces points encore on pense
De te tromper toujours d'une vaine espérance ;
575 On machine le meurtre et le poison de ceux
Qui voudraient bien chasser les loups ingénieux ;
On traite des moyens de donner récompense
Aux maquereaux des Rois et, avant la sentence,
On confisque le bien au riche, de qui l'or
580 Sert en même façon du membre de castor ;
On reconnaît encor les bourreaux homicides,
Les verges des tyrans aux dépens des subsides ;
Sans honte, sans repos, les serfs plus abaissés,
Humbles pour dominer, se trouvent avancés
585 A servir, adorer. Une autre bande encore,
C'est le conseil sacré qui la France dévore :
Ce conseil est mêlé de putains et garçons
Qui, doublant et triplant en nouvelles façons
Leur plaisir abruti du faix de leurs ordures,
590 Jettent sur tout conseil leurs sentences impures.
Tous veillent pour nourrir cet infâme trafic,
Cependant que ceux-là qui pour le bien public
Veillent à l'équité, défendent la justice,
Etablissent les lois, conservent la police,
595 Pour n'être de malheurs coupables artisans,
Et pour n'avoir vendu leur âme aux courtisans
Sont punis à la cour, et leur dure sentence
Sent le poids inégal d'une injuste balance.
   Ceux-là qui, dépendant leurs vies en renom,
600 Ont prodigué leurs os aux bouches du canon,

Lorsque ces pauvres fols, ébranchés de leurs membres,
Attendent le conseil et les princes aux chambres,
Ils sont jetés arrière, et un bouffon bravant
Blessera le blessé pour se pousser devant.
605 Pour ceux-là n'y a point de finance en nos comptes,
Mais bien les hochenez, les opprobres, les hontes,
Et, au lieu de l'espoir d'être plus renommés,
Ils donnent passe-temps aux muguets parfumés.
     Nos princes ignorants tournent leurs louches vues,
610 Courant à leurs plaisirs, éhontés, par les rues,
Tous ennuyés d'ouïr tant de fâcheuses voix,
De voir les bras de fer et les jambes de bois,
Corps vivants à demi, nés pour les sacrifices
Du plaisir de nos Rois ingrats de leurs services.
615   Prince, comment peux-tu celui abandonner
Qui pour toi perd cela que tu ne peux donner ?
Misérable vertu pour néant désirée,
Trois fois plus misérable et trois fois empirée,
Si la discrétion n'apprend aux vertueux
620 Quels Rois ont mérité que l'on se donne à eux ;
Pource que bien souvent nous souffrons peines telles,
Soutenant des plus grands les injustes querelles,
Valets de tyrannie, et combattons exprès
Pour établir le joug qui nous accable après.
625 Nos pères étaient francs : nous qui sommes si braves,
Nous lairrons des enfants qui seront nés esclaves !
Ce trésor précieux de notre liberté
Nous est par les ingrats injustement ôté :
Les ingrats insolents à qui leur est fidèle,
630 Et libéraux, de crainte, à qui leur est rebelle.
Car à la force un grand conduit sa volonté,
Dispose des bienfaits par la nécessité,
Tient l'acquis pour acquis, et, pour avoir ouï dire
Que le premier accueil aux Français peut suffire,
635 Aux anciens serviteurs leur bien n'est départi,
Mais à ceux qui sans dons changeraient de parti.

Garder bien l'acquêté n'est une vertu moindre
Qu'acquérir tous les jours et le nouveau adjoindre.
Les princes n'ont pas su que c'est pauvre butin
640 D'ébranler l'assuré pour chercher l'incertain :
Les habiles esprits, qui n'ont point de nature
Plus tendre que leur prince, ont un vouloir qui dure
Autant que le sujet, et en servant les Rois
Sont ardents comme feu tant qu'ils trouvent du bois.
645   Quiconque sert un Dieu dont l'amour et la crainte
Soit bride à la jeunesse et la tienne contrainte,
Si bien que vicieux, et non au vice né,
Dans le seuil du péché il se trouve étonné,
Se polluant moins libre au plaisir de son maître
650 Il n'est plus agréable, et tel ne saurait être.
Nos Rois qui ont appris à machiavéliser,
Au temps et à l'état leur âme déguiser,
Ployant la piété au joug de leur service
Gardent religion pour âme de police.
655   O quel malheur du ciel, vengeance du destin,
Donne des Rois enfants et qui mangent matin !
O quel phénix du ciel est un prince bien sage,
De qui l'œil gracieux n'a forcené de rage,
Qui n'a point soif de sang, de qui la cruauté
660 N'a d'autrui la fureur par le sceptre hérité !
Qui, philosophe et Roi, règne par la science,
Et n'est fait impuissant par sa grande puissance !
Ceux-là règnent vraiment, ceux-là sont de vrais Rois
Qui sur leurs passions établissent des lois,
665 Qui règnent sur eux-même, et d'une âme constante
Domptent l'ambition volage et impuissante :
Non les hermaphrodits, monstres efféminés,
Corrompus, bourdeliers, et qui étaient mieux nés
Pour valets des putains que seigneurs sur les hommes,
670 Non les monstres du siècle et du temps où nous sommes ;
Non pas ceux qui sous l'or, sous le pourpre royal,
Couvent la lâcheté, un penser déloyal,

La trahison des bons, un mépris de la charge
Que sur le dos d'un Roi un bon peuple décharge ;
675 Non ceux qui souffrent bien les femmes avoir l'œil
Sur la sainte police et sur le saint conseil,
Sur les faits de la guerre et sur la paix, émue
De plus de changements que de vent une nue.
Cependant que nos Rois, doublement déguisés,
680 Ecument une rue en courant, attisés
A crocheter l'honneur d'une innocente fille
Ou se faire étalons des bourdeaux de la ville,
Au sortir des palais le peuple ruiné
A ondes se prosterne, et le pauvre, étonné,
685 Coule honteusement quand les plaisants renversent
Les faibles à genoux, qui, sans profiter, versent
Leurs larmes en leur sein, quand l'amas arrangé
Des gardes impiteux afflige l'affligé.
En autant de malheurs qu'un peuple misérable
690 Traîne une triste vie en un temps lamentable,
En autant de plaisirs les Rois voluptueux,
Ivres d'ire et de sang, nagent luxurieux
Sur le sein des putains, et ce vice vulgaire
Commence désormais par l'usage à déplaire :
695 Et comme le péché qui le plus commun est
Sent par trop sa vertu, aux vicieux déplaît,
Le prince est trop atteint de fâcheuse sagesse
Qui n'est que le rufian d'une sale princesse ;
Il n'est pas galant homme et n'en sait pas assez
700 S'il n'a tous les bordeaux de la cour tracassés ;
Il est compté pour sot s'il échappe quelqu'une
Qu'il n'ait jà en dédain pour être trop commune.
Mais pour avoir en cour un renom grand et beau,
De son propre valet faut être maquereau,
705 Eprouver toute chose et, hasardant le reste,
Imitant le premier commettre double inceste.
Nul règne ne sera pour heureux estimé
Que son prince ne soit moins craint, et plus aimé ;

Nul règne pour durer ne s'estime et se conte
710 S'il a prêtres sans crainte, et les femmes sans honte ;
S'il n'a loi sans faveur, un Roi sans compagnons,
Conseil sans étranger, cabinet sans mignons.
    Ha ! Sarmates rasés, vous qui, étant sans Rois,
Aviez le droit pour Roi et vous-mêmes pour lois,
715 Qui dedans l'interrègne observiez la justice
Par amour de vertu, sans crainte de supplice,
Quel abus vous poussa pour venir de si loin
Priser ce méprisé, lorsqu'il avait besoin
Pour couvrir son malheur d'une telle aventure ?
720 Votre manteau royal fut une couverture
D'opprobre et déshonneur, quand les bras déployés
Vengeaient la mort de ceux qui moururent liés.
Ha ! si vous eussiez eu certaine connaissance
D'un féminin sanglant, abattu d'impuissance,
725 Si vous n'eussiez ouï mentir les séducteurs
Qui pour lui se rendaient mercenaires flatteurs,
Ou ceux qui en couvrant son orde vilenie
Par un mentir forcé ont racheté leur vie,
Ou ceux qui vous faisant un cruel tyran doux,
730 Et un poltron vaillant, déchargèrent en vous
Le faix qui leur pesait : vous n'eussiez voulu mettre
Vos lois, votre couronne, et les droits et le sceptre
En ces impures mains, si vous eussiez bien veu
En entrant à Paris les perrons et le feu
735 Mêlé de cent couleurs, et les chaos étranges,
Bases de ces tableaux où étaient vos louanges.
Vous aviez trouvé là un augure si beau
Que vous n'emportiez rien de France qu'un flambeau,
Qui en cendre eût bientôt votre force réduite
740 Sans l'heur qui vous advint de sa honteuse fuite !
Si vous eussiez ouï parler les vrais François,
Si des plus éloquents les plus subtiles voix
N'eussent été pour vous feintes et mercenaires,
Vous n'eussiez pas tiré de France vos misères,

745 Vous n'eussiez pas choisi pour dissiper vos lois
     Le monstre dévorant la France et les François.
     Nous ne verrons jamais les étranges provinces
     Elire à leur malheur nos misérables princes :
     Celui qui sans mérite a obtenu cet heur
750 Leur donne échantillon de leur peu de valeur.
     Si leurs corps sont lépreux, plus lépreuses leurs âmes
     Usent sans sentiment et du fer et des flammes ;
     Et si leurs corps sont laids, plus laid l'entendement
     Les rend sots et méchants, vides de sentiment.
755   Encor la tyrannie est un peu supportable
     Qu'un lustre de vertu fait paraître agréable.
     Bienheureux les Romains qui avaient les Césars
     Pour tyrans, amateurs des armes et des arts :
     Mais malheureux celui qui vit esclave infâme
760 Sous une femme hommace et sous un homme-femme !
     Une mère douteuse, après avoir été
     Maquerelle à ses fils, en a l'un arrêté
     Sauvage dans les bois, et, pour belle conquête,
     Le faisait triompher du sang de quelque bête :
765 Elle en fit un Esau, de qui le ris, les yeux
     Sentaient bien un tyran, un charretier furieux ;
     Pour se faire cruel, sa jeunesse égarée
     N'aimait rien que le sang et prenait sa curée
     A tuer sans pitié les cerfs qui gémissaient,
770 A transpercer les daims et les faons qui naissaient,
     Si qu'aux plus avisés cette sauvage vie
     A fait prévoir de lui massacre et tyrannie.
         L'autre fut mieux instruit à juger des atours
     Des putains de sa cour, et, plus propre aux amours,
775 Avoir ras le menton, garder la face pâle,
     Le geste efféminé, l'œil d'un Sardanapale :
     Si bien qu'un jour des Rois ce douteux animal,
     Sans cervelle, sans front, parut tel en son bal.
     De cordons emperlés sa chevelure pleine,
780 Sous un bonnet sans bord fait à l'italienne,

Faisait deux arcs voûtés ; son menton pinceté,
Son visage de blanc et de rouge empâté,
Son chef tout empoudré nous montrèrent ridée,
En la place d'un Roi, une putain fardée.
785 Pensez quel beau spectacle, et comme il fit bon voir
Ce prince avec un busc, un corps de satin noir
Coupé à l'espagnole, où, des déchiquetures,
Sortaient des passements et des blanches tirures ;
Et, afin que l'habit s'entresuivît de rang,
790 Il montrait des manchons gaufrés de satin blanc,
D'autres manches encor qui s'étendaient fendues,
Et puis jusques aux pieds d'autres manches perdues.
Pour nouveau parement il porta tout ce jour
Cet habit monstrueux, pareil à son amour :
795 Si qu'au premier abord chacun était en peine
S'il voyait un Roi femme ou bien un homme Reine.
    Si fut-il toutefois allaité de poisons,
De ruses, de conseils secrets et trahisons,
Rompu ou corrompu au trictrac des affaires,
800 Et eut, encore enfant, quelque part aux misères.
Mais, de ce même soin qu'autrefois il prêta
Aux plus étroits conseils où jeune il assista,
Maintenant son esprit, son âme et son courage
Cherchent un laid repos, le secret d'un village,
805 Où le vice triplé de sa lubricité
Misérablement cache une orde volupté,
De honte de l'infâme et brute vilenie
Dont il a pollué son renom et sa vie :
Si bien qu'à la royale il vole des enfants
810 Pour s'échauffer sur eux en la fleur de leurs ans,
Incitant son amour autre que naturelle
Aux uns par la beauté et par la grâce belle,
Autres par l'entregent, autres par la valeur,
Et la vertu au vice hâte ce lâche cœur.
815 On a des noms nouveaux et des nouvelles formes
Pour croître et déguiser ces passe-temps énormes ;

Promettre et menacer, biens et tourments nouveaux
Pressent, forcent, après les lâches maquereaux.
　Nous avons vu cela, et avons vu encore
820 Un Néron marié avec son Pythagore,
Lequel, ayant fini ses faveurs et ses jours,
Traîne encor au tombeau le cœur et les amours
De notre Roi en deuil, qui, de ses aigres plaintes,
Témoigne ses ardeurs n'avoir pas été feintes.
825 On nous fait voir encor un contrat tout nouveau,
Signé du sang de d'O, son privé maquereau ;
Disons, comme l'on dit à Néron l'androgame :
Que ton père jamais n'eût connu d'autre femme !
Nous avons vu nos grands en débat, en conflit,
830 Accorder, reprocher telles noces, tel lit ;
Nous avons vu nos Rois se dérober des villes,
Néron avait comme eux de petits Olinvilles
Où il cachait sa honte, et eut encor comme eux
Les Chicots en amour, les Hamons odieux.
835 Ils eurent de ce temps une autre Catherine ;
Mais nos princes, au lieu de tuer Agrippine,
Massacrent l'autre mère, et la France a senti
De ses fils le couteau sur elle appesanti :
De tous ces vipéreaux les mains lui ont ravies
840 Autant de jours, autant de mille chères vies.
Les Sénèques chenus ont encore en ce temps,
Morts et mourants, servi aux Rois de passe-temps ;
Les plus passionnés qui ont gémi, fidèles,
Des vices de leurs Rois, punis de leurs bons zèles
845 Ont éprouvé le siècle où il n'est pas permis
D'ouvrir son estomac à ses privés amis,
Et où le bon ne peut sans mort, sans repentance,
Ni penser ce qu'il voit ni dire ce qu'il pense.
On pâlit rencontrant ceux qui vêtent souvent
850 Nos saintes passions pour les produire au vent,
Les Latiares feints, suppôts de tyrannie,
Qui, cherchant des Sabins la justice et la vie,

Prennent masque du vrai et, fardés d'équité,
Au véritable font crime de vérité.
855 Pour vivre il faut fuir de son propre la vue,
Fuir l'œil inconnu et l'oreille inconnue ;
Que dis-je ? pour parler on regarde trois fois
Les arbres sans oreille et les pierres sans voix :
Si bien que de nos maux la complainte abolie
860 Eût d'un siècle étouffé caché la tyrannie,
Qui eût pu la mémoire avec la voix lier,
A taire nous forçant, nous forcer d'oublier.
Tel fut le second fils qui n'hérita du père
Le cœur, mais les poisons et l'âme de la mère.
865 Le tiers par elle fut nourri en fainéant,
Bien fin mais non prudent, et voulut, l'enseignant
Pour servir à son jeu, lui ordonner pour maître
Un sodomite athée, un maquereau, un traître.
La discorde coupa le concert des mignons,
870 Et le vice croissant entre les compagnons
Brisa l'orde amitié, même par les ordures,
Et l'impure union par les choses impures :
Il s'enfuit dépité, son vice avec lui court,
Car il ne laissa pas ses crimes à la cour.
875 Il colorait ses pas d'astuce nompareille,
Changea de lustre ainsi que jadis la corneille
Pour hanter les pigeons ; le fait fut avoué
Par la confession du gosier enroué :
On lui remplit la gorge, et le Sinon infâme
880 Fut mené par le poing, triomphe d'une femme
Que la mère tria d'entre tous les gluaux
Qu'elle a, pour, à sa cage, arrêter les oiseaux.
Ceux qu'il avait trouvés à son mal secourables,
Et pour lui et par lui devinrent misérables ;
885 Sa foi s'envole au vent, mais il feignit après,
Ce qu'il faisait forcé, l'avoir commis exprès.
C'est pource qu'en ce temps c'est plus de honte d'être
Mal avisé qu'ingrat, mal pourvoyant que traître,

Abusé qu'abuseur ; bien plus est odieux
890 Le simple vertueux qu'un double vicieux ;
Le souffrir est bien plus que de faire l'injure ;
Ce n'est qu'un coup d'Etat que d'être bien parjure.
Ainsi, en peu de temps, ce lâche fut commis
Valet de ses haineux, bourreau de ses amis :
895 Sa ruse l'a trompé quand elle fut trompée,
Il vit sur qui, pour qui, il tournait son épée ;
Son inutile nom devint son parement ;
Comme si c'eût été quelque blanc vêtement
Ils trempèrent au sang sa grand'robe ducale,
900 Et la mirent sur lui du meurtre toute sale.
Quand ils eurent taché la serve autorité
De leur esclave chef du nom de cruauté,
Il tombe en leur mépris ; à nous il fut horrible
Quand rappeler sa foi il lui fut impossible.
905 Il fuit encore un coup, car les lièvres craintifs
Ont débat pour le nom de légers fugitifs ;
Nos princes des renards envient la finesse,
Et ne débattent point aux lions de prouesse.
     Il y avait longtemps que dans les Pays-Bas
910 Deux partis, harassés de ruineux combats,
Haletaient les abois de leur force mi-morte ;
Cettui-ci prit parti presque en la même sorte
Que le loup embusqué combattant de ses yeux
L'effort de deux taureaux, dont le choc furieux
915 Verse dans un chemin le sang et les entrailles :
Le poltron les regarde, et de ces deux batailles
Se fait une victoire, arrivant au combat
Quand la mort a vaincu la force et le débat.
Ainsi quelque avisé réveilla cette bête,
920 D'un désespoir senti lui mit l'espoir en tête,
Mais quel espoir ? encor un rien au prix du bien,
Un rien qui trouve lustre en ce siècle de rien.
On le pousse, on le traîne aux inutiles ruses ;
Il trame mille accords, mariages, excuses ;

925 Il trompe, il est trompé, il se repent souvent,
Et ce cerveau venteux est le jouet du vent ;
Ce vipère échauffé porte la mort traîtresse
Dedans le sein ami : mais quand le sein le presse,
Le trahi fut vainqueur, et le traître pervers
930 Demeure fugitif, banni de son Anvers.

Non, la palme n'est point contenance des membres
De ceux qui ont brouillé les premiers de leurs chambres
Pour, loin d'eux, en secret, de venin s'engorger,
Caresser un Bathille, en son lit l'héberger,
935 N'ayant muet témoin de ses noires ordures
Que les impures nuits et les couches impures.

Les trois en même lieu ont à l'envi porté
La première moisson de leur lubricité ;
Des deux derniers après la chaleur aveuglée
940 A sans honte hérité l'inceste redoublée,
Dont les projets ouverts, les désirs comme beaux
Font voleter l'erreur de ces crimes nouveaux
Sur les ailes du vent : leurs poètes volages
Arborent ces couleurs comme des paysages,
945 Leur souper s'entretient de leurs ordes amours,
Les maquereaux enflés y vantent leurs beaux tours ;
Le vice, possédant pour échafaud leur table,
Y déchire à plaisir la vertu désirable.

Si, depuis quelque temps, les plus subtils esprits
950 A déguiser le mal, ont finement appris
A nos princes fardés la trompeuse manière
De revêtir le Diable en Ange de lumière.
Encor qu'à leurs repas ils fassent disputer
De la vertu, que nul n'oserait imiter,
955 Qu'ils recherchent le los des affétés poètes,
Quelques Sedécias, agréables prophètes,
(Le boute-feu de Rome en a bien fait ainsi,
Car il payait mieux qu'eux, mieux qu'eux avait souci
D'assembler, de chercher les esprits plus habiles,
960 Louer, récompenser leurs rencontres gentilles,

Et les graves discours des sages amassés,
Loués et contrefaits il a récompensés),
L'arsenic ensucré de leurs belles paroles,
Leurs seins meurtris du poing aux pieds de leurs idoles,
965 Les ordres inventés, les chants, les hurlements
Des fols capuchonnés, les nouveaux régiments
Qui en processions sottement déguisées
Aux villes et aux champs vont semer des risées,
L'austérité des vœux et des fraternités,
970 Tout cela n'a caché nos rudes vérités.
Tous ces déguisements sont vaines mascarades
Qui aux portes d'enfer présentent leurs aubades,
Ribauds de la paillarde ou affétés valets
Qui de processions lui donnent des ballets :
975 Les uns, mignons muguets, se parent et font braves
De clinquant et d'or trait ; les autres, vils esclaves,
Fagottés d'une corde et pâles marmiteux,
Vont pieds nus par la rue abuser les piteux,
Ont pour masque le froc, pour vêtements des poches,
980 Pour cadence leurs pas, pour violons des cloches,
Pour vers la litanie ; un avocat nommé,
A chaque pas rend Christ, chaque fois, diffamé.
   Aigle né dans le haut des plus superbes aires,
Ou bien œuf supposé puisque tu dégénères,
985 Dégénère Henri, hypocrite, bigot,
Qui aime moins jouer le Roi que le cagot,
Tu vole un faux gibier, de ton droit tu t'éloigne ;
Ces corbeaux se paîtront un jour de ta charongne,
Dieu t'occira par eux : ainsi le fauconnier,
990 Quand l'oiseau trop de fois a quitté son gibier,
Le bat d'une corneille et la foule à sa vue,
Puis d'elle, s'il ne peut le corriger, le tue.
Tes prêtres par la rue à grands troupes conduits
N'ont pourtant pu celer l'ordure de tes nuits ;
995 Les crimes plus obscurs n'ont pourtant pu se faire
Qu'ils n'éclatent en l'air aux bouches du vulgaire.

Des citoyens oisifs l'ordinaire discours
Est de solenniser les vices de nos cours :
L'un conte les amours de nos sales princesses
1000 Garces de leurs valets, autrefois leurs maîtresses ;
Tel fut le beau sénat des trois et des deux sœurs
Qui jouaient en commun leurs gens et leurs faveurs,
Troquaient leurs étalons, estimaient à louange
Le plaisir découvert, l'amour libre et le change ;
1005 Une autre, n'ayant pu se saouler de Français,
Se coule à la minuit au lit des Ecossais,
Le tison qui l'éveille et l'embrase et la tue
Lui fait pour le plaisir mépriser bruit et vue ;
Les jeunes gens la nuit pipés et enlevés
1010 Du lit au cabinet, las et recrus trouvés ;
Nos princesses, non moins ardentes que rusées,
Osent dans les bordeaux s'exposer déguisées,
Sous le chapron carré vont recevoir le prix
Des garces du Huleu, et portent aux maris
1015 Sur le chevet sacré de leur saint mariage
La senteur du bordeau et quelque pire gage ;
Elles éprouvent tout, on le voit, on le dit,
Cela leur donne vogue et hausse leur crédit.
Les filles de la cour sont galantes honnêtes
1020 Qui se font bien servir, moins chastes, plus secrètes
Qui savent le mieux feindre un mal pour accoucher ;
On blâme celle-là qui n'a pas su cacher ;
Du Louvre les retraits sont hideux cimetières
D'enfants vidés, tués par les apothicaires :
1025 Nos filles ont bien su quelles recettes font
Massacre dans leur flanc des enfants qu'elles ont.
   Je sens les froids tressauts de frayeur et de honte,
Quand sans crainte, tout haut, le fol vulgaire conte
D'un coche qui, courant Paris à la minuit,
1030 Vole une sage femme, et la bande et conduit
Prendre, tuer l'enfant d'une Reine masquée,
D'une brutalité pour jamais remarquée

Que je ne puis conter, croyant, comme François,
Que le peuple abusé envenime ses voix
1035 De monstres inconnus : de la vie entamée
S'enfle la puanteur comme la renommée.
Mais je crois bien aussi que les plus noirs forfaits
Sont plus secrètement et en ténèbres faits,
Quand on montre celui qui, en voulant attendre
1040 Sa dame au galetas, fut pris en pensant prendre,
Et puis pour apaiser, et demeurer amis,
Le violeur souffrit ce qu'il avait commis.

    Quand j'ois qu'un Roi transi, effrayé du tonnerre,
Se couvre d'une voûte et se cache sous terre,
1045 S'embusque de lauriers, fait les cloches sonner,
Son péché poursuivi poursuit de l'étonner,
Il use d'eau lustrale, il la boit, la consomme
En clystères infects, il fait venir de Rome
Les cierges, les agnus que le Pape fournit,
1050 Bouche tous ses conduits d'un charmé grain-bénit ;
Quand je vois composer une messe complète
Pour repousser le ciel, inutile amulette,
Quand la peur n'a cessé par les signes de croix,
Le brayer de Massé, ni le froc de François :
1055 Tels spectres inconnus font confesser le reste,
Le péché de Sodome et le sanglant inceste
Sont reproches joyeux de nos impures cours.

    Triste, je trancherai ce tragique discours
Pour laisser aux pasquils ces effroyables contes,
1060 Honteuses vérités, trop véritables hontes.

    Plutôt peut-on compter dans les bords écumeux
De l'Océan chenu le sable, et tous les feux
Qu'en paisible minuit le clair ciel nous attise,
L'air étant balié des froids soupirs de bise ;
1065 Plutôt peut-on compter du printemps les couleurs,
Les feuilles des forêts, de la terre les fleurs,
Que les infections qui tirent sur nos têtes
Du ciel armé, noirci, les meurtrières tempêtes.

Qu'on doute des secrets, nos yeux ont vu comment
1070 Ces hommes vont bravant des femmes l'ornement,
Les putains de couleurs, les pucelles de gestes ;
Plus de frisons tortus déshonorent les têtes
De nos mignons parés, plus de fard sur leurs teints
Que ne voudraient porter les honteuses putains ;
1075 On invente toujours quelque trait plus habile
Pour effacer du front toute marque virile ;
Envieux de la femme on trace, on vient souiller
Tout ce qui est humain qu'on ne peut dépouiller.
Les cœurs des vertueux à ces regards transissent,
1080 Les vieillards avisés en leur secret gémissent.
Des femmes les métiers quittés et méprisés
Se font, pour parvenir, des hommes déguisés.
On dit qu'il faut couler les exécrables choses
Dans le puits de l'oubli et au sépulcre encloses,
1085 Et que par les écrits le mal ressuscité
Infectera les mœurs de la postérité :
Mais le vice n'a point pour mère la science,
Et la vertu n'est pas fille de l'ignorance ;
Elle est le chaud fumier sous qui les ords péchés
1090 S'engraissent en croissant s'ils ne sont arrachés,
Et l'acier des vertus même intellectuelles
Tranche et détruit l'erreur, et l'histoire par elles.
Mieux vaut à découvert montrer l'infection
Avec sa puanteur et sa punition.
1095 Le bon père Africain sagement nous enseigne
Qu'il faut que les tyrans de tout point on dépeigne,
Montrer combien impurs sont ceux-là qui de Dieu
Condamnent la famille aux couteaux et au feu.
Au fil de ces fureurs ma fureur se consume,
1100 Je laisse ce sujet, ma main quitte ma plume,
Mon cœur s'étonne en soi ; mon sourcil refrongné,
L'esprit de son sujet se retire éloigné.
Ici je vais laver ce papier de mes larmes ;
Si vous prêtez vos yeux au reste de mes carmes,

1105 Ayez encor de moi ce tableau plein de fleurs,
Qui sur un vrai sujet s'égaie en ses couleurs.
   Un père, deux fois père, employa sa substance
Pour enrichir son fils des trésors de science ;
En couronnant ses jours de ce dernier dessein,
1110 Joyeux, il épuisa ses coffres et son sein,
Son avoir et son sang : sa peine fut suivie
D'heur à parachever le présent de la vie.
Il voit son fils savant, adroit, industrieux,
Mêlé dans les secrets de Nature et des cieux,
1115 Raisonnant sur les lois, les mœurs et la police ;
L'esprit savait tout art, le corps tout exercice.
Ce vieil Français, conduit par une antique loi,
Consacra cette peine et son fils à son Roi,
L'équipe ; il vient en cour Là cette âme nouvelle,
1120 Des vices monstrueux ignorante et pucelle,
Voit force hommes bien faits, bien morgants, bien vêtus ;
Il pense être arrivé à la foire aux vertus,
Prend les occasions qui semblaient les plus belles
Pour étaler premier ses intellectuelles,
1125 Se laisse convier, se conduisant ainsi
Pour n'être ni entrant ni retenu aussi ;
Toujours respectueux, sans se faire de fête,
Il contente celui qui l'attaque et l'arrête.
Il ne trouve auditeurs qu'ignorants envieux,
1130 Diffamant le savoir de noms ingénieux :
S'il trousse l'épigramme ou la stance bien faite,
Le voilà découvert, c'est fait, c'est un poète ;
S'il dit un mot salé, il est bouffon, badin ;
S'il danse un peu trop bien, saltarin, baladin ;
1135 S'il a trop bon fleuret, escrimeur il s'appelle ;
S'il prend l'air d'un cheval, c'est un saltin-bardelle ;
Si avec art il chante, il est musicien ;
Philosophe, s'il presse en bon logicien ;
S'il frappe là-dessus et en met un par terre,
1140 C'est un fendant qu'il faut saler après la guerre ;

Mais si on sait qu'un jour, à part, en quelque lieu,
Il mette genou bas, c'est un prieur de Dieu.
   Cet esprit offensé dedans soi se retire,
Et, comme en quelque coin se cachant il soupire,
1145 Voici un gros amas qui emplit jusqu'au tiers
Le Louvre de soldats, de braves chevaliers,
De noblesse parée : au milieu de la nue
Marche un duc, dont la face au jeune homme inconnue
Le renvoie au conseil d'un page traversant,
1150 Pour demander le nom de ce prince passant ;
Le nom ne le contente, il pense, il s'émerveille,
Tel mot n'était jamais entré en son oreille.
Puis cet étonnement soudain fut redoublé
Alors qu'il vit le Louvre aussitôt dépeuplé
1155 Par le sortir d'un autre, au beau milieu de l'onde
De seigneurs l'adorant comme un roi de ce monde.
Notre nouveau venu s'accoste d'un vieillard,
Et pour en prendre langue il le tire à l'écart ;
Là il apprit le nom dont l'histoire de France
1160 Ne lui avait donné ne vent ne connaissance.
Ce courtisan grison, s'émerveillant de quoi
Quelqu'un méconnaissait les mignons de son Roi,
Raconte leurs grandeurs, comme la France entière,
Escabeau de leurs pieds, leur était tributaire.
1165 A l'enfant qui disait : « Sont-ils grands terriens
Que leur nom est sans nom par les historiens ? »
Il répond : « Rien du tout, ils sont mignons du Prince.
— « Ont-ils sur l'Espagnol conquis quelque province ?
Ont-ils par leurs conseils relevé un malheur,
1170 Délivré leur pays par extrême valeur ?
Ont-ils sauvé le Roi, commandé quelque armée,
Et par elle gagné quelque heureuse journée ? »
A tout fut répondu : « Mon jeune homme, je croi
Que vous êtes bien neuf, ce sont mignons du Roi. »
1175   Ce mauvais courtisan, guidé par la colère,
Gagne logis et lit ; tout vient à lui déplaire,

Et repas et repos. Cet esprit transporté
Des visions du jour par idée infecté,
Voit dans une lueur sombre, jaunâtre et brune,
1180 Sous l'habit d'un rézeul, l'image de Fortune
Qui entre à la minuit, conduisant des deux mains
Deux enfants nus bandés : de ces frères germains
L'un se peint fort souvent, l'autre ne se voit guère
Pource qu'il a les yeux et le cœur par derrière.
1185 La bravache s'avance, envoie brusquement
Les rideaux ; elle accole et baise follement
Le visage effrayé ; ces deux enfants étranges,
Sautés dessus le lit, peignent des doigts les franges.
Alors Fortune, mère aux étranges amours,
1190 Courbant son chef paré de perles et d'atours,
Déploie tout d'un coup mignardises et langue,
Fait de baisers les points d'une telle harangue :
    « Mon fils, qui m'as été dérobé du berceau,
Pauvre enfant mal nourri, innocent jouvenceau,
1195 Tu tiens de moi ta mère un assez haut courage,
Et j'ai vu aujourd'hui, aux feux de ton visage,
Que le dormir n'aurait pris ni cœur ni esprits
En la nuit qui suivra le jour de ton mépris.
Embrasse, mon enfant, mal nourri par ton père,
1200 Le col et les desseins de Fortune ta mère.
Comment mal conseillé, pipé, trahi suis-tu
Par chemins épineux la stérile vertu ?
Cette sotte, par qui me vaincre tu essaies,
N'eut jamais pour loyer que les pleurs et les plaies,
1205 De l'esprit et du corps les assidus tourments,
L'envie, les soupçons et les bannissements ;
Qui pis est, le dédain : car sa trompeuse attente
D'un vain espoir d'honneur la vanité contente.
De la pauvre vertu l'orage n'a de port
1210 Qu'un havre tout vaseux d'une honteuse mort.
Es-tu point envieux de ces grandeurs romaines ?
Leurs rigoureuses mains tournèrent par mes peines

Dedans leur sein vaincu leur fer victorieux.
Je t'épiais ces jours lisant, si curieux,
1215 La mort du grand Sénèque et celle de Thrasée,
Je lisais par tes yeux en ton âme embrasée
Que tu enviais plus Sénèque que Néron,
Plus mourir en Caton que vivre en Cicéron ;
Tu estimais la mort en liberté plus chère
1220 Que tirer, en servant, une haleine précaire :
Ces termes spécieux sont tels que tu conclus
Au plaisir de bien être, ou bien de n'être plus.
Or, sans te surcharger de voir les morts et vies
Des anciens qui faisaient gloire de leurs folies,
1225 Que ne vois-tu ton siècle, ou n'appréhendes-tu
Le succès des enfants aînés de la vertu :
Ce Bourbon qui, blessé, se renfonce en la presse,
Tôt assommé, traîné sur le dos d'une ânesse ;
L'Amiral pour jamais sans surnom, trop connu,
1230 Meurtri, précipité, traîné, mutilé, nu ?
La fange fut sa voie au triomphe sacrée,
Sa couronne un collier, Montfaucon son trophée ;
Vois sa suite aux cordeaux, à la roue, aux poteaux,
Les plus heureux d'entre eux quittes pour les couteaux,
1235 De ta Dame loyers, qui paie, contemptible,
De rude mort la vie hasardeuse et pénible.
Lis curieux l'histoire, en ne donnant point lieu,
Parmi ton jugement, au jugement de Dieu :
Tu verras ces vaillants en leurs vertus extrêmes
1240 Avoir vécu gehennés et être morts de mêmes.
 « Encor, pour l'avenir, te puis-je faire voir
Par l'aide des démons, au magicien miroir,
Tels loyers reçus ; mais ta tendre conscience
Te fait jeter au loin cette brave science :
1245 Tu verrais des valeurs le bel or monnayé
Dont bientôt se verra le Parmesan payé,
En la façon que fut salarié Gonsalve,
Le brave duc d'Austrie et l'enragé duc d'Alve.

Je vois un prince Anglais, courageux par excès,
1250 A qui l'amour quitté fait un rude procès ;
Licols, poisons, couteaux qui paient en Savoie
Les prompts exécuteurs ; je vois cette monnoie
En France avoir son cours, je vois lances, écus,
Cœurs et noms des vainqueurs sous les pieds des vaincus :
1255 O de trop de mérite impiteuse mémoire !
Je vois les trois plus hauts instruments de victoire,
L'un à qui la colère a pu donner la mort,
L'autre sur l'échafaud, et le tiers sur le bord.
    « Jette l'œil droit ailleurs, regarde l'autre bande
1260 En large et beau chemin plus splendide et plus grande.
Au sortir des berceaux ce prospérant troupeau
A bien tâté des arts, mais n'en prit que la peau,
Eut pour borne ce mot : assez pour gentilhomme,
Pour sembler vertueux en peinture, ou bien comme
1265 Un singe porte en soi quelque chose d'humain
Aux gestes, au visage, au pied et à la main.
Ceux-là blâment toujours les affligés, les fuient,
Flattent les prospérants, les suivent, s'en appuient.
Ils ont vu des dangers assez pour en conter,
1270 Ils en content autant qu'il faut pour se vanter ;
Lisants, ils ont pillé les pointes pour écrire ;
Ils savent en jugeant admirer ou sourire,
Louer tout froidement si ce n'est pour du pain,
Renier son salut quand il y va du gain ;
1275 Barbets des favoris, premiers à les connaître,
Singes des estimés, bons échos de leur maître :
Voilà à quel savoir il te faut limiter
Que ton esprit ne puisse un Jupin irriter.
Il n'aime pas son juge, il le frappe en son ire,
1280 Mais il est amoureux de celui qui l'admire.
Il reste que le corps comme l'accoutrement
Soit aux lois de la cour : marcher mignonnement,
Traîner les pieds, mener les bras, hocher la tête,
Pour branler à propos d'un pennache la crête,

1285 Garnir et bas et haut de roses et de nœuds,
 Les dents de muscadins, de poudre les cheveux.
 Fais-toi dedans la foule une importune voie,
 Te montre ardent à voir afin que l'on te voie,
 Lance regards tranchants pour être regardé,
1290 Le teint de blanc d'Espagne et de rouge fardé ;
 Que la main, que le sein y prennent leur partage ;
 Couvre d'un parasol en été ton visage ;
 Jette, comme effrayé, en femme quelques cris,
 Méprise ton effroi par un traître souris,
1295 Fais le bègue, le las d'une voix molle et claire,
 Ouvre ta languissante et pesante paupière ;
 Sois pensif, retenu, froid, secret et finet :
 Voilà pour devenir garce du Cabinet,
 A la porte duquel laisse Dieu, cœur et honte,
1300 Ou je travaille en vain en te faisant ce conte.
 Mais quand ton fard sera par le temps décelé,
 Tu auras l'œil rougi, le crâne sec, pelé :
 Ne sois point affranchi par les ans du service,
 Ni du joug qu'avait mis sur ta tête le vice ;
1305 Il faut être garçon pour le moins par les vœux,
 Qu'il n'y ait rien en toi de blanc que les cheveux.
 Quelque jour tu verras un chauve, un vieux eunuque
 Faire porter en cour aux hommes la perruque ;
 La saison sera morte à toutes ces valeurs,
1310 Un servile courage infectera les cœurs,
 La morgue fera tout, tout se fera pour l'aise,
 Le hausse-col sera changé en portefraise.
  « Je reviens à ce siècle où nos mignons vieillis,
 A leur dernier métier voués et accueillis,
1315 Pipent les jeunes gens, les gagnent, les courtisent ;
 Eux, autrefois produits, à la fin les produisent,
 Faisant, plus avisés, moins glorieux que toi,
 Par le cul d'un coquin chemin au cœur d'un Roi. »
  Ce fut assez, c'est là que rompit patience
1320 La vertu, qui, de l'huis, écoutait la science

De Fortune ; sitôt n'eut sonné le loquet,
Que la folle perdit l'audace et le caquet.
Elle avait apporté une clarté de lune,
Voici autre clarté que celle de Fortune,
1325 Voici un beau soleil, qui de rayons dorés
De la chambre et du lit vit les coins honorés.
La vertu paraissant en matrone vêtue,
La mère et les enfants ne l'eurent sitôt vue
Que chacun d'eux changea en démon décevant,
1330 De démon en fumée, et de fumée en vent,
Et puis de vent en rien. Cette hôtesse dernière
Prit au chevet du lit pour sa place une chaire,
Saisit la main tremblante à son enfant transi,
Par un chaste baiser l'assure, et dit ainsi :
1335 « Mon fils, n'attends de moi la pompeuse harangue
De la fausse Fortune, aussi peu que ma langue
Fascine ton oreille et mes présents tes yeux.
Je n'éclate d'honneur ni de dons précieux,
Je foule ces beautés desquelles Fortune use
1340 Pour ravir par les yeux une âme qu'elle abuse.
Ce lustre de couleurs est l'émail qui s'épand
Au ventre et à la gorge et au dos du serpent :
Tire ton pied des fleurs sous lesquelles se cœuvre,
Et avec soi la mort, la glissante couleuvre.
1345 « Reçois pour faire choix des fleurs et des couleurs
Ce qu'à traits raccourcis je dirai pour tes mœurs.
Sois continent, mon fils, et circoncis pour l'être
Tout superflu de toi, sois de tes vouloirs maître,
Serre-les à l'étroit, règle au bien tes plaisirs,
1350 Ottroie à la nature, et refuse aux désirs ;
Qu'elle, et non ta fureur, soit ta loi, soit ta guide ;
Que la concupiscence en reçoive une bride.
Fuis les mignardes mœurs et cette liberté
Qui, fausse, va cachant au sein la volupté.
1355 Tiens pour crime l'excès, sobre et prudent élogne
Du manger le gourmand, et du boire l'ivrogne.

Hais le mortel loisir, tiens le labeur plaisant :
Que Satan ne t'empoigne un jour en rien faisant.
Use sans abuser des délices plaisantes,
1360 Sans chercher curieux les chères et pesantes ;
Ne méprise l'aisé, va pour vivre au repas,
Mais que la volupté ne t'y appelle pas ;
Ton palais convié par l'appétit demande
Non les morceaux fardés, mais la simple viande ;
1365 Le prix de tes désirs soit commun et petit,
Pour faire taire et non aiguiser l'appétit.
Par ces degrés le corps s'apprend et s'achemine
Au goût de son esprit : nourriture divine !
N'affecte d'habiter les superbes maisons,
1370 Mais bien d'être à couvert aux changeantes saisons ;
Que ta demeure soit plutôt saine que belle,
Qu'elle ait renom par toi, et non pas toi par elle.
Méprise un titre vain, les honneurs superflus,
Retire-toi dans toi, parais moins, et sois plus.
1375 Prends pour ta pauvreté seulement cette peine
Qu'elle ne soit pas sale, et l'épargne vilaine ;
Garantis du mépris ta simple probité,
Et ta lente douceur du nom de lâcheté.
Que ton peu soit aisé. Ne pleure pour tes peines ;
1380 Ne sois admirateur des richesses prochaines.
Hais et connais le vice avant qu'il soit venu ;
Crains-toi plus que nul autre ennemi inconnu.
N'aime les saletés sous couleur d'un bon conte,
Elles te font souffrir et non sentir la honte.
1385 Ois plutôt le discours utile que plaisant.
Tu pourras bien mêler les jeux en devisant,
Sauve ta dignité ; mais que ton ris ne sente
Ni le fat, ni l'enfant, ni la garce puante ;
Tes bons mots n'aient rien du bouffon effronté,
1390 Tes yeux soient sans fisson, pleins de civilité,
Afin que sans blesser tu plaises et tu ries :
Distingue le moquer d'avec les railleries.

Ta voix soit sans éclat, ton cheminer sans bruit.
Que même ton repos enfante quelque fruit.
1395 Evite le flatteur, et chasse comme étrange
La louange de ceux qui n'ont acquis louange.
Ris-toi quand les méchants t'auront à contrecœur,
Tiens leur honneur à blâme et leur blâme à honneur.
Sois grave sans orgueil, non contraint en ta grâce ;
1400 Sois humble, non abject, résolu sans audace.
Si le bon te reprend, que ses coups te soient doux
Et soient dessus ton chef comme baume secoux :
Car qui reprend au vrai est un utile maître,
Sinon il a voulu et essayé de l'être.
1405 Tire même profit et des roses parmi
Les piquons outrageux d'un menteur ennemi.
Fais l'espion sur toi plutôt que sur tes proches ;
Reprends le défaillant sans fiel et sans reproches.
Par ton exemple instruis ta femme à son devoir,
1410 Ne lui donnant soupçon pour ne le recevoir ;
Laisse-lui juste part du soin de la famille.
Cache tes gaietés et ton ris à ta fille.
Ne te sers de la verge, et ne l'emploie point
Que ton courroux ne soit apaisé de tout point.
1415 Sois au prince, à l'ami, et au serviteur comme
Tel qu'à l'ange, à toi-même, et tel qu'on doit à l'homme ;
Ce que tu as sur toi, aux côtés, au-dessous,
Te trouve bien servant, chaud ami, seigneur doux.
    « De ces traits généraux maintenant je m'explique
1420 Et à ton être à part ma doctrine j'applique.
J'ai voulu pour ta preuve un jour te dépouiller,
Voir sur ton sein les morts et siffler et grouiller ;
Sur toi, race du ciel, ont été inutiles
Les fissons des aspics comme dessus les Psylles.
1425 Le ciel fait ainsi choix des siens qui, sains et forts,
Sont à preuve du vice et triomphent des morts.
Psylle bien approuvé, lève plus haut ta vue,
Je veux faire voler ton esprit sur la nue,

Que tu voies la terre en ce point que la vit
1430 Scipion quand l'amour de mon nom le ravit,
Ou mieux d'où Coligny se riait de la foule
Qui de son tronc roulé se jouait à la boule,
Parmi si hauts plaisirs que, même en lieu si doux,
De tout ce qu'il voyait il n'entrait en courroux.
1435 Un jeu lui fut des Rois la sotte perfidie,
Comique le succès de la grand' tragédie ;
Il vit plus, sans colère, un de ses enfants chers,
Dégénère, lécher les pieds de ses bouchers.
Là ne s'estime rien des règnes l'excellence,
1440 Le monde n'est qu'un pois, un atome la France.
C'est là que mes enfants dirigent tous leurs pas
Dès l'heure de leur naître à celle du trépas,
Pas qui foulent sous eux les beautés de la terre,
Cueillant les vrais honneurs et de paix et de guerre,
1445 Honneur au point duquel un chacun se déçoit :
On perd bientôt celui qu'aisément on reçoit,
La gloire qu'autrui donne est par autrui ravie ;
Celle qu'on prend de soi vit plus loin que la vie.
Cherche l'honneur, mais non celui de ces mignons
1450 Qui ne mordent au loup, bien sur leurs compagnons ;
Qu'ils prennent le duvet, toi la dure et la peine,
Eux le nom de mignons, et toi de capitaine ;
Eux le musc, tu auras de la mèche le feu ;
Eux les jeux, tu auras la guerre pour ton jeu.
1455 Ne porte envie à ceux de qui l'état ressemble
A un tiède printemps qui ne sue et ne tremble ;
Les pestes de nos corps s'échauffent en été
Et celle des esprits en la prospérité.
Prenne donc ton courage à propos la carrière,
1460 Et que l'honneur qui fait que tu laisses arrière
La lie du bas peuple, et l'infâme bourbier,
Soit la gloire de prince, et non pas de barbier ;
Car c'est l'humilité qui à la gloire monte,
Le faux honneur acquiert la véritable honte.

1465 Cherche la faim, la soif, les glaces, et le chaud,
La sueur et les coups ; aime-les, car il faut
Ou que tes jeunes ans soient l'heur de ta vieillesse,
Ou que tes cheveux blancs maudissent ta jeunesse.
Puisque ton cœur royal veut s'asservir aux Rois,
1470 Va suivre les labeurs du Prince Navarrois,
Et là tu trouveras mon logis chez Anange,
Anange que je suis et (qui est chose étrange)
Là où elle n'est plus, aussitôt je ne suis ;
Je l'aime en la chassant, la tuant je la suis ;
1475 Là où elle prend pied, la pauvrette m'appelle ;
Je ne puis m'arrêter ni sans ni avec elle ;
Je crains bien que, l'ayant bannie de ce Roi,
Tu n'y pourras plus voir bientôt elle ni moi.
Va-t-en donc imiter ces élevés courages
1480 Qui cherchent les combats au travers des naufrages ;
Là est le choix des cœurs et celui des esprits ;
Là moi-même je suis de moi-même le prix ;
Bref, là tu trouveras par la persévérance
Le repos au labeur, au péril l'assurance.
1485 Va, bienheureux, je suis ton conseil, ton secours,
J'offense ton courage avec si long discours. »
    Que je vous plains, esprits, qui au vice contraires
Endurez de ces cours les séjours nécessaires !
Heureux si, non infects en ces infections,
1490 Rois de vous, vous régnez sur vos affections.
Mais quoique vous pensez gagner plus de louange
De sortir impollus hors d'une noire fange,
Sans tache hors du sang, hors du feu sans brûler,
Que d'un lieu non souillé sortir sans vous souiller,
1495 Pourtant il vous serait plus beau en toutes sortes
D'être les gardiens des magnifiques portes
De ce temple éternel de la maison de Dieu
Qu'entre les ennemis tenir le premier lieu,
Plutôt porter la croix, les coups et les injures,
1500 Que des ords cabinets les clefs à vos ceintures :

Car Dieu pleut sur les bons et sur les vicieux,
Dieu frappe les méchants et les bons parmi eux.
    Fuyez, Loths, de Sodome et Gomorrhe brûlantes,
N'ensevelissez pas vos âmes innocentes
1505 Avec ces réprouvés ; car combien que vos yeux
Ne froncent le sourcil encontre les hauts cieux,
Combien qu'avec les Rois vous ne hochiez la tête
Contre le ciel ému, armé de la tempête,
Pource que des tyrans le support vous tirez,
1510 Pource qu'ils sont de vous comme dieux adorés,
Lorsqu'ils veulent au pauvre et au juste méfaire
Vous êtes compagnons du méfait pour vous taire.
Lorsque le fils de Dieu, vengeur de son mépris,
Viendra pour vendanger de ces Rois les esprits,
1515 De sa verge de fer brisant, épouvantable,
Ces petits dieux enflés en la terre habitable,
Vous y serez compris. Comme lorsque l'éclat
D'un foudre exterminant vient renverser à plat
Les chênes résistants et les cèdres superbes,
1520 Vous verrez là-dessous les plus petites herbes,
La fleur qui craint le vent, le naissant abrisseau,
En son nid l'écurieu, en son aire l'oiseau,
Sous ce dais qui changeait les grêles en rosée,
La bauge du sanglier, du cerf la reposée,
1525 La ruche de l'abeille et la loge au berger
Avoir eu part à l'ombre, avoir part au danger.

LIVRE III

LA CHAMBRE DOREE

Au palais flamboyant du haut ciel empyrée
Reluit l'Eternité en présence adorée
Par les Anges heureux : trois fois trois rangs de vents,
Puissance du haut ciel, y assistent servants.
5 Les saintes légions sur leurs pieds toutes prêtes
Lèvent aux pieds de Dieu leurs précieuses têtes
Sous un clair pavillon d'un grand arc de couleurs.
Au moindre clin de l'œil du Seigneur des Seigneurs
Ils partent de la main : ce troupeau sacré vole
10 Comme vent décoché au vent de la parole,
Soit pour être des Saints les bergers curieux,
Les préserver de mal, se camper autour d'eux,
Leur servir de flambeau en la nuit plus obscure,
Les défendre d'injure, et détourner l'injure
15 Sur le chef des tyrans ; soit pour d'un bras armé
Déployer du grand Dieu le courroux animé.
D'un coutelas ondé, d'une main juste et forte
L'un défend aux pécheurs du paradis la porte ;
Un autre fend la mer ; par l'autre sont chargés
20 Les pauvres de trésors, d'aise les affligés,
De gloire les honteux, l'ignorant de science,
L'abattu de secours, le transi d'espérance ;
Quelque autre va trouver un Monarque en haut lieu
Bardé de mille fers, et, au nom du grand Dieu,

25 Assuré l'épouvante, élevé l'extermine,
   Le fait vif dévorer à la sale vermine.
   L'un veille un règne entier, une ville, un château,
   Une personne seule, un pasteur, un troupeau.
   Gardes particuliers de la troupe fidèle,
30 De la maison de Dieu ils sentent le vrai zèle,
   Portent dedans le ciel les larmes, les soupirs
   Et les gémissements des bienheureux martyrs.
       A ce trône de gloire arriva gémissante
   La Justice fuitive, en sueurs, pantelante,
35 Meurtrie et déchirée aux yeux sereins de Dieu,
   Les Anges retirés lui ayant donné lieu.
   La pauvrette, couvrant sa face désolée,
   De ses cheveux trempés faisait, échevelée,
   Un voile entre elle et Dieu, puis soupirant trois fois
40 Elle pousse avec peine et à genoux ces voix :
       « Du plus bas de la terre et du profond du vice
   Vers toi j'ai mon recours : te voici. Ta Justice
   Que sage tu choisis pour le droit enseigner,
   Que reine tu avais transmise pour régner,
45 La voici à tes pieds en pièces déchirée :
   Les humains ont meurtri sa face révérée.
   Tu avais en sa main mis le glaive tranchant
   Qui aujourd'hui forcène en celle du méchant.
   Remets, ô Dieu, ta fille en son propre héritage,
50 Le bon sente le bien, le méchant son ouvrage :
   L'un reçoive le prix, l'autre le châtiment,
   Afin que devant toi chemine droitement
   La terre ci-après. Baisse en elle ta face,
   Et par le poing me loge en ma première place. »
55   A ces mots intervient la blanche Piété,
   Qui de la terre ronde au haut du ciel voûté
   En courroux s'envola ; de ses luisantes ailes
   Elle accrut la lueur des voûtes éternelles ;
   Ses yeux étincelaient de feux et de courroux.
60 Elle s'avance à coup, elle tombe à genoux,

Et le juste dépit qui sa belle âme affole
Lui fit dire beaucoup en ce peu de parole :
   « La terre est-elle pas ouvrage de ta main ?
Elle se méconnaît contre son Souverain ;
65 La félonne blasphème, et l'aveugle insolente
S'endurcit et ne ploie à ta force puissante.
Tu la fis pour ta gloire, à ta gloire défais
Celle qui m'a chassé. » Sur ce point vint la Paix,
La Paix fille de Dieu : « J'ai la terre laissée
70 Qui me laisse (dit-elle) et qui m'a déchassée ;
Tout y est abruti, tout est de moi quitté
En sommeil léthargic, d'une tranquillité
Que le monde chérit, et n'a pas connaissance
Qu'elle est fille d'enfer, guerre de conscience,
75 Fausse paix qui voulait dérober mon manteau
Pour cacher dessous lui le feu et le couteau,
A porter dans le sein des agneaux de l'Eglise
Et la guerre et la mort qu'un nom de paix déguise. »
   A ces mots le troupeau des esprits fut ravi :
80 Ce propos fut repris et promptement suivi
Par les Anges, desquels la plaintive prière
Emut le front du juge et le cœur du vrai Père.
Ils s'ameutent ensemble et firent, gémissant,
Fumer cette oraison d'un précieux encens :
85   « Grand Dieu, devant les yeux duquel ne sont cachées
Des cœurs plus endurcis les premières pensées,
Déploie ta pitié en ta justice, et fais
Trouver mal au méchant, au paisible la paix.
Tu vois que les Géants, faibles Dieux de la terre,
90 En tes membres te font une insolente guerre,
Que l'innocent périt par l'inique tranchant,
Par le couteau qui doit effacer le méchant ;
Tu vois du sang des tiens les rivières changées,
Se rire les méchants des âmes non vengées,
95 Ton nom foulé aux pieds, nom que ne peut nommer
L'athéiste, sinon quand il veut blasphémer :

Ta patience rend son entreprise ferme,
Et tes jugements sont en mépris pour le terme.
Ne voit ton œil vengeur éclater en tous lieux
100 Sur ses tendres agneaux les effroyables feux
Dont l'ardeur par les tiens se trouve consumée?
Et nous sommes lassés d'en boire la fumée.
Tes patients témoins souffrent sans pleurs et cris,
Et sans trouble, le mal qui trouble nos esprits.
105 Nous sommes immortels : peu s'en faut que ne meure
Chacun qui les visite en leur noire demeure,
Aux puantes prisons où les saints zélateurs
Quand nous les consolons nous sont consolateurs. »
Là les bandes du ciel, humbles, agenouillées,
110 Présentèrent à Dieu mil âmes dépouillées
De leurs corps par les feux, les cordes, les couteaux,
Qui, libres au sortir des ongles des bourreaux,
Toutes blanches au feu volent avec les flammes,
Pures dans les cieux purs, le beau pays des âmes,
115 Passent l'éther, le feu, percent le beau des cieux.
Les orbes tournoyants sonnent harmonieux :
A eux se joint la voix des Anges de lumière,
Qui mènent ces présents en leur place première.
Avec elles volaient, comme troupes de vents,
120 Les prières, les cris et les pleurs des vivants,
Qui, du nuage épais d'une amère fumée,
Firent des yeux de Dieu sortir l'ire allumée.
De même en quelques lieux vous pouvez avoir lu,
Et les yeux des vivants pourraient bien avoir vu
125 Quelque Empereur ou Roi tenant sa cour planière
Au milieu des festins, des combats de barrière,
En l'éclat des plaisirs, des pompes ; et alors
Qu'à ces princes chéris il montre ses trésors,
Entrer à l'improvis une veuve éplorée
130 Qui foule tout respect, en deuil démesurée,
Qui conduit le corps mort d'un bien aimé mari,
Ou porte d'un enfant le visage meurtri,

Fait de cheveux jonchée, accorde à sa requête
Le trouble de ses yeux qui trouble cette fête :
135 La troupe qui la voit change en plainte ses ris,
Elle change leurs chants en l'horreur de ses cris.
Le bon Roi quitte lors le sceptre et la séance,
Met l'épée au côté et marche à la vengeance.
    Dieu se lève en courroux et au travers des cieux
140 Perça, passa son chef ; à l'éclair de ses yeux
Les cieux se sont fendus ; tremblant, suant de crainte,
Les hauts monts ont croulé : cette Majesté sainte
Paraissant fit trembler les simples éléments,
Et du monde ébranla les stables fondements.
145 Le tonnerre grondant frappa cent fois la nue ;
Tout s'enfuit, tout s'étonne, et gémit à sa vue ;
Les Rois épouvantés laissent choir, pâlissants,
De leurs sanglantes mains les sceptres rougissants ;
La mer fuit et ne peut trouver une cachette
150 Devant les yeux de Dieu ; les vents n'ont de retraite
Pour parer ses fureurs : l'univers arrêté
Adore en frémissant sa haute Majesté.
Et lorsque tout le monde est en frayeur ensemble,
Que l'abîme profond en ses cavernes tremble,
155 Les Chrétiens seulement affligés sont ouïs,
D'une voix de louange et d'un psaume éjouis,
Au toquement des mains faire comme une entrée
Au roi de leur secours et victoire assurée :
Le méchant le sentit, plein d'épouvantement,
160 Mais le bon le connut, plein de contentement.
    Le Tout-Puissant plana sur le haut de la nue
Longtemps, jetant le feu et l'ire de sa vue
Sur la terre, et voici : le Tout-Voyant ne voit,
En tout ce que la terre en son orgueil avoit,
165 Rien si près de son œil que la brave rencontre
D'un gros amas de tours qui élevé se montre
Dedans l'air plus hautain. Cet orgueil tout nouveau
De pavillons dorés faisait un beau château

Plein de lustre et d'éclat, dont les cimes pointues,
170 Braves, contre le ciel mipartissaient les nues.
Sur ce premier objet Dieu tint longuement l'œil,
Pour de l'homme orgueilleux voir l'ouvrage et l'orgueil.
Il voit les vents émus, postes du grand Eole,
Faire en virant gronder la girouette folle.
175 Il descend, il s'approche, et pour voir de plus près
Il met le doigt qui juge et qui punit après,
L'ongle dans la paroi, qui de loin reluisante
Eut la face et le front de brique rougissante.
Mais Dieu trouva l'étoffe et les durs fondements
180 Et la pierre commune à ces fiers bâtiments
D'os, de têtes de morts ; au mortier exécrable
Les cendres des brûlés avaient servi de sable,
L'eau qui les détrempait était du sang versé ;
La chaux vive dont fut l'édifice enlacé,
185 Qui blanchit ces tombeaux et les salles si belles,
C'est le mélange cher de nos tristes moelles.
    Les poètes ont feint que leur feint Jupiter,
Etant venu du ciel les hommes visiter,
Punit un Lycaon, mangeur d'homme, exécrable,
190 En le changeant en loup à sa tragique table.
Dieu voulut visiter cette roche aux lions,
Entra dans la tanière et vit ces Lycaons,
Qui lors au premier mets de leurs tables exquises
Etaient servis en or, avaient pour friandises
195 Des enfants déguisés ; il trouva là-dedans
Des loups cachés ayant la chair entre les dents.
Nous avons parmi nous cette gent cannibale,
Qui de son vif gibier le sang tout chaud avale,
Qui au commencement par un trou en la peau
200 Suce, sans écorcher, le sang de son troupeau,
Puis achève le reste, et de leurs mains fumantes
Portent à leurs palais bras et mains innocentes,
Font leur chair de la chair des orphelins occis.
Mais par déguisements, comme par un hachis,

205 Otant l'horreur du nom, cette brute canaille
    Fait tomber sans effroi entrailles dans entraille,
    Si que dès l'œuf rompu, Thiestes en repas,
    Tel s'abèche d'humain qui ne le pense pas.
    Des tais des condamnés et coupables sans coulpes
210 Ils parent leurs buffets et font tourner leurs coupes.
    Des os plus blancs et nets leurs meubles marquetés
    Réjouissent leurs yeux de fines cruautés ;
    Ils hument à longs traits dans leurs coupes dorées
    Suc, lait, sang et sueurs des veuves éplorées ;
215 Leur barbe s'en parfume, et aux fins du repas,
    Ivres, vont dégouttant cette horreur contre-bas.
    De si âpres forfaits l'odeur n'est point si forte
    Qu'ils ne fassent dormir leur conscience morte
    Sur des matras enflés du poil des orphelins ;
220 De ce piteux duvet leurs oreillers sont pleins.
    Puis de sa tendre peau faut que l'enfant vêtisse
    Le meurtrier de son père en titre de justice ;
    Celle qu'ils ont fait veuve arrache ses cheveux
    Pour en faire un tissu horrible et précieux :
225 C'est le dernier butin que le voleur dérobe
    A faire parements de si funeste robe.

     Voilà en quel état vivaient les justiciers,
    Aux meurtriers si bénins, des bénins les meurtriers,
    Témoins du faux témoin, les pleiges des faussaires,
230 Receleurs des larrons, maquereaux d'adultères,
    Mercenaires, vendant la langue, la faveur,
    Raison, autorité, âme, science et cœur.
     Encor fallut-il voir cette Chambre Dorée,
    De justice jadis, d'or maintenant parée
235 Par dons, non par raison : là se voit décider
    La force et non le droit ; là voit-on présider
    Sur un trône élevé l'Injustice impudente
    Son parement était d'écarlate sanglante,
    Qui goutte sans repos ; elle n'a plus aux yeux
240 Le bandeau des Anciens, mais l'éclat furieux

Des regards fourvoyants inconstamment se vire
En peine sur le bon, en loyer sur le pire ;
Sa balance aux poids d'or trébuche faussement ;
Près d'elle sont assis au lit de jugement
245 Ceux qui peuvent monter par marchandise impure,
Qui peuvent commencer par notable parjure,
Qui d'âme et de salut ont quitté le souci.
Vous les verrez dépeints au tableau que voici :
    A gauche avait séance une vieille harpie
250 Qui entre ses genoux grommelait accroupie,
Comptait et recomptait, approchait de ses yeux
Noirs, petits, enfoncés, les dons plus précieux
Qu'elle recache ès plis de sa robe rompue ;
Ses os en mille endroits repoussant sa chair nue,
255 D'ongles rouillés, crochus, son tapis tout cassé
A tout propos penchant par elle était dressé.
L'Avarice en mangeant est toujours affamée.
La Justice à ses pieds, en portrait diffamée,
Lui sert de marchepied : là, soit à droit, à tort,
260 Le riche a la vengeance, et le pauvre a la mort.
    A son côté triomphe une peste plus belle,
La jeune Ambition, folle et vaine cervelle,
A qui les yeux flambants, enflés, sortent du front
Impudent, enlevé, superbe, fier et rond,
265 Aux sourcils rehaussés : la prudente et rusée
Se pare d'un manteau de toile d'or frisée
Alors qu'elle trafique et pratique les yeux
Des dames, des galants et des luxurieux ;
Incontinent plus simple elle vêt, déguisée,
270 Un modeste maintien, sa manteline usée
Devant un cœur hautain, rude à l'ambition,
Tout servil pour gagner la domination ;
Une perruque feinte en vieille elle appareille.
C'est une Alcine fausse et qui n'a sa pareille
275 Soit à se transformer, ou connaître comment
Doit la comédiante avoir l'accoutrement :

La gloire la plus grande est sans gloire paraître,
L'ambition se tue en se faisant connaître.
 L'on voit en l'autre siège étriper les serpents,
280 Les crapauds, le venin entre les noires dents
Du conseiller suivant : car la mi-morte Envie
Sort des rochers hideux et traîne là sa vie.
 On connaît bien encor cette tête sans front,
Pointue en pyramide, et cet œil creux et rond,
285 Ce nez tortu, plissé, qui sans cesse marmotte,
Rit à tous, en faisant de ses doigts la marotte.
Souffrirons-nous un jour d'exposer nos raisons
Devant les habitants des petites maisons ?
Que ceux qui ont été liés pour leurs manies
290 De là viennent juger et nos biens et nos vies ?
Que telles gens du Roi troublent de leur caquet,
Procureurs de la mort, la Cour et le parquet ;
Que de Saint Mathurin le fouet et voyage
Loge ces pèlerins dedans l'Aréopage ?
295 Là de ses yeux émus émeut tout en fureur
L'Ire empourprée : il sort un feu qui donne horreur
De ses yeux ondoyants, comme au travers la glace
D'un cristal se peut voir d'un gros rubis la face ;
Elle a dans la main droite un poignard asséché
300 De sang qui ne s'efface ; elle le tient caché
Dessous un voile noir, duquel elle est pourvue
Pour offusquer de soi et des autres la vue,
De peur que la pitié ne vole dans le cœur
Par la porte des yeux. Puis la douce Faveur
305 De ses yeux affétés chacun pipe et regarde,
Fait sur les fleurs de lis des bouquets ; la mignarde
Oppose ses beautés au droit, et aux flatteurs
Donne à baiser l'azur, non à sentir ses fleurs.
 Comment d'un pas douteux en la troupe bacchante,
310 Etourdie au matin, sur le soir violente,
Porte dans le sénat un tison enflambé,
Folle au front cramoisi, nez rouge, teint plombé,

Comment l'Ivrognerie en la foule échauffée,
N'oyant les douces voix, met en pièces Orfée,
315 A l'éclat des cornets d'un vineux Evoué
Bruit un arrêt de mort d'un gosier enroué !
    Il y fallait encor cette sèche, tremblante,
Pâle, aux yeux chassieux, de qui la peur s'augmente
Pour la diversité des remèdes cherchés :
320 Elle va trafiquant de péché sur péchés,
A prix fait d'un chacun veut payer Dieu de feuilles,
De mots non entendus bat l'air et les oreilles ;
Ceinture, doigts et sein sont pleins de grains bénits,
De comptes, de bougie et de bagues fournis ;
325 Le temple est pour ses fats la boutique choisie :
Maquerelle aux autels, telle est l'Hypocrisie,
Qui parle doucement, puis sur son dos bigot
Va par zèle porter au bûcher un fagot.
    Mais quelle est cette tête ainsi longue en arrière,
330 Aux yeux noirs, enfoncés sous l'épaisse paupière,
Si ce n'est la Vengeance au teint noir, pâlissant,
Qui croit et qui devient plus forte en vieillissant ?
    Que tu changes soudain, tremblante Jalousie,
Pâle comme la mort, comme feu cramoisie,
335 A la crainte, à l'espoir ; tu souhaites cent yeux
Pour à la fois percer cent sujets et cent lieux.
Si tu sens l'aiguillon de quelque conscience,
Tu te mets au devant, tu troubles, tu t'avance,
Tu enrichis du tout et ne laisses de quoi
340 Ton scélérat voisin se pousse devant toi.
    Cette frêle beauté qu'un vermeillon déguise,
A l'habit de changeant, sur un côté assise,
Ce fin cuir transparent qui trahit sous la peau
Mainte veine en serpent, maint artère nouveau,
345 Cet œil louche, brillant, n'est-ce pas l'Inconstance ?
    Sa voisine qui enfle une si lourde panse,
Ronfle la joue en paume, et d'un acier rouillé
Arme son estomac, de qui l'œil réveillé

Semble dormir encor ou n'avoir point de vie,
350 Endurcie, au teint mort, des hommes ennemie,
Pachyderme de corps, d'un esprit indompté,
Astorge, sans pitié, c'est la Stupidité.
    Où fuis-tu en ce coin, Pauvreté demi-vive ?
As-tu la Chambre d'Or pour l'hôpital, chétive,
355 Asile pour fuir la poursuivante faim ?
Veux-tu pétrir de sang ton exécrable pain ?
Ose ici mendier ta rechigneuse face,
Et faire de ces lis tapis à ta besace ?
    Et puis pour couronner cette liste de dieux
360 Ride son front étroit, offusqué de cheveux,
Présents des courtisans, la chevêche du reste,
L'Ignorance qui n'est la moins fâcheuse peste.
Ses petits yeux charnus sourcillent sans repos,
Sa grand' bouche demeure ouverte à tous propos ;
365 Elle n'a sentiment de pitié ni misère,
Toute cause lui est indifférente et claire ;
Son livre est le commun, sa loi ce qui lui plaît :
Elle dit *ad idem*, puis demande que c'est.
    Sur l'autre banc paraît la contenance énorme
370 D'une impiteuse More, à la bouche difforme ;
Ses lèvres à gros bords, ses yeux durs de travers,
Flambants, veineux, tremblants, ses naseaux hauts, ouverts,
Les sourcils joints, épais, sa voix rude, enrouée,
Tout convient à sa robe, à l'épaule nouée,
375 Qui couvre l'un des bras, gros et nerveux et courts ;
L'autre tout nu paraît semé du poil d'un ours ;
Ses cheveux mi-brûlés sont frisés comme laine,
Entre l'œil et le nez s'enfle une grosse veine ;
Un portrait de Pitié à ses pieds est jeté :
380 Dessus ce trône sied ainsi la Cruauté.
    Après, la Passion, âpre fusil des âmes,
Porte un manteau glacé sur l'estomac de flammes,
Son cuir trop délié tout doublé de fureurs,
Changé par les objets en diverses couleurs ;

385 La brusque, sans repos, brûle en impatience,
Et n'attend pas son tour à dire sa sentence.
De morgues, de menace, et gestes resserrés
Elle veut rallier les avis égarés :
Comme un joueur badin qui d'épaule et d'échine
390 Essaie à corriger sa boule qui chemine.

La Haine partisane aussi avec courroux
Condamne les avis qui lui semblent trop doux,
Menace pour raisons ou du chef ou du maître :
Ce qui n'est violent est criminel ou traître.

395 Encores en changeant d'un et d'autre côté
Tient là son rang la fade et sotte Vanité,
Qui porte au sacré lieu tout à nouvelle guise,
Ses cheveux africains, les chausses en valise,
La rotonde, l'empoix, double collet perdu,
400 La perruque du crin d'un honnête pendu,
Et de celui qui part d'une honteuse place
Le poulet enlacé autour du bras s'enlace,
On l'ouvre aux compagnons : tout y sent la putain,
Le geste efféminé, le regard incertain,
405 Fard et ambre partout, quoiqu'en la sainte chambre
Le fard doit être laid, puant doit être l'ambre.
Mâchant le muscadin, le bègue on contrefait ;
On fait pigne des mains, la gorge s'y défait,
Sur l'épaule se joue une longue moustache.
410 Parfois le conseiller devient soldat bravache,
Met la robe et l'état à repos dans un coin,
S'arme d'éprons dorés pour n'aller guère loin,
Se fourre en un berlan : d'un procès il renvie,
Et s'il faut s'acquitter fait reste d'une vie ;
415 Le tout pour acquérir un vent moins que du vent.
La vanité s'y trompe, et c'est elle souvent
Qui, voulant plaire à tous, est de tous méprisée.

Mêmes la Servitude, à la tête rasée,
Sert sur le tribunal ses maîtres, et n'a loi
420 Que l'injuste plaisir ou déplaisir du Roi.

D'elle vient que nos lois sont ridicules fables,
Le vent se joue en l'air du mot Irrévocables.
Le registre à signer et biffer est tout prêt,
Et tout arrêt devient un arrêt sans arrêt.
425   Voici dessus les rangs une autre courtisane,
Dont l'œil est attrayant et la bouche est profane,
Prête, béante à tout, qui rit et ne rit point,
Qui n'a de sérieux ni de sûr un seul point :
C'est la Bouffonnerie, impérieuse folle.
430 Son infâme boutique est pleine de parole
Qui délecte l'oreille en offensant les cœurs ;
Par elle ce sénat est au banc des moqueurs.
    Il se faut bien garder d'oublier en ce conte
Le front de passereau, sans cheveux et sans honte,
435 De la chauve Luxure, à qui l'objet nouveau
D'une beauté promise a mis les yeux en eau.
Elle a pour fait et droit et pour âme l'idée,
Le charme et le désir d'une putain fardée.
    Et que fait la Faiblesse au tribunal des Rois ?
440 Car tout lui sert de crainte, et ses craintes de lois.
Elle tremble, elle espère ; elle est rouge, elle est blême :
Elle ne porte rien, et tombe sous soi-même.
    Faut-il que cette porque y tienne quelque rang,
La Paresse accroupie au marchepied du banc,
445 Qui, le menton au sein, les mains à la pochette,
Feint de voir et sans voir juge sur l'étiquette ?
    Quel démon sur le droit par force triomphant
Dans le rang des vieillards a logé cet enfant ?
Quel sénat d'écoliers, de bouillantes cervelles,
450 Qu'on choisit par exprès aux causes criminelles ?
Quel faux astre produit en ces fades saisons
Des conseillers sans barbe et des laquais grisons ?
La Jeunesse est ici un juge d'aventure,
A sein déboutonné, qui sans loi ne ceinture
455 Rit en faisant virer un moulinet de noix,
Donne dans ce conseil sa téméraire voix,

Rêve au jeu, court ailleurs, et répond tout de mêmes
Des avis égarés à l'un des deux extrêmes.
Son nom serait Hébé si nous étions païens.
460 C'est cet esprit qui meut par chauds et prompts moyens
Nos jeunes Roboans à une injuste guerre.
C'est l'échanson de sang pour les dieux de la terre.
  Là, sous un sein d'acier, tient son cœur en prison
La taciturne, froide, et lâche Trahison,
465 De qui l'œil égaré à l'autre ne s'affronte ;
Sa peau de sept couleurs fait des taches sans compte.
De voix sonore et douce et d'un ton féminin
La magique en l'oreille attache son venin,
Prodigue avec serment chère et fausse monnoie,
470 Et des ris de dépit et des larmes de joie.
  Sans désir, sans espoir, a volé dans ce train,
De la plus vile boue au trône souverain,
Qui même en s'y voyant encor ne s'y peut croire,
L'Insolence camuse et honteuse de gloire.
475 Tout vice fâche autrui, chacun le veut ôter ;
Mais l'insolent ne peut soi-même se porter.
  Quel monstre vois-je encore ? une dame bigotte,
Maquerelle du gain, malicieuse et sotte.
Nulle peste n'offusque et ne trouble si fort
480 Pour subvertir le droit, pour établir le tort,
Pour jeter dans les yeux des juges la poussière,
Que cette enchanteresse autrefois étrangère.
Son habit de couleurs et chiffres bigarré,
Sous un vieil chaperon un gros bonnet carré,
485 Ses faux poids, sa fausse aune, et sa règle tortue
Déchiffrent son énigme et la rendent connue
Pour présent que d'enfer la Discorde a porté,
Et qui difforme tout : c'est la Formalité,
Erreur d'autorité qui par normes énormes
490 Ote l'être à la chose, au contraire des formes.
Qui la hait, qui la fuit n'entend pas le palais :
Honorable reproche à ces doctes Harlais,

De Thou, Gillot, Thurin, et autres que je laisse,
Immunes de ces maux, hormis de la faiblesse,
495 Faiblesse qui les rend esclaves et contraints,
Bien que tordant le col, faire signer des mains
Ce qu'abhorre le sens ; mains qui font de la plume
Un outil de bourreau qui détruit et consume.
Ces plumes sont stylets des assassins gagés,
500 Dont on écrit au dos des captifs affligés
Le noir Théta qui tue, et le tueur tourmente.
Cette formalité eut pour père un pédante,
Un charlatan vendeur, porteur de rogatons,
Qui devait de son dos user tous les bâtons.
505   Au dernier coin se sied la misérable Crainte.
Sa pâlissante vue est des autres éteinte,
Son œil morne et transi en voyant ne voit pas,
Son visage sans feu a le teint du trépas.
Alors que tout son banc en un amas s'assemble,
510 Son avis ne dit rien qu'un triste oui qui tremble.
Elle a sous un tétin la plaie où le Malheur
Ficha ses doigts crochus pour lui ôter le cœur.
   Mais encor pour mieux voir entière la boutique,
Où de vie et de biens l'Injustice trafique,
515 L'occasion s'offrit que Henri second Roi
En la Mercuriale ordonna par sa loi
Le feu pour peine due aux âmes plus constantes.
Là parurent en corps et en robes sanglantes
Ceux qui furent jadis juges et sénateurs,
520 Puis du plaisir des Rois lâches exécuteurs :
De là se put la Cour, en se faisant égale
A Mercure maqreau, dire Mercuriale.
Ce jour nos sénateurs à leur maître vendus
Lui prêtèrent serment en esclaves tondus.
525   Ce palais du Grand Juge avait tiré la vue
Par le lustre et l'éclat qui brillait dans la nue.
En voici un second, qui se fit par horreur
Voir de tous Empereurs au suprême Empereur :

Un funeste château, dont les tours assemblées
530 Ne montraient par dehors que grilles redoublées,
Tout obscur, tout puant ; c'est le palais, le fort
De l'Inquisition, le logis de la mort :
C'est le taureau d'airain dans lequel sont éteintes
Et les justes raisons et les plus tendres plaintes.
535 Là, même aux yeux de Dieu, l'homme veut étouffer
La prière et la foi : c'est l'abrégé d'enfer.
Là parmi les crapauds, en devinant leurs fautes,
Trempent les enchaînés ; des prisons les plus hautes
Est banni le sommeil, car les grillons ferrés
540 Sont les tapis velus et matras embourrés.
La faim plus que le feu éteint en ces tanières
Et la vie et les pleurs des âmes prisonnières.
Dieu au funeste jour de leurs actes plus beaux
Voit leurs trônes levés, l'amas de leurs poteaux,
545 Les arcs, les échafauds dont la pompe étoffée
Des parements dorés préparait un trophée.
Puis il vit démarcher à trois ordres divers
Les rangs des condamnés, de sambénits couverts :
Dessous ces parements les héritiers insignes
550 Du manteau, du roseau et couronne d'épines
Portent les diables peints : les Anges en effet
Leur vont tenant la main autrement qu'en portrait ;
Les hommes sur le corps déploient leurs injures,
Mais ne donnent le ciel ne l'enfer qu'en peintures.
555 A leur dieu de papier il faut un appareil
De paradis, d'enfer et démons tout pareil.
L'idolâtre qui fait son salut en image
Par images anime et retient son courage,
Mais l'idole n'a pu le fidèle troubler,
560 Qui n'en rien espérant n'en peut aussi trembler.
      Après, Dieu vit marcher, de contenances graves,
Ces guerriers hasardeux dessus leurs mules braves,
Les trompettes devant : quelque plus vieil soldart
Porte dans le milieu l'infernal étendard

565 Où est peint Ferdinand, sa compagne Isabelle,
Et Sixte Pape, auteurs de la secte bourrelle ;
Cet oriflan superbe en ce point arboré
Est du peuple tremblant à genoux adoré ;
Puis au fond de la troupe à l'orgueil equipée,
570 Entre quatre hérauts, porte un comte l'épée.
Ainsi fleurit le choix des artisans cruels,
Hommes dénaturés, Castillans naturels.
Ces mi-Mores hautains, honorés, effroyables,
N'ont d'autres points d'honneur que d'être impitoyables,
575 Nourris à exercer l'astorge dureté,
A voir d'un front tétric la tendre humanité,
Corbeaux courants aux morts et aux gibets en joie,
S'égayant dans le sang, et jouant de leur proie.
　　Dieu vit non sans fureur ces triomphes nouveaux
580 Des pourvoyeurs d'enfer, magnifiques bourreaux,
Et reçut en son sein les âmes infinies
Qu'en secret, qu'en public traînaient ces tragédies,
Où le père en l'orchestre a produit sans effroi
L'héritier d'un royaume et l'unique d'un Roi.
585 　　Les docteurs, accusés du changement extrême
Qui parut à la mort du grand Charles cinquième,
Marchent de ce troupeau ; comtes et grands seigneurs,
Dames, filles, enfants, compagnons en honneurs
D'un triomphe sans lustre et de plus d'efficace,
590 Font au ciel leur entrée où ils trouvent leur place.
Tremblez, juges, sachez que le juge des cieux
Tient de chacun des siens le sang très précieux ;
Quand vous signez leur mort, cette clause est signée :
Que leur sang soit sur nous et sur notre lignée !
595 　　Et vous qui le faux nom de l'Eglise prenez,
Qui de faits criminels, sobres, vous abstenez,
Qui en ôtez les mains et y trempez les langues,
Qui tirez pour couteau vos meurtrières harangues,
Qui jugez en secret, publics solliciteurs,
600 N'êtes-vous pas juifs, race de ces docteurs

Qui confessaient toujours, en criant : « Crucifie ! »,
Que la loi leur défend de juger une vie ;
Ou bourreaux ne vivant que de mort et de sang,
Qui en exécutant mettent dans un gant blanc
605 La détruisante main aux meurtres acharnée,
Pour tuer sans toucher à la peau condamnée ?
Pour faire aussi jurer à ces doctes brigands
Que de leur main sacrée ils n'ont pris que des gants,
On en donne un plein d'or sur la bonne espérance,
610 Et l'autre suit après, loyer de la sentence.
　　Ce venin Espagnol aux autres nations
Communique en courant telles inventions.
L'Europe se montra : Dieu vit sa contenance
Fumeuse par les feux émus sur l'innocence,
615 Vit les publiques lieux, les palais les plus beaux
Pleins de peuples bruyants, qui pour les jeux nouveaux
Etalaient à la mort les plus entières vies
En spectacles plaisants et feintes tragédies.
Là le peuple amassé n'amollissait son cœur,
620 L'esprit, préoccupé de faux zèle d'erreur,
D'injures et de cris étouffait la prière
Et les plaints des mourants ; là, de même manière
Qu'aux théâtres on vit s'échauffer les Romains,
Ce peuple débauché applaudissait des mains.
625 Même, au lieu de vouloir la sentence plus douce,
En Romains ils tournaient vers la terre le pouce ;
Ces barbares, émus des tisons de l'Enfer
Et de Rome, ont crié : « Qu'ils reçoivent le fer ! »
Les corps à demi-morts sont traînés par les fanges,
630 Les enfants ont pour jeu ces passetemps étranges ;
Les satellites fiers tout autour arrangés
Etouffaient de leurs cris les cris des affligés.
Puis les empoisonneurs des esprits et des âmes
Ignorants, endurcis, conduisent jusqu'aux flammes
635 Ceux qui portent de Christ en leurs membres la croix :
Ils la souffrent en chair, on leur présente en bois ;

De ces bouches d'erreur les orgueilleux blasphèmes
Blessent l'Agneau lié plus fort que la mort mêmes.
Or, de peur qu'à ce point les esprits délivrés,
640 Qui ne sont plus de crainte ou d'espoir enivrés,
Déjà proches du ciel, lesquels par leur constance
Et le mépris du monde ont du ciel connaissance,
Comme cygnes mourants ne chantent doucement,
Les subtils font mourir la voix premièrement.
645 Leur prière est muette, au Père seul s'envole,
Gardant pour le louer le cœur, non la parole.
Mais ces hommes, cuidant avoir bien arrêté
Le vrai par un bâillon, prêchent la vérité.
La vérité du ciel ne fut onc bâillonnée,
650 Et cette race a vu (qui l'a plus étonnée)
Que Dieu à ses témoins a donné maintes fois,
La langue étant coupée, une céleste voix :
Merveilles qui n'ont pas été au siècle vaines.
  Les cendres des brûlés sont précieuses graines
655 Qui, après les hivers noirs d'orage et de pleurs,
Ouvrent au doux printemps d'un million de fleurs
Le baume salutaire, et sont nouvelles plantes
Au milieu des parvis de Sion fleurissantes.
Tant de sang que les Rois épanchent à ruisseaux
660 S'exhale en douce pluie et en fontaines d'eaux,
Qui, coulantes aux pieds de ces plantes divines,
Donnent de prendre vie et de croître aux racines ;
Des obscures prisons les plus amers soupirs
Servent à ces beautés de gracieux Zéphirs.
665 L'ouvrier parfait de tous, cet artisan suprême,
Tire de mort la vie, et du mal le bien même ;
Il resserre nos pleurs en ses vases plus beaux,
Ecrit en son registre éternel tous nos maux :
D'Italie, d'Espagne, Albion, France et Flandres
670 Les Anges diligents vont ramasser nos cendres ;
Les quatre parts du monde et la terre et la mer
Rendront compte des morts qui lui plaira nommer.

Ceux-là mêmes seront vos témoins sans reproches :
Juges, où seront lors vos fuites, vos acroches,
675 Vos exoines, délais, de chicane les tours ?
Serviront-ils vers Dieu qui tiendra ses Grands Jours,
Devant un jugement si absolu, si ferme,
Lequel vous ne pourrez mépriser pour le terme ?
Si vous saviez comment il juge dès ici
680 Ses bien aimés enfants, et ses haineux aussi !
Sachez que l'innocent ne perdra point sa peine :
Vous en avez chez vous une marque certaine
Dans votre grand Palais, où vous n'avez point lu,
Oyant vous n'oyez point, voyant vous n'avez vu
685 Ce qui pend sur vos chefs en sa voûte effacée,
Par un prophète ancien une histoire tracée
Dont les traits par-dessus d'autres traits déguisés
Ne se découvrent plus qu'aux esprits avisés.
C'est la mutation qui se doit bientôt faire
690 Par la juste fureur de l'ému populaire,
Accidents tout pareils à ceux-là qu'ont soufferts
Les prêtres de Babel pour être découverts
Non seulement fauteurs de l'ignorance inique,
Mais sectateurs ardents du meurtrier Dominique.
695 C'est le triomphe saint de la sage Thémis,
Qui abat à ses pieds ses pervers ennemis :
Thémis vierge au teint net, son regard tout ensemble
Fait qu'on désire et craint, qu'on espère et qu'on tremble ;
Elle a un triste et froid, mais non rude maintien ;
700 La loi de Dieu la guide et lui sert d'entretien.
On voit aux deux côtés et devant et derrière
Des gros de cavaliers de diverse manière.
Les premiers sont anciens juges du peuple Hébrieu
Qui n'ont point démenti leur état ni leur lieu,
705 Mais justement jugé. Premier de tous Moïse,
Qui n'avait que la loi de la nature apprise,
Puis apporta du haut de l'effrayant Sina
Ce que le doigt de Dieu en deux pierres signa,

Et puis, exécutant du Seigneur les vengeances,
710 Prend en un poing l'épée, en l'autre les balances ;
Phinées zélateur qui d'ire s'embrasa,
Et qui par son courroux le céleste apaisa ;
Le vaillant Josué, de son peuple le père,
De l'interdit d'Achan punisseur très sévère,
715 Doux envers Israël ; Jephté que la rigueur
De son vœu échappé fit désolé vainqueur.
Samuel tient son rang, juge et prophète sage,
A qui ce peuple sot, friand de son dommage,
Demande un Roi : lui donc, instituant les Rois,
720 Annonce leurs défauts que l'on prend pour leurs droits.
    David s'avance après guère loin de la tête,
Salomon décidant la douteuse requête :
Là sont peintes les mains qui font même serment,
L'une juste dit vrai, l'autre perfidement.
725 On voit l'enfant en l'air par deux soldats suspendre,
L'affamé coutelas qui brille pour le fendre,
Des deux mères le front, l'un pâle et sans pitié,
L'autre la larme à l'œil, toute en feu d'amitié.
De ce Roi qui pécha point n'empêche le vice
730 Qu'il ne paraisse au rang des maîtres de justice.
Josaphat, Ezéchie et Josias en sont ;
Nehémias, Esdras la retraite parfont ;
Avec eux Daniel, des condamnés refuge,
Epeluchant les cœurs, bon et céleste juge,
735 Trouveur des vérités, inquisiteur parfait,
Procédant sans reproche en question de fait.
    A la troupe des Grecs je vois luire pour guide,
Sa coquille en la main, l'excellent Aristide,
Agésilas de Sparte, Ochus l'Egyptien,
740 Tomiris a sa place avec ce peuple ancien
— Crœsus y boit l'or chaud, Crassus farouche bête
Noie dedans le sang son impiteuse tête —
Solon législateur, et celui qui eut deuil
D'ébrancher une loi plus qu'arracher son œil ;

745 Cyrus est peint au vif, près de lui Assuère,
    Agatocle se rend dessous cette bannière,
    Qui grand juge, grand roi, dans l'argile traité,
    Exerce en son repas la loi d'humilité ;
    Puis ferme le troupeau la bande juste et sage
750 Qui pour cloître habitait le saint Aréopage.
        Aussi, de ceux qui ont gardé les droits humains,
    En un autre scadron démarchent les Romains,
    La race des Catons, de justice l'école,
    Manlius qui gagna son nom du Capitole,
755 Ces Fabrices contants, ces princes laboureurs
    Qu'on tirait de l'arée à les faire empereurs ;
    Pour autrui et pour soi le très heureux Auguste
    Qui régna justement en sa conquête injuste,
    Posséda par la paix ce qu'en guerre il conquit ;
760 Sous lui le Rédempteur, le seul juste, naquit ;
    Les Brutes, Scipions, Pompées et Fabies
    Qui, de Rome, prenaient les causes et les vies
    Des orphelins d'Egypte et des veuves qu'un Roi
    Des Bactres veut priver de ce que veut la loi.
765 Justinian se voit, législateur sévère,
    Qui clôt la troupe avec Antonin et Sévère.
    Les Adrians, Trajans, seraient bien de ce rang
    S'ils ne s'étaient pollus des fidèles au sang.
        J'en vois qui n'ayant point les saintes lois pour guides
770 Furent justes mondains : ceux-là sont les Druides.
    Charlemagne s'égaie entre ces vieux François,
    Les Saliens, auteurs de nos plus saintes lois,
    Lois que je vois briser en deux siècles infâmes,
    Quand les mâles seront plus lâches que les femmes,
775 Quand on verra les lis en pilules changer,
    Le Tusque être Gaulois, le Français étranger.
    De ces anciens Gaulois entre les mains fidèles
    Les princes étrangers déposaient leurs querelles,
    Les procès plus douteux, et même ceux en quoi
780 Ils avaient pour partie et la France et le Roi.

Voici venir après des modernes la bande,
Qui plus elle est moderne et moins se trouve grande.
Que rares sont ceux-là qui font au grand besoin
De l'outragé servir l'adresse de témoin !
785 Vous y voyez encor un vieil juge d'Alsace
Auquel l'ami privé ne peut trouver de grâce
Du perfide larcin que, par un sage tour,
Ce Daniel second mit de la nuit au jour.
La Bourgogne a son duc qui, de ruse secrète,
790 Emploie un chicaneur pour étouffer sa dette ;
Le fraudeur le promit : voulant appareiller
Ses faussetés, le duc pendit son conseiller.
Le même, visitant, trouve au bout d'un village
Une veuve éplorée, un désastré visage,
795 Qui lui cria : « Seigneur, mes aumôniers amis
M'ont donné un linceul, où mon époux est mis ;
Mais le pasteur avare, à faute de salaire,
Contraint le corps aimé pourrir dans le suaire. »
Le duc prend le curé, lui dénonce comment
800 Il voulait honorer ce pauvre enterrement :
Qu'il fit de tous côtés, des paroisses voisines
Accourir la prêtraille aux hypocrites mines.
Le prince fit aux yeux de l'avare troupeau
Lier le prêtre vif et le mort, peau à peau,
805 Front à front, bouche à bouche, et le clergé qui tremble
Abria de ses mains ces deux horreurs ensemble :
Où es-tu, juste duc, au temps pernicieux
Qui refuse la terre aux héritiers des cieux ?
Encor les nations de ces Alpes cornues
810 De ces fermes cerveaux ne sont pas dépourvues :
Un Sforce continent est au rang des Anciens,
Et de cet ordre on voit les libres Vénitiens.
Le bon prince de Melphe apparaît davantage,
Excellent ornement, mais rare, de notre âge :
815 Un indigne mari força de sa moitié
Par larmes le grand cœur, l'honneur par la pitié ;

Un tyran fit sa foi et le coupable pendre,
Diffamant un renom : lors sut le prince rendre
Justice entière à Dieu, vengeance à la douleur,
820 L'honneur à la surprise et la mort au voleur.
　　Enfin, à train de deuil, le vieil peintre et prophète
Produit en froid maintien la troupe de retraite,
Ceux qui vont reprochant à leur juge leur sang,
Couronnés de cyprès, ensevelis de blanc.
825 Leurs mains tendent au ciel, et les ardentes vues
Regardent préparer un trône dans les nues,
Tribunal de triomphe en gloire appareillé,
Un regard de Hasmal, de feu entortillé.
Des quatre coins sortaient comme formes nouvelles
830 D'animaux, qui portaient quatre faces, quatre ailes ;
Leurs pieds étaient piliers, leurs mains prêtes sortaient ;
Leurs fronts d'airain poli quatre espèces portaient,
Tournant en quatre endroits quatre semblances comme
De l'Aigle, du Taureau, du Lion, et de l'Homme :
835 Effrayants animaux qui, de toutes les parts
Où en charbons de feu ils lançaient leurs regards,
Repartaient comme éclairs sans détourner la face,
Et foudroyaient au loin sans partir d'une place.
　　Salomon fit armer son trône droit-disant
840 Par douze fiers lions de métail reluisant,
Afin que chaque pas apportât une crainte :
Mais le siège pompeux de la Majesté sainte
Foule au pied cent degrés et cent lions vivants,
Qui à la voix de Dieu décochent comme vents.
845　　La bande que je dis paraissait éblouie,
Et puis toquer des mains de nouveau réjouie,
Quand au trône flambant, dans le ciel arboré,
Ils voient arriver le Grand Juge adoré ;
Et comme elle marchait sous la splendeur nouvelle,
850 Brillante sur leurs chefs et qui marche avec elle,
Ils relèvent en haut leurs appellations,
Procureurs avoués de seize nations.

Là les foudres et feux, prompts au divin service,
S'offrent à bien servir la céleste justice ;
855 Là s'avancent les vents diligents et légers
Pour être les hérauts, postes, et messagers ;
Là les esprits ailés ajournent de leurs ailes
Les juges criminels aux peines éternelles.
    On pense remarquer en cet humble troupeau
860 Cavagne et Briquemaut, signalés du cordeau,
Mongommeri y va s'appuyant d'une lance,
Le très vaillant Montbrun puni de sa vaillance ;
Et mêmes à troupeaux marchent le demeurant
De ceux qui ont gagné leur procès en mourant.
865   Encore aux inhumains Némésis inhumaine
Traîne sa forte, longue, et très pesante chaîne,
Qui loge en son grand tour un sénat prisonnier,
Que fait trotter devant un clerc marchant dernier.
Une autre bouche tient une foule de juges
870 Fugitifs, et cherchant leurs clients pour refuges.
Que dis-je, leurs clients ? la haute Majesté
Les mène aux prisonniers chercher la liberté,
Du pain aux confisqués, aux bannis la patrie,
L'honneur aux diffamés, aux condamnés la vie.
875 Puis, un nœud entre deux, d'un pas triste et tardif,
Suivaient Brisson le docte, et l'Archer et Tardif.
Ils tirent leurs meurtriers bien fraisés d'un chevaistre,
Boucher et Pragenat, et le sanglant Incestre.
Juges, sergents, curés, confesseurs et bourreaux,
880 Tels artisans un jour, par changements nouveaux,
Métamorphoseront leurs temples vénérables
En cavernes de gueux, les cloîtres en étables,
En criminels tremblants les sénateurs grisons,
En gibet le Palais et le Louvre en prisons.
885   De la Fille du ciel telle paraît l'escorte,
A plus d'heur que d'éclat, moins pompeuse, plus forte.
Avec tels serviteurs et fidèles amis
Rien n'arrête les pas de la blanche Thémis.

Son chariot vainqueur, effroyable et superbe,
890 Ne foule en cheminant ni le pavé ni l'herbe,
Mais roule sur les corps et va faisant un bris
Des monstres avortés par l'infidèle Ubris :
Ubris fille d'Até, que les forces et fuites
N'ont pu sauver devant les poursuivantes Lites
895 Que le vrai Jupiter découpla sur ses pas.
Les joyaux de Mammon à cette fois n'ont pas
Corrompu les soldats qui font cette jonchée :
Ce sont les Chérubins par qui fut détranchée
La grand'force d'Assur. Voyez comme ces corps
900 De leurs boyaux crevés ne jettent que trésors !
Quel grincement de dents et rechigneuses moues
Les visages mourants font sous les quatre roues !
L'une des dextres prend au point du droit pouvoir,
L'autre mène des lois la règle et le savoir ;
905 Des gauches la plus grande au point du fait s'engage,
Et va poussant la moindre où est le témoignage.
La Fille de la terre et du ciel met ses poids
En sa juste balance, et ses poids sont ses lois ;
Elle a sous le bandeau sur les choses la vue,
910 Mais la personne n'est à ses beaux yeux connue ;
Encor pour les présents ne s'ouvre le bandeau ;
Son glaive toujours prêt n'est jamais au fourreau ;
Elle met à la fange et bienfaits et injures.
Qui tire ce grand char ? quatre licornes pures.
915 La veuve l'accompagne et l'orphelin la suit,
L'usurier tire ailleurs, le chicaneur la fuit,
Et fuit, sans que derrière un des fuyards regarde
De la formalité la race babillarde :
Tout interlocutoire, arrêt, appointement
920 A plaider, à produire un gros enfantement
De procès, d'intendits, de griefs ; un compulsoire,
Puis le dérogatoire à un dérogatoire,
Visa, paréatis, réplique, exceptions,
Révisions, duplique, objets, salvations,

925 Hypothèques, guever, déguerpir, préalables,
    Fin de non-recevoir. Fi des puants vocables
    Qui m'ont changé mon style et mon sens à l'envers !
    Cherchez-les au parquet et non plus en mes vers.
    Tout fuit, les uns tirant en basse Normandie,
930 Autres en Avignon, où ce mal prit sa vie
    Quand un contre-Antéchrist de son style romain
    Paya nos Rois bigots qui lui tenaient la main.
    Je crains bien que quelqu'un plus vite et plus habile
    Dans le Poitou plaideur cherchera son asile.
935 Vous ne verrez jamais le train que nous disons
    Se sauver en la Suisse ou entre les Grisons,
    Nation de Dieu seul et de nulle autre serve,
    Et qui le droit divin sans autre droit observe.
    Ces vices n'auront point de retraite pour eux
940 Chez l'invincible Anglais, l'Ecossais valeureux :
    Car les Nobles et Grands la justice y ordonnent,
    Les états non vendus comme charges se donnent.
    Mais comme il n'y a rien sous le haut firmament
    Perdurable en son être et franc du changement,
945 Souïsses et Grisons et Anglais et Bataves,
    Si l'injustice un jour vous peut voir ses esclaves,
    Si la vile chicane administre vos lois,
    Alors Grison, Souïsse, et Batave et Anglois,
    N'attends point que la peur en tes esprits se jette
950 Par le regard affreux d'un menaçant comète ;
    Prends ta mutation pour comète au malheur,
    Ainsi que tu l'as eu pour astre de bonheur.
    Heureuse Elizabeth, la justice rendant,
    Et qui n'as point vendu tes droits en la vendant !
955   Et puisque ce nom saint, de tous bons Rois l'idée,
    Prend sa place en ce rang, qui lui était gardée
    Au rôle des martyrs, je dirai en ce lieu
    Ce que sur mon papier dicte l'Esprit de Dieu.
    La main qui te ravit de la geôle en ta salle,
960 Qui changea la sellette en la chaire royale

Et le seuil de la mort en un degré si haut,
Qui fit un tribunal d'un funeste échafaud,
L'œil qui vit les désirs aspirant à la flamme
Quand tu gardas ton âme en voulant perdre l'âme,
965 Cet œil vit les dangers, sa main porta le faix,
Te fit heureuse en guerre et ferme dans la paix.
Le Paraclet t'apprit à répondre aux harangues
De tous ambassadeurs, même en leurs propres langues.
C'est lui qui détourna l'encombre et le méchef
970 De vingt mortels desseins du règne et de ton chef,
T'acquit le cœur des tiens, et te fit par merveilles
Tes lions au dehors domestiques oueilles.
Ces braves abattus au trône où tu te sieds
Sont les lions que tient prosternés à tes pieds
975 La tendre humilité : ton giron est la dorne
De la vierge à qui rend ses armes la licorne.
Tels antiques tableaux prédisaient sans savoir
Ta vertu virginale et ton secret pouvoir.
Par cet esprit tu as repos en tes limites :
980 Tes haineux à tes bords brisent leurs exercites,
Tes mers avec les vents, l'air haut, moyen et bas,
Et le ciel, partisans ligués à tes combats,
Les foudres et les feux choquent pour ta victoire,
Quand les tonnerres sont trompettes de ta gloire.
985 Tes guerriers hasardeux perdent, joyeux, pour toi
Ce que tu n'eus regret de perdre pour la foi.
La Rose est la première, heureuse sans seconde
Qui a repris ses pas circuissant tout le monde :
Tes triomphantes nefs vont te faire nommer,
990 En tournoyant le tout, grand' Reine de la mer.
Puis il faut qu'en splendeur neuf lustres te maintiennent,
Et qu'après septante ans (à quoi nos jours reviennent)
Débora d'Israël, Chérub sur les pervers,
Fleau des tyrans, flambeau luisant sur l'univers,
995 Pour régner bien plus haut, tout achevé, tu quitte
Dans les savantes mains d'un successeur d'élite

Ton état, au dehors et dedans appuyé,
Le cœur saoulé de vivre et non pas ennuyé.
   Bien au rebours promet l'Eternel aux faussaires
1000 De leur rendre sept fois et sept fois leurs salaires.
Lisez, persécuteurs, le reste de mes chants,
Vous y pourrez goûter le breuvage aux méchants :
Mais, aspics, vous avez pour moi l'oreille close.
   Or, avant que de faire à mon œuvre une pose,
1005 Entendez ce qui suit tant d'outrages commis.
Vous ne m'écoutez plus, stupides endormis !
Debout, ma voix se tait ; oyez sonner pour elle
La harpe qu'animait une force éternelle ;
Oyez David ému sur des juges plus doux ;
1010 Ce qu'il dit à ceux-là nous l'adressons à vous :
   Et bien ! vous, conseillers des grandes Compagnies,
Fils d'Adam, qui jouez et des biens et des vies,
Dites vrai, c'est à Dieu que compte vous rendez,
Rendez-vous la justice, ou si vous la vendez ?
1015   Plutôt, âmes sans loi, parjures, déloyales,
Vos balances, qui sont balances inégales,
Pervertissent la terre et versent aux humains
Violence et ruine, ouvrage de vos mains.
   Vos mères ont conçu en l'impure matrice,
1020 Puis avorté de vous tout d'un coup et du vice.
Le mensonge qui fut votre lait au berceau
Vous nourrit en jeunesse et abèche au tombeau.
   Ils semblent le serpent à la peau marquetée
D'un jaune transparent, de venin mouchetée,
1025 Ou l'aspic embûché qui veille en sommeillant,
Armé de soi, couvert d'un tortillon grouillant.
   A l'aspic cauteleux cette bande est pareille,
Alors que de la queue il s'étoupe l'oreille :
Lui contre les jargons de l'enchanteur savant,
1030 Eux pour chasser de Dieu les paroles au vent.
   A ce troupeau, Seigneur, qui l'oreille se bouche,
Brise leurs grosses dents en leur puante bouche ;

Prends ta verge de fer, fracasse de tes fleaux
La mâchoire fumante à ces fiers lionceaux.
1035   Que, comme l'eau se fond, ces orgueilleux se fondent ;
Au camp leurs ennemis sans peine les confondent :
S'ils bandent l'arc, que l'arc avant tirer soit las,
Que leurs traits sans frapper s'envolent en éclats.
       La mort, dès leur printemps, ces chenilles suffoque
1040 Comme le limaçon sèche dedans la coque,
Ou comme l'avorton qui naît en périssant
Et que la mort reçoit de ses mains en naissant.
       Brûle d'un vent mauvais jusque dans leurs racines
Les boutons les premiers de ces tendres épines ;
1045 Tout pourrisse, et que nul ne les prenne en ses mains
Pour de ce bois maudit réchauffer les humains.
       Ainsi faut que le juste après ses peines voie
Déployer du grand Dieu les salaires en joie,
Et que baignant ses pieds dans le sang des pervers
1050 Il le jette dans l'air en éclatant ces vers :
       Le bras de l'Eternel, aussi doux que robuste,
Fait du mal au méchant et fait du bien au juste,
Et en terre ici-bas exerce jugement
En attendant le jour de peur et tremblement.
1055   La main qui fit sonner cette harpe divine
Frappa le Goliath de la gent Philistine,
Ne trouvant sa pareille au rond de l'univers,
En duel, en bataille, en prophétiques vers.
       Comme elle nous crions : « Viens Seigneur et te hâte,
1060 Car l'homme de péché ton Eglise degâte. »
       « Viens, dit l'esprit, accours pour défendre le tien. »
       « Viens », dit l'épouse, et nous avec l'épouse : « Viens ! »

LIVRE IV

LES FEUX

Voici marcher de rang par la porte dorée,
L'enseigne d'Israël dans le ciel arborée,
Les vainqueurs de Sion, qui au prix de leur sang
Portant l'écharpe blanche ont pris le caillou blanc :
5 Ouvre, Jérusalem, tes magnifiques portes ;
Le lion de Juda suivi de ses cohortes
Veut régner, triompher et planter dedans toi
L'étendard glorieux, l'oriflam de la foi.
Valeureux chevaliers, non de la Table ronde,
10 Mais qui êtes, devant les fondements du monde,
Au rôle des élus, allez, suivez de rang
Le fidèle, le vrai, monté d'un cheval blanc.
Le paradis est prêt, les Anges sont vos guides ;
Les feux qui vous brûlaient vous ont rendus candides ;
15 Témoins de l'Eternel, de gloire soyez ceints,
Vêtus de crêpe net, la justice des Saints,
De ceux qui à Satan la bataille ont livrée,
Robe de noce ou bien casaque de livrée.
  Conduis mon œuvre, ô Dieu ! à ton nom, donne-moi
20 Qu'entre tant de martyrs, champions de la foi,
De chaque sexe, état ou âge, à ton saint temple
Je puisse consacrer un tableau pour exemple.
  Dormant sur tel dessein, en mon esprit ravi
J'eus un songe au matin, parmi lequel je vis

25 Ma conscience en face, ou au moins son image,
　 Qui au visage avait les traits de mon visage.
　 Elle me prend la main en disant : « Mais comment
　 De tant de dons de Dieu ton faible entendement
　 Veut-il faire le choix ? oses-tu bien élire
30 Quelques martyrs choisis, leur triomphe décrire,
　 Et laisser à l'oubli comme moins valeureux
　 Les vainqueurs de la mort, comme eux victorieux ?
　 J'ai peur que cette bande ainsi par toi choisie
　 Serve au style du siècle et à la poésie,
35 Et que les rudes noms, d'un tel style ennemis,
　 Aient entre les pareils la différence mis. »
　 　 Je réponds : « Tu sais bien que mentir je ne t'ose,
　 Miroir de mon esprit ; tu as touché la cause
　 La première du choix, joint que ma jeune ardeur
40 A de ce haut dessein époinçonné mon cœur,
　 Pour au siècle donner les boutons de ces choses
　 Et l'envoyer ailleurs en amasser les roses.
　 Que si Dieu prend à gré ces prémices, je veux
　 Quand mes fruits seront mûrs lui payer d'autres vœux,
45 Me livrer aux travaux de la pesante histoire,
　 Et en prose coucher les hauts faits de sa gloire :
　 Alors ces heureux noms sans élite et sans choix
　 Luiront en mes écrits plus que les noms des Rois. »
　 Ayant fait cette paix avec ma conscience,
50 Je m'avance au labeur avec cette assurance
　 Que, plus riche et moins beau, j'écris fidèlement
　 D'un style qui ne peut enrichir l'argument.
　 　 Ames dessous l'autel victimes des idoles,
　 Je prête à vos courroux le fiel de mes paroles,
55 En attendant le jour que l'Ange délivrant
　 Vous aille les portaux du paradis ouvrant.
　 　 De qui puis-je choisir l'exemple et le courage ?
　 Tous courages de Dieu. J'honorerai votre âge,
　 Vieillards, de qui le poil a donné lustre au sang,
60 Et de qui le sang fut décoré du poil blanc :

Hus, Hiérôme de Prague, images bien connues
Des témoins que Sodome a traînés par les rues
Couronnés de papier, de gloire couronnés
Par le siège qui a d'or mitrés et ornés
65 Ceux qui n'étaient pasteurs qu'en papier et en titres,
Et aux évêques d'or fait de papier les mitres.
Leurs cendres qu'on jeta au vent, en l'air, en l'eau
Profitèrent bien plus que le puant monceau
Des charognes des grands que, morts, on emprisonne
70 Dans un marbre ouvragé : le vent léger nous donne
De ces graines partout ; l'air presque en toute part
Les éparpille, et l'eau à ses bords les départ.
    Les pauvres de Lyon avaient mis leur semence
Sur les peuples d'Albi ; l'invincible constance
75 Des Albigeois, frappés de deux cent mille morts,
S'épandit par l'Europe, et en peupla ses bords.
L'Angleterre eut sa part, eut Gérard et sa bande,
Condamnés de mourir à la rigueur plus grande
De l'impiteux hiver, sans que nul cœur ému
80 Leur osât donner pain, eau, ni couvert ni feu.
Ces dix-huit tout nus, à Londres, par les rues,
Ravirent des Anglais les esprits et les vues,
Et chantèrent ce vers jusqu'au point de mourir :
« Heureux qui pour justice a l'honneur de souffrir ! »
85   Ainsi la vérité, par ces mains dévoilée,
Dans le Septentrion étendit sa volée ;
Dieu ouvrit sa prison et en donna la clef,
La clef de liberté, à ce vieillard Wiclef :
De lui fut l'ouverture aux témoins d'Angleterre,
90 Encor plus honorée en martyre qu'en guerre.
    Là on vit un Bainam qui de ses bras pressait
Les fagots embrasés, qui mourant embrassait
Les outils de sa mort, instruments de sa gloire,
Baisant, victorieux, les armes de victoire :
95 D'un céleste brasier ce chaud brasier ému
Renflamma ces fagots par la bouche de feu.

Fricht après l'imita, quand sa main déliée
Fut au secours du feu ; il prit une poignée
De bois et la baisa, tant lui semblèrent beaux
100 Ces échelons du ciel comme ornements nouveaux.

Puis l'Eglise accoucha comme d'une ventrée
De Thorp, de Beuverland, de l'invaincu Sautrée,
Les uns doctes prêcheurs, les autres chevaliers,
Tous à droit couronnés de célestes lauriers.

105 Bien que trop de hauteur ébranlât ton courage
(Comme les monts plus hauts souffrent le plus d'orage),
Ta fin pourtant me fait en ce lieu te nommer,
Excellent conseiller et grand primat Krammer.
Pour ta condition plus haute et plus aimable
110 La vie te fut douce et la mort détestable.

A quoi semblent les cris dont éclatent si fort
Ceux qui à col retors sont traînés à la mort,
Sinon aux plaintes qu'ont les enfants à la bouche
Quand ils quittent le jeu pour aller à la couche ?
115 Les laboureurs lassés trouvent bien à propos
Et plus doux que le jeu le temps de leur repos.
Ainsi ceux qui sont las des langoureuses vies
Sont ravis de plaisir quand elles sont ravies ;
Mais ceux de qui la vie a passé comme un jeu,
120 Ces cœurs ne sont point cœurs à digérer le feu.
C'est pourquoi de ces grands les noms dedans ce temple
Ne sont pour leur grandeur, mais pour un rare exemple,
Rare exemple de Dieu, quand par le chas étroit
D'une aiguille il enfile un câble qui va droit.

125 Poursuivons les Anglais qui de succès étranges
Ont fait nommer leur terre à bon droit terre d'Anges.
Tu as ici ton rang, ô invincible Haux !
Qui pour avoir promis de tenir les bras hauts
Dans le milieu du feu, si du feu la puissance
130 Faisait place à ton zèle et à ta souvenance :
Sa face était brûlée, et les cordes des bras
En cendres et charbons étaient chutes en bas,

Quand Haux, en octroyant aux frères leur requête,
Des os qui furent bras fit couronne à sa tête.
135 O quels cœurs tu engendres ! ô quels cœurs tu nourris,
Ile sainte, qui eus pour nourrisson Norris !
On dit que le chrétien qui à gloire chemine
Va le sentier étroit qui est jonché d'épine :
Cettui-ci sans figure a, pieds nus, cheminé
140 De l'huis de sa prison au supplice ordonné.
Sur ces tapis aigus ainsi jusqu'à sa place
A ceux qui la suivront il a rougi la trace,
Vraie trace du ciel, beau tapis, beau chemin,
A qui veut emporter la couronne à la fin :
145 Les pieds deviennent cœur, l'âme du ciel apprise
Fait mépriser les sens, quand le ciel les méprise.
    Dieu vit en même temps (car le prompt changement
De cent ans, de cent lieux ne lui est qu'un moment)
Deux rares cruautés, deux constances nouvelles
150 De deux cœurs plus que d'homme en sexe de femelles,
Deux cœurs chrétiens anglais, deux précieux tableaux,
Deux spectacles piteux, mais spécieux et beaux.
L'une croupit longtemps en la prison obscure,
Contre les durs tourments elle fut la plus dure ;
155 Elle fit honte au Diable et aux noires prisons ;
Elle allait appuyant d'exemple et de raisons
Les esprits défaillants ; nul inventeur ne treuve
Nul tourment qui ne soit surmonté par Askeuve.
Quand la longueur du temps, la laide obscurité
160 Des cachots eut en vain sondé sa fermeté,
On présente à ses yeux l'épouvantable géhenne,
Et elle avait pitié en souffrant de la peine
De ces faux justiciers, qui ayant essayé
Sur son corps délicat leur courroux déployé,
165 Elle, se tut ; et lors furent bien entendues
Au lieu d'elle crier les cordes trop tendues,
Achevé tout l'effort de tout leur appareil,
Non pas troublé d'un pleur le lustre de son œil :

Œil qui fiché au ciel, au tourment qui la tue
170 Ne jette un seul regard pour éloigner sa vue
Du seul bien qu'elle croit, qu'elle aspire et prétend.
Le juge se dépite, et lui-même retend
La corde à double nœud ; il met à part sa robe,
L'inquisiteur le suit ; la passion dérobe
175 La pitié de leurs yeux ; ils viennent remonter
La géhenne, tourmentés en voulant tourmenter ;
Ils dissipent les os, les tendons et les veines,
Mais ils ne touchent point à l'âme par les geines.
La foi demeure ferme et le secours de Dieu
180 Mit les tourments à part, le corps en autre lieu ;
Sa plainte seulement encor ne fut ouïe,
Hors l'âme toute force en elle évanouie.
Le corps fut emporté des prisons comme mort.
Les membres défaillants, l'esprit devint plus fort :
185 Du lit elle instruisit et consola ses frères
Du discours animé de ses douces misères.
La vie la reprit et la prison aussi ;
Elle acheva le tout, car aussitôt voici :
Pour du faux justicier couronner l'injustice,
190 De gloire le martyre, on dresse le supplice.
Quatre martyrs tremblaient au nom même du feu,
Elle leur départit des présents de son Dieu ;
Avec son âme encore elle mena ces âmes
Pour du feu de sa foi vaincre les autres flammes.
195 « Où est ton aiguillon ? où est ce grand effort ?
O Mort ! où est ton bras ? (disait-elle à la mort),
Où est ton front hideux, de quoi tu épouvantes
Les hures des sangliers, les bêtes ravissantes ?
Mais c'est ta gloire, ô Dieu, il n'y a rien de fort
200 Que toi, qui sais tuer la peine avec la mort.
Voici les cieux ouverts, voici son beau visage ;
Frères, ne tremblez pas ; courage, amis, courage ! »
Elle disait ainsi, et le feu violent
Ne brûlait pas encor son cœur en la brûlant ;

205 Il court par ses côtés ; enfin, léger, il vole
   Porter dedans le ciel et l'âme et la parole.
      Or l'autre avec sa foi garda aussi le rang
   D'un esprit tout royal, comme royal le sang.
   Un royaume est pour elle, un autre Roi lui donne
210 Grâce de mépriser la mortelle couronne
   En cherchant l'immortelle, et lui donna des yeux
   Pour troquer l'Angleterre au royaume des cieux :
   Car elle aima bien mieux régner sur elle-même,
   Plutôt que vaincre tout surmonter la mort blême.
215 Prisonnière çà-bas, mais princesse là-haut,
   Elle changea son trône empour un échafaud,
   Sa chaire de parade en l'infime sellete,
   Son carrosse pompeux en l'infâme charrette,
   Ses perles d'Orient, ses brassards émaillés
220 En cordeaux renoués et en fers tout rouillés.
   Ce beau chef couronné d'opprobres et d'injures
   Et ce corps enlacé de chaînes pour ceintures
   Par miracle fit voir que l'amour de la croix
   Au sang des plus chétifs mêla celui des Rois.
225 Le peuple gémissant portait part de sa peine
   En voyant, demi-mort, mourir sa jeune Reine,
   Qui dessus l'échafaud se voyant seulement
   Ses gants et son livret pour faire testament,
   Elle arrache ses mains et maigres et menues
230 Des cordes avec peine, et de ses deux mains nues
   Fit présent de ses gants à sa dame d'atour,
   Puis donna son livret au garde de la tour
   Avec ces mots écrits : « Si l'âme déchargée
   Du fardeau de la terre, au ciel demi-changée,
235 Prononce vérité sur le seuil du repos,
   Si tu fais quelque honneur à mes derniers propos,
   Et lorsque mon esprit, pour le monde qu'il laisse
   Déjà vivant au ciel, tout plein de sa richesse,
   Doit montrer par la mort qu'il aime vérité,
240 Prends ce dernier présent, sceau de ma volonté.

C'est ma main qui t'écrit ces dernières paroles :
Si tu veux suivre Dieu, fuis de loin les idoles,
Hais ton corps pour l'aimer, apprends à le nourrir
De façon que pour vivre il soit prêt de mourir,
245 Qu'il meure pour celui qui est rempli de vie,
N'ayant pourtant de mort ni crainte ni envie ;
Toujours règle à la fin de ton vivre le cours,
Chacun de tes jours tende au dernier de tes jours ;
De qui veut vivre au ciel l'aise soit la souffrance
250 Et le jour de la mort celui de la naissance. »
       Ces doigts victorieux ne gravèrent ceci
En cire seulement, mais en l'esprit aussi :
Et faut que ce geôlier, captif de sa captive,
Bientôt à même cause et même fin la suive.
255   Achevant ces présents, l'exécuteur vilain
Pour la joindre au poteau voulut prendre sa main :
Elle eut horreur de rompre encor la modestie
Qui jusqu'au beau mourir orna sa belle vie ;
Elle appréhenda moins la mort et le couteau
260 Que le sale toucher d'un infâme bourreau ;
Elle appelle au secours ses pâles damoiselles
Pour découvrir son col ; ces fillettes, nouvelles
Au funeste métier, ces piteux instruments
Sentirent jusqu'au vif leur part de ses tourments.
265   César, voyant, sentant sa poitrine blessée
Et non sa gravité par le fer abaissée,
Le sein et non l'esprit par les coups enferré,
Le sang plutôt du corps que le sens retiré,
Par honneur abria de sa robe percée
270 Et son cœur offensé et sa grâce offensée :
Et ce cœur d'un César, sur le seuil inhumain
De la mort, choisissait non la mort mais la main.
Les mains qui la paraient la parèrent encore.
Sa grâce et son honneur, quand la mort la dévore,
275 N'abandonnent son front : elle prend le bandeau,
Par la main on l'amène embrasser le poteau,

Elle demeure seule en agneau dépouillée.
La lame du bourreau de son sang fut mouillée :
L'âme s'envole en haut, les Anges gracieux
280 Dans le sein d'Abraham la ravirent aux cieux.
    Le ferme doigt de Dieu tint celui de Bilnée,
Qui à sa pénultième et craintive journée
Voulut prouver au soir s'il était assez fort
Pour endurer le feu instrument de la mort.
285 Le geôlier, sur le soir, en visitant le treuve
Faisant de la chandelle et du doigt son épreuve :
Ce feu lent et petit, d'indicible douleur,
A la première fois lui affaiblit le cœur,
Mais après il souffrit brûler à la chandelle
290 La peau, la chair, les nerfs, les os et la moelle.
    Le vaillant Gardiner me contraint cette fois
D'animer mon discours de ce courage anglois.
Tout son sang écuma lui reprochant son aise
En souffrant adorer l'idole portugaise.
295 Au magnifique apprêt des noces d'un grand Roi
La loi de Dieu lui fit mettre aux pieds toute loi,
Toute crainte et respect, les tourments et sa vie,
Et puis il mit aux pieds et l'idole et l'hostie
Du cardinal sacrant : là entre mille fers
300 Il dédaigna le front des portes des enfers.
Il vainquit, en souffrant les peines les plus dures.
Les serfs des questions il lassa de tortures :
Contre sa fermeté reboucha le tourment,
Le fer contre son cœur de ferme diamant ;
305 Il avala trois fois la serviette sanglante,
Les yeux qui le voyaient souffraient peine évidente ;
Il but plus qu'en humain les inhumanités,
Et les supplices lents finement inventés.
    On le traîne au supplice, on coupe sa main dextre,
310 Il la porte à la bouche avec sa main senestre,
La baise ; l'autre poing lui est coupé soudain,
Il met la bouche à bas et baise l'autre main.

Alors il est guindé d'une haute poulie,
De cent nœuds à cent fois son âme se délie,
315 On brûle ses deux pieds : tant qu'il eut le sentir
On cherche sans trouver en lui le repentir.
La mort à petit feu lui ôte son écorce,
Et lui à petit feu ôte à la mort la force.
　Passerai-je la mer de tant de longs propos
320 Pour enrôler ici ceux-là qui en repos
Sont morts sur les tourments des gênes débrisantes,
Par la faim sans pitié, par les prisons puantes,
Les tenailles en feu, les enflambés tonneaux.
Les pleurs d'un jeune Roi ? Trois Agnès, trois agneaux !
325 Ailleurs nous cueillerons ces fleurons d'Angleterre ;
Lions qui ont fait voir aux peuples de la terre
Des Anges en vertus ; mais ces vainqueurs Anglois
Me donneront congé de détourner ma voix
Aux barbares esprits d'une terre déserte.
330 　Dieu poursuivit Satan et lui fit guerre ouverte
Jusques en l'Amérique, où ces peuples nouveaux
Ont été spectateurs des faits de nos bourreaux.
Leurs flots ont su noyer, ont servi de supplices,
Et leurs rochers hautains prêté leurs précipices :
335 Ces agneaux éloignés en ce sauvage lieu
N'étaient pas égarés, mais dans le sein de Dieu ;
Lorsqu'élevés si haut leurs languissantes vues
Vers leur pays natal furent de loin tendues,
Leurs desseins impuissants, pour n'être assez légers,
340 Eurent secours des vents ; ces ailés messagers
En apportèrent l'air aux rives de la France.
La mer ne dévora le fruit de leur constance.
Ce n'est en vain que Dieu déploya ses trésors
Des bêtes du Brésil aux solitaires bords,
345 Afin qu'il n'y ait cœur ni âme si sauvage
Dont l'oreille il n'ait pu frapper de son langage.
　Mais l'œil du Tout-puissant fut enfin ramené,
Aux spectacles d'Europe : il la vit, retourné,

A soi-même étrangère, à ses bourgeois affreuse,
350 De ses meurtres rouillée et des brasiers fumeuse.
Son premier objet fut un laboureur caché,
Treize mois par moitié en un cachot penché,
Duquel la voûte étroite avait si peu de place
Qu'entre ses deux genoux elle ployait la face
355 Du pauvre condamné : ce naturel trop fort
Attendit treize mois la trop tardive mort.

   Venot, quatre ans lié, fut enfin six semaines
En deux vaisseaux pointus, continuelles gênes ;
Ses deux pieds contremont avaient ployé leurs os ;
360 En si rude posture il trouva du repos.
On voulait dérober au public et aux vues
Une si claire mort, mais Dieu trouva les grues
Et les témoins d'Irus. Il demandait à Dieu
Qu'au bout de tant de maux il pût au beau milieu
365 Des peuples l'annoncer, en montrant ses merveilles
Aux regards aveuglés et aux sourdes oreilles.
Non que son cœur voguât aux flots de vanité,
Mais brûlant il fallait luire à la vérité.
L'homme est un cher flambeau, tel flambeau ne s'allume
370 Afin que sous le muid sa lueur se consume.
Le ciel du triomphant fut le dais, le soleil
Y prêta volontiers les faveurs de son œil ;
Dieu l'ouït, l'exauça, et sa peine cachée
N'eût pu jamais trouver heure mieux recherchée :
375 Il fut la belle entrée et spectacle d'un Roi,
Ayant Paris entier spectateur de sa foi.

   Dieu des plus simples cœurs étoffa ses louanges,
Faisant revivre au ciel ce qui vivait aux fanges.
Il mit des cœurs de Rois aux seins des artisans,
380 Et aux cerveaux des Rois des esprits de paisans ;
Il se choisit un Roi d'entre les brebiettes ;
Il frappe un Pharaon par les mouches infectes ;
Il éveilla celui dont les discours si beaux
Donnèrent cœur aux cœurs des quatorze de Meaux,

385 Qui (en voyant passer la charrette enchaînée
En qui la sainte troupe à la mort fut menée)
Quitta là son métier, vint les voir, s'enquérir,
Puis, instruit de leur droit, les voulut secourir,
Se fit leur compagnon, et enfin il se jette,
390 Pour mourir avec eux, lui-même en la charrette.
    C'est Dieu qui point ne laisse au milieu des tourments
Ceux qui souffrent pour lui : les cieux, les éléments
Sont serfs de cettui-là qui a ouï le langage
Du paumier d'Avignon, logé dans une cage
395 Suspendue au plus haut de la plus haute tour.
La plus vive chaleur du plus chaud et grand jour,
Et la nuit de l'hiver la plus froide et cuisante
Lui furent du printemps une haleine plaisante,
L'appui le plus douillet de ses rudes carreaux
400 Etait le fer tranchant des endurcis barreaux :
Mais quand c'est pour son Dieu que le fidèle endure
Lors le fer s'amollit ou sa peau vient plus dure.
Sur ce corps nu la bise attiédit ses glaçons,
Sur sa peau le soleil rafraîchit ses rayons :
405 Témoin deux ans six mois qu'en chaire si hautaine
Ce prêcheur effraya ses juges de sa peine.
De vers continuels, joyeux, il louait Dieu.
S'il s'amassait quelqu'un pour le voir en ce lieu
Sa voix forte prêchait, le franc et clair ramage
410 Des pures vérités sortait de cette cage ;
Mais surtout on oyait ses exhortations
Quand l'idole passait en ses processions
Sous les pieds de son trône, et le peuple profane
Tremblait à cette voix plus qu'à la tramontane.
415 Les hommes cauteleux voulaient laisser le tort
De l'inique sentence et de l'injuste mort
Au ciel, aux vents, aux eaux, que de l'air les injures
Servissent de bourreaux ; mais du ciel les mains pures
Se ployèrent au sein, et les trompeurs humains
420 Parfirent le procès par leurs impures mains,

Au bout de trente mois étouffant cette vie
Qu'ils voyaient par les cieux trop longuement chérie :
Mains que contre le ciel arment les mutinés
Quand la faveur du ciel couvre les condamnés.
425 Non pas que Dieu ne puisse accomplir son ouvrage,
Mais c'est pour reprocher à ces mutins leur rage.
   Les Lyonnais ainsi résistèrent à Dieu,
Lorsque deux frères saints se virent au milieu
Des feux étincelants, où le ciel et la terre
430 Par contraires desseins se livrèrent la guerre.
Un grand feu fut pour eux aux Terreaux préparé,
Chacun donna du bois, dont l'amas asserré
Semblait devoir pousser la flamme et la fumée
Pour rendre des hauts cieux la grand' voûte allumée.
435 Ce qui fit monstrueux ce monceau de fagots,
C'est que les Jacopins, envenimés cagots,
Criaient, vrais écoliers du meurtrier Dominique :
Brûlons même le ciel, s'il fait de l'hérétique !
Ces deux frères priaient quand, pour rompre leur voix,
440 Le peuple forcenant porta le feu au bois :
Le feu léger s'enlève et bruyant se courrouce,
Quand contre lui un vent s'élève et le repousse,
Mettant ce mont, du feu et sa rage, à l'écart :
Les frères achevant leurs prières à part
445 Demeurent sans ardeur. La prière finie,
Le vulgaire animé entreprend sur leur vie,
Perce de mille coups des fidèles les corps,
Les couvre de fagots : ceux qu'on tenait pour morts,
Quand le feu eut brûlé leurs câbles, se levèrent,
450 Et leurs poumons brûlants, pleins de feu, s'écrièrent
Par plusieurs fois : *Christ, Christ !* et ce mot, bien sonné
Dans les côtes sans chair, fit le peuple étonné :
Contre ces faits de Dieu, dont les spectateurs vivent,
Etonnés, non changés, leurs fureurs ils poursuivent.
455   Autres cinq de Lyon, liés de mêmes nœuds,
Ne furent point dissous par les fers et les feux.

Au fort de leurs tourments ils sentirent de l'aise,
Franchise en leurs liens, du repos en la braise.
L'amitié dans le feu vous sut bien embraser,
460 Vous baisâtes la mort tous cinq d'un saint baiser,
Vous baisâtes la mort : cette mort gracieuse
Fut de votre union ardemment amoureuse.

C'étaient (ce dirait-on) des hommes endurcis,
Accablés de labeurs et de poignants soucis ;
465 Mais cherchons d'autres cœurs nés et nourris plus tendres,
Voyons si Dieu les peut endurcir jusqu'aux cendres ;
Que rien ne soit exempt en ce terrestre lieu
De la force, du doigt, des merveilles de Dieu !

Heureuse Graveron qui ne sus ton courage,
470 Qui ne connus ton cœur non plus que ton voyage !
L'hommage fut à Dieu, qu'en vain tu apprêtois
A un vain cardinal, ce fut au Roi des Rois,
Qui en ta foi mi-morte, en âme si craintive
Trouva si brave cœur et une foi si vive.
475 Dieu ne donne sa force à ceux qui sont si forts,
Le présent de la vie est pour les demi-morts.
Il départ les plaisirs aux vaincus de tristesse,
L'honneur aux plus honteux, aux pauvres la richesse.

Cette-ci, en lisant avec fréquents soupirs
480 L'incroyable constance et l'effort des martyrs,
Doutait la vérité en mesurant la crainte :
L'esprit la visita, la crainte fut éteinte.
Prise, elle abandonna dès l'huis de sa prison
Pour les raisons du ciel la mondaine raison.
485 Sa sœur la trouve en pleurs finissant sa prière,
Elle, en se relevant, dit en telle manière :
« Ma sœur, vois-tu ces pleurs, vois-tu ces pleurs, ma sœur ?
Ces pleurs sont toute l'eau qui me restait au cœur :
Ce cœur ayant jeté son humide faiblesse,
490 Tout feu, saute de joie et vole d'allégresse. »
La brave se para au dernier de ses jours,
Disant : « Je veux jouir de mes saintes amours ;

Ces joyaux sont bien peu, l'âme a bien autre gage
De l'époux qui lui donne un si haut mariage. »
495 Son visage luisit de nouvelle beauté
Quand l'arrêt lui fut lu. Le bourreau présenté,
Deux qui l'accompagnaient furent pressés de tendre
Leurs langues au couteau ; ils les voulaient défendre
Aux termes de l'arrêt ; elle les mit d'accord,
500 Disant : « Le tout de nous est sacré à la mort :
N'est-ce pas bien raison que les heureuses langues
Qui parlent avec Dieu, qui portent les harangues
Au sein de l'Eternel, ces organes que Dieu
Tient pour les instruments de sa gloire en ce lieu,
505 Qu'elles, quand tout le corps à Dieu se sacrifie,
Sautent dessus l'autel pour la première hostie ?
Nos regards parleront, nos langues sont bien peu
Pour l'esprit qui s'explique en des langues de feu. »
Les trois donnent leur langue, et la voix on leur bouche :
510 Les paroles de feu sortirent de leur bouche,
Chaque goutte de sang que le vent fit voler
Porta le nom de Dieu et aux cœurs vint parler ;
Leurs regards violents engravèrent leurs zèles
Aux cœurs des assistants hormis des infidèles.
515 Le feu tant méprisé par ces cœurs indomptés
Fit à ces léopards changer de cruautés,
Et, pour tout éprouver, les inventeurs infâmes
Par un exquis supplice enterrèrent les femmes,
Qui, vives, sans pâlir et d'un cœur tout nouveau,
520 D'un œil non effrayé regardaient leur tombeau,
Prenaient à gré la mort dont cette gent faussaire
Diffamait l'estomac de la terre leur mère.
Le feu avait servi tant de fois à brûler,
Ils avaient fait mourir par la perte de l'air,
525 Ils avaient changé l'eau à donner mort par elle :
Il fallait que la terre aussi fût leur bourrelle.
    Parmi les rôles saints, dont les noms glorieux,
Reproches de la terre, ont éjoui les cieux,

Je veux tirer à part la constante Marie,
530 Qui voyant en mépris le tombeau de sa vie
Et la terre et le coffre et les barres de fer
Où elle allait le corps et non l'âme étouffer :
« C'est, ce dit-elle, ainsi que le beau grain d'élite
Et s'enterre et se sème afin qu'il ressuscite.
535 Si la moitié de moi pourrit devant mes yeux,
Je dirai que cela va le premier aux cieux ;
La belle impatience et le désir du reste,
C'est de hâter l'effet de la terre céleste.
Terre, tu es légère et plus douce que miel,
540 Sainte terre, tu es le droit chemin du ciel. »
Ainsi la noire mort donna la claire vie,
Et le ciel fut conquis par la terre à Marie.

    Entre ceux dont l'esprit peut être traversé
De l'espoir du futur, du loyer du passé,
545 Du Bourg aura ce rang : son cœur pareil à l'âge,
A sa condition l'honneur de son courage,
Son esprit indompté au Seigneur des Seigneurs
Sacrifia son corps, sa vie et ses honneurs.
Des promesses de Dieu il vainquit les promesses
550 Des Rois, et, sage à Dieu, des hommes les sagesses.
En allant à la mort, tout plein d'autorité
Il prononça ces mots : « O Dieu de vérité,
Montre à ces juges faux leur stupide ignorance,
Et je prononcerai, condamné, leur sentence.
555 Vous n'êtes, compagnons, plus juges, mais bourreaux,
Car en nous ordonnant tant de tourments nouveaux
Vous prêtez votre voix : votre voix inhumaine
Souffre peine en donnant la sentence de peine,
Comme à l'exécuteur le cœur s'oppose en vain
560 Au coup forcé qui sort de l'exécrable main.
Sur le siège du droit vos faces sont transies
Quand, demi-vifs, il faut que vous ôtiez les vies
Qui seules vivent bien : je prends témoins vos cœurs
Qui de la conscience ont ressenti les pleurs ;

565 Mais ce pleur vous tourmente et vous est inutile,
    Et ce pleur n'est qu'un pleur d'un traître crocodile.
    La crainte vous domine, ô juges criminels !
    Criminels êtes-vous, puisque vous êtes tels.
    Vous dites que la loi du Prince publiée
570 Vous a lié les mains : l'âme n'est pas liée ;
    Le front du juge droit, son sévère sourci
    Dût-il souffrir ces mots : *le Roi le veut ainsi ?*
    Ainsi as-tu, tyran, par ta fin misérable
    En moi fini le coup d'un règne lamentable. »
575   Dieu l'avait abattu, et cette heureuse mort
    Fut du persécuteur tout le dernier effort :
    Il avait fait mentir la superbe parole,
    Et fait voler en vain le jugement frivole
    De ce Roi qui avait juré que de ses yeux
580 Il verrait de du Bourg et la mort et les feux.
    Mais il faut avouer que près de la bataille
    Ce cœur tremblant revint à la voix d'une Caille,
    Pauvre femme, mais riche, et si riche que lors
    Un plus riche trouva l'aumône en ses trésors.
585   O combien d'efficace est la voix qui console,
    Quand le conseiller joint l'exemple à la parole,
    Comme fit celle-là qui, pour ainsi prêcher,
    Fit en ces mêmes jours sa chaire d'un bûcher !
      Du Bourg près de la mort, sans qu'un visage blême
590 L'habillât en vaincu, se devêtit soi-même
    La robe, en s'écriant : « Cessez vos brûlements,
    Cessez, ô sénateurs ! tirez de mes tourments
    Ce profit, le dernier, de changer de courage
    En repentance à Dieu. » Puis tournant son visage
595 Au peuple, il dit : « Amis, meurtrier je ne suis point ;
    C'est pour Dieu l'immortel que je meurs en ce point. »
    Puis comme on l'élevait, attendant que son âme
    Laissât son corps heureux au licol, à la flamme :
      « Mon Dieu, vrai juge et père, au milieu du trépas
600 Je ne t'ai point laissé, ne m'abandonne pas :

Tout-puissant, de ta force assiste ma faiblesse ;
Ne me laisse, Seigneur, de peur que je te laisse. »
   O Français, ô Flamands (car je ne fais de vous
Qu'un peuple, qu'une humeur, peuple bénin et doux)
605 De vos braves témoins nos histoires sont pleines !
Anvers, Cambrai, Tournai, Mons et Valenciennes,
Pourrais-je déployer vos morts, vos brûlements,
Vos tenailles en feu, vos vifs enterrements !
Je ne fais qu'un indice à un plus gros ouvrage,
610 Auquel vous ne pourrez qu'admirer davantage
Comment ce peuple tendre a trouvé de tels cœurs,
Si fermes en constance ou si durs en rigueurs :
   Mais Dieu voulut encore à sa gloire immortelle
Prêcher dans l'Italie et en Rome infidèle,
615 Donner à ces félons les cœurs de ses agneaux
Pour mourir par leurs mains, prophètes de leurs maux.
Vous avez vu du cœur, voulez-vous de l'adresse,
Et voir le fin Satan vaincu par la finesse ?
   Montalchine, l'honneur de Lombardie, il faut
620 Qu'en ce lieu je t'élève un plus brave échafaud
Que celui sur lequel, aux portes du grand temple,
Tu fus martyr de Dieu et des martyrs l'exemple.
   L'Antéchrist découvrant que peu avaient servi
Les vies que sa main au jour avait ravi,
625 Voyant qu'aux lieux publics de Dieu les témoignages,
Au lieu de donner peur, redoublaient les courages,
Résolut de cacher ses meurtres désormais
De la secrète nuit sous les voiles épais.
   Le geôlier qui alors détenait Montalchine,
630 Voyant que contre lui l'injustice machine
Une secrète mort, l'en voulut avertir.
Ce vieil soldat de Christ feignit un repentir,
Fait ses juges venir et après la sentence
Leur promet d'annoncer l'entière repentance
635 De ses fausses erreurs, et que publiquement
Il se désisterait de ce que faussement

Il avait enseigné. On assura sa vie,
Et sa promesse fut de promesses suivie.
Or, pour tirer de lui un plus notable fruit,
640 On publia partout sur les ailes du bruit
L'heure et le lieu choisi : chacun vient pour s'instruire,
Et Montalchine fut conduit pour se dédire
Sur l'échafaud dressé. Là du peuple il fut veu
En chemise, tenant deux grands torches en feu ;
645 Puis ayant obtenu l'oreille et le silence
D'un grand peuple amassé, en ce point il commence :
  « Mes frères en amour, et en soin mes enfants,
Vous m'avez écouté déjà par divers ans
Prêchant et enseignant une vive doctrine,
650 Qui a troublé vos sens : voyez ci Montalchine,
Lequel, homme et pécheur sujet à vanité,
Ne peut avoir toujours prononcé vérité :
Vous orrez sans murmure à la fin la sentence
Des deux opinions et de leur différence.
655   « Trois mots feront partout le vrai département
Des contraires raisons : *seul, seule* et *seulement.*
J'ai prêché que Jésus nous est *seul* pour hostie,
Seul sacrificateur, qui *seul* se sacrifie.
Les docteurs autrement disent que le vrai corps
660 Est sans pain immolé pour les vifs et les morts,
Que nous avons besoin que le prêtre sans cesse
Resacrifie encor Jésus-Christ en la messe.
J'ai dit que nous prenons, prenant le sacrement,
Cette manne du ciel par la foi *seulement.*
665 Les docteurs, que le corps en chair et en sang entre,
Ayant souffert les dents, aux offices du ventre.
J'ai dit que Jésus *seul* est notre intercesseur,
Qu'à son Père l'accès par lui *seul* nous est seur :
Les docteurs disent plus, et veulent que l'on prie
670 Les saints médiateurs et la Vierge Marie.
  J'ai dit qu'en la foi *seule* on est justifié,
Et qu'en la *seule* grâce est le salut fié :

Les docteurs autrement, et veulent que l'on fasse
Les œuvres pour aider et la foi et la grâce.
675 J'ai dit que Jésus *seul* peut la grâce donner,
Qu'autre que lui ne peut remettre et pardonner :
Eux que le Pape tient sous ses clefs et puissances
Tous trésors de l'Eglise et toutes indulgences.
J'ai dit que l'Ancien et Nouveau Testament
680 Sont la *seule* doctrine et le *seul* fondement :
Les docteurs veulent plus que ces règles certaines,
Et veulent ajouter les doctrines humaines.
J'ai dit que l'autre siècle a deux lieux *seulement*,
L'un le lieu des heureux, l'autre lieu de tourment :
685 Les docteurs trouvent plus et jugent qu'il faut croire
Le limbe des enfants, des grands le purgatoire.
J'ai prêché que le Pape en terre n'est point Dieu
Et qu'il est *seulement* évêque d'un *seul* lieu :
Les docteurs, lui donnant du monde la maîtrise,
690 Le font visible chef de la visible Eglise.
Le tyran des esprits veut nos langues changer
Nous forçant de prier en langage étranger :
L'esprit distributeur des langues nous appelle
A prier *seulement* en langue naturelle.
695 C'est cacher la chandelle en secret sous un muid :
Qui ne s'explique pas est barbare à autrui,
Mais nous voyons bien pis en l'ignorance extrême
Que qui ne s'entend pas est barbare à soi-même.
   « O chrétiens, choisissez : vous voyez d'un côté
700 Le mensonge puissant, d'autre la vérité ;
D'une des parts l'honneur, la vie et récompense,
De l'autre ma première et dernière sentence ;
Soyez libres ou serfs sous les dernières lois
Ou du vrai ou du faux. Pour moi, j'ai fait le choix :
705 Viens Evangile vrai, va-t'en fausse doctrine !
Vive Christ, vive Christ ! et meure Montalchine ! »
   Les peuples tous émus commençaient à troubler :
Il jette gaiement ses deux torches en l'air,

Demande les liens, et cette âme ordonnée
710 Pour l'étouffer de nuit triomphe de journée.
Tels furent de ce siècle en Sion les agneaux,
Armés de la prière et non point des couteaux :
Voici un autre temps, quand des pleurs et des larmes
Israël irrité courut aux justes armes.
715 On vint des feux aux fers ; lors il s'en trouva peu
Qui, de lions agneaux, vinssent du fer au feu :
En voici qui la peau du fier lion posèrent,
Et celle des brebis encores épousèrent.
Vous, Gastine et Croquet, sortez de vos tombeaux ·
720 Ici je planterai vos chefs luisants et beaux ;
Au milieu de vous deux je logerai l'enfance
De votre commun fils, beau miroir de constance.
Il se fit grand docteur en six mois de prisons.
Dans l'obscure prison, par les claires raisons
725 Il vainquit l'obstiné, redressa le débile ;
Assuré de sa mort il prêcha l'Evangile.
L'école de lumière, en cette obscurité,
Donnait aux enferrés l'entière liberté.
Son âme, de l'enfer au paradis ravie,
730 Aux ombres de la mort eut la voix de la vie.
A Dieu il consacra sa première fureur :
Il fut vif et joyeux, mais la jeune verdeur
De son enfance tendre et l'âge coutumière
Aux folles gaietés n'eut sa vigueur première
735 Qu'à consoler les bons, et s'éjouir en Dieu.
Cette étoile si claire était au beau milieu
Des compagnons captifs, quand du seuil d'une porte
Il se haussa les pieds pour dire en cette sorte :
« Amis, voici le lieu d'où sortirent jadis,
740 De l'enfer des cachots dans le haut paradis,
Tant de braves témoins dont la mort fut la vie,
Les tourments les plaisirs, gloire l'ignominie.
Ici on leur donnait nouvelle du trépas :
Marchons sur leurs desseins ainsi que sur leurs pas.

745 Nos péchés ont chassé tant de braves courages,
     On ne veut plus mourir pour les saints témoignages ;
     De nous s'enfuit la honte et s'approche la peur :
     Nous nous vantons de cœur et perdons le vrai cœur.
     Dégénérés enfants, à qui la fausse crainte
750 Dans le foyer du sein glace la braise éteinte,
     Vous perdez le vrai bien pour garder le faux bien,
     Vous craignez un exil qui est rien, moins que rien,
     Et, pensant conserver ce que Dieu seul conserve,
     Aux serfs d'iniquité vendez votre âme serve.
755 Ou vous, qui balancez dans le choisir douteux
     De l'un ou l'autre bien, connaissez bien les deux.
     Vous perdez la richesse et vaine et temporelle ?
     Choisissez, car il faut perdre le ciel ou elle ;
     Vous serez appauvris en voulant servir Dieu :
760 N'êtes-vous point venus pauvres en ce bas lieu ?
     Vous aurez des douleurs ? vos douleurs et vos doutes
     Vous lairront sans douleur, ou vous les vaincrez toutes.
     Car de cette tourmente il n'y a plus de port
     Que les bras étendus du havre de la mort.
765 Cette mort, des païens bravement déprisée,
     Quoiqu'elle fût d'horreurs fièrement déguisée
     N'épouvantait le front, mais ils disaient ainsi :
     Si elle ne fait mieux elle ôte le souci,
     Elle éteint nos tourments si mieux ne peut nous faire,
770 Et n'y a rien si doux pour être nécessaire.
     L'âme cherche toujours de sa prison les huis
     D'où, pour petits qu'ils soient, on trouve les pertuis.
     Combien de peu de peine est grand'aise ensuivie !
     A moins de mal on sort que l'on n'entre en la vie.
775 La coutume rend douce une captivité,
     Nous trouvons le chemin bref à la liberté :
     L'amère mort rendra toute amertume éteinte ;
     Pour une heure de mort avoir vingt ans de crainte !
     Tous les pas que tu fais pour entrer en ce port
780 Ce sont autant de pas au chemin de la mort.

Mais tu crains les tourments qui à ta dernière heure
Te font mourir de peur avant que tu te meure ?
S'ils sont doux à porter la peine n'est qu'un jeu ;
Ou s'ils sont violents ils dureront fort peu.
785 Ce corps est un logis par nous pris à louage
Que nous devons meubler d'un fort léger ménage,
Sans y clouer nos biens, car après le trépas
Ce qui est attaché nous ne l'emportons pas.
    « Toi donc, disait Sénèque, avec tes larmes feintes
790 Qui vas importunant le grand Dieu de tes plaintes,
Par toi tes maux sont maux, qui sans toi ne sont tels.
Pourquoi te fâches-tu ? car entre les autels
Où tu ouvres de cris ta poitrine entamée,
Où tu gâtes le bois, l'encens et la fumée,
795 Venge-toi de tes maux, et au lieu des odeurs
Fais-y fumer ton âme avec tous tes malheurs.
Par là ces braves cœurs devinrent autochires ;
Les causes seulement manquaient à leurs martyres ;
Cet ignorant troupeau était précipité
800 De la crainte de craindre en l'autre extrémité.
Sans savoir quelle vie irait après leurs vies,
Ils mouraient doucement pour leurs douces patries.
Par là Caton d'Utique et tant d'autres Romains
S'occirent, mais malheur ! car c'était par leurs mains.
805 Quels signalés témoins du mépris de la vie
De Lucrèce le fer, les charbons de Porcie !
Le poison de Socrate était pure douceur :
Quel vin qui ait cherché la plus froide liqueur
Des glaçons enterrés, et quelle autre viande
810 De cent déguisements se fit onc si friande ?
    « Mais vous, qui d'autres yeux que n'avaient les païens
Voyez les cieux ouverts, les vrais maux, les vrais biens,
Quels vains noms de l'honneur, de liberté, de vie
Ou d'aise vous ont pu troubler la fantasie ?
815 Serfs de Satan le serf, êtes-vous en honneur ?
Aurez-vous liberté enchaînant votre cœur ?

Délivrez-vous vos fils, vos filles et vos femmes,
Les livrant à la gêne, aux enfers et aux flammes ?
Si la prospérité dont le méchant jouit
820 Vous trompe et vous émeut, votre sens s'éblouit
Comme l'œil d'un enfant qui, en la tragédie,
Voit un coquin pour Roi : cet enfant porte envie
Aux habits empruntés que, de peur de souiller,
Même à la catastrophe il faudra dépouiller.
825 Ce méchant de qui l'heur à ton deuil tu compare
N'est pas en liberté, c'est qu'il court et s'égare :
Car sitôt qu'il pécha, en ce temps, en ce lieu,
Pour jamais il fut clos en la prison de Dieu.
Cette prison le suit quoiqu'il coure à la chasse,
830 Quoique mille pays comme un Caïn il trace,
Qu'il fende au gré du vent les fleuves et les mers ;
Sa conscience n'est sans cordes et sans fers.
Il ne faut égaler à l'éternelle peine
Et aux soupirs sans fin un point de courte haleine.
835 Vous regardez la terre et vous laissez le ciel !
Vous sucez le poison et vous crachez le miel !
Votre corps est entier et l'âme est entamée !
Vous sautez dans le feu esquivant la fumée !
Haïssez les méchants, l'exil vous sera doux ;
840 Vous êtes bannis d'eux, bannissez-les de vous :
Joyeux que de l'idole encore ils vous bannissent,
Des sourcils des tyrans qu'en menace ils hérissent,
De leurs pièges, aguets, ruses et trahisons,
De leur devoir la vie, et puis de leurs prisons.
845 Vous êtes enferrés : ce qui plus vous console,
L'âme, le plus de vous, où elle veut s'envole.
S'ils vous ôtent vos yeux, vos esprits verront Dieu ;
Votre langue s'en va : le cœur parle en son lieu ;
L'œil meure sans avoir eu peur de la mort blême,
850 La langue soit coupée avant qu'elle blasphème.
Or, si d'exquises morts les rares cruautés,
Si tourments sur tourments à vos yeux présentés

Vous troublent, c'est tout un : quel front, quel équipage
Rend à la laide mort encor plus laid visage ?
855 Qui méprise la mort, que lui fera de tort
Le regard assuré des outils de la mort ?
L'âme, des yeux du ciel, voit au ciel l'invisible,
Le mal horrible au corps ne lui est pas horrible ;
Les ongles de la mort n'apporteront que jeu
860 A qui se souviendra que ce qu'elle ôte est peu.
Un catarrhe nous peut ravir chose pareille,
Nous en perdons autant d'une douleur d'oreille,
Votre humeur corrompue, un petit vent mauvais,
Une veine piquée ont de pareils effets.
865 Et ce fâcheux apprêt pour qui le poil nous dresse,
C'est ce qu'à pas comptés traîne à soi la vieillesse.
L'assassin condamné à souffrir seulement
Sur chaque membre un coup, pour languir longuement,
Demande le cinquième à l'estomac, et pense
870 Par ce coup plus mortel adoucir la sentence.
La mort à petit feu est bien autre douleur
Qu'un prompt embrasement, et c'est une faveur
Quand pour faire bientôt l'âme du corps dissoudre
On met sous le menton du patient la poudre.
875 Les sévères prévôts, choisissant les tourments,
Tiennent les courts plus doux, et plus durs les plus lents :
Et quand la mort à nous d'un brave coup se joue,
Nous désirons languir longtemps sur notre roue ?
Le sang de l'homme est peu, son mépris est beaucoup :
880 Qui le méprisera pourra voir tout à coup
Les canons, la fumée, et les fronts des batailles,
Ou mieux les fers, les feux, les couteaux, les tenailles,
La roue et les cordeaux ; cettui-là pourra voir
Le précipice bas dans lequel il doit choir,
885 Mépriser la montagne, et de libre secousse,
En regardant en haut, sauter quand on le pousse.
   « Nos frères bien instruits ont l'appel refusé,
Et le Brun, Dauphinois, doctement avisé,

Quand il eut sa sentence avec plaisir ouïe,
890 Répondit qu'on l'avait condamné à la vie.
« Tiens ton âme en tes mains : tout ce que les tyrans
Prennent n'est point la chose, ains seulement le temps.
Que le nom de la mort autrement effroyable,
Bien connu, bien pesé, nous devienne agréable.
895 Heureux qui la connaît ! Or il faut qu'en ce lieu,
Plein de contentement, je donne gloire à Dieu :
« O Dieu ! quand tu voudras cette charogne prendre,
Par le fer à morceaux, ou par le feu en cendre,
Dispose, ô Eternel ; il n'y a nul tombeau
900 Qui à l'œil et au cœur ne soit beau s'il t'est beau. »
Il faisait ces leçons, quand le geôlier l'appelle
Pour recevoir sentence en la noire chapelle.
L'œil de tous fut troublé, le sien en fut plus beau,
Ses yeux devinrent feu, ceux des autres de l'eau,
905 Lors, serénant son front et le teint de sa face,
Il rit à ses amis, pour adieu les embrasse,
Et, à peu de loisir, redoublait ce propos :
« Amis, vous me voyez sur le seuil du repos,
Ne pleurez pas mon heur : car la mort inhumaine,
910 A qui vaincre la sait ne tient plus rang de peine ;
La douleur n'est le mal, mais la cause pourquoi.
Or je vois qu'il est temps d'aller prouver par moi
Les propos de ma bouche, il est temps que je treuve
En ce corps bienheureux la pratique et l'épreuve. »
915 Il voulait dire plus, l'huissier le pressa tant
Qu'il courut tout dispos vers la mort en sautant.
Mais dès le seuil de l'huis le pauvre enfant avise
L'honorable regard et la vieillesse grise
De son père et son oncle à un poteau liés.
920 Alors premièrement les sens furent ployés ;
L'œil si gai laisse en bas tomber sa triste vue,
L'âme tendre s'émut, encore non émue,
Le sang sentit le sang, le cœur fut transporté ;
Quand le père, rempli de même gravité

925 Qu'il eut en un conseil, d'une voix grosse et grave
Fit à son fils pleurant cette harangue brave :
    « C'est donc en pleurs amers que j'irai au tombeau,
Mon fils, mon cher espoir, mais plus cruel bourreau
De ton père affligé : car la mort pâle et blême
930 Ne brise point mon cœur comme tu fais toi-même.
Regretterai-je donc le soin de te nourrir ?
N'as-tu pu bien vivant apprendre à bien mourir ? »
    L'enfant rompt ces propos : « Seulement mes entrailles
Vous ont senti, dit-il, et les rudes batailles
935 De la prochaine mort n'ont point épouvanté
L'esprit instruit de vous, le cœur par vous planté.
Mon amour est ému, l'âme n'est pas émue ;
Le sang, non pas le sens, se trouble à votre vue ;
Votre blanche vieillesse a tiré de mes yeux
940 De l'eau, mais mon esprit est un fourneau de feux :
Feux pour brûler les feux que l'homme nous apprête.
Que puissé-je trois fois pour l'une et l'autre tête
De vous et de mon oncle, et plus jeune et plus fort,
Aller faire mourir la mort avec ma mort ! »
945 « Donc, dit l'autre vieillard, ô que ta force est molle,
O Mort, à ceux que Dieu entre tes bras console !
Mon neveu, ne plains pas tes pères périssants :
Ils ne périssent pas. Ces cheveux blanchissants,
Ces vieilles mains ainsi en malfaiteurs liées
950 Sont de la fin des bons à leurs fins honorées :
Nul grade, nul état ne nous lève si haut
Que donner gloire à Dieu au haut d'un échafaud. »
    « Mourons ! pères, mourons ! ce dit l'enfant à l'heure.
L'homme est si inconstant à changer de demeure,
955 La nouveauté lui plaît ; et quand il est au lieu
Pour changer cette fange à la gloire de Dieu,
L'homme commun se plaint de pareille parole » :
Ils consolent leur fils, et leur fils les console.
    Voici entrer l'amas des sophistes-docteurs,
960 Qui aux fronts endurcis s'approchent séducteurs,

Pour vaincre d'arguments les précieuses âmes
Que la raison céleste a mené dans les flammes.
Mais l'esprit tout de feu du brave et docte enfant
Volait dessus l'erreur d'un savoir triomphant,
965 Et malgré leurs discours, leurs fuites et leurs ruses,
Il laissa les cafards sans mot et sans excuses.
La mort n'appelait point ce bel entendement
A regarder son front, mais sur chaque argument
Prompt, aigu, avisé, sans doute et sans refuge,
970 En les rendant transis il eut grâce de juge.
A la fin du combat ces deux Eléazars,
Sur l'enfant à genoux couchant leurs chefs vieillards,
Sortirent les premiers du monde et des misères,
Et leur fils en chantant courut après ses pères.
975 O cœurs mourant à vie, indomptés et vainqueurs,
O combien votre mort fit revivre de cœurs !
   Notre grand Béroald a vu, docte Gastine,
Avant mourir, ces traits fruits de sa discipline ;
Ton privé compagnon d'écoles et de jeux
980 L'écrit : le fasse Dieu ton compagnon de feux !
   O bienheureux celui qui, quand l'homme le tue,
Arrache de l'erreur tant d'esprits par sa vue,
Qui montre les trésors et grâces de son Dieu,
Qui butine en mourant tant d'esprits au milieu
985 Des spectateurs élus : telle mort est suivie
Presque toujours du gain de mainte belle vie.
Mais les martyrs ont eu moins de contentement
De qui la laide nuit cache le beau tourment :
Non que l'ambition y soit quelque salaire,
990 Le salaire est en Dieu à qui la nuit est claire ;
Pourtant beau l'instrument de qui l'exemple sert
A gagner en mourant la brebis qui se perd.
   Je ne t'oublierai pas, ô âme bienheureuse !
Je tirerai ton nom de la nuit ténébreuse ;
995 Ton martyre secret, ton exemple caché
Sera par mes écrits des ombres arraché.

Du berceau, du tombeau je relève une fille,
De qui je ne dirai le nom ni la famille :
Le père encor vivant, plein de grâces de Dieu,
1000 En pays étranger lira en quelque lieu
Quelle fut cette mort dont il forma la vie.
    Ce père avait tiré de la grand'boucherie
Sa fidèle moitié d'une tremblante main,
Et un de leurs enfants qui lui pendait au sein.
1005 Deux filles, qui cuidaient que le nœud de la race
Au sein de leurs parents trouverait quelque place,
Se vont jeter aux bras de ceux de qui le sang
De la tendre pitié devait brûler le flanc.
Ces parents, mais bourreaux, par leurs douces paroles,
1010 Par menaces après contraignaient aux idoles
Ces cœurs voués à Dieu, puis l'aveugle courroux
Des inutiles mots les fit courir aux coups.
Par trente jours entiers ces filles, déchirées
De verges et fers chauds, demeurent assurées ;
1015 La nuit on les épie, et leurs sanglantes mains
Jointes tendaient au ciel : ces proches inhumains
Dessus ces tendres corps impiteux s'endurcirent,
Si que hors de l'espoir de les vaincre ils sortirent.
En plus noire minuit ils les jettent dehors ·
1020 La plus jeune n'ayant place entière en son corps
Est prise de la fièvre et tombe à demi-morte,
Sans pouls, sans mouvement, sur le seuil d'une porte ;
L'autre s'enfuit d'effroi, et ne peut ce discours
Poursuivre plus avant le succès de ses jours.
1025 Le jour étant levé, le peuple ému avise
Cet enfant que les coups et que le sang déguise,
Inconnu, pour autant qu'en la nuit elle avait
Fui de son logis plus loin qu'elle pouvait.
On porte à l'hôpital cette âme évanouie.
1030 Mais, sitôt qu'elle eut pris la parole et la vie,
Elle crie en son lit : « O Dieu, double ma foi,
C'est par les maux aussi que les tiens vont à toi :

Je ne t'oublierai point, mais, mon Dieu, fasse en sorte
Qu'à la force du mal je devienne plus forte. »
1035 Ce mot donna soupçon : on pense incontinent
Que les esprits d'erreur n'allaient pas enseignant
Les enfants de neuf ans, pour de chansons si belles
Donner gloire au grand Dieu au sortir des mamelles.
Jésus-Christ, vrai berger, sait ainsi faire choix
1040 De ses tendres brebis, et les marque à la voix.
Au bout de quelques mois déjà la maladie
Eut pitié de l'enfant et lui laissait la vie :
La fièvre s'enfuit, et le dard de la mort
Laissa ce corps si tendre avec un cœur si fort.
1045 L'aveugle cruauté enflamma au contraire
A commettre la mort, que la mort n'a pu faire,
Les gardes d'hôpital, qui un temps par prêcheurs,
Par propos importuns d'impiteux séducteurs,
Par menaces après, par piquantes injures
1050 S'essayèrent plonger cette âme en leurs ordures.
L'enfant aux séducteurs disait quelques raisons,
Contre les menaçants se targuait d'oraisons ;
Et comme ces tourments changeaient de leur manière,
D'elle-même elle avait quelque propre prière.
1055 Pour dernier instrument ils ôtèrent le pain,
La vie à la mi-morte, en cuidant par la faim
En ses plus tendres ans l'attirer ou contraindre :
Il fut plus malaisé la forcer que l'éteindre.
La vie et non l'envie ils pressèrent si fort
1060 Qu'elle donne en trois jours les signes de la mort.
Cet enfant, non enfant, mais âme déjà sainte,
De quelque beau discours, de quelque belle plainte,
Etonnait tous les jours et n'amollissait pas
Les vilains instruments d'un languissant trépas.
1065 Il advint que ses mains encore déchirées
Recelaient quelque sang aux plaies demeurées ;
A l'effort de la mort sa main gauche saigna,
Entière dans son sang innocent se baigna ;

En l'air elle haussa cette main dégouttante,
1070 Et pour dernière voix elle dit gémissante :
« O Dieu, prends-moi la main, prends-la, Dieu secourant,
Soutiens-moi, conduis-moi au petit demeurant
De mes maux achevés ; il ne faut plus qu'une heure
Pour faire qu'en ton sein à mon aise je meure,
1075 Et que je meure en toi comme en toi j'ai vécu :
Le mal gagne le corps, prends l'esprit invaincu. »
Sa parole affaiblit, à peine elle profère
Les noms demi-sonnés de sa sœur et sa mère ;
D'un visage plus gai elle tourna les yeux
1080 Vers le ciel de son lit, les plante dans les cieux,
Puis, à petits soupirs, l'âme vive s'avance
Et après les regards et après l'espérance.
Dieu ne refusa point la main de cet enfant,
Son œil vit l'œil mourant, le baisa triomphant,
1085 Sa main lui prit la main, et sa dernière haleine
Fuma au sein de Dieu qui, présent à sa peine,
Lui soutint le menton, l'éveilla de sa voix ;
Il larmoya sur elle, il ferma de ses doigts
La bouche de louange achevant sa prière,
1090 Baissant des mêmes doigts pour la fin la paupière :
L'air tonna, le ciel plut, les simples éléments
Sentirent à ce coup tourment de ses tourments.
      O Français déréglés, où logent vos polices
Puisque vos hôpitaux servent à tels offices ?
1095 Que feront vos bourdeaux et vos berlans pilleurs,
La forêt, le rocher, la caverne aux voleurs ?
      Mais quoi ? des saints témoins la constance affermie
Avait lassé les poings de la gent ennemie,
Noyé l'ardeur des feux, séché le cours des eaux,
1100 Emoussé tous les fers, usé tous les cordeaux,
Quand des autels de Dieu l'inextinguible zèle
Mit en feu l'estomac de maint et maint fidèle :
Surtout de trois Anglais qui, en se complaignant
Que des affections le grand feu s'éteignant,

1105 Avec lui s'étouffait l'autre flamme ravie
Qui est l'âme de l'âme et l'esprit de la vie,
Ces grands cœurs, ne voulant que l'ennemi rusé
Par un siècle de guerre eût plus fin déguisé
En des combats de fer les combats de l'Eglise,
1110 Poussés du doigt de Dieu ils firent entreprise
D'aller encor livrer un assaut hasardeux
Dans le nid de Satan. Mais de ces trois les deux
Prêchèrent en secret, et la ruse ennemie
En secret étouffa leur martyre et leur vie ;
1115 Le tiers, après avoir essayé par le bruit
A cueillir sur leur cendre encore quelque fruit,
Rendit son coup public et publique sa peine.
    Humains, qui prononcez une sentence humaine
Contre cette action, nommant témérité
1120 Ce que le ciel départ de magnanimité,
Vous dites que ce fut un effort de manie
De porter de si loin le trésor de sa vie,
Aller jusque dans Rome et, aux yeux des Romains,
Attaquer l'Antéchrist, lui arracher des mains
1125 L'idole consacrée, aux pieds l'ayant foulée
Consacrer à son Dieu son âme consolée :
Vous qui sans passion jugez les passions
Dont l'esprit tout de feu éprend nos motions,
Liant le doigt de Dieu aux principes éthiques,
1130 Les témoignages saints ne sont pas politiques
Assez à votre gré ; vous ne connaissez point
Combien peut l'Esprit saint quand les esprits il point.
Que blâmez-vous ici ? l'entreprise bouillante,
Le progrès sans changer, ou la fin triomphante ?
1135 Est-ce entreprendre mal d'aller annoncer Dieu
Du grand siège d'erreur au superbe milieu ?
Est-ce mal avancer la chose encommencée
De changer cinq cents lieux sans changer de pensée ?
Est-ce mal achever de piller tant de cœurs
1140 Dedans les seins tremblants des pâles spectateurs ?

Nous avons vu les fruits, et ceux que cette école
Fit en Rome quitter et Rome et son idole.
— Oui ! mais c'est désespoir avoir la liberté
En ses mains, et choisir une captivité ! —
1145 Les trois enfans vivaient libres et à leur aise,
Mais l'aise leur fut moins douce que la fournaise.
On refusait la mort à ces premiers chrétiens
Qui recherchaient la mort sans fers et sans liens ;
Paul, mis en liberté d'un coup du ciel, refuse
1150 La douce liberté : qui est-ce qui l'accuse ?
Apprenez, cœurs transis, esprits lents, juges froids,
A prendre loi d'en haut, non y donner des lois ;
Admirez le secret que l'on ne peut comprendre :
En louant Dieu, jetez des fleurs sur cette cendre.
1155   Ce témoin endura du peuple ému les coups,
Il fut laissé pour mort, non ému de courroux,
Et puis, voyant chercher des peines plus subtiles
Pour rengréger sa peine, il dit : « Cherchez, Périlles,
Cherchez quelques tourments longs et ingénieux,
1160 Le coup de l'Eternel n'en paraîtra que mieux ;
Mon âme, contre qui la mort n'est guère forte,
Aime à la mettre bas de quelque brave sorte. »
Sur un âne on le lie, et six torches en feu
Le vont de rue en rue asséchant peu à peu.
1165 On brûle tout premier et sa bouche et sa langue ;
A un des boutefeux il fit cette harangue :
« Tu n'auras pas l'esprit : qui t'a, chétif, appris
Que Dieu n'entendra point les voix de nos esprits ? »
Les flambeaux traversaient les deux joues rôties
1170 Qu'on entendit : « Seigneur, pardonne à leurs folies. »
Ils brûlent son visage, ils lui crèvent les yeux
Pour chasser la pitié en le montrant hideux :
Le peuple s'y trompait, mais le ciel de sa place
Ne contempla jamais une plus claire face ;
1175 Jamais le paradis n'a ouvert ses trésors,
Plus riant, à esprit séparé de son corps ;

Christ lui donna sa marque et le voulut faire être
Imitateur privé des honneurs de son maître,
Monté dessus l'ânon pour entrer tout en paix
1180 Dans la Hiérusalem permanente à jamais.
    Oui, le ciel arrosa ces graines épandues,
Les cendres que foulait Rome parmi les rues :
Témoin ce blanc vieillard que trois ans de prisons
Avaient mis par-delà le rôle des grisons,
1185 Qui à ondes couvrait de neige sans froidure
Les deux bras de cheveux, de barbe la ceinture.
Ce cygne fut tiré de son obscur étui
Pour gagner par l'effroi ce que ne peut l'ennui :
De près il vit briser si douloureuse vie,
1190 Et tout au lieu de peur anima son envie.
Le docte confesseur qui au feu l'assista,
Changé, le lendemain en chaire présenta
Sa vie au même feu, maintenant l'innocence
De son vieillard client : la paisible assistance
1195 Sans murmure écouta les nouvelles raisons,
Apprit de son prêcheur comment, dans les prisons,
Celui qui eut de solde un écu par journée
Avait entre les fers sa dépense ordonnée,
Vivant d'un sol de pain ; ainsi le prisonnier
1200 En un pauvre groton le fit riche aumônier.
Ce peuple pour ouïr ces choses eut oreilles,
Mais n'eut pour l'accuser de langue. Les merveilles
De Dieu font quelquefois en la constante mort,
Ou en la liberté quelquefois leur effort.
1205   De même école vint, après un peu d'espace,
Le maigre capucin : cettui-ci, en la face
Du Pape non Clément, l'appela Antéchrist,
Faisant de vive voix ce qu'autre par écrit.
Il avait recherché dedans le cloître immonde
1210 La séparation des ordures du monde ;
Mais y ayant trouvé du monde les retraits,
Quarante jours entiers il déploya les traits,

En la chaire d'erreur, de la vérité pure,
La robe de mensonge étant sa couverture.
1215 Un sien juge choisi, par lui jugé, appris,
Et depuis fugitif, nous donna dans Paris
La suite de ces morts, à éclore des vies,
Pour l'honneur des Anglais contre les calomnies ;
Mais il se ravissait sur ce qu'avait prêché
1220 L'esprit sans corps, par qui le corps brûlé, séché,
N'était plus sa maison, mais quelque tendre voile,
Comme un guerrier parfait campant dessous la toile.
Qu'on menace de feu ces corps déjà brisés :
O combien sont ces feux par ceux-là méprisés !
1225 Ceux-là battent aux champs, ces âmes militantes
Pour aller au combat mettent le feu aux tentes.
      Le printemps de l'Eglise et l'été sont passés,
Si serez-vous par moi, verts boutons, amassés,
Encore éclorrez-vous, fleurs si franches, si vives,
1230 Bien que vous paraissiez dernières et tardives ;
On ne vous lairra pas, simples, de si grand prix,
Sans vous voir et flairer au céleste pourpris.
Une rose d'automne est plus qu'une autre exquise :
Vous avez éjoui l'automne de l'Eglise.
1235 Les grands feux de la chienne oubliaient à brûler,
Le froid du scorpion rendait plus calme l'air ;
Cet air doux qui tout autre en malices excède
Ne fit tièdes vos cœurs en une saison tiède.
Ce fut lors que l'on vit les lions s'embraser
1240 Et chasser, barriqués, leur Nébucadnezer,
Qui à son vieil Bernard remontra sa contrainte
De l'exposer au feu si mieux n'aimait par feinte
S'accommoder au temps. Le vieillard chevelu
Répond : « Sire, j'étais en tout temps résolu
1245 D'exposer sans regret la fin de mes années,
Et ores les voyant en un temps terminées
Où mon grand Roi a dit *Je suis contraint*, ces voix
M'ôteraient de mourir le deuil si j'en avois.

Or vous, et tous ceux-là qui vous ont pu contraindre,
1250 Ne me contraindrez pas, car je ne sais pas craindre
Puisque je sais mourir. » La France avait métier
Que ce potier fût Roi, que ce Roi fût potier.
De cet esprit royal la bravade gentille
Mit en fièvre Henri. De ce temps la Bastille
1255 N'emprisonnait que grands, mais à Bernard il faut
Une grande prison et un grand échafaud.

Vous eûtes ce vieillard conseiller en vos peines,
Compagnon de liens, âmes parisiennes.
On vous offrit la vie aux dépens de l'honneur ;
1260 Mais votre honneur marcha sous celui du Seigneur
Au triomphe immortel, quand du tyran la peine,
Plutôt que son amour, vous fit choisir la haine.
Nature s'employant sur cette extrémité
En ce jour vous para d'angélique beauté ;
1265 Et pource qu'elle avait en son sein préparées
Des grâces pour vous rendre en vos jours honorées,
Prodigue elle versa en un pour ses enfants
Ce qu'elle réservait pour le cours de vos ans.
Ainsi le beau soleil montre un plus beau visage
1270 Faisant un soutre clair sous l'épais du nuage,
Et se fait par regrets, et par désirs, aimer
Quand les rayons du soir se plongent en la mer.
On dit du pèlerin, quand de son lit il bouge,
Qu'il veut le matin blanc, et avoir le soir rouge :
1275 Votre naissance, enfance, ont eu le matin blanc,
Votre coucher heureux rougit en votre sang.
Beautés, vous avanciez d'où retournait Moïse
Quand sa face parut si claire et si exquise.
D'entre les couronnés le premier couronné
1280 De tels rayons se vit le front environné.
Tel, en voyant le ciel, fut vu ce grand Etienne
Quand la face de Dieu brilla dedans la sienne.
O astres bienheureux, qui rendez à notre œil
Ses miroirs et rayons, lunes du grand soleil !

1285 Dieu vit donc de ses yeux, d'un moment, dix mil âmes
Rire à sa vérité, en dépitant les flammes :
Les uns, qui tout chenus d'ans et de sainteté
Mouraient blancs de la tête et de la piété ;
Les autres, méprisant au plus fort de leur âge
1290 L'effort de leurs plaisirs, eurent pareil courage
A leurs virilités ; et les petits enfants,
De qui l'âme n'était tendre comme les ans,
Donnaient gloire au grand Dieu, et de chansons nouvelles
S'égayaient à la mort au sortir des mamelles ;
1295 Quelques-uns, des plus grands, de qui Dieu ne voulut
Le salut impossible, et d'autres qu'il élut
Pour prouver par la mort constamment recherchée
La docte vérité comme ils l'avaient prêchée.
Mais beaucoup plus à plein qu'aux doctes et aux grands
1300 Sur les pauvres abjects, saintement ignorants,
Parut sa grand bonté, quand les braves courages
Que Dieu voulut tirer des fanges des villages
Vinrent faire rougir devant les yeux des Rois
La folle vanité : l'esprit donna des voix
1305 Aux muets pour parler, aux ignorants des langues,
Aux simples des raisons, des preuves, des harangues,
Ne les fit que l'organe à prononcer les mots
Qui des docteurs du monde effaçaient les propos.
Des inventeurs subtils les peines plus cruelles
1310 N'ont attendri le sein des simples damoiselles :
Leurs membres délicats ont souffert en maint lieu
Le glaive et les fagots en donnant gloire à Dieu ;
Du Tout-Puissant la force, au cœur même des femmes,
Donna vaincre la mort et combattre les flammes ;
1315 Les cordes des geôliers deviennent leurs carcans,
Les chaînes des poteaux leurs mignards jaserants ;
Sans plaindre leurs cheveux, leur vie et leurs délices,
Elles les ont à Dieu rendus en sacrifices.
Quand la guerre, la peste et la faim s'approchaient,
1320 Les trompettes d'enfer plus échauffés prêchaient

Les armes, les fagots, et, pour apaiser l'ire
Du ciel, on présentait un fidèle au martyre :
« Nous serions, disaient-ils, paisibles, saouls et sains
Si ces méchants voulaient faire prière aux saints. »
1325 Vous eussiez dit plus vrai, langues fausses et folles,
En disant : Ce mal vient de servir aux idoles.
Parfaits imitateurs des abusés païens,
Apaisez-vous le ciel par si tristes moyens ?
Vous déchirez encore et les noms et les vies
1330 Des inhumanités et mêmes calomnies
Que Rome la païenne, infidèle, inventa
Lorsque le Fils de Dieu sa bannière y planta.
Nous sommes des premiers images véritables :
Imprudents, vous prenez des Nérons les vocables.
1335 Encontre ces chrétiens tout s'émut par un bruit
Qu'ils mangeaient les enfants, qu'ils s'assemblaient la nuit
Pour tuer la chandelle et faire des mélanges
D'inceste, d'adultère, et de crimes étranges.
Ils voyaient tous les jours ces chrétiens accusés
1340 Ne chercher que l'horreur des grands feux embrasés ;
Et Cyprian disait : « Les personnes charnelles
Qui aiment leurs plaisirs cherchent-ils des fins telles ?
Comment pourrait la mort loger dans les désirs
De ceux qui ont pour dieu la chair et les plaisirs ? »
1345 Jugez de quel crayon, de quelle couleur vive
Nous portons dans le front l'Eglise primitive.
      O bienheureux esprits qui, en changeant de lieu,
Changez la guerre en paix, et qui aux yeux de Dieu
Souffrez, mourez pour tel de qui la récompense
1350 N'a le vouloir borné non plus que la puissance !
Ce Dieu-là vous a vus, et n'a aimé des cieux
L'indicible plaisir, pour approcher ses yeux
Et sa force de vous : cette constance extrême
Qui vous a fait tuer l'enfer et la mort blême,
1355 Qui a fait les petits résister aux plus grands,
Qui a fait les bergers vainqueurs sur les tyrans,

Vient de Dieu, qui présent au milieu de vos flammes
Fit mépriser les corps pour délivrer les âmes.
Ainsi en ces combats ce grand Chef souverain
1360 Commande de la voix et combat de sa main ;
Il marche au rang des siens : nul champion en peine
N'est sans la main de Dieu qui par la main le mène.
   Quand Dieu eut tournoyé la terre toute en feu
Contre sa vérité, et après qu'il eut veu
1365 La souffrance des siens, au contraire il avise
Ceux qui tiennent le lieu et le nom de l'Eglise
Ivres de sang, de vin, qui, enflés au milieu
Du monde et des malheurs, blasphèment contre Dieu,
Présidant sur le fer commandent à la guerre,
1370 Possédant les grandeurs, les honneurs de la terre
Portaient la croix en l'or et non pas en leurs cœurs,
N'étaient persécutés mais bien persécuteurs.
Au conseil des tyrans ils élevaient leurs crêtes,
Signaient et refusaient du peuple les requêtes,
1375 Jugeaient et partageaient, en grondant comme chiens,
Des pauvres de l'Eglise et les droits et les biens :
Sel sans saveur, bois vert qui sans feu rend fumée,
Nuage sans liqueur, abondance affamée,
Comme l'arbre enterré au-dessus du nombril
1380 Offusqué par sa graisse est par elle stéril.
D'ailleurs, leurs fautes sont découvertes et nues,
Dieu les vit à travers leurs feuilles mal cousues,
Se disant conseillers, desquels l'ordre et le rang
Ne permet de tuer et de juger au sang.
1385 Ceux-là changeant de nom, et ne changeant d'office,
Après solliciteurs non juges des supplices,
Furent trouvés sortant des jeux et des festins
Ronfler aux seins enflés de leurs pâles putains.
   Dieu voulut en voir plus, mais de regret et d'ire
1390 Tout son sang écuma : il fuit, il se retire,
Met ses mains au-devant de ses yeux en courroux.
Le Tout-Puissant ne peut résider entre nous.

Sa barbe et ses cheveux de fureur hérissèrent,
Les sourcils de son front en rides s'enfoncèrent,
1395 Ses yeux changés en feu jetèrent pleurs amers,
Son sein enflé de vent vomissait des éclairs.
    Il se repentit donc d'avoir formé la terre.
Tantôt il prit au poing une masse de guerre,
Une boîte de peste et de famine un vent,
1400 Il veut mêler la mer et l'air en un moment
Pour faire encore un coup, en une arche reclose,
L'élection des siens ; il pense, il se propose
Son alliance sainte, il veut garder sa foi
A ceux qui n'en ont point, car ce n'est pas un Roi
1405 Tel que les tyranneaux qui remparent leur vie
De glaives, de poisons et de la perfidie :
Il tient encor serrés les maux, les eaux, les feux,
Et, pour laisser combler le vice aux vicieux,
Souffrit et n'aima pas, permit et ne fut cause
1410 Du reste de nos maux. Puis, d'une longue pause
Pensant profondément, courba son chef dolent,
Finit un dur penser d'un sanglot violent.
Il croisa ses deux bras, vers le ciel les relève :
Son cœur ne peut plus faire avec le monde trêve.
1415 Lors, d'un pied dépité refrappant par sept fois
La poudre, il fit venir quatre vents sous les lois
D'un chariot volant ; puis, sans ouvrir sa vue,
Il sauta de la terre en l'obscur de la nue.
La terre se noircit d'épais aveuglement,
1420 Et le ciel rayonna d'heureux contentement.

LIVRE V

LES FERS

Dieu retira les yeux de la terre ennemie :
La justice et la foi, la lumière et la vie
S'envolèrent au ciel ; des ténèbres l'épais
Jouissait de la terre et des hommes en paix.
5 Comme un Roi justicier quelquefois abandonne
La royale cité, siège de sa couronne,
Pour, en faisant le tour de son royaume entier,
Voir si les vice-rois exercent leur métier,
Aux lieux plus éloignés réfréner la licence
10 Que les peuples mutins prennent en son absence,
Puis, ayant parfourni sa visite et son tour,
S'en reva désiré en son premier séjour ;
Son parlement, sa cour, son Paris ordinaire
A son heureux retour ne savent quelle chère
15 Ne quels gestes mouvoir, pour au Roi témoigner
Que tout plaisir voulut avec lui s'éloigner,
Tout plaisir retourner au retour de sa face :
Ainsi (sans définir de l'Eternel la place,
Mais comme il est permis aux témoignages saints
20 Comprendre le céleste aux termes des humains)
Ce grand Roi de tous rois, ce Prince de tous princes,
Lassé de visiter ses rebelles provinces,
Se rassit en son trône et d'honneur couronné
Fit aux peuples du ciel voir son chef rayonné.

25 Les célestes bourgeois, affamés de sa gloire,
   Volent par millions à ce palais d'ivoire :
   Les habitants du ciel comparurent à l'œil
   Du grand soleil du monde, et de ce beau soleil
   Les Séraphins ravis le contemplaient à vue ;
30 Les Chérubins couverts (ainsi que d'une nue)
   L'adoraient sous un voile ; un chacun en son lieu
   Extatic reluisait de la face de Dieu.
   Cet amas bienheureux mêlait de sa présence
   Clarté dessus clarté, puissance sur puissance ;
35 Le haut pouvoir de Dieu sur tout pouvoir était,
   Et son trône élevé sur les trônes montait.
       Parmi les purs esprits survint l'esprit immonde
   Quand Satan, haletant d'avoir tourné le monde,
   Se glissa dans la presse : aussitôt l'œil divin
40 De tant d'esprits bénins tria l'esprit malin.
   Il n'éblouit de Dieu la clarté singulière
   Quoiqu'il fût déguisé en ange de lumière,
   Car sa face était belle et ses yeux clairs et beaux,
   Leur fureur adoucie ; il déguisait ses peaux
45 D'un voile pur et blanc de robes reluisantes ;
   De ses reins retroussés les pennes blanchissantes
   Et les ailes croisaient sur l'échine en repos.
   Ainsi que ses habits il farda ses propos,
   Et composait encor sa contenance douce
50 Quand Dieu l'empoigne au bras, le tire, se courrouce,
   Le sépare de tous et l'interroge ainsi :
   « D'où viens-tu, faux Satan ? que viens-tu faire ici ? »
   Lors le trompeur trompé d'assuré devint blême,
   L'enchanteur se trouva désenchanté lui-même.
55 Son front se sillonna, ses cheveux hérissés,
   Ses yeux flambants dessous les sourcils refroncés ;
   Le crêpe blanchissant qui les cheveux lui cœuvre
   Se change en même peau que porte la couleuvre
   Qu'on appelle coiffée, ou bien en telle peau
60 Que le serpent mué dépouille au temps nouveau ;

La bouche devint pâle : un changement étrange
Lui donna front de diable et ôta celui d'ange.
L'ordure le flétrit, tout au long se répand.
La tête se décoiffe et se change en serpent ;
65 Le pennache luisant et les plumes si belles
Dont il contrefaisait les angéliques ailes,
Tout ce blanc se ternit : ces ailes, peu à peu
Noires, se vont tachant de cent marques de feu
En dragon africain ; lors sa peau mouchetée
70 Comme un ventre d'aspic se trouve marquetée.
Il tomba sur la voûte, où son corps s'allongeant,
De diverses couleurs et venin se chargeant,
Le ventre jaunissant, et noirâtre la queue,
Pour un ange trompeur mit un serpent en veue.
75 La parole lui faut, le front de l'effronté
Ne pouvait supporter la sainte majesté.
Qui a vu quelquefois prendre un coupeur de bourse
Son œuvre dans ses mains, qui ne peut à la course
Se sauver, déguiser ou nier son forfait ?
80 Satan n'a plus les tours desquels il se défait :
S'il fuit, le doigt de Dieu par tout le monde vole ;
S'il ment, Dieu juge tout et penser et parole.
Le criminel pressé, repressé plusieurs fois,
Tout enroué trouva l'usage de la voix,
85 Et répond en tremblant : « Je viens de voir la terre,
La visiter, la ceindre et y faire la guerre,
Tromper, tenter, ravir, tâcher à décevoir
Le riche en ses plaisirs, le pauvre au désespoir ;
Je viens de redresser emprise sur emprise,
90 Les fers après les feux encontre ton Eglise ;
Je viens des noirs cachots, tristes d'obscurité,
Piper les faibles cœurs du nom de liberté,
Fasciner le vulgaire en étranges merveilles,
Assiéger de grandeurs des plus grands les oreilles,
95 Peindre aux cœurs amoureux le lustre des beautés,
Aux cruels par mes feux doubler les cruautés,

Appâter (sans saouler) le vicieux de vice,
D'honneurs l'ambition, de présents l'avarice. »
   « Pourtant, dit l'Eternel, si tu as éprouvé
100 La constance des miens, Satan, tu as trouvé
Toute confusion sur ton visage blême,
Quand mes saints champions, en tuant la mort même,
Des cœurs plus abrutis arrachent les soupirs ;
Tu as grincé les dents en voyant ces martyrs
105 Te détruire la chair, le monde et ses puissances,
Et les tableaux hideux de leurs noires offenses
Que tu leur affrontais ; et quand je t'ai permis
De les livrer aux mains de leurs durs ennemis,
La peine et la douleur sur leur chair augmentée
110 A vu le corps détruit, non l'âme épouvantée. »
   Le calomniateur répondit : « Je sais bien
Qu'à un vivre fâcheux la mort est moins que rien.
Ces cerveaux à qui l'heur et le plaisir tu ôtes,
Séchés par la vapeur qui sort des fausses côtes,
115 S'affligent de terreurs, font en soi des prisons
Qui ferment le guichet aux humaines raisons.
Ils sont chassés partout et si las de leur fuite
Qu'au repos des crotons la peine les invite ;
On leur ôte les biens, ils sont pressés de faim,
120 Ils aiment la prison qui leur donne du pain.
Puis, vivant sans plaisir, n'auraient-ils point envie
De guérir par la mort une mortelle vie ?
Aux cachots étouffés on les va secourir
Quand on leur va donner un peu d'air pour mourir ;
125 La pesanteur des fers quand on les en délivre
Leur est quelque soulas au changement de vivre ;
L'obscur de leurs prisons à ces désespérés
Fait désirer les feux dont ils sont éclairés.
Mais si tu veux tirer la preuve de ces âmes,
130 Ote-les des couteaux, des cordeaux et des flammes ;
Laisse l'aise venir, change l'adversité
Au favorable temps de la prospérité,

Mets-les à la fumée et au feu des batailles,
Verse de leurs haineux à leurs pieds les entrailles,
135 Qu'ils manient du sang ; enflamme un peu leurs yeux
Du nom de conquérants ou de victorieux,
Pousse-les gouverneurs des villes et provinces,
Jette dans leurs troupeaux l'excellence des princes,
Qu'ils soient solliciteurs d'honneur, d'or et de bien,
140 Mêlons l'état des Rois un peu avec le tien,
Le vent de la faveur passe sur ces courages,
Que je les ploie au gain et aux maquerellages,
Qu'ils soient de mes prudents et, pour le faire court,
Je leur montre le ciel au miroir de la cour :
145 Puis après, tout soudain, que ta face changée
Abandonne sans cœur la bande encouragée,
Et lors, pour essayer ces hauts et braves cœurs,
Laisse-les chatouiller d'ongles de massacreurs,
Laisse-les déchirer ; ils auront leur fiance
150 En leurs princes puissants et non en ta puissance ;
Des princes les meilleurs aux combats périront,
Les autres au besoin lâches les trahiront ;
Ils ne connaîtront plus ni la foi, ni la grâce,
Ains te blasphémeront, Eternel, en ta face.
155 Si tout ne réussit, j'ai encore un tison
Dedans mon arsenal, qui aura sa saison :
C'est la guerre d'argent, qu'après tout je prépare
Quand le règne sera hors les mains d'un avare.
De tant de braves cœurs et d'excellents esprits
160 Bien peu refuseront du sang juste le prix.
C'est alors que je tiens plus sûre la défaite
Quand le mal d'Israël viendra par le prophète.
Que je fasse toucher l'hypocrite pasteur
L'impure pension, si bien qu'esprit menteur
165 J'entre aux chefs des Achabs par langues débauchées,
De mes cornus donnant des soufflets aux Michées.
Ces faux Sédécias, puissants d'or et faveur,
Vaincront par doux propos sous le nom du Sauveur ;

Flatteurs, ils poliront de leurs friandes limes
170 Le discours équivoque et les mots homonymes.
Déchaîne-moi les poings, remets entre mes mains
Ces chrétiens obstinés qui, parmi les humains,
Font gloire de ton nom : si ma force est éteinte,
Lors je confesserai que ton Eglise est sainte. »
175 « Je te permets, Satan, dit l'Eternel alors,
D'éteindre par le fer la plupart de leurs corps ;
Fais selon ton dessein, les âmes réservées
Qui sont en mon conseil avant le temps sauvées.
Ton filet n'enclorra que les abandonnés
180 Qui furent nés pour toi premier que fussent nés :
Mes champions vainqueurs, vaisseaux de ma victoire,
Feront servir ta ruse et ta peine à ma gloire. »
    Le ciel pur se fendit, se fendant il élance
Cette peste du ciel aux pestes de la France.
185 Il trouble tout, passant : car à son dévaler
Son précipice émeut les malices de l'air,
Leur donne pour tambour et chamade un tonnerre ;
L'air qui était en paix confus se trouve en guerre.
Les esprits des humains, agités de fureurs,
190 Eurent part au changer des corps supérieurs.
L'esprit, dans un typhon pirouettant, arrive
De Seine tout poudreux à l'ondoyante rive.
    Ce que premier il, trouve à son avènement
Fut le préparatif du brave bâtiment
195 Que desseignait pour lors la peste florentine.
De dix mille maisons il voua la ruine
Pour étoffe au dessein. Le serpent captieux
Entra dans cette Reine et, pour y entrer mieux,
Fit un corps aéré de colonnes parfaites,
200 De pavillons hautains, de folles girouettes,
De dômes accomplis, d'escaliers sans noyaux,
Fenestrages dorés, pilastres et portaux,
De salles, cabinets, de chambres, galeries,
Enfin d'un tel projet que sont les Tuileries.

205 Comme idée il gagna l'imagination,
Du chef de Jésabel il prit possession :
L'ardent désir logé avorte d'autres vices,
Car ce qui peut troubler ces desseins d'édifices
Est condamné à mort par ces volants désirs
210 A qui le sang n'est cher pour servir aux plaisirs.
Ce butin conquêté, cet œil ardent découvre
Tant de gibier pour soi dans le palais du Louvre !
Il s'acharne au pillage, et l'enchanteur rusé
Tantôt en conseiller finement déguisé,
215 En prêcheur pénitent et en homme d'Eglise,
Il mutine aisément, il conjure, il attise
Le sang, l'esprit, le cœur et l'oreille des grands.
Rien ne lui est fermé, même il entre dedans
Le conseil plus étroit. Pour mieux filer sa trame
220 Quelquefois il se vêt d'un visage de femme,
Et pour piper un cœur s'arme d'une beauté.
S'il faut s'autoriser, il prend l'autorité
D'un visage chenu qu'en rides il assemble,
Penchant son corps voûté sur un bâton qui tremble,
225 Donne aux proverbes vieux ce que peut faire l'art
Pour y accommoder le style d'un vieillard.
Pour l'œil d'un fat bigot l'affronteur hypocrite
De chapelets s'enchaîne en guise d'un ermite,
Chaussé de capuchons et de frocs inconnus
230 Se fait pâlir de froid par les pieds demi-nus,
Se fait Frère ignorant pour plaire à l'ignorance,
Puis souverain des Rois par points de conscience,
Fait le savant, départ aux siècles la vertu,
Ment le nom de Jésus, de deux robes vêtu.
235 Il fait le justicier pour tromper la justice.
Il se transforme en or pour vaincre l'avarice ;
Du grand temple romain il élève aux hauts lieux
Ses esclaves gagnés, les fait rouer des yeux,
Les précipite au mal ; ou cet esprit immonde
240 D'un haut mont leur promet les royaumes du monde.

Il déploie en marchand à ses jeunes seigneurs,
Pour trafic de péché, de France les honneurs.
Cependant, visitant l'âme de maint fidèle,
Il pipe un zélateur de son aveugle zèle ;
245 Il déploie, piteux, tant de malheurs passés,
En donne un goût amer à ces esprits lassés ;
Il désespère l'un, l'autre il perd d'espérance,
Il étrangle en son lit la blanche patience,
Et cette patience il réduit en fureur ;
250 Il montre son pouvoir d'efficace d'erreur,
Il fait que l'assaillant en audace persiste,
Et l'autre à la fureur par la fureur résiste.
    Ce projet établi, Satan en toutes parts
Des règnes d'Occident dépêcha ses soldarts.
255 Les ordes légions d'anges noirs s'envolèrent,
Que les enfers émus à ce point découplèrent :
Ce sont ces esprits noirs qui de subtils pinceaux
Ont mis au Vatican les excellents tableaux,
Où l'Antéchrist, saoulé de vengeance et de plaie,
260 Sur l'effet de ses mains en triomphant s'égaie.
    Si l'enfer fut ému, le ciel le fut aussi.
Les esprits vigilants qui ont toujours souci
De garder leurs agneaux, le camp sacré des Anges
Détournait des chrétiens ces accidents étranges :
265 Tels contraires desseins produisirent çà-bas
Des purs et des impurs les assidus combats.
Chacun des esprits saints ayant fourni sa tâche,
Et retourné au ciel comme à prendre relâche,
Représentait au vif d'un compas mesuré,
270 Dans le large parvis du haut ciel azuré,
Aux yeux de l'Eternel, d'une science exquise,
Les hontes de Satan, les combats de l'Eglise.
Le paradis plus beau de spectacles si beaux
Aima le parement de tels sacrés tableaux,
275 Si que du vif éclat de couleurs immortelles
Les voûtes du beau ciel reluisirent plus belles.

Tels serviteurs de Dieu, peintres ingénieux,
Par ouvrage divin représentaient aux yeux
Des martyrs bienheureux une autre saison pire
280 Que la saison des feux n'avait fait le martyre.
En cela fut permis aux esprits triomphants
De voir l'état piteux ou l'heur de leurs enfants :
Les pères contemplaient l'admirable constance
De leur postérité qui, en tendrette enfance,
285 Pressaient les mêmes pas qu'ils leur avaient tracés ;
Autres voyaient du ciel leurs portraits effacés
Sur leur race douteuse, en qui l'âme déteste
Les cœurs dégénérés, jaçoit qu'il ne leur reste
De passion charnelle, et qu'en ce sacré lieu
290 Il n'y ait zèle aucun que la gloire de Dieu.
Encor pour cette gloire à leurs fils ils prononcent
Le redoutable arrêt de celui qu'ils renoncent,
Comme les dons du ciel ne vont de rang en rang
S'attachant à la race, à la chair et au sang.
295 Tantôt ils remarquaient le bras pesant de Moyse,
Et d'Israël fuyant l'enseigne en terre mise :
Puis Dieu lève ses bras et cette enseigne, alors
Qu'affaiblis aux moyens par foi nous sommes forts ;
Puis elle dépérit quand orgueilleux nous sommes,
300 Sans le secours de Dieu, secourus par les hommes.
   Les zélateurs de Dieu, les citoyens péris
En combattant pour Christ, les lois et le pays,
Remarquaient aisément les batailles, les bandes,
Les personnes à part et petites et grandes ;
305 Ceux qui de tels combats passèrent dans les cieux
Des yeux de leurs esprits voient leurs autres yeux.
Dieu met en cette main la plume pour écrire
Où un jour il mettra le glaive de son ire :
Les conseils plus secrets, les heures et les jours,
310 Les actes et le temps sont par soigneux discours
Ajoutés au pinceau ; jamais à la mémoire
Ne fut si doctement sacré une autre histoire,

Car le temps s'y distingue, et tout l'ordre des faits
Est si parfaitement par les Anges parfaits
315 Ecrit, déduit, compté, que par les mains savantes
Les plus vieilles saisons encore y sont présentes ;
La fureur, l'ignorance, un prince redouté
Ne font en ces discours tort à la vérité.
    Les yeux des bienheureux aux peintures avisent
320 Plus qu'un pinceau ne peut, et en l'histoire lisent
Les premiers fers tirés et les émotions
Qui brûlaient d'un sujet diverses nations ;
Dans le ciel, déguisé historien des terres,
Ils lisent en leur paix les efforts de nos guerres,
325 Et les premiers objets de ces yeux saints et beaux
Furent au rencontrer de ces premiers tableaux.
    Le premier vous présente une aveugle Bellone
Qui s'irrite de soi, contre soi s'enfélonne,
Ne souffre rien d'entier, veut tout voir à morceaux :
330 On la voit déchirer de ses ongles ses peaux,
Ses cheveux gris, sans loi, sont grouillantes vipères
Qui lui crèvent le sein, dos et ventre d'ulcères,
Tant de coups qu'ils ne font qu'une plaie en son corps !
La louve boit le sang et fait son pain de morts.
335   Voici de toutes parts du circuit de la France,
Du brave Languedoc, de la sèche Provence,
Du noble Dauphiné, du riche Lyonnois,
Des Bourguignons têtus, des légers Champenois,
Des Picards hasardeux, de Normandie forte,
340 Voici le Breton franc, le Poitou qui tout porte,
Les Saintongeais heureux, et les Gascons soldarts
Des bords à leur milieu branlent de toutes parts,
Par troupeaux départis, et payés de leurs zèles
Gardent secret et foi en trois mille cervelles :
345 Secret rare aujourd'hui en trois fronts de ce temps,
Et le zèle et la foi étaient en leur printemps,
Ferme entre les soldats, mais sans loi et sans bride
En ceux qui respiraient l'air de la cour perfide.

Voici les doux Français l'un sur l'autre enragés,
350 D'âme, d'esprit, de sens et courage changés.
    Tel est l'hideux portrait de la guerre civile,
Qui produit sous ses pieds une petite ville
Pleine de corps meurtris en la place étendus,
Son fleuve de noyés, ses créneaux de pendus.
355 Là, dessus l'échafaud qui tient toute la place,
Entre les condamnés un élève sa face
Vers le ciel, lui montrant le sang fumant et chaud
Des premiers étêtés, puis s'écria tout haut,
Haussant les mains du sang des siens ensanglantées :
360 « O Dieu, puissant vengeur, tes mains seront ôtées
De ton sein, car ceci du haut ciel tu verras
Et de cent mille morts à point te vengeras. »
    Après se vient enfler une puissante armée,
Remarquable de fer, de feux et de fumée,
365 Où les reîtres couverts de noir et de fureurs
Départent des Français les tragiques erreurs.
Les deux chefs y sont pris, et leur dure rencontre
La défaveur du ciel à l'un et l'autre montre.
Vous voyez la victoire, en la plaine de Dreux,
370 Les deux favoriser pour ruiner les deux :
Comme en large chemin le pantelant ivrongne
Ondoie çà et là, s'approchant il s'élongne,
Ainsi les deux côtés heurte et fuit à la fois
La victoire troublée, ivre de sang françois.
375 L'insolente parmi les deux camps se pourmène,
Les fait vaincre vaincus tout à la Cadméenne ;
C'est le vaisseau noyé qui, versé au profond,
Ne laisse au plus heureux que l'heur d'être second :
L'un ruine en vainquant sa douteuse victoire,
380 L'autre au débris de soi et des siens prend sa gloire.
    Dieu eut à déplaisir tels moyens pour les siens,
Affaiblit leurs efforts pour montrer ses moyens :
Comme on voit en celui qui prodigua sa vie
Pour tuer Holoferne assiégeant Béthulie,

385 Où, quand les abattus succombaient sous le faix,
    La mort des turbulents donne vie à la paix.
        L'homme sage pour soi fait quelque paix en terre,
    Et Dieu non satisfait commence une autre guerre ;
    L'homme pense éviter les fleaux du ciel vengeur,
390 N'ayant la paix à Dieu ni la paix en son cœur.
        Une autre grand' peinture est plus loin arrangée
    Où, pour le second coup, Babel est assiégée.
    Un fort petit troupeau, peu de temps, peu de lieu
    Font de très grands effets : celui qui trompait Dieu,
395 Son Roi et ses amis, son sang et sa patrie,
    Perdit l'état, l'honneur, le combat et la vie.
    Là vous voyez comment la chrétienne vertu
    Par le doigt du grand Dieu a si bien combattu
    Que les méchants, troublés de leurs succès étranges,
400 Pensèrent, ébahis, faire la guerre aux Anges.
        Voici renaître encor des ordres tout nouveaux,
    Des guerres ici-bas et au ciel des tableaux,
    Où s'est pu voir celui qui là doublement prince
    Méprise sous ses pieds le règne et la province.
405 Il remarque Jarnac et contemple, joyeux,
    Pour qui, comment, et quel il passe dans les cieux ;
    Il voit comme il perça une troupe pressée,
    Brisant encor sa jambe auparavant cassée ;
    Ailé de sa vertu il vole au ciel nouveau,
410 Et son bourreau demeure à soi-même bourreau.
        Les autres d'autre part marquent au vif rangées
    Mille troupes en feu, les villes assiégées,
    Les assauts repoussés, et les saccagements,
    Escarmouches, combats, meurtres, embrasements.
415   Combat de saint Yrier, ici tu fais paraître
    Que, quand la pluie eut mis en fange le salpêtre,
    Le camp royal, aux mains arrêté et battu,
    Eprouva des chrétiens le fer et la vertu.
        Puis en grand marge luit, sans qu'un seul trait y faille,
420 Du sanglant Moncontour la tragique bataille :

Là on joua de sang, là le fer inhumain,
Insolent, besogna dans l'ignorante main,
Plus à souffrir la mort qu'à la donner habile,
Moins propre à guerroyer qu'à la fureur civile.
425 Dieu fit la force vaine et l'appui vain périr
Quand l'Eglise n'eut plus la marque de souffrir,
Connaissant les humains qui n'ont leur espérance
En leur puissant secours que vaincus d'impuissance.
Ainsi d'autres combats, moindres mais violents,
430 Amollissent le cœur des tyrans insolents.
Des camps les plus enflés les rencontres mortelles
Tournent en défaveur et en deuil aux fidèles ;
Mais les petits troupeaux favorisés des cieux,
Choisis des Gédéons, chantent victorieux.
435 Aussi Dieu n'a pas mis ses vertus enfermées
Au nombre plus épais des puissantes armées :
Il veut vaincre par soi et rendre consolés
Les camps tout ruinés et les cœurs désolés,
Les tirer du tombeau afin que la victoire
440 De lui, et non de nous, éternise la gloire.
C'est pourquoi Dieu maudit les Rois du peuple hébreu
Qui comptaient leurs soldats, non la force de Dieu.
Ici prend son tableau la pieuse Renée,
Fille de ce Loys qui par la renommée
445 Fut dit Père du peuple. Entre ses bras royaux
Etaient cachés de Dieu les serviteurs loyaux.
Mais le nombre étant crû jusqu'à mille familles,
Du grand puits infernal les puantes chenilles
Infectèrent le sein de Charles sans pitié,
450 Lui firent mettre aux pieds l'honneur et l'amitié :
Il perdit le respect d'une tante si sainte,
Un messager de mort lui porta la contrainte
De dégarnir cinq cents ou foyers ou logis,
Et d'en vider les murs du triste Montargis.
455 Voici femmes, vieillards, et enfants qui n'ont armes
Que des cris vers le ciel, vers la terre des larmes,

Dans le chemin de mort. Telle, qui autrefois
Avait en grand langueur fait ses couches d'un mois,
Les fait sans s'arrêter, heureuse et sans peine ;
460 Une tient d'une main un enfant qu'elle mène,
L'autre lui tient la robe, et le tiers sur les bras,
Le quart s'appuie en vain sur son vieux père las.
Le malade se traîne, ou par ordre se jette
Sur le rare secours d'une vile charrette.
465 Ce troupeau harassé, et de vivre et d'aller,
Vit sur les bords de Loire élever dedans l'air
De poussière un grand corps ; et puis dans le nuage
Leur parut des meurtriers le hideux équipage,
Trois cornettes, et sous les funestes drapeaux
470 Brillaient les coutelas dans les mains des bourreaux.
Mais encore à la gauche une autre moindre troupe
S'avance de plus près, et tout espoir leur coupe
Hormis celui du ciel : là vont les yeux de tous,
Qui, ployant cœurs et mains, atterrent les genoux.
475 Et le pasteur Beaumont, comme on fait aux batailles,
Harangua de ces mots un escadron d'ouailles :
« Que fuyons-nous ? la vie ? A quoi chercher ? la mort ?
Cherchons-nous la tempête, avons-nous peur du port ?
Tendons les mains à Dieu puisqu'il nous les veut tendre,
480 Et lui disons : Mon âme en tes mains je viens rendre,
Car tu m'as racheté, ô Dieu de vérité ! »
De gauche le troupeau jà s'était arrêté
Admirant le spectacle, et comme il s'avoisine,
L'un reconnaît sa sœur, et l'autre sa cousine.
485 C'étaient cent chevaliers qui, depuis Moncontour,
Ayant tracé de France un presque demi-tour,
Vers leur pays natal à point se vinrent rendre
Pour des gorges du loup ces agnelets défendre.
Leur loisir fut de faire une haie au devant
490 Des prosternés, et puis mettre l'épée au vent.
Bien que l'ennemi fût au double et davantage,
Au changer de gibier se fondit leur courage ;

Ils s'étaient apprêtés à fendre du couteau
L'étamine linomple et la tendrette peau,
495 Mais ils trouvent du fer qui à peu de défense
Mit en pièces le tout, hormis un qui s'élance
Dedans un arbre creux, échappant de ce lieu
Pour effrayer les siens des merveilles de Dieu.
    Mais je vois Navarrin : sa délivrance étrange
500 Fait sonner de Béarn une voix de louange.
Le haut ciel aujourd'hui a peint en ses pourpris
Dix mille hommes défaits, vingt et deux canons pris,
Une ville, un château, dans l'effroi du désordre
Sous trente cavaliers perdre l'honneur et l'ordre.
505 Un beau soleil éclaire à seize cents soldats
Qui, conduits d'un lion, rendent tous ces combats.
    Luçon, tu y es peint avec la troupe heureuse
Qui dès le point du jour chante victorieuse :
Tes cinq cents renfermés dans l'étroit de ce lieu
510 Paraissent à genoux, levant les mains à Dieu ;
Ils en rompent cinq mil choisis par excellence
Sous les deux drapeaux blancs de Piémont et de France.
    Ainsi vois-je un combat de plus de dix contre un,
Les Suisses vaincus de la main de Montbrun,
515 Montbrun qui n'a reçu du temps et de l'histoire
Que César et François compagnons de victoire.
    Encore ai-je laissé vers le Rhône bruyant
Une ville assiégée et un camp s'enfuyant :
La fleur de l'Italie ayant quitté Saint-Gille,
520 Là trois cents et les eaux en font périr six mille.
    Qui voudra se sauver de l'Egypte infidèle,
Conquérir Canaan et habiter en elle,
O tribus d'Israël, il faut marcher de rang
Dedans le golfe rouge et dans la mer de sang
525 Et puis à reins troussés passer, grimper habiles
Les déserts sans humeur et les rocs difficiles.
Le pilier du nuage à midi nous conduit,
La colonne de feu nous guidera la nuit.

Nous avons employé jusques ici nos carmes
530 Pour donner gloire à Dieu par le succès des armes ;
Il prend sa gloire encore aux funèbres portraits
Où les lions, armés de foudres et de traits,
De la ruse du siècle et sales perfidies,
Combattant sans parti, se sont joués des vies.
535 Vous vîtes opposer les couteaux aux couteaux :
Voyez entre les dents des tigres les agneaux.
Dieu bénit les vertus comme Dieu des armées,
Les forces des méchants par force consumées.
D'une autre part au ciel en spectacles nouveaux
540 Luisaient les cruautés vives en leurs tableaux,
En tableaux éternels, afin que l'ire émue
Du Tout-puissant vengeur fume par telle vue.
Ce ne sont plus combats : le sang versé plus doux
Est d'odeur plus amère au céleste courroux.
545 On voit au bout d'un rang une troupe fidèle
Qui oppose à la peur la piété, le zèle,
Qui, au nez de Satan, voulant louer son Dieu
Sacrifie en chantant sa vie, au triste lieu
Où la bande meurtrière arrive impitoyable,
550 Farouche de regards et d'armes effroyable,
Déchire le troupeau qui, humble, ne défend
Sa vie que de cris : l'un perce, l'autre fend
L'estomac et le cœur et les mains et les têtes,
Qui n'ont fer que le pleur ni boucliers que requêtes ;
555 Les autres de flambeaux embrasent en cent lieux
Le temple, à celle fin que les aveugles feux
Ne sentent la pitié des faces gémissantes
Qui troublent, sans changer, les âmes pâlissantes.
Là même on voit flotter un fleuve dont le flanc
560 Du chrétien est la source et le flot est le sang.
Un cardinal sanglant, les trompettes, les prêtres,
Aux places de Vassi et au haut des fenêtres,
Attisent leur ouvrage, et meurtriers de la voix
Guettent les échappés pour les montrer aux doigts.

565 Les grands, qui autrefois avaient gravé leurs gloires
Au dos de l'Espagnol, recherchent pour victoires
Les combats sans parti, recevant pour ébats
Des têtes, jambes, bras et des corps mis à bas ;
Et de peur que les voix tremblantes, lamentables,
570 Ne tirent la pitié des cœurs impitoyables,
Comme au taureau d'airain du subtil Phalaris
L'airain de la trompette ôte l'air à leurs cris.
    Après, se voit encore une grand troupe armée
Sur les agneaux de Dieu qui passe, envenimée,
575 La vieillesse, l'enfant, et les femmes au fil
De leur acier tranchant : celui est plus subtil,
Le plus loué de tous, qui sans changer de face
Pousse le sang au vent avec meilleure grâce,
Qui brise sans courroux la loi d'humanité.
580 L'on voit dedans le sein de l'enfant transporté
Le poignard chaud qui sort des poumons de la mère ;
Le fils s'oppose au plomb, foudroyé pour le père,
Donne l'âme pour l'âme, et ce trait d'amitié
Des brutaux impiteux est moqué sans pitié.
585   Et toi, Sens insensé, tu appris à la Seine
Premier à s'engraisser de la substance humaine,
A faire sur les eaux un bâtiment nouveau,
Presser un pont de corps : les premiers chus dans l'eau,
Les autres sur ceux-là ; la mort ingénieuse
590 Froissait de têts les têts, sa manière douteuse
Faisait une dispute aux plaies du martyr
De l'eau qui veut entrer, du sang qui veut sortir.
    Agen se montre là, puante, environnée
Des charognes des siens, bien plutôt étonnée
595 De voir l'air pestifère empoisonné de morts
Qu'elle ne fut puante à étrangler les corps.
    Cahors y représente une insolente audace
D'un peuple débauché, une nouvelle face
Des ruisseaux cramoisis, la pâle mort courant
600 Qui crie à dépêcher son faible demeurant ;

Puis Satan, échauffant la bêtise civile
A fouler sous les pieds tout l'honneur de la ville,
N'épargne le couteau sur ceux-mêmes des leurs
Qui malheureux cuidaient modérer le malheur.
605   Mais du tableau de Tours la marque plus hideuse
Effaçait les premiers, auquel impétueuse
Courait la multitude aux brutes cruautés,
Dont les Scythes gelés fussent épouvantés.
Là, de l'œil tout-puissant brilla la claire vue
610 Pour remarquer la main et le couteau qui tue.
C'est là qu'on voit tirer d'un temple des faubourgs
Trois cents liés, mi-morts, affamés par trois jours,
Puis délivrés ainsi, quand la bande bouchère
Les assomma, couplés, au bord de la rivière ;
615 Là les tragiques voix l'air sans pitié fendaient,
Là les enfants dans l'eau un écu se vendaient,
Arrachés aux marchands mouraient, sans connaissance
De noms, erreurs et temps, marques et différence.
Mais quel crime avant vivre ont-ils pu encourir ?
620 C'est assez pour mourir que de pouvoir mourir,
Il faut faire goûter les coups de la tuerie
A ceux qui n'avaient pas encor goûté la vie.
Ainsi bramants, tremblants, traînés dessus le port
Du fleuve et de leurs jours, étalés à la mort,
625 Ils avisaient percer les tétins de leurs mères,
Embrassaient les genoux des tueurs de leurs pères ;
Leurs petits pieds fuyaient le sang, non plus les eaux,
D'un *nenni*, d'un *jamais* ils chantaient aux bourreaux
Que la verge sans plus, supplice d'un tel âge,
630 Les devait anoblir du sang et du carnage
Des mères qu'on fendait, un enfant avorté
S'en alla sur les eaux, et sur elles porté,
Autant que les regards le pouvaient loin conduire,
Leva un bras au ciel pour appeler son ire.
635 Quelques-uns par pitié vont reperçant les corps
Où les esprits et cœurs ont des liens trop forts.

Ces fendants ayant fait rencontre d'un visage
Qui de trop de beauté affligeait leur courage,
Un moins dur laissa choir son bras et puis son fer,
640 Un autre le relève et, tout plein de l'enfer,
Défiant la pitié de pouvoir sur sa vue,
Dépouilla la beauté pour la déchirer nue,
Prit plaisir à souiller la naïve couleur
Voyant ternir en mort cette vive blancheur.
645 Les jeunes gens repris autrefois de leur vice
Fouillaient au ventre vif du chef de la justice
L'or qu'ils pensaient caché, comme on vit les Romains
Démêler des Juifs les boyaux de leurs mains.
     Puis on voit éclater, montant cette rivière,
650 Un feu rouge qui peint Loire autrefois si claire ;
L'eau d'Orléans devint un palais embrasé,
Par les cœurs attisés épris et attisé.
Ils brisent leurs prisons, et leurs lois violées,
Pour y faire périr les âmes désolées
655 Des plus paisibles cœurs, qui cherchaient en prison
Logis pour ne se voir tachés de trahison,
Trouvant dedans les bras de la fausse justice,
Pour autel de refuge, autel de sacrifice.
Là vous voyez jeter des élevés créneaux
660 Par les mères les fils, guettés en des manteaux,
L'arquebusier tirant celle qui prend envie
De laisser après soi une orpheline vie,
Puis les piquiers bandés, tellement affûtés
Qu'ils recevaient aux fers les corps précipités.
665   Tout ce que Loire, Seine et que Garonne abreuve
Etait par rang dépeint comme va chaque fleuve ;
Cinquante effets pareils flamboyaient en leurs lieux,
Attirant jusqu'à soi par la suite les yeux.
Le Rhône n'est exempt, qui par sa fin nous guide
670 A juger quelle bête est un peuple sans bride.
Je laisse à part un pont rempli de condamnés,
Un gouverneur ayant ses amis festinés,

Qui leur donne plaisir de deux cents précipices.
Nous voyons de tels sauts, représailles, justices.
675   En suivant, l'œil arrive où deux divers portraits
Représentent un peuple armé de divers traits
Bandés pour déchirer, l'un Mouvant, l'autre Tende :
Il faut que la justice et l'un et l'autre rende
Aux ongles acharnés des affamés mutins.
680 Ceux-là veulent offrir leurs bergers aux mâtins,
Mais les chiens, respectant le cœur et les entrailles,
Furent comme chrétiens punis par ces canailles
Qui, en plusieurs endroits, ont rôti et mâché,
Savouré, avalé, tels cœurs en plein marché :
685 Si quelqu'un refusait, c'était à son dommage
Qu'il n'était pas bien né pour être anthropophage.
   Point ne sont effacés, encor qu'ils soient plus vieux,
Les traits de Mérindol et Cabrière en feux.
L'œil, suivant les désirs, aux montagnes s'élongne
690 Qu'il voyait tapisser des beaux combats d'Angrongne.
   Il contemplait changer en lions les agneaux,
Quand celui qui jadis fut berger des troupeaux,
De l'agneau fait lion, Amiral admirable,
Sachant en autre part la suite épouvantable
695 Des succès de sa mort, à ce point arriva
Que le troupeau ravi sur ses erres trouva.
Mais il leur fit quitter, pour venir à nos âges,
Tels spectacles entiers qui, d'image en images,
De pas en pas, menaient les célestes bourgeois
700 A voir Zischa, Bohême, enfin les Albigeois.
Ils quittent à regret cette file infinie
Des merveilles de Dieu, pour voir la tragédie
Qui efface le reste. Etant arrivés là,
De prophétique voix son âme ainsi parla :
705   « Venez voir comme Dieu châtia son Eglise
Quand sur nous, non sur lui, sa force fut assise,
Quand, devenus prudents, la paix et notre foi
Eurent pour fondement la promesse du Roi.

Il se montra fidèle en l'orde perfidie
710 De nos haineux, et fit, en nous ôtant la vie,
Rester si abattu et faible son troupeau
Qu'en terre il ne traînait que les os et la peau.
Nous voulions contraster du peuple les finesses,
Nous enfants du royaume, et Dieu mit nos sagesses
715 Comme folie au vent ; encor l'homme obstiné,
Voyant tout ce qui est de l'homme condamné
Et les effets du ciel loin de son espérance,
Ne peut jamais tirer du mortel sa fiance.
O humains insensés ! ô fols entendements !
720 O décret bien certain des divins jugements ! »
Telle resta l'Eglise aux sangliers échappée
Que d'un champ tout foulé la face dissipée,
Dont les riches épis tout mûrs et jaunissants
Languissent sous les pieds des chevaux fracassants,
725 Ou bien ceux que le vent et la foudre et la grêle
Ont haché à morceaux, paille et grain pêle-mêle :
Rien ne se peut sauver du milieu des sillons,
Mais bien quelques épis levés des tourbillons
Dans les buissons plus forts, sous qui la vive guerre
730 Que leur ont fait les vents les a fichés en terre.
Ceux-ci, dessous l'abri de ces halliers épais,
Prennent vie en la mort, en la guerre la paix,
Se gardent au printemps, puis leurs branches dressées,
Des tuteurs aubépins rudement caressées,
735 Font passer leurs épis par la fâcheuse main
Des buissons ennemis, et parviennent en grain ;
La branche qui s'oppose au passer de leurs têtes
Les fâche et les retient, mais les sauve des bêtes.
C'est ainsi que seront gardés des inhumains,
740 Pour resemer l'Eglise, encore quelques grains
Armés d'afflictions, grains que les mains divines
Font naître à la faveur des poignantes épines,
Moisson de grand espoir : car c'est moisson de Dieu
Qui la fera renaître en son temps, en son lieu.

745 Jà les vives splendeurs des diversités peintes
Tiraient, à l'approcher, les yeux des âmes saintes ;
L'aspect en arrivant plus fier apparaissait,
L'éclatante lueur près de l'œil accroissait.
Premièrement entrait en Paris l'infidèle
750 Une troupe funèbre : on voit au milieu d'elle
Deux princes, des chrétiens l'humain et faible espoir ;
Pour présage et pour marque ils se paraient de noir,
Sur le coup de poison qui de la tragédie
Joua l'acte premier, en arrachant la vie
755 A notre Débora. Après est bien dépeint
Le somptueux apprêt, l'amas, l'appareil feint,
La pompe, les festins des doubles mariages
Qui déguisaient les cœurs et masquaient les visages.
La flûte qui joua fut la publique foi,
760 On pipa de la paix et d'amour de son Roi,
Comme un pêcheur, chasseur ou oiseleur appelle
Par l'appât, le gagnage ou l'amour de femelle,
Sous l'herbe dans la nasse, aux cordes, aux gluaux,
Le poisson abusé, les bêtes, les oiseaux.
765 Voici venir le jour, jour que les destinées
Voyaient à bas sourcils glisser de deux années,
Le jour marqué de noir, le terme des appas,
Qui voulut être nuit et tourner sur ses pas :
Jour qui avec horreur parmi les jours se compte,
770 Qui se marque de rouge et rougit de sa honte.
L'aube se veut lever, aube qui eut jadis
Son teint brunet orné des fleurs du paradis ;
Quand, par son treillis d'or, la rose cramoisie
Eclatait, on disait : « Voici ou vent, ou pluie. »
775 Cette aube, que la mort vient armer et coiffer
D'étincelants brasiers ou de tisons d'enfer,
Pour ne démentir point son funeste visage
Fit ses vents de soupirs, et de sang son orage.
Elle tire en tremblant du monde le rideau,
780 Et le soleil voyant le spectacle nouveau

A regret éleva son pâle front des ondes,
Transi de se mirer en nos larmes profondes,
D'y baigner ses rayons ; oui, le pâle soleil
Prêta non le flambeau, mais la torche de l'œil,
785 Encor pour n'y montrer le beau de son visage
Tira le voile en l'air d'un louche, épais nuage.
    Satan n'attendit pas son lever, car voici :
Le front des spectateurs s'avise, à coup transi,
Qu'en paisible minuit, quand le repos de l'homme
790 Les labeurs et le soin en silence consomme,
Comme si du profond des éveillés enfers
Grouillassent tant de feux, de meurtriers et de fers,
La cité où jadis la loi fut révérée,
Qui à cause des lois fut jadis honorée,
795 Qui dispensait en France et la vie et les droits,
Où fleurissaient les arts, la mère de nos Rois,
Vit et souffrit en soi la populace armée
Trépigner la justice, à ses pieds diffamée.
Des brutaux débridés les monceaux hérissés,
800 Des ouvriers mécanics les scadrons amassés
Diffament à leur gré trois mille chères vies,
Témoins, juges et rois et bourreaux et parties.
Ici les deux partis ne parlent que françois.
Les chefs qui redoutés avaient fait autrefois
805 Le marchand, délivré de la crainte d'Espagne,
Avoir libre au trafic la mer et la campagne,
Par qui les étrangers tant de fois combattus,
Le Roi déprisonné de peur de leurs vertus,
Qui avaient entamé les batailles rangées,
810 Qui n'avaient aux combats cœurs ni faces changées,
L'appui des vrais Français, des traîtres la terreur,
Moururent délaissés de force et non de cœur,
Ayant pour ceps leurs lits détenteurs de leurs membres,
Pour geôlier leur hôte, et pour prison leurs chambres,
815 Par les lièvres fuyards armés à millions
Qui tremblaient en tirant la barbe à ces lions,

De qui la main poltronne et la craintive audace
Ne les pouvait, liés, tuer de bonne grâce.
Dessous le nom du Roi, parricide des lois,
820 On détruisait les cœurs par qui les Rois sont Rois.
Le coquin, possesseur de royale puissance,
Dans les fanges traînait les sénateurs de France ;
Tout riche était proscrit ; il ne fallait qu'un mot
Pour venger sa rancœur sous le nom d'huguenot.
825 Des procès ennuyeux fut la longueur finie,
La fille ôte à la mère et le jour et la vie,
Là le frère sentit de son frère la main,
Le cousin éprouva pour bourreau son germain ;
L'amitié fut sans fruit, la connaissance éteinte,
830 La bonne volonté utile comme feinte.
　　D'un visage riant notre Caton tendoit
Nos yeux avec les siens, et le bout de son doigt,
A se voir transpercé ; puis il nous montra comme
On le coupe à morceaux : sa tête court à Rome,
835 Son corps sert de jouet aux badauds ameutés,
Donnant le branle au cours des autres nouveautés.
La cloche qui marquait les heures de justice,
Trompette des voleurs, ouvre aux forfaits la lice ;
Ce grand palais du droit fut contre droit choisi
840 Pour arborer au vent l'étendard cramoisi.
Guerre sans ennemi, où l'on ne trouve à fendre
Cuirasse que la peau ou la chemise tendre.
L'un se défend de voix, l'autre assaut de la main,
L'un y porte le fer, l'autre y prête le sein :
845 Difficile à juger qui est le plus astorge,
L'un à bien égorger, l'autre à tendre la gorge.
Tout pendard parle haut, tout équitable craint,
Exalte ce qu'il hait ; qui n'a crime le feint.
Il n'est garçon, enfant, qui quelque sang n'épanche
850 Pour n'être vu honteux s'en aller la main blanche.
Les prisons, les palais, les châteaux, les logis,
Les cabinets sacrés, les chambres et les lits

Des princes, leur pouvoir, leur secret, leur sein même
Furent marqués des coups de la tuerie extrême.
855 Rien ne fut plus sacré quand on vit par le Roi
Les autels violés, les pleiges de la foi.
Les princesses s'en vont de leurs lits, de leurs chambres,
D'horreur, non de pitié, pour ne toucher aux membres
Sanglants et détranchés que le tragique jour
860 Mena chercher la vie au nid du faux amour.
Libitine marqua de ses couleurs son siège,
Comme le sang des faons rouille les dents du piège,
Ces lits, pièges fumants, non pas lits, mais tombeaux
Où l'Amour et la Mort troquèrent de flambeaux.
865 Ce jour voulut montrer au jour par telles choses
Quels sont les instruments, artifices et causes
Des grands arrêts du ciel. Or déjà vous voyez
L'eau couverte d'humains, de blessés mi-noyés,
Bruyant contre ses bords la détestable Seine,
870 Qui, des poisons du siècle à ses deux chantiers pleine,
Tient plus de sang que d'eau ; son flot se rend caillé,
A tous les coups rompu, de nouveau resouillé
Par les précipités : le premier monceau noie,
L'autre est tué par ceux que derniers on envoie ;
875 Aux accidents mêlés de l'étrange forfait
Le tranchant et les eaux débattent qui l'a fait.
Le pont, jadis construit pour le pain de sa ville,
Devint triste échafaud de la fureur civile :
On voit à l'un des bouts l'huis funeste, choisi
880 Pour passage de mort, marqué de cramoisi ;
La funeste vallée, à tant d'agneaux meurtrière,
Pour jamais gardera le titre de Misère,
Et tes quatre bourreaux porteront sur leur front
Leur part de l'infamie et de l'horreur du pont,
885 Pont, qui eus pour ta part quatre cents précipices !
Seine veut engloutir, louve, tes édifices :
Une fatale nuit en demande huit cents,
Et veut aux criminels mêler les innocents.

    Qui marche au premier rang des hosties rangées ?
890 Qui prendra le devant des brebis égorgées ?
    Ton nom demeure vif, ton beau tein est terni,
Piteuse, diligente et dévote Yverny,
Hôtesse à l'étranger, des pauvres aumônière,
Garde de l'hôpital, des prisons trésorière.
895 Point ne t'a cet habit de nonnain garanti,
D'un patin incarnat trahi et démenti :
Car Dieu n'approuva pas que sa brebis d'élite
Devêtît le mondain pour vêtir l'hypocrite ;
Et quand il veut tirer du sépulcre les siens,
900 Il ne veut rien de sale à conférer ses biens.
    Mais qu'est-ce que je vois ? un chef qui s'entortille,
Par les volants cheveux, autour d'une cheville
Du pont tragique, un mort qui semble encore beau,
Bien que pâle et transi, demi-caché en l'eau ;
905 Ses cheveux, arrêtant le premier précipice,
Lèvent le front en haut qui demande justice.
Non, ce n'est pas ce point que le corps suspendu
Par un sort bien conduit a deux jours attendu ;
C'est un sein bien aimé, qui traîne encore en vie,
910 Ce qu'attend l'autre sein pour chère compagnie.
Aussi vois-je mener le mari condamné,
Percé de trois poignards aussitôt qu'amené,
Et puis poussé en bas, où sa moitié pendue
Reçut l'aide de lui qu'elle avait attendue :
915 Car ce corps en tombant des deux bras l'empoigna,
Avec sa douce prise accouplé se baigna,
Trois cents précipités, droit en la même place,
N'ayant pu recevoir ni donner cette grâce.
Apprends, homme de sang, et ne t'efforce point
920 A désunir les corps que le ciel a conjoint.
    Je vois le vieil Rameau à la fertile branche,
Chappes caduc rougir leur perruque si blanche,
Brion de piété comme de poil tout blanc,
Son vieil col embrassé par un prince du sang

925 Qui aux coups redoublés s'oppose en son enfance :
On le perce au travers de si faible défense ;
C'était faire périr une nef dans le port,
Dérober le métier à l'âge et à la mort.
    Or, cependant qu'ainsi par la ville on travaille,
930 Le Louvre retentit, devient champ de bataille,
Sert après d'échafaud, quand fenêtres, créneaux
Et terrasses servaient à contempler les eaux,
Si encores sont eaux. Les dames mi-coiffées
A plaire à leurs mignons s'essaient échauffées,
935 Remarquent les meurtris, les membres, les beautés,
Bouffonnent salement sur leurs infirmités.
A l'heure que le ciel fume de sang et d'âmes,
Elles ne plaignent rien que les cheveux des dames.
C'est à qui aura lieu à marquer de plus près
940 Celles que l'on égorge et que l'on jette après,
Les unes qu'ils forçaient avec mortelles pointes
D'elles-mêmes tomber, pensant avoir éteintes
Les âmes quand et quand, que Dieu ne pouvant voir
Le martyre forcé prendrait pour désespoir
945 Le cœur bien espérant. Notre Sardanapale
Ridé, hideux, changeant, tantôt feu, tantôt pâle,
Spectateur par ses cris tout enroués servait
De trompette aux marauds ; le hasardeux avait
Armé son lâche corps ; sa valeur étonnée
950 Fut, au lieu de conseil, de putains entournée ;
Ce Roi, non juste Roi, mais juste arquebusier,
Giboyait aux passants trop tardifs à noyer !
Vantant ses coups heureux il déteste, il renie
Pour se faire vanter à telle compagnie.
955 On voyait par l'orchestre, en tragique saison,
Des comiques Gnathons, des Thaïs, un Thrason.
La mère avec son train hors du Louvre s'élongne,
Veut jouir de ses fruits, estimer la besongne.
Une de son troupeau trotte à cheval trahir
960 Ceux qui sous son secret avaient pensé fuir.

En tel état la cour, au jour d'éjouissance,
Se pourmène au travers des entrailles de France.
　Cependant que Néron amusait les Romains
Au théâtre et au cirque à des spectacles vains,
965 Tels que ceux de Bayonne ou bien des Tuileries,
De Blois, de Bar-le-Duc, aux forts, aux mommeries,
Aux ballets, carrousels, barrières et combats,
De la guerre naissant les berceaux, les ébats,
Il fit par boutefeux Rome réduire en cendre ;
970 Cet appétit brutal prit plaisir à entendre
Les hurlements divers des peuples affolés,
Riait sur l'affligé, sur les cœurs désolés,
En attisant toujours la braise mi-éteinte
Pour, sur les os cendreux, tyranniser sans crainte.
975 Quand les feux, non son cœur, furent saouls de malheurs,
Par les pleurs des martyrs il apaisa les pleurs
Des Romains abusés : car, des prisons remplies
Arrachant les chrétiens, il immola leurs vies,
Holocaustes nouveaux, pour offrir à ses dieux
980 Les saints expiateurs et cause de ses feux.
Les ébats coutumiers de ses après-dînées
Etaient à contempler les faces condamnées
Des chers témoins de Dieu, pour plaisir consumés
Par les feux, par les dents des lions affamés.
985 Ainsi l'embrasement des masures de France
Humilie le peuple, élève l'arrogance
Du tyran, car au prix que l'impuissance naît,
Au prix peut-il pour loi prononcer : *Il me plaît.*
Le peuple n'a des yeux à son mal ; il s'applique
990 A nourrir son voleur en cherchant l'hérétique,
Il fait les vrais chrétiens cause de peste et faim,
Changeant la terre en fer et le ciel en airain.
Ceux-là servent d'hostie, injustes sacrifices
Dont il faut expier de nos Princes les vices,
995 Qui, fronçant en ce lieu l'épais de leurs sourcils,
Résistent aux soupirs de tant d'hommes transis :

Comme un Domitian, pourvu de telles armes,
Des Romains qui tremblaient épouvantait les larmes,
Dévoyant la pitié, détournant autre part
1000 Les yeux à contempler son flamboyant regard.
    Charles tournait en peur par des regards semblables
De nos princes captifs les regrets lamentables,
Tuait l'espoir en eux, en leur faisant sentir
Que le front qui menace est loin du repentir.
1005 Aux yeux des prisonniers le fier changea de face,
Oubliant le dédain de sa fière grimace,
Quand, après la semaine, il sauta de son lit,
Eveilla tous les siens pour entendre à minuit
L'air aboyant de voix, de tel éclat de plaintes
1010 Que le tyran cuidant les fureurs non éteintes
Et qu'après les trois jours pour le meurtre ordonnés
Se seraient les félons encore mutinés,
Il dépêcha partout inutiles défenses :
Il voit que l'air seul est l'écho de ses offenses,
1015 Il tremble, il fait trembler par dix ou douze nuits
Les cœurs des assistants, quels qu'ils fussent, et puis
Le jour effraie l'œil quand l'insensé découvre
Les corbeaux noircissant le pavillon du Louvre.
    Catherine au cœur dur par feinte s'éjouit,
1020 La tendre Elizabeth tombe et s'évanouit ;
Du Roi, jusqu'à la mort, la conscience immonde
Le ronge sur le soir, toute la nuit lui gronde,
Le jour siffle en serpent ; sa propre âme lui nuit,
Elle-même se craint, elle d'elle s'enfuit.
1025   Toi, Prince prisonnier, témoin de ces merveilles,
Tu as de tels discours enseigné nos oreilles ;
On a vu à la table, en public, tes cheveux
Hérisser en contant tels accidents affreux.
Si un jour, oublieux, tu en perds la mémoire,
1030 Dieu s'en souviendra bien à ta honte, à sa gloire.
    L'homme ne fut plus homme, ains le signe plus grand
D'un excès sans mesure apparut quand et quand :

Car il ne fut permis aux yeux forcés du père
De pleurer sur son fils ; sans parole, la mère
1035 Voyait traîner le fruit de son ventre et son cœur ;
La plainte fut sans voix, muette la douleur.
L'espion attentif, redouté, prenait garde
Sur celui qui d'un œil moins furieux regarde ;
L'oreille de la mouche épie en tous endroits
1040 Si quelque bouche prête à son âme la voix.
Si quelqu'un va chercher en la barge commune
Son mort, pour son témoin il ne prend que la lune :
Aussi bien au clair jour ces membres détranchés
Ne se discernent plus fidèlement cherchés.
1045 Que si la tendre fille ou bien l'épouse tendre
Cherchent père ou mari, crainte de se méprendre
En tirent un semblable, et puis disent : « Je tiens,
Je baise mon époux ou du moins un chrétien. »
     Ce fut crime surtout de donner sépulture
1050 Aux repoussés des eaux : somme que la nature,
Le sang, le sens, l'honneur, la loi d'humanité,
L'amitié, le devoir et la proximité,
Tout esprit et pitié délaissés par la crainte
Virent l'âme immortelle à cette fois éteinte.
1055   A ce luisant patron, au grand commandement
Pressé par les Amans, porté légèrement,
Mille folles cités, à faces déguisées,
Se trouvent aussitôt à tuer embrasées.
     Le même jour émut à même chose Meaux
1060 Qui, pour se délecter de quelques traits nouveaux,
Parmi six cents noyés, victimes immolées,
Vit au pas de la mort vingt femmes violées.
     On voit Loire, inconnu tant farouche, laver
Les pieds d'une cité qui venait d'achever
1065 Seize cents poignardés, attachés à douzaines ;
Le palais d'Orléans en vit les salles pleines,
Dont l'amas fit une île, une chaussée, un mont,
Lequel fit refouler le fleuve contremont,

Et dessus et dessous ; et les mains et les villes,
1070 Qui n'avaient pas trempé dans les guerres civiles,
Troublent à cette fois Loire d'un teint nouveau,
Chacun ayant gagné dans ce rang un tableau.
  Lyon, tous tes lions refusèrent l'office :
Le vil exécuteur de la haute justice,
1075 Le soldat, l'étranger, les braves garnisons
Dirent que leur valeur ne s'exerce aux prisons.
Quand les bras et les mains, les ongles détestèrent
D'être les instruments qui la peau déchirèrent,
Ton ventre te donna de quoi percer ton flanc ;
1080 L'ordure des boyaux se creva dans ton sang.
  Voilà Tournon, Viviers et Vienne et Valence
Poussant avec terreur de Lyon l'insolence,
Troublés de mille corps qu'ils éloignent ; et puis
Arles, qui n'a chez soi ne fontaines ne puits,
1085 Souffrit mourir de soif, quand du sang le passage
Dix jours leur défendit du Rhône le breuvage.
Ici, l'Ange troisième épandit à son rang
Au Rhône sa fiole, et ce fleuve fut sang.
Ici, l'Ange des eaux cria : « Dieu qu'on adore,
1090 Qui es, qui as été, et qui seras encore,
Ici tu as le droit pour tes saints exercé,
Versant le sang à boire à ceux qui l'ont versé. »
  Seine le renchérit ; ses deux cornes distantes
Ne souffrirent leurs gens demeurer innocentes :
1095 Troyes d'un bout, Rouen de l'autre, se font voir
Qui ouvrent leurs prisons pour un funeste espoir,
Et lors, par divers jours et par le rôle, ils nomment
Huit cents têtes qu'en ordre et désordre ils assomment.
  Toulouse y ajouta la foi du parlement,
1100 Fit crier la sûrté, pour plus déloyaument
Conserver le renom de reine des cruelles.
  Mais tant d'autres cités jusques alors pucelles,
De qui l'air ou les arts amollissent les cœurs,
De qui la mort bannie haïssait les douceurs,

1105 N'ont enfin résisté aux dures influences
 Qui leur donnent le branle aux communes cadences.
  Angers, tu l'as senti, mère des écoliers,
 Tu l'as senti, courtois et délicat Poitiers ;
 Favorable Bordeaux, le nom de favorable
1110 Se perdit en suivant l'exemple abominable.
 Dax suivit même jeu. Leurs voisins belliqueux
 Prirent autre patron et autre exemple qu'eux :
 Tu as (dis-tu) soldats, et non bourreaux, Bayonne,
 Tu as de liberté emporté la couronne,
1115 Couronne de douceur qui, en si dur méchef,
 De clous de diamants est ferme sur ton chef.
  Où voulez-vous, mes yeux, courir ville après ville,
 Pour décrire des morts jusques à trente mille ?
 Quels mots trouverez-vous, quel style, pour nommer
1120 Tant de flots renaissant de l'impiteuse mer ?
 Œil, qui as lu ces traits, si tu écoute, oreille,
 Encore un peu d'haleine à savoir la merveille
 De ceux que Dieu tira des ombres du tombeau.
 Nous changeons de propos. Vois encore ce tableau
1125 De Bourge : on y connaît la brigade constante
 De quelques citoyens, bien comptés pour quarante,
 Et recomptés après, afin qu'il n'arrivât
 Que par mégarde aucun condamné se sauvât.
 Au naître du soleil, un à un on les tue :
1130 On les met cinq à cinq exposés à la vue
 Du transi magistrat ; le compte bien trouvé
 Acertena la mort que rien n'était sauvé.
 Cette injuste justice au tiers jour amassée
 Oit le son étouffé, la voix triste et cassée
1135 D'un gosier languissant. Ceux qui par plusieurs fois
 Cherchèrent curieux d'où partait cette voix
 Découvrent à la fin qu'un vieillard, plein d'envie
 D'allonger les travaux, les peines de la vie,
 S'était précipité dans un profond pertuis :
1140 La faim fit résonner l'abîme de son puits,

Etant un des bouchers dépêché en sa place.
Ces juges contemplaient avec craintive face
Du siècle un vrai portrait, du malheur le miroir.
Ils lui donnent du pain, pour en lui faire voir
1145 Comment Dieu met la vie au péril plus extrême
Parmi les os et nerfs de la mort pâle et blême,
Relève l'étonné, affaiblit le plus fort,
Pour donner au meurtrier par son couteau la mort.
    Caumont, qui à douze ans eus ton père et ton frère
1150 Pour cuirasse pesante, apprends ce qu'il faut faire,
Quel Prince t'a tiré, quel bras fut ton secours.
Tes père et frère sont dessus toi tous les jours.
Nature vous forma d'une même substance,
La mort vous assembla comme fit la naissance :
1155 Cousu mort avec eux, et vif, tu as de quoi
Tes compagnons de mort faire vivre par toi.
Ton sein est pour jamais teint du sang de tes proches,
Dieu t'a sauvé par grâce, ou bien c'est pour reproches :
Grâce, en mettant pour lui l'esprit qui t'a remis,
1160 Reproche, en te faisant serf de tes ennemis.
    De pareille façon on voit couché en terre
Celui qu'en trente lieux son ennemi enferre.
Une troupe y accourt, dont chacun fut lassé
De repercer encor le sein déjà percé ;
1165 Puis l'ennemi retourne et, couché face à face,
Il met de son poignard la pointe sur la place
Où il juge le cœur ; en redoublant trois fois,
Du gosier blasphémant lui sortit cette voix :
    « Va-t'en dire à ton Dieu qu'il te sauve à cette heure ! »
1170 Mais, homme, tu mentis, car il faut que tu meure
De la main du meurtri : certes le Dieu vivant
Pour âme lui donna de sa bouche le vent,
Et cette voix qui Dieu et sa force défie
Donne mort au meurtrier et au meurtri la vie.
1175   Voici, de peur d'Achas, un prophète caché
En un lieu hors d'accès, en vain trois jours cherché.

Une poule le trouve, et sans faillir prend cure
De pondre dans sa main trois jours sa nourriture.
O chrétiens fugitifs, redoutez-vous la faim ?
1180 Le pain est don de Dieu, qui sait nourrir sans pain :
Sa main dépêchera commissaires de vie,
La poule de Merlin ou les corbeaux d'Elie.
    Reniers eut tel secours et vit un corbeau tel
Quand Vésins furieux, son ennemi mortel,
1185 Lui fit de deux cents lieues escorte et compagnie.
Il attendait la mort dont il reçut la vie,
N'ayant, tout le chemin, ni propos ni devis
Sinon, au séparer, ce magnifique avis :
« Je te reprocherai, Reniers, mon assistance
1190 Si du fait de Paris tu ne prends la vengeance. »
    Moi, qui rallie ainsi les échappés de mort
Pour prêter voix et mains au Dieu de leur support,
Qui chante à l'avenir leurs frayeurs et leurs peines,
Et puis leurs libertés, me tairai-je des miennes ?
1195   Parmi ces âpres temps l'esprit, ayant laissé
Aux assassins mon corps en divers lieux percé,
Par l'Ange consolant mes amères blessures,
Bien qu'impur, fut mené dans les régions pures.
Sept heures me parut le céleste pourpris
1200 Pour voir les beaux secrets et tableaux que j'écris,
Soit qu'un songe au matin m'ait donné ces images,
Soit qu'en la pâmoison l'esprit fit ces voyages.
Ne t'enquiers, mon lecteur, comment il vit et fit,
Mais donne gloire à Dieu en faisant ton profit.
1205 Et cependant qu'en lui, extatic, je me pasme,
Tourne à bien les chaleurs de mon enthousiasme.
    Doncques, le front tourné vers le Midi ardent,
Paraissaient du zénith, penchant vers l'Occident,
Les spectacles passés qui tournaient sur la droite.
1210 Ce qui est au-devant est cela qui s'exploite :
Là éclatent encor cent portraits élongnés,
Où se montrent les fils du siècle embesongnés ;

On voit qu'en plusieurs lieux les bourreaux refusèrent
Ce que bourgeois, voisins et parents achevèrent.
1215 L'esprit lassé, par force avisa le monceau
Des chrétiens condamnés qui, nus jusqu'à la peau,
Attendent par deux jours quelque main ennemie
Pour leur venir ôter la faim avec la vie ;
Puis voici arriver secours aux enfermés,
1220 Les bouchers aux bras nus, au sang accoutumés,
Armés de leurs couteaux qui apprêtent les bêtes,
Et ne font qu'un corps mort de bien quatre cents têtes.
    Les temples des Baalims étaient remplis de cris
De ceux de qui les corps, comme vides d'esprits,
1225 Vivant du seul sentir, par force, par paroles,
Par menaces, par coups s'enclinaient aux idoles ;
Et, à pas regrettés, les infirmes de cœur
Pour la peur des humains de Dieu perdaient la peur.
Ces désolés, transis par une aveugle envie
1230 D'un vivre malheureux, quittaient l'heureuse vie,
La plupart préparant, en se faisant ce tort,
Les âmes à la géhenne et les corps à la mort,
Quand Dieu juste permit que ces piteux exemples
N'allongeassent leurs jours que sur le seuil des temples.
1235 Non pourtant que son œil de pitié fût ôté,
Que le Saint-Esprit fût blessé d'infirmité :
Sa grâce y met la main. Tels étaient les visages
Des jugements à terme accomplis en nos âges.
    A la gauche du ciel, au lieu de ces tableaux,
1240 Eblouissent les yeux les astres clairs et beaux :
Infinis millions de brillantes étoiles,
Que les vapeurs d'en bas n'offusquaient de leurs voiles,
En lignes, points et ronds, parfaits ou imparfaits,
Font ce que nous lisons après dans les effets.
1245 L'Ange m'en fait leçon, disant : « Voilà les restes
Des hauts secrets du ciel : là les bourgeois célestes
Ne lisent qu'aux rayons de la face de Dieu ;
C'est de tout l'avenir le registre, le lieu

Où la harpe royale était lors élevée
1250 Qu'elle en sonna ces mots : *Pour jamais engravée*
Est dedans le haut ciel que tu créas jadis
La vraie éternité de tout ce que tu dis.
C'est le registre saint des actions secrètes,
Fermé d'autant de sceaux qu'il y a de planètes.
1255 Le prophète dompteur des lions indomptés
Le nomme en ses écrits l'écrit des vérités.
Tout y est bien marqué, nul humain ne l'explique ;
Ce livre n'est ouvert qu'à la troupe angélique,
Puis aux élus de Dieu, quand en perfection
1260 L'âme et le corps goûtront la résurrection.
Cependant ces portraits leur mettent en présence
Les biens et maux présents de leur très chère engeance. »
Je romps pour demander : « Quoi ! les ressuscités
Pourront-ils discerner de leurs proximités
1265 Les visages, les noms, se souvenant encore
De ceux-là que la mort oublieuse dévore ? »
L'Ange répond : « L'état de la perfection
Ravit à l'Eternel toute l'affection ;
Mais puisqu'ils sont parfaits, en leur comble faut croire
1270 Parfaite connaissance et parfaite mémoire.

« Cependant, sur le point de ton heureux retour,
Esprit, qui as de Dieu eu le zèle et l'amour,
Vois-tu ce rang si beau de luisants caractères ?
C'est le cours merveilleux du succès de tes frères.
1275 « Voilà un camp maudit à son malheur planté
Aux bords de l'Océan aboyant la cité,
La sainte Béthulie, aux agnelets défense,
Des petits le bouclier, des hautains la vengeance.
Là finissent leurs jours, l'espoir et les fureurs,
1280 Tués, mais non au lit, vingt mille massacreurs.
Dieu fit marcher, voulant délivrer sans armée
La Rochelle poudreuse et Sancerre affamée,
Les visages nouveaux des Sarmates rasés,
Secourables aux bons, pour eux mal avisés.

1285 Que vois-je ? l'Océan à la face inconnue,
Qui, en contrefaisant la nourricière nue
D'où le désert blanchit par les célestes dons,
Veut blanchir le rivage abrié de sourdons.
Dites, physiciens, qui faites Dieu nature,
1290 Comment la mer, n'ayant mis cette nourriture
Dans ce havre jamais, trouva ce nouveau pain
Au point que dans le siège entrait la pâle faim,
Et pourquoi cette manne et pâture nouvelle,
Quand la faim s'en alla, s'enfuit avec elle ?
1295 Le ciel prend à plaisir, Rochelais, vos tableaux,
Mémoires du miracle, et en fait de plus beaux.

    « Vois-tu dessous nos pieds une flamme si nette,
Une étoile sans nom, sans cheveux un comète,
Fanal sur Bethléem, mais funeste flambeau
1300 Qui mène par le sang Charle-Hérode au tombeau ?

    « Jésabel par poisons et par prisons besogne
Pour sur le trône voir le fuitif de Pologne :
Il trouve, à son retour, non des agneaux craintifs,
Mais des lions trompés, retraite aux fugitifs.

1305   « De la mer, du midi et des Alpes encore
L'esprit va réveiller qui en esprit adore :
Aux coteaux de la Clergue, aux Pirenes gelés,
Aux Cévennes d'Auvergne, en voilà d'appelés.
Les cailloux et les rocs prennent et forme et vie
1310 Pour guerroyer de Dieu la lignée ennemie,
Pour être d'Abraham tige continuel,
Et relever sur pieds l'enseigne d'Israël,
Conduits par les bergers, destitués de princes,
Partagent par moitié du règne les provinces,
1315 Contre la vanité les fils des vanités
S'arment : leurs confidents par eux sont tourmentés.

    « Je vois l'amas des Rois et conseillers de terre
Qui changent une paix au progrès d'une guerre,
Un Roi mangeant l'hostie et l'idole, en jurant
1320 D'achever des chrétiens le faible demeurant,

N'y épargner le sang du peuple ni la vie,
Les promesses, les voix, la foi, la perfidie.
   « François, mauvais François, de l'affligé troupeau
Se fait le conducteur et puis, traître et bourreau,
1325 Porte au Septentrion ses infidèles trames.
Vaincu par les agneaux, il engage les âmes
Complices des auteurs de ses desseins pervers
A parer en un jour de charognes Anvers :
Car Dieu fait tout mentir, menaces et injures.
1330 Tant de subtils conseils font tous ces Rois parjures
Frappés d'étonnement, et bien punis de quoi
Ils ont mis en mépris la parole et la foi ;
Par la force il les rend perfides à eux-mêmes.
Le vent fit un jouet de leurs braves blasphèmes.
1335   « Voilà vers le midi trois Rois en pièces mis,
Les ennemis de Dieu pris par ses ennemis.
   « Le Venin de la cour préparé s'achemine
Pour mener à Samson Dalila Philistine.
   « Un Roi, cherchant secours parmi les serfs, n'a rien
1340 Que pour rendre vainqueur le grand Ibérien.
Celui-là prend de l'or, en fait une semence
Qui contre les Français reconjure la France,
Ses peuples tôt après contre lui conjurés,
Par contraintes vertus vengés et délivrés.
1345 Celui qui de régner sur le monde machine
S'engraisse pour les poux, curée à la vermine.
   « Vois deux camps, dont l'un prie et soupire en s'armant,
L'autre présomptueux menace en blasphémant.
O Coutras ! combien tôt cette petite plaine
1350 Est de cinq mille morts et de vengeance pleine !
   « Voici Paris armé sous les lois du Guisard ;
Il chasse de sa cour l'hypocrite renard,
Qui tire son chasseur après en sa tanière.
Les noyeurs n'ont tombeau que la trouble rivière,
1355 Les maîtres des tueurs périssent de poignards,
Les supports des brûleurs par les brûleurs sont ards :

Loire qui fut bourrelle aura le soin de rendre
Les brins éparpillés de leur infâme cendre.
Aussitôt leur boucher, de ses bouchers pressé,
1360 Des proscrits secouru, se voit des siens laissé.
Son procureur, jadis des martyrs la partie,
Procure et mène au Roi le trancheur de sa vie,
Au mois, jour et logis, à la chambre et au lieu
Où à mort il jugea la famille de Dieu :
1365 Fait gibier d'un cagot vilain porte-besace,
Il quitte au condamné ses fardeaux et sa place.
     « Arques n'est oublié, ni le succès d'Ivry.
Connais par qui tu fus victorieux, Henry ;
Tout ploie sous ton heur, mais il est prédit comme
1370 Ce qu'on devait à Dieu fut pour le Dieu de Rome.
     « Paris, tu es réduite à digérer l'humain :
Trois cents mille des tiens périssent par la faim
Dans le tour des dix lieues qu'à chaque paix frivole
Tu donnais pour limite au pain de la parole.
1375   « Si tu pouvais connaître, ainsi que je connais,
Combien je vois lier de Princes et de Rois
Par les venins subtils de la bande hypocrite,
Par l'arsenic qu'épand l'engeance Loyolite !
O Suède ! ô Mosco ! Pologne, Autriche, hélas !
1380 Quels changements, premier que vous en soyez las !
     « Que te dirai-je plus ? Ces étoiles obscures
Ecrivent à regret les choses plus impures.
O qu'après long travail, long repos, longue nuit
La lassitude en France et à ses bords produit !
1385 Que te profitera, mon enfant, que tu voie
Quelque peu de fumée au fond de la Savoie,
Un sursaut de Genève, un catarrheux sommeil,
Venise voir du jour une aube sans soleil ?
Quoi plus ? la main de Dieu douce, docte et puis rude
1390 A parfaire trente ans l'entière ingratitude,
Et puis à la punir : ô funestes apprêts !
Flambeau luisant éteint ! Ne vois rien de plus près.

« Tu verrais bien encore, après un tour de sphère,
Un double deuil forcé, le fils de l'adultère,
1395 Berceau, tombeau captifs, goûter tout et vomir,
Albion désireux, non puissant de dormir.
Je vois jeter, des bords de l'infidèle terre,
La planche aux assassins aux côtes d'Angleterre :
La peste des esprits qui arrive à ses bords
1400 Pousse devant la mort, et la peste des corps.
Révolte en l'Occident, au plus loin de la terre.
Les Français impuissants et de paix et de guerre
Un Prince Apollyon, un Péricle en serments,
Fait voir au grand soleil les anciens fondements
1405 De ses nobles cités qu'il réduit en masures,
Roi de charbons, de cendre et morts sans sépulture.
Les Bataves font faute ; Ottoman combattu,
Les Allemands contraints à l'ancienne vertu.
Quoi ! la porque Italie à son rang fume, et souffre
1410 L'odeur qui lui fâchait de la mèche et du soufre,
Et l'Europe d'un coup peut porter et armer
Trente armées sur terre et sept dessus la mer.
Vois de Jérusalem la nation remise,
L'Antéchrist abattu, en triomphe l'Eglise.
1415 Holà ! car le Grand Juge en son trône est assis
Sitôt que l'ère joint à nos mille trois six.

« Retourne à ta moitié, n'attache plus ta vue
Au loisir de l'Eglise, au repos de Capue.
Il te faut retourner satisfait en ton lieu,
1420 Employer ton bras droit aux vengeances de Dieu.
Je t'ai guidé au cours du céleste voyage,
Ecris fidèlement : que jamais autre ouvrage,
Bien que plus délicat, ne te semble plaisant
Au prix des hauts secrets du firmament luisant.
1425 Ne chante que de Dieu, n'oubliant que lui-même
T'a retiré : voilà ton corps sanglant et blême
Recueilli à Talcy, sur une table, seul,
A qui on a donné pour suaire un linceul.

Rapporte-lui la vie en l'amour naturelle
1430 Que, son mâle, tu dois porter à ta femelle.
     Tu m'as montré, ô Dieu, que celui qui te sert
Sauve sa vie alors que pour toi il la perd.
Ta main m'a délivré, je te sacre la mienne,
Je remets en ton sein cette âme qui est tienne.
1435 Tu m'as donné la voix, je te louerai, mon Dieu,
Je chanterai ton los et ta force au milieu
De tes sacrés parvis, je ferai tes merveilles,
Ta défense et tes coups retentir aux oreilles
Des Princes de la terre, et si le peuple bas
1440 Saura par moi comment les tyrans tu abats.
Mais premier que d'entrer au prévoir et décrire
Tes derniers jugements, les arrêts de ton ire,
Il faut faire une pause et finir ces discours
Par une vision qui couronne ces jours,
1445 L'esprit ayant encor congé par son extase
De ne suivre, écrivant, du vulgaire la phrase.
     L'Océan donc était tranquille et sommeillant
Au bout du sein breton, qui s'enfle en recueillant
Tous les fleuves français : la tournoyante Seine,
1450 La Gironde, Charente et Loire et la Vilaine.
Ce vieillard refoulait ses cheveux gris et blonds
Sur un lit relevé, dans un paisible fonds
Marqueté de coral et d'unions exquises,
Les sachets d'ambre gris dessous ses tresses grises.
1455 Les vents les plus discrets lui chatouillaient le dos.
Les Lymphes de leurs mains avaient fait ce repos,
La paillasse de mousse et le matras d'éponge.
Mais ce profond sommeil fut réveillé d'un songe.
La lame de la mer étant comme du lait,
1460 Les nids des alcyons y nageaient à souhait.
Entre les flots salés et les ondes de terre
S'émut par accidents une subite guerre :
Le dormant pense ouïr un contraste de vents
Qui, du haut de la mer jusqu'aux sables mouvants,

1465 Troublaient tout son royaume et, sans qu'il le consente,
Voulaient à son désu ordonner la tourmente.
« Comment ! dit le vieillard, l'air volage et léger
Ne sera-il jamais lassé de m'outrager,
De ravager ainsi mes provinces profondes ?
1470 Les ondes font les vents comme les vents les ondes,
Ou bien l'air pour le moins ne s'anime en fureurs
Sans le consentement des corps supérieurs :
Je pousse les vapeurs causes de la tourmente ;
L'air soit content de l'air, l'eau de l'eau est contente. »
1475 Le songe le trompait, comme quand nous voyons
Un soldat s'affûter aussitôt nous oyons
Le bruit d'une fenêtre ou celui d'une porte,
Quand l'esprit va devant les sens : en même sorte
Le songeur prit les sons de ces flots mutinés
1480 Encontre d'autres flots jappants, enfélonnés,
Pour le trouble de l'air et le bruit de tempête.
Il élève en frottant sa vénérable tête :
Premier un fer pointu paraît, et puis le front,
Ses cheveux regrissés par sa colère en rond ;
1485 Deux têtes de dauphins et les deux balais sortent
Qui nagent à fleur d'eau, et sur le dos le portent.
Il trouva cas nouveau, lorsque son poil tout blanc
Ensanglanta sa main ; puis voyant à son flanc
Que l'onde refuyant laissait sa peau rougie :
1490 « A moi ! dit-il, à moi ! pour me charger d'envie,
A moi ! qui dans mon sein ne souffre point les morts,
La charogne, l'ordure, ains la jette à mes bords !
Bâtardes de la terre et non filles des nues,
Fièvres de la nature ! Allons, têtes cornues
1495 De mes béliers armés, repoussez-les, heurtez,
Qu'ils s'en aillent ailleurs purger leurs cruautez. »
Ainsi la mer allait, faisant changer de course
Des gros fleuves à mont vers la coupable source,
D'où sortait par leurs bords un déluge de sang.
1500 A la tête des siens, l'Océan au chef blanc

Vit les cieux s'entrouvrir, et les Anges à troupes
Fondre de l'air en bas, ayant en main des coupes
De précieux rubis, qui, plongés dedans l'eau,
En chantant rapportaient quelque présent nouveau.
1505 Ces messagers ailés, ces Anges de lumière
Triaient le sang meurtri d'avec l'onde meurtrière
Dans leurs vases remplis, qui prenaient heureux lieu
Aux plus beaux cabinets du palais du grand Dieu.
Le soleil, qui avait mis un épais nuage
1510 Entre le vilain meurtre et son plaisant visage,
Ores de chauds rayons exhale à soi le sang
Qu'il faut qu'en rouge pluie il renvoie à son rang.
L'Océan, du soleil et du troupeau qui vole
Ayant pris sa leçon, change avis et parole :
1515 « Venez, enfants du ciel, s'écria le vieillard,
Héritiers du royaume, à qui le ciel départ
Son champ pour cemitière. O saints que je repousse !
Pour vous, non contre vous, juste je me courrouce. »
Il s'avance dans Loire, il rencontre les bords,
1520 Les sablons cramoisis bien tapissés de morts :
Curieux il assemble, il enlève, il endure
Cette chère dépouille au rebours de nature.
Ayant tout arrangé, il tourne avec les yeux
Et le front seréné ces paroles aux cieux :
1525 « Je garderai ceux-ci, tant que Dieu me commande
Que les fils du bonheur à leur bonheur je rende.
Il n'y a rien d'infect, ils sont purs, ils sont nets :
Voici les paremens de mes beaux cabinets.
Terre qui les trahis, tu étais trop impure
1530 Pour des saints et des purs être la sépulture. »
A tant il plonge au fond, l'eau rit en mille rais,
Puis, ayant fait cent ronds, crache le sable après.
Ha ! que nos cruautés fussent ensevelies
Dans le centre du monde ! ha ! que nos ordes vies
1535 N'eussent empuanti le nez de l'étranger !
Parmi les étrangers nous irions sans danger :

L'œil gai, la tête haut, d'une brave assurance
Nous porterions au front l'honneur ancien de France.
  Etrangers irrités, à qui sont les François
1540 Abomination, pour Dieu ! faites le choix
De celui qu'on trahit et de celui qui tue ;
Ne caressez chez vous d'une pareille vue
Le chien fidèle et doux et le chien enragé,
L'athéiste affligeant, le chrétien affligé.
1545 Nous sommes pleins de sang, l'un en perd, l'autre en tire,
L'un est persécuteur, l'autre endure martyre :
Regardez qui reçoit ou qui donne le coup,
Ne criez sur l'agneau quand vous criez au loup.
Venez, justes vengeurs, vienne toute la terre
1550 A ces Caïns français, d'une immortelle guerre,
Redemander le sang de leurs frères occis ;
Qu'ils soient connus partout aux visages transis,
Que l'œil louche, tremblant, que la grâce étonnée
Partout produise en l'air leur âme empoisonnée.
1555   Etourdis, qui pensez que Dieu n'est rigoureux,
Qu'il ne sait foudroyer que sur les langoureux,
Respirez d'une pause en soupirant, pour suivre
La rude catastrophe et la fin de mon livre.
Les fers sont mis au vent : venez savoir comment
1560 L'Eternel fait à point vengeance et jugement ;
Vous saurez que toujours son ire ne sommeille,
Vous le verrez debout pour rendre la pareille,
Partager sa verveine et sa barre de fer,
Aux uns arrhes du ciel, aux autres de l'enfer.

LIVRE VI

VENGEANCES

Ouvre tes grands trésors, ouvre ton sanctuaire,
Ame de tout, Soleil qui aux astres éclaire,
Ouvre ton temple saint à moi, Seigneur, qui veux
Ton sacré, ton secret enfumer de mes vœux.
5 Si je n'ai or ne myrrhe à faire mon offrande
Je t'apporte du lait : ta douceur est si grande
Que de même œil et cœur tu vois et tu reçois
Des bergers le doux lait et la myrrhe des Rois.
Sur l'autel des chétifs ton feu pourra descendre
10 Pour y mettre le bois et l'holocauste en cendre,
Tournant le dos aux grands, sans oreilles, sans yeux
A leurs cris éclatants, à leurs dons précieux.
    Or soient du ciel riant les beautés découvertes,
Et à l'humble craintif ses grand's portes ouvertes.
15 Comme tu as promis, donne en ces derniers ans
Songes à nos vieillards, visions aux enfants.
Fais paraître aux petits les choses inconnues,
Du vent de ton esprit trousse les noires nues,
Ravis-nous de la terre au beau pourpris des cieux,
20 Commençant de donner autre vie, autres yeux
A l'aveugle mortel : car sa masse mortelle
Ne pourrait vivre et voir une lumière telle.
    Il faut être vieillard, caduc, humilié,
A demi mort au monde, à lui mortifié,

25 Que l'âme recommence à retrouver sa vie
   Sentant par tous endroits sa maison démolie,
   Que ce corps ruiné de brèches en tous lieux
   Laisse voler l'esprit dans le chemin des cieux,
   Quitter jeunesse et jeux, le monde et ses mensonges,
30 Le vent, la vanité, pour songer ces beaux songes.
   Or je suis un enfant sans âge et sans raison,
   Ou ma raison se sent de sa neuve prison ;
   Le mal bourgeonne en moi, en moi fleurit le vice,
   Un printemps de péchés, épineux de malice :
35 Change-moi, refais-moi, exerce ta pitié,
   Rends-moi mort en ce monde, ôte la mauvaistié
   Qui possède à son gré ma jeunesse première ;
   Lors je songerai songe et verrai ta lumière.
      Puis il faut être enfant pour voir des visions,
40 Naître, et renaître après, net de pollutions,
   Ne savoir qu'un savoir, se savoir sans science
   Pour consacrer à Dieu ses mains en innocence ;
   Il faut à ses yeux clairs être net, pur et blanc,
   N'avoir tache d'orgueil, de rapine et de sang :
45 Car nul n'héritera les hauts cieux désirables
   Que ceux-là qui seront à ces petits semblables,
   Sans fiel et sans venin ; donc qui sera-ce, ô Dieu,
   Qui en des lieux si laids tiendra un si beau lieu ?
   Les enfants de ce siècle ont Satan pour nourrice,
50 On berce en leurs berceaux les enfants et le vice,
   Nos mères ont du vice avec nous accouché,
   Et en nous concevant ont conçu le péché.
      Que si d'entre les morts, Père, tu as envie
   De m'éveiller, il faut mettre à bas l'autre vie
55 Par la mort d'un exil, fais-moi revivre à toi,
   Séparé des méchants, sépare-moi de moi ;
   D'un saint enthousiasme appelle aux cieux mon âme,
   Mets au lieu de ma langue une langue de flamme,
   Que je ne sois qu'organe à la céleste voix
60 Qui l'oreille et le cœur anime des François ;

Qu'il n'y ait sourd rocher qui entre les deux pôles
N'entende clairement magnifiques paroles
Du nom de Dieu. J'écris à ce nom triomphant
Les songes d'un vieillard, les fureurs d'un enfant :
65 L'esprit de vérité dépouille de mensonges
Ces fermes visions, ces véritables songes ;
Que le haut ciel s'accorde en douces unissons
A la sainte fureur de mes vives chansons.

 Quand Dieu frappe l'oreille, et l'oreille n'est prête
70 D'aller toucher au cœur, Dieu nous frappe la tête :
Qui ne frémit au son des tonnerres grondants
Frémira quelque jour d'un grincement de dents.

 Ici le vain lecteur déjà en l'air s'égare,
L'esprit mal préparé fantastic se prépare
75 A voir quelques discours de monstres inventés,
Un spectre imaginé aux diverses clartés
Qu'un nuage conçoit quand un rayon le touche
Du soleil cramoisi qui bizarre se couche ;
Ou bien il cuide ici rassasier son cœur
80 D'une vaine cabale, et ces esprits d'erreur
Ici ne saouleront l'ignorance maligne.
Ainsi dit le Sauveur : Vous n'aurez point de signe,
Vous n'aurez de nouveau (friands de nouveauté)
Que des abîmes creux Jonas ressuscité.
85 Vous y serez trompés : la fraude profitable
Au lieu du désiré donne le désirable.
Et comme il renvoya les scribes, amassés
Pour voir des visions, aux spectacles passés,
Ainsi les visions qui seront ici peintes
90 Seront exemples vrais de nos histoires saintes :
Le rôle des tyrans de l'Ancien Testament,
Leur cruauté sans fin, leur infini tourment ;
Nous verrons déchirer d'une couleur plus vive
Ceux qui ont déchiré l'Eglise primitive ;
95 Nous donnerons à Dieu la gloire de nos ans
Où il n'a pas encore épargné les tyrans.

     Puis une pause après, clairons de sa venue,
     Nous les ferons ouïr dans l'éclair de la nue.
     Encor faut-il Seigneur, ô Seigneur qui donnas
100 Un courage sans peur à la peur de Jonas,
     Que le doigt qui émut cet endormi prophète
     Réveille en moi le bien qu'à demi je souhaite,
     Le zèle qui me fait du fer de vérité
     Fâcher avec Satan le fils de vanité.
105 J'ai fui tant de fois, j'ai dérobé ma vie
     Tant de fois, j'ai suivi la mort que j'ai fuie,
     J'ai fait un trou en terre et caché le talent,
     J'ai senti l'aiguillon, le remords violent
     De mon âme blessée, et ouï la sentence
110 Que dans moi contre moi chantait ma conscience.
     Mon cœur voulait veiller, je l'avais endormi ;
     Mon esprit était bien de ce siècle ennemi,
     Mais, au lieu d'aller faire au combat son office,
     Satan le détournait au grand chemin du vice.
115 Je m'enfuyais de Dieu, mais il enfla la mer,
     M'abîma plusieurs fois sans du tout m'abîmer.
     J'ai vu des creux enfers la caverne profonde ;
     J'ai été balancé des orages du monde ;
     Aux tourbillons venteux des guerres et des cours,
120 Insolent, j'ai usé ma jeunesse et mes jours ;
     Je me suis plu au fer, David m'est un exemple
     Que qui verse le sang ne bâtit pas le temple ;
     J'ai adoré les Rois, servi la vanité,
     Etouffé dans mon sein le feu de vérité ;
125 J'ai été par les miens précipité dans l'onde,
     Le danger m'a sauvé en sa panse profonde,
     Un monstre de labeurs à ce coup m'a craché
     Aux rives de la mer tout souillé de péché ;
     J'ai fait des cabinets sous espérances vertes,
130 Qui ont été bientôt mortes et découvertes
     Quand le ver de l'envie a percé de douleurs
     Le quicajon séché pour m'envoyer ailleurs :

Toujours tels Séméis font aux Davids la guerre
Et sortent des vils creux d'une trop grasse terre
135 Pour, d'un air tout pourri, d'un gosier enragé
Infecter le plus pur, sauter sur l'affligé.
Le doigt de Dieu me lève et l'âme encore vive
M'anime à guerroyer la puante Ninive,
Ninive qui n'aura sac ne gémissement
140 Pour changer le grand Dieu qui n'a de changement.
    Voici l'Eglise encore en son enfance tendre :
Satan ne faillit pas d'essayer à surprendre
Ce berceau consacré, il livra mille assauts
Et fit dès sa jeunesse à l'enfant mille maux.
145 Les Anges la gardaient en ces peines étranges ;
Elle ne fut jamais sans que le camp des Anges
La conduisit partout, soit lorsque dessus l'eau
L'arche d'élection lui servit de berceau,
Soit lorsqu'elle épousa la race de Dieu sainte,
150 Ou soit lorsque de lui elle fuyait enceinte
Aux lieux inhabités, aux effrayants déserts,
Chassée, et non vaincue, en dépit des enfers ;
La mer la circuit, et son époux lui donne
La lune sous les pieds, le soleil pour couronne.
155   O bienheureux Abel, de qui premier au cœur
Cette vierge éprouva sa première douleur !
De Caïn fugitif et d'Abel je veux dire
Que le premier bourreau et le premier martyre,
Le premier sang versé on peut voir en eux deux :
160 L'état des agneaux doux, des loups outrecuideux.
En eux deux on peut voir (beau portrait de l'Eglise)
Comme l'ire et le feu des ennemis s'attise
De bien fort peu de bois et s'augmente beaucoup.
Satan fit ce que fait en ce siècle le loup
165 Qui querelle l'agneau buvant à la rivière,
Lui au haut vers la source et l'agneau plus arrière.
L'Antéchrist et ses loups reprochent que leur eau
Se trouble au contreflot par l'innocent agneau ;

La source des grandeurs et des biens de la terre
170 Découle de leurs chefs, et la paix et la guerre
Balancent à leur gré dans leurs impures mains :
Et toutefois, alors que les loups inhumains
Veulent couvrir de sang le beau sein de la terre,
Les prétextes communs de leur injuste guerre
175 Sont nos autels sans fard, sans feinte, sans couleurs.
Que Dieu aime d'en haut l'offerte de nos cœurs,
Cela leur croît la soif du sang de l'innocence.
  Ainsi Abel offrait en pure conscience
Sacrifices à Dieu, Caïn offrait aussi :
180 L'un offrait un cœur doux, l'autre un cœur endurci,
L'un fut au gré de Dieu, l'autre non agréable.
Caïn grinça les dents, pâlit, épouvantable,
Il massacra son frère, et de cet agneau doux
Il fit un sacrifice à son amer courroux.
185 Le sang fuit de son front, et honteux se retire
Sentant son frère sang que l'aveugle main tire ;
Mais, quand le coup fut fait, sa première pâleur
Au prix de la seconde était vive couleur :
Ses cheveux vers le ciel hérissés en furie,
190 Le grincement de dents en sa bouche flétrie,
L'œil sourcillant de peur découvrait son ennui.
Il avait peur de tout, tout avait peur de lui :
Car le ciel s'affublait du manteau d'une nue
Sitôt que le transi au ciel tournait la vue ;
195 S'il fuyait au désert, les rochers et les bois
Effrayés aboyaient au son de ses abois.
Sa mort ne put avoir de mort pour récompense,
L'enfer n'eut point de morts à punir cette offense,
Mais autant que de jours il sentit de trépas :
200 Vif il ne vécut point, mort il ne mourut pas.
Il fuit d'effroi transi, troublé, tremblant et blême,
Il fuit de tout le monde, il s'enfuit de soi-même.
Les lieux plus assurés lui étaient des hasards,   .
Les feuilles, les rameaux et les fleurs des poignards,

205 Les plumes de son lit des aiguilles piquantes,
   Ses habits plus aisés des tenailles serrantes,
   Son eau jus de ciguë, et son pain des poisons ;
   Ses mains le menaçaient de fines trahisons :
   Tout image de mort, et le pis de sa rage
210 C'est qu'il cherche la mort et n'en voit que l'image.
   De quelque autre Caïn il craignait la fureur,
   Il fut sans compagnon et non pas sans frayeur,
   Il possédait le monde et non une assurance,
   Il était seul partout, hormis sa conscience :
215 Et fut marqué au front afin qu'en s'enfuyant
   Aucun n'osât tuer ses maux en le tuant.
      Meurtriers de votre sang, appréhendez ce juge,
   Appréhendez aussi la fureur du déluge
   Superbes éventés, tiercelets de géants,
220 Du monde épouvantaux, vous braves de ce temps,
   Outrecuidés galants, ô fols à qui il semble
   Qu'en regardant le ciel, que le ciel de vous tremble !
   Jadis vos compagnons, compagnons en orgueil
   (Car vous êtes moins forts), virent venir à l'œil
225 Leur salaire des cieux, les cieux dont les ventailles
   Sans se forcer gagnaient tant de rudes batailles.
   Babylon qui devait mipartir les hauts cieux,
   Aller baiser la lune et se perdre des yeux
   Dans la voûte du ciel ! Babel de qui les langues
230 Firent en même jour tant de sottes harangues !
   Sa hauteur n'eût servi, ni les plus forts châteaux,
   Ni les cèdres gravis, ni les monts les plus hauts.
   L'eau vint, pas après pas, combattre leur stature,
   Va des pieds aux genoux, et puis à la ceinture.
235 Le sein, enflé d'orgueil, soupire au submerger,
   Ses bras, roides meurtriers, se lassent de nager :
   Il ne reste sur l'eau que le visage blême,
   La mort entre dedans la bouche qui blasphème.
   Et cependant que l'eau s'enfle sur les enflés,
240 En un petit troupeau les petits assemblés

Se jouent sur la mort, pilotés par les Anges,
Quand les géants hurlaient, ne chantaient que louanges,
Disant : « Les mêmes flots qui, en exécutant
La sentence du ciel, s'en vont précipitant
245 Les géants aux enfers, aux abîmes les noient,
Ceux-là qui aux bas lieux ces charognes convoient
Sont les mêmes qui vont dans le haut se mêler,
Mettre l'arche et les siens au suprême de l'air,
Laissent la nue en bas, et si haut les attirent
250 Qu'ils vont baiser le ciel, le ciel où ils aspirent. »
    Dieu fit en son courroux pleuvoir des mêmes cieux,
Comme un déluge d'eaux, un déluge de feux :
Cet arsenal d'en haut, où logent de la guerre
Les célestes outils, couvrit toute une terre
255 D'artifices de feu pour punir des humains,
Par le feu le plus net, les péchés plus vilains.
Un pays abruti, plein de crimes étranges,
Voulait, après tout droit, violer jusqu'aux Anges,
Ils pensaient souiller Dieu : ces hommes déréglés
260 Pour un aveugle feu moururent aveuglés.
Contre eux s'émut la terre encore non émue,
Sitôt qu'elle eut appris sa leçon de la nue :
Elle fondit en soi et cracha en un lieu,
Pour marquer à jamais la vengeance de Dieu,
265 Un lac de son bourbier ; là mit à la même heure
La mer par ses conduits ce qu'elle avait d'ordure ;
Et, pour faire sentir la même ire de l'air,
Les oiseaux tombent morts quand ils pensent voler
Sur ces noires vapeurs, dont l'épaisse fumée
270 Montre l'ire céleste encores allumée.
    Venez, célestes feux, courez, feux éternels,
Volez : ceux de Sodome oncques ne furent tels.
Au jour du jugement ils lèveront la face
Pour condamner le mal du siècle qui les passe,
275 D'un siècle plus infect. Notamment il est dit
Que Dieu de leurs péchés tout le comble attendit ;

Empuantissez l'air, ô vengeances célestes,
De poisons, de venins et de volantes pestes ;
Soleil, baille ton char aux jeunes Phaétons,
280 N'anime rien çà-bas si ce n'est des Pithons ;
Vent, ne purge plus l'air ; brise, renverse, écrase
Noie au lieu d'arroser, sans échauffer embrase !
Nos péchés sont au comble et, jusqu'au ciel montés,
Par-dessus le boisseau versent de tous côtés.
285 Terre, qui sur ton dos porte à peine nos peines,
Change en cendre et en os tant de fertiles plaines,
En bourbe nos gazons, nos plaisirs en horreurs,
En soufre nos guérets, en charogne nos fleurs.
Déluges, retournez : vous pourrez par votre onde
290 Noyer, non pas laver, les ordures du monde.
    Mais ce fut vous encore, ô justicières eaux,
Qui sûtes distinguer les lions des agneaux.
Moïse l'éprouva qui, pour arche seconde,
En un tissu de joncs se joua dessus l'onde,
295 Se joua sur la mort, pour se jouer encor
Des joyaux d'un grand Roi, de la couronne d'or
Que dessus ce beau front par essai il fit mettre.
Dans le poing de l'enfant fut ajouté le sceptre,
Que l'innocente main mit par terre à morceaux.
300 Vous rapprîtes bientôt, ô dévorantes eaux,
La leçon de noyer par le déluge apprise ;
Vous l'oubliâtes lorsque vous portiez Moïse.
Eaux qui devîntes sang et changeâtes de lieu,
Eaux qui oyez très clair quand on parle de Dieu,
305 Ce fut vous puis après, lorsque les maladies,
Les grêles et les poux et les bêtes choisies,
Pour de petits moyens abattre les plus grands,
Quand la peste, l'obscur et les échecs sanglants
De l'Ange foudroyant n'eurent mis repentance
310 Aux cœurs des Pharaons poursuivant l'innocence,
Ce fut vous, saintes eaux, eaux qui fîtes de vous
Un pont pour les agneaux, un piège pour les loups.

Le Jourdain, votre fils, entrouvrit ses entrailles
Et fit à votre exemple au peuple des murailles.
315　Les hommes sont plus sourds à entendre la voix
Du Seigneur des Seigneurs, du Monarque des Rois,
Que la terre n'est sourde et n'est dure à se fendre,
Pour dans ses gouffres noirs les faux parjures prendre ;
Le feu est bien plus prompt à partir de son lieu
320　Pour mettre à rien le rien des rebelles à Dieu :
Dathan et Abiron donnèrent témoignage
De leur obéissance et de leur prompt ouvrage.
L'air fut obéissant à changer ses douceurs
En poison, respirée aux braves ravisseurs
325　De la chère alliance ; et Dieu en toute sorte
Par tous les éléments a montré sa main forte.
Quoi ! même les démons, quoique grinçant les dents,
A la voix du grand Dieu logèrent au-dedans
De Saül l'enragé : quelles rouges tenailles
330　Sont telles que l'enfer qui fut en ses entrailles ?
Princes, un tel enfer est logé dedans vous
Quand un cœur de caillou, d'un fusil de courroux,
Vous fait persécuter d'une haine mutine
Vos Davids triomphants de la gent philistine.
335　Absalon qui faisait délices de cheveux,
Par eux enorgueilli et puis pendu par eux,
Et son Achitophel, renommé en prudence,
Par elle s'est acquis une infâme potence.
Dans le champ de Nabot Achab montre à son rang
340　Que tout sang va tirant après soi d'autre sang ;
Jézabel marche après et de près le veut suivre,
Brûlant en soif de sang encor qu'elle en fût ivre,
Jézabel vif miroir des âmes de nos grands,
Portrait des coups du ciel, salaire des tyrans.
345　Flambeau de ton pays, piège de la noblesse,
Peste des braves cœurs, que servit ta finesse,
Tes ruses, tes conseils et tes tours florentins ?
Les chiens se sont soûlés des superbes tétins

Que tu enflais d'orgueil, et cette gorge unie,
350 Et cette tendre peau fut des mâtins la vie.
De ton sein sans pitié ce chaud cœur fut ravi,
Lui qui n'avait été de meurtres assouvi
Assouvit les meurtriers, de ton fiel le carnage
Aux chiens ôta la faim et leur donna la rage :
355 Vivante tu n'avais aimé que le combat,
Morte tu attisais encore du débat
Entre les chiens grondants, qui donnaient des batailles
Au butin dissipé de tes vives entrailles.
Le dernier appareil de ta feinte beauté
360 Mit l'horreur sur ton front et fut précipité,
Aussi bien que ton corps, de ton haut édifice,
Ton âme et ton état d'un même précipice.

Quand le bâton qui sert pour attiser le feu
Travaille à son métier, il brûle peu à peu ;
365 Il vient si noir, si court qu'il n'y a plus de prise,
On le jette en la braise et un autre l'attise :
Athalia suivit le train de cette-ci,
Elle attisa le feu, et fut brûlée aussi.

Après, de ce troupeau je sacre à la mémoire
370 L'effroyable discours, la véritable histoire
De cet arbre élevé, refoulé par les cieux,
De qui les rameaux longs s'étendaient ombrageux
D'orient au couchant, du midi à la bise ;
La terre large était en son ombre comprise,
375 Et fut ce pavillon de superbes rameaux
Des bêtes le grand parc, le grand nid des oiseaux :
Ce tronc est ébranché, ce monstre est mis à terre,
Ce qui logeait dedans misérablement erre
Sans logis, sans retraite. Un Roi victorieux,
380 De cent princes l'idole, enflammé, glorieux,
Ne connaissant plus rien digne de sa conquête
Levait contre le ciel son orgueilleuse tête :
Dieu ne daigna lancer un des mortels éclats
De ses foudres volants, mais ploya contre-bas

385 Ce visage élevé ; ce triomphant visage
  Perdit la forme d'homme et de l'homme l'usage.
  Nos petits géanteaux par vanité, par vœux
  Font un bizarre orgueil d'ongles et de cheveux,
  Et Dieu sur cettui-ci pour une peine dure
390 Mit les ongles crochus et la grand chevelure.
  Apprenez de lui, Rois, princes et potentats,
  Quelle peine a le ciel à briser vos Etats.
  Ce Roi n'est donc plus Roi, de prince il n'est plus prince,
  Un désert solitaire est toute sa province ;
395 De noble il n'est plus noble, et en un seul moment
  L'homme, des hommes Roi, n'est homme seulement ;
  Son palais est le souïl d'une puante boue,
  La fange est l'oreiller parfumé pour sa joue ;
  Ses chantres, les crapauds compagnons de son lit
400 Qui de cris enroués le tourmentent la nuit ;
  Ses vaisseaux d'or ouvrés furent les ordes fentes
  Des rochers serpenteux, son vin les eaux puantes ;
  Les faisans, qu'on faisait galoper de si loin,
  Furent les glands amers, la racine et le foin ;
405 Les orages du ciel roulent sur sa peau nue,
  Il n'a dais, pavillon, ni tente que la nue,
  Les loups en ont pitié, il est de leur troupeau,
  Et il envie en eux la durté de la peau ;
  Au bois, où pour plaisir il se mettait en quête
410 Pour se jouer au sang d'une innocente bête,
  Chasseur il est chassé ; il fit fuir, il fuit ;
  Tel qu'il a poursuivi maintenant le poursuit ;
  Il fut Roi, abruti il n'est plus rien en somme,
  Il n'est homme ne bête et craint la bête et l'homme ;
415 Son âme raisonnable irraisonnable fut.
  Dieu refit cette bête un Roi quand il lui plut.
  Merveilleux jugement et merveilleuse grâce
  De l'ôter de son lieu, le remettre en sa place !
    Le doigt qui écrivit, devant les yeux du fils
420 De ce Roi abêti, que Dieu avait préfix

Ses vices et ses jours sut l'avenir écrire,
Lui-même exécutant ce qu'il avait pu dire.
   O tyrans, apprenez, voyez, résolvez-vous
Que rien n'est difficile au céleste courroux ;
425 Apprenez, abattus, que le Dieu favorable,
Qui verse l'élevé, hausse le misérable ;
Qu'il fait fondre de l'air d'un Chérub le pouvoir
De qui on sent le fer et la main sans la voir
(L'œil d'un Sennachérib voit la lame enflammée
430 Qui fait en se jouant un hachis d'une armée) ;
Que c'est celui qui fait, par secrets jugements,
Vaincre Esther en mépris les favoris Amans :
Sur le seuil de la mort et de la boucherie
La chétive reçut le trône avec la vie ;
435 L'autre, mignon d'un Roi, tout à coup s'est trouvé
Enlevé au gibet qu'il avait élevé,
Comme le fol malin journellement apprête
Pour la tête d'autrui ce qui frappe sa tête.
Ainsi le doigt de Dieu avait coupé les doigts
440 D'un Adonibesec, comme à septante Rois
Il les avait tranchés. J'ai laissé les vengeances
Que ce doigt exerça par les faibles puissances
Des femmes, des enfants, des valets déréglés,
Des Gédéons choisis, des Samsons aveuglés,
445 Le désespoir d'Antioch et sa prompte charongne.
Mon vol impétueux d'un chaud désir s'élongne
A la seconde Eglise et l'outrageuse main
Que lui a fait sentir le grand siège romain.
   Sortez, persécuteurs de l'Eglise première,
450 Et marchez enchaînés au pied de la bannière
De l'Agneau triomphant ; vos sourcils indomptés,
Vos fronts, vos cœurs si durs, ces fières majestés
Du Lion de Juda honorent la mémoire,
Traînés au chariot de l'immortelle gloire.
455   Hausse du bas enfer l'aigreur de tes accents,
Hurle en grinçant les dents, des enfants innocents

Hérode le boucher ; lève ta main impure
Vers le ciel, du profond de ta demeure obscure.
Aujourd'hui comme toi les abusés tyrans,
460 Pour blesser l'Eternel, massacrent ses enfants
Et sont imitateurs de ta forcènerie,
Qui pensais ployer Dieu parmi la boucherie.
Les cheveux arrachés, les effroyables cris
Des mères qui pressaient à leurs seins leurs petits,
465 Ces petits bras liés aux gorges de leurs mères,
Les tragiques horreurs et les raisons des pères,
Les voix non encor voix, bramantes en tous lieux,
Ne sonnaient la pitié dans les cœurs impiteux.
Des tueurs résolus point ne furent ouïes
470 Ces petits raisons qui demandaient leurs vies
Ainsi qu'elles pouvaient ; quand ils tendaient leurs mains,
Ces menottes montraient par signes aux inhumains :
Cela n'a point péché, cette main n'a ravie
Jamais le bien, jamais nulle rançon ni vie.
475 Mais ce cœur sans oreille et ce sein endurci,
Que l'humaine pitié, que la tendre merci
N'avaient su transpercer, fut transpercé d'angoisses ;
Ses cris, son hurlement, son souci, ses adresses
Ne servirent de rien : ces indomptés esprits
480 Qui n'oyent point crier en vain jettent des cris.
Il fit tuer son fils et par lui fut éteinte
Sa noblesse, de peur qu'il ne mourût sans plainte :
Sa douleur fut sans pair. L'autre Hérode, Antipas,
Après ses cruautés, et avant son trépas,
485 Souffrit l'exil, la honte, une crainte caïne,
La pauvreté, la fuite et la fureur divine.
   Puis le tiers triomphant, élevé sur le haut
D'un peuple adorateur et d'un brave échafaud
Au point que l'on cria : O voix de Dieu, non d'homme !
490 Un gros de vers et poux l'attaque et le consomme.
La terre qui eut honte éventa tous les creux
Où elle avait les vers, l'air lui creva les yeux ;

Lui-même se pourrit et sa peau fut changée
En bêtes, dont la chair de dessous fut mangée ;
495 Et comme les démons, d'un organe enroué,
Ont le Saint et Sauveur par contrainte avoué,
Cettui-ci s'écria au fond de ses misères :
« Voici celui que Dieu vous adoriez naguères. »
Somme, au lieu de ce corps idolâtré de tous,
500 Demeurent ses habits un gros amas de poux,
Tout regrouille de vers ; le peuple ému s'élongne,
On adorait un Roi, on fuit une charongne.

Charognes de tyrans balancés en haut lieu,
Fantastiques rivaux de la gloire de Dieu,
505 Que ferez-vous des mains puisque vos faibles vues
Ne surent onc passer la région des nues ?
Vous ne disposez pas, magnifiques moqueurs,
Ni de vos beaux esprits, ni de vos braves cœurs ;
Ces dons ne sont que prêts, que Dieu tient par sa longe ;
510 Si vous en abusez, vous n'en usez qu'en songe.
Quand l'orgueil va devant, suivez-le bien à l'œil,
Vous verrez la ruine aux talons de l'orgueil.
Vous êtes tous sujets, ainsi que nous le sommes,
A repaître les vers des délices des hommes.
515 Paul, Pape incestueux, premier inquisiteur,
S'est vu mangé de vers, sale persécuteur.
Philippe, incestueux et meurtrier, cette peste
T'en veut, puisqu'elle en veut au parricide inceste.

Néron, tu mis en poudre et en cendre et en sang
520 Le vénérable front et la gloire et le flanc
De ton vieux précepteur, ta patrie et ta mère,
Trois que ton destin fit avorter en vipère :
Chasser le docte esprit par qui tu fus savant,
Mettre en cendre ta ville et puis la cendre au vent,
525 Arracher la matrice à qui tu dois la vie !
Tu devais à ces trois la vie aux trois ravie,
Miroir de cruauté, duquel l'infâme nom
Retentira cruel quand on dira Néron.

Homme tu ne fus point à qui t'avait fait homme ;
530 Tu ne fus pas Romain envers ta belle Rome ;
D'où l'âme tu reçus, l'âme tu fis sortir :
Si ton sens ne sentait, le sang devait sentir.
Mais ton cœur put vouloir, et put ta main meurtrière
Tuer, brûler, meurtrir précepteur, ville et mère.
535 Bourreau de tes amis, du meurtre seul ami,
Ta mort n'a su trouver ami ni ennemi :
Il fallut que ta main, à ta fureur extrême,
Après tout violé, te violât toi-même.

Domitian morgueur, qui pris plaisir à voir
540 Combien la cruauté peut contre Dieu pouvoir,
Quand tu oyais gémir le peuple pitoyable
Spectateur des mourants, tu ridais, effroyable,
Les sillons de ton front, tu fronçais les sourcils
Aux yeux de ta fureur : les visages transis
545 Laissaient là le supplice, et les tremblantes faces
Adoraient la terreur de tes fières grimaces.
Subtil, tu dérobais la pitié par la peur.
On te nommait le Dieu, le souverain Seigneur !
Où fut ta déité quand tu te vis, infâme,
550 Déjeté par les tiens, condamné par ta femme,
Ton visage foulé des pieds de tes valets ?
Le peuple dépouilla tes superbes palais
De tes infâmes noms, et ta bouche et ta joue
Et l'œil adoré n'eut de tombeau que la boue.
555   Tu sautais de plaisir, Adrian, une fois
A remplir de chrétiens jusqu'à dix mille croix :
Dix mille croix après, dessus ton cœur plantées,
Te firent souhaiter les peines inventées.
Sanglant, ton sang coula ; tu recherchas en vain
560 Les moyens de finir les douleurs par ta main ;
Tu criais, on riait ; la pitié t'abandonne :
Nul ne t'en avait fait, tu n'en fis à personne.
Sans plus, on délaissa les ongles à ta peau ;
Altéré de poison, tu manquas de couteau ;

565 On laissa dessus toi jouer la maladie,
    On refusa la mort ainsi que toi la vie.
        Sévère fut en tout successeur d'Adrian,
    En forfait et en mort. Après, Herminian,
    Armé contre le ciel, sentit en même sorte
570 La vermine d'Hérode encore n'être morte.
    Périssant mi-mangé, de son dernier trépas
    Les propos les derniers furent : « Ne dites pas
    La façon de mes maux à ceux qui Christ avouent ;
    Que Dieu, mon ennemi, mes ennemis ne louent. »
575   Tyrans, vous dresserez sinon au ciel les yeux,
    Au moins l'air sentira hérisser vos cheveux,
    Si quelqu'un d'entre vous à quelque heure contemple
    Du vieux Valérian le spécieux exemple,
    Naguères Empereur d'un Empire si beau,
580 Aussitôt marchepied, le fangeux escabeau
    Du Perse Saporés. Quand cet abominable
    Avait sa face en bas, au montoir de l'étable,
    Se souvenait-il point qu'il avait tant de fois
    Des chrétiens prosternés méprisé tant de voix,
585 Que son front élevé, si voisin de la terre,
    Contre le fils de Dieu avoit osé la guerre,
    Que ces mains, ores pieds, n'avaient fait leur devoir
    Lorsqu'elles employaient contre Dieu leur pouvoir ?
    Princes, qui maniez dedans vos mains impures
590 Au lieu de la justice une fange d'ordures,
    Ou qui, s'il faut ouvrer, les ployez dans vos seins,
    Voyez de quel métier devinrent ces deux mains :
    Elles changeaient d'usage en traitant l'injustice,
    La justice de Dieu a changé leur office.
595 Plus lui devait peser sang sur sang, mal sur mal,
    Que ce Roi sur son dos qui montait à cheval,
    Qui enfin l'écorcha vif, le dépouillant, comme
    Vif il fut dépouillé des sentiments de l'homme.
        Le haut ciel t'avertit, pervers Aurélian,
600 Le tonnerre parla, ô Dioclétian ;

Ce trompette enroué de l'effrayant tonnerre,
Avant vous guerroyer, vous dénonça la guerre ;
Ce héraut vous troubla et ne vous changea pas,
Il vous fit chanceler mais sans tourner vos pas,
605 Avant que se venger le ciel cria vengeance,
Il vous causa la peur et non la repentance.
    Aurélian traitait les hommes comme chiens :
Ce qu'il fit envers Dieu il le reçut des siens.
Et quel prince à bon droit se pourra plaindre d'être
610 Méconnu par les siens, s'il méconnaît son maître ?
Mêmes mains ont meurtri et servi cettui-ci ;
Le second fut vaincu d'un trop ardent souci,
L'impuissant se tua, abattu de la rage
De n'avoir pu dompter des chrétiens le courage.
615   Maximian, les feux de vingt mille enfermés,
La ville et les bourgeois, en un tas consumés,
Firent un si grand feu que l'épaisse fumée
Dans les nareaux de Dieu émut l'ire enflammée :
Des citoyens meurtris la charogne et les corps
620 Empuantirent tout de l'amas de ces morts,
L'air étant corrompu te corrompit l'haleine
Et le flanc respirant la vengeance inhumaine,
Ta puanteur chassa tes amis au besoin,
Chassa tes serviteurs, qui fuirent si loin
625 Que nul n'oyait tes cris, et faut que ta main torde
L'infâme nœud, le tour d'une vilaine corde.
    Aussi puant que toi, Maximin frauduleux,
Forgeur de fausses paix, sentit saillir des yeux
Sa prunelle échappée, et commença par celle
630 Qui ne vit onc pitié : la part la plus cruelle
La première périt ; on saoula de poisons
Le cœur qui ne fut onc saoulé de trahisons.
    Ces bourreaux furieux eurent des mains fumantes
Du sang tiède versé. Mais voici des mains lentes,
635 Voici un froid meurtrier, un arsenic si blanc
Qu'on le goûta pour sucre, et, sans tache de sang,

L'ingénieux tyran de qui la fraude a mise
A plus d'extrémités la primitive Eglise.
Il ne tacha de sang sa robe ne sa main,
640 Il avait la main pure, et le cœur fut si plein
De meurtres dérobés ! Il n'allumait les flammes,
Ses couteaux et ses feux n'attaquaient que les âmes ;
Il n'entamait les corps, mais privait les esprits
De pâture de vie ; il semait le mépris
645 Aux plus volages cœurs, étouffant par la crainte
La sainte Déité dedans les cœurs éteinte.
Le Chevalier du ciel au milieu des combats
Descendit de si haut pour le verser à bas ;
L'apostat Julian son sang fuitif empoigne,
650 Le jette vers le ciel, l'air de cette charongne
Empoisonné fuma, puis l'infidèle chien
Cria : « Je suis vaincu, par toi, Nazarien ! »
    Tu n'as point eu de honte, impudent Libanie,
De donner à ton Roi tel patron pour sa vie,
655 Exaltant et nommant cet exemple d'erreurs
Des philosophes Roi, maître des Empereurs.
    Pacifiques meurtriers, Dieu découvre sa guerre
Et ne fait comme vous qui cuidez de la terre
L'étouffer sans saigner, et de traîtres appas
660 Empoisonner l'Eglise et ne la blesser pas.
    Je laisse arrière moi les actes de Commode
Et Valantinian, qui de pareille mode
Depouillèrent sur Christ leurs courroux aveuglés,
Pareils en morts, tous deux par valets étranglés ;
665 Galérian aussi rongé par les entrailles,
Et Décius qui trouve au milieu des batailles
Un Dieu qui avait pris le contraire parti,
Puis le gouffre tout prêt dont il fut englouti.
    Je laisse encore ceux qu'un faux nom catholique
670 A logés dans Sion, un Zénon Izaurique
Vif enterré des siens, Honorique pervers
Qui échauffait sa mort en nourrissant les vers ;

Constant, par trop constant à suivre la doctrine
D'Arius qui versa en une orde latrine
675 Ventre et vie à la fois : et lui, en pareil lieu,
En blasphèmes pareils, creva par le milieu.
Tous ceux-là sont péris par des pestes cachées,
Comme ils furent aussi des pestes embûchées
Que le Sinon d'enfer établit par moyens,
680 En cheval duratée, au rempart des Troyens.

Quand Satan guerroyait d'une ouverte puissance
Contre le monde jeune et encore en enfance,
Il trompait cette enfance. Or ses traits découverts
A ce siècle plus fin découvrent les enfers
685 Dès la première vue, et faut que la malice
D'un plus épais manteau cache le fond du vice.

Nous verrons ci-après les effets moins sanglants,
Mais des coups bien plus lourds et bien plus violents
En ce troisième rang d'ennemis de l'Eglise
690 Masquant l'amer courroux d'une douce feintise,
Satans vêtus en Anges et serpents enchanteurs,
De Julian le fin subtils imitateurs.
Ils n'ont pas trompé Dieu ; leurs frivoles excuses,
La nuit qui les couvrait, les frauduleuses ruses,
695 Leur feinte piété et masque ne put pas
Rendre sèche leur mort, ni heureux leur trépas.

Il faut que nous voyons si les hautes vengeances
S'endorment au giron des célestes puissances,
Et si, comme jadis le véritable Dieu
700 Distingua du Gentil son héritage hébrieu,
S'il sépare aujourd'hui par les couleurs anciennes
Des troupes de l'enfer l'élection des siennes.

O martyres aimés ! ô douce affliction !
Perpétuelle marque à la sainte Sion,
705 Témoignage secret que l'Eglise en enfance
Eut au front et au sein, à sa pauvre naissance,
Pour choisir du troupeau de ses bâtardes sœurs
L'héritière du ciel au milieu des malheurs !

Qui a lu aux romans les fatales misères
710 Des enfants exposés de peur des belles-mères,
Nourris par les forêts, gardés par les mâtins,
A qui la louve ou l'ourse ont porté leurs tétins,
Et les pasteurs après du lait de leurs ouailles
Nourrissent, sans savoir, un prince et des merveilles ?
715 Au milieu des troupeaux on en va faire choix,
Le valet des bergers va commander aux Rois :
Une marque en la peau, ou l'oracle découvre
Dans le parc des brebis l'héritier du grand Louvre.
    Ainsi l'Eglise, ainsi accouche de son fruit,
720 En fuyant aux déserts le dragon la poursuit,
L'enfant chassé des Rois est nourri par les bêtes :
Cet enfant brisera de ces grands Rois les têtes
Qui l'ont proscrit, banni, outragé, déjeté,
Blessé, chassé, battu de faim, de pauvreté.
725 Or ne t'advienne point, épouse et chère Eglise,
De penser contre Christ ce que dit sur Moïse
La simple Séphora qui, voyant circoncir
Ses enfants, estima qu'on les voulait occir :
« Tu m'es mari de sang », ce dit la mère folle.
730 Téméraire et par trop blasphémante parole !
Car cette effusion, qui lui déplaît si fort,
Est arrhe de la vie, et non pas de la mort.
    Venez donc pauvreté, faim, fuites et blessures,
Bannissements, prison, proscriptions, injures ;
735 Vienne l'heureuse mort, gage pour tout jamais
De la fin de la guerre et de la douce paix !
Fuyez, triomphes vains, la richesse et la gloire,
Plaisirs, prospérité, insolente victoire,
O pièges dangereux et signes évidents
740 Des ténèbres, du ver, et grincement de dents !
    Entrons dans une piste et plus vive et plus fraîche,
Du temps qu'au monde impur la pureté se prêche,
Où le siècle qui court nous offre et va comptant
Autant de cruautés, de jugements autant

745 Qu'aux trois mille ans premiers de l'enfance du monde,
   Qu'aux quinze cents après de l'Eglise seconde.
   Que si les derniers traits ne semblent à nos yeux
   Si hors du naturel ne si malicieux
   Que les plus éloignés, voyons que les oracles
750 Des vives voix de Dieu, les monstrueux miracles
   N'ont plus été fréquents dès que l'Eglise prit
   En des langues de feu la langue de l'Esprit :
   Si les pauvres Juifs les eurent en grand nombre
   Très à propos, à eux qui espéraient en ombre
755 Ces ombres profitaient ; nous vivons en clarté,
   Et à l'œil possédons le corps de vérité.
   Ou soit que la nature en jeunesse, en enfance,
   Fût plus propre à souffrir le change et l'inconstance
   Que quand ces esprits vieux, moins prompts, moins violents,
760 Jeunes, n'avortaient plus d'accidents insolents.
   Ou soit que nos esprits, tout abrutis de vices,
   Les malices de l'air surpassent en malices,
   Ou trop mêlés au corps, ou de la chair trop pleins,
   Susceptibles ne soient d'enthousiasmes saints.
765 Encore trouvons-nous les exprès témoignages
   Que nature ne peut avouer pour ouvrages,
   Encore le chrétien aura ici dedans
   Pour chanter ; l'athéiste en grincera les dents.
      Archevêque Arondel, qui en la Cantorbie
770 Voulus tarir le cours des paroles de vie,
   Ton sein encontre Dieu enflé d'orgueil souffla :
   Ta langue blasphémante encontre toi s'enfla,
   Et lorsqu'à vérité le chemin elle bouche
   Au pain elle ferma le chemin et la bouche ;
775 Tu fermais le passage au subtil vent de Dieu,
   Le vent de Dieu passa, le tien n'eut point de lieu.
   Au ravisseur de vie en ce point fut ravie
   Par l'instrument de vivre et l'une et l'autre vie :
   L'Eglise il affama, Dieu lui ôta le pain.
780   Voici d'autres effets d'une bizarre faim :

L'affamé, qui voulut saouler sa brute rage
Du nez d'un bon pasteur, l'arracher du visage,
Le casser de ses dents et l'avaler après,
Fut puni comme il faut : car il sortit exprès
785 Des bois les plus secrets un loup qui du visage
Lui arracha le nez et lui cracha la rage ;
Il fut seul qui sentit la vengeance et le coup
Et qui seul irrita la fureur de ce loup.
C'est faire son profit de ces leçons nouvelles
790 De voir que tous péchés ont les vengeances telles
Que mérite le fait, et que les jugements
Dedans nous, contre nous, trouvent les instruments,
De voir comme Dieu peint par juste analogie
Du crayon de la mort les couleurs de la vie.
795   Quand le comte Félix (nom sans félicité),
De colère et de vin ivre, se fut vanté
Qu'au lendemain ses pieds prenant couleurs nouvelles
Rougiraient les éprons dans le sang des fidèles,
Dieu entreprit aussi et jura à son rang :
800 Ce sanglant dès la nuit étouffa dans son sang.
        Le stupide Mesnier, ministre d'injustice,
Tout pareil en désirs sentit pareil supplice,
Supplice remarquable. Et plût au juste Dieu
Ne me sentir contraint d'attacher en ce lieu
805 Deux semblables portraits des princes de notre âge,
Princes qui comme jeu ont aimé le carnage,
Encontre qui Paris et Anvers tout sanglants
Sollicitent le ciel de courroux violents !
Leur rouge mort aussi fut marque de leur vie,
810 Leur puante charogne et l'âme empuantie
Partagèrent, sortant de l'impudique flanc,
Une mer de forfaits et un fleuve de sang.
        Aussi bien qu'Adrian aux morts ils s'éjouirent,
Comme Maximian aux villes ils permirent
815 Le sac : leur sang coula ainsi que d'Adrian,
Ils ont eu des parfums du faux Maximian.

Quel songe ou vision trouble ma fantasie
A prévoir de Paris la fange cramoisie
Traîner le sang d'un Roi à la merci des chiens,
820 Roi qui eut en mépris le sang versé des siens ?
    Qui veut savoir comment la vengeance divine
A bien su où dormait d'Hérode la vermine
Pour en persécuter les vers persécuteurs,
Qu'il voie le tableau d'un des inquisiteurs
825 De Mérindol en feu. Sa barbarie extrême
Fut en horreur aux Rois, aux persécuteurs même :
Il fut banni ; les vers suivirent son exil,
Et ne put inventer cet inventeur subtil
Armes pour empêcher cette petite armée
830 D'empoisonner tout l'air de puante fumée.
Ce chasseur déchassa ses compagnons au loin,
Si qu'un seul d'enterrer ce demi-mort eut soin,
Lui jeta un crochet et entraîna le reste
Des diables et des vers, allumettes de peste,
835 En un trou : la terre eut horreur de l'étouffer,
Cette terre à regret fut son premier enfer.
    Ce ver sentit les vers. La vengeance divine
N'employa seulement les vers sur la vermine :
Du Prat fut le gibier des mêmes animaux,
840 Le ver qui l'éveillait, qui lui contait ses maux,
Le ver qui de longtemps piquait sa conscience
Produisit tant de vers qu'ils percèrent sa panse.
    Voici un ennemi de la gloire de Dieu
Qui s'élève en son rang, qui occupe ce lieu.
845 L'Aubépin, qui premier, d'une ambition folle,
Cuida fermer le cours à la vive parole,
Et qui, bridant les dents par des bâillons de bois,
Aux mourants refusa le soulas de la voix,
Voyant en ses côtés cette petite armée
850 Grouiller, l'ire de Dieu en son corps animée,
Choisit pour ses parrains les ongles de la faim.
Lié par ses amis de l'une et l'autre main,

Comme il grinçait les dents contre la nourriture,
Ses amis d'un bâillon en firent ouverture :
855 Mais, avec les coulis, dans sa gorge coula
Un gros amas de vers qui à coup l'étrangla.
Le céleste courroux lui parut au visage.
Nul pour le délier n'eut assez de courage ;
Chacun trembla d'horreur, et chacun étonné
860 Quitta ce bâillonneur et mort et bâillonné.
    Petits soldats de Dieu, vous renaîtrez encore
Pour détruire bientôt quelque prince mi-more.
O Roi, mépris du ciel, terreur de l'univers,
Hérode glorieux, n'attends rien que les vers.
865 Espagnol triomphant, Dieu vengeur à sa gloire
Peindra de vers ton corps, de mes vers ta mémoire.
    Ceux dont le cœur brûlait de rages au-dedans,
Qui couvaient dans leur sein tant de flambeaux ardents,
En attendant le feu préparé pour leurs âmes
870 Ces enflammés au corps ont ressenti des flammes.
Bellomente, brûlant des infernaux tisons,
Eut pour jeu les procès, pour palais les prisons,
Cachots pour cabinets, pour passe-temps les gênes.
Dans les crotons obscurs, au contempler des peines,
875 Aux yeux des condamnés il prenait ses repas ;
Hors le seuil de la geôle il ne faisait un pas.
Le jour lui fut tardif et la nuit trop hâtive
Pour hâter les procès : la vengeance tardive
Contenta sa langueur par la sévérité.
880 Un petit feu l'atteint par une extrémité,
Et au bout de l'orteil ce feu était visible.
Cet insensible aux pleurs ne fut pas insensible,
Et lui tarda bien plus que cette vive ardeur
N'eût fait le long chemin du pied jusques au cœur
885 Que les plus longs procès longs et fâcheux ne furent.
Tous les membres de rang ce feu vengeur reçurent,
Ce hâtif à la mort se mourut peu à peu,
Cet ardent au brûler fit épreuve du feu.

    Pour un péché pareil même peine évidente
890 Brûla Pontcher, l'ardent chef de la chambre ardente.
    L'ardeur de cettui-ci se vit venir à l'œil :
    La mort entre le cœur et le bout de l'orteil
    Fit sept divers logis, et comme par tranchées
    Partage l'assiégé ; ses deux jambes hachées,
895 Et ses cuisses après servirent de sept forts ;
    En repoussant la mort il endura sept morts.

    L'évêque Castelan qui, d'une froideur lente,
    Cachait un cœur brûlant de haine violente,
    Qui sans colère usait de flammes et de fer,
900 Qui pour dix mille morts n'eût daigné s'échauffer,
    Ce fier, doux en propos, cet humble de col roide
    Jugeait au feu si chaud d'une façon si froide :
    L'une moitié de lui se glaça de froideur,
    L'autre moitié fuma d'une mortelle ardeur.
905   Voyez quels justes poids, quelles justes balances
    Balancent dans les mains des célestes vengeances,
    Vengeances qui du ciel descendent à propos,
    Qui entendent du ciel, qui ouïrent les mots
    De l'imposteur Picard, duquel à la semonce
910 La mort courut soudain pour lui faire réponse :
    « Viens mort, viens prompte mort (ce disait l'effronté)
    Si j'ai rien prononcé que sainte vérité,
    Venge ou approuve, Dieu, le faux ou véritable. »
    La mort se réveilla, frappa le détestable
915 Dans la chaire d'erreur. Quatre mille auditeurs,
    De ce grand coup du ciel abrutis spectateurs,
    N'eurent pas pour ouïr de fidèles oreilles,
    Et n'eurent de vrais yeux pour en voir les merveilles.
    Lambert, inquisiteur, ainsi en blasphémant
920 Demeura bouche ouverte ; emporté au couvent,
    Fut trouvé, sans savoir l'auteur du fait étrange,
    Aux fosses du couvent noyé dedans la fange.
    Maint exemple me cherche, et je ne cherche pas
    Mille nouvelles morts, mille étranges trépas

925 De nos persécuteurs : ces exemples m'ennuient,
Ils poursuivent mes vers et mes yeux qui les fuient.
   Je suis importuné de dire comme Dieu
Aux Rois, aux ducs, aux chefs, de leur camp au milieu,
Rendit, exerça, fit, droit, vengeance et merveille,/
930 Crevant, poussant, frappant, l'œil, l'épaule et l'oreille ;
Mais le trop long discours de ces notables morts
Me fait laisser à part ces vengeances des corps
Pour m'envoler plus haut, et voir ceux qu'en ce monde
Dieu a voulu arrher de la peine seconde,
935 De qui l'esprit frappé de la rigueur de Dieu
Déjà sentit l'enfer au partir de ce lieu.
   La justice de Dieu par vous sera louée,
Vous donnerez à Dieu votre voix enrouée,
Démons désespérés, par qui, victorieux,
940 Le cruel désespoir fut vainqueur dessus eux.
Le désespoir, le plus des peines éternelles
Ennemi de la foi, vainquit les infidèles.
   Le Rhône en a sonné, alors qu'en hurlements
Rénialme et Rever dégorgeaient leurs tourments :
945 « J'ai (dit l'un) condamné le sang et l'innocence. »
Ce n'était repentir, c'était une sentence
Qu'il prononçait enflé et gros du même esprit
Du démon qui, par force, avoua Jésus-Christ.
   Ce même esprit, prêchant en la publique chaire,
950 Fit écrier Latome à sa fureur dernière :
« Le grand Dieu m'a frappé en ce publique lieu,
Moi qui publiquement blasphémais contre Dieu. »
   Nos yeux mêmes ont vu, en ces derniers orages,
Où cet esprit immonde a semé de ses rages.
955 C'est lui qui a ravi le sens aux insolents,
A Bézigny, Cosseins, à Tavannes sanglants.
Le premier de ces trois a galopé la France
Montrant ses mains au ciel, bourrelles d'innocence :
« Voici, ce disait-il, l'esclave d'un bourreau
960 Qui a sur les agneaux déployé son couteau :

Mon âme pour jamais en sa mémoire tremble,
L'horreur et la pitié la déchirent ensemble. »
     Le second fut frappé aux murs des Rochelois.
On a caché le fruit de ses dernières voix :
965 La vérité pressée a trouvé la lumière,
Car on n'a pu celer sa sentence dernière
Du style du premier, et pour même action
Il prononça mourant sa condamnation.
     Le tiers, qui fut cinquième au conseil des coupables,
970 Bavait plus abruti ; il a semé ses fables
     A l'entour de Paris, et, le changement d'air
Ne le faisant jamais qu'en condamné parler,
Il fut lié : mais plus gêné de conscience,
Satan fut son conseil, l'enfer son espérance.
975 Le cardinal Polus, plein de mêmes démons,
Fut jadis le miroir de ces trois compagnons.
Nous en savons plusieurs que nos honteuses vues
Ont vus nus et bavants et hurlants par les rues,
Prophètes de leur mort, confesseurs de leurs maux,
980 Des nôtres présageurs, enseignements très beaux.
     Il ne faut point penser que vers, couteaux ni flammes
Soient tels que les flambeaux qui attaquent les âmes.
Rien n'est si grand que l'âme : il est très évident
Qu'à l'égard du sujet s'augmente l'accident,
985 Comme selon le bois la flamme est perdurable.
Ces barbares avaient au lieu d'une âme un diable,
Duquel la bouche pleine a par force annoncé
Les crimes de leurs mains, le sang des bons versé,
Le désespoir minant qui leur tient compagnie
990 Rongeant cœur et cerveau jusqu'en fin de la vie.
     Que tu viens à regret charlatan florentin,
Qui de France a sucé, puis mordu le tétin
Comme un cancer mangeur et meurtrier insensible :
Un cancer de sept ans, à toi, aux tiens horrible,
995 T'ôte esprit, sens et sang, un traître et lent effort,
Traître, lent, te faisant charogne avant ta mort,

Empuanti de toi ; et t'atteint la vengeance
Au point que le repos donna trêve à la France.
Excellente duchesse, ici la vérité
1000 A forcé les liens de la proximité :
Dans mon sein allié tu as versé tes plaintes
Du malheur domestic, qui ne seront éteintes,
Non plus que la clameur qui donna gloire à Dieu
Lorsque le condamné publiait par aveu
1005 Qu'en lui, cinquième auteur de l'inique journée,
La vengeance de Dieu s'en allait terminée.

Mais voici les derniers sur lesquels on a vu
Du Dieu fort et jaloux le courroux plus ému,
Quand de ses jugements les principes terribles
1010 A ces cœurs endurcis se sont rendus visibles.

Crescence, cardinal, qui à ton pourmenoir
Te vis accompagné du funèbre chien noir,
Chien qu'on ne put chasser, tu connus ce chien même
Qui t'aboyait au cœur de rage si extrême
1015 Au concile de Trente : et ce même démon
Dont tu ne savois pas la ruse, bien le nom,
Ce chien te fit prévoir non pourvoir à ta perte.
Ta maladie fut en santé découverte.
Il ne te quitta plus du jour qu'il t'eut fait voir
1020 Ton mal, le mal la mort, la mort le désespoir.

Je me hâte à porter dans le fond de ce temple
D'Olivier, chancelier, le tableau et l'exemple.
Cettui-ci, visité du cardinal sans pair,
Sans pair en trahison, sentit saillir d'enfer
1025 Les hôtes de Saül, ou du cardinal même,
Dans son corps plus changé que n'était la mort blême :
Ce corps sec, si caduc qu'il ne levait la main
De l'estomac au front, aussitôt qu'il fut plein
Des dons du cardinal, du bas jusques au faîte,
1030 Enlevait les talons aussitôt que la tête,
Tombait, se redressait, mit en pièces son lit,
S'écria de deux voix : « ô cardinal maudit,

Tu nous fais tous damner ! » Et, à cette parole,
Cette peste s'en va et cette âme s'envole.

1035   Cette force inconnue et ces bonds violents
Eurent même moteur que ces grands mouvements
Que sent encor la France, ou que ceux qui parurent
Quand dans ce cardinal tant de diables moururent :
Au moins eussent plutôt supporté le tombeau
1040 Que de perdre en ce monde un organe si beau.
On a celé sa mort et caché la fumée
Que ce puant flambeau de la France allumée,
Eteint, aura rendu ; mais le courroux des cieux
Donna de ce spectacle une idée à nos yeux.
1045 L'air, noirci de démons ainsi que de nuages,
Creva des quatre parts d'impétueux orages ;
Les vents, les postillons de l'ire du grand Dieu,
Troublés de cet esprit retroublèrent tout lieu ;
Les déluges épais des larmes de la France
1050 Rendirent l'air tout eau de leur noire abondance.
Cet esprit boutefeu, au bondir de ces lieux,
De foudres et d'éclairs mit le feu dans les cieux.
De l'enfer tout fumeux la porte desserrée
A celui qui l'emplit prépara cette entrée ;
1055 La terre s'en creva, la mer enfla ses monts,
Ses monts et non ses flots, pour couler par ses fonds
Mille morts aux enfers, comme si par ces vies
Satan goûtait encor des vieilles inféries
Dont l'odeur lui plaisait, quand les anciens Romains
1060 Sacrifiaient l'humain aux cendres des humains.
L'enfer en triompha, l'air et la terre et l'onde
Refaisant le chaos qui fut avant le monde.
Le combat des démons à ce butin fut tel
Que des chiens la curée au corps de Jézabel,
1065 Ou d'un prince français qui, d'un clas de la sorte,
Fit sonner le maillet de l'infernale porte.

    Scribes, qui demandez aux témoignages saints
Qu'ils fascinent vos yeux de vos miracles feints,

Si vous pouvez user des yeux et des oreilles
1070 Voyez ces monstres hauts, entendez ces merveilles.
Y a-t-il rien commun, trouvez-vous de ces tours
De la sage Nature en l'ordinaire cours ?

Le meurtrier sent le meurtre, et le paillard attise
En son sang le venin, fruit de sa paillardise ;
1075 L'irrité contre Dieu est frappé de courroux ;
Les élevés d'orgueil sont abattus de poux ;
Dieu frappe de frayeur le fendant téméraire,
De feu le boutefeu, de sang le sanguinaire.

Trouvez-vous ces raisons en la chaîne du sort,
1080 Telle proportion de la vie à la mort ?
Est-il vicissitude ou fortune qui puisse,
Fausse et folle, trouver si à point la justice ?
Tels jugements sont-ils d'un égaré cerveau
A qui vos peintres font un ignorant bandeau ?
1085 Sont-ce là des arrêts d'une femme qui roule
Sans yeux, au gré des vents, sur l'inconstante boule :

Troubler tout l'univers pour ceux qui l'ont troublé,
D'un diable emplir le corps d'un esprit endiablé,
A qui espère au mal arracher l'espérance,
1090 Aux prudents contre Dieu la vie et la prudence ?
Oter la voix à ceux qui blasphémaient si fort,
S'ils adjuraient la mort leur envoyer la mort ?
Trancher ceux à morceaux qui détranchaient l'Eglise,
Aux exquis inventeurs donner la peine exquise,
1095 Frapper les froids méchants d'une froide langueur,
Embraser les ardents d'une bouillante ardeur ?
Brider ceux qui bridaient la louange divine,
La vermine du puits étouffer de vermine,
Rendre dedans le sang les sanglants submergés,
1100 Livrer le loup aux loups, le fol aux enragés ?
Pour celui qui enflait le cours d'une harangue
Contre Dieu, l'étouffer d'une enflure de langue ?

J'ai crainte, mon lecteur, que tes esprits lassés
De mes tragiques sens ayent dit : C'est assez !

1105 Certes ce serait trop si nos amères plaintes
Vous contaient des romans les charmeresses feintes.
Je n'écris point à vous, serfs de la vanité,
Mais recevez de moi, enfants de vérité,
Ainsi qu'en un faisceau les terreurs demi-vives,
1110 Testaments d'Antioch, repentances tardives :
Le savoir profané, les soupirs de Spéra
Qui sentit ses forfaits et s'en désespéra ;
Ceux qui dans Orléans, sans chiens et sans morsures,
Furent frappés de rage, à qui les mains impures
1115 Des pères, mères, sœurs et frères, et tuteurs
Ont apporté la fin, tristes exécuteurs ;
De Lizet l'orgueilleux la rude ignominie,
De lui, de son Simon la mortelle manie,
La lèpre de Roma, et celle qu'un plus grand
1120 Pour les siens et pour soi perpétuelle prend ;
Le despoir des Morins, dont l'un à mort se blesse,
Les foyers de Ruzé et de Faye d'Espesse.
　　Ici le haut tonnant sa voix grosse hors met,
Et grêle et soufre et feu sur la terre transmet,
1125 Fait la charge sonner par l'airain du tonnerre ;
Il a la mort, l'enfer, soudoyés pour sa guerre.
Monté dessus le dos des Chérubins mouvants,
Il vole droit, guindé sur les ailes des vents.
Un temps, de son Eglise il soutint l'innocence,
1130 Ne marchant qu'au secours et non à la vengeance ;
Ores aux derniers temps, et aux plus rudes jours,
Il marche à la vengeance et non plus au secours.

LIVRE VII

JUGEMENT

Baisse donc, Eternel, tes hauts cieux pour descendre,
Frappe les monts cornus, fais-les fumer et fendre ;
Loge le pâle effroi, la damnable terreur
Dans le sein qui te hait et qui loge l'erreur ;
5 Donne aux faibles agneaux la salutaire crainte,
La crainte, et non la peur, rende la peur éteinte.
Pour me faire instrument à ces effets divers
Donne force à ma voix, efficace à mes vers ;
A celui qui t'avoue, ou bien qui te renonce,
10 Porte l'heur ou malheur, l'arrêt que je prononce.
Pour néant nous semons, nous arrosons en vain,
Si l'esprit de vertu ne porte de sa main
L'heureux accroissement. Pour les hautes merveilles
Les Pharaons ferrés n'ont point d'yeux, point d'oreilles,
15 Mais Paul et ses pareils à la splendeur d'en haut
Prennent l'étonnement pour changer comme il faut.
Dieu veut que son image en nos cœurs soit empreinte,
Etre craint par amour et non aimé par crainte ;
Il hait la pâle peur d'esclaves fugitifs,
20 Il aime ses enfants amoureux et craintifs.
    Qui seront les premiers sur lesquels je déploie
Ce paquet à malheurs ou de parfaite joie ?
Je viens à vous, des deux fidèle messager,
De la gêne sans fin à qui ne veut changer,

25 Et à qui m'entendra, comme Paul Ananie,
   Ambassadeur portant et la vue et la vie.
      A vous la vie, à vous qui pour Christ la perdez,
   Et qui en la perdant très sûre la rendez,
   La mettez en lieu fort, imprenable, en bonne ombre,
30 N'attachant la victoire et le succès au nombre,
   A vous, soldats sans peur, qui presque en toutes parts
   Voyez vos compagnons par la frayeur épars,
   Ou, par l'espoir de l'or, les fréquentes révoltes,
   Satan qui prend l'ivraie et en fait ses récoltes.
35 Dieu tient son van trieur pour mettre l'aire en point
   Et consumer l'éteule au feu qui ne meurt point.
   Ceux qui à l'eau d'Oreb feront leur ventre boire
   Ne seront point choisis compagnons de victoire.
   Le Gédéon du ciel, que ses frères voulaient
40 Mettre aux mains des tyrans, alors qu'ils les foulaient,
   Détruisant par sa mort un angélique ouvrage,
   Aimant mieux être serfs que suivre un haut courage,
   Le grand Jérubaal n'en tria que trois cents,
   Prenant les diligents pour dompter les puissants,
45 Vainqueur maugré les siens, qui, par poltronnerie,
   Refusaient à son heur l'assistance et la vie.
   Quand vous verrez encor les asservis mâtins
   Dire : « Nous sommes serfs des princes philistins »,
   Vendre à leurs ennemis leurs Samsons et leurs braves,
50 Sortez trois cents choisis, et de cœurs non esclaves,
   Sans compter Israël ; lappez en hâte l'eau,
   Et Madian sera défait par son couteau.
   Les trente mille avaient ôté l'air à vos faces :
   A vos fronts triomphants ils vont quitter leurs places.
55 Vos grands vous étouffaient, magnanimes guerriers :
   Vous lèverez en haut la cime à vos lauriers.
   Du fertil champ d'honneur Dieu cercle ces épines
   Pour en faire sucer l'humeur à vos racines.
   Si même de vos troncs vous voyez assécher
60 Les rameaux vos germains, c'est qu'ils soulaient cacher

Et vos fleurs et vos fruits et vos branches plus vertes,
Qui plus rempliront l'air étant plus découvertes.
  Telle est du sacré mont la génération
Qui au sein de Jacob met son affection.
65 Le jour s'approche auquel auront ces débonnaires
Fermes prospérités, victoires ordinaires ;
Voire dedans leurs lits il faudra qu'on les oie
S'égayer en chantant de tressaillante joie.
Ils auront tout d'un temps à la bouche leurs chants
70 Et porteront au poing un glaive à deux tranchants
Pour fouler à leurs pieds, pour détruire et défaire
Des ennemis de Dieu la canaille adversaire,
Voire pour empoigner et mener prisonniers
Les Empereurs, les Rois, et princes les plus fiers,
75 Les mettre aux ceps, aux fers, punir leur arrogance
Par les effets sanglants d'une juste vengeance ;
Si que ton pied vainqueur tout entier baignera
Dans le sang qui du meurtre à tas regorgera,
Et dedans le canal de la tuerie extrême
80 Les chiens se gorgeront du sang de leur chef même.
  Je retourne à la gauche, ô esclaves tondus,
Aux diables faux marchands et pour néant vendus !
Vous leur avez vendu, livré, donné en proie
Ame, sang, vie, honneur : où en est la monnoie ?
85 Je vous vois là cachés, vous que la peur de mort
A fait si mal choisir l'abîme pour le port,
Vous dans l'esprit desquels une frivole crainte
A la crainte de Dieu et de l'enfer éteinte,
Que l'or faux, l'honneur vain, les serviles états
90 Ont rendus révoltés, parjures, apostats ;
De qui les genoux las, les inconstances molles
Ploient, au gré des vents, aux pieds de leurs idoles ;
Les uns qui de soupirs montrent ouvertement
Que le fourneau du sein est enflé de tourment ;
95 Les autres, devenus stupides par usance,
Font dormir, sans tuer, la pâle conscience,

Qui se réveille et met, forte par son repos,
Ses aiguillons crochus dans les moelles des os.
      Maquignons de Satan, qui, par espoirs et craintes,
100 Par feintes piétés et par charités feintes,
Diligents charlatans, pipez et maniez
Nos rebelles fuitifs, nos excommuniés,
Vous vous éjouissez étant retraits de vices
Et puants excréments : gardez nos immondices,
105 Nos rogneuses brebis, les pestes du troupeau,
Ou gales que l'Eglise arrache de sa peau.

      Je vous en veux à vous, apostats dégénères,
Qui léchez le sang frais tout fumant de vos pères
Sur les pieds des tueurs, serfs qui avez servi
110 Les bras qui ont la vie à vos pères ravi !
Vos pères sortiront des tombeaux effroyables,
Leurs images au moins paraîtront vénérables
A vos sens abattus, et vous verrez le sang
Qui mêle sur leur chef les touffes de poil blanc,
115 Du poil blanc hérissé de vos poltronneries :
Ces morts reprocheront le présent de vos vies.
En lavant pour dîner avec ces inhumains,
Ces pères saisiront vos inutiles mains,
En disant : « Vois-tu pas que tes mains fainéantes
120 Lavent sous celles-là qui, de mon sang gouttantes,
Se purgent dessus toi et versent mon courroux
Sur ta vilaine peau, qui se lave dessous ?
Ceux qui ont retranché les honteuses parties,
Les oreilles, les nez, en triomphe des vies,
125 En ont fait les cordons des infâmes chapeaux,
Les enfants de ceux-là caressent tels bourreaux !
O esclave coquin, celui que tu salues
De ce puant chapeau épouvante les rues,
Et te salue en serf : un esclave de cœur
130 N'achèterait sa vie à tant de déshonneur !
Fais pour ton père, au moins, ce que fit pour son maître
Un serf (mais vieux Romain), qui se fit méconnaître

De coups en son visage, et fit si bel effort
De venger son Posthume et puis si belle mort ! »
135 Vous armez contre nous, vous aimez mieux la vie
Et devenir bourreaux de votre compagnie,
Vilains marchands de vous qui avez mis à prix
Le libre respirer de vos puants esprits,
Assassins pour du pain, meurtriers pâles et blêmes,
140 Coupe-jarrets, bourreaux d'autrui et de vous-mêmes !
Vous cherchez de l'honneur, parricides bâtards,
Or courez aux assauts et volez aux hasards.
Vous baverez en vain le vin de vos bravades ;
Cherchez, gladiateurs, en vain les estocades.
145 Vous n'auriez plus d'honneur, n'osant vous ressentir
Ou d'un soufflet reçu ou d'un seul démentir ?
Démentir ne soufflet ne sont tel vitupère
Que d'être le valet du bourreau de son père.
Vos pères ont changé en retraits les hauts lieux,
150 Ils ont foulé aux pieds l'hostie et les faux dieux :
Vous apprendrez, valets, en honteuse vieillesse
A chanter au lettrain et répondre à la messe.
Trois Bourbons, autrefois de Rome la terreur,
Pourraient-ils voir du ciel, sans ire et sans horreur,
155 Leur ingrat successeur quitter leur trace et être
A rincer la canette, humble valet d'un prêtre,
Lui retordre la queue, et d'un cierge porté
Faire amende honorable à Satan redouté ?
Bourbon, que dirais-tu de ta race honteuse ?
160 Tu dirais, je le sais, que ta race est douteuse.
Ils ressusciteront ces pères triomphants,
Vous ressusciterez, détestables enfants :
Et honteux, condamnés sans fuites ni refuges,
Vos pères de ce temps alors seront vos juges.
165 Vrai est que les tyrans avec inique soin
Vous mirent à leurs pieds, en rejetant au loin
La véritable voix de tous clients fidèles,
Avec art vous privant de leurs sûres nouvelles.

Ils vous ont empêché d'apprendre que Louys,
170 Et comment il mourut pour Christ et son pays ;
Ils vous ont dérobé de vos aïeuls la gloire,
Imbu votre berceau de fables pour histoire,
Choisi, pour vous former en moines et cagots,
Ou des galants sans Dieu ou des pédants bigots.
175   Princes, qui vomissant la salutaire grâce
Tournez au ciel le dos et à l'enfer la face,
Qui, pour régner ici, esclaves vous rendez
Sans mesurer le gain à ce que vous perdez,
Vous faites éclater aux temples vos musiques :
180 Votre chute fera hurler vos domestiques.
Au jour de votre change on vous pare de blanc :
Au jour de son courroux Dieu vous couvre de sang.
Vous avez pris le pli d'athéistes profanes,
Aimé pour paradis les pompes courtisanes ;
185 Nourris d'un lait esclave, ainsi assujettis,
Le sens vainquit le sang et vous fit abrutis.
   Ainsi de Scanderbeg l'enfance fut ravie
Sous de tels précepteurs, sa nature asservie
En un sérail coquin ; de délices friant,
190 Il huma pour son lait la grandeur d'Orient,
Par la voix des muphtis on emplit ses oreilles
Des faits de Mahomet et miracles de vieilles.
Mais le bon sang vainquit l'illusion des sens,
Lui faisant mépriser tant d'arborés croissants,
195 Les armes qui faisaient courber toute la terre,
Pour au grand Empereur oser faire la guerre
Par un petit troupeau ruiné, mal en point ;
Se fit chef de ceux qui ne le connaissaient point.
De là tant de combats, tant de faits, tant de gloire
200 Que chacun les peut lire et nul ne les peut croire.
Le ciel n'est plus si riche à nos nativités,
Il ne nous départ plus de générosités,
Ou bien nous trouverions de ces engeances hautes
Si les mères du siècle y faisaient moins de fautes :

205 Ces œufs en un nid ponds, et en l'autre couvés,
      Se trouvent œufs d'aspic quand ils sont éprouvés ;
      Plus tôt ne sont éclos que ces mortels vipères
      Fichent l'ingrat fiçon dans le sein des faux pères.
      Ou c'est que le règne est à servir condamné,
210 Ennemi de vertu et d'elle abandonné.
      Quand le terme est échu des divines justices,
      Les cœurs abâtardis sont infectés de vices ;
      Dieu frappe le dedans, ôte premièrement
      Et retire le don de leur entendement ;
215 Puis, sur le coup qu'il veut nous livrer en servage,
      Il fait fondre le cœur et sécher le courage.
         Or cependant, voici que promet sûrement,
      Comme petits portraits du futur jugement,
      L'Eternel aux méchants, et sa colère ferme
220 N'oublie, ains par rigueur se payera du terme.
      Il n'y a rien du mien ni de l'homme en ce lieu,
      Voici les propres mots des organes de Dieu :
         « Vous qui persécutez par fer mon héritage,
      Vos flancs ressentiront le prix de votre ouvrage,
225 Car je vous frapperai d'épais aveuglements,
      Des plaies de l'Egypte et de forcènements.
      Princes, qui commettez contre moi félonie,
      Je vous arracherai le sceptre avant la vie ;
      Vos filles se vendront, à vos yeux impuissants
230 On les violera : leurs effrois languissants
      De vos bras enferrés n'auront point d'assistance.
      Vos valets vous vendront à la brute puissance
      De l'avare acheteur, pour tirer en sueurs
      De vos corps, goutte à goutte, autant ou plus de pleurs
235 Que vos commandements n'en ont versé par terre.
      Vermisseaux impuissants, vous m'avez fait la guerre,
      Vos mains ont châtié la famille de Dieu,
      O verges de mon peuple, et vous irez au feu.
      Vous, barbares cités, quittez le nom de France
240 Attendant les esprits de la haute vengeance,

Vous qui de faux parfums enfumâtes l'éther,
Qui de si bas avez pu le ciel irriter ;
Il faut que ces vengeurs en vous justice rendent,
Que pour les recevoir vos murailles se fendent,
245 Et, comme en Hiéricho, vos bastions soient mis
En poudre, aux yeux, aux voix des braves ennemis ;
Vous, sanglantes cités, Sodomes aveuglées,
Qui, d'aveugles courroux contre Dieu déréglées,
N'avez transi d'horreur aux visages transis,
250 Puantes de la chair, du sang de mes occis.
  « Entre toutes, Paris, Dieu en son cœur imprime
Tes enfants qui criaient sur la Hiérosolime,
A ce funeste jour que l'on la détruisait.
L'Eternel se souvient que chacun d'eux disait :
255 A sac, l'Eglise ! à sac ! qu'elle soit embrasée
Et jusqu'au dernier pied des fondements rasée !
Mais tu seras un jour labourée en sillons,
Babel, où l'on verra les os et les charbons,
Restes de ton palais et de ton marbre en cendre.
260 Bienheureux l'étranger qui te saura bien rendre
La rouge cruauté que tu as su chercher ;
Juste le reître noir, volant pour arracher
Tes enfants acharnés à ta mamelle impure,
Pour les froisser brisés contre la pierre dure ;
265 Maudit sera le fruit que tu tiens en tes bras,
Dieu maudira du ciel ce que tu béniras ;
Puante jusqu'au ciel, l'œil de Dieu te déteste,
Il attache à ton dos la dévorante peste,
Et le glaive et la faim, dont il fera mourir
270 Ta jeunesse et ton nom pour tout jamais périr
Sous toi, Hiérusalem meurtrière, révoltée,
Hiérusalem qui es Babel ensanglantée.
  « Comme en Hiérusalem diverses factions
Doubleront par les tiens tes persécutions,
275 Comme en Hiérusalem de tes portes rebelles
Tes mutins te feront prisons et citadelles ;

Ainsi qu'en elle encor tes bourgeois affolés,
Tes boutefeux prendront le faux nom de zélés.
Tu mangeras comme elle un jour la chair humaine,
280 Tu subiras le joug pour la fin de ta peine,
Puis tu auras repos : ce repos sera tel
Que reçoit le mourant avant l'accès mortel.
Juifs parisiens, très justement vous êtes
Comme eux traîtres, comme eux massacreurs des
prophètes :
285 Je vois courir ces maux, approcher je les vois
Au siège languissant, par la main de ton Roi.
  « Cités ivres de sang, et encore altérées,
Qui avez soif de sang et de sang enivrées,
Vous sentirez de Dieu l'épouvantable main :
290 Vos terres seront fer, et votre ciel d'airain,
Ciel qui au lieu de pluie envoie sang et poudre,
Terre de qui les blés n'attendent que le foudre.
Vous ne semez que vent en stériles sillons,
Vous n'y moissonnerez que volants tourbillons,
295 Qui à vos yeux pleurants, folle et vaine canaille,
Feront pirouetter les épis et la paille.
Ce qui en restera et deviendra du grain
D'une bouche étrangère étanchera la faim.
Dieu suscite de loin, comme une épaisse nue,
300 Un peuple tout sauvage, une gent inconnue,
Impudente du front, qui n'aura, triomphant,
Ni respect du vieillard ni pitié de l'enfant,
A qui ne servira la piteuse harangue :
Tes passions n'auront l'usage de la langue.
305 De tes faux citoyens les détestables corps
Et les chefs traîneront, exposés au-dehors :
Les corbeaux éjouis, tout gorgés de charongne,
Ne verront alentour aucun qui les éloigne.
Tes ennemis feront, au milieu de leur camp,
310 Foire de tes plus forts, qui vendus à l'encan
Ne seront enchéris. Aux villes assiégées

L'œil have et affamé des femmes enragées
Regardera la chair de leurs maris aimés ;
Les maris forcenés lanceront affamés
315 Les regards allouvis sur les femmes aimées,
Et les déchireront de leurs dents affamées.
Quoi plus ? celles qui lors en deuil enfanteront
Les enfants demi-nés du ventre arracheront,
Et du ventre à la bouche, afin qu'elles survivent,
320 Porteront l'avorton et les peaux qui le suivent. »
　　Ce sont du jugement à venir quelques traits,
De l'enfer préparé les débiles portraits ;
Ce ne sont que miroirs des peines éternelles :
O quels seront les corps dont les ombres sont telles !
325 　Athéistes vaincus, votre infidélité
N'amusera le cours de la Divinité ;
L'Eternel jugera et les corps et les âmes,
Les bénis à la gloire et les autres aux flammes.
Le corps cause du mal, complice du péché,
330 Des verges de l'esprit est justement touché.
Il est cause du mal : du juste la justice
Ne versera sur l'un de tous deux le supplice.
De ce corps les cinq sens ont ému les désirs ;
Les membres, leurs valets, ont servi aux plaisirs :
335 Encor plus criminels sont ceux-là qui incitent.
Or, s'il les faut punir, il faut qu'ils ressuscitent.
Je dis plus, que la chair par contagion rend
Violence à l'esprit qui longtemps se défend :
Elle, qui de raison son âme pille et prive,
340 Il faut que pour sentir la peine elle revive.
　　N'apportez point ici, Sadduciens pervers,
Les corps mangés des loups : qui les tire des vers
Des loups les tirera. Si on demande comme
Un homme sortira hors de la chair de l'homme
345 Qui l'aura dévoré, quand l'homme par la faim
Aux hommes a servi de viande et de pain,
En vain vous avez peur que la chair dévorée

Soit en dispute à deux : la nature ne crée
Nulle confusion parmi les éléments,
350 Elle sait distinguer d'entre les excréments
L'ordre qu'elle se garde ; ainsi elle demande
A l'estomac entière et pure la viande,
La nourriture impropre est sans corruption
Au feu de l'estomac par l'indigestion.
355 Et Nature, qui est grand principe de vie,
N'a-t-elle le pouvoir qu'aura la maladie ?
Elle, qui du confus de tout tempérament
Fait un germe parfait tiré subtilement,
Ne peut-elle choisir de la grande matière
360 La naissance seconde ainsi que la première ?
    Enfants de vanité, qui voulez tout poli,
A qui le style saint ne semble assez joli,
Qui voulez tout coulant, et coulez périssables
Dans l'éternel oubli, endurez mes vocables
365 Longs et rudes ; et, puisque les oracles saints
Ne vous émeuvent pas, aux philosophes vains
Vous trouverez encore, en doctrine cachée,
La résurrection par leurs écrits prêchée.
    Ils ont chanté que quand les esprits bienheureux
370 Par la voie de lait auront fait nouveaux feux,
Le grand moteur fera, par ses métamorphoses,
Retourner mêmes corps au retour de leurs causes.
L'air, qui prend de nouveau toujours de nouveaux corps,
Pour loger les derniers met les premiers dehors ;
375 Le feu, la terre et l'eau en font de même sorte.
Le départ éloigné de la matière morte
Fait son rond et retourne encore en même lieu,
Et ce tour sent toujours la présence de Dieu.
Ainsi le changement ne sera la fin nôtre,
380 Il nous change en nous-même et non point en un autre,
Il cherche son état, fin de son action :
C'est au second repos qu'est la perfection.
Les éléments, muant en leurs règles et sortes,

Rappellent sans cesse les créatures mortes
385 En nouveaux changements : le but et le plaisir
N'est pas là, car changer est signe de désir.
Mais quand le ciel aura achevé la mesure,
Le rond de tous ses ronds, la parfaite figure,
Lorsque son encyclie aura parfait son cours
390 Et ses membres unis pour la fin de ses tours,
Rien ne s'engendrera : le temps, qui tout consomme,
En l'homme amènera ce qui fut fait pour l'homme ;
Lors la matière aura son repos, son plaisir,
La fin du mouvement et la fin du désir.
395   Quant à tous autres corps qui ne pourront renaître,
Leur être et leur état était de ne plus être.
L'homme, seul raisonnable, eut l'âme de raison ;
Cette âme unit à soi, d'entière liaison,
Ce corps essentié du pur de la nature
400 Qui doit durer autant que la nature dure.
Les corps des bêtes sont de nature excrément,
Desquels elle se purge et dispose autrement,
Comme matérielle étant leur forme, et pource
Que de matière elle a sa puissance et sa source,
405 Cette puissance mise en acte par le corps.
Mais l'âme des humains toute vient du dehors ;
Et l'homme, qui raisonne une gloire éternelle,
Hôte d'éternité, se fera tel comme elle.
L'âme, toute divine, eut inclination
410 A son corps, et cette âme, à sa perfection,
Pourra-t-elle manquer de ce qu'elle souhaite,
Oublier ou changer sans se faire imparfaite ?
Ce principe est très vrai que l'instinct naturel
Ne souffre manquement qui soit perpétuel.
415 Quand nous considérons l'airain qui s'achemine
De la terre bien cuite en métal, de la mine
Au fourneau ; du fourneau on l'affine ; l'ouvrier
Le mène à son dessein pour fondre un chandelier :
Nul de tous ces états n'est la fin, sinon celle

420 Qu'avait l'entrepreneur pour but en sa cervelle.
Notre efformation, notre dernier repos
Est selon l'exemplaire et le but et propos
De la cause première : âme qui n'est guidée
De prototype, étant soi-même son idée.
425 L'homme à sa gloire est fait : telle création
Du but de l'Eternel prend efformation.
Ce qui est surcéleste et sur nos connaissances,
Partage du très pur et des intelligences,
(Si lieu se peut nommer) sera le sacré lieu
430 Anobli du changer, habitacle de Dieu ;
Mais ce qui a servi au monde sous-céleste,
Quoique très excellent, suivra l'état du reste.
L'homme, de qui l'esprit et penser est porté
Dessus les cieux des cieux, vers la Divinité,
435 A servir, adorer, contempler et connaître,
Puisqu'il n'y a mortel que l'abject du bas être,
Est exempt de la loi qui sous la mort le rend
Et de ce privilège a le ciel pour garant.
     Si aurez-vous, païens, pour juges vos pensées,
440 Sans y penser au vent par vous-mêmes poussées
En vos laborieux et si doctes écrits,
Où entiers vous voulez, compagnons des esprits,
Avoir droit quelque jour : de vos sens le service,
Et vos doigts auraient-ils fait un si haut office
445 Pour n'y participer ? Nenni, vos nobles cœurs,
Pour des esprits ingrats n'ont semé leurs labeurs.
Si vos sens eussent cru s'en aller en fumée
Ils n'eussent tant sué pour la grand renommée.
Les pointes de Memphis, ses grands arcs triomphaux,
450 Obélisques logeant les cendres aux lieux hauts,
Les travaux sans utile élevés pour la gloire
Promettaient à vos sens part en cette mémoire.
     Qu'ai-je dit de la cendre élevée en haut lieu ?
Ajoutons que le corps n'était mis au milieu
455 Des bustes ou bûchers, mais en cime à la pointe,

Et, pour montrer n'avoir toute espérance éteinte,
La face découverte, ouverte vers les cieux,
Vide d'esprit, pour soi espérait quelque mieux.
Mais à quoi pour les corps ces dépenses étranges,
460 Si ces corps n'étaient plus que cendres et que fanges ?
A quoi tant pour un rien ? à quoi les rudes lois
Qui arment les tombeaux de franchises et droits
Dont vous aviez orné les corps morts de vos pères ?
Appelez-vous en vain sacrés vos cemitières !
465 Ces portraits excellents, gardés de père en fils,
De bronze pour durer, de marbre, d'or exquis,
Ont-ils portrait les corps, ou l'âme qui s'envole ?
La Reine de Carie a mis pour son Mausole
Tant de marbre et d'ivoire, et, qui plus est encor
470 Que l'ivoire et le marbre, elle a pour son trésor
En garde à son cher cœur cette cendre commise :
Son sein fut un sépulcre ; et la brave Artémise
A de l'antiquité les proses et les vers.
Elle a fait exalter par tout cet univers
475 Son ouvrage construit d'étoffe non-pareille,
Vous en avez dressé la seconde merveille :
Vos sages auraient-ils tant écrit et si bien
A chanter un erreur, à exalter un rien ?
    Vous appelez divins les deux où je veux prendre
480 Ces axiomes vrais : oyez chanter Pymandre,
Apprenez dessous lui les secrets qu'il apprend
De Mercure, par vous nommé trois fois très grand.
    De tout la gloire est Dieu ; cette essence divine
Est de l'universel principe et origine ;
485 Dieu, Nature et pensée, est en soi seulement
Acte, nécessité, fin, renouvellement.
A son point il conduit astres et influences
En cercles moindres, grands sous leurs intelligences,
Ou anges par qui sont les esprits arrêtés
490 Dès la huitième sphère à leur corps apprêtés,
Démons distributeurs des renaissantes vies

Et des arrêts qu'avaient écrits les encyclies.
Ces officiers du ciel, diligents et discrets,
Administrent du ciel les mystères secrets,
495 Et insensiblement ménagent en ce monde
De naître et de finir toute cause seconde.
Tout arbre, graine, fleur, et bête tient de quoi
Se resemer soi-même et revivre par soi.
Mais la race de l'homme a la tête levée,
500 Pour commander à tout chèrement réservée :
Un témoin de Nature à discerner le mieux,
Augmenter, se mêler dans les discours des dieux.
A connaître leur être et nature et puissance,
A prononcer des bons et mauvais la sentence.
505 Cela se doit résoudre et finir hautement
En ce qui produira un ample enseignement.
Quand des divinités le cercle renouvelle,
Le monde a conspiré que Nature éternelle
Se maintienne par soi, puisse pour ne périr
510 Revivre de sa mort et sèche refleurir.
Voyez dedans l'ouvroir du curieux chimique :
Quand des plantes l'esprit et le sel il pratique,
Il réduit tout en cendre, en fait lessive, et fait
De cette mort revivre un ouvrage parfait.
515 L'exemplaire secret des idées encloses
Au sépulcre ranime et les lis et les roses,
Racines et rameaux, tiges, feuilles et fleurs
Qui font briller aux yeux les plus vives couleurs,
Ayant le feu pour père, et pour mère la cendre.
520 Leur résurrection doit aux craintifs apprendre
Que les brûlés, desquels on met la cendre au vent,
Se relèvent plus vifs et plus beaux que devant.
Que si Nature fait tels miracles aux plantes
Qui meurent tous les ans, tous les ans renaissantes,
525 Elle a d'autres secrets et trésors de grand prix
Pour le prince établi au terrestre pourpris.
Le monde est animant, immortel ; il n'endure

Qu'un de ses membres chers autant que lui ne dure :
Ce membre de haut prix, c'est l'homme raisonnant,
530 Du premier animal le chef-d'œuvre éminent ;
Et quand la mort dissout son corps, elle ne tue
Le germe non mortel qui le tout restitue.
La dissolution qu'ont soufferte les morts
Les prive de leurs sens, mais ne détruit les corps ;
535 Son office n'est pas que ce qui est périsse,
Bien, que tout le caduc renaisse et rajeunisse.
Nul esprit ne peut naître, il paraît de nouveau ;
L'esprit n'oublie point ce qui reste au tombeau.
Soit l'image de Dieu l'éternité profonde,
540 De cette éternité soit l'image le monde,
Du monde le soleil sera l'image et l'œil,
Et l'homme est en ce monde image du soleil.
Païens, qui adorez l'image de Nature,
En qui la vive voix, l'exemple et l'Ecriture
545 N'autorise le vrai, qui dites : « Je ne crois
Si du doigt et de l'œil je ne touche et ne vois »,
Croyez comme Thomas, au moins après la vue.
Il ne faut point voler au-dessus de la nue,
La terre offre à vos sens de quoi le vrai sentir,
550 Pour vous convaincre assez, sinon vous convertir.
La terre en plusieurs lieux conserve sans dommage
Les corps, si que les fils marquent de leur lignage,
Jusques à cent degrés, les organes parés
A loger les esprits qui furent séparés ;
555 Nature ne les veut frustrer de leur attente.
Tel spectacle en Aran à qui veut se présente.
Mais qui veut voir le Caire, et en un lieu préfix
Le miracle plus grand de l'antique Memphis,
Justement curieux et pour s'instruire prenne
560 Autant, ou un peu moins de péril et de peine
Que le bigot séduit, qui de femme et d'enfants
Oublie l'amitié, pour abréger ses ans
Au labeur trop ingrat d'un sot et long voyage.

Si de Syrte et Charybde il ne tombe au naufrage,
565 Si de peste il ne meurt, du mal de mer, du chaud,
Si le corsaire turc le navire n'assaut,
Ne le met à la chiourme, et puis ne l'endoctrine
A coups d'un roide nerf à ployer sur l'échine,
Il voit Jérusalem et le lieu supposé
570 Où le Turc menteur dit que Christ a reposé,
Rit et vend cher son ris : les sottes compagnies
Des pèlerins s'en vont, affrontés de vanies.
Ce voyage est fâcheux, mais plus rude est celui
Que les faux musulmans font encore aujourd'hui,
575 Soit des deux bords voisins de l'Europe et d'Asie,
Soit de l'Archipelage ou de la Natolie,
Ceux qui boivent d'Euphrate ou du Tigre les eaux,
Auxquels il faut passer les périlleux monceaux
Et percer les brigands d'Arabie déserte,
580 Ou ceux de Tripoli, de Panorme, Biserte,
Le riche Egyptien et les voisins du Nil.
Ceux-là vont méprisant tout labeur, tout péril
De la soif sans liqueur, des tourmentes de sables
Qui enterrent dans soi tout vifs les misérables ;
585 Qui à pied, qui sur l'âne, ou lié comme un veau
A ondes va pelant les bosses d'un chameau,
Pour voir le Mecque, ou bien Talnaby de Médine.
Là cette caravane et bigote et badine
Adore Mahomet dans le fer étendu,
590 Que la voûte d'aimant tient en l'air suspendu ;
Là se crève les yeux la bande musulmane
Pour, après lieu si saint, ne voir chose profane.
  Je donne moins de peine aux curieux païens,
Des chemins plus aisés, plus faciles moyens.
595 Tous les puissants marchands de ce nôtre hémisphère
Comptent pour pourmenoir le chemin du grand Caire :
Là près est la colline où vont de toutes parts
Au point de l'équinoxe, au vingt-cinq de Mars,
La gent qui comme un camp loge dessous la tente,

600 Quand la terre paraît verte, ressuscitante,
    Pour voir le grand tableau qu'Ezéchiel dépeint,
    Merveille bien visible et miracle non feint,
    La résurrection ; car de ce nom l'appelle
    Toute gent qui court là, l'un pour chose nouvelle,
605 L'autre pour y chercher avec la nouveauté
    Un bain miraculeux, ministre de santé.
    L'œil se plaît en ce lieu, et puis des mains l'usage
    Redonne aux yeux troublés un ferme témoignage.
    On voit les os couverts de nerfs, les nerfs de peau,
610 La tête de cheveux ; on voit, à ce tombeau,
    Percer en mille endroits les arènes bouillantes
    De jambes et de bras et de têtes grouillantes.
    D'un coup d'œil on peut voir vingt mille spectateurs
    Soupçonner ce qu'on voit, muets admirateurs ;
615 Peu ou point, élevant ces œuvres non-pareilles,
    Lèvent le doigt en haut vers le Dieu des merveilles.
    Quelqu'un, d'un jeune enfant, en ce troupeau, voyant
    Les cheveux crêpelus, le teint frais, l'œil riant,
    L'empoigne, mais, oyant crier un barbe grise
620 *Ante matharafde kali*, quitte la prise.
        De père en fils, l'Eglise a dit qu'au temps passé
    Un troupeau de chrétiens, pour prier amassé,
    Fut en pièces taillé par les mains infidèles
    Et rendit en ce lieu les âmes immortelles,
625 Qui, pour donner au corps gage de leurs amours,
    Leur donnent tous les ans leur présence trois jours.
    Ainsi, le ciel d'accord uni à votre mère,
    Ces deux, fils de la terre, en ce lieu veulent faire
    Votre leçon, daignant en ce point s'approcher
630 Pour un jour leur miracle à vos yeux reprocher.
        Doncques chacun de vous, pauvres païens, contemple,
    Par l'effort des raisons ou celui de l'exemple,
    Ce que jadis sentit le troupeau tant prisé
    Des écrits où Nature avait thésaurisé,
635 Bien que du sens la taie eût occupé leur vue,

Qu'il y ait toujours eu le voile de la nue
Entre eux et le soleil : leur manque, leur défaut
Vous fasse désirer de vous lever plus haut.
Haussez-vous sur les monts que le soleil redore,
640 Et vous prendrez plaisir de voir plus haut encore.
Ces hauts monts que je dis sont prophètes, qui font
Demeure sur les lieux où les nuages sont ;
C'est le cahier sacré, le palais des lumières ;
Les sciences, les arts ne sont que chambrières.
645 Suivez, aimez Sara, si vous avez dessein
D'être fils d'Abraham, retirés en son sein :
Là les corps des humains et les âmes humaines,
Unis aux grands triomphes aussi bien comme aux peines,
Se rejoindront ensemble, et prendront en ce lieu
650 Dans leurs fronts honorés l'image du grand Dieu.
    Réjouissez-vous donc, ô vous âmes célestes ;
Car vous vous referez de vos piteuses restes ;
Réjouissez-vous donc, corps guéris du mépris,
Heureux vous reprendrez vos plus heureux esprits.
655 Vous voulûtes, esprits, et le ciel et l'air fendre
Pour aux corps préparés du haut du ciel descendre,
Vous les cherchâtes lors : ore ils vous chercheront,
Ces corps par vous aimés encor vous aimeront.
Vous vous fîtes mortels pour vos pauvres femelles,
660 Elles s'en vont pour vous et par vous immortelles.
    Mais quoi ! c'est trop chanté, il faut tourner les yeux
Eblouis de rayons dans le chemin des cieux.
C'est fait, Dieu vient régner, de toute prophétie
Se voit la période à ce point accomplie.
665 La terre ouvre son sein, du ventre des tombeaux
Naissent des enterrés les visages nouveaux :
Du pré, du bois, du champ, presque de toutes places
Sortent les corps nouveaux et les nouvelles faces.
Ici les fondements des châteaux rehaussés
670 Par les ressuscitants promptement sont percés ;
Ici un arbre sent des bras de sa racine

Grouiller un chef vivant, sortir une poitrine ;
Là l'eau trouble bouillonne, et puis s'éparpillant
Sent en soi des cheveux et un chef s'éveillant.
675 Comme un nageur venant du profond de son plonge,
Tous sortent de la mort comme l'on sort d'un songe.
Les corps par les tyrans autrefois déchirés
Se sont en un moment en leurs corps asserrés,
Bien qu'un bras ait vogué par la mer écumeuse
680 De l'Afrique brûlée en Tylé froiduleuse.
Les cendres des brûlés volent de toutes parts ;
Les brins plus tôt unis qu'ils ne furent épars
Viennent à leur poteau, en cette heureuse place,
Riants au ciel riant d'une agréable audace.
685   Le curieux s'enquiert si le vieux et l'enfant
Tels qu'ils sont jouiront de l'état triomphant,
Leurs corps n'étant parfaits, ou défaits en vieillesse ?
Sur quoi la plus hardie ou plus haute sagesse
Ose présupposer que la perfection
690 Veut en l'âge parfait son élévation,
Et la marquent au point des trente-trois années
Qui étaient en Jésus closes et terminées
Quand il quitta la terre et changea, glorieux,
La croix et le sépulcre au tribunal des cieux.
695   Venons de cette douce et pieuse pensée
A celle qui nous est aux saints écrits laissée.
   Voici le Fils de l'homme et du grand Dieu le Fils,
Le voici arrivé à son terme préfix.
Déjà l'air retentit et la trompette sonne,
700 Le bon prend assurance et le méchant s'étonne.
Les vivants sont saisis d'un feu de mouvement,
Ils sentent mort et vie en un prompt changement,
En une période ils sentent leurs extrêmes ;
Ils ne se trouvent plus eux-mêmes comme eux-mêmes,
705 Une autre volonté et un autre savoir
Leur arrache des yeux le plaisir de se voir,
Le ciel ravit leurs yeux : des yeux premiers l'usage

N'eût pu du nouveau ciel porter le beau visage.
L'autre ciel, l'autre terre ont cependant fui,
710 Tout ce qui fut mortel se perd évanoui.
Les fleuves sont séchés, la grand mer se dérobe,
Il fallait que la terre allât changer de robe.
Montagnes, vous sentez douleurs d'enfantements ;
Vous fuyez comme agneaux, ô simples éléments !
715 Cachez-vous, changez-vous ; rien mortel ne supporte
Le front de l'Eternel ni sa voix rude et forte.
Dieu paraît : le nuage entre lui et nos yeux
S'est tiré à l'écart, il s'est armé de feux ;
Le ciel neuf retentit du son de ses louanges ;
720 L'air n'est plus que rayons tant il est semé d'Anges,
Tout l'air n'est qu'un soleil ; le soleil radieux
N'est qu'une noire nuit au regard de ses yeux,
Car il brûle le feu, au soleil il éclaire,
Le centre n'a plus d'ombre et ne fuit sa lumière.
725 Un grand Ange s'écrie à toutes nations :
« Venez répondre ici de toutes actions,
L'Eternel veut juger. » Toutes âmes venues
Font leurs sièges en rond en la voûte des nues,
Et là les Chérubins ont au milieu planté
730 Un trône rayonnant de sainte majesté.
Il n'en sort que merveille et qu'ardente lumière,
Le soleil n'est pas fait d'une étoffe si claire ;
L'amas de tous vivants en attend justement
La désolation ou le contentement.
735 Les bons du Saint Esprit sentent le témoignage,
L'aise leur saute au cœur et s'épand au visage :
Car s'ils doivent beaucoup, Dieu leur en a fait don ;
Ils sont vêtus de blanc et lavés de pardon.
O tribus de Juda ! vous êtes à la dextre ;
740 Edom, Moab, Agar tremblent à la senestre.
Les tyrans abattus, pâles et criminels,
Changent leurs vains honneurs aux tourments éternels ;
Ils n'ont plus dans le front la furieuse audace,

Ils souffrent en tremblant l'impérieuse face,
745 Face qu'ils ont frappée, et remarquent assez
Le chef, les membres saints qu'ils avaient transpercés :
Ils le virent lié, le voici les mains hautes,
Ces sévères sourcils viennent conter leurs fautes ;
L'innocence a changé sa crainte en majestés,
750 Son roseau en acier tranchant des deux côtés,
Sa croix au tribunal de présence divine ;
Le ciel l'a couronné, mais ce n'est plus d'épine.
Ores viennent trembler à cet acte dernier
Les condamneurs aux pieds du juste prisonnier.
755　Voici le grand héraut d'une étrange nouvelle,
Le messager de mort, mais de mort éternelle.
Qui se cache, qui fuit devant les yeux de Dieu ?
Vous, Caïns fugitifs, où trouverez-vous lieu ?
Quand vous auriez les vents collés sous vos aisselles,
760 Ou quand l'aube du jour vous prêterait ses ailes,
Les monts vous ouvriraient le plus profond rocher,
Quand la nuit tâcherait en sa nuit vous cacher,
Vous enceindre la mer, vous enlever la nue,
Vous ne fuiriez de Dieu ni le doigt ni la vue.
765 Or voici les lions de torches acculés,
Les ours à nez percés, les loups emmuselés.
Tout s'élève contre eux ; les beautés de Nature
Que leur rage troubla de venin et d'ordure
Se confrontent en mire et se lèvent contre eux :
770 « Pourquoi, dira le feu, avez-vous de mes feux
Qui n'étaient ordonnés qu'à l'usage de vie
Fait des bourreaux, valets de votre tyrannie ? »
L'air encore une fois contre eux se troublera,
Justice au Juge saint, trouble, demandera,
775 Disant : « Pourquoi, tyrans et furieuses bêtes,
M'empoisonnâtes-vous de charognes, de pestes,
Des corps de vos meurtris ? » — « Pourquoi, diront les eaux,
Changeâtes-vous en sang l'argent de nos ruisseaux ? »
Les monts qui ont ridé le front à vos supplices :

780 « Pourquoi nous avez-vous rendus vos précipices ? »
    « Pourquoi nous avez-vous, diront les arbres, faits
    D'arbres délicieux exécrables gibets ? »
    Nature blanche, vive et belle de soi-même,
    Présentera son front ridé, fâcheux et blême
785 Aux peuples d'Italie, et puis aux nations
    Qui les ont enviés en leurs inventions
    Pour, de poison mêlé au milieu des viandes,
    Tromper l'amère mort en ses liqueurs friandes,
    Donner au meurtre faux le métier de nourrir,
790 Et sous les fleurs de vie embûcher le mourir.
        La terre, avant changer de lustre, se vient plaindre
    Qu'en son ventre l'on fit ses chers enfants éteindre
    En les enterrant vifs, l'ingénieux bourreau
    Leur dressant leur supplice en leur premier berceau.
795 La mort témoignera comment ils l'ont servie,
    La vie prêchera comment ils l'ont ravie,
    L'enfer s'éveillera, les calomniateurs
    Cette fois ne seront faux prévaricateurs :
    Les livres sont ouverts, là paraissent les rôles
800 De nos sales péchés, de nos vaines paroles,
    Pour faire voir du Père aux uns l'affection,
    Aux autres la justice et l'exécution.
        Conduis, très saint Esprit, en cet endroit ma bouche,
    Que par la passion plus exprès je ne touche
805 Que ne permet ta règle, et que, juge léger,
    Je n'attire sur moi jugement pour juger.
    Je n'annoncerai donc que ce que tu annonce,
    Mais je prononce autant comme ta loi prononce ;
    Je ne marque de tous que l'homme condamné
810 A qui mieux il vaudrait n'avoir pas été né.
        Voici donc, Antéchrist, l'extrait des faits et gestes :
    Tes fornications, adultères, incestes,
    Les péchés où nature est tournée à l'envers,
    La bestialité, les grands bourdeaux ouverts,
815 Le tribut exigé, la bulle demandée

Qui a la sodomie en été concédée ;
La place de tyran conquise par le fer,
Les fraudes qu'exerça ce grand tison d'enfer,
Les empoisonnements, assassins, calomnies,
820 Les dégâts des pays, des hommes et des vies
Pour attraper les clefs ; les contrats, les marchés
Des diables stipulants subtilement couchés ;
Tous ceux-là que Satan empoigna dans ce piège,
Jusques à la putain qui monta sur le siège.
825   L'aîné fils de Satan se souviendra, maudit,
De son trône élevé d'avoir autrefois dit :
« La gent qui ne me sert, ains contre moi conteste,
Périra de famine et de guerre et de peste.
Rois et Reines viendront au siège où je me sieds,
830 Le front en bas, lécher la poudre sous mes pieds.
Mon règne est à jamais, ma puissance éternelle,
Pour monarque me sert l'Eglise universelle ;
Je maintiens le Papat tout-puissant en ce lieu
Où, si Dieu je ne suis, pour le moins vice-Dieu. »
835   Fils de perdition, il faut qu'il te souvienne
Quand le serf commandeur de la gent rhodienne,
Vautré, baisa tes pieds, infâme serviteur,
Puis chanta se levant : « Or laisse, créateur. »
    Apollyon, tu as en ton impure table
840 Prononcé, blasphémant, que Christ est une fable ;
Tu as renvoyé Dieu comme assez empêché
Aux affaires du ciel, faux homme de péché.
    Or faut-il à ses pieds ces blasphèmes et titres
Poser, et avec eux les tiares, les mitres,
845 La bannière d'orgueil, fausses clefs, fausses croix,
Et la pantoufle aussi qu'ont baisé tant de Rois.
Il se voit à la gauche un monceau qui éclate
De chapes d'or, d'argent, de bonnets d'écarlate :
Prélats et cardinaux là se vont dépouiller
850 Et d'inutiles pleurs leurs dépouilles mouiller.
Là faut représenter la mitre héréditaire,

D'où Jules tiers ravit le grand nom de mystère
Pour, mentant, et cachant ces titres blasphémants,
Y subroger le sien écrit en diamants.
855   A droite, l'or y est une dépouille rare :
On y voit un monceau des haillons du Lazare.
Enfants du siècle vain, fils de la vanité,
C'est à vous à traîner la honte et nudité,
A crier enroués, d'une gorge embrasée,
860 Pour une goutte d'eau l'aumône refusée :
Tous vos refus seront payés en un refus.
      Les criminels adonc par ce procès confus,
La gueule de l'enfer s'ouvre en impatience,
Et n'attend que de Dieu la dernière sentence,
865 Qui, à ce point, tournant son œil bénin et doux,
Son œil tel que le montre à l'épouse l'époux,
Se tourne à la main droite, où les heureuses vues
Sont au trône de Dieu sans mouvement tendues,
Extatiques de joie et franches de souci.
870 Leur Roi donc les appelle et les fait rois ainsi :
      « Vous qui m'avez vêtu au temps de la froidure,
Vous qui avez pour moi souffert peine et injure,
Qui à ma sèche soif et à mon âpre faim
Donnâtes de bon cœur votre eau et votre pain,
875 Venez, race du ciel, venez élus du Père ;
Vos péchés sont éteints, le Juge est votre frère ;
Venez donc, bienheureux, triompher pour jamais
Au royaume éternel de victoire et de paix. »
      A ce mot tout se change en beautés éternelles.
880 Ce changement de tout est si doux aux fidèles !
Que de parfaits plaisirs ! O Dieu, qu'ils trouvent beau
Cette terre nouvelle et ce grand ciel nouveau !
      Mais d'autre part, sitôt que l'Eternel fait bruire
A sa gauche ces mots, les foudres de son ire,
885 Quand ce Juge, et non Père, au front de tant de Rois
Irrévocable pousse et tonne cette voix :
      « Vous qui avez laissé mes membres aux froidures,

Qui leur avez versé injures sur injures,
Qui à ma sèche soif et à mon âpre faim
890 Donnâtes fiel pour eau et pierre au lieu de pain,
Allez, maudits, allez grincer vos dents rebelles
Au gouffre ténébreux des peines éternelles ! »
Lors, ce front qui ailleurs portait contentement
Porte à ceux-ci la mort et l'épouvantement.
895 Il sort un glaive aigu de la bouche divine,
L'enfer glouton, bruyant, devant ses pieds chemine.
D'une laide terreur les damnables transis,
Même dès le sortir des tombeaux obscurcis
Virent bien d'autres yeux le ciel suant de peine,
900 Lorsqu'il se préparait à leur peine prochaine ;
Et voici de quels yeux virent les condamnés
Les beaux jours de leur règne en douleurs terminés.
　　Ce que le monde a vu d'effroyables orages,
De gouffres caverneux et de monts de nuages
905 De double obscurité, dont, au profond milieu,
Le plus creux vomissait des aiguillons de feu,
Tout ce qu'au front du ciel on vit onc de colères
Etait sérénité. Nulles douleurs amères
Ne troublent le visage et ne changent si fort,
910 La peur, l'ire et le mal, que l'heure de la mort :
Ainsi les passions du ciel autrefois vues
N'ont peint que son courroux dans les rides des nues ;
Voici la mort du ciel en l'effort douloureux
Qui lui noircit la bouche et fait saigner les yeux.
915 Le ciel gémit d'ahan, tous ses nerfs se retirent,
Ses poumons près à près sans relâche respirent.
Le soleil vêt de noir le bel or de ses feux,
Le bel œil de ce monde est privé de ses yeux ;
L'âme de tant de fleurs n'est plus épanouie,
920 Il n'y a plus de vie au principe de vie :
Et, comme un corps humain est tout mort terrassé
Dès que du moindre coup au cœur il est blessé,
Ainsi faut que le monde et meure et se confonde

Dès la moindre blessure au soleil, cœur du monde.
925 La lune perd l'argent de son teint clair et blanc,
La lune tourne en haut son visage de sang ;
Toute étoile se meurt : les prophètes fidèles
Du destin vont souffrir éclipses éternelles.
Tout se cache de peur : le feu s'enfuit dans l'air,
930 L'air en l'eau, l'eau en terre ; au funèbre mêler
Tout beau perd sa couleur. Et voici tout de mêmes
A la pâleur d'en haut tant de visages blêmes
Prennent l'impression de ces feux obscurcis,
Tels qu'on voit aux fourneaux paraître les transis.
935 Mais plus, comme les fils du ciel ont au visage
La forme de leur chef, de Christ la vive image,
Les autres de leur père ont le teint et les traits,
Du prince Belzébub véritables portraits.
A la première mort ils furent effroyables,
940 La seconde redouble, où les abominables
Crient aux monts cornus : « O monts, que faites-vous ?
Ebranlez vos rochers et vous crevez sur nous ;
Cachez-nous, et cachez l'opprobre et l'infamie
Qui, comme chiens, nous met hors la cité de vie ;
945 Cachez-nous pour ne voir la haute majesté
De l'Agneau triomphant sur le trône monté. »
Ce jour les a pris nus, les étouffe de craintes
Et de pires douleurs que les femmes enceintes.
Voici le vin fumeux, le courroux méprisé
950 Duquel ces fils de terre avaient thésaurisé.
De la terre, leur mère, ils regardent le centre :
Cette mère en douleur sent mi-partir son ventre
Où les serfs de Satan regardent frémissants
De l'enfer aboyant les tourments renaissants,
955 L'étang de soufre vif qui rebrûle sans cesse,
Les ténèbres épais plus que la nuit épaisse.
Ce ne sont des tourments inventés des cagots
Et présentés aux yeux des infirmes bigots ;
La terre ne produit nul crayon qui nous trace

960 Ni du haut paradis ni de l'enfer la face.
    Vous avez dit, perdus : « Notre nativité
N'est qu'un sort ; notre mort, quand nous aurons été,
Changera notre haleine en vent et en fumée.
Le parler est du cœur l'étincelle allumée :
965 Ce feu éteint, le corps en cendre deviendra,
L'esprit comme air coulant parmi l'air s'épandra.
Le temps avalera de nos faits la mémoire,
Comme un nuage épais étend sa masse noire,
L'éclaircit, la départ, la dérobe à notre œil :
970 C'est un brouillard chassé des rayons du soleil :
Notre temps n'est rien plus qu'un ombrage qui passe.
Le sceau de tel arrêt n'est point sujet à grâce ».
    Vous avez dit, brutaux : « Qu'y a-t-il en ce lieu
Pis que d'être privé de la face de Dieu ? »
975 Ha ! vous regretterez bien plus que votre vie
La perte de vos sens, juges de telle envie ;
Car, si vos sens étaient tous tels qu'ils ont été,
Ils n'auraient un tel goût, ni l'immortalité :
Lors vous saurez que c'est de voir de Dieu la face,
980 Lors vous aurez au mal le goût de la menace.
    O enfants de ce siècle, ô abusés moqueurs,
Imployables esprits, incorrigibles cœurs,
Vos esprits trouveront en la fosse profonde
Vrai ce qu'ils ont pensé une fable en ce monde.
985 Ils languiront en vain de regret sans merci,
Votre âme à sa mesure enflera de souci.
Qui vous consolera ? l'ami qui se désole
Vous grincera les dents au lieu de la parole.
Les Saints vous aimaient-ils ? un abîme est entre eux ;
990 Leur chair ne s'émeut plus, vous êtes odieux.
Mais n'espérez-vous point fin à votre souffrance ?
Point n'éclaire aux enfers l'aube de l'espérance.
Dieu aurait-il sans fin éloigné sa merci ?
Qui a péché sans fin souffre sans fin aussi ;
995 La clémence de Dieu fait au ciel son office,

Il déploie aux enfers son ire et sa justice.
Mais le feu ensoufré, si grand, si violent,
Ne détruira-t-il pas les corps en les brûlant ?
Non : Dieu les gardera entiers à sa vengeance,
1000 Conservant à cela et l'étoffe et l'essence ;
Et le feu qui sera si puissant d'opérer
N'aura de faculté d'éteindre et d'altérer,
Et servira par loi à l'éternelle peine.
L'air corrupteur n'a plus sa corrompante haleine,
1005 Et ne fait aux enfers office d'élément ;
Celui qui le mouvait, qui est le firmament,
Ayant quitté son branle et motives cadences
Sera sans mouvement, et de là sans muances.
Transis, désespérés, il n'y a plus de mort
1010 Qui soit pour votre mer des orages le port.
Que si vos yeux de feu jettent l'ardente vue
A l'espoir du poignard, le poignard plus ne tue.
Que la mort, direz-vous, était un doux plaisir !
La mort morte ne peut vous tuer, vous saisir.
1015 Voulez-vous du poison ? en vain cet artifice.
Vous vous précipitez ? en vain le précipice.
Courez au feu brûler : le feu vous gèlera ;
Noyez-vous : l'eau est feu, l'eau vous embrasera.
La peste n'aura plus de vous miséricorde.
1020 Etranglez-vous : en vain vous tordez une corde.
Criez après l'enfer : de l'enfer il ne sort
Que l'éternelle soif de l'impossible mort.
Vous vous peigniez des feux : combien de fois votre âme
Désirera n'avoir affaire qu'à la flamme !
1025 Dieu s'irrite en vos cris, et au faux repentir
Qui n'a pu commencer que dedans le sentir.
Vos yeux sont des charbons qui embrasent et fument,
Vos dents sont des cailloux qui en grinçant s'allument.
Ce feu, par vos côtés ravageant et courant,
1030 Fera revivre encor ce qu'il va dévorant.
Le chariot de Dieu, son torrent et sa grêle

Mêlent la dure vie et la mort pêle-mêle.
Aboyez comme chiens, hurlez en vos tourments !
L'abîme ne répond que d'autres hurlements.
1035 Les Satans découplés d'ongles et dents tranchantes,
Sans mort, déchireront leurs proies renaissantes ;
Ces démons tourmentants hurleront tourmentés,
Leurs fronts sillonneront ferrés de cruautés ;
Leurs yeux étincelants auront la même image
1040 Que vous aviez baignant dans le sang du carnage ;
Leurs visages transis, tyrans, vous transiront,
Ils vengeront sur vous ce qu'ils endureront.
O malheur des malheurs, quand tels bourreaux mesurent
La force de leurs coups aux grands coups qu'ils endurent !
1045   Mais de ce dur état le point plus ennuyeux
C'est savoir aux enfers ce que l'on fait aux cieux,
Où le camp triomphant goûte l'aise indicible,
Connaissable aux méchants mais non pas accessible,
Où l'accord très parfait des douces unissons
1050 A l'univers entier accorde ses chansons.
Où tant d'esprits ravis éclatent de louanges.
La voix des Saints unis avec celle des Anges,
Les orbes des neuf cieux, des trompettes le bruit
Tiennent tous leur partie à l'hymne qui s'ensuit :
1055 « Saint, saint, saint le Seigneur ! O grand Dieu des armées,
De ces beaux cieux nouveaux les voûtes enflammées,
Et la nouvelle terre, et la neuve cité,
Jérusalem la sainte, annoncent ta bonté !
Tout est plein de ton nom. Sion la bienheureuse
1060 N'a pierre dans ses murs qui ne soit précieuse,
Ni citoyen que Saint, et n'aura pour jamais
Que victoire, qu'honneur, que plaisir et que paix.
  « Là nous n'avons besoin de parure nouvelle,
Car nous sommes vêtus de splendeur éternelle.
1065 Nul de nous ne craint plus ni la soif ni la faim,
Nous avons l'eau de grâce et des Anges le pain ;
La pâle mort ne peut accourcir cette vie,

Plus n'y a d'ignorance et plus de maladie.
Plus ne faut de soleil, car la face de Dieu
1070 Est le soleil unique et l'astre de ce lieu :
Le moins luisant de nous est un astre de grâce,
Le moindre a pour deux yeux deux soleils à la face.
L'Eternel nous prononce et crée de sa voix
Rois, nous donnant encor plus haut nom que de Rois :
1075 D'étrangers il nous fait ses bourgeois, sa famille,
Nous donne un nom plus doux que de fils et de fille. »
    Mais aurons-nous le cœur touché de passions
Sur la diversité ou choix des mansions ?
Ne doit-on point briguer la faveur demandée
1080 Pour la droite ou la gauche aux fils de Zébédée ?
Non, car l'heur d'un chacun en chacun accompli
Rend de tous le désir et le comble rempli ;
Nul ne monte trop haut, nul trop bas ne dévale,
Pareille imparité en différence égale.
1085 Ici bruit la Sorbonne, où les docteurs subtils
Demandent : « Les élus en leur gloire auront-ils,
Au contempler de Dieu, parfaite connaissance
De ce qui est de lui et toute son essence ? »
Oui de toute, et en tout, mais non totalement.
1090 Ces termes sont obscurs pour notre enseignement ;
Mais disons simplement que cette essence pure
Comblera de chacun la parfaite mesure.
    Les honneurs de ce monde étaient hontes au prix
Des grades élevés au céleste pourpris ;
1095 Les trésors de là-haut sont bien d'autre matière
Que l'or, qui n'était rien qu'une terre étrangère.
Les jeux, les passe-temps et les ébats d'ici
N'étaient qu'amers chagrins, que colère et souci,
Et que gênes au prix de la joie éternelle
1100 Qui, sans trouble, sans fin, sans change renouvelle.
Là sans tache on verra les amitiés fleurir :
Les amours d'ici-bas n'étaient rien que haïr
Au prix des hauts amours dont la sainte harmonie

Rend une âme de tous en un vouloir unie,
1105 Tous nos parfaits amours réduits en un amour
Comme nos plus beaux jours réduits en un beau jour.
　　On s'enquiert si le frère y connaîtra le frère,
La mère son enfant et la fille son père,
La femme le mari : l'oubliance en effet
1110 Ne diminuera point un état si parfait.
　　Quand le Sauveur du monde en sa vive parole
Tire d'un vrai sujet l'utile parabole,
Nous présente le riche, en bas précipité,
Mendiant du Lazare aux plus hauts lieux monté,
1115 L'abîme d'entre deux ne les fit méconnaître,
Quoique l'un fût hideux, enluminé pour être
Séché de feu, de soif, de peines et d'ahan,
Et l'autre rajeuni dans le sein d'Abraham.
Mais plus ce qui nous fait en ce royaume croire
1120 Un savoir tout divin surpassant la mémoire,
D'un lieu si excellent il parut un rayon,
Un portrait raccourci, un exemple, un crayon
En Christ transfiguré : sa chère compagnie
Connut Moyse non vu et sut nommer Elie ;
1125 L'extase les avait dans le ciel transportés,
Leurs sens étaient changés, mais en félicités.
　　Adam, ayant encor sa condition pure,
Connut des animaux les noms et la nature,
Des plantes le vrai suc, des métaux la valeur,
1130 Et les élus seront en un être meilleur.
Il faut une aide en qui cet homme se repose :
Les Saints n'auront besoin d'aide ni d'autre chose.
Il eut un corps terrestre et un corps sensuel :
Le leur sera céleste et corps spirituel.
1135 L'âme du premier homme était âme vivante :
Celle des triomphants sera vivifiante.
Adam pouvait pécher et du péché périr :
Les Saints ne sont sujets à pécher ni mourir.
Les Saints ont tout ; Adam reçut quelque défense,

1140 Satan put le tenter, il sera sans puissance.
Les élus sauront tout, puisque celui qui n'eut
Un être si parfait toutes choses connut.
   Dirai-je plus ? A l'heur de cette souvenance
Rien n'ôtera l'acier des ciseaux de l'absence ;
1145 Ce triomphant état sera franc anobli
Des larrecins du temps, des ongles de l'oubli :
Si que la connaissance et parfaite et seconde
Passera de beaucoup celle qui fut au monde.
Là sont frais et présents les bienfaits, les discours,
1150 Et les plus chauds pensers, fusils de nos amours.
Mais ceux qui en la vie et parfaite et seconde
Cherchent les passions et les storges du monde
Sont esprits amateurs d'épaisse obscurité,
Qui regrettent la nuit en la vive clarté ;
1155 Ceux-là, dans le banquet où l'époux nous invite,
Redemandent les aulx et les oignons d'Egypte,
Disant comme bergers : « Si j'étais Roi, j'aurois
Un aiguillon d'argent plus que les autres Rois. »
   Les apôtres ravis en l'éclair de la nue
1160 Ne jetaient plus çà-bas ni mémoire ni vue ;
Femmes, parents, amis n'étaient pas en oubli,
Mais n'étaient rien au prix de l'état anobli
Où leur chef rayonnant de nouvelle figure
Avait haut enlevé leur cœur et leur nature,
1165 Ne pouvant regretter aucun plaisir passé
Quand d'un plus grand bonheur tout heur fut effacé.
Nul secret ne leur put être lors secret, pource
Qu'ils puisaient la lumière à sa première source :
Ils avaient pour miroir l'œil qui fait voir tout œil,
1170 Ils avaient pour flambeau le soleil du soleil.
Il faut qu'en Dieu si beau toute beauté finisse,
Et comme on feint jadis les compagnons d'Ulisse
Avoir perdu le goût de tous friands appas
Ayant fait une fois de lotos un repas,
1175 Ainsi nulle douceur, nul pain ne fait envie

Après le Man, le fruit du doux arbre de vie.
L'âme ne souffrira les doutes pour choisir,
Ni l'imperfection que marque le désir.
Le corps fut vicieux qui renaîtra sans vices,
1180 Sans tache, sans porreaux, rides et cicatrices.
			En mieux il tournera l'usage des cinq sens.
Veut-il souefve odeur ? il respire l'encens
Qu'offrit Jésus en croix, qui en donnant sa vie
Fut le prêtre, l'autel et le temple et l'hostie.
1185 Faut-il des sons ? le Grec qui jadis s'est vanté
D'avoir ouï les cieux, sur l'Olympe monté,
Serait ravi plus haut quand cieux, orbes et pôles
Servent aux voix des Saints de luths et de violes.
Pour le plaisir de voir les yeux n'ont point ailleurs
1190 Vu pareilles beautés ni si vives couleurs.
Le goût, qui fit chercher des viandes étranges,
Aux noces de l'Agneau trouve le goût des Anges,
Nos mets délicieux toujours prêts sans apprêts,
L'eau du rocher d'Oreb, et le Man toujours frais :
1195 Notre goût, qui à soi est si souvent contraire,
Ne goûtra l'amer doux ni la douceur amère.
Et quel toucher peut être en ce monde estimé
Au prix des doux baisers de ce Fils bien aimé ?
Ainsi dedans la vie immortelle et seconde
1200 Nous aurons bien les sens que nous eûmes au monde,
Mais, étant d'actes purs, ils seront d'action
Et ne pourront souffrir infirme passion :
Purs en sujets très purs, en Dieu ils iront prendre
Le voir, l'odeur, le goût, le toucher et l'entendre.
1205 Au visage de Dieu seront nos saints plaisirs,
Dans le sein d'Abraham fleuriront nos désirs,
Désirs, parfaits amours, hauts désirs sans absence,
Car les fruits et les fleurs n'y font qu'une naissance.
			Chétif, je ne puis plus approcher de mon œil
1210 L'œil du ciel ; je ne puis supporter le soleil.
Encor tout ébloui, en raisons je me fonde

Pour de mon âme voir la grande âme du monde,
Savoir ce qu'on ne sait et qu'on ne peut savoir,
Ce que n'a ouï l'oreille et que l'œil n'a pu voir ;
1215 Mes sens n'ont plus de sens, l'esprit de moi s'envole,
Le cœur ravi se tait, ma bouche est sans parole :
Tout meurt, l'âme s'enfuit, et reprenant son lieu
Extatique se pâme au giron de son Dieu.

AU LECTEUR

L'Imprimeur est venu se plaindre à ce matin de n'avoir que deux[1] vers pour sa dernière feuille, j'ai mis la main sur l'inscription que vous verrez. Il advint que Henri le Grand voulant poser en quelque lieu deux tableaux, l'un de sa guerre, l'autre de sa paix, il demanda ce présent à trois personnes choisies en son Royaume : notre Auteur accepta le premier, faisant trouver bonne au Roi cette réponse, « Sire vous trouverez assez en votre Cour d'historiens de paix et de pilotes d'eau douce. Je vous supplie vous contenter que je rapporte vos tourmentes et victoires desquelles j'ai été partie et témoin. » C'est ce que je vous présente contre ceux qui disent que mon maître n'a su que blâmer ; à la vérité il a échappé contre les grands qui n'ont porté le hausse-col qu'en parure, dénaturés en vengeances comme en voluptés, mais il a bien su (et ici, et par son Histoire) élever son Prince qui surpassa la nature en courage et ne l'excéda jamais ni en haines ni en amours.

PROMÉTHÉE[2].

À LA FRANCE DÉLIVRÉE,
SOIT POUR JAMAIS SACRÉ

HENRI Quatrième, très auguste, très victorieux. L'an 1553, au solstice d'Hiver (point plus heureux de toutes nativités) fut donné du Ciel à la France sur les racines des Pyrénées[3] (bornes naturelles de l'Espagne) pour devenir une barrière plus sûre que les montagnes : nourri en lieux âpres, tête nue et pieds nus, par Henri son aïeul, préparant un coin d'acier aux nœuds ferrés de nos difficultés. Son âge second vit son père mort, sa mère fuitive[4], ses proches condamnés, ses serviteurs bannis. Il se trouve armé à quatorze ans en un parti misérable, affaibli de trois batailles perdues, n'ayant de reste que la vertu. Sa jeunesse eut pour entrée des noces funestes, trente mille des siens massacrés[5] et sa prison redoublée. Sa liberté le fait chef des pièces ramassées d'un parti ruiné, dans lequel Maître pour le soin, Compagnon pour les périls, il finit sept guerres désespérées par sept heureuses Paix. Pour à quoi parvenir il lui fallut répondre à quarante-cinq armées Royales, desquelles il en a eu pour une fois neuf bien équipées sur les bras. L'aube de son espérance parut à Coutras[6], où ayant digéré les angoisses du Général, porté la vigilance du Maréchal de Camp, le labeur de Sergent de Bataille, il prit la place de soldat hasardeux. Après ayant partagé la Guyenne, fait part de ses exploits au Dauphiné, au Languedoc, conquis le Poitou, entamé l'Anjou ; voyant le Duc de Guise mort, ses adversaires divisés, le Roi à l'extrémité, il remit à la France ses injures, ses blessures et le dernier accès. Redressait le Roi[7], quand le Royaume en pièces se laissa choir dans ses bras victorieux. Ce grand Roi, fait homme, porta des labeurs plus que d'homme : en courant aux feux divers du Royaume il rencontra autant de charges que de traites, et de sièges que de logis. Ses partisans, envieux de sa vertu, avant qu'être délivrés par elle, bâtissent divers partis dans les ruines de l'Etat : si bien qu'il les fallait vaincre pour les mener vaincre leurs ennemis : c'est ce qui fit trouver à l'indomptable les combats du cabinet ses angoisses, ceux de la campagne ses voluptés. Or après avoir montré devant Arques[8] son espérance contre espoir, le secours du Ciel à ses prières, à Ivry sa vertu contre l'imparité du nombre[9], sa résolution à relever les batailles ébranlées. Après que l'Italie et l'Espagne eurent jeté sur les bras du règne divisé quatre armées différentes, et qu'étant venu et ayant vu et vaincu[10], il leur fit trouver à grand gain et honneur d'en remmener les pièces. De là en avant chacun de ses coups fut amorce du second, chaque victoire instrument de la suivante. Il fit perdre à ses ennemis leurs prétextes, l'espoir et les partis. Enfin pour loyer de sept batailles, de vingt-cinq rencontres d'armées, de cent ving-cinq combats Enseignes déployées, de deux cents sièges heureusement exploités par sa présence, où sous ses auspices il se vainquit soi-même[11] : donna à ses ennemis biens et vies, aux siens le repos, la Paix à tous : comme ployant en un chapeau d'olive[12] les cimes égarées de ses palmes et lauriers à couronner d'un diadème bien composé son chef victorieux.

L'IMPRIMEUR
AU LECTEUR.

J'ai eu plaisir de voir couronner le Livre de cette pièce rare, et n'ai pu souffrir que tu ne saches que cet Eloge, échantillon du style de l'Auteur, en tous ses écrits fut incontinent contrefait et tout à la fois par des personnes fort estimées, qui n'eurent point honte d'en prendre les lignes entières[13]. Un Avocat de la Cour (qui mérite bien d'être Juge, comme amateur de rendre le droit à chacun) fit imprimer la pièce originaire, et les imitations rendant l'honneur à l'Auteur qui lui appartenait, bien qu'il n'en eût point de connaissance. De plus la traduction en étant venue d'Italie, Père Cotton[14] qui la voyait à regret bienvenue à la Cour, porta l'Italien au Roi pour taxer l'inventeur de n'être que traducteur : Ce que sachant bien, Lecteur, j'ai voulu que tu le susses. A Dieu, jusqu'au premier de mes labeurs.

FIN

DOSSIER

CHRONOLOGIE

Vie		Œuvre
2 juin : Jean d'Aubigné épouse Catherine de l'Estang.	1550	
8 février : naissance de Théodore-Agrippa d'Aubigné près de Pons en Saintonge. Sa mère meurt en lui donnant le jour.	1552	
	1559	Agé de sept ans et demi, Agrippa aurait traduit le *Criton* de Platon.
Avril : A Amboise, sur le chemin de Paris, Jean d'Aubigné montre à son fils les têtes des protestants suppliciés après l'échec de la Conjuration, et lui fait prêter serment de « venger ces chefs pleins d'honneur ».	1560	
22 août-18 octobre : Colloque de Poissy réuni à l'instigation de Catherine de Médicis.	1561	
Avril : D'Aubigné en pension chez l'humaniste protestant Matthieu Béroald, père de l'écrivain Béroalde de Verville.	1562	

Vie	*Œuvre*

Juin : Après le début des hostilités de la première guerre de religion, Béroald et ses élèves se réfugient à Orléans que tient pour les protestants le prince de Condé.

Janvier : Siège d'Orléans par les troupes royalistes. **1563**

Mars : Jean d'Aubigné, qui commandait la place en second, meurt des suites de ses blessures.

Fin de l'année : D'Aubigné **1566** s'évade de Genève où il suivait des études sous Théodore de Bèze au collège de la ville. A Lyon, il s'initie à la magie auprès d'un aventurier aux mœurs douteuses, Loys d'Arza.

Septembre : nouvelle fugue, cette **1568** fois de chez son « curateur » Aubin d'Abbeville, à Archiac en Saintonge. Combat dans les troupes protestantes lors de la troisième guerre de religion.

13 mars : participe à la bataille **1569** de Jarnac, lourde défaite pour les protestants, où le prince de Condé trouva la mort.

25 juin : contribue au succès militaire de la Roche-Abeille.

8 août : paix de Saint-Germain. **1570** D'Aubigné s'installe dans la terre maternelle des Landes-Guinemer, non loin de Talcy en Beauce où demeure Diane Salviati, nièce de la Cassandre de Ronsard.

Vie		*Œuvre*
Début de la passion pour Diane.	1571	Compose les sonnets *(Hécatombe à Diane)* et les odes du *Printemps,* qui demeurera inédit jusqu'en 1874.
18 août : il assiste aux fêtes du mariage d'Henri de Navarre et de Marguerite de Valois. 21 août : ayant blessé un sergent du guet, il doit quitter Paris et échappe de la sorte à la Saint-Barthélemy. Novembre ou décembre : grièvement blessé à la porte d'une hôtellerie en Beauce, il gagne Talcy pour y mourir entre les bras de Diane, qui le soigne.	1572	Novembre ou décembre : la « vision » de Talcy, d'où seraient sorties *Les Tragiques.* Compose dans les fièvres de la maladie la brûlante élégie *A Diane,* non insérée dans *Le Printemps* (éd. Weber des *Œuvres,* p. 320-323).
Juillet : rupture avec Diane qui va épouser le Sieur de Limeuil et mourra en 1575. 19 août-12 septembre : appelé à la cour pour servir d'écuyer à Henri de Navarre, il partage dès lors la vie mouvementée de ce prince.	1573	D'Aubigné écrit les *Stances* les plus désespérées du *Printemps.* Projet (perdu) du ballet de *Circé.*
D'Aubigné combat dans les rangs des armées catholiques contre Montgomery.	1574	Publie des *Vers funèbres sur la mort d'Etienne Jodelle Parisien, Prince des poètes tragiques.*
4 février : D'Aubigné favorise l'évasion d'Henri de Navarre de la cour où il était pratiquement retenu prisonnier depuis la Saint-Barthélemy.	1576	
Juin : grièvement blessé au combat de Casteljaloux, d'Aubigné connaît sa seconde « agonie ». Septembre : édit de Poitiers. D'Aubigné rompt une première fois avec Henri de Navarre.	1577	Il dicte, « étant au lit de ses blessures », les premières « clauses » des *Tragiques.*

Vie		Œuvre
Retraite aux Landes-Guinemer.	1578	Elaboration des *Tragiques*.
6 juin : il épouse Suzanne de Lezay.	1583	
20 octobre : il prend part aux côtés d'Henri de Navarre à la bataille de Coutras.	1587	
31 décembre : il reçoit la capitulation de Maillezais en Vendée dont il devient gouverneur.	1588	
Abjuration d'Henri IV à Saint-Denis.	1593	
Opposé à cette abjuration qu'il aura contrecarrée jusqu'au dernier moment, d'Aubigné se retire sur ses terres. Il sera désormais, à l'intérieur du parti protestant, le plus intransigeant des « Fermes » face aux tentatives de conciliation des « Prudents ».		
17 septembre : mort de Suzanne de Lezay, qui laisse à d'Aubigné trois enfants, Louise, Marie et Constant, le père de Françoise d'Aubigné, la future Mme de Maintenon. Du temps de son veuvage, d'Aubigné concevra un fils naturel, Nathan, né vers 1601.	1595	Il compose la pathétique *Méditation sur le Psaume 88*.
	1597	Début de la rédaction de *La Confession catholique du Sieur de Sancy*, augmentée jusqu'en 1617.
4 mai : conférence théologique de Fontainebleau, où Duplessis-Mornay est mis en mauvaise posture par le cardinal du Perron.	1600	D'Aubigné écrit la *Lettre à Madame, de la douceur des afflictions*, qui contient un fragment des *Tragiques*.

Vie		*Œuvre*
Fin mai : une autre discussion aurait mis aux prises Du Perron et d'Aubigné à Paris.		
	1601	Début de la rédaction de l'*Histoire universelle*.
D'Aubigné fait échouer, par son intransigeance, une tentative de compromis entre les deux religions.	1607	
A l'instigation de d'Aubigné, l'assemblée protestante de Saumur essaie en vain d'obtenir de la Régente de nouvelles places de sûreté.	1611	*Le Caducée ou l'Ange de la paix,* pamphlet dirigé contre les « Prudents ».
D'Aubigné est maréchal de camp dans l'armée du prince de Condé, le petit-fils du vaincu de Jarnac soulevé contre Marie de Médicis.	1615	
	1616	Edition originale des *Tragiques*, « au Désert, par L.B.D.D. » (= Le Bouc du désert).
	1617	Publication des deux premiers livres des *Aventures du baron de Faeneste*.
	1618	Publication du premier tome de l'*Histoire universelle* (datée de 1616).
	1619	Troisième livre des *Aventures du baron de Faeneste*. Second tome de l'*Histoire universelle*.
2 janvier : arrêt du tribunal du Châtelet à Paris condamnant l'*Histoire universelle* à être brûlée. Avril : d'Aubigné est entraîné par Rohan dans le soulèvement des grands contre le	1620	

Vie	*Œuvre*

duc de Luynes, le favori de Louis XIII.

7 août : débâcle des Ponts-de-Cé.

1er septembre : d'Aubigné, proscrit, est accueilli à Genève.

Guerre de Louis XIII contre les protestants. D'Aubigné, membre du conseil de guerre constitué à Genève, est chargé d'inspecter les fortifications de la ville.	1621	D'Aubigné compose des écrits politiques, le *Traité sur les guerres civiles* et *Du Devoir mutuel des rois et des sujets*, ainsi que deux pamphlets contre Luynes.
D'Aubigné se remarie avec Renée Burlamachi, veuve de César Balboni.	1623	
	1626	Publication à Genève, sous la rubrique d'Amsterdam, de la seconde édition refondue de l'*Histoire universelle* en trois tomes.
	1627	Année présumée de la seconde édition augmentée des *Tragiques*. Rédaction d'une suite (inachevée) à l'*Histoire universelle* relatant les guerres de Louis XIII contre les protestants.
9 mai : mort d'Agrippa d'Aubigné à Genève.	1630	Publication à Genève des *Petites Œuvres mêlées* qui comprennent notamment les poésies religieuses de *L'Hiver* et les *Méditations sur les Psaumes*. Publication du quatrième livre des *Aventures du baron de Faeneste* qui fait scandale et entraîne l'arrestation de l'imprimeur.

Vie	*Œuvre*
	1660 Première édition à Cologne de *La Confession catholique du Sieur de Sancy*.
	1729 Première édition de *Sa Vie à ses enfants*.
	1855 Huitième édition du *Faeneste*, par Prosper Mérimée.
	1857 Troisième édition des *Tragiques*.
	1874 Première édition du *Printemps*.

BIBLIOGRAPHIE*

I. LE TEXTE

Les Tragiques, édition critique par Armand Garnier et Jean Plattard, Société des Textes français modernes 1932-1933, 4 vol. ; nouveau tirage avec bibliographie mise à jour par Frank Lestringant, Aux Amateurs de livres, 1990.

Les Tragiques, édition critique par Jean-Raymond Fanlo, Champion, 1994, 7 vol. Le texte de base de cette nouvelle édition critique n'est plus, comme chez Garnier et Plattard, la seconde et dernière édition publiée du vivant de d'Aubigné (vers 1627-1630), mais le manuscrit Tronchin 158 de la Bibliothèque Publique et Universitaire de Genève.

Dans les *Œuvres complètes* publiées par Réaume et de Caussade (Lemerre, 6 vol. in-8°, 1873-1892), *Les Tragiques* se trouvent au t. 4, et les annotations correspondantes au t. 5. Dans les *Œuvres* éditées par Henri Weber, Jacques Bailbé et Marguerite Soulié (Gallimard, « Bibliothèque de la Pléiade », 1969), le texte des *Tragiques* est aux p. 1 à 243 ; les « notes et variantes », aux p. 895-1107, reprennent et complètent celles de l'édition Garnier-Plattard.

L'*Histoire universelle*, indispensable complément des *Tragiques*, est en cours de publication par les soins d'André Thierry, Genève, Droz, « Textes littéraires français », t. I, 1981 ; t. II, 1982 ; t. III, 1985 ; t. IV, 1987 ; t. V, 1991 ; t. VI, 1992 ; t. VII, 1993 ; t. VIII, 1994 ; **t. IX**, à

---

* Sigles utilisés : *BHR* : *Bibliothèque d'humanisme et Renaissance.* *BSHPF* : *Bulletin de la Société de l'histoire du protestantisme français.* *R & R* : *Renaissance and Reformation / Renaissance et Réforme* (Toronto). *RHLF* : *Revue d'Histoire littéraire de la France. RHR* : *Bulletin de l'Association d'étude sur l'Humanisme, la Réforme et la Renaissance* (France du Centre et du Sud-Est).

paraître. *Sa vie à ses enfants* a fait l'objet d'une édition critique par Gilbert Schrenck, Société des Textes français modernes, diffusion : Klincksieck, 1986.

Il existe à l'heure actuelle trois *Concordances* des *Tragiques* : par Kaoru TAKAHASHI (Tokyo, Editions France Tosho, 1982) ; Keith CAMERON (Exeter, University of Exeter, 1982) ; Elliott FORSYTH (Melbourne, Australie, La Trobe University, 1984). Ces trois *Concordances* sont présentées dans *Albineana* n° 1, Niort, 1988, p. 59-74.

II. LE CONTEXTE

a) Le contexte apocalyptique

Norman COHN, *Les Fanatiques de l'Apocalypse*, Julliard, 1962, et Payot, 1983. — Natalie Zemon DAVIS, *Les Cultures du peuple. Rituels, savoirs et résistances au XVIᵉ siècle*, Aubier, 1979, chap. 3 : « Les huguenotes » ; chap. 6 : « Les rites de violence ». — Jean DELUMEAU, *La Peur en Occident*, Fayard, 1978, et Livre de Poche « Pluriel », 1980 ; du même, *Le Péché et la peur*, Fayard, 1983. — Jean DELUMEAU et Yves LEQUIN éd., *Les Malheurs des temps. Histoire des fléaux et des calamités en France*, Larousse, 1987, chap. XIV (rédigé par Jean CÉARD et Hugues NEVEUX) : « Le Monde à l'empire », p. 273-292. — Denis CROUZET, *Les Guerriers de Dieu. La violence au temps des troubles de Religion (vers 1525-vers 1610)*, Champ Vallon, 1990.

b) Les guerres de Religion et la controverse théologique

Georges LIVET, *Les Guerres de Religion*, PUF, « Que sais-je ? », 1962. — Jean DELUMEAU, *Naissance et affirmation de la Réforme*, PUF, « Nouvelle Clio », 1965 et 1968. — Frank LESTRINGANT, « Catholiques et cannibales. Le thème du cannibalisme dans le discours protestant au temps des guerres de Religion », *Pratiques et discours alimentaires à la Renaissance*, G.-P. Maisonneuve et Larose, 1982, p. 233-245. — Philippe DENIS, *Le Christ étendard. L'Homme-Dieu au temps des Réformes (1500-1565)*, Les Editions du Cerf, 1987.

c) Les guerres de Religion et la controverse politique

Pierre MESNARD, *L'Essor de la philosophie politique au XVIᵉ siècle*, J. Vrin, 1951. — S. ROCHEBLAVE, « Les Idées politiques d'A. d'Aubigné », *BSHPF*, 1934, p. 221-224. — Jean CÉARD, « *République* et *Républicain* en France au XVIᵉ siècle », *Actes du colloque sur l'Esprit républicain (Orléans, septembre 1970)*, Klincksieck, 1972, p. 97-105. — Frank LESTRINGANT et Daniel MÉNAGER, *Etudes sur la « Satyre Ménippée »*, Genève, Droz, 1987.

d) L'esprit juridique au Moyen Age et à la Renaissance

Ernst H. KANTOROWICZ, *Mourir pour la patrie, et autres textes*, trad. fr., PUF, 1984. — Gérard MOREAU, « La Saint-Barthélemy, le martyrologe de Jean Crespin et Simon Goulart », *Divers aspects de la Réforme aux XVIᵉ et XVIIᵉ siècles. Etudes et documents*, Société de l'histoire du protestantisme français, 1975, p. 11-36. — Gisèle MATHIEU-CASTELLANI, « Le Contrat et le sacrifice dans la poétique de d'Aubigné », *R & R*, nlle série, XI, 1, février 1987, p. 77-87.

e) Le contexte littéraire

Marcel RAYMOND, *L'Influence de Ronsard sur la poésie française (1550-1585)*, Genève, Droz, 1965, t. II, p. 320-326 (chapitre consacré aux *Tragiques*). — Albert-Marie SCHMIDT, « Calvinisme et poésie au XVIᵉ siècle en France », « Les poètes calvinistes français », et « Quelques aspects de la poésie baroque protestante », dans *Etudes sur le XVIᵉ siècle*, Albin Michel, 1967, p. 55-90. — Jacques PINEAUX, *La Poésie des protestants de langue française (1559-1598)*, Klincksieck, 1971. — Jacques MOREL, *Littérature française. La Renaissance*. III *(1570-1624)*, Arthaud, 1973, chapitre sur d'Aubigné, p. 169-194. — Marc FUMAROLI, *L'Age de l'éloquence. Rhétorique et « res literaria » de la Renaissance au seuil de l'époque classique*, Genève, Droz, 1980. — Claude-Gilbert DUBOIS, *La Poésie du XVIᵉ siècle en toutes lettres*, Bordas, 1989. — Marc FUMAROLI, « Sous le signe de Protée », in Jean MESNARD dir., *Précis de littérature française du XVIIᵉ siècle*, PUF, 1990, p. 21-108.

III. L'AUTEUR

a) Données biographiques

Armand GARNIER, *A. d'Aubigné et le parti protestant, contribution à l'histoire de la Réforme en France*, Fischbacher, 3 vol., 1928. — Jeanne GALZY, *A. d'Aubigné*, Gallimard, 1965. — Gilbert SCHRENCK, « Les origines d'A. d'Aubigné », *BSHPF*, t. 129, octobre-décembre 1983, p. 489-518. — Marie-Madeleine FRAGONARD éd., *D'Aubigné et les guerres poitevines (1586-1588). Journées d'études de Niort (29-30 avril 1988)*, *Albineana* 2, Niort, 1990 : communications de A.-M. COCULA, Eric SURGET, Gilbert SCHRENCK, André THIERRY, Marie-Madeleine FRAGONARD, Jacques PINEAUX et Jean BRUNEL.

b) La construction du mythe personnel

André TOURNON, « Le choix de mort ou la révolte interdite d'A. d'Aubigné », *Mélanges Jean Larmat*, Les Belles Lettres, 1982, p. 415-424. — Daniel MÉNAGER, « Calvin et d'Aubigné : vocation prophétique et vocation poétique », *R & R*, nlle série, vol. XI, 1, février 1987, p. 15-28.

IV. ETUDES GENERALES SUR « LES TRAGIQUES »

Jean PLATTARD, *A. d'Aubigné. Une figure de premier plan dans nos lettres de la Renaissance*, Boivin, 1931.

Imbrie BUFFUM, *A. d'Aubigné's « Les Tragiques ». A Study of the Baroque Style in Poetry*, New Haven, Yale University Press et Paris, PUF, 1951.

Henry A. SAUERWEIN, *A. d'Aubigné's « Les Tragiques » : a Study in Structure and Poetic Method*, Baltimore, Johns Hopkins Press, 1953.

Henri WEBER, *La Création poétique au XVIe siècle en France. De Maurice Scève à A. d'Aubigné*, Nizet, 1955, t. II, p. 601-733.

Jacques BAILBÉ, *A. d'Aubigné, poète des « Tragiques »*, Caen, Publications de la Faculté des Lettres et Sciences humaines, 1968.

Richard L. REGOSIN, *The Poetry of Inspiration. A. d'Aubigné's « Les Tragiques »*, Chapel Hill, University of North Carolina Press, 1970.

Giancarlo FASANO, *« Les Tragiques » : Un'epopea della morte*, Bari, Adriatica, 1970.

Marguerite SOULIÉ, *L'Inspiration biblique dans la poésie religieuse d'A. d'Aubigné*, Klincksieck, 1977, et Lille, Atelier de reproduction des thèses, 1980.

Ullrich G. LANGER, *Rhétorique et intersubjectivité : « Les Tragiques » d'A. d'Aubigné*, Ph. D., Princeton University, 1980 ; Seattle-Tübingen, Papers for Seventeenth Century Literature, 1983.

Marie-Madeleine FRAGONARD, *La Pensée religieuse d'A. d'Aubigné et son expression*, thèse, Université de Paris III, 1981 ; Lille, Atelier national de reproduction des thèses, et Paris, Didier Erudition, 1986, 2 vol. Résumé dans *L'Information littéraire*, novembre-décembre 1982, p. 190-193.

Frank LESTRINGANT, *Agrippa d'Aubigné. Les Tragiques*, PUF, « Etudes littéraires », 1986.

Jean-Raymond FANLO, *La Mobilité de la représentation dans « Les Tragiques d'A. d'Aubigné »*, thèse, Université de Provence, 1990. Résumé dans *RHR* n° 30, 1990. L'essentiel de cette thèse est repris dans :

J.-R. FANLO, *Tracés, ruptures. La composition instable des* Tragiques, Champion, 1990.

M.-M. FRAGONARD et M. LAZARD éd., « *Les Tragiques* » *d'Agrippa d'Aubigné*, Champion, « Unichamp », 1990.

M.-M. FRAGONARD, F. LESTRINGANT, G. SCHRENCK, *La Justice des Princes. Commentaires des « Tragiques ». Livres II et III*, Mont-de-Marsan, Editions InterUniversitaires, diff. SPEC, 1990.

Malcolm QUAINTON, *D'Aubigné : Les Tragiques*, Londres, Grant & Cutler, 1990.

M.-M. FRAGONARD, *Essai sur l'univers religieux d'Agrippa d'Aubigné*, Mont-de-Marsan, Editions InterUniversitaires, 1991.

Frank LESTRINGANT, *La Cause des Martyrs dans « Les Tragiques » d'A. d'Aubigné*, Mont-de-Marsan, Editions InterUniversitaires, 1991.

Gisèle MATHIEU-CASTELLANI, *Agrippa d'Aubigné. Le corps de Jézabel*, P.U.F., 1991.

David QUINT, *Epic and Empire. Politics and Generic Form from Virgil to Milton*, Princeton, N.J., Princeton University Press, 1993, chap. IV : « Epics of the Defeated : The Other Tradition of Lucan, Ercilla, and d'Aubigné », p. 131-209.

André THIERRY, *A. d'Aubigné, auteur de l' « Histoire universelle »*, Lille, Atelier national de reproduction des thèses, 1982, apporte un éclairage à la genèse et à la matière historique des *Tragiques*.

V. ASPECTS PARTICULIERS DE L'ŒUVRE

a) Le texte et l'intertexte

Jean PLATTARD, « Sur une source des *Tragiques* : le *Pimandre* », *Mélanges Laumonier*, 1935, p. 355-359. — Jacques BAILBÉ, « Lucain et d'Aubigné », *BHR*, XXII, 1960, p. 320-337 ; du même, « A. d'Aubigné et le stoïcisme », *Bulletin de l'Association Guillaume Budé*, 1965, I, p. 97-111. — Henri WEBER, « Un fragment manuscrit des *Tragiques* antérieur à la première édition », *RHLF*, 68ᵉ année, avril 1968, p. 185-203. — A. MEHAT, « Sur le châtiment de Caïn, de Philon d'Alexandrie aux *Tragiques* d'A. d'Aubigné », *BHR*, XXXII, 1970. — Géralde NAKAM, « Une source des *Tragiques* : *L'Histoire memorable de la ville de Sancerre* de Jean de Léry », *BHR*, XXXIII, 1971, p. 177-182. — Jean CÉARD, « Sur un passage des *Tragiques* d'A. d'Aubigné » (la *Sagesse de Salomon*, II, 2-5, comme source de *Jugement*, 961-972), *BHR*, XXXIII, 1971, p. 375-376. — André BAÏCHE, « Ovide chez A. d'Aubigné », *Cahiers de l'Europe classique et néolatine* nᵒ 1 : *Ovide en France à la Renaissance*, Toulouse, Université de Toulouse-Le Mirail, 1981, p. 79-122. — Marie-Madeleine FRAGONARD, « De la résurrection des morts, et de sa justification rationnelle à la fin du XVIᵉ siècle », in C.-G. DUBOIS éd., *L'Imaginaire du changement en France au XVIᵉ siècle*, Presses Universitaires de Bordeaux, 1984, p. 79-100. — Michel SIMO-

NIN, « A. d'Aubigné et les " matras enflez du poil des orphelins " : sur un passage de *La Chambre dorée* (v. 218-226) », *BHR*, XLIX, 1987, 3, p. 537-546.

b) Thèmes et structures

Albert-Marie SCHMIDT, « Remarques sur les deux derniers livres des *Tragiques* », *L'Information littéraire*, X, 1958, p. 47-52. — Marc BENSIMON, « Essai sur A. d'Aubigné. Aspirations et conflits dans *Les Tragiques* », *Studi Francesi*, t. 7, 1963, p. 418-437. — Jean CÉARD « Le Thème du monde à l'envers dans l'œuvre d'A. d'Aubigné », *Actes du Colloque* « *L'Image du monde renversé et ses représentations littéraires et para-littéraires de la fin du XVIe siècle au milieu du XVIIe siècle* ». Etudes réunies par J. LAFOND et A. REDONDO, Vrin, 1979, p. 117-127. — Gisèle MATHIEU-CASTELLANI, « Structures rhétoriques des *Tragiques* », *La Littérature de la Renaissance. Mélanges offerts à Henri Weber*, Genève, Slatkine, 1984, p. 303-320. — Michel JEANNERET, « *Les Tragiques* : mimésis et intertexte », *Le Signe et le texte : lectures postmodernes de la Renaissance*, éd. L. D. KRITZMAN, Lexington (Kentucky), French Forum, 1986. — Frank LESTRINGANT, « L'Ouverture des *Tragiques* : d'Aubigné, César et Moïse », *BSHPF*, t. 133, janvier-mars 1987, p. 5-22. — Jean-Pierre DUPOUY, « *Les Tragiques* ou la parole légitime (Remarques sur quelques figures du livre) », *BHR*, LII, 1990, 1, p. 53-64.

c) « Les Tragiques » et le tragique

Giancarlo FASANO, « Sulla formazione del linguaggio " tragico " di D'Aubigné », *Studi di letteratura francese XVIII. Tragedia e sentimento del tragico nella letteratura francese del Cinquecento*, Florence, L. S. Olschki, 1990, p. 225-244. — Jean CÉARD, « Tragique et tragédie chez Agrippa d'Aubigné », *ibid.*, p. 245-257. — Daniela BOCCASSINI, « Agonia come poesia : tragico D'Aubigné », *ibid.*, p. 258-271.

d) La perspective apocalyptique et le prophétisme

Elliott FORSYTH, « Le Message prophétique d'A. d'Aubigné », *BHR*, XLI, 1979, 1, p. 23-39. Du même, et dans la suite de cette première étude, « D'Aubigné, Calvin et le " comble des péchés " », *Mélanges sur la littérature de la Renaissance à la mémoire de V.-L. Saulnier*, Genève, Droz, 1984, p. 263-272. — Réplique de Marguerite SOULIÉ, « Prophétisme et visions d'Apocalypse dans *Les Tragiques* d'A. d'Aubigné », *RHR* n° 22, juin 1986, p. 5-10. De la même, « Agrippa d'Aubigné théologien », *Albineana* n° 1, 1988, p. 25-40. — Etat de la question par

Henri WEBER, « Etat présent des études sur Agrippa d'Aubigné », *Albineana* n° 2, Niort, 1990, p. 15.

e) *Tableaux, songes, visions*

Michel JEANNERET, « Les Tableaux spirituels d'A. d'Aubigné », *BHR*, 1973, p. 233-245. — Mitchell GREENBERG, « The Poetics of Trompe-l'Œil : D'Aubigné's " Tableaux celestes " », *Neophilologus*, 63, janvier 1979, p. 1-22. — André TOURNON, « Le Cinquième Sceau. Les tableaux des *Fers* et la perspective apocalyptique dans *Les Tragiques* d'A. d'Aubigné », *Mélanges à la mémoire de V.-L. Saulnier*, Genève, Droz, 1984, p. 273-283. — Marguerite SOULIÉ, « Songe et vision dans *Les Tragiques* d'A. d'Aubigné », *in* Françoise CHARPENTIER éd., *Le Songe à la Renaissance. Actes du Colloque international de Cannes (29-31 mai 1987)*, Saint-Etienne, Université de Saint-Etienne et *RHR*, 1990, p. 199-207. — Marie-Madeleine FRAGONARD, « " Vos jeunes gens auront des visions et vos vieillards des songes. " Les commentaires de *Joël*, II, 28, au XVIᵉ siècle », *Le Songe à la Renaissance, op. cit.*, p. 209-220. — Malcolm QUAINTON, « Songe et création chez A. d'Aubigné », *Le Songe à la Renaissance*, p. 221-229.

f) *L'inspiration satirique dans « Les Tragiques »*

Charles LENIENT, *La Satire en France ou la littérature militante au XVIᵉ siècle*, Hachette, 1866. — Jean CÉARD, « Le Style satirique dans *Les Tragiques* d'A. d'Aubigné », *in* M.-Th. JONES-DAVIES éd., *La Satire au temps de la Renaissance*, Université de Paris-Sorbonne, Institut de recherches sur les civilisations de l'Occident moderne, diffusion : Jean Touzot, 1986, p. 187-201. — Marie-Madeleine FRAGONARD, « Paris-Babylone / Paris-Enfer chez A. d'Aubigné », *Errances et parcours parisiens de Rutebeuf à Crevel*, Université de la Sorbonne Nouvelle-Paris III, Service des publications, 1986, p. 21-32. — Henri WEBER, « D'Aubigné poète satirique dans *Les Tragiques* », *Albineana* n° 1, 1988, p. 9-24.

g) *Langue, style, rhétorique*

Karl SCHWERD, *Vergleich, Metapher und Allegorie in den « Tragiques »* des A. d'Aubigné, Leipzig, A. Deichert, 1909. — Lazare SAINÉAN, « Les termes de patois chez D'Aubigné », *Revue du XVIᵉ siècle*, II, 1914, p. 331-340. — Michel JEANNERET, « Les styles d'A. d'Aubigné », *Studi Francesi*, 32, 1967, p. 246-257. — Yves GIRAUD, « Les figures de répétition dans les deux derniers livres des *Tragiques* », *Saggi e ricerche di letteratura francese*, vol. XVIII, 1979, p. 283-304. — Marie-Madeleine FRAGONARD, « Poétique explicite, écriture et style :

sur l'exemple d'A. d'Aubigné », *Recherches sur l'histoire de la poétique*. Etudes publiées par Mathieu-Marc Münch, Berne, Peter Lang, 1984, p. 29-43. — Catharine Randall COATS, « Dialectic and Literary Creation : a Protestant Poetics », *Neophilologus*, 72, avril 1988, p. 161-167.

h) Le baroque

Imbrie BUFFUM, thèse citée, 1951. — Jean ROUSSET, *La Littérature de l'âge baroque en France*, Corti, 1954. — Enea BALMAS, « A. d'Aubigné poeta barocco », *Le Lingue straniere*, IX, juillet-août 1960, p. 22-32. — Claude-Gilbert DUBOIS, *Le Baroque, profondeurs de l'apparence*, Larousse, 1973. Du même, *Les Tragiques (Extraits)*, Nizet, coll. Ducros, 1975. — André BAÏCHE, *La Naissance du baroque français*, Toulouse, Presses de l'Université de Toulouse-Le Mirail, 1976.

i) Numéros spéciaux de revues

Europe, n° 563, mars 1976 (contributions de H. WEBER, C.-G. DUBOIS, J. BAILBÉ, M. SOULIÉ, M.-M. FRAGONARD, etc.). — *RHR*, n° 10, décembre 1979 : *Actes des Rencontres A. d'Aubigné* (textes de G. SCHRENCK, A. THIERRY, J. PINEAUX, U. LANGER, etc.). — *Cahiers Textuel*, n° 9, 1991 (textes de F. CHARPENTIER, F. LESTRINGANT, M. SOULIÉ, M.-M. FRAGONARD, G. SCHRENCK, A. TOURNON, J.-R. FANLO, G. MATHIEU-CASTELLANI, S. PERRIER). — *RHLF*, juillet-août 1992, 92ᵉ année, n° 4 (contributions d'A. JOUANNA, J. CÉARD, M.-H. PRAT, F. LESTRINGANT, M.-M. FRAGONARD). — Une revue, de parution annuelle, est consacrée à l'auteur des *Tragiques : Albineana-Cahiers Agrippa d'Aubigné* (Niort, Bibliothèque municipale, et Mont-de-Marsan, SPEC), n° 1, 1988, n° 2 et 3, 1990 ; n° 4, 1992 ; n° 5, 1993 ; etc.

VI. FORTUNES DES *TRAGIQUES*

Paul STAPFER, « A. d'Aubigné et Victor Hugo », *La Revue Bleue*, XIV, 1900, p. 487-492 et 686-692. — André LEBOIS, *La Fortune littéraire des « Tragiques »*, Archives des Lettres Modernes, n° 5, 1957 ; à corriger par : Raymond LEBÈGUE, « Problèmes de sources et d'influences : *Atala* et *Les Tragiques* », *Journal des Savants*, janvier-mars 1958, p. 18-24. — Antonia DAVIN, « A. d'Aubigné au XIXᵉ siècle. Notes complémentaires », *Les Lettres Romanes*, XXXIII, 3, août 1979, p. 255-302. — Gilbert SCHRENCK, « D'Aubigné au XVIᵉ siècle », *Mélanges à la mémoire de V.-L. Saulnier*, Genève, Droz, 1984, p. 285-293 ; « La Réception d'A. d'Aubigné au XVIIᵉ siècle », *Revue d'Histoire et de*

Philosophie religieuses, vol. 66, 1986, 4, p. 419-427 ; « Aspects de la réception d'A. d'Aubigné au XVIIIe siècle », *RHR*, 25, 1987, p. 5-15 ; « La Réception d'A. d'Aubigné au XIXe siècle », *Albineana* n° 1, 1988, p. 49-59. — André THIERRY, « Jules Michelet lecteur d'A. d'Aubigné », *Hommage à Jacques Petit*, Annales littéraires de l'Université de Besançon, diff. Les Belles Lettres, 1985, vol. 2, p. 967-974.

NOTES

La base de ces notes et variantes est tirée de l'apparat critique de l'édition Garnier et Plattard, complété par celui de l'édition Weber-Soulié et dûment revu. Ce noyau primitif a pu être enrichi et dans une large mesure renouvelé à partir des travaux les plus récents sur *Les Tragiques*, entre autres ceux de Marguerite Soulié, Marie-Madeleine Fragonard, Jean-Raymond Fanlo et Gilbert Schrenck.

Parmi les amis et collègues qui m'ont aidé à mettre au point cette annotation, qu'il me soit permis de remercier tout particulièrement pour leurs conseils et suggestions Marie-Madeleine Fragonard, Laurence Harf-Lancner, Jean Céard, Michel Delon, Jean Lecointe, Olivier Millet, Christian Mouchel, Michel Reulos, Gilbert Schrenck et Jean-Claude Ternaux. Les étudiants de l'Ecole Normale Supérieure, au cours de l'année universitaire 1990-1991, et ceux de l'Université Charles-de-Gaulle à Lille ont eu part incidemment au commentaire des livres II et III, alors au programme d'agrégation. Qu'ils en soient ici collectivement remerciés.

Le chiffre des notes correspond au numéro du vers dans le livre considéré. Pour les renvois internes, le premier chiffre, en romain, indique le livre (I = *Misères*, II = *Princes*, III = *La Chambre dorée*, IV = *Les Feux*, V = *Les Fers*, VI = *Vengeances*, VII = *Jugement*) ; le second, le numéro du vers. A désigne l'édition princeps de 1616 ; B la seconde édition sans lieu ni date ; T le manuscrit Tronchin 158 de la Bibliothèque Publique et Universitaire de Genève. (Seules sont appelées dans le texte les notes relatives aux pièces liminaires et au texte final « Au lecteur ».)

AUX LECTEURS

1. *Le larron Prométhée.* Prométhée, le voleur de feu, est également l'auteur prétendu de l'Epilogue, généralement ignoré par les éditeurs modernes. En réalité d'Aubigné a lui-même écrit ce double avertissement au lecteur qui encadre le poème.

2. Image évangélique, plus loin associée à la parabole des talents (voir note 4) : « Et on n'allume point la chandelle pour la mettre sous un boisseau, mais sur un chandelier » (Matthieu V, 15). Cf. *Les Feux*, 369-370 et 695.

3. *Angrogne* : vallée vaudoise du Piémont qui résista victorieusement aux persécutions du duc de Savoie. Voir plus loin la *Préface* en vers, 115 *sqq.*

4. Allusion à la parabole des talents : Matthieu XXV, 15-28. Cette parabole appartient depuis le Moyen Age à la topique de l'exorde, comme l'a rappelé E. R. Curtius, *La Littérature européenne et le Moyen Age latin*, Agora, 1986, t. I, p. 160-161. Mais elle joue un rôle particulier en milieu huguenot, étant au point de départ de ce que Max Weber a appelé « l'éthique protestante », inséparable à ses yeux de l'esprit du capitalisme. On rencontre en particulier cette similitude des talents dans les divers ouvrages de Bernard Palissy, *La Recepte veritable*, 1563 (éd. Keith Cameron, Genève, Droz, 1988, p. 42-43, 52 et 56) ; *Discours admirables de la nature des eaux et fonteines*, 1580, épître à Antoine de Pons, f. *2 v°. Sur ce point, voir, outre Jean Céard, « Les Talents de Bernard Palissy », *L'Intelligence du passé (Mélanges Jean Lafond)*, Tours, Public. de l'Univ., 1988, p. 139-147, Frank Lestringant, « L'Eden et les ténèbres extérieures », *Actes du colloque Bernard Palissy (1510-1590). L'écrivain, le Réformé, le céramiste*, Mont-de-Marsan, Editions InterUniversitaires, 1992, p. 119-130. — Le catholique Ronsard ne mentionne qu'une seule fois le talent caché « dedans terre », mais c'est pour en attribuer l'expression à « ceulx de la nouvelle foy », autrement dit aux calvinistes. Voir Ronsard, « Elegie à Loïs des Masures Tournisien », v. 37, in *Œuvres complètes*, éd. Paul Laumonier, t. X, S.T.F.M., éd. revue, 1992, p. 362.

5. Les catholiques, ennemis de la véritable Eglise, après avoir usé des persécutions, proposent pensions et charges honorifiques aux protestants tièdes pour les convertir. Cette image du sang dissimulé sous les présents ou sous les fleurs est récurrente dans *Les Tragiques*. Cf. *Princes*, 214, et la note.

6. *Adiaphoristes* : indifférents en matière de religion, sceptiques. Cf. *Lettres touchant quelques poincts de diverses sciences* (IV, « Pléiade », p. 839), où d'Aubigné les associe aux Saducéens, secte juive qui niait la vie éternelle. En 1548, ce surnom avait été donné par les luthériens intransigeants ou *Gnesiolutheraner* aux partisans de l'irénique Mélanchthon qui jugeaient que, dans les contestations avec les catholiques, certains points de doctrine pouvaient être considérés comme indifférents.

7. *L'Estat de l'Eglise dez le temps des Apostres jusques à...* (1re éd., Genève, 1556). L'ouvrage, originellement composé par un médecin de

Saumur, Jean de Haynault, s'étendait d'abord jusqu'au règne de Charles V, puis fut augmenté jusqu'à Charles IX, et enfin jusqu'en 1581.
— L'*Alethye* (ou *Aletheye*, variante de 1616, du grec *Alétheia*, vérité) correspond au *Resveille-matin des François et de leurs voisins*, composé en forme de dialogues par Eusèbe Philadelphe cosmopolite (pseudonyme du médecin dauphinois Nicolas Barnaud) et stigmatisant le rôle de la cour dans la Saint-Barthélemy (Edimbourg, 1574). Le premier dialogue fait comparaître en effet les personnages allégoriques d'Alithie et Philalithie (celui qui aime la vérité). Quant à la *Légende Sainte-Catherine*, c'est le calque du titre latin du *Discours merveilleux de la vie, actions et deportemens de Catherine de Medicis royne mere*, publié en 1575 et dont d'Aubigné s'est inspiré dans *Misères*. Voir *Tr.*, I, 958.

8. Pour l'opposition des rois et des tyrans, voir *Misères*, 563-608 ; *Princes*, 655-688. Cf. *Du debvoir mutuel des roys et des subjects*, chap. III, « Pléiade », p. 469-473. Dans ce traité composé vers 1620, d'Aubigné s'affirmait partisan d'une monarchie tempérée, « appuyee des correctifs qui l'empeschent de tomber en la Tirannie » (*ibid*, p. 473). Il n'en fallait pas plus pour lui valoir la réputation de « républicain », au sens de « celui qui, par ses menées, cherche à amoindrir l'état royal en l'obligeant à aliéner le Domaine ». Sur le « républicanisme » de d'Aubigné, au sens du XVIe siècle, voir Jean Céard, « *République* et *Républicain* en France au XVIe siècle », in *L'Esprit républicain. Colloque d'Orléans (4 et 5 septembre 1970)*, Klincksieck, 1972, p. 97-105. — Dans son *Histoire de France* (Paris, L'Huillier et Sonnius, 1576), que d'Aubigné a pratiquée et qu'il estimait, Du Haillan emploie indifféremment les termes d'Aristocratie et de Republique, pour désigner le régime oligarchique (ou « composé de plusieurs »). Voir en particulier les harangues contradictoires de Charamond et de Quadrek à l'occasion de l'institution de la monarchie franque (I, p. 6). Sur Du Haillan, cf. ci-après la note 38 et la note relative à II, 501-512.

9. Le début de la composition des *Tragiques* remonte à 1577, au lendemain du combat de Casteljaloux, si l'on en croit *Sa Vie à ses enfants*, éd. G. Schrenck, 1986, p. 103 : « Apres ce jour là se passa le perilleux combat […], au retour duquel Aubigné estant au lict de ses blesseures, et mesmes les Chirurgiens les tenant doubteuses, fit escrire sous soy par le Juge du lieu les premieres clauses de ses *Tragiques*. » — Mais contrairement à ce qu'indique ici d'Aubigné, « cet œuvre » n'est pas « fait », c'est-à-dire achevé, depuis « trente-six ans et plus ». Comme l'a récemment précisé J.-R. Fanlo, le tiers au moins, voire près de la moitié des vers qui composent *Les Tragiques* dans leur version définitive, sont postérieurs à 1600. C'est dans un dessein bien précis que le poète rejette dans un passé archaïque une œuvre hors d'âge, qui refuse la moindre concession au goût du jour.

10. *Litures* : ratures (du latin *litura*).

11. Même dans la seconde édition, sans lieu ni date, il n'y a aucun éclaircissement de d'Aubigné.

12. *Rythmes.* Comprendre : rimes, vers (cf. italien *rime*). Rythme et rime ne sont en effet à l'origine qu'un même mot. — Le reproche de concision excessive est porté à la même époque contre *La Jérusalem délivrée* du Tasse, l'une des références, sinon l'un des modèles, de d'Aubigné. En témoigne la remarque que formule Blaise de Vigenère au terme de sa traduction : « il precipite beaucoup de choses qu'il coupe court, et les laisse là imparfaictes et entrerompues, comme les attentes d'un édifice » (*La Hierusalem du Sr Torquato Tasso*, Paris, A. L'Angelier, 1595, « Annotations », f. 305 *sqq.*). L'observation vaudrait *a fortiori* pour l'auteur des *Tragiques.* Le style des deux poèmes héroïques était décidément étranger à l'asianisme en vogue au tournant du XVIIᵉ siècle.

13. *Larcins des chouettes* : au XVIᵉ siècle, la chouette est souvent qualifiée de larronnesse (*Kalendrier des Bergers*), probablement par confusion avec le choucas. La même confusion amène à appeler chouette le mauvais poète.

14. Cette lettre de consolation, rédigée par d'Aubigné en 1600, fut publiée l'année suivante. Adressée à Catherine de Bourbon, sœur unique d'Henri IV, mariée au duc de Bar et sur laquelle s'exerçaient vainement de multiples pressions pour sa conversion au catholicisme, elle contient deux fragments des *Tragiques* (IV, 207-220 et 1263-1282). Deux des vers ainsi publiés en avant-première (*Les Feux*, 215-216) se retrouvent dans le 41ᵉ quatrain des *Tablettes de la vie et de la mort* du conseiller catholique Pierre Matthieu, ancien Ligueur (éd. C. N. Smith, University of Exeter, 1981, p. 7). Appliqués originellement à Jeanne Grey, la jeune reine luthérienne décapitée sur ordre de Marie Tudor, ces vers sont employés désormais à décrire le supplice de Marie Stuart, martyre catholique et victime de la vindicte d'Elisabeth. On conçoit l'irritation de d'Aubigné devant ce larcin aggravé d'un détournement de son œuvre en faveur de la Contre-Réforme.

15. *Maréchal de camp.* D'Aubigné obtint ce grade, équivalent à celui de général de brigade, en 1584. Il prétend avoir été maître de camp (colonel) dès 1572, mais sa mémoire est peut-être infidèle.

16. *Cet Empereur* : Héliogabale, empereur romain de 218 à 222. Les divertissements poétiques de d'Aubigné ne sont rapprochés que par plaisanterie des raffinements de table de ce prince débauché.

17. Ce goût proclamé par Ronsard pour les archaïsmes comme pour les mots dialectaux est bien conforme au programme de la *Défense et illustration de la langue française* (1549). On le trouve réaffirmé dans son *Abrégé de l'Art poétique français*, ainsi que dans la *Preface sur la Franciade, touchant le Poëme Heroïque* (éd. P. Laumonier des *Œuvres complètes*, t. XVI, p. 348-349) : « Oultre je t'advertis de ne faire conscience de remettre en usage les antiques vocables, et principalement ceux du langage Wallon et Picard, lequel nous reste par tant de siecles l'exemple naïf de la langue Françoise... ». — Pour *dorne* (le « giron »), voir *La Chambre dorée*, 975. *Empour* (« pour », « en échange de ») se rencontre dans *Les Feux*, 216.

18. Pour l'épisode de l'écolier limousin « qui contrefaisoit le langaige Françoys », et en fut sévèrement châtié, voir Rabelais, *Pantagruel*, chap. VI. Henri Estienne s'était moqué des italianismes à la mode dans ses *Deux Dialogues du nouveau langage françois italianisé*, 1578.

19. *Rythmes* : il s'agit de quelques rimes jugées pauvres. Cf. ci-dessus note 12. Dans la suite de la phrase, le mot « rythmeurs » est à lire : « rimeurs ».

20. D'Aubigné a éprouvé pour Etienne Jodelle une admiration indéfectible, en dépit du militantisme anti-huguenot de ce dernier. En témoignent les *Vers funebres sur la mort d'Estienne Jodelle Parisien Prince des Poëtes tragiques*, publiés en plaquette en 1574 (« Pléiade », p. 331-334).

21. Il s'agit de la règle d'accord des participes passés avec avoir, qui n'était pas encore fixée. — *Quant et quant* : en même temps.

22. Cf. *Lettres touchant quelques poincts de diverses sciences*, XI, « Pléiade », p. 863 : la seconde « volée » des poètes que distingue d'Aubigné et qui a fleuri de la fin d'Henri III « jusques à celle de Henry IV » « a profité abondamment dans les Poëtes Italiens, et accoursy la liberté de la Poësie, en ne soufrant plus les rimes foibles et celles des simples aux composez ». C'est la bande de Malherbe qui proscrivit entre autres licences poétiques la rime du mot simple avec ses composés.

23. Nicolas Rapin (1539-1608), lieutenant criminel de la prévôté de Paris, l'un des auteurs de *La Satyre Ménippée* (1594). Poète « plus heureux en Latin qu'en François », selon d'Aubigné, *Lettres sur diverses sciences*, XI, « Pléiade », p. 862, il avait notamment adapté le chant XXVIII du *Roland furieux* de l'Arioste (1572) et traduit les *Sept Psaumes Pénitentiels* (1588). Il s'était essayé aux « vers mesurés » et y avait converti d'Aubigné. Retiré au château de Terre-Neuve à Fontenay-le-Comte à partir de 1599, ce Poitevin de souche était par conséquent le voisin et l'ami de l'exilé de Maillezais. Leur collaboration poétique, à l'occasion notamment de promenades en barque dans le Marais Poitevin, fut particulièrement intense dans les années 1606-1607. Voir sur ce point l'éd. Jean Brunel des *Œuvres* de Nicolas Rapin, Genève, Droz, t. II, 1982, p. 347-351.

24. *Tableaux célestes* : c'est grâce à la fiction de tableaux peints par les anges sur la voûte du ciel que d'Aubigné évoque les batailles et les massacres du temps des *Fers* (livre V). Il n'allègue pas ici Dante qui, pourtant, a présenté au *Purgatoire* une série de scènes sculptées en bas-relief.

25. *Et de nouveau du Tasse* : allusion à *La Jérusalem délivrée*, très lue et admirée en France à la fin du XVIe siècle, et deux fois traduite en 1595, par Blaise de Vigenère et Jean du Vignau. Au chapitre des

« inventions » en particulier, le songe de Godefroy de Bouillon au chant XIV de *La Jérusalem délivrée* (st. 3-19) annonce les deux visions ascensionnelles des *Tragiques* : le jeune homme insomniaque visité par Vertu et emporté par elle « sur la nue » (*Princes*, 1428-1440), et l'agonie de Talcy (*Les Fers*, 1191-1206 et 1417-1430). — Pour ce rapprochement, voir Marie-Madeleine Fragonard, *La Justice des Princes*, 1990, p. 25.

26. Sainte-Marthe (Scévole de), 1536-1623, originaire de Loudun en Poitou. Homme de robe et catholique antiligueur comme Rapin, il écrivit des poésies latines et françaises.

27. Pour la prédiction de l'assassinat d'Henri IV, après l'abjuration du roi et l'attentat de Châtel, voir la *Préface* en vers, 325-330, et la note.

28. Voir *Princes*, 985-992, où est prédit l'assassinat d'Henri III par une « corneille », en l'espèce le moine Jacques Clément.

29. Ces exemples d'*entrées avec exorde* se rencontrent dans les livres I, 1-96 (qui est lui-même l'exorde général du poème) ; II, 1-102 ; IV, 1-52 ; VI, 1-140, et VII, 1-26. Les livres III et V sont introduits quant à eux par des *Prologues* se déroulant au ciel et largement parallèles l'un à l'autre (III, 1-160 ; V, 1-252). Ces entrées qui supposent une élévation immédiate et vertigineuse du regard méritent doublement le qualificatif d'« abruptes ».

30. *Ubris* (ou plutôt *hybris*) : ce mot, en grec, désigne toute forme d'excès, tout ce qui dépasse la mesure, et en particulier l'orgueil de l'homme outrepassant ses bornes. L'*hybris*, ressort par excellence de la tragédie antique, notamment chez Eschyle, caractérise des héros tels que Prométhée, Agamemnon, Thyeste ou Xerxès, et appelle sur eux le châtiment des dieux. — Tel était donc le titre primitif de *La Chambre dorée*. L'« infidèle Ubris », « fille d'Até », se rencontre du reste au v. 892 du livre III.

31. *Dan* (du latin *damnum*) : la seconde mort, la mort éternelle de la damnation. La peine du *dam* (par opposition à la *peine du sens*, qui est physique), c'est le châtiment spirituel des réprouvés, qui consiste à être éternellement privé de la vue de Dieu. Mais d'Aubigné en fait plus largement un synonyme de *Jugement*, comme le confirme un passage de l'*Histoire universelle*, livre II, chap. XI (éd. A. Thierry, t. I, p. 238) : « Il courut un Livre, qui s'appelloit Dan, c'est à dire Jugement... » Cet ouvrage, consignant les vengeances de Dieu sur les persécuteurs de son peuple, correspond sans doute au recueil de Jean Chassanion de Monistrol, *Des grands et redoutables jugemens et punitions de Dieu advenus au monde* (Morges, 1581), la source principale du livre VI des *Tragiques*.

32. L'*onomastique* était un index des noms propres que d'Aubigné n'a sans doute pas réalisé.

33. Dès 1616 d'Aubigné songe à la publication des œuvres qui ont dû attendre pour être révélées l'édition Réaume et de Caussade à la fin du XIXe siècle (6 vol., A. Lemerre, 1873-1892). Les *Œuvres latines* n'ont vu le jour qu'en 1945, avec la publication par Pierre-Paul Plan des *Pages inédites* (Genève, Société d'histoire et d'archéologie). Les *Polémiques en diverses langues*, qualifiées ici d'« œuvre de jeunesse », n'ont pas été retrouvées, non plus que les *Romans*, à moins qu'il ne faille y comprendre *Les Avantures du Baron de Faeneste*, imprimées à partir de 1617 à Maillé, près de Maillezais, et continuées à Genève.

34. Les deux premiers tomes de l'*Histoire universelle* paraîtront à Maillé, juste après *Les Tragiques*, en 1618 et 1619 ; le troisième à Saint-Jean d'Angély au printemps 1620. Pour la chronologie de cette publication, reprise et complétée ensuite à Genève en 1626, voir l'introduction d'André Thierry, Genève, Droz, t. I, 1981, p. XXV-XXXIII. — D'Aubigné se décerne ici, par le truchement de l'Imprimeur supposé, un brevet d'historien impartial. Comme le souligne intentionnellement ce passage, il s'agit d'un cas singulier de « schizophrénie littéraire », où l'auteur se dédouble en un « juge » et un « témoin », le droit constituant le fondement des *Tragiques*, et le fait celui de l'*Histoire*. Pour le partage des tâches et des styles entre les deux œuvres, voir l'exorde des *Feux*, 45.

35. Cette lecture se situe nécessairement avant 1589, date à laquelle Henri de Navarre devient roi de France. L'expression « tous *Les Tragiques* » est donc trompeuse, car l'œuvre, alors, était loin d'être achevée. Il n'est même pas certain qu'à cette date elle se présentait sous sa forme définitive de sept livres distincts.

36. *Du Fay* : Michel Hurault, seigneur de Bellesbat et du Fay, petit-fils du chancelier Michel de L'Hospital, secrétaire du roi de Navarre. Il sera accusé par d'Aubigné, après l'avènement d'Henri IV au trône, d'avoir en Guyenne cassé les chambres de justice et l'organisation administrative du parti huguenot, sous prétexte de restaurer l'unité du royaume, les personnes du roi et du « Protecteur » étant désormais confondues. Il est choisi ici comme une personne exactement dévouée à l'autorité royale.

37. *Du Pin* : Jacques Lallier, sieur du Pin, « secrétaire de la main » du roi de Navarre, membre de ses conseils, intendant de ses finances.

38. Bernard de Girard, seigneur du Haillan (1535-1610), « premier historiographe de France » en charge et, selon Augustin Thierry, « père de l'Histoire de France, telle que nous l'avons lue et apprise ». D'Aubigné a rendu hommage dans la préface de l'*Histoire universelle* (éd. André Thierry, t. I, p. 4) à cet historien, auteur en 1570 d'un traité *De l'Estat et succez des affaires de France*, et dès 1576 d'une *Histoire de France* qui s'arrêtait d'abord à Louis XI, avant d'être continuée par d'autres. Il le tient sur le même pied que La Popelinière et De Thou. Dans le traité *Du Debvoir mutuel des Roys et des subjects*, chap. V, « Pléiade », p. 477, d'Aubigné souligne l'insistance de du Haillan sur le caractère électif de la royauté française à ses origines.

39. Ces vers et ceux qui suivent sont extraits du *Discours par stances* *avec l'esprit du feu roy Henry quatriesme*, v. 283 (« Pléiade », p. 357), 313-324 et 331-336 (p. 357-358). D'Aubigné n'a publié de ces *Stances* que huit strophes complètes insérées à divers endroits dans l'*Appendix ou corolaire des histoires du Sieur d'Aubigné*, qui referme l'*Histoire universelle* sur un arc de triomphe élevé à la mémoire d'Henri IV.

40. Pour ces Rois de Septentrion, c'est-à-dire du Nord de l'Europe, qui ont su résister aux menées des jésuites, voir *Misères*, 1255-1258.

POEMES LIMINAIRES

1. Ces trois pièces liminaires — deux sonnets de Daniel Chamier et un d'Anne de Rohan — sont un ajout de la deuxième édition, sans date, des *Tragiques*. Armand Garnier et Jean Plattard ne les ont pas retenues. En revanche Réaume et de Caussade en donnent, « d'après le manuscrit original de la collection Tronchin », une version assez différente. J'indique dans les notes les plus significatives de ces variantes, en général moins satisfaisantes que la leçon du texte imprimé.

2. Daniel Chamier (1565-1621). Pasteur de Montélimar, comme son père et son fils, puis de Montauban, il fut tué lors du siège de cette ville par les troupes de Louis XIII. Il est l'auteur de plusieurs ouvrages de controverse théologique et d'une grammaire de l'hébreu. Lors du synode de Gap en 1603, dont il fut élu modérateur, il fit ajouter à la Confession de foi réformée, entre autres compléments, l'article XXXI qui identifiait l'Antéchrist au Pape, évêque de Rome. Sur ce point notamment, d'Aubigné partageait le point de vue de ce « ferme ».

3. Sur la mesure de « mort civile » qui, à plusieurs reprises, frappa d'Aubigné, voir plus loin la *Préface* en vers, 92, et la note.

4. Dans les deux tercets de ce premier sonnet, Chamier joue sur la synonymie étymologique de « témoin » et de « martyr ». Les *Feux* sont, comme l'on sait, un *Livre des Martyrs*, à la manière du recueil de Jean Crespin dont d'Aubigné s'est du reste inspiré.

5. Il s'agit, non de *Jugement*, mais de *Vengeances*, le livre VI des *Tragiques*, comme l'indique sans équivoque l'apostrophe « ô Tyrans ! » du v. 13. Dans le langage de l'Ancien Testament en effet, Jugements de Dieu et Vengeances de Dieu sont équivalents.

6. Variante Tronchin : *Voy-le, o malheureux*. A moins d'élider l'e du pronom personnel complément, le vers de l'édition sans date est faux.

7. *Conséquentieux* : conséquents avec vous-mêmes.

8. Variante Tronchin : *Repeus de doctes traicts*.

9. Variante Tronchin : *ces vers, qui leur font voir l'erreur/De voz maux* […].

10. La version manuscrite comporte un point d'exclamation à la fin du poème.

11. Anne de Rohan (1584-1646), fille de René II de Rohan, sieur de

Pontivy, et de Catherine de Parthenay-Larchevêque, était la sœur
d'Henri de Rohan, duc et pair de France, qui entraîna d'Aubigné dans le
soulèvement des Grands contre le duc de Luynes en 1620. Possédant
parfaitement les langues anciennes et capable de lire l'Ancien Testament
en hébreu, elle est rangée par d'Aubigné au nombre des « femmes doctes
de nostre siecle » (*Lettres touchant quelques poincts de diverses sciences*,
VIII, « Pléiade », p. 852). Outre ce sonnet liminaire, Anne de Rohan a
composé des *Stances sur la mort du roi Henri IV*, dont d'Aubigné cite
une partie à la fin de l'*Appendix* de son *Histoire universelle*. Les frères
Haag (*La France protestante*, 1848) mentionnent encore d'elle une *Elegie
en memoire de la duchesse de Nevers* et des *Plaintes sur le trespas de Mme
de Rohan*. Demeurée dans la foi protestante et morte sans enfant, Anne
de Rohan se trouvait avec sa mère à La Rochelle lors du grand siège de
1627-1628. Elle fut emprisonnée après la capitulation de la ville.

12. La version manuscrite de ce sonnet présente de très nombreuses
variantes par rapport au texte imprimé de la seconde édition, ce qui en
fait un poème tout différent. J'en reproduis donc ici, d'après Réaume et
de Caussade (t. IV, p. 13), la transcription intégrale :

SONNET
Qu'une Princesse escrivit à la fin des *Tragicques*.

O trop subtil larron ou bien hardy preneur ;
Non preneur seulement, mais voleur ordinaire ;
Non seulement voleur, mais tyran sanguinaire,
Qui abbaissant autruy faict gloire de ton heur ;

Enchanteur des esprits et violent sonneur,
Qui tonnant nous estonne et parlant nous faict taire
Et n'espargnant la main non plus que l'adversaire,
Fay tiens les biens, la vie, et l'ame avec l'honneur.

Tu monstres ton enfant, tu fais cacher les nostres,
Tu prends tout seul le los qu'on partageoit aux autres,
Tu le rends des neuf Sœurs maistre et non pas mignon.

Tu ravis d'Apollon la lyre avec main forte
Et au lieu qu'en fureur Parnasse nous transporte,
Tu transportes Parnasse au desert du Dognon.

13. *Qui tonnant nous étonne* (= nous frappe de stupeur) : jeu de
mots on ne peut plus traditionnel depuis les *Odes* de Ronsard. Voir par
exemple l'Ode II, 29, « A frère René Macé », v. 9-12 (éd. P. Laumonier
des *OC* de Ronsard, t. I, p. 266).

14. *Ton enfant* : image de parenté venue des *Tristes* d'Ovide et que
d'Aubigné a filée tout au long de sa *Préface* en vers. Voir ci-après les
notes sur les v. 1, 6, 7-12, etc.

15.　Chez Ronsard et ses confrères de la Pléiade, le poète est fréquemment appelé « mignon des Muses ».

16.　*Parnasse dans Dognon.* C'est en effet au fort du Dognon, qu'il fit édifier sur la rivière de la Sèvre, à quelque distance de Maillezais dont il était gouverneur, que d'Aubigné acheva de composer *Les Tragiques* (1612-1616). Et c'est dans les environs immédiats, au village de Maillé, où il avait transporté par bateau des presses depuis La Rochelle, que le poème fut imprimé.

PREFACE

1.　*Va Livre.* D'Aubigné paraphrase ici le début des *Tristes* d'Ovide, I, 1, 3 : « Vade, sed incultus, qualem decet exulis esse » (« Va, mais sans ornement, comme il convient au livre d'un exilé »). Ovide et d'Aubigné ont en commun l'exil, plus symbolique que réel dans le cas du second, et une paternité littéraire difficilement assumée. Tous les deux écrivent depuis le désert, et chargent leur livre de parler et de vivre à leur place.

6.　*Quand ton père s'en va mourir.* Chez Ovide aussi, la naissance du livre est associée à la mort du « père » littéraire. Le thème est filé jusqu'à susciter les figures de parricides célèbres tels qu'Œdipe et Télégone (*Tristes*, I, 1, 114). Du livre des *Métamorphoses*, Ovide dira encore « qu'il a été comme dérobé aux funérailles de son maître » (*Tristes*, I, 7, 13-40). L'avis de l'Imprimeur « Aux Lecteurs » évoquait, on l'a vu, le motif du larcin. — Cette préface en vers, parallèle à celle du *Printemps* et de structure analogue, est rédigée dans la vieillesse de d'Aubigné, au moment où il se décide à publier en 1616 l'ensemble du poème entrepris trente-neuf ans plus tôt. Le poète ne mourra que quatorze ans plus tard, en 1630. — Le *topos* de l'auteur-père et du livre-enfant remonte au moins aux *Tristes* d'Ovide, I, 1, 115 ; I, 7, 35 ; III, 1, 65 ; III, 14, 13 ; voir E. R. Curtius, *La Littérature européenne et le Moyen Age latin*, Agora, 1986, t. I, p. 227-228). Mais d'Aubigné lui confère un tour hautement paradoxal. Il apparaît en effet tout à la fois comme le père et le nourrisson de son livre.

7-12.　Suivant une légende romaine rapportée par Valère Maxime (livre V) et par Pline l'Ancien (*Histoire naturelle*, VII, chap. 36, trad. A. Du Pinet, Lyon, 1581, p. 273), une jeune femme rendant visite à sa mère condamnée à mourir de faim l'aurait allaitée à travers les barreaux de sa geôle. — La variante de l'histoire que retient d'Aubigné substitue le père à la mère : le vieillard Cimon est allaité par sa fille Pero. Elle a souvent été représentée dans la peinture. On connaît ainsi *La Charité romaine* d'Andrea del Sarto, ou celle de Charles Mellin (1597-1649), au Musée du Louvre.

19-24. La fable du paysan du Danube (cf. La Fontaine, *Fables*, XI, 7) vient d'Antonio de Guevara, *L'Horloge des Princes* (1529 ; trad. française en 1531 et 1555). D'Aubigné combine cette fable au mouvement du premier poème des *Tristes* d'Ovide : le livre, enfant du poète en exil, est chargé de porter ses plaintes à Rome, auprès de ses amis et de César Auguste, l'auteur de sa condamnation (I, 1, 69-70).

26. La première édition des *Tragiques*, en 1616, étant anonyme, il n'y avait donc pas de nom au frontispice (« Ton front.»), seulement les initiales sibyllines : « L.B.D.D. » (le Bouc du Désert).

34. *Au-dedans* : variante de l'os médullaire cher à Rabelais (Prologue de *Gargantua*), et qu'il faut briser pour goûter la substantifique moelle. On pense aussi à l'adage des *Silènes d'Alcibiade* recueilli par Erasme et dont Rabelais s'est souvenu. L'humble et triste apparence du livre renferme des trésors de sagesse et de joie. Mais cet humble habit est aussi celui du livre qu'Ovide envoie à Rome, où il ne peut aller lui-même : « Infelix, habitum temporis huius habe ! » (*Tristes*, I, 1, 4 ; cf. III, 1, 13-14).

35. Comprendre : je t'envoie en fâcheux aux autres.

49. *Révoltés* : rendus apostats.

56. *Un pire et plus heureux aîné* : Le Printemps, de composition plus ancienne que *Les Tragiques*, est donc « l'aîné ». Il est pire, en ce sens qu'il se voue à une passion toute charnelle et profane, au lieu de chanter Dieu. « Plus heureux », il est né en des temps moins funestes. Ce premier ouvrage va donc perdre son privilège d'aînesse, comme Esaü supplanté par Jacob pendant qu'il « chassait les cerfs et les ours » (Genèse, XXVII). *Le Printemps* ne sera publié que beaucoup plus tard, au XIXᵉ siècle.

59. *Tu déniaises son aînesse* : tu la frustres. *Le Printemps* se verra frustré de son droit d'aînesse, comme l'oiseau de proie qu'on dresse est déniaisé, c'est-à-dire formé à abandonner sa proie (note d'Henri Weber).

61. Ce *second* est en fait l'aîné, *Le Printemps* qui, dépossédé par *Les Tragiques*, passe au second rang.

72. *Il me déplut, car il plaisait*. Indissociable du combat à mener, cette esthétique du déplaisir est plus loin réaffirmée au v. 369 : « Mon plaisir est de leur déplaire. »

76. *S'ils sont camus et contrefaits* développe « ce vice ». C'est pourquoi il faut maintenir la virgule à la fin du v. 75. Voir J.-R. Fanlo, *Tracés, ruptures. La composition instable des « Tragiques »*, 1990, p. 100, note 152.

81. *L'un à regret* : Les Tragiques, par opposition à *l'autre*, *Le Printemps* (v. 83), marqué au coin de la folie et condamné par d'Aubigné au tombeau de l'oubli (*un oublieux tombeau*, v. 84).

88. *De mon perdu temps* : d'Aubigné, depuis son exil intérieur de Maillezais en Vendée, songe à quitter la France. Peut-être aussi se présente-t-il comme exilé pour égarer les recherches sur l'auteur anonyme des *Tragiques*.

92. *Civile mort* : si l'on en croit *Sa vie à ses enfants* (éd. G. Schrenck, 1986, p. 213), d'Aubigné, par quatre fois, a été l'objet d'une condamnation à mort.

94. Probablement certains des poèmes religieux de *L'Hiver* et les Paraphrases des Psaumes que d'Aubigné composa à Maillezais. Ces *autres vers* se rapportent peut-être aussi à la phase finale de rédaction des *Tragiques*.

115. *Vallons d'Angrogne.* Installés depuis le XIIIe siècle dans la vallée d'Angrogne et les vallées voisines, en Piémont, les Vaudois résistèrent victorieusement au duc de Savoie Emmanuel-Philibert, qui tenta de les réduire en 1560. Ils s'étaient ralliés à la Réforme lors du synode de Chanforan en 1532. — Dans l'*Histoire universelle*, livre I, chap. 9 : « Suite d'une bande des Albigeois, et abrégé de l'histoire d'Angrongne » (éd. A. Thierry, t. I, p. 199), d'Aubigné en fait les descendants des Albigeois fugitifs. Cette confusion est répétée par A. Garnier et J. Plattard dans leur commentaire des *Tragiques* (t. I, p. 22). — Sur Angrogne, son vieux pasteur et ses « beaux combats », voir ci-dessus l'avis de l'imprimeur aux lecteurs, p. 53, l. 9, et ci-après *Les Fers*, 690 *sqq.*

119. *Fonde* : la fronde, l'arme des paysans vaudois, qui répètent avec le même succès le combat du berger David contre le géant Goliath. Voir ci-après les v. 157-162.

121. L'idée paraît empruntée au Cantique des Cantiques, II, 14, qui était tenu pour une allégorie de l'Eglise souffrante. Pour la personnification de la Vérité, voir Rémy Belleau, *La Vérité fugitive*, plaquette dédiée au prince de Condé en 1561 à la suite de *L'Innocence prisonniere* :

> *Fay donc Seigneur, fay Seigneur qu'elle sorte*
> *De ces desers, par la puissance forte*
> *De ton sainct nom, de longtemps irrité,*
> *Pour nous monstrer ta fille la Verité*
> *Ta fille, las aux plus creux recelee*
> *De ces forests...*

(éd. Gouverneur, t. II, p. 75).

Cf. *Princes*, 23-26.

144. Cf. *Princes*, 163 et 169-170, variante de A : « Sa robbe deschirée/ Est des pauvres bannis et des saints reverée ».

150. Souvenir de Matthieu, XVI, 25 : « Car quiconque voudra sauver sa vie il la perdra, mais quiconque perdra sa vie pour l'amour de moi il la sauvera. » L'idée est fréquemment exprimée dans les Evangiles. Cf. Matthieu X, 39, Luc XVII, 33, et Marc VIII, 35.

151-153. Echo d'un verset de la IIe Epître à Timothée, III, 12. Cf. la formule plus frappante de *Princes*, 174.

157-162. Le poète, à l'instar des Vaudois d'Angrogne (cf. v. 119), reprend à son tour les armes de David (I Samuel XVII, 40). Même idée dans *Princes*, 45-48.

165. *Celle qui enfante* : c'est la femme enceinte de l'Apocalypse (XII), figure de l'Eglise fidèle. Tout juste accouchée d'un enfant mâle, elle trouve au désert un refuge que Dieu lui apprête contre le dragon qui la poursuit. Il vomit contre elle un fleuve d'eau pour la noyer, mais la terre s'entrouvre et engloutit le fleuve.

169. *O Désert, promesse des cieux.* Ce lieu commun du désert fertile et de la fertilité épineuse est déjà présent chez saint Jérôme, *De locis hebraicis*. On le retrouve par exemple chez le Réformateur Vadianus, *Epitome topographica*, 1535, f. 77 r°-v°, et dans la *Cosmographie de Levant* d'André Thevet, 2e éd., Lyon, 1556, chap. XLIII, p. 161. Les deux termes contradictoirement mis en rapport dans cet oxymore géographique sont traditionnellement le Sinaï et l'Egypte, ou encore l'Arabie Déserte ou Pétrée et l'Arabie Heureuse. D'Aubigné remplace les séductions trompeuses de l'Egypte par celles de la France et de sa capitale Paris, où réside la cour. Quant à l'heureux Désert, lieu symbolique où Dieu se manifeste à son peuple et confirme son alliance avec lui, il se transporte dans les solitudes montagneuses d'Angrogne et plus loin du Béarn (v. 279). — C'est en ce sens aussi que les protestants persécutés appelèrent « Désert » les lieux écartés où ils pouvaient se réunir et que d'Aubigné signa la première édition des *Tragiques* des initiales L.B.D.D. : le Bouc du Désert.

174. *Epineux chardons* : caractéristiques d'une terre maudite dans l'Epître aux Hébreux, VI, 7-8.

175-180. Application de la vision de l'Apocalypse, XII, au peuple réformé que préservent les décrets souverains de Dieu. « Assez de cris » est sujet aussi bien que « nulle plaie » du verbe « ne force ».

189. *En ces montagnes* : les Alpes du Piémont, où les Vaudois résistèrent aux persécutions du duc de Savoie en 1560, et obtinrent le 5 juin 1561 un édit garantissant l'exercice de leur religion. Cf. l'*Histoire universelle*, livre II, chap. 9, éd. A. Thierry, t. I, 1981, p. 199-206.

197. *Purent* : repurent (du latin *pascere*).

200. *Avaient vu le dos des François* (des Français) : les avaient vu fuir. Charles III, duc de Savoie, avait été l'allié de Charles Quint dans sa lutte contre François Ier. Dans les vers qui suivent, d'Aubigné exagère la disproportion des forces. Son récit est adapté librement de l'*Histoire des Martyrs* de Jean Crespin, et, comme dans l'*Histoire universelle* (II, 9), de l'*Historia sui temporis* de Jacques-Auguste de Thou, livre XVII. Cf. l'*Histoire memorable de la guerre faite par le Duc de Savoye, Emanuel Philibert, contre ses subjetz des Vallées d'Angrogne, Perosse, S. Martin [...] pour compte de la Religion,* anonyme publiée en 1561 (édition critique par E. Balmas et V. Dıena, Turin, Claudiana, 1972).

216. La *toile* que portaient ces paysans soldats, et qui était leur seule cuirasse contre les balles.

226. *Chapeau* ou chapeau de triomphe : la couronne de laurier destinée à ceux qui savent se dominer (« de soi victorieux »). Cf. Proverbes, XVI, 32.

231-232. Allusion à la parabole de l'ivraie, semée par l'ennemi, le diable, dans le champ de Dieu, d'après Matthieu XIII, 24-30.

234. Le *loup romain*, c'est le Pape, comme plus loin dans *Misères*, 1233-1234.

241-243. Thème évangélique du triomphe des petits et des humbles. Cf. I Corinthiens I, 27 : « Dieu a choisi les choses faibles du monde pour confondre les fortes. »

244-246. Il s'agit des plaies d'Egypte, d'après Exode VIII, 16 à 19 ; 20-24 ; IX, 8-12. Les mouches et les vers font allusion à la troisième plaie (poux), à la quatrième (insectes) ainsi qu'à la sixième (ulcères). Une évocation plus complète de ces dix plaies envoyées par Dieu pour punir Pharaon se trouve dans *Vengeances*, 305-309.

247-252. *Les Ciréniens enragés*. Passage non élucidé par Garnier et Plattard. Il pourrait s'agir, selon une communication personnelle de Jean Céard, d'une allusion à la révolte des Juifs de Cyrénaïque sous Trajan, révolte qui fut férocement réprimée. Voir Eusèbe, *Histoire ecclésiastique*, IV, 2 ; Orose et Dion Cassius, LXVIII, 32. J.-R. Fanlo, éd. cit., propose de rattacher cette strophe énigmatique d'un épisode rapporté par Hérodote et concernant les Psylles, peuple de Libye (*Histoires*, IV, 173) : partis en guerre contre le vent du Sud, qui avait tari leurs citernes et asséché leur terroir, ils furent engloutis par le sable soulevé par ce vent.

253-254. Allusion aux instructions que Dieu donna à Samuel pour le choix de David comme roi : « car l'homme a égard à ce qui est devant ses yeux ; mais l'Eternel a égard au cœur » (I Samuel XVI, 7).

259. *L'exemple de Scévole* : Mucius Scaevola, voulant délivrer Rome assiégée par le roi d'Etrurie Porsenna (507 av. J.-C.), pénétra dans le camp, mais égorgea un secrétaire qu'il prit pour le roi. Arrêté et menacé de la torture, il posa la main droite sur l'autel où l'on venait de sacrifier et la laissa brûler pour manifester son mépris de la souffrance. Porsenna, impressionné, leva le siège. D'après Tite-Live, II, chap. XII-XIII.

267-270. Le précepte est sans doute un souvenir de la sélection imposée par l'Eternel à Gédéon pour le choix des trois cents braves qui devaient remporter la victoire sur les Madianites (Juges, VII, 2). Cf. *Jugement*, 50-62. D'Aubigné reproche au parti huguenot son alliance avec les Malcontents, le parti hétéroclite conduit par François de Valois, duc d'Alençon, puis d'Anjou, le jeune frère d'Henri III.

Conclue après la Saint-Barthélemy, cette alliance eut d'abord pour les protestants des conséquences positives avec la conclusion de l'édit de Beaulieu le 6 mai 1576. Mais à plus long terme, elle allait entraîner par contrecoup la formation de la Ligue ultracatholique.

271-276. Ces vers ne figurent pas dans la première édition des *Tragiques*.

275-276. Saül, premier roi d'Israël, était parti à la recherche des ânesses égarées de son père, lorsqu'il fut reconnu par Samuel comme l'élu du Seigneur et oint par lui (I Samuel IX et X). David était occupé à paître ses brebis, lorsqu'il fut à son tour désigné et oint par Samuel (I Samuel XVI-XVII).

282. *Juda*, la tribu principale du royaume du Sud (dit de Juda), d'où sont sortis David et, dans la descendance de celui-ci, le Messie. Juda est donc par excellence la lignée royale que Dieu bénit. Le *prince*, tiré de la province française de Béarn et choisi de Dieu, désigne Henri de Navarre qui, au moment où il fut appelé au trône, avait la double légitimité du sang et, selon d'Aubigné, de la vraie religion (H. Weber).

284. *Sur François* : François de Valois, duc d'Alençon puis d'Anjou, le chef des Malcontents, qui rallia à lui, dans l'opposition à Henri III, le parti huguenot. Après la paix de Beaulieu (6 mai 1576), il trahit ses alliés de la veille et se retourna contre eux (sac d'Issoire et paix de Bergerac, septembre 1577). La rime homonyme des v. 283-284 joue sur l'opposition des francs et libres « François » d'une part et d'autre part du traître François d'Alençon. Dernier fils d'Henri II et de Catherine de Médicis, « la Florentine », c'est lui que désigne la périphrase « un chef tiré des étrangers » (v. 278).

289. *Tisons du courroux.* Ce sont les « charbons ardents » ou les « charbons vifs » du Psaume XVIII, 9 et 13.

301. *Les Samsons, Gédéons* : les chefs qui défendirent le parti protestant dans des situations désespérées, comme le firent Gédéon et Samson, l'un et l'autre Juges d'Israël. Le premier combattit les Madianites (Juges VI-VIII) et le second les Philistins (Juges XIII-XVI).

304-305. C'est l'épreuve de l'eau qui fit choisir les trois cents compagnons de Gédéon, avant de donner l'assaut au camp des Madianites. Ceux qui s'agenouillèrent pour boire à la rivière furent renvoyés chez eux. Furent retenus en revanche ceux qui lapèrent en portant la main à leur bouche (Juges VII, 4-7).

308. Le roi de Navarre, comparé à Gédéon, qui délivra les Israélites du joug et des dévastations des Madianites, est invité à faire de même pour les protestants, en restant fidèle à sa foi, dont l'eau vive est ici le symbole (Esaïe LV, 1, et Jean IV, 10-11).

315. *Une Dalide fine* : une Dalila rusée. Après avoir coupé les cheveux de Samson, où résidait sa force, Dalila le livra aux Philistins, qui lui crevèrent les yeux (Juges XVI, 19-21). D'Aubigné fait ici allusion à

Gabrielle d'Estrées, maîtresse d'Henri IV, et qui contribua à son abjuration.

319-324. L'abjuration d'Henri IV à Saint-Denis le 25 juillet 1593 est comparée au suicide de Samson faisant s'écrouler sur la foule des Philistins venus rire de lui le temple de Dagon, en écartant les deux colonnes maîtresses de l'édifice (Juges XVI, 25-30). *Temple d'erreur* (pour désigner la basilique de Saint-Denis, assimilée au sanctuaire de Dagon) est un génitif qualificatif hébraïque.

325-330. C'est la fameuse prédiction que d'Aubigné aurait adressée, en présence de Gabrielle d'Estrées, au roi Henri IV lors du siège de La Fère, fin 1595, un an après l'attentat de Châtel qui avait blessé le roi à la lèvre. Quand l'événement se fut réalisé, d'Aubigné attacha à son avertissement une valeur prophétique. Voir *Sa Vie à ses enfants*, éd. G. Schrenck, p. 158. Cf. *Discours par stances*, « Pléiade », p. 350, v. 37-42, et *Confession catholique du Sieur de Sancy*, II, VII, « Pléiade », p. 652.

336. *Le triste bandeau* : emblème de l'aveuglement, mais aussi de la mort. Le bandeau que porte l'Amour aveugle dans l'emblématique de la Renaissance (v. 331) et que l'on retrouvera dans *Princes*, 1182, se confond ici avec le bandeau que l'on passe au condamné, avant de le frapper de l'épée.

341. *Sur la roche cornue* : le mont Sinaï, montagne où la Loi fut révélée à Moïse et écrite sur les deux tables de pierre. Pour les v. 340-341, j'adopte la correction « s'écrit » (au lieu de « s'écrie ») proposée par J.-R. Fanlo, *Tracés, ruptures. La composition instable des « Tragiques »*, 1990, p. 32, note 68. Cette leçon est du reste conforme au texte publié par d'Aubigné.

342. Souvenir possible d'Ezéchiel XI, 19 : « ... j'ôterai le cœur de pierre hors de leur chair, et leur donnerai un cœur de chair » ; mais plus sûrement de Jérémie XXXI, 33 : « Apres ces jours-ci (dit le Seigneur) je mettray ma Loy dedans eux, et l'escriray en leur cœur : et seray leur Dieu, et ils seront mon peuple ». Voir J.-R. Fanlo, *loc. cit.*

359-360. Cette justification de la fureur poétique et pamphlétaire annonce le développement analogue de *Princes*, 9-102. Voir en particulier les v. 49-54. Henri Weber a rapproché l'énergie de cette strophe des *Stances* XX du *Printemps*, 217-224 et 249-252, « Pléiade », p. 298-299.

382-383. *Non la personne, mais le vice*. Cette loi de la satire est tirée des *Epigrammes* de Martial, X, 33, 10 : « parcere personis, dicere de vitiis ». On verra qu'elle est assez peu respectée dans *Misères* et dans *Princes*, où Catherine de Médicis, Henri III et les Lorraine sont nommément désignés. Il arrivait du reste à Martial de contrevenir lui-même à cette règle.

388. Ayant planté la vigne et s'étant enivré, Noé s'était endormi en exhibant ses parties honteuses. Sem et Japhet mirent un manteau sur

leurs deux épaules et, marchant à reculons (v. 392), couvrirent la
nudité de leur père, en évitant ainsi de le regarder.

401-402. A rapprocher de *Princes*, 12 : « Vous aurez horreur de votre
horreur », où l'indignation l'emporte désormais sur la réserve.

I. MISERES

1. En *Rome* se confondent l'Etat romain attaqué par Annibal lors de la
deuxième guerre punique et la cité des Papes, que combat d'Aubigné.
Le mot de « légions » est aussi bien adapté à la Rome républicaine
qu'à l'empire de l'Antéchrist, que les protestants du XVIe siècle, depuis
Luther, identifient au Pape.

3. D'après Tite-Live, XXI, 37, et Juvénal, X, 152, Annibal se serait
taillé un passage à travers les Alpes (mot ici au masculin) en dissolvant
les rocs avec du vinaigre chaud.

5-7. *Courage de feu, respect d'erreur* : génitifs hébraïques. Le respect
d'erreur, c'est la crainte fondée sur l'erreur. Les « sept monts » sont
les sept collines de Rome.

9-12. Paraphrase expressive de Lucain, *Pharsale*, I, 185 *sqq.* Au
moment de franchir le Rubicon et de marcher sur Rome, César croit
voir « le fantôme immense de la Patrie en émoi », qui tente de lui
barrer le passage. — *Affreuse, échevelée* (v. 9) : l'hémistiche vient de
Ronsard, *Franciade*, III, 882 (répété au v. 946), où il peint la
mélancolie amoureuse de Clymène, follement éprise du héros Fran-
cus. Voir les *Œuvres complètes* de Ronsard, éd. Paul Laumonier, t.
XVI, p. 214 et 217.

13-14. Paraphrase des versets 9 et 10 du chapitre VI de l'Apocalypse, à
nouveau imités dans *Les Feux*, 53-56. A la vision vaine de César
s'oppose à présent la vision véridique de l'apôtre.

19-20. *Topos* de l'exorde, déjà présent chez Lucrèce, *De la Nature*, IV,
1.

21. *Mercures croisés* : les statues d'Hermès qui, en Grèce, servaient de
bornes au croisement des routes. Les *Pyramides* évoquent la captivité
du peuple hébreu en Egypte. Elles sont aussi le symbole d'une religion
fausse et oppressive. Enfin, par l'étymologie erronée que l'on prête
généralement au mot à la Renaissance (du grec πῦρ, πυρὸς), elles se
rattachent au thème du feu qui domine le passage et s'associe au sang :
le Rubicon, comme la mer que franchit Moïse lors de la sortie
d'Egypte, roule des eaux rouges (cf. v. 63).

22. Le *pilier* est la colonne de nuages et les *feux* la colonne de feu, qui
guident alternativement le jour et la nuit le peuple hébreu en marche à
travers le désert. Voir Exode, XIII, 21 ; Nombres, XIV, 14 et
Néhémie, IX, 19. On retrouve cette analogie tirée de la Bible au début
du livre des « Colonies », dans *La Seconde Semaine* de Du Bartas,

v. 7-8. — Il convient ici de lire les vers 21 et 22 comme des vers rapportés, dont les hémistiches se correspondent terme à terme : la colonne de fumée se superpose aux Hermès brisés et le feu nocturne fait s'évanouir les flambantes Pyramides. En définitive les signes caducs de l'Antiquité païenne sont abolis et recouverts par les signes nouveaux de l'Ecriture Sainte.

25-26. La prairie non foulée — les *integra prata* qu'évoque par exemple le poète latin Manilius (II, 53) — constitue un lieu commun de l'exorde. Voir E. R. Curtius, *La Littérature européenne*, éd. cit., t. I, p. 158. — Cf. Ronsard, *Hymne des Daimons*, v. 53-54 ; Baïf, *Le Premier Livre des Poèmes*, « Au Roy », v. 117-128 (éd. G. Demerson, Grenoble, 1975, p. 47-48) :

> Je n'y voy rien frayé, je n'y voy rien ouvert ;
> Je voy tout de haliers et de buissons couvert

(123-124) ;
Du Bartas, *La Sepmaine, Second Jour*, 37-38 (éd. Y. Bellenger, S.T.F.M., 1981, t. I. p. 39) :

> Desfriche ma carriere en cent parts buissonnee
> De dangereux haliers [...].
> Etc.

27. Allusion à Moïse et à la vision du buisson ardent (Exode, III, 2 ; cf. Exode, XIX, 18).

28. *Le cordeau de mes yeux.* Selon une conception platonicienne en vogue à la Renaissance et notamment dans la poésie amoureuse, la vue se fait par émission d'un rayon visuel, analogue ici à une corde tendue. Voir M.-M. Fragonard, *La Pensée religieuse*, 1986, p. 850.

32. *Reins* : pour « raims » ou rameaux.

34. D'après Esaïe, XL, 6-7.

37. Formules bibliques. Cf. Genèse, I, 31 ; Ecclésiastique XLIII, 37.

38. *En ouvrant* : « en œuvrant ».

42. *Préveus* : prévis. Forme de passé simple tolérée jusqu'à Vaugelas.

46. *Jalouse de ton nom.* Expression biblique. Cf. Ezéchiel, XXXIX, 25.

47. *Repurge...* A rapprocher de la vision d'Esaïe (VI, 6-7), où un séraphin vient toucher sa bouche avec un charbon ardent pour la purifier. Cette purgation par le feu est concomitante de la vocation prophétique.

48. Le débat du *cœur*, inclinant au vice, et de l'*âme*, s'élevant vers Dieu, est repris plus loin à propos des duels (I, 1068-1078).

49. Psaume LXIX, 10. Cf. Jean, II, 17, où le verset est appliqué par ses disciples au Christ chassant les marchands hors du Temple : « le zèle de ta maison me dévore ».

55-57. A la poésie amoureuse et pétrarquiste du *Printemps* s'oppose à présent le style tragique élevé du poème des guerres civiles. L'antana-

clase sur le mot « feu » — des « feux » de l'amour au feu des bûchers
et des ravages — permet le passage contrasté d'une source d'inspira-
tion à l'autre. La palinodie de d'Aubigné s'appuie au demeurant sur le
topos de l'exorde qui proclame la nouveauté radicale du sujet abordé.

59-63. Le contraste chromatique du blanc et du rouge se retrouve
fréquemment dans *Les Tragiques*. Il scande la litanie des *Feux*, de la
flamme aux cendres, et accompagne le vacarme des *Fers* (1088, 1499-
1506). Cf. *Jugement*, 778.

69. En *Thessalie* s'élève l'Olympe, séjour des Muses qui agrémentent
les banquets et les réunions des dieux.

73-74. Le *luth* et la *trompette* : souvenir d'Horace, *Odes*, I, 1, v. 24 et
34.

79. *Melpomène* est la muse de la tragédie. C'est tout naturellement sous
son invocation que sont placés *Les Tragiques*. Cette muse, dont
l'attribut est le cothurne (v. 78), est de plus en relation avec la
métaphore du monde comme théâtre — métaphore très en faveur à
l'âge baroque, de Shakespeare à Calderon. Cf. *Princes*, v. 206-212 ; *La
Chambre dorée*, 582-584 ; *Les Feux*, 821 ; *Les Fers*, 366, 420-421, 753-
754, 1558 ; *Vengeances*, 1104.

80. La fontaine Hippocrène au pied de l'Hélicon, source d'inspiration
poétique, est remplacée par des tombeaux fraîchement creusés.

82. *Echevelée, affreuse.* — A et B reprennent ici le second hémistiche
du v. 9, venu, comme l'on sait, de Ronsard : « Affreuse, échevelée ».
Dans les deux versions imprimées des *Tragiques*, l'hémistiche est donc
répété, comme il l'était déjà dans la *Franciade* (III, 882 et 946). C'est le
manuscrit Tronchin 158 qui propose l'inversion des deux termes,
variante qu'ont retenue Garnier et Plattard, que nous suivons.

86. Geste de malédiction répété dans *La Chambre dorée*, v. 1050, *Les
Fers*, v. 356 *sqq.*, *Vengeances*, v. 649 *sqq.*

95. *Blanchissant* : où perle le lait.

97-98. Cette célèbre allégorie de la France a été préparée par un sonnet
composé vers 1575 et recueilli par Pierre de L'Estoile dans son
Journal. Voir « Pléiade », p. 335.

103. *Esaü*, l'aîné, représente le catholique, dépossédé de son héritage au
profit de son frère cadet *Jacob*, l'élu de Dieu, le protestant. Cf.
Genèse, XXV, 25-26.

113-114. Ces deux vers, riches en allitérations expressives, rappellent,
par le rythme et par la rime, un distique analogue de Ronsard dans les
Hymnes. Il s'agit, dans l'*Hymne de Pollux et de Castor*, du combat de
Pollux et du géant Amycus (éd. Paul Laumonier des *O.C.* de
Ronsard, t. VIII, p. 313, v. 445-446) :

> *Lors la fureur domine, et la raison se trouble,*
> *Un coup sur l'autre coup sans cesse se redouble.*

130. L'opposition symbolique du lait nourricier et du sang meurtrier constitue une nouvelle variation sur le contraste chromatique du blanc et du rouge. Voir ci-dessus la note du v. 59.

135-136. Ce géant blasphémateur fait penser tout à la fois à l'Amycus de Ronsard (*Hymne de Pollux et de Castor*, v. 307 : « Je suis mon Jupiter ») et à Goliath qui défie le Dieu de David, avant d'être abattu d'une pierre en plein front (I Samuel XVII, 10, 26). — Par cette allégorie, d'Aubigné dénonce l'insolence des Français, que punit la guerre civile.

140. *Nerveux* : musclés. Cf. v. 148 : *de ses nerfs* (= de ses muscles).

143. Illustration de la théorie médicale des quatre humeurs : sang pur, flegme, colère, mélancolie ne sont plus dans un juste équilibre. C'est la « discrasie » (ou dyscrasie), dont il est question au v. 146. — Cf. ce diagnostic porté par Du Bartas sur le peuple affligé de tyrannie :

> *Ainsi le trop d'humeur qu'à la longue le foye,*
> *Mal-propre à digerer, dessus la chair envoye,*
> *Bouffit le corps malade, estouppe les conduits*
> *Des moites excremens, boûche et reboûche l'huis*
> *A la pantoise haleine [...].*

La Sepmaine, Second Jour ; 113-117 (éd. Y. Bellenger, S.T.F.M., 1981, t. I, p. 42).

144. D'Aubigné est souvent qualifié de « républicain », c'est-à-dire qu'il est partisan d'une monarchie sous le contrôle des Etats et de la noblesse. Mais loin de lui l'idée d'une égalité de tous, à ses yeux synonyme d'anarchie. La même idée est exprimée par le catholique Robert Garnier dans son *Hymne de la Monarchie* (1567), v. 321 *sqq.* Cf. *Aux lecteurs*, note 8.

145. La *mélancolie* s'entend en deux sens dans la médecine tradition-nelle. C'est en premier lieu, comme on l'a vu, l'une des quatre humeurs naturelles qui irriguent l'organisme. Mais c'est aussi l'hu-meur contre nature qui provient de l'« adustion » du sang, de la colère ou de la bile noire. Dans cette seconde acception, d'ordre nosologi-que, il existe donc trois sortes de mélancolies distinctes. C'est, semble-t-il, au second sens que se rapporte ici le mot. — Pour ces distinctions, voir Jean Céard, « Folie et démonologie au XVIᵉ siècle », in *Folie et déraison à la Renaissance*, Bruxelles, Editions de l'Université (libre) de Bruxelles, 1976, p. 129-148.

151. Le ventre ne remplit plus sa fonction, qui est de répartir équitablement les produits de la digestion (« les excréments ») dans toutes les parties du corps. Cf. Du Bartas, *La Sepmaine*, II, v. 113-119.

155. Le chyle, dont la partie la plus solide va dans le foie former le sang, émet aussi des vapeurs qui vont nourrir le cerveau.

162. *Une bourde* : une béquille.

165. Expression biblique. Cf. Psaume LXXX, 6 : « Tu leur fais manger un pain de larmes, tu leur fais boire des larmes à profusion. »

167. *Ventre de la France* : cf. *Discours par stances*, v. 107, *in* « Pléiade », p. 352.

168. *Orgueil de vent* : cf. Ecclésiaste, II, 11 : « tout est vanité et poursuite de vent. »

171-178. Ces vers répliquent à un passage célèbre de Lucrèce, *De la Nature*, II, 1-5, que Ronsard avait imité dans l'*Hymne de la Philosophie*, v. 252 et 313-322 (éd. P. Laumonier des *O.C.*, t. VIII, p. 99 et 102) :

> Ainsi que fait cettuy-là qui du port
> Voit enfondrer en mer, bien loing du bord,
> Quelque navire, il se resjouist d'aise,
> Non, pour autant que la vague mauvaise
> La fait perir, mais pour autant qu'il est
> Loing du danger, qui de la nef est pres [...].

Le thème philosophique du « suave mari magno » n'a pas l'assentiment de d'Aubigné, qui condamne, bien au contraire, l'attitude de détachement des prétendus sages, ces épicuriens perchés sur leurs hauteurs olympiennes et observant en toute sérénité le malheur des autres. La morale de d'Aubigné n'est pas celle du philosophe, mais d'un poète de l'engagement.

179-190. Comparaison résumée dans *Les Fers*, v. 377-378, et reprise dans *Le Caducée ou l'Ange de Paix* (éd. Réaume, t. II, p. 79). On trouve un développement analogue chez Robert Garnier, dans l'*Hymne de la Monarchie* (1567), pour décrire les inconvénients de la démocratie, confondue par lui avec l'anarchie (éd. R. Lebègue des *O.C.*, t. IV, p. 226, v. 341-358) :

> Ne jugerés-vous pas qu'eune telle Cité
> Ressemble ainsi confuse un navire agité
> Par les contraires vents de l'onde mutinée,
> Lors que d'aucun Pylote elle n'est gouvernée :
> . . . .
> L'un rame vers la prouë, et l'autre, le blâmant,
> Va d'une egale ardeur vers la poupe ramant.
> Ilz travaillent en vain, leur peine mal conduitte
> Les desavance plus qu'elle ne leur profite :
> Une rageuse vague, abimant le vaisseau,
> Les enveloppe en fin sous les goufres de l'eau.

190. *Vaincre à la Cadméenne*. Allusion au mythe des guerriers nés tout armés des dents du dragon semées par Cadmus et qui s'entre-tuèrent aussitôt à l'exception de cinq d'entre eux. D'après Ovide, *Métamorphoses*, III, 102-137, ou Lucain, *Pharsale*, IV, 549-550. Cf. *Les Fers*,

v. 375-376 et 1483-1486. Voir encore R. Garnier, *Antigone*, v. 1503-
1505 :

> *S'ils pensent nous avoir vaincus,*
> *C'est d'une victoire Cadmee,*
> *Où les vainqueurs pleurent le plus.*

191. *François de nom.* Au sens étymologique de libres, francs de
servitude et de tyrannie. Cette allusion étymologique est tradition-
nelle. Cf. Clément Marot, *L'Enfer*, v. 417 (éd. F. Lestringant, p. 256),
la *Déploration de Florimond Robertet*, v. 189 (p. 264).

192. Les *jeunes rois* sont condamnés en raison de la malédiction de
l'Ecclésiaste, X, 16 : « Malheur à toi, terre dont le roi est un enfant. »
François II, Charles IX et Louis XIII parvinrent au trône avant d'être
adultes. Charles IX était âgé de dix ans et Louis XIII de neuf. Cf.
Princes, v. 655-656.

195. Cf. Psaume LXXIX, 6, et surtout Romains, I, 18.

198. Cf. Ezéchiel, XXII, 27 : « Ses principaux ont été au milieu d'elle
comme des loups qui ravissent la proie pour répandre le sang. »

199. Pour *l'ire allumée*, voir Nombres, XI, 10, et Jérémie, XLIV, 6.
Pour les *verges*, instrument de la vengeance divine, cf. Esaïe, X, 5.

203. *Pour leur bien* : pour s'emparer de leurs biens.

211. *Un loup à son pareil.* Variation sur l'adage : « homo homini
lupus », qui vient de Plaute, *Asinaria*, v. 495 (cf. Erasme, *Adages*, I, I,
70).

212-213. D'après Lucain, *Pharsale*, II, 149-151. Cf. Ronsard, *Discours
des misères de ce temps*, v. 159-164 (éd. P. Laumonier des *O.C.*, t. XI,
p. 28). Voir encore R. Garnier, *Hymne de la Monarchie* (1567), v.
433-438 (éd. R. Lebègue, t. IV, p. 229), évoquant Rome au temps des
proscriptions.

217. Cf. Psaume XCI, 6, dans la traduction de Clément Marot : « le
mal [...] soudain exterminant en plein midi les hommes ». — D'Aubi-
gné veut surtout dire que le crime est perpétré à découvert.

218. Cf. Lucain, *Pharsale*, I, 666-668.

222. Le blanc est la couleur des troupes royales. La croix bourgui-
gnonne évoque les troupes de Charles le Téméraire en lutte contre
Louis XI, et, plus lointainement peut-être, la Guerre de Cent Ans.

222-223. *Croulent à l'estomac.* Geste de protection : « pressent contre
leur sein ». L'image peut venir de Virgile, *Enéide*, VII, 518 : « Et
trepidae matres pressere ad pectora natos. »

230. Pour ce tableau des misères de la guerre, qui annonce Jacques
Callot, cf. *Le Caducée* (éd. Réaume, t. II, p. 75).

235. *Au monde à l'envers.* Le *topos* du « monde renversé », instrument
efficace de la satire, est fort en faveur dans la littérature polémique du
temps des guerres de Religion. On le rencontre depuis les *Discours* de
Ronsard jusqu'à la *Satyre Ménippée* (1594). Mais dans *Les Tragiques*,

il s'agit du « cœur même du livre » (J. Céard), d'une structure essentielle qui rend compte d'une part du processus de dénaturation affectant toutes choses et d'autre part du redressement ultime qu'entraîne l'intervention divine (*Vengeances, Jugement*).

241. *La roue* comme instrument de supplice des assassins.

253. *Villes fermées* : closes de remparts, à la différence des villages exposés à toutes les incursions.

263. *Argolet* ou *argoulet*. Arquebusier à cheval qui galope en éclaireur et vit sur le pays.

265. *Piqué de son ouvrage* : fâché de ne trouver que la famine, qui est l'ouvrage de ses mains.

267. *Dès trois lustres passés* : depuis quinze ans. Le déclenchement des guerres de Religion remontant à 1562, ces vers peuvent être datés de 1577 et sont donc parmi les plus anciens du poème.

269. *S'asserrer* : se rassembler, se blottir, en patois poitevin.

271-274. Echo de Lucain, *Pharsale*, II, 153-157. — *Les perdus* (273) : les désespérés qui commettent le suicide, soit par le poison, la pendaison (le « cordeau »), le couteau, ou bien encore en se jetant la tête la première d'une hauteur (« le précipice »).

279-288. Dans ce tableau des travaux agricoles, d'Aubigné assimile la nature à un parterre tiré au cordeau. Il l'imagine comme un jardin à l'italienne ou à la française, dans lequel une stricte géométrie régit la variété naturelle des cultures. Ce qui lui paraît digne d'admiration dans cette campagne pacifique et ordonnée, c'est, au rebours de la nature à l'état sauvage que prôneront les romantiques, le triomphe de l'art et de l'artifice partout présents. D'où les comparaisons du paysan-jardinier avec l'émailleur (v. 282), le peintre ou le brodeur (v. 287). Cette conception du paysage « artificiel », où la nature imite l'art, et non l'inverse, se retrouve dans *L'Eden* de Du Bartas, en particulier aux vers 462, 471-473 et 489-492. On y voit Adam s'ébattre « au long des plaisantes allées / D'un parterre, où Nature a, prodigue, estallées / Ses plus riches beautez : et dont chaque parquet / Bien comparty, ressemble un bigarré bouquet ». Les roses sont rangées par les anges « en laz d'amours, triangles, et lozanges » (v. 461-462). Voir *La Seconde Semaine, 1er Jour*, éd. Yvonne Bellenger, t. I, 1991, p. 65-66. — Le dessin rectiligne de la campagne cultivée suggère en outre un sens moral, comme le montre, aux vers 285-286, le polyptote à valeur d'antanaclase : « les droites allées / Des droiturières mains ». Ce symbolisme du jardin tracé au cordeau est systématiquement développé par Louis Dorléans dans sa remontrance intitulée « Les Jardins de Justice », prononcée lors de la séance solennelle d'ouverture du Parlement en l'année 1589. On y lit par exemple : « Nous vous dirons encor, qu'en ce jardin [c'est-à-dire le Jardin de la Justice de France] il y a des allées si belles et si droictes, qu'il n'est possible de voir rien de plus net et de plus droict. Et certes ce n'est pas sans raison, puis que la

raison mesme les a dressées avec un juste compas et alignement, et
avec le cordeau et la ficelle. C'est en ces allées, que la Justice se
promene gravement, c'est où elle recueille les opinions discretement,
c'est où elle les prononce sagement. » Voir Louis Dorléans (ou
d'Orléans), *Les Ouvertures des Parlements*, Paris, Guillaume Des
Rues, 1607, f. 295-320. La citation est au f. 312. Je remercie Michel
Reulos de m'avoir indiqué cette référence.

293. *Enfants de ma douleur* : vous que j'ai enfantés dans la douleur. Il
s'agit d'un tour hébraïque.

297. *Que le ciel se retire*. Deux sens possibles, dont le premier est le
plus probable. On peut comprendre : « que le ciel se découvre, que
l'orage s'éloigne », ou bien voir ici une allusion aux derniers temps.
Cf. Apocalypse, XXI, 1.

302. *Par deux fois mes enfants*. Utilisation paradoxale du mythe de la
terre-mère, déjà évoqué plus haut au v. 270. La terre porte deux fois
les paysans à l'intérieur de son ventre, avant leur naissance et, lors du
danger, en leur ouvrant ses cavernes. Le thème de cette naissance
inverse, lié aux horreurs de la guerre, rappelle une anecdote rapportée
par Pline l'Ancien, *Histoire naturelle*, VII, 3 (éd. Du Pinet, t. I, p.
257), et bien connue au XVIᵉ siècle. Lors de la prise et du saccage de
Sagonte par Annibal, « un enfant, estant sorty du ventre de sa mere,
s'en retourna incontinent dedans ». C'est à ce prodige que Pierre
Matthieu fait allusion dans ses *Tablettes de la vie et de la mort*,
seconde partie, quatrain 17, v. 3-4 :

> *Heureux fut cest enfant qui en sortant du ventre*
> *D'une mere Espagnole y retourna soudain.*

- Dans le contexte de *Misères*, ce retour au ventre nourricier annonce, sur
un mode moins dramatique ou scandaleux, l'épisode de cannibalisme
maternel des vers 495-542, qui sera présenté, de manière explicite,
comme une inversion du processus naturel de l'enfantement. Voir
notamment les vers 523-526.

307-308. Imitation d'expressions bibliques : Psaume CIX, 17 ; Ezé-
chiel, XXII, et Esaïe, LX, 16.

310. *Allouvis* : affamés comme des loups, ou plutôt : « que leur faim a
rendus semblables à des loups ». Il s'agit bien d'un cas de lycanthro-
pie, en un sens à peine métaphorique. Cf. *infra*, v. 353, 466, 617
(variante de T) et *Jugement*, v. 315.

312-315. Ce tableau de la famine est emprunté à Lucain, *Pharsale*, VI,
109-117. — *Viandes non prêtes* (v. 313) : nourritures non préparées,
non cuites.

315. *Sans danger* : sans difficulté, sans hésitation. Dans *Le Roman de la
Rose* (éd. F. Lecoy, Champion, 1970), « fere dangier » a le sens de
« faire difficulté » (v. 1884, 2184, 21153), ou de « faire le difficile, le
délicat » (v. 3439), sens qui s'accorde à ce passage.

319-320. Imitation de Lucain, *Pharsale*, I, 28-29 : « quand l'Hespérie (l'Italie) est hérissée de buissons, inculte pour des années et que les bras manquent aux champs qui les réclament ».

323-324. *... ainsi que le corps mort / Montre, en montrant les os, que quelqu'un lui fait tort.* Le cadavre « parle » et accuse son meurtrier. Cette croyance se rattache à une forme ancienne de l'ordalie ou jugement de Dieu, que d'Aubigné évoque plus loin aux v. 590-592 : c'est alors le cadavre qui saigne en présence de l'assassin.

336. L'expression rappelle la malédiction de la Genèse, III, 19 : « En la sueur de ton visage tu mangeras le pain. »

347. *Crottons* : cachots. Cette scène des misères de la guerre, qui fait penser aux gravures de Jacques Callot, rappelle les supplices infligés par les Espagnols du duc d'Albe aux habitants de Naarden en Hollande, le 1er décembre 1572 : « tout tué et la ville bruslée, hormis deux temples ; les femmes violées en presence de leurs maris, les maris tuez en presence des femmes, elles et leurs enfants pendus par les pieds jusques à la mort par la faim. » Tel est le récit d'A. d'Aubigné dans l'*Histoire universelle*, livre VI, chap. 19, éd. André Thierry, t. IV, 1987, p. 131.

357. *Cimois* : lisières qui attachaient les enfants à leurs berceaux. Ce détail explique plus loin la péripétie du v. 403.

360. *Eclater* : au sens de « faire éclater ». D'après Job, XXXIV, 28. Le trône de Dieu est fréquemment évoqué dans la Bible : Matthieu, V, 34 ; Apocalypse, VII, 15.

361. *Parés de leur substance.* Cf. Ecclésiastique, X, 34 : « Qui gloriatur in substantia paupertatem vereatur. »

364. *Gras du suc innocent.* L'idée est fréquente chez les Prophètes : Ezéchiel, XXXIV, 2-3 ; Jérémie, V, 28.

365-366. Cf. *infra*, v. 1297-1298, 1337 ; *Jugement*, 13-14.

370. *Histoire* a pratiquement ici le sens étymologique de « témoignage oculaire », comme le précise le vers suivant. Il y a aussi une allusion possible à l'« histoire tragique », genre narratif alors à la mode et qui se donnait pour histoire véridique, tout en se situant dans le registre spectaculaire et sanglant de la tragédie. La scène horrible qui suit relève à bien des égards de l'esthétique théâtrale d'un Sénèque.

372. *Le reître noir* (de l'allemand *Reiter*, cavalier). Il s'agit de cavaliers allemands venus à l'aide des armées protestantes, et qui portaient un long manteau noir.

375. Montmoreau, près d'Angoulême. L'épisode se situe à l'été 1569, pendant la troisième guerre de Religion, lorsque les auxiliaires allemands de Mansfeld eurent opéré leur jonction avec les troupes de Coligny, avant la bataille de Jarnac.

377-378. *Une troupe lassée / Que la terre portait, de nos pas harassée.* Echo d'une expression homérique à valeur péjorative ou injurieuse : « inutile fardeau de la terre » (étôsiov achthos arourês), d'après l'*Iliade*, XVIII, 104. Achille s'accuse en ces termes après la mort de Patrocle. Cf. *Odyssée*, XX, 379, où l'expression marque le mépris des prétendants pour Ulysse déguisé en mendiant.

390.   C'est peut-être cette même circonstance qui est décrite différemment dans *Le Printemps, Hécatombe à Diane*, sonnet XIV, « Pléiade », p. 251 : « Je vis un jour un soldat terrassé... »

414.   *Anatomie* a le sens de squelette, que confirme « asséchée », au vers suivant.

422.   *Point de lait aux mamelles.* Ce trait est à rapprocher de Lucain, *La Pharsale*, III, 351-352 : « Des enfants arrachés au sein de leurs mères et tétant vainement des mamelles desséchées par la faim... » (trad. A. Bourgery et M. Ponchont). Le contexte est le siège de Marseille par César.

430.   *Je déteste* : je maudis, je fais des imprécations contre.

439.   *Le dégât du pain* : la destruction des récoltes d'où l'on tire le pain. Même sens au v. 450, où « dégâts » est employé absolument.

441-442.   Allusion à la pluie de manne dans le désert du Sinaï (Exode, XVI). D'Aubigné paraphrase ici deux versets du Psaume LXXVIII, 23-24, où sont rappelés les bienfaits de Dieu envers son peuple et l'ingratitude des Israélites.

447.   Pour cette personnification maternelle de la terre, voir ci-dessus les v. 269-270, 300. Pour l'application spécifique de cette image à la France, cf. v. 97-130.

453.   Les pauvres chassés par la guerre et la faim vers les villes, qui leur demeuraient fermées, font penser à Lazare, assis à la porte du mauvais riche (Luc, XVI, 20).

455-457.   *Ce que l'affligé dit..., Dieu l'entend* : cf. Job, XXXIV, 28.

459-460.   Le sceau du Dieu vivant, dans l'Apocalypse, VII, 4, marque le front des élus. L'expression renvoie au Jugement dernier et insiste sur la volonté de Dieu de ratifier le « testament » (le témoignage) de l'opprimé.

461-463.   Le contexte est encore celui du Jugement dernier (Matthieu, XXV, 45-46) : « Si notre dureté et notre injustice ont déçu l'espérance du pauvre, nous répondrons de sa mort, comme de la mort du Christ. »

465-466.   Cf. Lucain, *Pharsale*, VII, 828-829. Les *animaux privés* (apprivoisés) sont les animaux domestiques.

468-469.   Echo aux imprécations du prophète Ezéchiel contre les mauvais pasteurs : Ezéchiel, XXXIV, 2-3.

473.   *L'ire du grand Dieu* : équivalent de l'*ira Dei*, dans la Vulgate.

479.   A Moncontour (3 octobre 1569), la défaite des protestants face au duc d'Anjou, le futur Henri III, fut particulièrement meurtrière. Cf. *Les Fers*, v. 419-424.

490.   *A partir* : pour partager.

495.   *Cette horreur* : c'est l'épisode de l'enfant dévoré par sa propre

mère lors du siège de Jérusalem par Titus en 70 après J.-C. Le fait est rapporté par Flavius Josèphe dans *La Guerre des Juifs*, livre VI, chap. 3, 201-219 (éd. P. Vidal-Naquet, Editions de Minuit, 1977, p. 491-492). Mais il s'est répété durant les guerres de Religion, au lendemain de la Saint-Barthélemy tout d'abord, vers la fin de l'interminable siège de Sancerre (juillet 1573), et plus tard lors du siège de Paris par Henri IV (juillet 1590), auquel d'Aubigné fut présent. Il pouvait avoir lu, au sujet du premier, l'*Histoire memorable de la ville de Sancerre* du pasteur Jean de Léry (s.l., 1574), dont le témoignage est lui-même nourri du souvenir de F. Josèphe (rééd. par G. Nakam, Anthropos, 1975).

499. *Ces sièges lents.* Le blocus de Sancerre, partiel, puis total, s'étendit sur près d'un an, de l'automne 1572 à la fin d'août 1573.

507. *Les entrailles d'amour.* Hébraïsme (génitif qualificatif) imité de Luc, I, 78 : « Par les entrailles de la miséricorde de notre Dieu. »

524. Pour l'antithèse symbolique du sang et du lait, cf. ci-dessus l'allégorie de la France en mère affligée, v. 127-130.

525-526. Pour ce trajet inverse et « contre nature », cf. ci-dessus les v. 301-302 et la note.

528. Les malédictions du Deutéronome, XXVIII, 53, contre le peuple transgresseur de la loi, et les Lamentations de Jérémie, II, 20, mentionnent, parmi les châtiments, l'anthropophagie maternelle.

540. *Ses ris en ses cris.* Même allitération expressive ci-dessous, au v. 1372, et dans *La Chambre dorée*, 135-136, à la rime.

543-544. Cf. Sénèque, *Thyeste*, v. 992 et suiv. : « La voûte du ciel ébranlée par des secousses de plus en plus violentes semble crouler, un brouillard plus épais que les plus épaisses ténèbres se forme, la nuit s'est cachée dans la nuit, tous les astres se sont enfuis... » Thyeste, roi d'Argos, fut amené, par la vengeance de son frère Atrée, à manger ses deux fils égorgés et servis en sauce. Nouvelle allusion au même personnage dans *La Chambre dorée*, 207. Toute cette page baigne dans l'atmosphère sanglante et quelque peu grand-guignolesque du théâtre sénéquien. — De son côté, Lucain, dans *La Pharsale*, I, 543-544, rapprochait les prodiges survenus lors du crime de Thyeste de ceux qui accompagnèrent le déclenchement de la guerre civile à Rome. Je remercie Jean-Claude Ternaux de m'avoir suggéré ce rapprochement.

546. *Banquet d'horreur* : génitif hébraïque à valeur qualificative.

554. On note la paronomase (ou calembour à valeur expressive) sur « saoulent » (rassaient) et « désolent ».

556. *Miroir de son miroir.* Le visage de l'enfant mort, qui subsiste parmi les reliefs du repas, renvoie à la mère sa propre image, comme la figure tangible de l'inceste alimentaire qu'elle vient de commettre. D'où ce « portrait reprochant », c'est-à-dire en forme de reproche.

559-560. Construction en vers rapportés, comme plus haut aux v. 21-22, et ci-après aux v. 597-598, 714, 1289-1290. Cf. *Les Fers*, 760-764.

Le sens est le suivant : la *faim* donne pâture au *corps*, la *raison* donne à *l'âme* poison (H. Weber).

562. *Thimante* : peintre qui peignit le sacrifice d'Iphigénie et, désespérant de rendre la douleur d'Agamemnon, lui voila la face. D'après Cicéron, *L'Orateur*, XXII, et Pline, *Histoire naturelle*, XXXV, 36.

563-564. *Vrais pères et vrais Rois, / Nourrissons de la France.* De même que Dieu est père des hommes, le vrai roi, par une homologie nécessaire, est père de ses sujets. — « Nourrissons » a ici le sens actif ancien de « pères nourriciers » et développe l'image de la paternité royale. Ce sens est attesté au XVIe siècle en concurrence avec le sens passif moderne d'« enfant en nourrice ». Il est possible, du reste, que d'Aubigné joue de la réversibilité sémantique du mot, comme le suggère la suite du passage, où les villes sont comparées aux « meilleures nourrices » (v. 570).

563-580. Tableau euphorique du rite de *l'entrée royale*, que l'on retrouvera, transposé à l'échelon céleste, dans l'ouverture de *La Chambre dorée*, 153-160. Dans la France d'Ancien Régime deux modèles symboliques président à cette cérémonie : le plus ancien est celui des fiançailles ou des noces mystiques entre la ville et son prince ; le second, qui tend à s'imposer à la Renaissance, est celui de la conquête et du triomphe à l'antique. Sous la forme exacerbée d'un contraste violent, ces deux modèles sont immédiatement juxtaposés dans tout ce passage : aux « Rois anciens » et débonnaires, pour qui leurs villes ont un geste d'amour, s'opposent les « tyrans d'aujourd'hui » qui foulent aux pieds et violent (v. 581-592). L'opposition schématique entre l'hier radieux et le détestable présent est sans doute illusoire. Elle n'en traduit pas moins, tout en l'exagérant quelque peu, l'évolution d'un rituel, qui est passé en quelques générations d'un symbolisme nuptial à un symbolisme guerrier dominant. Voir M.-M. Fragonard, F. Lestringant et G. Schrenck, *La Justice des Princes*, 1990, p. 154-158.

565. *Le tour de leur pays.* On pense au « tour de France royal » accompli par Charles IX et Catherine de Médicis de 1564 à 1566, dans l'intervalle de paix séparant la première et la deuxième guerres de Religion. De lieu en lieu, le contact physique du souverain et du pays était destiné à restaurer la confiance et l'autorité partout compromises. Voir sur ce point le livre de Jean Boutier, Alain Dewerpe et Daniel Nordman, *Un tour de France royal. Le voyage de Charles IX*, Aubier, 1984, p. 293 sqq.

581-582. A rapprocher de Lucain, *La Pharsale*, III, 80-83 et 97-98 : l'entrée de l'usurpateur César à Rome frappe la population d'une terreur muette, qui contraste avec les joyeuses assemblées de jadis.

584. Néron contemplant l'incendie de Rome reparaît dans *Princes*, 957 (voir la note) ; *Les Fers*, 963-969 ; *Vengeances*, 519. Cf. *Misères*, 814 et 851.

588-592. Telle est la « voix du sang » que le cadavre saigne, par les plaies, la bouche ou le nez, en présence de son meurtrier. Ce rite judiciaire, en faveur au Moyen Age et auquel d'Aubigné souscrit encore, s'apparente à l'ordalie ou jugement de Dieu. On en trouve un bon exemple dans *Yvain, le Chevalier au lion* de Chrétien de Troyes, in *Romans de la Table Ronde*, éd. de Jean-Pierre Foucher, Gallimard, « Folio », 1970 et 1975, p. 268-269 : Yvain se trouve dans le château du chevalier noir qu'il vient de tuer, couché sur un lit et rendu invisible par l'anneau de Lunete. Comme le cortège funèbre passe devant lui, le cadavre saigne, attestant la présence du coupable. Mais on le cherche en vain, et les assistants, après avoir couru en tous sens, concluent que « c'est merveille et diablie ». — Pour d'autres exemples chez l'auteur des *Tragiques*, cf. *Le Printemps, Hécatombe à Diane*, sonnet C, « Pléiade », p. 272, et ci-dessus les v. 323-324 et la note. Ces diverses occurrences attestent chez d'Aubigné la persistance d'une mentalité magique, « prompte à discerner dans le réel la présence éparse de la surnature à saisir dans les opérations naturelles l'intervention toujours possible de la divinité ». Voir sur ce point F. Lestringant, *La Cause des Martyrs*, 1991, p. 53, et plus généralement l'article d'H. Platelle, « La voix du sang : le cadavre qui saigne en présence de son meurtrier », *Actes du 99e Congrès national des sociétés savantes (Besançon, 1974)*, Bibliothèque nationale, 1977, p. 161-179.

593-600. *Henri.* Cette apostrophe à Henri de Navarre, qui deviendra Henri IV en 1589, à la mort de son cousin Henri III, est évidemment une *apophétie*, une « prédiction de choses advenues avant l'œuvre clos », comme le dit l'adresse de l'imprimeur « Aux Lecteurs ». Elle situe la rédaction de ce passage après 1589 et même 1610, si l'on considère la part de menaces que contient cet avertissement. C'est en effet pour s'être montré « ignorant » des prédictions de ses anciens coreligionnaires et amis, et pour avoir « tyrannisé » à son tour qu'Henri IV a été puni par Dieu et frappé à mort par le truchement de Ravaillac.

596. *Le sceptre des lis* : le sceptre du roi de France, c'est-à-dire, par métonymie, la royauté de France. L'expression ne renvoie pas à la réconciliation de Plessis-lès-Tours survenue le 30 avril 1589 entre Henri III et Henri de Navarre, mais à l'union des sceptres de France et de Navarre dans les mains de ce dernier, au lendemain de la mort du dernier Valois (août 1589).

607-608. Cette image rejoint celle du géant dyscrasique et malade (ci-dessus, v. 135-162), comme du reste l'allégorie du corps à l'agonie, qui est développée à partir du v. 609 et jusqu'au v. 678.

609. *France…* Ces sentences à la France mourante concluent le panorama « historial » des *Misères* et préparent le volet satirique du livre, avec les portraits-charges de Catherine de Médicis et du cardinal de Lorraine. Ce passage lyrique de onze strophes en quatrains à rimes plates (v. 609-652) introduit de la sorte une pause à l'intérieur du chant, le divisant en deux demi-livres de longueur égale, pourvus chacun d'une certaine autonomie et d'un ton propre. Le pathos ironique perceptible ici et là, notamment au v. 633, élève soudain le propos, introduit une distance par rapport au présent dont la hantise est conjurée, et ouvre le temps et l'espace jusqu'au jour du châtiment, lorsque « l'Ange de Dieu vengeur » prend son essor (v. 675).

615.   *Être au rumeau* : être au dernier râle, à l'agonie.

616.   *Abécher* : donner la becquée. Cf. *La Chambre dorée*, v. 208, où l'on trouve la forme pronominale.

617-620.   D'Aubigné confère un tour abrupt à une image déjà présente chez Du Bartas, dans une apostrophe très semblable adressée à la « frenetique France » (*La Sepmaine, Second Jour*, 831-834 ; éd. Y. Bellenger, 1981, p. 79) :

> *Ton sang est ta boisson : ta faim ne se repaist*
> *Que de ta propre chair : ce qui te nuist te plaist :*
> *Tu n'as nul sentiment non plus qu'un léthargique :*
> *Tu fuis ta guerison...*

Chez les deux poètes, le diagnostic est identique, l'imprécation a la même véhémence, à ceci près qu'elle se colore, chez d'Aubigné, d'une ironie cinglante.

618.   *Ton chef* (ta tête) *mange tes bras*. Le « complexe de Thyeste » se mue ici en autophagie. Pour la même idée exprimée différemment, cf. *Princes*, 471-472.

629.   Aux *forains*. Ces *étrangers* honnis sont les Italiens de l'entourage de Catherine, puis de Marie de Médicis. Les vers 629-632 ont été ajoutés après 1616.

633.   *Tu parles tant de langues*. Il s'agit d'une Pentecôte inverse, comme l'indique la forte ironie du vers. L'admiration est évidemment feinte, et l'apparente répétition du miracle des langues renvoie en fait au mythe symétrique de Babel, lorsque la malédiction divine a multiplié les idiomes et dispersé les peuples à la surface de la terre. — Les langues dont il est ici question sont avant tout l'italien et l'espagnol, couramment pratiqués par une bonne part de l'élite sociale et intellectuelle, et de mode à la cour. C'est cette vogue que stigmatise Henri Estienne dans ses *Deux dialogues du nouveau langage françois italianizé et autrement deguizé, principalement entre les courtisans de ce temps* (Genève, 1578). Les progrès de l'humanisme sous Henri III et Henri IV avaient par ailleurs développé la connaissance du latin et des langues anciennes.

645.   *Guerres fières* : féroces (lat. *ferae*).

664.   *A la campagne* : en rase campagne, où les ennemis s'affrontaient autrefois à découvert.

667. *Emmurés.* Dans tout ce passage, d'Aubigné s'en prend au développement des fortifications, dont les techniques nouvelles, alors en progrès rapide et annonçant Vauban, venaient d'Italie. Le reproche rejoint celui qui était porté plus haut à la guerre de siège, impitoyable et pusillanime. Cf. v. 499.

670. *Fausses-braies* : « seconde enceinte terrassée comme la première, et qui n'en est pas séparée par un fossé, mais dont le terre-plein joint l'escarpe de la première enceinte » (Littré). *Chemises* : « murs dont un rempart ou un bastion est revêtu, pour soutenir les terres » (*id.*).

675. *L'Ange de Dieu vengeur.* Les anges exécuteurs de la justice divine apparaissent souvent dans la Bible : Genèse, XIX, 13 ; Psaume XXXV, 5-6 ; Apocalypse, VIII, IX, X. — Le Dieu vengeur, c'est la traduction de la Vulgate *ultor Dominus* : Jérémie, LI, 56.

676. *Pour être appréhendé* : pour appréhendé qu'il soit. *Pour* a ici valeur concessive.

679-680. *Voilà...* Fait rarissime dans *Les Tragiques* : ces deux vers se retrouvent presque textuellement à la fin du même livre. Cf. v. 1207-1208 : « Voilà l'état piteux de nos calamités, / La vengeance des cieux justement irrités. » — Pour l'expression, cf. Virgile, *Géorgiques*, I, 566 : « Tam multae scelerum facies. »

682. *Les causes.* S'amorce ici le second mouvement du livre I. Du constat des « Misères », on remonte à leurs causes. C'est un processus analogue — une remontée de l'effet à la cause — qui fait ensuite passer de *Misères* à *Princes*, comme l'expliquait l'avertissement de l'imprimeur « Aux Lecteurs », le sujet du second livre étant l' « instrument du premier ».

683-684. Le thème de la nation aveuglée par l'orgueil vient de Jérémie, VII. Dans les Lamentations, I, 1, on trouve l'expression « celle qui était grande entre les nations », appliquée à Jérusalem avant la chute.

684. *Et ton père et ton Dieu.* Equivalence fréquente dans la Bible. Cf. Esaïe, LXIV, 8.

686. *Des verges* : par le moyen des verges. Dans Esaïe, X, 5, les instruments de la colère divine sont comparés à des verges. Cf. Psaume LXXXIX, 33.

690. Les *idoles* désignent ici le culte catholique. Cf. Jérémie, VII, 18 et 30.

692. *La sœur bâtarde de la paix.* A rapprocher de la « fausse paix » évoquée dans *La Chambre dorée*, 75, et qualifiée de « fille d'enfer » (v. 74). La paix qui précède les guerres de Religion, comme celle qui les suit, pourrait bien être une ruse de l'Ennemi. C'est pourquoi d'Aubigné n'est pas un pacifiste. La seule Paix qu'il vénère est au ciel, fort éloignée des hommes. Telle est « la Paix fille de Dieu » (III, 69).

694. *Au ciel était bannie* : annonce de la péripétie qui ouvre *La Chambre dorée*, 33 sqq. : chassée de la terre, la Justice se réfugie au ciel, où elle implore la vengeance de Dieu.

695. Pour l'image de l'Eglise au Désert, cf. *Préface des Tragiques*, 29-30, 121-132 et 163-174 ; *Princes*, 162-165.

697. *Une verge nouvelle*. Il ne s'agit plus de la correction salutaire que le père applique à ses enfants, comme au v. 686, mais de l'instrument de la vengeance, qui brise et extermine.

699-702. Imitation de Lucain, *Pharsale*, VI, 89-92.

706. *Lever* : élever, attirer à elle.

714. Les deux hémistiches de ce vers sont à construction rapportée. Chaque qualificatif du premier se rapporte, dans le même ordre, à un substantif du second : « louche » (obscur, sombre) à « peste », « pâle » à « famine » et « flambant » à « guerre ». Les présages sinistres des comètes sont un lieu commun de la littérature du temps : on le trouve par exemple chez Ronsard, *Discours à la Royne*, Laumonier, XI, p. 24, v. 96, et, plus près de d'Aubigné, chez Du Bartas, *La Sepmaine, Second Jour*, v. 825-827 (éd. Y. Bellenger, 1981, t. I, p. 78) :

> *Cest astre chevelu, qui menace la terre*
> *De peste, guerre, faim, trois pointes du tonnerre*
> *Qu'en sa plus grand' fureur Dieu foudroye sur nous ?*

— Pour une autre apparition de comète, la supernova de novembre 1572, voir *Les Fers*, 1298 et la note. Dans une de ses *Lettres sur diverses sciences*, où il cite, sous une forme un peu différente, les vers 713 et 714 de *Misères*, d'Aubigné affirme avoir dicté un traité sur les comètes, perdu depuis (« Pléiade », p. 852).

715. *A ces trois*, sous-entendu : fléaux. Peste, guerre et famine sont souvent associés dans la Bible et dans la littérature apocalyptique. Cf. *Jugement*, 268-269.

725. *Une fatale femme* : Catherine de Médicis. — *Un cardinal* : Charles, cardinal de Lorraine (1524-1574), le frère de François de Guise. Dans les deux éditions parues de son vivant, d'Aubigné avait laissé en blanc les mots désignant Catherine de Médicis, par respect pour Marie de Médicis alors régnante. On n'y lit par conséquent, et sauf exception, ni *Catherine*, ni *Médicis*, ni *Florence* (non plus que ses dérivés *Florentin* et *Florentine*). *Italie* même est parfois supprimé, comme au vers 766. L'autocensure vaut également pour les *Bourbons*, dont l'un a trahi la Cause. Voir ci-après *Jugement*, 153 et 159.

727-729. *Le Sage* est l'*Ecclésiaste*, X, 16-17. Cf. *Princes*, 656.

735. *Aux dépens de la loi*. La loi salique, attribuée aux mythiques Francs Saliens, interdisait aux femmes, réputées impures et *impuissantes*, l'accès à la dignité royale. C'est en vertu de cette loi qu'est maintenue l'identité du Dieu souverain au Prince régnant, et de la sorte préservée la sacralité monarchique. Le masculin unifie le ciel et la terre sous des principes jumeaux. Cette conception du roi comme « dieu secondaire ou image de Dieu » est développée dans *Princes*,

523-524. — Voir à ce sujet les contributions d'Arlette Jouanna, « Le sujet, le roi et la loi », et de F. Lestringant, « Salomon et le sang des martyrs », *Revue d'histoire littéraire de la France*, 92ᵉ année, n° 4, juillet-août 1992, p. 619-629 et 657-668.

736. *Pour loi des autres lois* : contrairement aux apparences, il ne s'agit pas d'un génitif hébraïque à valeur superlative, mais d'un simple complément déterminatif pour désigner une loi constitutionnelle, la loi salique souvent invoquée contre les gouvernements de Catherine et de Marie de Médicis. Les *Saliens François* ou Francs Saliens, « auteurs de nos plus saintes lois », se rencontreront encore dans *La Chambre dorée*, faisant escorte à la blanche Thémis, III, 772.

745. Le *venin florentin*, c'est le machiavélisme qui use au besoin du poison (cf. v. 767 et *Princes*, 797 et 864).

747. *Jésabel* ou Jézabel : femme d'Achab, roi d'Israël, mère d'Athalie, tuée par Jéhu en 876. Ce surnom désigne Catherine de Médicis dans les pamphlets huguenots du XVIᵉ siècle. *Le Resveille matin des François* (cf. ci-dessus *Aux lecteurs*, note 7) cite des vers satiriques sous le titre : *Sympathie de la vie de Catherine et de Jézabel*. — Cf. *Les Fers*, 206 et 1301. L'invocation *Plût à Dieu, Jésabel* est reprise au v. 758 et ne trouve sa conclusion qu'au v. 762.

748. *Tes ducs prédécesseurs* : le premier Médicis à porter le titre de duc de Florence fut en réalité le frère naturel de Catherine, Alexandre, qui reçut ce titre de Charles Quint en 1531. Mais les Médicis détenaient le pouvoir à Florence depuis Cosme l'Ancien (1434).

761. *Pour régner au milieu.* C'est la politique de bascule que pratiqua la reine pour affaiblir tantôt l'un, tantôt l'autre parti, et affermir d'autant le pouvoir royal (H. Weber).

784-786. *Au florentin convent* : couvent (dont l'étymologie est le latin *conventus*, assemblée). Après la révolution de 1527, Catherine de Médicis fut gardée comme otage, confiée à différents couvents pendant le siège que Florence soutint en 1529-1530 contre le Pape et l'Empereur. La victoire de ces derniers rendit le pouvoir aux Médicis.

793-795. *Celle qui...* Hécube, dont le fils Pâris fut la cause de la guerre de Troie.

798. *Septante ans.* Comme Jérusalem, qui resta soixante-dix ans sous le joug de Babylone. Cf. Jérémie, XXV, 11.

804. *Comme la verge au feu.* En Esaïe X, 5, l'imprécation contre « Assur, verge de ma colère » est suivie de l'annonce d'un feu qui dévorera Assur (v. 16-17). Ce vers est à mettre en rapport avec *Vengeances*, 363-368, et *Jugement*, 238.

805-808. *Quand au lit de la mort.* Catherine de Médicis mourut à Blois le 5 janvier 1589, quelques jours après l'assassinat, sur ordre d'Henri III, du duc Henri de Guise et de son jeune frère Louis, cardinal de Lorraine. Telle fut la chute de la maison de Lorraine (*l'édifice haut des superbes Lorrains*, v. 807). — Sur les circonstances de sa mort et les reproches qui lui furent alors faits, voir Brantôme, *Recueil des Dames*, I, II, éd. Etienne Vaucheret, Gallimard, « Pléiade », 1991, p. 69 : « Elle mourut à Bloys de tristesse qu'elle conceut du massacre qui se fist, et de la triste tragedie qui s'y joua, et voyant que, sans y penser, elle avoit faict venir là les Princes, pensant bien faire, ainsin que monsieur le Cardinal de Bourbon luy dist : " Helas ! madame, vous nous avez tous menez à la boucherie sans y penser. " Cella luy toucha si fort au cœur, et la mort de ces pauvres gens, qu'elle se remist dans le lict, ayant estée paravant malade, et oncques plus n'en relleva. »

809. *T'accrasera la tête*, comme au serpent de la Genèse, III, 14-15.

810. *Encor ris-tu*. Reprise du développement interrompu par l'interpolation des cinq vers précédents (805-809) ajoutés dans la seconde édition à titre d'*apophétie*. On lisait à la place :

> *Quand le courroux de Dieu prendra fin sur ta tête.*

— Dans un poème des *Châtiments* intitulé « L'homme a ri » (III, 2), Victor Hugo fait écho, semble-t-il, à l'acharnement quelque peu sadique de ce vers :

> *Ah ! tu finiras bien par hurler, misérable !*
> ....
> *Tu dis : je ne sens rien ! et tu nous railles, drôle !*
> *Ton rire sur mon nom gaîment vient écumer ;*
> *Mais je tiens le fer rouge et vois ta chair fumer.*

815. *Néron*. L'incendie de Rome par Néron est encore évoqué dans *Les Fers*, 963-984, où il annonce, chronologiquement et symboliquement, les persécutions des premiers chrétiens. Cf. *Vengeances*, 519-538.

817. *Sylle*. Sylla, le dictateur romain (136-78 av. J.-C.). Il organisa massacres et proscriptions pour venir à bout des partisans de son adversaire Marius.

819. *Phalaris* : tyran d'Agrigente (VIe siècle av. J.-C.), qui faisait jeter ses ennemis dans un taureau d'airain chauffé à blanc. Cf. *La Chambre dorée*, 533 ; *Les Feux*, 1158, et *Les Fers*, 571.

820. *La rage de Cinna*. Souvenir de Lucain, qui, dans *La Pharsale*, IV, 822, mentionne, à côté du puissant Sylla et du féroce Marius, le sanguinaire Cinna (*cruentus*). César, déjà coupable d'usurpation et de tyrannie, laissa en outre massacrer les Pompéiens après les batailles de Thapsus et de Munda. Dans le même passage de *La Pharsale* (IV, 823), Lucain évoquait du reste la « suite de la maison césarienne » (*Caesareaeque domus series*).

821. *Les fables*. Après les exemples historiques de cruauté, d'Aubigné passe aux exemples mythologiques. *Etrange* a ici le sens de « monstrueux », d'« incroyable ».

822. *Diomède*, roi de Thrace, nourrissait ses chevaux de chair humaine. Hercule le fit dévorer à son tour par eux.

823. Le *lion* de Némée, le *sanglier* d'Erymanthe, deux des douze travaux d'Hercule, comme plus loin l'*hydre* de Lerne, le *taureau* de Crète (ou Candie) et le géant Antée.

826. Pour l'idée et le mouvement de ce passage, cf. Lucain, *Pharsale*, II, 162-165 : « La Thrace ne vit pas tant de victimes pendre aux étables du tyran de Bistonie (c'est-à-dire Diomède) ni la Libye aux portes d'Antée (*postibus Antaei Libye*), et la Grèce affligée ne pleura pas des corps si mutilés à la cour de Pisa. » Cette série de comparaisons à valeur hyperbolique et paroxystique se rapporte aux proscriptions de Sylla.

827-832. Tout ce portrait de Catherine de Médicis en sorcière s'inspire de l'évocation de la magicienne Méduse dans *La Pharsale*, IX, 630 sqq. — 828. *Ton faux chef* : ta tête méchante.

833-834. Le chiffre magique de *neuf* est lié aux Enfers, aux neuf replis du Styx. Cf. Virgile, *Géorgiques*, IV, 480. Il est évoqué par les Anciens dans les conjurations magiques : Virgile, *Bucoliques*, VIII, 73-76 ; Ovide, *Métamorphoses*, XIV, 57-58. — *Décocher* (834) est employé absolument au sens de : voler depuis la coche (ou l'encoche) de l'arc. Cf. *La Chambre dorée*, 843-844.

838. *Humer* a le sens de boire. — Métaphore biblique. Cf. Esaïe, XXIV, 9 : « On ne boit plus de vin en chantant, les boissons fortes sont amères aux buveurs » ; Jérémie, XXIII, 15 ; Ezéchiel, XXIII, 33-34.

843-846. Cette liste des monstres vaincus par Hercule fait écho aux v. 821-826, et les résume. D'Aubigné reprend la même idée : la réalité est pire que la *fable* (v. 845 ; cf. v. 821) et l'histoire récente plus cruelle, plus monstrueuse que la mythologie chère aux poètes anciens. C'est donc un sujet plus digne d'être traité par le poème héroïque.

847-852. Liste de « monstres » historiques, comme plus haut aux v. 815-820. — *Antiochus* Epiphane, persécuteur des Juifs, d'après II Machabées V, 11-26. *Les Hérodes* : Hérode dit le Grand (172 av. J.-C. — 1 an ap. J.-C.), auteur du massacre des Innocents (Matthieu II, 16) ; Hérode-Agrippa, son fils (mort en 40), qui fit mourir Jean-Baptiste (Matthieu XIV, 1-12) ; Hérode-Agrippa Iᵉʳ, son petit-fils (14 av. J.-C. — 44 ap. J.-C.), persécuteur des chrétiens, qui fit mettre à mort saint Jacques (Actes XII, 1-2) et emprisonna saint Pierre (Actes XII, 3-19). Cf. *Vengeances*, 455-502, où sont évoqués les crimes et la punition de chacun des trois Hérodes.

849. Pérille (Périlaos), le constructeur du taureau de Phalaris ; il fut sa première victime. Cf. ci-dessus v. 819 et *Les Feux*, 1158.

854. *Cette Hydra renaissant.* Catherine est assimilée à l'Hydre de Lerne dont les têtes coupées repoussaient aussitôt en plus grand nombre, et qui fut tuée par Hercule. Cf. ci-dessus les v. 825 et 844.

861 *sqq.* Cf. l'*Histoire universelle*, éd. de Ruble, t. VII, p. 397. A l'heure de la mort, Catherine de Médicis aurait déclaré à sa femme de chambre, de religion réformée : « Je suis accablée des ruines de la

maison », faisant ainsi allusion à une prédiction faite dès sa jeunesse
par des devins.

872. *Accravante* : brise, écrase. Le passage contient une allusion
possible à la mort de Samson sous les ruines du temple des Philistins,
dont il a écarté les maîtresses colonnes. Cf. *Préface* en vers, 319-324.

877. *Fulcre* : support, étai.

882. *Appuyer et munir* : consolider et fortifier.

889. *L'Erynne* : l'Erinnye, la Furie, divinité infernale exécutrice de la
vengeance des dieux. *Envenimée* : empoisonnée, ou plutôt : qui
empoisonne. Toute la scène qui suit s'inspire de l'épisode de Lucain,
Pharsale, VI, où Sextus Pompée, le fils du grand Pompée, à la veille de
la bataille de Pharsale, interroge sur l'avenir une sorcière de Thessalie,
la « sauvage Erictho » (*effera Erictho*, VI, 508). Pour l'haleine qui fait
périr les fleurs, cf. Lucain, *Pharsale*, VI, 521-522, mais il s'agit alors
des semences de la moisson.

894. *Basilique vue* : vue meurtrière, comme celle du serpent appelé
basilic, qui fait mourir l'homme de son seul regard (cf. Pline, *Histoire
naturelle*, XXIX, 4, et les bestiaires médiévaux).

895-897. D'après Lucain, *Pharsale*, VI, 686-690 et 693 :

> ... *confundit murmura primum*
> *dissona et humanae multum discordia linguae.*
> *Latratus habet illa canum gemitusque luporum,*
> *quod trepidus bubo, quod strix nocturna quer untur,*
> *quod strident ululantque ferae, quod sibilat anguis.*
> . . . .
> *Tot rerum vox una fuit.*

898. *L'eau changée en sang.* C'est la première plaie d'Egypte, quand
Moïse avec sa verge changea en sang les eaux du Nil sous les yeux de
Pharaon (Exode VII, 14-25). Cf. *Vengeances*, 303. Pour la métamor-
phose de *la terre en cendre*, voir ci-dessus *Misères*, 90.

902. Imitation de Lucain, *Pharsale*, VI, 511-512 : « elle habite les
tombeaux abandonnés et occupe des tertres dont elle a expulsé les
ombres par la faveur des dieux de l'Erèbe ». Cf. Ronsard, *Odes*, livre
II, XXII, « Contre Denise Sorcière », 49-54 (Laumonier, I, p. 241, et
la note 1), et *Livret de Folastries*, III, 71-82, où Catin, de putain
devenue bigote, invoque la nuit les ombres des morts dans un
cimetière (Laumonier, V, p. 24-25). On pense aussi à Melpomène
sortie des « tombeaux rafraîchis », telle qu'elle est invoquée au début
de *Misères*, 81. — Pour ces divers portraits de la sorcière nécroman-
cienne, les modèles antiques sont, outre Lucain, les pièces d'Horace
contre Canidie (*Epodes* V et XVII en particulier) et Ovide, *Amores*, 1,
8, 2, où est évoquée la magicienne Dipsas, au nom de vipère. Cf.
Métamorphoses, VII, 159-296, où est rapportée l'histoire de Médée,
insigne sorcière, et d'Eson.

905-906. Pour cette croyance au pouvoir des incantations magiques sur la lune, cf. *Pharsale*, VI, 500 sqq. : « Elles font d'abord descendre les astres des hauteurs de la voûte céleste ; et Phébé, sereine, assiégée par les philtres sinistres, pâlit et brûle de feux sombres et souterrains ; abaissée par les incantations, elle souffre des mêmes éclipses... ». Cf. Horace, *Epode* V, 45-46.

906-907. Lucain, *Pharsale*, VI, 490-491, évoque les anneaux de la vipère qui se raidissent avant que celle-ci ne meure, empoisonnée par le souffle de la sorcière.

910. Ces morts-vivants qui se redressent mécaniquement de leurs tombes, tout d'un bloc, font penser aux films de Dracula. Mais cette vision d'épouvante est déjà chez Lucain, *Pharsale*, VI, 754-757 : « Alors tous les muscles palpitent, les nerfs se tendent, le cadavre ne se soulève pas du sol membre à membre, mais il est repoussé par la terre et se dresse tout d'un coup. » Le rapprochement avec la vision d'Ezéchiel, XXXVII, 10, quand les ossements se couvrent de chair et de peau et ressuscitent, est fort improbable.

916. Pour faire rentrer les cadavres dans la paix du tombeau, de nouveaux rites magiques sont nécessaires. Cf. *Pharsale*, VI, 822.

917-918. Lucain, *Pharsale*, VI, 558-559, montre Erictho arrachant un fœtus au ventre de la mère. Cf. Horace, *Epode* V, 35-38. La sorcière Canidie fait mourir de faim un enfant enfoui jusqu'au menton dans une fosse et tire de sa moelle et de son foie desséché un philtre invincible. — Catherine aurait fait ce qu'on reprochait faussement aux premiers chrétiens, de sacrifier des enfants durant leurs mystères. Cf. *Les Feux*, 1337 et la note.

920. *Belzébub*. Forme donnée par la Vulgate et conforme à l'étymologie hébraïque (Baal Zéboub, dieu des mouches). Cf. Matthieu XII, 24.

927. Le *céraste* et la *dipsade* (*le* dipsade, v. 933) sont, d'après Lucain, *Pharsale*, VI, 679 et IX, 716, des serpents nés du sang de la Méduse et qui infestent la Libye. Ils décimèrent l'armée de Caton, qui en fut délivrée par les Psylles. Sur ce peuple insensible au venin, cf. *Princes*, 1424, et la note.

935. Souvenir de Lucain, *Pharsale*, VI, 671 : « (Non defuit) spuma canum quibus unda timorist... »

936. *La queue du poisson*. C'est l'échineis ou rémora, qui avait la propriété légendaire d'arrêter les vaisseaux les plus lourds en se fixant à leur coque. D'après Lucain, *Pharsale*, VI, 674-675. Cf. Pline, *Histoire naturelle*, XXXII, I, 2. Dans *La Sepmaine, Cinquième Jour*, 397-420, Du Bartas a glorifié ce miracle de Nature :

> *Dis nous, Arreste-nef, dis nous, comment peux-tu*
> *Sans secours t'opposer à la jointe vertu*
> *Et des vents, et des mers, et des cieux, et des gasches ?*

— La plupart des ingrédients qui entrent dans la composition de ce philtre magique sont empruntés par d'Aubigné à Lucain, mais il doit à la Canidie d'Horace le cyprès et le sang du crapaud (*Epode* V, 17-19). D'autres détails proviennent des traditions paysannes du temps. Comme l'a noté Henri Weber, on retrouve dans le philtre composé par les soins de Shakespeare, *Macbeth*, acte IV, scène I, quelques-uns de ces éléments : ciguë mâle, croc de chien, fiel de bouc.

941-946. Toute cette scène est encore prise de Lucain, *Pharsale*, VI, 720-727. Pour Lucain, c'est l'ombre du mort qui répugne à rentrer dans son cadavre. Chez d'Aubigné il s'agit d'un démon, car le démon est pour lui, comme pour Jean Bodin son contemporain, l'auteur de la *Démonomanie* (1580), la seule source du pouvoir des sorciers. D'où l'extrême sévérité dont on doit user à leur égard, en les condamnant au bûcher. Voir sur ce point les *Lettres touchant quelques poincts de diverses sciences*, IV, « A M. de la Rivière, premier médecin du Roy », « Pléiade », p. 839-843. Il est certain que pas un seul instant d'Aubigné ne doute de la réalité des scènes qu'il évoque ici.

948. *D'efficace d'erreur.* Tour hébraïque équivalant à « par une ruse efficace ». Cf. saint Paul, II Thessaloniciens II, 11, et *Les Fers*, 250.

950. *Qui seigneuries* (du verbe « seigneurier ») : toi qui commandes, domines.

953-954. Réminiscence de Lucain, *Pharsale*, VI, 685 : « Alors sa voix, plus puissante que toutes les herbes pour évoquer les dieux du Léthé... »

958. Dans le pamphlet huguenot intitulé *Legende de saincte Catherine* ou *Discours merveilleux de la vie, actions et deportemens de Catherine de Medicis royne mere* (1575), la Florentine est accusée d'avoir fait tuer ou empoisonner le dauphin François, fils aîné de François Ier, Antoine de Bourbon, Jeanne d'Albret, le cardinal de Châtillon (frère de l'amiral de Coligny), le connétable de Montmorency, et bien d'autres encore.

966. Ces « savants en la noire science » sont Nostradamus, *alias* Michel de Nostredame, Cosme Ruggieri, L'Escot et d'autres, d'Aubigné pratiquant l'amalgame entre magie noire, astrologie judiciaire et simple prestidigitation. Sur L'Escot ou Lascot, voir les *Lettres sur diverses sciences*, VII, « Pléiade », p. 848-851. — Il est un fait que Catherine de Médicis s'intéressait vivement aux sciences occultes et à la divination. Comme le confirme l'*Histoire universelle*, VII, 6, éd. A. Thierry, t. IV, 1987, p. 201, « la Roine le favorisoit (Cosme Ruggieri) et employoit ceux de ce mestier ».

979. D'Aubigné désigne ainsi les perfidies de la France catholique, en particulier les traités de paix (cf. *la paix, sœur bâtarde de la paix*, au v. 692, et la note) qui contiennent toujours le germe d'une nouvelle guerre religieuse.

981-986. *Cela nous fut dépeint.* D'Aubigné décrit ici les armes adoptées

par Catherine de Médicis après la mort d'Henri II, selon Brantôme :
une montagne de chaux vive, sur laquelle les gouttes d'eau du ciel
tombaient à foison, avec la devise : *Ardorem exstincta testantur vivere
flamma* (« les gouttes d'eaue et de larmes monstrent bien leur ardeur,
encor' que la flamme soit estaincte »). Voir Brantôme, *Recueil des
Dames*, I, II, éd. Etienne Vaucheret, Gallimard, « Pléiade », 1991, p.
38. — D'Aubigné détourne le sens symbolique de l'image : au lieu
d'une proclamation de fidélité conjugale et de deuil éternel, il y voit
l'emblème de la duplicité de la reine. C'est par erreur, sans nul doute,
qu'à la place du monceau de chaux vive, il parle d'une « souche » (v.
984) à demi consumée.

987. Assimilation de Catherine de Médicis à *Pandore*, l'épouse d'Epi-
méthée qui ouvrit la boîte, répandant tous les maux sur la terre et n'y
retenant que l'espérance.

988. *Sur son champ noir* : au sens héraldique, le *fond* de l'écu, de
couleur noire en raison du deuil de la reine. — *L'énigme de nos pleurs*.
D'Aubigné fait allusion aux « trophées de mirouers cassez », aux
« carquans brisez » et aux « chesnes touttes en pieces » dont parle
Brantôme dans la description de la devise de Catherine de Médicis et
qui figuraient au pourtour (*op. cit.*, p. 39) : ces carcans et ces chaînes,
qui sont des bijoux de femme, brisés et rompus en signe de veuvage,
évoquent pour le poète huguenot les fers et les instruments de
supplice destinés à ses coreligionnaires.

994. *Achitophel* : mauvais conseiller de David, qui soutint la révolte
d'Absalon (II Samuel XV, 12 et 31 ; XVI, 15-23 et XVII, 1-23). Ce
surnom est appliqué à Charles de Guise, cardinal de Lorraine (1524-
1574), que les protestants accusaient d'avoir été le principal instigateur
de la Saint-Barthélemy.

999. D'Aubigné joue sur la valeur symbolique de la pourpre, couleur
cardinalice.

1002. *Dedans son sang.* Les pamphlets huguenots, et notamment
l'*Epistre envoiee au Tigre de la France* de François Hotman (1560,
f. A v v°), accusaient le cardinal de Lorraine de relations incestueuses
avec sa belle-sœur Anne d'Este, femme de François de Guise :
« … toy qui ne vois rien de sainct que tu ne souilles, rien de chaste que
tu ne violles, rien de bon que tu ne gastes. L'honneur de ta sœur ne se
peut garentir d'avec toy. Tu laisses ta robe, tu prens l'espée pour l'aller
voir. Le mary ne peut estre si vigillant, que tu ne decoyves sa femme.
Monstre detestable chacun te congnoit, chacun t'apercoit, et tu vis
encores ? »

1004. *Adultère…* Une telle combinaison de crimes sexuels est bien
digne d'un personnage de Sade. L'expression accumulative en est
également très sadienne. — *Bougre* (de « Bulgare ») : sodomite.

1005-1008. Quand le cardinal de Lorraine succomba en Avignon le 26
décembre 1574 (« le 23 Decembre », écrit d'Aubigné), sa mort, si l'on

en croit l'*Histoire universelle*, VII, 12, éd. A. Thierry, t. IV, 1987, p. 257, « fut signalée par deux prodiges : le premier, la plus signalée tempeste qui ait esté de memoire d'homme, car les vents furent remplis d'une fulguration si puissante qu'en plusieurs endroits, et notamment au logis où il mourut, quelque chose de plus violent que le vent arracha et emporta en l'air les grilles et fenestres. » Pierre de L'Estoile, dans son *Journal*, à la date du 26 décembre, t. I, p. 49, confirme l'intempérie, en rapportant les significations contradictoires que lui prêtèrent protestants et catholiques. — Cf. *Vengeances*, 1035-1066, où le tableau de ces prodiges est encore amplifié.

1014. *Contrainte* : serrée (par la peur), angoissée.

1018. *Vomissant son démon*. Le cadavre du cardinal vomit son âme damnée, qui revient hanter les vivants. Allusion à la prétendue apparition du cardinal à Catherine de Médicis, peu après sa mort. Voir ci-après les v. 1023-1028, et la note.

1019. *Les deux amants*. Les pamphlets huguenots accusaient calomnieusement le cardinal de Lorraine d'avoir été l'amant de Catherine de Médicis.

1021. Ce *Prince choisi de Dieu*, ce Prince élu est Henri de Navarre, appelé par Dieu à sauver le parti protestant. *Sous ta belle-mère* : il fut prisonnier de Catherine et de la cour de France après la Saint-Barthélemy.

1022. Ces images, pour exprimer les épreuves subies, sont bibliques. Voir Jérémie IX, 14 et XXIII, 15. Cf. Lamentations III, 15.

1023-1028. L'apparition du fantôme du cardinal de Lorraine à Catherine de Médicis aurait été rapportée à d'Aubigné par Henri IV lui-même, si l'on en croit l'*Histoire universelle*, VII, 12, éd. A. Thierry, t. IV, p. 259-260.

1029-1032. Ces vers peuvent être rapprochés d'un passage de la *Remonstrance au peuple de France* de Ronsard (v. 296-297 ; éd. P. Laumonier des *Œuvres complètes*, t. XI, p. 79), où l'Opinion s'adresse à Luther en ces termes :

> *Il te faut maintenant en main les armes prendre :*
> *Je fourniray de feu, de mesche, et de fuzil.*

— Voir Henri Weber, *La Création poétique au XVIᵉ siècle en France*, 1956, p. 660.

1034. *L'anatomie* : le squelette, comme ci-dessus au v. 414.

1035-1036. *Comme l'on juge aux os...* Réminiscence possible de Virgile, *Géorgiques*, I, 497 : « le laboureur contemplera avec étonnement dans les tombes ouvertes des ossements gigantesques ». Passage imité et amplifié par Ronsard dans *La Franciade*, livre IV, 1853-1858 (éd. P. Laumonier, t. XVI, p. 328) :

> *Mille ans apres les Touranjelles plaines*
> *Seront de morts et de meurdres si pleines,*
> *D'os, de harnois, de vuides morrions,*
> *Que les bouviers en trassant leurs sillons*
> *N'oirront sonner soubs la terre ferüe*
> *Que de grands os hurtez de la charrüe.*

— L'idée de dégénérescence du monde physique aussi bien que moral, qu'exprime ici d'Aubigné, est traditionnelle et parcourt tout le Moyen Âge. Mais elle est de plus en plus remise en question au XVIe siècle. Voir sur ce point l'article de Jean Céard, « La querelle des géants et la jeunesse du monde », *The Journal of Medieval and Renaissance Studies*, vol. 8, n° 1, printemps 1978, p. 37-76.

1044. Il y a *quinze ans* que les guerres civiles ont commencé (1562). Ce passage est donc écrit en 1577 au plus tôt, c'est-à-dire dans les premiers temps de la composition des *Tragiques*.

1047. *Du faux Machiavel.* Depuis la Saint-Barthélemy, c'était un lieu commun chez les monarchomaques, protestants ou catholiques, que de rendre Machiavel responsable de toutes les calamités. Voir en particulier d'Innocent Gentillet l'*Anti-Machiavel* ou *Discours sur les moyens de bien gouverner et maintenir en bonne paix un Royaume ou autre Principauté. Contre Nicolas Machiavel Florentin*, 1576 (rééd. par C. Edward Rathé, Genève, Droz, 1968), qui contient la réfutation de cinquante maximes trouvées dans *Le Prince* et dans *Les Discours*.

1052. Le métier est ce qu'on a coutume de pratiquer ; la « profession » ce qu'on déclare pratiquer.

1057. *La féconde noblesse.* L'accusation est typique des monarchomaques et des adeptes de la monarchie mixte, qui voient dans la doctrine absolutiste, synonyme de « tyrannie », un moyen de liquider politiquement et physiquement la noblesse. Le mythe d'un complot visant à l'extinction des nobles remonte au lendemain de la Saint-Barthélemy, lorsque paraît *La France-Turquie, c'est-à-dire, Conseils et Moyens tenus par les ennemis de la Couronne de France, pour reduire le Royaume en tel estat que la Tyrannie Turquesque*, Orléans, Thibaut des Murs, 1576 (la 1re édition est de 1575). L'accusation se rencontre également dans le *Discours merveilleux de la vie, actions et deportemens de Catherine de Medicis* (1575, mais rédigé dès 1574). Sur le contexte et le sens de ces publications, voir Arlette Jouanna, *Le Devoir de révolte*, Fayard, 1989, chap. VI, p. 158-161.

1061. *Le Prince.* Il s'agit d'Henri III, qui aurait donc, selon d'Aubigné, encouragé à la cour la mode des duels, ce que conteste Brantôme.

1067. *L'autre combat* : le combat sur le terrain, par opposition au combat intérieur qui se livre entre l'« âme » (ou la conscience) et le cœur, siège des passions. C'est à la suite d'un duel, où il servait en second, que d'Aubigné quitta brusquement Paris à la veille de la Saint-

Barthélemy. Pendant son séjour à la cour sous Henri III, il semble avoir cédé derechef à cette passion.

1070. *Exploiter* : exécuter la sentence de condamnation, ou de damnation qui le frappe, et qu'il a méritée, pour avoir fait taire la voix de la conscience.

1077-1078. Idée et expression très semblables dans *Vengeances*, 108-110. Les vers 1075-1078 ne se trouvent pas dans la première édition.

1079. *Ces Anciens* : il s'agit des anciens Romains, le démonstratif « ces » ayant la valeur laudative du *ille* latin.

1082. *Du monde un règne seul.* L'ancienne Rome a réalisé la monarchie universelle, et fait de la Gaule (*de France*) une province de son empire.

1087. *Les serfs* : les esclaves. *Des hommes excréments* : le rebut de l'humanité.

1088. *Se comptaient au rôle des juments* : étaient mis au rang des bêtes de somme. Le mot garde ici le sens étymologique du latin *jumentum* : bête de somme ou de trait.

1090. *Des extrêmes l'extrême* : génitif superlatif hébraïque. Il s'agit donc de la condition la pire, de la plus basse, celle des gladiateurs. — Comme l'a suggéré Jean-Raymond Fanlo, *La Mobilité de la représentation dans « Les Tragiques »*, thèse, Université de Provence, 1990, p. 602-604, tout cet historique de la condition des gladiateurs (v. 1079-1120) paraît emprunté aux *Saturnalia* de Juste Lipse, dont la première édition est de 1585. Dans la *Confession catholique du Sieur de Sancy*, II, VIII, « Pléiade », p. 655-656, d'Aubigné cite du reste, dans « les Saturnales de Lipsius », le « chap. 14 du premier livre », relatif à l'engraissement des gladiateurs.

1103. *Le plus infect* du peuple. Superlatif neutre, tour grec, c'est-à-dire la partie la plus infecte.

1105. *Cuida* : eut l'audace de l'essayer.

1107. *Quelques Empereurs.* En particulier Néron, qui engagea les fils des familles nobles à se produire sur scène et dans l'arène (Tacite, *Annales*, XIV, 14). D'autres, comme Gracchus, descendaient dans l'arène sans y être forcés, si l'on en croit Juvénal, *Satires*, VIII, 192 *sqq.* Caligula combattait en gladiateur armé à la manière thrace. Lors d'un exercice d'escrime, il poignarda délibérément le mirmillon qui lui tenait lieu d'adversaire et arbora ensuite la palme du vainqueur (Suétone, *Vie de Caligula*, XXXII et LIV).

1109-1112. Sur les amours de quelques dames romaines pour des gladiateurs, voir Juvénal, *Satires*, VI, 80 *sqq.* : Eppia accompagne une école de gladiateurs jusqu'en Egypte.

1114. Les combats de femmes dans l'arène sont rapportés par Juvénal, *Satires*, VI, 250, et Tacite, *Annales*, XV, 32. Cf. Suétone, *Vie de Domitien*, IV, et Stace, *Silves*, I, IV, 53.

1117. *Le magistrat.* Les combats de gladiateurs interdits par Constantin furent définitivement abolis par Honorius.

1125-1130. Ces vers énumèrent « les trois chefs-d'œuvre de guerre » que d'Aubigné se vantait d'avoir accomplis : « faire une retraite en mauvais garçon, bastir la truelle et l'espée en main et secourir une ville assiegée, en changer l'estat par son arrivée » (P.-P. Plan, *Pages inédites*, Genève, 1945, p. 275). — Le rapprochement a été proposé par Jean-Raymond Fanlo, *Tracés, ruptures. La composition instable des « Tragiques »*, 1990, p. 59, note 51.

1127. En art militaire, « se loger » signifie « se retrancher ».

1130. Comme les Israélites, revenus de la captivité de Babylone, rebâtirent les murailles de Jérusalem : Néhémie IV, 17-18.

1132. *Cela n'est plus vertu.* Dans la *Confession de Sancy*, I, V, « Pléiade », p. 594, et le *Fæneste*, I, IX, p. 690, d'Aubigné se plaint pareillement de l'ingratitude des rois, qui négligent leurs vieux soldats pour favoriser les seuls courtisans. Ce thème topique se retrouve à la même époque dans les *Commentaires* de Monluc (éd. de Paul Courteault, « Pléiade »), livre VI, p. 612-618, et VII, p. 797-798.

1141. *Des valets, des laquais.* Les grands seigneurs envoyaient parfois leurs valets combattre à leur place, quand ils n'estimaient pas leur adversaire d'assez haut rang.

1146. *Libitine* : déesse des obsèques, donc de la mort. Cf. *Les Fers*, 861.

1147. *On y fend sa chemise.* On conservait souvent son pourpoint pour se battre, mais se trouver en chemise pouvait être une condition du duel, comme cela arriva une fois à d'Aubigné. Voir *Sa Vie à ses enfants*, éd. G. Schrenck, 1986, p. 111.

1148. *Dépouillé* : déshabillé.

1153-1168. Ces vers ne figurent pas dans la première édition. Les deux derniers, 1567-1568, ne sont présents que dans le manuscrit Tronchin.

1156. *De leurs exploits* : des sentences qu'ils devaient exécuter sur eux. Cf. ci-dessus au v. 1070 l'usage d'*exploiter* dans le même sens.

1157. *Vaisselle.* Désigne ici l'enjeu du duel, comme les coupes sportives d'aujourd'hui.

1158. La *rondelle* est une sorte de bouclier rond, appelé aussi rondache.

1166. *Saturne*, à qui on offrait naguère des sacrifices humains, remplacés par des combats de gladiateurs lors des Saturnales. Voir sur ce sujet, outre Lactance, *Institutions divines*, VI, 20, 35, et Ausone, *Ecloga de feriis romanis*, 33 sqq., Juste Lipse, *Saturnalia*, I, 5.

1170. La mule était la monture ordinaire des magistrats du Parlement à Paris, comme aussi des médecins — monture roturière et bourgeoise.

1173. *Débauché* : qui a laissé le barreau, qui s'est mis en congé de son métier d'avocat.

1178. *Otent au faux honneur* : ne laissent pas aux hommes le privilège de ce faux honneur. — *Se défaire* : se donner la mort.

1186. *Notre Saintonge.* D'Aubigné était né en Saintonge, près de Pons, où son père était juge. Il a passé dans cette région et dans la proche Vendée (Maillezais) une grande partie de sa vie de soldat et d'écrivain.

1187. La Boutonne est une rivière tributaire de la Charente.

1189. *Des triomphants martyrs.* La comparaison avec les martyrs est appelée par les jeux du cirque, où les premiers chrétiens ont succédé aux esclaves stipendiés qui s'entre-tuaient pour de l'or ou la promesse d'une liberté illusoire. Plus profondément, elle repose sur l'identité partielle qui règne entre le duel et le martyre. Car le martyre est à certain égard un duel judiciaire, une ordalie d'un genre particulier, où Dieu est invité à se manifester en faveur de la victime, qu'Il soutiendra jusqu'à son triomphe éventuel, remporté sur le bourreau par une bonne mort. Mais à la différence essentielle du duel, qui poursuit des fins privées et souvent criminelles, la sainte ordalie que constitue le martyre est étrangère à tout calcul. Au lieu de forcer le jugement de Dieu, elle y consent par avance. — Sur tout cela, voir Frank Lestringant, *La Cause des martyrs dans « Les Tragiques » d'Agrippa d'Aubigné*, 1991, p. 50-57.

1190. *Le premier champion* : saint Etienne, le « protomartyr », lapidé par les Juifs aux portes de Jérusalem. D'après les Actes des Apôtres, VII, 56-60. Le martyre d'Etienne est encore évoqué dans *Les Feux*, 1281-1284. Voir les notes sur ce passage.

1196. *Grinçant les dents* : expression biblique du dépit, de la colère et de la douleur. Voir par exemple Job XVI, 9 ; Psaumes XXXVII, 12.

1199. *La milice.* Au sens de *militia*, c'est-à-dire l'ensemble des gentilshommes qui portent les armes.

1201. *Les quatre nations* : à savoir l'Espagne (en y comprenant les Pays-Bas espagnols), l'Italie, l'Allemagne et l'Angleterre. Ce sont toujours les nations que d'Aubigné considère, à la fin de chacun des livres de l'*Histoire universelle*, dans les chapitres intitulés : « Liaison des affaires de France avec les quatre voisins ».

1207-1208. *Voilà l'état piteux.* Ces deux vers répètent presque textuellement les v. 679-680 du même livre.

1210. Ces *étrangères bêtes* sont les jésuites, au service de « la bête de Rome » (v. 1213). La bête de Rome, c'est la papauté d'après l'interprétation protestante du chap. XVII de l'Apocalypse, 1-7. « Nourris, entretenus » : allusion aux collèges de la Compagnie, où les fils de bonne famille étaient instruits. Tout ce passage consacré aux jésuites, jusqu'au v. 1262, est de rédaction tardive. Il est sans doute postérieur à l'assassinat d'Henri IV (J.-R. Fanlo, *La Mobilité de la représentation*, thèse citée, p. 607).

1215-1216. Echo à Duplessis-Mornay, *Traité de l'Eglise* (1579), chap. IX, p. 935 : « Au contraire le Pape se dit Roy de toute la terre, dispose de tous les Empires, foulle aux pieds les empereurs... »

1218. *La pantoufle crotter* : la force du symbole vient du singulier degré de condensation atteint par d'Aubigné dans cette formule métonymique. Elle exprime la subordination du pouvoir royal à la domination romaine : la pantoufle est la mule du pape que baisaient

tous ceux, y compris les ambassadeurs, qui étaient reçus en audience.
— Tout en songeant plus particulièrement aux cérémonies d'absolution d'Henri IV à Rome (17 septembre 1595) jugées humiliantes par
les gallicans et les protestants, d'Aubigné reprend un thème fréquent
dans la polémique de la Réforme. Dans l'*Antithèse de la vraye et
faulse Eglise* (traduction de 1545, p. 12), Martin Luther s'indigne
« qu'on rabaisse tellement la majesté des Princes qu'ils soient
contraints de baiser la pantoufle du Pape » (H. Weber). — L'image se
rencontre ailleurs chez d'Aubigné, *Du Debvoir mutuel des Roys et des
subjects*, VII, « Pléiade », p. 488 : « Et encor pour rendre plus
insupportable le fardeau de ceste domination, nous voyons sur les
espaules et sur la perruque de nostre Prince né Souverain, les pieds
infames et puants de l'Antechrist qui enfange de sa pantoufle les fleurs
de lys et fait son marchepied du diademe françois. » Cf. *Discours par
stances*, 307-309, « Pléiade », p. 357 :

> *Verrons-nous decrotter les pieds puants et salles
> D'un faquin, d'un porcher dessus les fleurs royales,
> Et dire, en trepignant dessus les fleurs de lis...*

— Pour une expression voisine, voir *Jugement*, 829-830.
1220. *L'autre* : l'autre Néron, l'empereur de Rome, prédécesseur du
nouveau Néron qui est le Pape.
1221-1232. *Entre tous les mortels...* Tout ce passage traduit littéralement le début du *De Clementia* de Sénèque. Il est emprunté à l'adresse
liminaire à l'empereur Néron, auquel Sénèque prête la prosopopée
suivante (livre I, *Proemium*, II, 2, trad. François Préchac, Les Belles
Lettres, 1925) : « C'est donc moi qu'on a désigné et choisi entre tous
les mortels pour jouer sur terre le rôle des dieux ! Oui, c'est moi qui
décide de la vie et de la mort des nations ; la destinée, la condition de
tous sont entre mes mains : ce que la Fortune départ à chacun des
mortels, elle le fait connaître par ma bouche ; à mes oracles sont
subordonnés les sentiments d'allégresse que forment les peuples et les
villes ; nulle contrée n'est prospère si ce n'est par mon bon plaisir et
par ma faveur ; tous ces millions d'épées que ma Paix maintient au
fourreau en sortiront sur un signe de ma tête ; la destruction totale des
nations, leur transfert sous d'autres cieux, leur affranchissement ou le
retrait de leur liberté, la servitude et le couronnement des rois, la chute
et la naissance des cités se décident à mon tribunal. » — Cette source a
été identifiée par Jean-Raymond Fanlo, *Tracés, ruptures. La composition instable des « Tragiques »*, 1990, p. 59, note 51, et p. 119, note 30.
— On sait que la première œuvre publiée de Calvin, en 1532, fut un
commentaire du *De Clementia* de Sénèque. Ce commentaire fut
réédité en 1576, l'année précédant le début de la rédaction des
Tragiques. Voir sur ce point Olivier Millet, *Calvin et la dynamique de
la parole*, Champion, 1992, chap. II, p. 57-111.

1233. *Cet ancien loup romain* : Néron, par opposition au « loup de ce siècle », qui est le Pape. Le loup moderne a des prétentions plus grandes que l'ancien, car il revendique la suprématie spirituelle et non pas seulement temporelle.

1238. *De justice injustice.* Dans la *Confession catholique du Sieur de Sancy*, I, 1, « De l'authorité de l'Eglise et de son chef », « Pléiade », p. 580, d'Aubigné invoque les gloses de Balde sur les *Décrétales* où il est dit que le Pape peut « *ex injustitia justitiam facere* » et aussi « *... facere infecta facta et facta infecta* ». D'Aubigné est peut-être redevable de cette érudition scolastique à Duplessis-Mornay, *Le Mystère d'iniquité*, Saumur, 1611. — C'est ici la reprise des violentes protestations des premiers Réformateurs contre les indulgences. Cf. Clément Marot, *L'Enfer*, 355-358, à propos du Pape Clément VII (éd. F. Lestringant de *L'Adolescence clémentine*, Poésie/Gallimard, p. 255) :

> *Le crains-tu point ? C'est celui qui afferme*
> *Qu'il ouvre Enfer quand il veut et le ferme ;*
> *Celui qui peut en feu chaud martyrer*
> *Cent mille esprits, ou les en retirer.*

1243-1244. *Je puis...* Les prétentions divines, que d'Aubigné prête au pontife romain, font de lui l'Antéchrist. Le synode de Gap, en octobre 1603, avait formellement assimilé le Pape à l'Antéchrist. Cf. *Jugement*, 827-834.

1246. *Engeance de Loyole* : la société de Jésus, créée par le gentilhomme espagnol Ignace de Loyola et reconnue par le pape Paul III le 27 septembre 1540. Sur les origines de cette « secte » « adorée de tant de gens, haïe de plus, méprisée de nul », selon le mot de d'Aubigné, voir l'*Histoire universelle*, III, 24, éd. A. Thierry, t. II, p. 180-185.

1247. *Double manteau.* Les jésuites prirent le vêtement des prêtres séculiers de l'époque : la soutane noire. L'adjectif « double » fait sans doute allusion à l'hypocrisie de cet habit et peut-être aussi à la sorte d'ubiquité des jésuites, ni clercs ni laïcs, et partout répandus. Cf. *Les Fers*, 234 : « de deux robes vêtus ».

1248. *L'homicide couteau.* De 1581 à 1594, date de l'attentat de Jean Châtel contre Henri IV, les jésuites furent mêlés en Europe à plusieurs complots contre la vie des rois, en Angleterre contre Elisabeth (1581, 1585 et 1586), aux Pays-Bas contre Guillaume d'Orange, qui fut tué (1584).

1251. *Le nom menti de Jésus.* L'expression transitive « mentir le nom de Jésus » se retrouve avec le même sens dans *Les Fers*, 234. Voir la note sur ce passage.

1255. *Vos succès* : le résultat de vos menées. Tout ce passage est évidemment ironique.

1258. *En Mosco, en Suède.* Suite d'événements survenus en 1606, pour lesquels d'Aubigné s'inspire du *Mercure François, ou la suite de* *l'Histoire de la Paix*, Paris, 1611, ou encore de *l'Anticoton*, 1610, pamphlet dirigé contre le jésuite Pierre Cotton, confesseur du roi et auteur d'une défense apologétique de son ordre. « Mosco » contient une allusion à l'affaire du faux Dimitri, le héros du *Boris Godounov* de Pouchkine, assassiné en 1606 et accusé d'avoir voulu convertir la Russie au catholicisme (J.-R. Fanlo, *La Mobilité, op. cit.*, p. 606). *Dace* ou Dacie : région correspondant à l'actuelle Roumanie. — Les mêmes accusations contre les jésuites sont reprises dans *Les Fers*, 1379.

1260. *L'Agneau*, le Christ, symbole de la vraie foi (protestante), qui gagne à tous les échecs des jésuites.

1261. *O Prince malheureux*. Apophétie destinée à Henri IV, qui, en 1603, a rappelé les jésuites bannis depuis 1594 par le Parlement, à la suite de l'attentat de Châtel.

1263. *La pierre et le couteau*. Armes de la vengeance divine dans la Bible. Voir Ezéchiel XIII, 13, et XXXVIII, 22. Mais la formule biblique peut aussi renvoyer à des faits précis du règne d'Henri IV : couteau des attentats de Châtel et de Ravaillac ; pierre de la pyramide commémorative édifiée sur l'emplacement de la maison de Châtel et abattue après 1603.

1273-1380. La prière qui termine le livre, où s'exprime la foi de l'Eglise persécutée, est une sorte de centon de versets bibliques (H. Weber). La forme strophique, de quatrains à rimes plates (au nombre de 27), exprime le caractère lyrique de cette péroraison. Ce chant sublime et impersonnel, en qui retentit la voix des prophètes et du psalmiste, rappelle la transition des vers 609-652 et annonce la fin de *La Chambre dorée*, 1011-1062.

1275. Expression biblique : Romains IV, 18.

1276. *Le rempart de la foi* : souvenir d'une métaphore de saint Paul, I Thessaloniciens V, 8. Cf. le choral de Luther : *Eine feste Burg ist unser Gott*, et la *Méditation sur le Pseaume LI* : « Edifie sur tout le Chasteau de ta grace : car, à dire vrai, nous n'avons autre forteresse que toi qui est nostre roc et rempart asseuré » (« Pléiade », p. 546).

1281. Même antithèse dans Néhémie IX, 18 et 35.

1285-1286. Souvenir combiné de Jérémie XXV, 15, et d'Esaïe, LI, 17. Cf. Psaume LXXV, 9.

1287. *Ces verges* sont les ennemis de l'Eglise, dont Dieu se sert pour châtier son peuple. Cf. ci-dessus les v. 199, 697, 802 et 804.

1292. Pour cette antithèse, cf. *Princes*, 1515, et *Les Fers*, 1563 (cf. la note sur ce vers). — Même enseignement déjà, utilisation des mêmes sources bibliques chez Du Bartas, *La Seconde Semaine*, V : *L'Arche*, 51-62 (éd. Y. Bellenger, t. II, 1992, p. 270-271, note de G. Schrenck sur ce passage) :

> *[...] Il fait boire aux fideles*
> *Le vin de sa colere, et la lie aux rebeles.*

1293-1294. Pour l'idée, cf. la *Méditation sur le Pseaume LXXIII*, « Pléiade », p. 530 : « Jusques à quand, ô Dieu, souffriras-tu que tes adversaires te blasment ? Ton ennemi despitera-il ton nom à jamais impunement ? », formules qui paraphrasent librement le Psaume LXXIV, 10, 18, 22. — Echo possible encore du Psaume XCIV, 3 : « Jusques à quand les meschans, Seigneur, jusques à quand les meschans s'esgayeront-ils ? » Cf. Job IX, 24 ; Jérémie XII, 1.

1297-1298. *Point d'yeux, point d'oreilles.* Formule biblique fréquente : Ezéchiel XII, 2 ; Esaïe XLIII, 8 ; Jérémie V, 21. Cf. *Vengeances*, 917-918, et *Jugement*, 13-14.

1301-1302. *Sion* (colline du Temple à Jérusalem) est l'Eglise réformée, alors que *Babel*-Babylone désigne l'Eglise romaine. Voir Apocalypse XVIII et XXI, 2.

1303. *Les monts cornus.* La corne est dans la Bible symbole de force et d'orgueil. Cf. ci-après le v. 1379 ; *Princes*, 369.

1305-1308. D'après Matthieu VIII, 20. L'image vient du Psaume LXXXIV, 4.

1318. *L'étable, la crèche.* Rappel des lieux où naquit Jésus (Luc II, 7).

1320. *La caverne aux brigands.* C'est le mot de Jésus chassant les marchands du temple. D'après Matthieu XXI, 13.

1325. Echo de Luc XIX, 40 : « Il répondit : " Je vous le dis : si eux se taisent, ce sont les pierres qui crieront. " »

1329. *Les morts te loueront-ils ?* Echo de plusieurs passages des Psaumes : VI, 6 ; CXV, 17 et LXXXVIII, 11-13. Cf. la *Méditation* sur ce dernier psaume, écrite par d'Aubigné après la mort de sa femme, « Pléiade », p. 552.

1340. Ce vers contamine deux passages des Ecritures : I Corinthiens VI, 19 : « Ou bien ne savez-vous pas que votre corps est le temple du Saint-Esprit qui est en vous et qui vous vient de Dieu, et que vous ne vous appartenez pas ? », et I Pierre II, 5 : « Vous-mêmes, comme des pierres vivantes, entrez dans la construction de la Maison habitée par l'Esprit. »

1342. *Géennes* (gênes) est un mot d'origine germanique qui désigne des instruments de torture. Il a été confondu avec le mot hébraïque géhenne, qui était le nom d'une vallée près de Jérusalem, où les Juifs idolâtres faisaient passer les enfants par le feu en l'honneur de Moloch.

1355. *Ton sein déboutonné.* D'Aubigné affectionne l'expression. Cf. *Méditation sur le Pseaume LI*, « Pléiade », p. 540, et, dans *L'Hiver*, la *Prière de l'autheur prisonnier de guerre et condanné à mort*, p. 377, v. 6. Cet anthropomorphisme ne répugne pas à l'Ecriture Sainte. L'idée est biblique en effet : Genèse XLIX, 25 ; Esaïe XL, 11, et LXVI, 11-13.

1357 sqq. Toutes les formules bibliques précédentes vont être reprises en contrepartie négative. Ce développement antithétique semble fait sur le modèle de l'annonce par le Christ du Jugement dernier, en

Matthieu XXV, où les versets 34-36 et les versets 41-43 s'opposent terme à terme. Dans *Jugement*, 871-878 et 887-892, le diptyque associant la glorification des élus à la malédiction des damnés est plus littéralement transposé du texte de l'Evangile.

1363. *Sein ferré* : dur comme le fer, insensible. C'est le contraire du « sein déboutonné » du v. 1355.

1364. *Ta main sèche* : avare. Souvenir possible de Matthieu XII, 10, où Jésus guérit « un homme ayant la main sèche ». Mais d'Aubigné donne ici à l'expression une signification morale. Même image pour désigner l'avarice dans le *Discours par stances*, « Pléiade », p. 352, v. 136.

1372. *Ote l'air* : ôte le son, empêche d'entendre. On note la paronomase sur « ris » et « cris », comme ci-dessus au v. 540.

1375-1376. Dieu exauce ce souhait à la fin de *Vengeances*, 1123-1132.

1377. *Hâte tes pieds de laine.* D'Aubigné adapte ici un adage fort en faveur dans la poésie tragique de la Renaissance : *Dii laneos habent pedes* (les dieux ont des pieds de laine). Tiré d'Horace (*Odes*, III, II, 31) et recueilli par Erasme (*Adagiorum Chiliades*, I, X, 82), il signifie que la vengeance des dieux est tardive, mais néanmoins certaine, et qu'elle s'abat à l'improviste sur le criminel. — On le rencontre par exemple dans le monologue protatique de l'Ombre d'Antoine, au début de la *Cléopâtre captive* d'Etienne Jodelle (1552-1553), 55-58 (éd. de F. Charpentier, J.-D. Beaudin et J. Sanchez, Mont-de-Marsan, Editions José Feijoo, 1990, p. 13). Il y est question des Dieux,

> *Dont la sainte équité, bien qu'elle soit tardive,*
> *Ayant les pieds de laine, elle n'est point oisive,*
> *Ains dessus les humains d'heure en heure regarde*
> *Et d'une main de fer son trait enflammé darde.*

— Plus près de d'Aubigné, et en contexte huguenot cette fois, l'adage se retrouve au seuil de l'*Histoire des Martyrs* de Jean Crespin et Simon Goulart. Dans le poème liminaire traduit du latin de Jean Tagaut et intitulé « Vœu pour les martyrs de ce temps », S. Goulart a fondu dans le moule de l'alexandrin l'adage curieusement retouché :

> *Ne pense reschapper du grand Dieu la sentence,*
> *Ains croi que plus horrible en sera la vengeance.*
> *La vengeance tardive a les pieds cottonez*
> (éd. de 1597, f.*j).

— Les pieds de laine avaient valeur consolatrice pour les membres d'une minorité menacée, impatients de découvrir dans le châtiment de l'ennemi une confirmation de leur juste combat. Plus généralement, sur l'importance de l'adage dans les fortunes de la vengeance divine à la Renaissance, voir Elliott Forsyth, *La Tragédie française de Jodelle à*

Corneille (1553-1640). Le thème de la vengeance, Nizet, 1962, p. 114 et 147.

1379-1380. *Babel* ou Babylone : l'Eglise catholique de Rome assimilée à la bête de l'Apocalypse aux sept têtes et aux dix cornes (XIII, 1, et XVII, 3). Cf. ci-dessus les v. 1302-1303. Ces cornes, symbole de démesure et d'orgueil comme la tour de Babel ou les cimes des « monts les plus hautains » (*Princes*, 367), déforment la rotondité de la terre, cercle ou sphère qui est à l'image de la perfection divine.

II. PRINCES

2. *L'enflé Pithon* : serpent monstrueux tué par Apollon à Delphes. Apollon, dieu solaire, est aussi le dieu de la poésie et de la prophétie, sous l'invocation duquel se place ici d'Aubigné. Cf. *Tr.* VI, 280. — Echo possible et lointain de Lucain, *Pharsale*, VII, 148, évoquant les préparatifs de la bataille : « Péan remit au feu les traits qui avaient abattu Python. »

4. Cf. *Misères*, 85.

5. L'idée rappelle Horace, *Satires*, II, I, 63-66 : « Quoi ? lorsque Lucilius a osé le premier composer des vers dans le genre de ceux-ci et arracher l'enveloppe brillante (littér. " la peau ") dont chacun, paradant sous les regards, recouvrait sa laideur intérieure... » La satire perce les masques et dénude les chairs.

7. *Sépulcres blanchis* : image par laquelle Jésus dénonce l'hypocrisie des Pharisiens, blancs par-dehors, mais dissimulant à l'intérieur un cadavre puant. D'après Matthieu, XXIII, 27.

19. *L'acier de mes vers* : image venue de Ronsard, *Continuation du Discours des Misères de ce temps* (1562), v. 5-6 :

> *Je veux maugré les ans au monde publier*
> *D'une plume de fer sur un papier d'acier...*

(éd. Paul Laumonier des *Œuvres complètes*, t. XI, p. 35).

24. D'après Juvénal, *Satires*, I, 74 : « Probitas laudatur et alget. »

39. *Ce géant morgueur* : l'image du géant révolté contre Dieu est un leitmotiv de la poésie de Ronsard, qui, entre autres sources, vient d'Hésiode, et se conjugue ici au souvenir biblique du combat de David contre Goliath. Cf. *Tr.* I, 135, et plus loin II, 48. Le géant comme allégorie de la tyrannie se retrouve encore dans le paysage anthropomorphe des v. 367-390.

45. La *pastorale fonde*, c'est la fronde du berger David, d'après I Samuel XVII, 49. Cf. *Tr.*, Préface, 157-162.

48. Le *vice-Goliath*, c'est sans doute le vice personnifié en Goliath, comme le veulent Garnier et Plattard, mais aussi, par jeu de mots, un Goliath par procuration, un sous-Goliath.

53. *Roide* : raidi, endurci. Souvenir biblique : Exode, XXXIII, 5, repris dans Actes VII, 51.

56. *Les mains dans le sein* : symbole d'inactivité et de paresse. Cf. III, 445. — *Tracassent* : vont et viennent, en un geste machinal et compulsif.

59-68 et 77-80. Ces vers ont été cités par Elémir Bourges en épigraphe du *Crépuscule des dieux*, roman publié en 1884. La même idée est reprise plus loin aux vers 1083-1088 de *Princes*.

69. Allusion à l'époque de composition du *Printemps*. Ce passage fait écho à *Misères*, 55-58, et annonce le développement plus ample de *Vengeances*, 105-136.

74. Cette image du joug peut être d'origine biblique. Cf. Jérémie XXVIII, 10, 11, 14.

77-80. L'idée de ces vers est empruntée à Juvénal, *Satires*, I, 79 : « Si natura negat, facit indignatio versum » (À défaut d'un don inné, c'est l'indignation qui fait le vers).

82. Reprise de la fameuse allégorie de *Misères*, 97-130.

89-96. Dans tout ce passage, d'Aubigné développe les suggestions de la seconde satire de Juvénal, dont le titre pourrait être « Les Hypocrites ». Mais il se souvient aussi de Du Bartas, *La Sepmaine*, *Troisième Jour*, 954-958 (éd. Y. Bellenger, p. 142) :

> *Sur un papier menteur son mercenaire stile*
> *Ne fait d'une formy un Indois elephant,*
> *D'un vil Sardanapale un Hercul triomphant,*
> *D'un Thersite un Adon, et ne prodigue encore,*
> *D'un discours impudent le los d'Alceste à Flore.*

90. *Sardanapale*, antonomase du tyran efféminé et luxurieux, désigne dans *Les Tragiques* tantôt Charles IX (V, 945), tantôt Henri III (II, 776). Voir plus loin la note sur ce vers.

91. *Sinon* : antonomase du traître, d'après l'*Enéide* II. C'est le Grec transfuge qui incita les Troyens à introduire le cheval dans leurs murs.

93. *Thaïs* : modèle de la courtisane. Elle suivit Alexandre et devint une des femmes de Ptolémée Iᵉʳ. Lucrèce est au contraire célèbre pour sa vertu : violée par le fils de Tarquin le Superbe, elle se tua d'un glaive pour ne pas survivre à son déshonneur. Cette formule proverbiale vient de Pontano, par le biais probable de Du Bellay, *Les Regrets*, C, v. 14 (éd. H. Chamard, p. 131) :

> *Nommer une Thaïs du nom d'une Lucrece.*

94. *Thersite* : parmi les Grecs assiégeant Troie, il joue le rôle du bouffon, lâche, laid et cynique. C'est donc l'antithèse du vaillant, du bouillant Achille.

97. *Ceux de qui les esprits...* : variante de A, préférée par Garnier et Plattard. — B et T donnent pour ce vers la leçon suivante :

> *Ils chassent les esprits trop enrichis des graces*
> *De l'Esprit eternel.*

99-102. *Ainsi que le vaisseau...* Pour l'idée, cf. Du Bartas, *La Sepmaine*,
III, 789-792 (éd. cit., p. 135) :

> *Car comme la vaisselle et puante et moisie*
> *Gaste de son odeur la Grecque malvoisie :*
> *Les plus saincts dons de Dieu se changent en venins,*
> *Quand ils sont possedez par des hommes malins.*

105-109. Allusion à la fable d'Esope, *Le Laboureur et le Serpent*, et de
Phèdre (IV, 20), plus tard reprise par La Fontaine, qui en modifie le
dénouement : *Le Villageois et le Serpent* (*Fables*, VI, 13 ; éd. J.-P.
Collinet, « Pléiade », 1991, p. 227).

108. *Plus tôt que* : « ne sentez pas plus tôt leur chaleur que ».

110. *Vipéreaux* : la perfidie des petits de la vipère est un trait proverbial
de l'histoire naturelle, telle qu'on l'enseignait à travers Pline et les
bestiaires. Ils étaient censés tuer leur mère, dont ils crevaient le ventre
en naissant. L'emblématique de la Renaissance, et notamment *Les
Emblèmes* d'Alciat, donnèrent un nouvel essor à cette légende.

123. *Gnathon* : personnage de *L'Eunuque* de Térence, nom générique
du parasite que l'on retrouvera au siècle suivant chez La Bruyère (*Les
Caractères*, « De l'Homme », 121).

124. Des moines comme Dom Bernard, de l'ordre des Feuillants, ou le
jésuite Edmond Auger avaient loué la dévotion, très réelle, et les
fondations pieuses d'Henri III.

129. *Coulent le moucheron.* Cette image, selon Henri Weber, « stigma-
tise les scrupules hypocrites qui servent à couvrir d'inadmissibles
complaisances pour les péchés des princes ». Cf. Matthieu, XXIII, 23-
24.

138. Arnaud Sorbin de Sainte-Foy, qui prononça l'oraison funèbre de
Charles IX le 12 juillet 1574 et écrivit aussi une vie de ce roi.

149. D'après II Corinthiens XI, 14 : « car Satan même se déguise en
Ange de lumière ». Cf. *Tr.*, II, 952 et V, 37-42.

160. *Quant et quant* : en même temps.

163. *Meurtrie et déchirée.* Cet hémistiche se retrouve au v. 35 de *La
Chambre dorée* pour peindre la Justice, sœur jumelle de la Vérité.

171. Cette allégorie de la Vérité était déjà présente dans la *Préface*, v.
121-144.

172. Depuis l'Antiquité, les îles étaient des séjours de relégation.
D'Aubigné pense peut-être aussi aux lieux où furent écrits *Les
Tragiques* : Maillezais et le Dognon étaient en effet considérés comme
des îles au milieu du marais poitevin.

174. Formule voisine de celle que l'on trouve dans l'*Histoire univer-*

selle, t. IV, Préface : « Quand la Vérité met le poignard à la gorge, il faut baiser sa blanche main quoique tachée de notre sang. »

176. Expression transposée d'Esaïe LX, 19, où le flambeau est attribut de Dieu. La *blanche fille du ciel*, c'est aussi Thémis, la justice divine, dont le triomphe est représenté plus loin dans *La Chambre dorée* (*Tr.*, III, 695 sqq.). On constate une fois de plus l'équivalence entre Justice et Vérité.

178. Cette pâmoison annonce l'extase finale de *Jugement* (*Tr.*, VII, 1209-1218), mais aussi le transport consécutif à l'agonie de Talcy, tel qu'il est représenté dans *Les Fers* et qui justifie la fiction des tableaux célestes (*Tr.*, V, 1195-1206 et 1417-1430).

187. Cf. *Préface*, 55 sqq. Il s'agit des fruits illégitimes du poète, ses « plaisirs de vingt ans » (v. 193), œuvres de jeunesse, parmi lesquelles *Le Printemps*. Quant aux « miens », ce sont *Les Tragiques*, fils légitimes, nés d'une vocation impérieuse et qui vont conduire leur auteur à la mort honorable du témoin, à la perte triomphante du martyr.

191-192. *Mourons...* La mort que procure l'œuvre légitime est pour son auteur gage de félicité céleste. Le mouvement et l'idée de ces vers rappellent Jean de Sponde, *Les Amours*, « Elégie », v. 57-58 (éd. Alan Boase, Genève, Droz, 1978, p. 76-79) :

> *Mourez, mes vers, mourez, puisque c'est votre envie.*
> *Ce qui vous sert de mort, me servira de vie.*

199. *Les œuvres de leurs mains* : expression biblique déjà présente dans *Misères*, 811.

202. Puanteur manifestée dès les premiers vers de ce livre (II, 8) et à nouveau au v. 152.

206. *Une histoire tragique* : au-delà de la métaphore du théâtre du monde, qui domine tout le poème, référence est faite ici à un genre narratif particulièrement en vogue dans la seconde moitié du XVIe siècle, et qui se caractérisait par la violence des passions animant les personnages, la cruauté de leurs actes et l'issue malheureuse de leur destin. Dans la suite de l'Italien Bandello, Pierre Boaistuau et François de Belleforest donnèrent au genre ses lettres de noblesse.

208. Le *ris sardonien* ou rire sardonique (= de Sardaigne) caractérise une convulsion de la bouche occasionnée par une plante originaire de cette île. Cf. Erasme, *Adages*, III, 5, 1 : « Sardonius risus » ; Coelius Rhodiginus, *Leçons antiques*, XX, 19 ; André Thevet, *Cosmographie de Levant*, Lyon, 1556 (rééd., Genève, Droz, 1985), chap. LVI, p. 209.

209. Henri III, mais déjà son frère Charles IX affectionnaient les mascarades et les travestis, qui faisaient du reste partie, sous les derniers Valois, du rituel festif de la cour.

214. Le sang sous les fleurs rappelle l'image voisine des mains tachées de sang qui se dissimulent sous les présents (cf. ci-dessus l'épître « Aux lecteurs »). On pense aussi au serpent tapi dans le jardin d'Eden. Cf. ci-après les v. 1343-1344.

217. Cf. Psaume XXXVII, 20.

228. *L'aboi* (au sens d' « abois ») : la dernière extrémité de leurs plaisirs.

232. *Meut de soi* : à la différence du corps composé des quatre éléments matériels : terre, eau, air et feu, l'âme, étant spirituelle, porte en elle le principe de son mouvement. C'est le « cinquième élément » qui meut « autrui », c'est-à-dire le corps qui est distinct et hors d'elle.

235-236. On pensait à la Renaissance que le caméléon avait la propriété de se nourrir de vent. « Ce seul animal, entre tous autres, ne boit, ny ne mange, ains hume l'air, se tenant debout, ne vivant d'autre chose » : cette affirmation de Pline, *Histoire naturelle*, VIII, II (chap. 33, trad. A. Du Pinet, Lyon, 1581, t. I, p. 316), est alors reprise couramment par les naturalistes et les cosmographes. Voir par exemple André Thevet, *Cosmographie universelle*, Paris, 1575, t. I, livre IV, chap. 11, f. 116.

244. *Et ce nom est plus doux.* La critique de la perversion du langage à la cour peut venir du *Mépris de Cour* d'Antonio de Guevara, traduit en français dès 1544. A rapprocher de Du Bartas, *La Seconde Semaine*, III, 699-729 (éd. Y. Bellenger, t. I, 1991, p. 199). Le thème symétrique des étiquettes, que se plaisent à distribuer les courtisans au nouveau venu et qui ressortissent à la même perversion de la langue, est illustré plus loin dans l'épisode fameux du jeune provincial en visite au Louvre (*Princes*, 1132 sqq.).

255. *Le période*, c'est le plus haut point, l'acmé d'un déroulement temporel cyclique. *Le siècle tortu*, c'est l'époque présente, « tordue » et pervertie, qui voit le triomphe de l'Antéchrist et laisse présager la fin des temps.

265. *Change un psaume en chanson.* Dans l'*Histoire de la naissance et progrès de l'hérésie*, le juriste catholique Florimond de Raemond raconte qu'Henri II avait adopté le Psaume XLII : « Ainsi qu'on oit le cerf bruire », traduit par Théodore de Bèze, pour le chanter à la chasse, et que Diane de Poitiers avait pris pour elle et son amant le Psaume CXXX : « Du fond de ma pensée », versifié par Marot. D'Aubigné oublie toutefois que les musiques du *Psautier huguenot* étaient souvent à l'origine des airs profanes, voire folâtres, adaptés par les protestants pour devenir le support quotidien de leur foi. La profanation dénoncée chez les catholiques blasphémateurs n'est que l'envers d'une sacralisation première opérée par les protestants. Les Psaumes et leurs mélodies deviennent en quelque sorte l'enjeu d'une guerre des signes.

273. N'étant pas aveuglé par l'ardeur de la passion, à la différence du pécheur des vers 267-270, le maquereau éprouve pleinement le remords de son acte.

275. *Refronché* : renfrogné. Le portrait du « transi maquereau » (v. 284) annonce à certains égards le Caïn fugitif de *Vengeances* (*Tr.*, VI, 201).

278. *Sentir la gibecière, le bissac* dénote un tempérament de gueux. Cf. *Tr.* III, 358.

279-281. *A pour le dernier prix…* : a pour ultime récompense… la ruine du corps (à cause des veilles nocturnes) et de l'âme (en raison du crime perpétré). — D'Aubigné dans sa jeunesse aurait refusé à Henri de Navarre de lui servir de « maquereau », si l'on en croit *Sa Vie à ses enfants* (éd. G. Schrenck, p. 95) : il « se banda tellement contre le nom et l'effet de maquereau, qu'il nommait vice de besace, que les caresses démesurées de son maître, ou les infimes supplications, jusques à joindre les mains devant lui à genoux, ne le purent émouvoir ».

289-296. Sens général de ce passage : les bons serviteurs, renards, chevaux et fourmis, s'exposent aux coups et aux désagréments pour le service du maître, alors que le singe-courtisan « les » fait haïr de ce dernier (variante de A et de T), qu'il ne cesse de solliciter, de « prendre à la gorge ». La syllepse du nombre — passage du singulier « son maître » au pluriel « nos princes mignons » — complique la lecture de ces vers. — La singerie de cour est une allégorie assez fréquente chez les caricaturistes et polémistes du XVIe siècle. On trouve ainsi une *Singerie des Etats de la Ligue* contemporaine de *La Satyre Ménippée* (1593) et recueillie par Pierre de l'Estoile. Cf. *L'Histoire abrégée des Singeries de la Ligue* attribuée à Jean de La Taille (Paris, 1595).

309-312. Henri III fit tuer les lions, ours et taureaux de sa ménagerie à la suite d'un songe où il lui avait semblé que ces animaux le dévoraient. D'après le *Journal* de Pierre de l'Estoile, à la date du 21 janvier 1583.

314. Joseph sut interpréter devant le Pharaon le songe des sept vaches grasses et des sept vaches maigres (Genèse, XLI). La rime « mensonge / songe », pour souligner une équivalence ou, plus souvent, une opposition, est de rigueur depuis *Le Roman de la Rose* de Guillaume de Lorris (v. 1-4). Les Grands Rhétoriqueurs, jusqu'à Marot inclus (« L'Epître du Dépourvu », v. 152-155, in *L'Adolescence clémentine*, « Poésie / Gallimard », p. 112), l'utilisèrent avec prédilection.

320. *Lions / Lyon* : jeu de mots. Henri III fit acheter en 1586 à Lyon une grande quantité de chiens « damerets », dont la mode, jugée frivole par des protestants comme Henri Estienne ou d'Aubigné, venait d'Italie.

324. *Tourner sa robe*, c'est tourner casaque, changer d'attitude devant le danger.

326. Henri III participait volontiers aux processions de Pénitents, qu'il

contribua à mettre à la mode et qui s'accordaient à la sensibilité
démonstrative de la Contre-Réforme. L'abbaye de Picpus, faubourg
de Paris, logeait une congrégation de prêtres séculiers, qui comprenait
aussi des laïques.

328.   Comprendre : « endormis au milieu de cette canaille ».

332.   *Nourrir aux muets* : à l'étranger malintentionné, c'est-à-dire l'Espa-
gnol, jette des os aux chiens pour les empêcher d'aboyer. Dès lors ils
ne font plus leur office de chiens de garde. Leur repos stipendié est
dangereux pour ceux qu'ils sont censés protéger, c'est-à-dire les rois
malavisés qui s'entourent de flatteurs et qui en sont bientôt assiégés (v.
330). Cet alinéa, selon J.-R. Fanlo, pourrait concerner Henri IV, dont
le conseil comprend d'anciens Ligueurs et qui apparaît dominé par les
catholiques.

336.   *L'oreille et l'œil* : à rapprocher de la *Méditation sur le Pseaume
CXXXIII*, où l'oreille, dans le parallélisme entre le corps humain et le
corps social, est assimilée au conseil des princes (note de H. Weber).

341.   Le scorpion pour l'œuf : souvenir de Luc, XI, 12.

344.   Expressions redondantes qui rappellent le style biblique. Cf.
Esaïe, VI, 10.

354.   Trait rapporté par Tacite, *Annales*, II, 13 : Germanicus allait la
nuit écouter près des tentes ce que disaient ses soldats.

357.   *Ils rouaient les tentes* : ils allaient autour des tentes.

366.   La coupe obscure (opaque) est le symbole du breuvage enivrant,
pour les prophètes de l'Ancien Testament. Cf. Ezéchiel XXIII, 32. Le
prince, ici, ne sait pas ce qu'il y « hume », ce qu'il y boit.

367-390.   Ces monts hideux, qui sont le symbole de l'orgueil inutile et
stérile, deviennent pour d'Aubigné l'allégorie de la tyrannie. Les
« cimes cornues » du v. 369 sont à rapprocher des « cornes » qui se
dressent sur le front de Babel et ôtent à la terre sa rondeur parfaite
(*Misères*, 1379-1380 ; cf. 1303). Le blason anatomique du tyran, au
sens où l'on parle à la Renaissance de blasons du corps féminin, prend
ici les dimensions d'un paysage anthropomorphe, où l'on retrouve des
éléments venus des Psaumes LXVIII, 16-17, et CXXXIII, 3. Tout ce
passage est du reste amplifié dans la *Méditation sur le Pseaume
CXXXIII*, « O combien est plaisant », « Pléiade », p. 500-501. Le
verset 3 est ainsi commenté : « Ceux-là [les mauvais rois] sont pareils
à ces roches de Basan, stériles en leur haut, caverneuses au milieu, et
qui ont les pieds en quelque marais puant... »

376.   Deux des animaux ici évoqués, le lion et l'aspic, sont les éléments
de la Chimère, que certains, au XVIe siècle, prennent pour une
montagne.

383-384.   La voracité du désir et la rapidité de l'esprit qui le suscite sont
assimilées au rapt d'animaux prédateurs. Les bêtes « fières » sont les
bêtes féroces (lat. *ferae*).

393.   Le corps mystique de l'Etat dont le roi est la tête (le « chef », au sens étymologique) se confond ici avec le corps mystique de l'Eglise. Cf. I Corinthiens XII, 27 : « Or vous êtes chacun membres du Christ, vous êtes son corps. »

393-396. Opposition entre la souillure extérieure et la souillure, bien pire, du cœur. — A rapprocher de Matthieu XV, 11 : « Ce n'est pas ce qui entre dans la bouche qui profane l'homme ; mais ce qui sort de la bouche. »

399-400. Allusion à la mission libératrice de Moïse qui fit sortir le peuple hébreu hors d'Egypte. Par ces Princes modernes, qui sont les nouveaux Moïses, il faut entendre principalement Henri de Navarre, à qui s'adresse le sévère avertissement des v. 405-448. D'Aubigné, dans le rôle d'imprécateur, reproche au Roi élu par Dieu d'avoir trahi sa mission et simulé la foi réformée.

401. L'image des « piliers du temple » de Dieu est empruntée à l'Apocalypse, III, 12 : « le vainqueur, j'en ferai une colonne dans le sanctuaire de mon Dieu. »

414. Echo du Psaume CXXVII, 1 : « Si l'Eternel ne bâtit pas la maison, c'est en vain qu'y travaillent ceux qui la bâtissent. »

420. En adaptant l'anathème lancé par plusieurs prophètes contre Israël qui continue les sacrifices et les prières rituelles tout en se livrant à la débauche (Esaïe I, 11 et Osée V, 1-8), d'Aubigné ne vise pas Henri III, comme l'ont cru Garnier et Plattard, mais bien Henri IV, dont l'attitude n'est pas conforme à la mission.

421. L'épreuve du feu distingue, au livre IV des *Tragiques*, les martyrs authentiques, mais ici elle qualifie la vraie foi, qui embrase l'âme, à la différence de la croyance simulée. Cf. *Misères*, 46-47.

435. *Ces écoliers d'erreur* : génitif hébraïque, comme au vers suivant « l'Esprit de lumière ». D'Aubigné condamne ici les mauvais poètes, ces « rimeurs » que méprisait déjà Ronsard, et qui croient pouvoir remployer les procédés de la lyrique amoureuse au service du lyrisme sacré. Ce dernier n'est pas affaire de métier, mais d'inspiration, de « fureur », de foi ardente.

439. *Corbeaux enfarinés* : ces hypocrites sont les princes qui simulent la piété en reprenant les vers de leurs poètes convertis de la poésie profane à la poésie sacrée. Leur plumage peut bien tromper les blanches « colombes » de l'Eglise de Dieu, mais non pas leur ramage.

442. *De Canaan la langue* : c'est ainsi qu'on appelle au XVIᵉ siècle la langue des Réformés, tout émaillée de tours et de citations bibliques.

447. *Le Roi des Rois*, c'est Dieu. Ce superlatif hébraïque se rencontre dans les épîtres de Paul, et notamment dans I Timothée VI, 15. Pour l'image du joug, cf. Matthieu XI, 29.

454. *Pour vous* : en comparaison de vous ils sont anges. D'Aubigné prend bien soin de distinguer entre les péchés des princes protestants (« nos grands », v. 450) et les blasphèmes bien pires, car procédant d'une volonté maligne, des rois-tyrans que sont les derniers Valois.

456. Les princes protestants, dont Henri de Navarre, n'ont trébuché (« bronché ») que par faiblesse humaine, alors que les tyrans catholiques ont, par un fol orgueil, fait la guerre à Dieu.

457. *Les bâtards de la terre* : les géants qui tentèrent de détrôner les dieux en escaladant l'Olympe. D'Aubigné christianise le thème de la gigantomachie venu d'Hésiode et souvent illustré par Ronsard, notamment dans l'ample *Ode* pindarique dédiée en 1552 au chancelier Michel de l'Hospital. Mais alors que Ronsard se servait de cette fable pour justifier la toute-puissance du roi et des grands, d'Aubigné la retourne contre ceux-là, magnifiant par contraste la seule souveraineté de Dieu.

460. Expression tirée de Jean, VIII, 34, et s'accordant avec le pessimisme calviniste. *Forçaires* : forçats, esclaves.

461. *Rois/De vos affections* : la formule, d'origine stoïcienne, se retrouve plus loin aux v. 663-664 et 1490. Cf. *Feux*, 213.

462. A et B : *Et vous agite ?* C'est la variante T que retiennent Garnier et Plattard.

467. Retour à la conception du corps mystique de l'Etat déjà exposée plus haut au v. 393.

468. Syllepse sur le mot « chef » : le roi est à la fois le *chef* et la *tête* du peuple.

469. *Manie* a le sens de « folie ».

473-478. Ce raisonnement extrémiste qui prône l'amputation du corps de l'Etat est celui des catholiques zélés, partisans de la suppression physique des protestants. Tel est l'argument développé en 1586 par le Ligueur Louis Dorléans dans l'*Advertissement des Catholiques Anglois aux François Catholiques, du danger où ils sont de perdre leur Religion* (p. 21) : « Mais l'hérétique étant un membre pourri et gâté de gangrène qui perd les membres voisins et qui vit à la ruine de tout le corps, coupez, tronquez, cisaillez, ne pardonnez à parents ni amis, Princes et sujets, ni à quelque personne de quelque condition qu'ils soient. Car pour cet effet Dieu a mis le glaive és mains du Roi, comme il a mis le rasoir en la main du Chirurgien. » — Le v. 477 est la transposition possible d'une image de l'Evangile selon Marc, IX, 43 : « Si ta main te scandalise, coupe-la. »

485-486. Reprise de l'image du géant discrasique d'après *Misères* 157-162.

490. Comprendre : le bon Roi détourne vers la conquête extérieure les forces vives qui pourraient déchirer la nation et nourrir la guerre civile. Ce remède aux guerres de Religion, évidemment illusoire, est souvent allégué au XVIᵉ siècle, notamment par le gentilhomme protestant François de La Noue dans ses *Discours politiques et militaires* (Bâle, 1587, discours 22) et l'historien La Popelinière dans *Les Trois Mondes* (Paris, 1582).

493. Allusion à la réplique fameuse d'Atrée dans la tragédie homonyme d'Accius : « Oderint dum metuant » (« Qu'ils me haïssent, pourvu qu'ils me craignent »). Elle est citée par Cicéron dans le *De Officiis*, livre I, XXVIII-97, et sera plus tard reprise à son compte par l'empereur Caligula (Suétone, *Vies des Douze Césars*, IV : Gaius Caligula, XXX).

495. Cf. *Misères*, 197-198, et plus loin v. 575-576. D'après Ezéchiel XXII, 27.

497. Variante de A et T : « que la *voix* du peuple le bénie ». Il s'agit alors de la *vox populi*, où l'ancienne sagesse reconnaît la *vox Dei*.

501-512. Ce portrait-robot du roi vertueux et juste s'inspire d'un discours que l'historien Du Haillan a placé dans la bouche du sage Charamond, au moment de l'élection de Pharamond, légendaire premier roi des Francs : *Histoire de France*, Paris, L'Huillier et Sonnius, 1576, livre I, p. 2-4 : « Qualitez d'un vray Prince ». A Charamond, chantre de la monarchie, répond ensuite Quadrek, « l'un des principaux Seigneurs d'entre les Francs », favorable quant à lui à l'Aristocratie (l'oligarchie), ou, ce qui revient au même dans la terminologie de Du Haillan, à la « République ». Il confond à dessein monarchie et tyrannie, contrairement à Charamond, qui les avait soigneusement opposées. Cette deuxième harangue, qui s'achève par des invectives et une imprécation, est évidemment moins convaincante que la première. — On sait que d'Aubigné partageait avec Du Haillan l'idée du caractère électif de la monarchie française à ses origines. Voir ci-dessus l'avis de l'imprimeur « Aux lecteurs », note 37. — Sur le présent passage, cf. J.-R. Fanlo, *Tracés, ruptures. La composition instable des « Tragiques »*, Champion, 1990, p. 56-57, qui cite Du Haillan dans la version refondue et augmentée de 1615, plus proche, semble-t-il, du texte des *Tragiques*.

518. Comprendre : soit nette du bien d'autrui.

524. Par cette insistance placée sur la sacralité monarchique, d'Aubigné se rattache à la conception traditionnelle du double corps du roi. Le corps mystique et transcendant de la dignité royale vient doubler en quelque sorte le corps individualisé et bien reconnaissable du souverain en exercice. Mais cette sacralité est soumise ici à certaines conditions : que le Roi obéisse à Dieu et à la nature, qu'il respecte en outre le contrat passé avec son peuple. D'Aubigné est en effet un partisan de la « monarchie mixte », dans laquelle le pouvoir du roi est placé sous le contrôle des Etats et des Grands. Cf. le *Discours par stances avec l'esprit du feu Roy Henry Quatriesme* (circa 1610 ; « Pléiade », p. 358), v. 322-324 :

> Le Roy regnant par soy, aussy humble que brave,
> Est l'image de Dieu ; mais du Tyran esclave,
> Le dur gouvernement, image de l'Enfer.

532. Cf. Ecclésiastique XXXV, 14 : « Il ne dédaigne pas la supplication de l'orphelin, ni la veuve, quand elle répand sa plainte. »

535. Ce prêtre apostat pourrait être Jacques Davy du Perron, fils d'un ministre calviniste et qui joua un grand rôle dans la conversion d'Henri IV ; ou encore Jean de Monluc, évêque de Valence et frère du maréchal, un temps proche des Réformés, mais plus tard apologiste, parmi beaucoup d'autres, de la Saint-Barthélemy.

537. *L'autre, pensionnaire et valet d'une femme* : Cheverny, créature de la reine, exclu du conseil en 1588 pour ce motif. Identification proposée par J.-R. Fanlo.

539. *L'autre ... flattant les deux parts* : d'Epernon, mignon d'Henri III.

541. *Un charlatan de cour* : peut-être le conseiller d'Etat Guy du Faur de Pibrac (1529-1584), qui fut chargé en 1572 d'écrire, à l'usage des ambassadeurs protestants d'Allemagne et de Pologne, une justification politique de la Saint-Barthélemy.

542. *Un bourreau froid* : Albert de Gondi (1522-1602), duc de Retz par sa femme, aurait conseillé, au moment de la Saint-Barthélemy, le meurtre préliminaire de Coligny. Cf. *infra*, v. 868-869. Sur sa mort : *Vengeances*, 991-998.

543. *Un boiteux étranger* : Louis de Gonzague, duc de Nevers (1540-1595), blessé au genou lors de la seconde guerre de Religion, conseiller de la Saint-Barthélemy.

544. *Troque son âme à l'or* : François d'O, nommé aux finances en 1578, révoqué en 1581.

555. *Le siège établi...* : le Parlement, qui manque à sa mission de maintenir la stabilité du pouvoir royal.

558. *L'oiseau d'Arcadie* désigne, par facétie, un âne, dont cette région abonde. Il s'agit de François de Birague, Milanais (1507-1585).

562. *A grands trésors* : par grosses sommes. Les Italiens de la cour des Valois organiseraient en quelque sorte la fuite des capitaux. Ces attaques contre les Italiens spoliateurs relèvent de l'anti-italianisme fort répandu en milieu protestant et illustré notamment par les *Deux dialogues du nouveau langage françois italianizé* d'Henri Estienne (1578).

569-571. Idée analogue dans le *Discours de la Servitude volontaire* de La Boétie. — A partir de 1585 (édit de Nemours), Henri III est devenu l'otage de la Ligue, le parti des bourreaux de la France, selon d'Aubigné.

580. *Le membre de castor* : le riche, pour avoir la vie sauve, abandonne ce qu'il a de plus précieux. Il fait comme le castor qui, poursuivi, se tranche les parties génitales et les abandonne au chasseur (Pline, *Histoire naturelle*, VIII, 47).

586. *Conseil sacré* : jeu de mots probable entre le « conseil secret », qui décidait de la politique étrangère du royaume, et l'« amour sacré » désignant l'homosexualité. A en croire d'Aubigné, le conseil d'Henri III est une réunion de « putains » et mignons. Je dois cette interprétation à J.-R. Fanlo.

599.   *Dépendant* : dépensant. Le développement qui commence ici vise sans doute l'ingratitude d'Henri IV à l'égard de ses anciens compagnons d'armes, mais, de manière plus générale, il témoigne de la rancœur du soldat pour le courtisan. On rencontre, dans le camp opposé, le même sentiment chez Monluc, dont « la revue des charités » est demeurée célèbre à juste titre (*Commentaires*, livre VI, éd. Paul Courteault, « Pléiade », 1964, p. 610-622). La critique de la justice et des faiseurs de procès est liée, chez Monluc comme chez d'Aubigné, à celle des « donneurs de charités », ces courtisans qui médisent des authentiques défenseurs de l'Etat et s'efforcent de ruiner leur crédit (*ibid.*, p. 620-621). L'occasion de cette « revue » est la demi-disgrâce subie par le maréchal en novembre 1567.

619.   *La discrétion* : le discernement.

623-624.   Nouvelle réflexion sur le thème de la « servitude volontaire » qui rapproche une fois de plus d'Aubigné de La Boétie. Cf. ci-dessus les v. 569-571 et la note.

626.   *Francs* : libres.

633-636.   Double reproche adressé à Henri IV : d'une part de tenir « l'acquis pour acquis », c'est-à-dire pour définitivement acquis ceux dont il a d'emblée, au « premier accueil », éprouvé la fidélité, c'est-à-dire les vrais, les libres « Français » (v. 634) ; et d'autre part de réserver ses libéralités à ceux qui se sont élevés contre lui (« à qui leur est rebelle ») et qui seraient prêts derechef à le trahir. D'Aubigné fait allusion aux pensions et gouvernements attribués aux Ligueurs repentis comme le duc de Mayenne, le duc d'Elbeuf ou La Châtre. — *Départi* (v. 635) : distribué.

637.   *L'acquêté* : celui que l'on s'est une fois acquis.

650.   D'Aubigné attribue sa brouille avec Henri de Navarre à son refus de lui servir de « maquereau ». Voir plus haut les v. 279-281 et la note.

652.   *Au temps et à l'état* : selon les circonstances et la situation.

654.   Ne conservent la religion que comme garante de l'ordre politique (la « police » étant synonyme d'Etat). Cette critique de l'utilitarisme en matière religieuse vise Machiavel et ses *Discours sur la Première Décade de Tite-Live* (livre I, XI-XIV), où il souligne que « la religion introduite par Numa fut une des principales causes de la prospérité de Rome » (« Pléiade », p. 413).

656.   Formule de l'Ecclésiaste, X, 16-17, déjà paraphrasée dans *Misères*, 727-729.

657.   Le Phénix, oiseau fabuleux qui s'immole dans le brasier pour renaître de ses cendres, était généralement considéré comme une figure du Christ. « Héritier de lui-même », l'oiseau « auto-engendré » était encore associé à l'institution monarchique, dont il manifestait la pérennité par-delà la mort des princes successivement régnant. Chez

Du Bartas (*La Sepmaine*, V, 551, p. 224), la périphrase « celeste Phœnix » désigne le Créateur :

> *Le celeste Phœnix commença son ouvrage*
> *Par le Phœnix terrestre* [...].

665. Maxime d'origine stoïcienne déjà présente chez Ronsard, *Institution pour l'adolescence du Roy Charles IX*, v. 87-88 (éd. P. Laumonier des *O.C.*, t. XI, p. 8), et à laquelle Corneille, par la voix d'Auguste, donnera sa forme définitive (*Cinna*, acte V, sc. 3, v. 1696) :

> *Je suis maître de moi comme de l'Univers.*

667. *Les hermaphrodits* : en 1605 fut publié un pamphlet intitulé *L'Isle des Hermaphrodites*, qui semble avoir visé, plutôt qu'Henri III et ses mignons, la cour d'Henri IV alors régnant.

675-676. La présence d'une femme à la tête de l'Etat contredit à la loi salique, loi « sainte » aux yeux de d'Aubigné (cf. *Tr.* III, 772-780). Le pouvoir personnel de Catherine de Médicis, qui gouverne à la place de ses fils trop jeunes, équivaut à une souillure infligée à la sacralité monarchique. Cette transgression du sacré est soulignée par la répétition de « sainte » et « saint » au v. 676.

677. Allusion au rôle politique de Catherine de Médicis sous Charles IX et Henri III, et notamment lors des conférences de Nérac (février 1579), où d'Aubigné l'accuse, sous prétexte de paix, d'avoir cherché à diviser les protestants. Sur la « fausse paix », voir plus loin *La Chambre dorée*, v. 75.

679. *Doublement déguisés* : parce qu'ils déguisent leur âme aussi bien que leur corps, lors des ballets et mascarades de la cour.

682. Allusion possible à une scène de débauche à laquelle prirent part en 1573 Charles IX, le futur Henri III et Henri de Navarre. Tout ce passage évoque l'atmosphère fétide de la Rome de Juvénal.

686. Lors du Carnaval de février 1584 Henri III et son frère Alençon se ruèrent à bride avalée sur la foule des Parisiens qu'ils renversèrent et bastonnèrent.

706. *Double inceste* : cf. Juvénal, *Satires*, II, 50.

708. [...] *moins craint, et plus aimé* : « s'il n'est plus aimé que craint ». Cf. ci-dessus la note du v. 493.

713. *Sarmates rasés* : les Polonais (qui ne portaient pas la barbe) venus offrir le trône de Pologne au duc d'Anjou, le futur Henri III, en août 1573. Le v. 714 fait allusion à la monarchie élective des Polonais, où d'Aubigné n'est pas loin de considérer un modèle pour la France.

714. Transposition de l'épître de Paul aux Romains, II, 14. Les gentils, c'est-à-dire les païens, ont double mérite quand ils font le bien, sans avoir reçu la loi de Moïse. Ils sont à eux-mêmes leur propre loi : *ipsi sibi sunt lex*.

721. L'élection du duc d'Anjou comme roi de Pologne couvre l'échec militaire qu'il était en train de subir face à La Rochelle assiégée. « Les bras déployés » sont ceux des protestants qui résistent alors, à La Rochelle et à Sancerre, pour venger les victimes impuissantes de la Saint-Barthélemy (« ceux qui moururent liés »).

725-726. Guy du Faur de Pibrac. Cf. ci-dessus la note du v. 541.

728. Jean de Bazin, huguenot et collaborateur de Jean de Monluc (cf. note du v. 535), qui sauva ainsi sa peau. Il demeura en Pologne comme représentant de la France jusqu'à l'arrivée du nouveau roi.

734-735. Evocation très allusive des décorations peintes de jaspe et de rouge dressées dans Paris pour l'entrée des ambassadeurs de Pologne et auxquelles d'Aubigné prête ici une valeur allégorique.

740. A la mort de son frère Charles IX, Henri III, craignant d'être retenu en Pologne, s'échappa de Cracovie dans la nuit du 18 juin 1574 et regagna la France par Venise. Cette « honteuse fuite », selon d'Aubigné, est en fait un bonheur (« l'heur qui vous advint ») pour les Polonais qui échappent ainsi à la tyrannie d'un des principaux responsables de la Saint-Barthélemy.

747. *Les étranges provinces* : les pays étrangers.

760. Catherine de Médicis et Henri III, qui semblent avoir échangé leurs sexes respectifs.

765. Esaü, grand chasseur devant l'Eternel, devient ici la figure du sanguinaire Charles IX. Cf. Genèse XXV, 27.

766. Charles IX jurait comme un charretier. Cf. *Fers*, 953-954.

776. Après Charles IX en Esaü, voici son frère Henri III en Sardanapale (cf. ci-dessus v. 90). Ce portrait d'Henri III en prince efféminé n'est pas sans rappeler en effet celui du roi d'Assyrie, tel que le peignait Dion Chrysostome dans son IVe *Discours sur la Royauté* (113) : « coulant sa vie à l'intérieur de son palais avec des eunuques et des concubines, sans jamais rien voir d'une armée, d'un combat ou d'une assemblée publique » (cité par Léonce Paquet, *Les Cyniques grecs. Fragments et témoignages*, Presses de l'Université d'Ottawa, 2e éd., 1988, p. 183). Le même *Discours* représente l'« Esprit débauché » revêtu d'atours féminins, parfumé et riant aux éclats au milieu du cortège bacchique. C'est là le prototype lointain du dernier Valois. L'*Elégie de Sardanapale*, citée par le même rhéteur (*op. cit.*, 135, p. 187), est un hymne aux plaisirs perdus de la chair.

— Dans l'un de ses *Adages* (2627 : *Sardanapalus*), Erasme évoque le personnage légendaire d'après *Les Oiseaux* d'Aristophane, et il cite son épitaphe, de même signification que l'élégie plus haut mentionnée.

789. *De rang* : en ordre, de façon harmonieuse.

792. *Manches perdues* : plutôt que de manches à crevés, il s'agit ici de manches flottantes, complètement ouvertes, dont le tissu, par conséquent, est « perdu ». Cf. *Tr.*, III, 399 : « double collet perdu ».

794. *Cet habit monstrueux* : l'hémistiche vient de Ronsard, *Remons-*

trance au peuple de France, v. 271 (éd. P. Laumonier, XI, p. 78), où il désigne ironiquement, dans la bouche d'Opinion, l'habit monastique que s'apprête à quitter Luther.

796. Travestissement confirmé par le *Journal* de Pierre de L'Estoile, à la date du 24 février 1577. Mais l'inspiration de cette page rappelle aussi les transsexuels décrits par Juvénal, *Satires*, II, 65-116.

800. Est évoquée ici la part prise par le futur Henri III aux « misères » des guerres de Religion. Il fut vainqueur des protestants à Jarnac et à Moncontour (15 mars et 3 octobre 1569).

802. Au « conseil étroit » (= restreint) n'entraient que les plus intimes confidents du roi.

804. Ce village est Ollainville, près d'Arpajon, où le roi avait acquis une propriété et où il se rendait avec ses mignons.

810. Accusations calomnieuses reprises dans la *Confession catholique du Sieur de Sancy*, I, 7 (« Pléiade », p. 607).

820. Pythagore était, d'après Tacite, *Annales*, XV, 37, un mignon que Néron épousa solennellement. Suétone lui donne le nom de Sporus (*Vie de Néron*, XXVIII). D'Aubigné désigne ainsi Caylus, blessé à mort en duel le 27 avril 1578, et dont Henri III pleura l'interminable agonie et la mort.

826. François, marquis d'O (1535-1594), favori d'Henri III. Pour ce genre de contrat, cf. Juvénal, *Satires*, II, 117.

828. La plaisanterie est rapportée par Suétone dans sa *Vie de Néron* (XXVIII) : « Si Domitius, son père, avait pu avoir pareille épouse, quelle bonne fortune pour l'humanité ! »

832. *Olinvilles*. Voir ci-dessus la note du v. 804.

834. Chicot (Antoine d'Anglerez) : bouffon d'Henri III, puis d'Henri IV. — Pierre Hamon, célèbre calligraphe et professeur d'écriture de Charles IX. Martyr protestant, il fut pendu en place de Grève au mois de mars 1569.

839. Sur l'ingratitude proverbiale des petits de la vipère, voir ci-dessus la note du v. 110.

841. Le philosophe Sénèque était le précepteur de Néron, qui le contraignit au suicide. Ces nouveaux Sénèques aux cheveux blancs (« chenus ») désignent, plutôt que Pierre Hamon, Brion et Pierre Ramus, précepteurs et savants morts pour leur fidélité au protestantisme, le médecin d'Henri IV, Alibourg, que les *Avis de Luat*, fragment détaché de la *Confession du Sieur de Sancy*, comparent explicitement à Sénèque (J.-R. Fanlo ; cf. « Pléiade », p. 886).

848. Réminiscence de Tacite, *Histoires*, I, 1 : « rara temporum felicitate ubi sentire quae velis et quae sentias dicere licet ».

851-853. Les espions qui feignent d'adhérer à la Cause huguenote pour mieux la trahir sont comparés par d'Aubigné aux Latins qui trompèrent les Sabins en les attirant à une fête religieuse pour enlever leurs filles.

855.   La leçon de A : « fuir de son proche la vue » éclaire le sens de ce vers.

865.   *Le tiers* : François de Valois, duc d'Alençon, puis d'Anjou, frère de Charles IX et d'Henri III. Contre ce dernier, il prit en 1575 la tête du mouvement des « Malcontents ». Il mourut le 10 juin 1584. Sur le sens de son action politique, voir Arlette Jouanna, *Le Devoir de révolte. La noblesse française et la gestation de l'Etat moderne, 1559-1661*, Fayard, 1989, et notamment le chap. VI.

868.   Albert de Gondi, duc de Retz et maréchal de France. Cf. ci-dessus la note du v. 542. L'accusation de sodomie est l'un des *leitmotive* de l'anti-italianisme au temps d'Henri III.

873.   Comme on avait tenté d'assassiner, puis exilé son favori Bussy d'Amboise, François de Valois sortit de Paris le 15 septembre 1575 et lança de Dreux, deux jours plus tard, un manifeste où il se posait en défenseur du Bien public.

876-878.   François de Valois, qui s'allia un temps avec les protestants, est comparé à la « corneille » ou plutôt au choucas (en grec : *koloios*) de la fable qui blanchit son plumage pour avoir part à la provende des pigeons, mais sa voix rauque le trahit. Il s'agit de la fable d'Esope intitulée « Le choucas et les pigeons » (*koloios kai peristerai*). La seconde partie de la fable n'est pas sans intérêt pour son application possible au frère d'Henri III. Revenu vers les siens, le choucas est une seconde fois rejeté, à cause de sa couleur d'emprunt. Tel est bien le destin inconfortable, et combien controversé, du leader du tiers parti, le parti des Malcontents. Voir Esope, *Fables*, éd. Emile Chambry, Les Belles Lettres, 1927, fable 163, p. 72. — D'Aubigné recourra encore aux *Fables* d'Esope, dans *Vengeances*, 164-168.

879.   *Sinon* : antonomase du traître. Cf. la note du v. 91.

880.   Mme de Sauves, que Catherine de Médicis avait choisie pour maîtresse de son fils.

884.   Les protestants, pour avoir aidé François de Valois, se trouvèrent affaiblis. Le traité de Bergerac (17 septembre 1577), qui conclut la sixième guerre de Religion, leur fut plus désavantageux que celui de Beaulieu en 1576.

892.   *Un coup d'Etat* : un tour de politique.

899.   A la paix de Beaulieu François de Valois prit le titre de duc d'Anjou qu'avait porté Henri III avant son avènement. L'image est inspirée par l'histoire de Joseph (Genèse XXXVII, 31) : « les frères de Joseph, après l'avoir vendu, trempent dans le sang sa robe bigarrée pour faire croire à son père qu'il avait été dévoré par une bête féroce. »

905.   Seconde fuite de François d'Anjou le 14 février 1578.

913-914.   Image adaptée de Virgile, *Enéide*, X, 454-455, qui l'applique à

Turnus, prêt à s'élancer sur Pallas ; mais c'est à un lion, non pas à un loup, qu'il l'assimile.

924. Il s'agit du projet de mariage du duc d'Anjou avec Elisabeth d'Angleterre, un des rêves matrimoniaux caressés par Catherine de Médicis. François lui fit sa cour à l'été 1579 puis à la fin de 1581.

928-930. Appelé dans les Pays-Bas révoltés, François d'Anjou tenta un coup de main sur Anvers pour s'affranchir de la tutelle des Etats et devenir seul maître du pays. L'entreprise échoua, facilitant la reconquête espagnole. C'est la « Furie française » (17 janvier 1583), qui fit écho en mineur à la Furie espagnole du 8 novembre 1576, où périrent six mille habitants. Cf. *Les Fers*, 1326-1328. — La traîtrise est une nouvelle fois exprimée par l'image du vipéreau, qui perce « le sein ami » (v. 927 ; cf. v. 110 et 839). François a en effet trahi ceux qui l'avaient appelé à la rescousse.

931. *La palme* : symbole de la victoire. *Contenance* : au sens métonymique, le mot désignait divers objets, tels que manchon, miroir, éventail, etc., qu'on portait à la main pour se donner une contenance.

934. *Un Bathille* : nom de mignon chez Juvénal (*Satires*, VI, 63). Le mot est devenu le terme générique pour désigner les efféminés, d'après le Bathylle de Samos, auquel le tyran Polycrate éleva une statue et qu'Anacréon chanta dans ses vers.

937-938. Les pamphlets du temps accusaient les trois frères Valois, Charles, Henri et François, d'inceste avec leur sœur Marguerite, première épouse d'Henri IV. Alexandre Dumas a donné crédit à cette calomnie dans son roman *La Reine Margot* (1844-1845).

952. D'après II Corinthiens XI, 14. Cf. ci-dessus le v. 149.

954. Allusion aux débats de haute tenue, portant sur des sujets de morale politique, qui occupaient les séances de l'Académie du Palais, instituée par Henri III.

956. *Sédécias* : deux faux prophètes portent ce nom dans l'Ancien Testament. Le premier entraîna à sa perte Achab, roi d'Israël, en lui laissant espérer une victoire sur les Syriens (I Rois XXII, 11) ; le second, lors de la captivité à Babylone, annonçait prématurément le retour à Jérusalem (Jérémie XXIX, 21).

957. *Le boute-feu de Rome* désigne évidemment Néron. Cf. Tacite, *Annales*, XV, 38-44 ; Suétone, *Vie de Néron*, XXXVIII. Sur l'amour que Néron portait aux belles-lettres, v. Tacite, *Annales*, XIV, 16.

965. *Les ordres inventés* : non seulement les Pénitents, mais encore les Hiéronymites (août 1583) et les Feuillants du faubourg Saint-Honoré (août 1587), chez qui le roi allait faire retraite.

973. *La paillarde* ou la Grande Prostituée : c'est, pour les protestants depuis Luther, l'Eglise de Rome (d'après Ezéchiel XVI ; Osée I et II, et surtout l'Apocalypse XVII). Les *affétés* (ou *affaités*) valets sont les jeunes sodomites servant aux plaisirs des princes. L'expression se rencontre à la fin du XIIe siècle déjà, dans le *Lai de Lanval*, de Marie de France, v. 283 (éd. L. Harf-Lancner des *Lais*, Le Livre de Poche, 1990, p. 148). — *Muguets*, au v. 975, a le même sens.

981. *Un avocat nommé* : le saint intercesseur que l'on invoque dans les litanies et qui insulte au Christ, unique intercesseur aux yeux des protestants. Cf. *Tr.*, IV, 667-668.

985-992. *Dégénère Henri* : suit une prophétie de la mort violente d'Henri III par le truchement d'un corbeau (v. 988) ou d'une corneille (991), c'est-à-dire d'un moine, en l'occurrence le Jacobin Jacques Clément, qui lui porta le coup mortel le 1er août 1589 à Saint-Cloud. — Dans l'*Avis aux lecteurs*, d'Aubigné affirme que cette prédiction a été écrite avant l'événement. Il ne s'agirait donc pas d'une « apophétie ».

1002. *Des deux sœurs* : Elisabeth et Marguerite de Valois, sœurs de Charles IX, Henri III et François, duc d'Alençon.

1005. *Les Ecossais* : une compagnie de la garde royale créée sous Charles VII.

1010. Cf. les débauches de Messaline rapportées par Juvénal, *Satires*, X, 331 sqq.

1013-1014. Le chaperon carré était la coiffe des filles de joie. Le Hulleu était à Paris un lupanar célèbre du temps de Rabelais. Tout ce passage est transposé de Juvénal qui évoquait les nuits ardentes de Messaline, la femme de l'empereur Claude (*Satires*, VI, 115-132). Dans son film *La Reine Margot* (1994), librement adapté d'Alexandre Dumas, Patrice Chéreau s'est souvenu de cette anecdote controuvée.

1023. *Les retraits* : les latrines.

1025-1026. Accusation similaire à celle portée contre Julia, nièce et maîtresse de Domitien : Juvénal, *Satires*, II, 32-33.

1031. La reine masquée, c'est encore Marguerite de Valois, reine de Navarre, la première épouse du futur Henri IV. Cet accouchement clandestin de la reine Margot aurait été la cause de son renvoi brutal de la cour d'Henri III le 8 août 1583.

1043-1044. Sur les terreurs d'Henri III, liées à ses remords, cf. la *Confession de Sancy*, I, VII (« Pléiade », p. 607-608).

1045. L'arôme du laurier, la sonnerie des cloches passaient pour éloigner la foudre et le tonnerre.

1054. *Le brayer de Massé* : la ceinture de frère Massé, disciple de saint François d'Assise, aurait de même des vertus apotropaïques ! C'est là un trait traditionnel de la satire contre les ordres mendiants, dont on trouverait des équivalents chez Rabelais.

1058. *Triste, je trancherai...* : la transition abrupte rappelle *Misères*, 367-370. Ce mouvement d'élévation du satirique au tragique, accompagné de sa feinte dénégation, est calqué sur Juvénal, *Satires*, VI, 634 sqq. : « Sans doute ma satire se juche-t-elle sur le cothurne, et, sortant des limites et des règles fixées par mes devanciers, imaginé-je emphatiquement, tel un Sophocle, de grandes fictions inconnues aux montagnes des Rutules et au ciel latin ? Plût aux dieux que tout cela fût chimère ! »

1059. Les pasquils sont des pièces satiriques. Pasquil était à Rome une statue de marbre sur laquelle on affichait des épigrammes.

1061. *Plutôt peut-on compter...* : c'est, inséré dans le contexte discordant de la satire, le thème des innombrables, que l'on rencontre habituellement dans la lyrique amoureuse, de Virgile à Pétrarque et d'Ovide à Ronsard. De ce dernier, voir la chanson imitée de Marulle : « Le printemps n'a point tant de fleurs... » (P. Laumonier, VII, p. 249). Cf. d'Aubigné, *Le Printemps*, sonnet LXXXIV, 9-10 (« Pléiade », p. 268). — Il est vrai que Le Tasse l'applique au vol des diables refoulés sous terre par l'archange saint Michel, *La Jérusalem délivrée*, IX, 66, 3-6. Mais la discordance dans l'usage du motif est moindre que dans *Les Tragiques*, puisque le mal s'éloigne et agonise, semblable au départ des oiseaux migrateurs et à la chute des feuilles d'automne, alors qu'il croît chez d'Aubigné, dans toute la vigueur du printemps et de sa floraison (v. 1065-1066).

1077. *On trace* (emploi absolu) : on dessine un trait de fard au pinceau.

1079. *A ces regards* : à la vue de tels spectacles.

1081-1082. Les métiers quittés et méprisés par les femmes passent, pour subsister et prospérer, au service d'hommes-femmes, d'hommes déguisés en femmes. On peut comprendre autrement, en faisant de « les métiers quittés et méprisés » un ablatif absolu : ce sont alors les femmes qui se déguisent en hommes, après avoir quitté leurs offices naturels.

1083-1088. *On dit...* : ce passage a été placé par Baudelaire en épigraphe de l'édition partielle des *Fleurs du mal* dans la *Revue des Deux Mondes* du 1er juin 1855. L'épigraphe est maintenue dans le volume de 1857, mais disparaît ensuite.

1091. Distinction classique entre les vertus morales et les vertus intellectuelles, les secondes prêtant main-forte aux premières. Pour la métaphore de l'acier, cf. ci-dessus le v. 19 et la note.

1095. Saint Cyprien ou saint Augustin.

1107. *Un père, deux fois père...* : ce passage, où l'on a coutume de voir une confession autobiographique, paraît bien faire écho à Horace, *Satires*, I, VI, 70 sqq. : « je le dois à mon père, qui, pauvre d'un maigre petit bien ne voulut pas m'envoyer à l'école de Flavius... Dès mon enfance, il ne craignit pas de me transporter à Rome pour m'y faire donner l'instruction que ferait donner à sa progéniture un chevalier, un sénateur. » — L'expression « deux fois père » (par la nature et par l'éducation) peut elle-même être rapprochée du vœu formulé par Horace dans la suite de cet hommage filial : si le cas se présentait, il voudrait renaître des mêmes parents (*ibid.*, v. 93-96). — « Père, deux fois père », d'Aubigné s'est à son tour voulu tel pour ses deux enfants, Constant, le fils maudit, et Nathan, le bâtard béni, si l'on en croit son

testament, où figure l'épitaphe suivante : « Haec *pater, iterum pater,*
per quem non a quo vobis vivere et bene datum, studiorum
haeredibus monumento, degeneribus opprobramento scripsit » (*OC,*
éd. Réaume et de Caussade, t. I, p. 119). D'Aubigné déshérita
Constant, son fils légitime qui avait abjuré le protestantisme, vivait en
débauché et s'était révolté contre lui, au profit de Nathan, son fils
naturel, né vers 1601, qui lui resta fidèle.

1111-1112.   Comprendre : sa peine eut comme résultat le bonheur
d'achever le présent de la vie qu'il avait fait à son fils.

1126.   Comprendre : parce qu'il n'est pas enclin à se mettre en avant ni
à rester à l'écart. « Entrant » et « retenu » sont antonymes.

1131-1142.   Même développement dans la *Préface* du *Printemps,* 175-
204, et dans une des *Lettres d'affaires personnelles,* XXVIII, éd.
Réaume et de Caussade, t. I, p. 327-328, où un dialogue similaire est
annoncé par la maxime suivante : « c'est qu'il se faut donner garde à la
Cour d'avoir quelque excellence, de crainte qu'elle vous soit imputée à
mépris. » Dans la même lettre d'Aubigné confesse avoir fait les frais
d'un tel préjugé : « cachant si peu que je savais, jetant les livres au feu
devant les compagnons pour faire le bravache à la mode ». Un mot
féroce de Bussy d'Amboise, « grand Maître des braveries de la
Cour », l'aurait brusquement guéri de cette « épidémie ». « Et de là en
avant, au lieu de cacher la mèche, je me mis à faire paraître ma petite
chandelle, comme un grand flambeau. »

— Cette « comédie des étiquettes » est ici complémentaire du thème
évoqué aux v. 243-250. D'Aubigné s'en prend ici à l'esprit mondain
des courtisans. Passant pour un « spécialiste », le jeune homme
contrevient à l'idéal de l'honnêteté qui s'imposera au XVIIe siècle, et
qui veut que l'on sache de tout un peu. Pascal est représentatif de ce
nouvel état d'esprit, auquel d'Aubigné, fidèle à sa jeunesse, résiste
désespérément : « les gens universels ne veulent point d'enseigne, et
ne mettent guère de différence entre le métier de poète et celui de
brodeur. Les gens universels ne sont appelés ni poètes, ni géomètres,
etc. Mais ils sont tout cela et juges de tous ceux-là. On ne les devine
point » (éd. Michel Le Guern, Folio, fragment 500). Et plus loin : « Il
faut qu'on n'en puisse dire ni : " Il est mathématicien ", ni " prédica-
teur ", ni " éloquent ", mais : " Il est honnête homme ". Cette qualité
universelle me plaît seule » (fragment 547).

1134.   *Saltarin* : sauteur (ital. *saltarino*).

1136.   *Saltin-bardelle* : « saute-en-selle », écuyer de cirque. Le mot
apparaît déjà, avec la même valeur péjorative, dans le dialogue
similaire de la *Lettre d'affaires personnelles* XXVIII, *op. cit.,* p. 327.

1140.   *Qu'il faut saler* : auquel il faut faire son affaire.

1148.   Ces deux ducs évoqués tour à tour sont probablement d'Epernon
et Joyeuse.

1155. L'image de l'onde des courtisans vient de Virgile, *Géorgiques*, II, 461-462.

1164. *Escabeau de leurs pieds* : image biblique, que l'on trouve dans le Psaume CX, 1 ; reprise en Matthieu XXII, 44. Cf. *Misères*, 1217.

1180. Ce portrait de Fortune en courtisane, habillée d'un réseau (« d'un rézeul ») dont elle séduit et capture ses victimes, l'apparente à la Volupté qui visite le jeune Scipion dans les *Punica* de Silius Italicus (livre XV, 18-128), l'une des sources probables, avec *Le Songe* de Lucien, de cet épisode allégorique complexe. De manière plus générale, il se situe dans la très nombreuse postérité de l'apologue de Prodicos cité par Xénophon, *Mémorables*, II, 1, 21-34 : Héraclès, à la croisée des chemins, voit venir à lui deux femmes, dont l'une incarne le Bonheur ou le Vice, et l'autre la Vertu. Il choisit héroïquement la seconde voie. Sur les fortunes iconographiques considérables de ce thème à la Renaissance, voir E. Panofsky, *Hercules am Scheidewege*, Leipzig, Teubner, 1930, chap. II. — Les deux enfants, qui accompagnent l'allégorie principale, sans doute le Bonheur et le Malheur, en précisent l'inquiétante ambivalence. Ils ont l'apparence d'Amours enfants. Fils de Fortune, ils sont aveugles et traîtres comme elle. Pour une interprétation minutieuse de tout ce tableau, voir Jean Céard, « Le jeune homme à la croisée des chemins : D'Aubigné et Silius Italicus », *Revue d'Histoire littéraire de la France*, juillet-août 1992, 92ᵉ année, nᵒ 4, p. 630-644.

1202. *Chemins épineux* : évocation concrète d'un des deux chemins que rencontre Hercule dans l'apologue de Prodicos.

1204. *Les pleurs et les plaies*. Chez Du Bartas déjà (*La Sepmaine, VIIᵉ Jour*, 249-268 ; éd. Y. Bellenger, 1981, p. 316), les Epicuriens et Athéistes mettaient en doute la Providence de Dieu en opposant les prospérités du vice aux infortunes de la vertu :

. . . .
Qu'au contraire les bons sur la mer de ce monde
Sont sans cesse agitez et du vent et de l'onde :
Qu'ils ont si peu qu'Euripe en la terre repos :
Que le fleau du grand Dieu pend tousjours sur leur dos :
Qu'ils sont tousjours suyvis de honte, perte, encombre,
Comme est la nuict d'humeur, et le corps de son ombre (v. 263-268).

1212-1213. La Fortune, hostile aux hommes vertueux, les amène à retourner le fer contre eux-mêmes, triomphant ainsi d'un sort adverse.

1214-1220. Admirateur de la fermeté des grands Romains et tenté par le stoïcisme, d'Aubigné condamne néanmoins les suicides héroïques de Sénèque et de Caton, qu'il taxe de « folies », d'autant qu'il s'y mêle quelque orgueil et un vain désir de gloire (v. 1224). Ce point de vue, d'une parfaite orthodoxie chrétienne, est précisé dans *Les Feux*, 789-810. — *Thrasée* (1215) : le sénateur Paetus Thrasea, qui, s'étant opposé à Néron, fut contraint au suicide (d'après Tacite, *Annales*, XVI, 21-35 ; Suétone, *Néron*, 37). Tacite voit en lui « la vertu même » (*Ann.* XVI, 21).

1227. *Ce Bourbon* : le prince de Condé, blessé à la jambe au début de la bataille de Jarnac, n'en continua pas moins à commander les troupes huguenotes. Capturé après sa défaite, il fut abattu d'un coup de pistolet. Son corps fut attaché à une ânesse. Cf. *Fers*, 401-410.

1229-1230. L'Amiral Gaspard de Coligny, la première et la plus illustre victime de la Saint-Barthélemy (24 août 1572). Son cadavre dépouillé et mutilé fut traîné par les rues et pendu au gibet de Montfaucon. Cf. *Les Fers*, 831-836.

1231-1232. Ce passage, où Fortune, décrivant le triomphe paradoxal de Coligny assassiné, tient ironiquement le même discours que Vertu, serait à rapprocher d'une strophe quelque peu sarcastique de l'*Hymne des Etoiles* de Ronsard (1575 ; str. 11, v. 105-110 ; éd. P. Laumonier, t. XVII, p. 42) :

> *Ce guerrier qui tantost*
> *Terre et mer d'un grand Ost*
> *Couvroit de tant de voiles,*
> *Court de teste et de nom*
> *Pendille à Mont-faucon :*
> *Ainsi vous plaist, Estoilles.*

La différence n'en est pas moins éclatante, puisque Ronsard ne songe qu'au retournement de fortune, alors que d'Aubigné souligne le changement instantané du supplice en triomphe. Au lieu de deux tableaux juxtaposés, une série d'antithèses qui indique bien la fusion des contraires. Le modèle premier de cette inversion de l'humiliation en victoire est évidemment la Passion du Christ, qui vainc la Mort par sa mort même et se fait roi du monde à travers son abaissement. Voir H. Weber, *La Création poétique, op. cit*, p. 622.

1245-1248. Ici commence une série d' « apophéties » ou prophéties faites après coup, qui ont en commun d'illustrer l'ingratitude des Princes : Alexandre Farnèse, duc de Parme (« le Parmesan », v. 1246), chef de guerre au service de l'Espagne, mourut en 1592, empoisonné, selon un bruit qui courut alors. Gonzalve de Cordoue (v. 1247), général de Ferdinand le Catholique, était mort disgracié en 1519. Dom Juan d'Autriche (« le brave duc d'Austrie »), gouverneur des Pays-Bas et vainqueur de Lépante en 1571, en butte à la suspicion de son demi-frère Philippe II, mourut de chagrin en 1573, empoisonné selon d'Aubigné. Le duc d'Albe (ou d'Alve), qui en 1567 écrasa dans le sang la révolte des Pays-Bas, tomba en disgrâce à son retour à Madrid en 1573.

1249-1250. *Un prince Anglais* : Robert Devereux, comte d'Essex, favori de la reine Elisabeth. Tombé en disgrâce, il complota contre elle et fut exécuté en 1601.

1251-1252.   Les auteurs de l'Escalade de Genève, le 12 décembre 1601, se virent reprocher leur échec par le duc de Savoie qu'ils servaient et qui les soutint mal. Les assaillants qui avaient été capturés par les Genevois furent pendus.

1256-1258.   Il s'agit de trois compagnons et serviteurs d'Henri IV, « instruments de victoire » mal récompensés : La Trémoille, mort de dépit ; le maréchal de Biron décapité en 1602 pour conspiration ; et le troisième, « sur le bord » de l'échafaud, le duc de Bouillon, compromis dans la conjuration de Biron et qui dut s'exiler (identification proposée par J.-R. Fanlo).

1260.   La route large et d'accès facile renvoie une nouvelle fois à l'apologue de Prodicos, mais aussi à la parabole de Matthieu VII, 13 : « Entrez par la porte étroite ; car large est la porte et spacieux le chemin qui mène à la perdition. »

1271.   D'Aubigné s'en prend au style poétique à la mode sous le règne d'Henri IV : abus des « pointes » faussement piquantes, manque d'originalité et imitation servile.

1278-1279.   Ce Jupiter de cour, qu'il convient de flatter, c'est Henri IV parvenu au trône et oublieux des combats passés au service de la Cause. La formule parodie le style biblique. Voir Jérémie XXXIII, 5.

1281-1312.   Ce portrait du courtisan à la mode, qui rappelle à certains égards *Les Regrets* de Du Bellay, sonnets 85, 86, est néanmoins historiquement daté. Il évoque les moqueries contemporaines du *Sancy* et du *Faeneste* (« Pléiade », p. 624-625 et 677-681) et se rapporte indéniablement au règne d'Henri IV. Les roses et les nœuds (v. 1285), la perruque (v. 1308) font partie du nouvel attirail vestimentaire qu'impose le XVIIe siècle commençant. Cf. le portrait allégorique de la Vanité, *Tr.*, III, 395-409, qui reprend certains de ces traits.

1312.   Le hausse-col, pièce d'armure qui protège le cou, se convertit en porte-fraise, armature métallique qui soutient la fraise.

1318.   Adaptation de Juvénal, *Satires*, I, 37-39, qui évoquait comme voie de réussite la plus sûre « la vulve d'une riche vieille ».

1329-1331.   Pour cette dissipation de la Fortune en vent, cf. Jean de La Jessée, *La Fortune, Discours*, II, et surtout Ronsard, *Hymne des Daimons*, v. 147-148 (éd. P. Laumonier, VIII, p. 123) :

> *Mais eux, bien peu de temps de leur forme jouïssent,*
> *Et tout soudain en rien elles s'evanouïssent.*

1343-1344.   Pour l'image clé du serpent sous les fleurs, cf. ci-dessus les v. 213-214 et la note.

1347.   *Circoncis* : il s'agit de la circoncision spirituelle, opérée en Christ, et qui consiste dans le dépouillement de notre être charnel. Cf. Colossiens, II, 11. — Les vers 1347 à 1420 ont été publiés en 1630 dans les *Petites Œuvres meslées* avec quelques variantes, sous le titre : *Imitation d'un Italien*.

1356. *Le gourmand... l'ivrogne*, adjectifs neutres substantivés : la gourmandise, l'ivrognerie.

1374. Opposition entre Faeneste, le paraître, et Enay, l'être.

1390. *Sans fisson* : sans pointe, sans aiguillon. Variante des *Petites Œuvres meslées* : « sans tison ».

1401. Cf. le Psaume CXLI, 5, ainsi traduit par Théodore de Bèze :

> *Que sur moi le juste tempête,*
> *Si me sera-t-il toujours doux,*
> *Et, non plus que baume, ses coups*
> *Jamais ne blesseront ma tête.*

1402. *Secoux* : participe passé du verbe « secorre », secouer.

1409. Echo des exhortations de plusieurs épîtres : I Pierre III, 7 ; Colossiens III, 18, à IV, 1.

1411. Echo possible de Plutarque, *Préceptes du mariage*, in *Œuvres morales*, trad. J. Amyot, 1575, p. 146 C.

1413-1414. Autre écho de Plutarque, *De la mansuétude, comment il faut refréner sa cholère, op. cit.*, f. 59 G-H.

1415-1416 et 1417-1418 : vers rapportés. Le prince doit être traité comme l'ange, l'ami comme un autre « toi-même » et le serviteur comme un homme. « Ce que tu as sur toi » (= au-dessus de toi, dans la hiérarchie sociale) désigne le prince, « [ce que tu as] aux côtés » l'ami, et « [ce que tu as] au-dessous » le serviteur. Au premier est due l'obéissance, au second la chaude amitié et au troisième une autorité empreinte de douceur (telle est l'attitude du « seigneur doux »).

1421-1423. D'Aubigné a connu l'épreuve de la mort lors de l'agonie de Talcy, à l'automne 1572, et cinq ans plus tard sur le champ de bataille de Casteljaloux. De cette double traversée de la mort résulte la certitude de son élection.

1424. Les Psylles, peuple de la Marmarique, en Libye, étaient invulnérables aux morsures de serpents. D'après Lucain, *Pharsale*, IX, 891-937, et Pline, VII, 2, § 5 sqq. ; VIII, 38 (25) ; XXVIII, 6 (3).

1430. Référence au *Songe de Scipion*, fragment de la *République* de Cicéron (livre VI), surtout connu à travers le commentaire de Macrobe et abondamment glosé et illustré pendant tout le Moyen Age. Ravi en songe dans la voie lactée où l'accueille son grand-père adoptif, le premier Africain, Scipion contemple le mécanisme des sphères célestes et comprend dans le même temps les fins dernières de l'homme, voyant la juste rétribution des citoyens vertueux et amoureux de leur patrie. — Avant d'Aubigné, Le Tasse s'était inspiré du *Somnium Scipionis*, en l'adaptant à la matière héroïque des Croisades. Dans *La Jérusalem délivrée*, XIV, 2-19, Godefroy de Bouillon tient le rôle du jeune Scipion, accueilli dans l'empyrée par Hugues de

Vermandois, qui l'invite à sourire sur le monde et lui dévoile ensuite l'avenir.

1431-1433. Ce triomphe paradoxal d'un Coligny humilié et démembré, dont l'être se dédouble entre le ciel et la terre, conjugue au modèle christique de la Passion, déjà évoqué plus haut aux v. 1231-1232, celui de l'apothéose profane, telle que la concevait la doctrine stoïcienne. Le vers 1432 est la transposition exacte d'une formule de Lucain décrivant l'apothéose de Pompée après sa mort : « risitque sui ludibria trunci » (*Pharsale*, IX, 14). Voir sur ce point Jean-Claude Ternaux, « Coligny et " la race des Catons " », *L'Information littéraire*, n° 2, 1991, p. 14-16. Le rire de Coligny ravi au ciel est à nouveau évoqué dans *Les Fers*, 831-836.

1436. L'ironie générale sur le monde, que permet le point de vue surplombant de Scipion, de Coligny et de Pompée, renverse le sens de l'Histoire. Ce qui, vu d'ici-bas, constitue une tragédie universelle devient, par simple mise à distance, une comédie.

1438. Charles de Coligny, marquis d'Andelot, fils puîné de l'Amiral (1564-1632), abjura pour échapper aux menaces des Ligueurs. Cf. *Jugement*, 107-152, où le même personnage est violemment pris à partie. — *Dégénère* : « dégénéré ». (lat. *degener*).

1440. Echo direct du *Songe de Scipion* : « quo quasi punctum eius attingimus » (Cicéron, *République*, liv. VI, XVI, 16). Cf. Le Tasse, *La Jérusalem délivrée*, XIV, 11, 3 :

> ché vide un punto sol, mar, terre e fiumi...

1454-1473. Ce passage est profondément modifié dans T. Il donne au livre de *Princes* quatre vers de plus.

1463. Sentence qui rappelle l'inversion évangélique des valeurs. Cf. par exemple Matthieu XXIII, 12.

1471. *Anange* : la Nécessité (mot grec), c'est-à-dire les épreuves réservées à la Vertu et qui permettent d'en administrer la preuve. Dans la tradition allégorique de l'Antiquité, et notamment dans l'*Ode à la Fortune* d'Horace (v. 35), Anange figure aux côtés de Fortune. En la plaçant au contraire auprès de Vertu, d'Aubigné affaiblit d'autant sa rivale.

1472-1476. Tout ce passage est en forme d'énigme. Au demeurant le sens général est clair : la vertu ne s'exerce qu'en luttant contre la nécessité. Privée de cette dernière, elle se perd par la facilité. — Pour un développement comparable, quoique exprimé sans détour, cf. Du Bartas, *La Sepmaine*, *VIIe Jour*, 297-324 (éd. Y. Bellenger, p. 318), passage que résume la sentence :

> La vertu n'a vertu que quand elle est en peine (v. 324).

1479-1480. Ces vers sont traduits de Lucain, *Pharsale*, V, 492-494, et transposés du sens littéral au sens figuré. On les retrouve dans le

Discours par stances avec l'esprit du feu roy Henry Quatriesme, v. 13-14 (« Pléiade », p. 349) :

> *Tu te vis talonné de ces brûlants courages*
> *Qui cherchent les combats au travers des naufrages.*

Ces vers exaltent l'esprit de sacrifice des anciens compagnons d'Henri de Navarre, aux antipodes de l'obéissance mercenaire des nouveaux serviteurs catholiques du roi.

1481. *Le choix* des cœurs, c'est-à-dire, au sens étymologique, l'élite des cœurs et des esprits.

1490. Formule stoïcienne. Cf. *supra*, v. 459-461 et 663-665.

1496-1498. D'après le Psaume LXXXIV, 11 : « j'ai préféré me tenir au seuil de la maison de mon Dieu, plutôt que d'être à demeure dans les tentes des méchants. »

1499. Expressions tirées des Evangiles et se rapportant à l'enseignement et à la Passion du Christ. La croix : Luc XIV, 27 et Jean XIX, 17. Les coups : Matthieu XXVI, 67-68 ; Marc, XV, 19 ; Luc XXII, 63-64 et Jean XIX, 13. Les injures : Matthieu XXVII, 39.

1501. D'après Matthieu V, 45.

1503. Les villes de Sodome et Gomorrhe furent détruites par le feu du ciel à cause de leurs péchés (Genèse XIX, 29). Loth, neveu d'Abraham, seul juste vivant au milieu des réprouvés de Sodome, fut emmené avec sa famille hors de la ville par les anges. L'appel à la sécession des protestants vivant à la cour, qui s'inspire de l'Apocalypse XVIII, 4-5, est destiné à précipiter la vengeance de Dieu. Car les justes font office de palladium pour la cité corrompue où ils vivent. L'idée est clairement exprimée à la fin de l'épître dédicatoire « A la France » de l'*Histoire des Martyrs* de Jean Crespin et Simon Goulart (éd. de Genève, Pierre Aubert, 1619, f. *iij* r°). — L'épisode de Sodome et Gomorrhe sera évoqué au long dans *Vengeances*, 251-270.

1507. *Hocher la tête* : expression biblique qui traduit la moquerie ou l'ironie. Cf. Psaume XXII, 8 ; Lamentations de Jérémie II, 15 ; Marc XV, 29.

1514. *Vendanger* : expression biblique tirée de l'Apocalypse XIV, 18-20. Cf. Lamentations de Jérémie I, 15.

1515. *Verge de fer* : cf. *Misères*, 1292.

1519. *Les cèdres superbes* : dans tout ce finale de *Princes* (v. 1517-1526), d'Aubigné adapte une prophétie d'Ezéchiel (chap. XXXI, 1-18 ; associé à XVII, 23-24) relative au Pharaon d'Egypte, puni pour son orgueil et dont la ruine entraînera celle de ses vassaux et de ses peuples. La chute du cèdre mythique a pour conséquence le deuil de la nature entière. L'arbre élevé, symbole de royauté dans la Bible ou de tyrannie chez d'Aubigné, relève du même registre symbolique que les « monts cornus » des v. 367-390.

1520-1526. D'Aubigné a déjà développé cette image bucolique dans l'un de ses « Sonnets épigrammatiques », III, 1-4 (« Pléiade », p. 336), mais en lui conférant un sens opposé. La minutie délicate du tableau est ici en fort contraste avec la signification apocalyptique du passage : les humbles qui vivent à l'ombre des grands auront à pâtir de leur chute au jour du Jugement. — A la paraphrase d'Ezéchiel XXXI se conjugue peut-être un discret souvenir du Tasse, évoquant l'abattage de la forêt de Saron et la panique animale qui s'ensuit. Voir *La Jérusalem délivrée*, III, 76, 7-8 :

> Lasciano al suon de l'arme, al vario grido,
> e le fère e gli augei la tana e'l nido.
> — *L'écurieu* (v. 1522) : l'écureuil.

III. LA CHAMBRE DOREE

1.   L'ouverture de *La Chambre dorée* est parallèle à celle des *Fers*, qui se situe, elle aussi, en plein ciel, à la cour du Très-Haut. A côté d'éléments empruntés aux visions de Daniel (VII, 9-10) et de saint Jean (Apocalypse IV, 2, et VII, 11), ce prologue au ciel doit à la description du palais du Soleil par Ovide (*Métamorphoses*, II, 1 *sqq.*), aussi bien qu'à Juvénal, *Satires*, VI, 14-20. On décèle encore une indéniable parenté entre cette « gloire » du meilleur style baroque et l'évocation par Le Tasse du « Re del Ciel » (Roi du Ciel) dans *La Jérusalem délivrée*, IX, 55-57. — L'empyrée est la région du ciel la plus élevée, constituée d'un feu pur et inaltérable.

2.   Cf. Le Tasse, *La Jérusalem délivrée*, IX, 56, 5-6 :

> e de l'Eternità nel trono augusto
> risplendea con tre lumi in una luce.

3.   Psaume CIV, 4 : « Faisant des vents tes anges, du feu dévorant tes ministres ! »

7.   Psaume CIV, 2, et Apocalypse IV, 3 : « avec autour du trône un arc-en-ciel pareil à une vision d'émeraude ».

9.   *De la main* : sur-le-champ (terme d'équitation ou de vénerie).

10.   Pour l'image de la flèche, symbole de promptitude et de puissance, voir le Psaume XXXVIII, 3 ; cf. Job VI, 4 pour le symbole du châtiment.

13.   *En la nuit plus obscure* : expression de tonalité biblique qui rappelle le Psaume XVII, 1, et II Samuel XXII, 29.

18.   Les Chérubins qui interdisaient à Adam, après la Chute, l'entrée du Paradis (Genèse III, 24).

19.   Allusion au passage de la mer Rouge (Exode XIV, 16 et 19 ; cf. Psaume LXXIV, 13).

20. Ce renversement de situation est un des thèmes du *Magnificat* : Luc I, 51-53 ; cf. Esaïe LXI, 1 sqq.

26. Tel est le châtiment d'Hérode, d'après les Actes XII, 23, mais l'on peut penser aussi à la mort de Philippe II le 13 septembre 1598. Cf. *Fers*, 1346 ; *Vengeances*, 515.

33. *Trône de gloire* : hébraïsme, traduction littérale d'une expression biblique : I Samuel II, 8 ; Esaïe XXII, 23 ; Jérémie XIV, 21 ; Matthieu XIX, 28.

34. *La Justice fuitive* : cette péripétie rappelle Ronsard, *Hymne de la Justice*, v. 195-198, qui lui-même imitait Hésiode, *Les Travaux et les Jours*, 197, montrant la Justice épouvantée par les crimes des hommes et fuyant la terre. Mais d'Aubigné se souvient aussi de Juvénal, *Satires*, VI, 19-20, qui décrivait l'envol d'Astrée, accompagnée de la Pudeur, après que Jupiter eut remplacé Saturne et mis fin à l'âge d'or. Le thème de l'envol de Justice a été également traité par Jean de La Péruse dans sa tragédie de *Médée* (1556), acte IV, 949-954 :

> *Quand la regrettable Equité*
> *Ce monde ingrat ayant quitté,*
> *En la sainte montagne*
> *La dernière des Dieux vola,*
> *Avecques elle s'en alla*
> *La Sagesse compagne.*

35. *Meurtrie et déchirée* : même caractérisation de la Vérité dans *Princes*, 163.

39. Nécessité du voile : nul, avant l'heure du Jugement, ne peut voir Dieu en face. Pour le voilement de la Justice, cf. Ronsard, *Hymne de la Justice*, v. 196.

41. Cf. Psaume CXXX : « De profundis clamavi ad te, Domine ».

42. *Mon recours* : cf. Psaume LXXI, 2.

55. L'envol au ciel de Justice et de Piété est une réponse ironique à la devise de Charles IX : « *Pietate et justitia* ».

63. Cf. Psaume CII, 26 : « Tu as jadis fondé la terre, et les cieux sont l'ouvrage de tes mains. »

64. Se méconnaître, c'est se tromper sur soi-même, en présumant de ses forces.

69. Echo possible de Matthieu V, 9 : « Heureux les pacifiques, car on les appellera fils de Dieu. »

75. *La Fausse paix*, que d'Aubigné dénonce, est celle du règne d'Henri IV et des débuts de la régence de Marie de Médicis. Pour l'image de l'arme cachée, cf. le portrait de la Fraude chez l'Arioste, *Orlando furioso*, XIV, strophe 87, v. 7-8.

77. *Agneaux de l'Eglise* : appellation familière aux Evangiles pour désigner la troupe des fidèles : Jean XXI, 16 ; cf. Esaïe XL, 11 et Ezéchiel XXXIV.

86. Cette omniscience de Dieu, souvent soulignée dans l'Ecriture (Psaumes VII, 10 ; CXXXIX, 2 ; Ezéchiel XI, 5), est déjà évoquée au début de *Misères*, 35-36 et 43-44.

89. Thème, christianisé, de la gigantomachie. Cf. ci-dessus *Princes*, 39 et 48.

90. Pour cette conception du corps mystique de l'Eglise, voir I Corinthiens VI, 15 et XII, 27. Cf. *Princes*, 393.

93. Cf., au terme des *Fers*, l'allégorie de l'Océan repoussant les fleuves de sang qui se déversent en lui.

111. Cf. Apocalypse XX, 4 : « et je vis les âmes des décapités pour le témoignage de Jésus, et pour la Parole de Dieu, et qui n'avaient point adoré la bête, ni son image. » — *Mille âmes* : expression d'un très grand nombre. Mais c'est aussi, de manière approximative, le total des martyrs recensés par le martyrologe de J. Crespin et S. Goulart pour la période de la Réforme et des guerres de Religion. Les authentiques martyrs — et non les fidèles persécutés, qui sont beaucoup plus nombreux — dépassent à peine en effet les huit cents. Voir ci-après *Les Feux*, note sur le vers 15 et *passim*.

115. Le mouvement qui élève les âmes vers le ciel épouse celui du feu matériel, qui, selon Aristote, tend à rejoindre son lieu primitif, le ciel empyrée. — Cette traversée, par les âmes des martyrs, des éléments concentriques et des sphères emboîtées du cosmos rappelle, mais en sens inverse, le parcours aérien de l'archange saint Michel dans *La Jérusalem délivrée*, IX, 60-61.

116. *Les orbes tournoyants* : les sphères célestes et cristallines, qui, tournant les unes à l'intérieur des autres à des vitesses inégales, produisent une harmonie ineffable. C'est cette musique qu'est invité à entendre Scipion, lors de son ravissement en songe (Cicéron, *République*, VI, XVIII, 18). Cf. *Jugement*, 1049-1054.

120. Cette image des prières qui s'envolent et s'élèvent comme le feu vers les sphères célestes se rencontre déjà chez Le Tasse, *La Jérusalem délivrée*, VII, 79, 1-4.

122. Variante du manuscrit Tronchin 160 : « Fit des narreaux de Dieu... » Cf. Psaume XVIII, 9, où l'anthropomorphisme est pareillement souligné.

132. Allusion fugitive à la scène du Jugement de Salomon, qui sera développée plus loin aux v. 722-728.

139-146. Cette manifestation de la « terribilità » divine rappelle le Dieu anthropomorphe de *La Jérusalem délivrée* du Tasse, XIII, 74, 1-6, dont l'apparition fait trembler les cieux et les montagnes, et retentir le tonnerre :

> *Cosi dicendo, il capo mosse ; e gli ampi*
> *cieli tremaro e i lumi erranti e i fissi,*
> *e tremo l'aria riverente, e i campi*

de l'oceano, e i monti e i ciechi abissi.
Fiammeggiare a sinistra accessi lampi
fur visti, e chiaro tuono insieme udissi.

140. Variante de T 160, moins expressive : « Passe son chef divin ».

141. Psaume XVIII, 13 : « De la lueur qui était devant Lui, les nuées furent écartées. »

142. Psaume XVIII, 8 : « La terre s'agita et trembla, les fondements des montagnes frémirent... »

149-150. Cette fuite des éléments devant Dieu courroucé rappelle le Psaume CXIV, 3-4. Cf. *Jugement*, 713-714.

157. Evocation d'une entrée triomphale. Cf., pour le rituel de l'entrée royale, *Misères*, 563-580.

160. L'apparition du Dieu terrible suscite la même réaction d'allégresse dans *La Jérusalem délivrée*, XIII, 74, 7-8 :

Accompagnan le genti il lampo e'l tuono
con allegro di voci ed alto suono.

Il s'agit alors, non pas des justes, mais des croisés transportés de joie par la venue de l'orage après la sécheresse.

166. *Un gros amas de tours* : le Palais de Justice où siège le Parlement de Paris. Cette architecture orgueilleuse, qui symbolise l'*hybris* des mauvais juges — autre titre du livre III —, se retrouve au début des *Fers*, pour peindre le Palais des Tuileries (V, 199-204). Il s'agit d'autant de variantes sur le mythe de la tour de Babel (Genèse, XI).

167. *Dedans l'air plus hautain* : jusque dans la région supérieure de l'air, aux confins de la sphère du feu, où Dieu réside.

182. *Les cendres des brûlés* : cet hémistiche se retrouve plus loin au v. 654 et dans la scène fameuse de la résurrection de la chair, *Jugement*, 681.

184-185. *La chaux vive.../ Qui blanchit ces tombeaux* : allusion aux « sépulcres blanchis » que stigmatise le Christ dans l'Evangile, image de l'hypocrisie conjuguée ici au crime. Cf. *Princes*, 7 et la note.

189. Le mythe de Lycaon, monstre cannibale métamorphosé par Jupiter en loup-garou, est rapporté par Ovide, *Métamorphoses*, I, 165-241.

191-192. Cet Enfer cannibale où Dieu descend en visite d'inspection rappelle — en un sens inverse, il est vrai — le *Songe d'Enfer* de Raoul de Houdenc (début du XIII⁰ siècle), où la chair des plaideurs et des juges iniques est dévorée par les diables. On peut penser aussi à l'*Espurgatoire Saint Patriz* (ou *Purgatoire de saint Patrick*) traduit par Marie de France à la fin du XII⁰ siècle, et dans lequel gens de tout âge, de tout sexe et de toute condition sont les victimes d'une cuisine infernale, cuits au four ou à la poêle, rôtis à la broche ou bouillis dans des cuves. Voir Jacques Le Goff, *La Naissance du Purgatoire*, Gallimard, 1981, p. 261-265.

195. *Déguisés* : terme de cuisine, accommodés de façon à être rendus méconnaissables. Nouvelle variante du mythe de Thyeste, déjà évoqué dans *Misères*, 543, 546.

196. Le thème des « loups ravissants » remonte à Ezéchiel XXXIV. Cf. chez Rabelais l'épisode des chats fourrés (*Cinquième Livre*, chap. XI).

207. *Dès l'œuf rompu* : dès le début du repas.

208. *Tel s'abèche* : tel se nourrit, prend sa becquée.

219. Ce motif rappelle, selon Michel Simonin, les facéties des « gasconnades » en faveur sous Henri IV. Voir : « A. d'Aubigné et les " matras enflez du poil des orphelins " : sur un passage de *La Chambre dorée* », *B.H.R.*, XLIX, 1987, p. 537-546. *Matras* : matelas.

224. Ces métamorphoses macabres sont déjà présentes dans la poésie amoureuse inspirée au jeune d'Aubigné par Diane Salviati. Cf. l'élégie « A Diane », v. 97-125, « Pléiade », p. 322-323.

226. *Robe* : au double sens de « vêtement (du juge) » et de « butin », qu'induit la rime *dérobe / robe*. Le jeu de mots se rencontrait déjà chez Clément Marot, dans la *Déploration de Florimond Robertet*, v. 73, pour stigmatiser tout à la fois la duplicité et l'avarice de l'Eglise romaine :

> *Ce néanmoins sa robe elle mussait*
> *Sous un manteau qui humble paraissait* […].

Voir mon édition de *L'Adolescence clémentine*, Poésie / Gallimard, 1987, p. 384, note 7.

233. *La Chambre dorée*, qui donne son nom au livre III, c'est la grande chambre du parlement de Paris, au Palais de justice. Refaite sous Louis XII par le peintre italien Fra Giocondo, elle montrait un plafond à caissons marqueté d'or sur champ d'azur. Elle brûla en 1618.

240. Le bandeau sur les yeux de la Justice est garant de son impartialité. Cf. ci-après v. 911.

244. *Le lit de jugement* : l'Injustice préside l'assemblée sur le trône où le roi prend séance, quand il tient son « lit de justice ».

249. Cette harpie pour représenter l'Avarice est une allégorie commune à la Renaissance. Cf. Prudence, *Psychomachie*, v. 458-463.

257. André Alciat, *Emblème* LXXXIV, compare l'avare à Tantale, de même que Du Bartas, *La Seconde Semaine*, 1er Jour, livre III, « Les Furies », v. 650.

259-260. Cette satire de la justice, qui rend ses arrêts en fonction du rang social des prévenus, est traditionnelle. Cf. *Le Roman de Renart*, branche X, 9730-9731 :

> *et ai sovent de droit tort faiz*
> *et mainte foiz du tort le droit.*

Ou encore Marot, *L'Enfer*, 95-96 :

> *... l'un soutient tout droit*
> *Droit contre tort ; l'autre tort contre droit.*

272.   Imitation littérale de Tacite, *Histoires*, I, 36 : « Omnia serviliter pro dominatione », formule qui qualifie l'ambition servile dont fait preuve Othon pour parvenir à l'empire.

274.   Alcine, dans l'*Orlando furioso* de l'Arioste, est une magicienne. Son nom est devenu le terme générique pour désigner sorcières et magiciennes. On note, au v. 276, l'italianisme *comediante* pour caractériser, de manière expressive et polémique, le talent de comédienne de l'Ambition.

279-282.   Le portrait de l'Envie condense des traits empruntés à Ovide, *Métamorphoses*, II, 760-782.

283-284.   Ce front en pyramide rappelle le crâne pointu du moqueur et méprisable Thersite chez Homère, *Iliade*, II, 219-220.

286.   La marotte permet de reconnaître ici l'allégorie de la Folie, qui n'est pas nommée. Les Petites-Maisons du v. 288 désignent un hôpital de Paris où l'on enfermait les aliénés. Voltaire, plus tard, y renverra plaisamment ses adversaires.

291.   *Gens du Roi* : les membres d'un tribunal ou d'un parlement ayant à leur tête le procureur du roi. D'où le jeu de mots « procureurs de la mort » (v. 292).

293.   Saint Mathurin était le protecteur des fous. Le *fouet* est un attribut traditionnel de la Folie. Quant au *voyage*, il fait allusion à la vie errante des frères Mathurins ou Trinitaires qui militaient pour la délivrance des chrétiens captifs de l'infidèle. Ils voyageaient montés sur des ânes.

301.   Les éléments traditionnels du portrait de la colère viennent de la *Psychomachie* de Prudence, v. 113-114 : gonflée, elle écume de la bouche, roule des yeux injectés de sang et périt de sa propre violence. Cf. Du Bartas, *La Seconde Semaine*, Premier Jour, livre III : « Les Furies », 654-670.

306-308.   La Faveur ôte aux fleurs de lys, emblème de la royauté française, leur efficace symbolique, pour la réduire à un ornement (« des bouquets »). A ceux qui la flattent, elle donne à baiser le champ des armoiries, non à ressentir la puissance de la fleur royale. Ces métaphores se fondent sur la décoration de la Chambre dorée, dont les murs étaient couverts de tapisseries à fleurs de lys sur champ d'azur.

309.   *Comment* : de quelle manière (valeur exclamative). La tournure elliptique permet d'insister sur le caractère théâtral et immédiatement présent de l'*imago agens* : l'Ivrognerie est symbolisée par le supplice d'Orphée, que les bacchantes mettent en pièces de leurs ongles, allusion à la cruauté et à l'insensibilité des juges. *Evoué* : évohé, cri rituel des bacchantes.

322. *Non entendus* : car inintelligibles. Il s'agit du latin scolastique des juges et des prélats.

323. *Grains bénits* : grains de chapelet.

324. Les bagues sont aux doigts, les bougies (les cierges) et les feuilles de comptes (pour payer le rachat des fautes) pendent comme breloques au corsage et à la ceinture de l'Hypocrisie.

325. *Ses fats* : les sots, qui forment la clientèle de la tartuferie religieuse.

339. La variante de A est plus compréhensible : « Tu enchéris du tout ». La Jalousie fait une surenchère de scélératesse et l'emporte alors sur le voisin.

361. *La chevêche* : capuchon. Les cheveux sont « présents » (cadeaux) des courtisans : il s'agit donc d'une perruque. Jeu de mots : elle-même coiffée d'un capuchon, l'Ignorance « couronne » (v. 359), et coiffe du même coup la série d'allégories assises à la gauche de l'Injustice (v. 249). A partir du v. 369, on passe à « l'autre banc », c'est-à-dire aux figures siégeant à sa droite.

368. *Ad idem* : « au même ». « On appelait docteurs *idémistes* ceux qui, dans les assemblées, se contentaient d'opiner du bonnet et de dire *idem*, sans apporter de raison » (Littré). L'Ignorance est idémiste : « Toute cause lui est indifférente et claire » (v. 366).

370. *Impiteuse* (impitoyable) est à la Renaissance une épithète de nature pour caractériser le More (ou Maure ou Sarrasin).

381. *Fusil* : silex dont l'étincelle enflamme la poudre dans une arme à feu.

383. *Son cuir trop délié* : « sa peau trop délicate », sensible, par conséquent, à toutes les impressions.

387. On a corrigé « menaces » (au pluriel), qui rend le vers faux, en « menace ». Il faut comprendre alors : « de morgues de menace », par des mimiques menaçantes. Si l'on maintient la virgule, l'hendiadyn permet d'obtenir le même sens.

393. *Menace pour raisons* : menace en guise de raisons.

397. *A nouvelle guise* : selon la nouvelle mode. Le conseiller à la mode, allégorie actuelle de la Vanité, est raillé dans les mêmes termes dans le *Sancy* et le *Fæneste* (« Pléiade », p. 626, 678-679 et 736). Ce portrait peut donc être daté du règne d'Henri IV ou de la régence de Marie de Médicis.

398. *Ses cheveux africains* : crêpés. *Les chausses en valise* : si amples qu'elles peuvent servir de porte-bagages. Cf. à ce sujet l'ironie d'Enay dans le *Fæneste*, I, II, « Pléiade », p. 677.

399. *La rotonde, l'empoix* : hendiadyn signifiant « col empesé ». Il était monté sur carton. Le *double collet perdu* : collet maintenu droit par sa

forte doublure, qui accompagnait la rotonde rigide. Pour l'emploi en même contexte de « perdu », cf. ci-dessus *Princes*, 792.

400. *D'un honnête pendu.* Comme la corde du même, la perruque de pendu était censée porter bonheur. Elle était donc très recherchée. Voir *Les Avantures du baron de Fæneste*, I, II, « Pléiade », p. 680.

401. *Une honteuse place* : la place de Grève, lieu des exécutions capitales à Paris, selon l'interprétation de Garnier et Plattard. — En se fondant sur la ponctuation de T, J.-R. Fanlo propose de rattacher ce vers, non plus au précédent, mais au suivant, ce qui modifie le sens de la périphrase : la « honteuse place » désigne alors le lupanar, d'où le débauché rapporte le « poulet ». D'accord avec cette solution, qui est la plus vraisemblable, nous restituons la virgule de T à la fin du vers 400 et supprimons le point ajouté par Garnier et Plattard après « place ».

402. *Le poulet enlacé* : le billet doux est noué d'un cordon de soie.

407-408. Cf. le portrait du courtisan dans *Princes*, 1281-1298, lui aussi contemporain du règne d'Henri IV. *Pigne* (v. 408) : peigne.

412. Sur la mode des éperons dorés, cf. *Fæneste*, I, II, « Pléiade », p. 678.

413. *Berlan* ou brelan : tripot, maison de jeux. *Renvier*, c'est renchérir, en termes de jeu.

414. *Faire reste* : mettre en jeu tout l'argent qu'on a encore devant soi. L'enjeu étant plus gros, il faut le bénéfice d'un procès criminel pour le couvrir.

421-424. Ces vers, ajoutés dans la seconde édition, visent peut-être les retranchements que les protestants durent subir après les guerres malheureuses de 1621-1622, à la paix de Montpellier (octobre 1622) où ils perdirent quatre-vingts places de sûreté.

432. Marque de flétrissure selon la Bible. Cf. Psaume I, 1 : « Que bienheureux est celui [...] qui ne s'assied point au banc des moqueurs. »

442. *Elle ne porte rien* : elle ne supporte rien.

443. *Cette porque* : la Paresse est accompagnée d'un porc dans l'*Iconologie* de Cesare Ripa. En effet elle ne songe qu'à satisfaire ses appétits charnels.

445. *Les mains à la pochette* : geste de nonchalance, qui devient franchement équivoque dans le *Fæneste*, IV, XIX, « Pléiade », p. 825.

459. *Hébé* : déesse de la jeunesse qui verse le nectar aux dieux.

461. Roboam, fils de Salomon, méprisant les conseils des anciens, provoqua la scission entre Israël et Juda (I Rois XII, 1-25)

465. Le regard de la Trahison évite le regard des autres.

471-474. Ces quatre vers sont cités dans la *Meditation sur le Pseaume LXXIII*, « Pléiade », p. 525.

474. Cf., dans *Fæneste*, IV, 20, « Pléiade », p. 827, le triomphe de

Gueuserie, laquelle « a vis-à-vis d'elle, et qui a part à sa gloire, l'Insolence ».

488. Au chant XIV du *Roland furieux*, str. 83 et 84, la Discorde est déjà une personnification de la Formalité, dont d'Aubigné a pu ici s'inspirer. Cf. plus loin les v. 918 sqq.

489. *Enormes* (sens étymologique) : hors de normes, contraires aux lois.

492-493. Les parlementaires royalistes Jacques-Auguste de Thou et Jacques Gillot accompagnèrent à la Bastille le président Achille de Harlay, lorsqu'il fut arrêté par les Ligueurs le 16 janvier 1589, en représailles de l'assassinat des Guises à Blois les 23 et 24 décembre précédents. Philibert de Thurin, estimé des protestants pour son libéralisme religieux, professa ouvertement la Réforme après sa retraite en 1608. *Et autres que je laisse* : l'énumération devait être complétée, si l'on en croit les quatre lignes en blanc qui apparaissent ici dans l'édition *princeps* de 1616. *Immunes* (v. 494) : exempts.

496. *Bien que tordant le col*. Geste à la Ponce-Pilate : le juge intègre se détourne de l'arrêt inique qu'il signe pourtant.

501. *Le noir Théta* : initiale grecque de Thanatos, la mort, lettre qui servait à marquer la condamnation. Cf. Erasme, *Adages*, I, V, 56.

503. *Porteur de rogatons* : porteur de reliques ou d'indulgences.

516. Allusion à la mercuriale, ou séance de toutes les chambres du Parlement assemblées, du mercredi 15 juin 1559, où le conseiller Anne du Bourg osa, en présence du roi Henri II, protester contre la persécution. Il fut supplicié par le feu à la fin de cette même année (23 décembre). Cf. ci-après *Les Feux*, 545-602.

522. La paronomase « Mercure maqreau » s'explique par le fait que Mercure, dieu éponyme du mercredi, était le protecteur, entre autres, des entremetteurs.

527. Ce second palais et tout le développement qui suit sur l'Inquisition espagnole sont de rédaction tardive et postérieurs à 1598 (mort de Philippe II).

533. *Le taureau d'airain* : allusion au taureau de Phalaris, déjà évoqué dans *Misères*, 819.

539. *Les grillons ferrés* : fers pour les mains ; ici toutes chaînes en général.

546. En vertu de la loi évangélique du renversement des apparences, déjà observée à propos de Coligny (*Tr.*, II, 1231-1232 et 1431-1436), la scénographie de l'autodafé, censée montrer la victoire sur l'hérésie, élève au contraire, selon d'Aubigné, un trophée à la gloire des martyrs. Il s'agit des autodafés de Valladolid (21 mai 1559) et de Séville (24 septembre suivant), qui inaugurèrent le règne de Philippe II.

548. Les san-benito des condamnés au feu annoncent chez Voltaire le détail du célèbre chapitre VI de *Candide* sur l'autodafé de Lisbonne.

550. Les martyrs condamnés par l'Inquisition revivent la Passion du Christ (Matthieu XXVII, 28-29). Ils en portent les attributs dérisoires, qui sont en fait, à l'insu des bourreaux, le symbole d'une vraie royauté. *En effet* (v. 551) : en fait.

557. *L'idolâtre* : le catholique. Toute la suite du passage est régie par l'opposition de l'apparence mensongère (*enfer en peintures, salut en image*) et de la réalité, favorable aux martyrs et conforme au dessein divin. L'idée sera reprise dans *Les Feux*, 60-66, pour décrire le supplice de Jean Hus et de Jérôme de Prague, « Couronnés de papier, de gloire couronnés ».

562. Ce vers fortement ironique représente les juges ecclésiastiques de l'Inquisition montés sur des mules « braves », au sens espagnol de « vaillantes », de « bien harnachées ».

566. Si l'Inquisition date de 1232, c'est Ferdinand le Catholique qui, en organisant le Saint-Office sous la direction du Grand Inquisiteur Torquemada, en fit une institution redoutable. Le Pape Sixte IV (1471-1484) confirma la nomination du Grand Inquisiteur. *Sa compagne Isabelle* (v. 565) : Isabelle de Castille, épouse de Ferdinand d'Aragon.

573. *Ces mi-Mores hautains* : caractérisation injurieuse et traditionnelle des Espagnols, dont l'orgueil est proverbial et que l'on imagine en descendants bâtards de Maures.

582. Pour l'image clé de la tragédie, cf. *Misères*, 81 ; *Princes*, 206-208, etc.

584. Philippe II n'assistait pas en personne à l'autodafé de Valladolid, mais son fils Don Carlos, âgé de quatorze ans. *En l'orchestre* : dans l'hémicycle formé par les galeries unissant les échafauds.

585-586. Deux des docteurs qui assistèrent Charles Quint au moment de sa mort furent condamnés ensuite au bûcher, ce qui accrédita le bruit d'une conversion *in extremis* (le *changement extrême*) de l'Empereur à la Réforme.

594. C'est le cri de la foule à Ponce Pilate essayant de sauver Jésus : « Son sang soit sur nous et sur nos enfants ! » (Matthieu XXVII, 25).

595-599. Les membres du Saint-Office ne mettaient pas la main à l'exécution ni même ne prononçaient l'arrêt de mort. Ils le sollicitaient de la justice civile : ils étaient donc « solliciteurs » en public, mais bien « juges » en secret. Cf. *Les Feux*, 1381-1388, qui éclaire ce passage.

601-602. L'hypocrisie des officiers de l'Inquisition qui se déchargent de l'exécution de la sentence sur le bras séculier les apparente aux Juifs qui criaient : « Crucifie-le ! » (Luc, XXIII, 21 ; Jean XIX, 6), mais répondaient à Pilate : « Nous n'avons le droit de tuer personne » (Jean XVIII, 31).

618. Pour l'image de la tragédie, cf. *supra* v. 582-583 et la note.

626. Par le pouce renversé la foule du cirque demandait la mort du gladiateur vaincu. Souvenir de Juvénal, *Satires*, III, 36-37 : « Verso pollice vulgus Cum iubet, occidunt populariter. »

630. La participation des enfants au supplice des protestants est attestée par de nombreux témoignages dès le début des guerres de Religion en 1562. Il s'agissait, du point de vue catholique, d'innocenter la violence commise au nom du Christ. La vengeance de Dieu s'exerçait alors à découvert, rendue manifeste par l'innocence des enfants ou des fous, auxquels, selon le cas, on abandonnait les suppliciés. Voir sur ce point Denis Crouzet, *Les Guerriers de Dieu*, Champ Vallon, 1990, I, p. 75-91.

633. Pour ce type d'« empoisonnement », cf. Luc XII, 4-5. Il s'agit des religieux qui accompagnaient les condamnés jusqu'au supplice et tentaient de leur arracher *in extremis* une abjuration.

635. Formule empruntée à Matthieu XVI, 24.

638. *L'agneau lié* : symbole du Christ s'offrant pour le rachat des hommes, d'après Esaïe, LIII, 7 et Actes VIII, 32. Pour *lié*, cf. *Jugement*, 747.

641. *Déjà proches du ciel* : l'âme des agonisants, dans l'imminence du transport au ciel, se détache de la prison du corps et entrevoit les secrets interdits au reste des humains. Telle est la théorie exposée par Rabelais dans *Le Tiers Livre*, chap. 21 : « Comment Panurge prent conseil d'ung vieil poëte françois nommé Raminagrobis » (éd. G. Demerson des *Œuvres complètes*, p. 444-447). Sur cette question, voir Jean Céard, *La Nature et les prodiges*, Genève, Droz, 1977, chap. VI, et notamment p. 142 et 148.

643. *Comme cygnes mourants*. Même comparaison chez Rabelais à propos des poètes à l'agonie (*ibid.*) : « Les cycnes, qui sont oyseaulx sacrés à Apollo, ne chantent jamais sinon quand ilz approchent de leur mort, mesmement en Meander, fleuve de Phrygie [...] : de mode que chant de cycne est praesaige certain de sa mort prochaine, et ne meurt que praelablement n'ayt chanté. Semblablement les poëtes, qui sont en protection de Apollo, approchans de leur mort, ordinairement deviennent prophètes et chantent par Apolline inspiration, vaticinans des choses futures. »

648. L'inventeur du bâillon pour étouffer la voix des protestants suppliciés serait le conseiller L'Aubépin, du parlement de Grenoble, dont la mort répondit à la cruauté. Cf. *Vengeances*, 843-860.

649. Cf. II Timothée II, 9 : « Mais la parole de Dieu n'est pas liée. »

652. D'après l'*Histoire universelle*, I, X (éd. A. Thierry, t. I, p. 218 et 234), Etienne Mangin supplicié à Meaux en 1546 et Nicolas de Jeinville (ou Joinville) en 1557 dirent et prièrent Dieu après avoir eu la langue coupée. Ces récits sont conformes à l'hagiographie des premiers martyrs chrétiens comme saint Romain, d'après une homélie de saint Jean Chrysostome et l'*Hymne* X de Prudence, 925-935.

654-658. D'Aubigné amplifie l'antique formule « Sanguis martyrum, semen Christianorum », présente au début de l'*Histoire des Martyrs* de Jean Crespin. Il la combine au Psaume XCII, 13-15, qui exprime la floraison féconde des justes dans les parvis de l'Eternel. *Ouvrent* (v. 656), du verbe « ouvrer » : élaborent, au sens alchimique du terme, le baume salutaire. Cf. « l'ouvroir du curieux chimique » (*Jugement*, 511). — Pour l'hémistiche : *Les cendres des brûlés*, cf. ci-dessus le v. 182 et la note.

659-662. C'est le thème traditionnel de la fontaine ou du pressoir mystique, fréquent dans l'iconographie médiévale. Cf. le Psaume I, 3, et Du Bartas, *Le Triomfe de la Foi*, III, 93-96.

664. D'Aubigné marie au thème religieux des images de la lyrique amoureuse. Cf. *Le Printemps*, sonnet XX, 5-8. Le Zéphyr, brise d'ouest douce et fertilisante, vient des poètes grecs et latins.

665. *L'ouvrier parfait de tous* (valeur superlative) : Dieu le Créateur, artisan parfait entre tous.

667. D'après le Psaume LVI, 9 : « Recueille mes larmes dans ton outre. » On pense aussi aux vases servant de reliquaires, dans lesquels les anges descendus du ciel recueillent le sang des martyrs, dans la vision finale des *Fers*, 1500-1508.

669-670. C'est l'annonce de la litanie des martyrs qui, épousant un ordre géographique, remplit le livre des *Feux*. Ce catalogue commencera par la blanche « Albion » (l'Angleterre), ici mise en valeur par sa position centrale dans le vers.

671-672. Pour ce compte final au jour du Jugement, cf. Apocalypse XX, 13. Est ici préfigurée la scène du tribunal des éléments (*Tr.* VII, 767-802). Quatre étant le chiffre de la terre, les « quatre parts du monde » désignent la totalité de la Création.

674. *Vos acroches* : les moyens de procédure pour retarder, laisser au croc une affaire, un procès.

675. *Exoine* ou exonie : dispense pour ne pas siéger ou juger.

676. *Grands Jours* : assises extraordinaires que les rois de France envoyaient tenir ou tenaient eux-mêmes dans les parlements de province.

684. Expression biblique marquant l'endurcissement des cœurs : Ezéchiel XII, 2.

685-688. *Ce qui pend sur vos chefs...* Cette « histoire » — au sens pictural de « scène à personnages » — « tracée » sur la voûte de la Chambre dorée, ne correspond pas à une ornementation réelle. Son emplacement, autant que son contenu, a valeur symbolique : la fresque imaginée par d'Aubigné est suspendue sur la tête des mauvais juges à la manière d'une épée de Damoclès. Silencieuse et presque effacée, elle contient, pour peu qu'on sache la lire, l'annonce d'une condamnation. Mais rares sont les « esprits avisés » capables de déchiffrer sous les repeints ultérieurs (« d'autres traits déguisés ») la scène originelle.

692. Babel (ou Babylone) symbolise l'Eglise catholique, que les protestants du XVIe siècle réputent idolâtre. Allusion aux émeutes de Rome à la mort de Paul IV (1559) contre la prison de l'Inquisition, qui fut brûlée, et un couvent de Dominicains ou « Jacobins », comme on disait alors (*Histoire universelle*, II, 29 ; éd. A. Thierry, t. I, p. 345-346). Sur la mort du pape Paul IV Caraffa, voir ci-après *Vengeances*, 515-516.

694. *Dominique* : saint Dominique, le fondateur de l'ordre des Dominicains (1215), que l'on a considéré comme le premier Grand Inquisiteur. Il prêcha contre les Albigeois.

695. Le triomphe de Thémis, divinité grecque de la Justice qui symbolise ici la Justice divine, par opposition à la justice humaine, forme le dernier volet de *La Chambre dorée* (695-954). Il se situe dans la lignée nombreuse des *Triomphes* de Pétrarque. Du Bartas avait publié en 1574, dans sa *Muse Chrestienne*, un *Triomfe de la Foi*. D'Aubigné reprendra, sur le mode parodique, le procédé du triomphe dans le livre IV du *Faeneste* (chap. XVI-XX).

708. Moïse, sur le mont Sinaï (« Sina »), reçut de Dieu les deux tables de la loi, où étaient gravés les dix commandements (Exode XXXI, 18, et XXXIV, 1 ; Deutéronome IX et X). Le règne de la loi succéda alors au règne de la nature. Moïse exécuta les vengeances de Dieu en punissant les adorateurs du veau d'or (Exode XXXII, 26-29) et, plus tard, en réprimant les unions avec des femmes moabites (Nombres XXV, 1-5).

711. Phinées, petit-fils du grand prêtre Aaron, cloua d'une lance un Israélite forniquant avec une Madianite. Dieu fit alors cesser la peste dont il avait frappé le camp (Nombres XXV, 6-18).

714. Josué fit lapider Achan par le peuple, pour avoir dérobé une partie du butin de Jéricho, frappé d'anathème. Cf. Josué VII, 1-26.

715. Jephté avait fait le vœu de sacrifier à Dieu la première personne qui sortirait de sa maison après sa victoire sur les Ammonites : ce fut sa fille. Cf. Juges XI, 29-40.

717. I Samuel VIII, 4-18 : Samuel indique aux anciens d'Israël tous les traits de tyrannie qu'ils doivent attendre d'un roi. D'Aubigné s'appuie sur ce passage dans *Du debvoir mutuel des rois et des sujets*, « Pléiade », p. 467.

722-728. Tableau du « Jugement de Salomon », d'après I Rois III, 16-28. La scène a une signification allégorique, qu'expose l'épître liminaire de l'*Histoire des Martyrs* de Jean Crespin (Genève, Pierre Aubert, éd. de 1619, f. *ij r°) : la mère perfide, au « front pâle et sans pitié », c'est l'Eglise catholique, qui n'hésite pas à vouloir la mort d'une progéniture qui n'est pas à elle (« homicide altérée du sang qui ne lui appartient nullement »). En revanche celle qui a « la larme à l'œil, toute en feu d'amitié », c'est l'Eglise réformée, éperdue d'amour pour les martyrs, ses fils que sa rivale haineuse s'apprête à faire tuer par le bras séculier d'une justice qu'elle cherche à corrompre.

729.   Salomon, lors de son avènement, fit tuer son frère aîné Adonias (I Rois II, 13-25). Plus tard ses concubines, d'origine étrangère, l'entraînèrent à l'idolâtrie.

731.   Josaphat, roi de Juda, arrière-petit-fils de Roboam (I Rois XXII, 43), et Ezéchias (Ezéchie), roi de Juda (II Rois XVIII, 6-7), respectèrent l'un et l'autre l'Alliance. Josias (II Rois XXII-XXIII), qui purifia de l'idolâtrie le temple de Jérusalem et tout le territoire de Juda, est pour les Réformés le symbole du roi juste, restaurateur de l'Alliance. En 1566 fut publiée à Genève une tragédie de *Josias*, traduite de l'italien d'un certain M. Philone (éd. par Rosanna Gorris, in *La Tragédie à l'époque d'Henri II et de Charles IX*, vol. 3, Florence, Olschki, 1990, p. 87 sqq.).

732.   Néhémie, au retour de la captivité de Babylone, fit relever les murailles de Jérusalem. Le prophète Esdras, à la même date, renouvela l'Alliance du peuple juif avec l'Eternel.

733.   Daniel II, 24. Le prophète Daniel sauva de la mort les sages de Babylone en expliquant à Nebucadnetsar le songe de la statue. — *Epeluchant les cœurs* : allusion au procès de Suzanne, où les deux vieillards furent convaincus de faux témoignage.

735.   *Inquisiteur* (= enquêteur) *parfait* : en ce sens qu'il sut mener l'enquête jusqu'à son terme, prouvant l'innocence de Suzanne et la volonté criminelle de ses accusateurs. — *Procédant sans reproche* : instruisant le procès en toute équité.

737.   La coquille sur laquelle était marquée la sentence d'ostracisme qui le bannissait d'Athènes en raison même de sa justice incorruptible. Voir Plutarque, *Vie d'Aristide*, chap. XVI-XX.

739.   Artaxerxès III Ochos, roi de Perse de 359 à 337, surnommé l'Egyptien parce qu'il reconquit l'Egypte révoltée. On ne voit pas pourquoi d'Aubigné le place parmi les justes.

740.   Tomyris, reine des Massagètes, fit plonger dans une outre de sang la tête de Cyrus l'Ancien qu'elle tenait pour responsable de la mort de son fils (Hérodote, I, 214). D'Aubigné, au v. 741, semble avoir confondu Cyrus avec Crassus, riche Romain tué dans une expédition contre les Parthes. Le non moins riche Crésus, roi de Lydie, après sa défaite contre Cyrus, devint son conseiller et le poussa à défier Tomyris (Hérodote, I, 207).

744.   Périphrase désignant Lycurgue, le législateur légendaire de Sparte, souvent associé, comme ici, à Solon, le législateur d'Athènes. A chacun d'eux Plutarque consacra une de ses *Vies*.

745.   Cyrus l'Ancien, vainqueur de Babylone (538 av. J.-C.), autorisa le retour des Juifs dans leur pays et la reconstruction de Jérusalem.

Assuérus répondit à la prière d'Esther et sauva de l'extermination les Hébreux demeurés dans son empire.

746.   Agatocle (359-286 av. J.-C.) : fils d'un potier de Rhegium et devenu tyran de Syracuse, il affectait de se faire servir dans de la vaisselle de terre.

750.   Le tribunal de l'Aréopage (colline d'Arès ou du meurtre) à Athènes, qui, à l'origine, jugeait les crimes de sang.

754.   Manlius, surnommé Capitolinus. Alerté par le cri des oies, il sauva le Capitole attaqué par les Gaulois (390 av. J.-C.).

755.   Pluriel d'emphase désignant C. Fabricius Luscinus. Député vers Pyrrhus, roi d'Épire en 280 av. J.-C., pour négocier l'échange des prisonniers, il refusa les cadeaux de ce prince. C'est à lui que Rousseau, dans le *Premier Discours*, prête la prosopopée fameuse. *Ces princes laboureurs* font aussi penser à Cincinnatus, que l'on tira de sa charrue (*de l'arée*, v. 756) pour le nommer dictateur. *Empereur* a le sens latin d'*imperator*, général en chef.

761.   Allusion à l'épisode des 306 Fabii et de leurs 4 000 clients anéantis dans une embuscade par les Véiens (478 av. J.-C.).

763-764.   Les Ptolémées, que Rome prit plusieurs fois sous sa protection contre les Séleucides de Syrie.

765.   Sous le règne de Justinien, empereur d'Orient de 527 à 565, fut rédigé le *Corpus juris civilis*, comprenant notamment le Code Justinien.

766.   Antonin le Pieux (138-161 ap. J.-C.) et Septime-Sévère (193-211). En contradiction avec le présent passage, Sévère figure dans *Vengeances*, 567, parmi les princes persécuteurs du christianisme.

770.   *Justes mondains* : justes selon le monde.

772.   *Les Saliens* ou Francs Saliens : c'est à eux que remonterait la loi salique, interdisant aux femmes l'accès à la dignité royale. D'Aubigné invoque cette loi sacro-sainte à l'encontre des régences de Catherine et de Marie de Médicis, qui, du XVIe au XVIIe siècle, se sont succédé « en deux siècles infâmes ». Si la monarchie n'est pas virile, elle dégénère en tyrannie. Cf. ci-dessus *Princes*, 675-676.

775.   Ces « pilules » sont les boules figurant dans les armoiries des Médicis. Le « Tusque » ou Toscan, c'est l'Italien honni.

783-784.   Ces juges font servir leur « adresse » (leur intelligence) de « témoin » (de garant) en faveur de la victime dont le procès est « douteux », c'est-à-dire en doute.

791.   *Appareiller* : rendre la pareille, en égalant « ses faussetés ».

789-808.   Ces exemples de la « bonne justice » d'un duc de Bourgogne sont un ajout de la seconde édition.

808.   C'est le problème des sépultures protestantes, que les catholiques ne voulaient pas admettre dans leurs cimetières ou qu'ils violaient, en dépit des édits royaux. Henri de Sponde, évêque de Pamiers, le frère du poète, publiait en 1598 un traité intitulé *Les Cimitieres sacrez*

(Bordeaux, S. Millanges), où il déclarait qu'il fallait interdire aux « hérétiques » de se mêler *post mortem* aux bons catholiques (chap. III, p. 105) : « les membres de Jésus-Christ n'auraient-ils pas horreur de coucher en même lit avec les membres de l'Antéchrist ? [...] les enfants de Dieu voudraient-ils mêler leur propre chair et leurs propres os avec la chair et les os des rejetons de Satan ? les héritiers de paradis se voudraient-ils joindre avec les domestiques d'enfer ? » Cf. sur ce point la *Confession catholique du Sieur de Sancy* (« Pléiade », p. 648) et ci-après *Jugement*, 455 et la note.

811. *Un Sforce* : sans doute François-Alexandre Sforza (1401-1466), condottiere qui s'empara de toute la Lombardie et fut l'allié de Louis XI.

813. Jean Caraccioli, prince de Melfi (1470-1550), qui gouverna le Piémont sous François Ier.

817. Comprendre ainsi le zeugma : un tyran fit pendre le coupable et en même temps sa propre parole (« sa foi »), en diffamant le renom de la femme qui s'était vainement donnée à lui pour sauver son mari. Cette histoire tragique jouit déjà d'une certaine vogue au temps de d'Aubigné. Elle est tour à tour située au Pays-Bas, où elle illustre la bonne justice de Charles le Téméraire (Pontus Heuter, *Rerum burgundicarum libri sex*, Anvers, Christophe Plantin, 1584, lib. V, p. 165-167 ; cf. Emmanuel Van Meteren, *L'Histoire des Pays-Bas*, trad. fr. par Jean de La Haye, La Haye, 1618, f. 3), et dans l'Angleterre de Jacques II (Rapin de Thoyras, David Hume, Oliver Goldsmith). Elle connaîtra de nouvelles fortunes au Siècle des Lumières et jusque chez Diderot et Sade. Voir sur ce point Michel Delon, « Chantage et trahison : la récurrence d'un scénario sadique dans la littérature française du dix-huitième siècle », in *Le Siècle de Voltaire. Hommage à René Pomeau*, Oxford, The Voltaire Foundation, 1987, p. 365-379.

821. *A train de deuil* : avec la lenteur et la gravité d'un cortège funèbre.

822. *La troupe de retraite* : l'arrière-garde, composée des martyrs enveloppés de leurs linceuls et couronnés de cyprès, plante funéraire. Pour la thématique de la blancheur, à la fois funèbre et glorieuse, cf. le triomphe du début des *Feux*. La rime « sang/blanc » (v. 823-824) se retrouve ultérieurement dans *Les Tragiques*, et principalement dans *Les Feux*, 3-4, 59-60, 1275-1276. Cf. *Fers*, 1499-1500 ; *Vengeances*, 43-44 ; *Jugement*, 113-114 ; 181-182.

826. C'est le trône de Dieu en gloire au jour du Jugement. Cf. Apocalypse IV, 2-5.

828. *Regard* : aspect. Le *Hasmal* biblique est un alliage d'or et d'argent d'un blanc éclatant. D'Aubigné associe à l'Apocalypse IV, 5-9, la vision d'Ezéchiel, I, 4 sqq. La vision des quatre animaux est commune aux deux textes.

840. D'après I Rois X, 18-20.

848. L'arrivée du Juge en son trône de gloire est évoquée en Matthieu XXV, 31.

851. *Relever appellation*, c'est interjeter appel, en en appelant à une juridiction supérieure. Ce passage est décisif pour toute l'économie du poème : la Justice divine relève la justice humaine, qu'elle contredit et renverse, mais qu'elle ne saurait annuler. Celle-ci, sur le mode inverse et à son insu, sanctionne d'emblée l'élection des martyrs, qui gagnent leur procès en seconde instance, devant le tribunal de Dieu. Cf. F. Lestringant, *La Cause des Martyrs*, Mont-de-Marsan, 1991, p. 21-30.

855. Cf. Apocalypse IV, 5, et Psaume CIV, 4 ; *supra* v. 3-7.

860. Les protestants François de Beauvais, seigneur de Briquemault, familier de Condé et de Coligny, et Armand de Cavagnes furent pendus le 29 octobre 1572. D'où l'attribut du « cordeau ».

861. Gabriel de Lorges, comte de Montgomery (1530-1574), auteur du coup de lance mortel porté à Henri II lors du tournoi du 30 juin 1559. Catherine de Médicis le poursuivit de sa vindicte et le fit exécuter en Grève le 26 juin 1574.

862. Charles du Puy, seigneur de Montbrun, vainqueur des Suisses royaux à Châtillon-en-Diois le 13 juin 1575. Fait prisonnier en juillet, il fut condamné à mort et exécuté sur ordre exprès d'Henri III le 12 août.

866. Némésis, fille de Jupiter et de la Nécessité, déesse de la vengeance. Cf. Ronsard, *Hymne de la Justice*, v. 420.

869. *Bouche* : « boucle » de la chaîne que traîne Némésis.

876. Barnabé Brisson, premier président du parlement de Paris ; Claude Larcher, conseiller en la grande chambre, et Jean Tardif du Ru, conseiller au Châtelet, tous trois soupçonnés de sympathie pour Henri IV, furent pendus par le gouvernement ligueur des Seize le 15 novembre 1591.

877. Plaisanterie macabre, au demeurant traditionnelle : ces bourreaux devenus condamnés ont une corde de chanvre en guise de fraise autour du cou. *Chevaistre* ou chevêtre : licol.

878. Trois des curés ligueurs de Paris, qui galvanisaient le peuple contre Henri IV et les Politiques : Jean Boucher, curé de Saint-Benoît, Jean Lincestre ou Guincestre, curé de Saint-Gervais, et Pierre-François Pigenat ou Pragenat, curé de Saint-Nicolas-des-Champs.

882. Allusion à la colère de Jésus contre les marchands du Temple, Matthieu XXI, 13. Les vers qui suivent, appliquant le thème du monde renversé aux exactions de la Ligue, rappellent le début de la harangue du Politique Claude d'Aubray dans la *Satyre Ménippée* : « O Paris, qui n'es plus Paris, mais une spélonque de bêtes farouches... » (éd. Ch. Read, Paris, Jouaust, 1880, p. 176).

884. Nouvelle allusion à la pendaison de Brisson dans une salle du Petit Châtelet.

892. *Ubris* ou hybris, qui qualifie la démesure blasphématoire, était le titre initialement prévu pour *La Chambre dorée*. Dans l'*Hymne de la Justice*, v. 517, Ronsard évoque Até, déesse de Méchef, que Jupiter déchaîna contre les mauvais juges. Cf. *Iliade*, IX, 502.

896.   Mammon, dieu de la richesse chez les Syriens.

899.   A la prière d'Ezéchias, roi d'Israël, l'armée de Sennachérib fut décimée par l'ange durant la nuit : II Rois XIX, 15, 19, 35.

900.   Cf. dans *Fers*, 645-649, l'anecdote du juge mis à mort et éventré par ceux qui cherchaient de l'or dans ses boyaux.

901.   Le grincement de dents : expression tirée de l'Evangile et qualifiant le tourment de ceux qui sont rejetés dans les ténèbres extérieures : Matthieu VIII, 12 ; XIII, 42, 50 ; XXII, 13, etc.

903-906.   Les quatre roues du char (Ezéchiel X) symbolisent les quatre parties de la Justice. Roues de droite : point du droit, règle et savoir juridiques ; roues de gauche : point du fait, témoignage. Les roues arrière étant plus grandes que les roues avant, le point du droit englobe le savoir juridique et l'entraîne ; le point du fait englobe le témoignage et le « pousse » (v. 906). L'unité de mouvement du char, c'est l'unité de la justice accomplie à travers toutes ses parties.

911.   Le bandeau est symbole de l'incorruptibilité de la Justice. Cf. ci-dessus v. 240 et la note.

914.   La licorne est symbole de chasteté, donc de pureté.

915.   Cf. l'Ecclésiastique XXXV, 15 : « Il ne méprise point la requête de l'orphelin ni de la veuve. »

918.   Ressemblance formelle indéniable entre la débâcle des termes de procédure chez d'Aubigné et la déroute des tropes « effarés » dans la « Réponse à un acte d'accusation » de Victor Hugo, *Les Contemplations*, I, 7, éd. P. Albouy, « Pléiade », p. 496.

919-926.   *Interlocutoire* : procès-verbal d'instruction ; *appointement à plaider* : sommation adressée par le juge aux parties d'avoir à plaider à date fixée ; *intendit* : offre faite par le demandeur de prouver certaines conclusions ; *compulsoire* : acte contraignant un dépositaire public de titres et d'actes à les présenter ; *dérogatoire* : autorisation de déroger à la règle ; *paréatis* : ordre d'obéir ; *réplique* : réponse du demandeur aux contredits du défendeur ; *duplique* : réponse à la réplique ; *objets* : objections faites aux témoins ; *salvations* : garanties données en faveur des témoins produits ; *guever* : délaisser. On trouve une kyrielle analogue de termes de procédure dans la bouche du juge Bridoye chez Rabelais, *Tiers Livre*, XXXIX, éd. G. Demerson des *Œuvres complètes*, p. 512.

929.   La Basse-Normandie était réputée pour son esprit de chicáne, de même que le Poitou (v. 934).

930-931.   Le *Contre-Antéchrist* d'Avignon n'est autre que l'Anti-Pape installé dans cette ville par les rois de France. Les papes d'Avignon, en publiant des *Décrétales*, étendirent leur juridiction temporelle au détriment du monarque.

936. *Les Grisons* : les cantons des ligues grises étaient protestants.

942. *Les états* : les offices judiciaires et administratifs.

943-944. Echo d'une sentence de l'Ecclésiaste, II, 11.

955. *L'idée*, au sens platonicien : le prototype, le modèle.

959. La phrase de huit vers qui commence ici est citée par d'Aubigné dans la *Meditation sur le Pseaume LXXXIV* (« Pléiade », p. 517), pour illustrer les prospérités des princes fidèles à l'alliance, avec ce commentaire en guise de transition : « Me soit permis de choisir entre tous les exemples de nostre siecle celui de la Roine *Elisabeth*, de laquelle on a escrit [...] ».

960. La sellette étant le banc des accusés, d'Aubigné fait ici allusion à l'emprisonnement d'Elisabeth à la Tour de Londres en 1554, sous le règne de la catholique Marie Tudor.

960-962. Pour le mouvement parallèle et inverse d'un couronnement achevé en supplice, voir l'évocation de la mort de Jeanne Grey dans *Les Feux*, 215-220.

967. Le Paraclet, c'est le Saint-Esprit qui, le jour de la Pentecôte, communiqua aux apôtres le don des langues. Cf. l'éloge d'Elisabeth par Du Bartas, *Seconde Semaine*, Second Jour, « Babylone », 634-644, qui loue son pouvoir de « haranguer en latin, grec, français, espagnol, tudesque (allemand) et florentin ».

972. Les sujets d'Elisabeth se battent comme lions au-dehors, contre l'ennemi espagnol, mais au-dedans sont des brebis, des ouailles (« oueilles ») dociles.

975. *La dorne* : le giron. C'est l'un des mots sentant « le vieux, mais le libre françois », que, si l'on en croit l'avis « Aux lecteurs », Ronsard recommandait à ses disciples de conserver pieusement. Voir ci-dessus p. 366, note 17.

976. La licorne qui, selon la légende, ne pouvait être apprivoisée que par une vierge, entrera dans les armoiries d'Angleterre en 1603, lors de la réunion des couronnes d'Angleterre et d'Écosse à l'avènement de Jacques 1er. C'est l'année ou d'Aubigné compose cet éloge d'Elisabeth, la Reine vierge, qui venait de mourir. Le présage heureux est en réalité une « apophétie », que trahit l'anachronisme. Voir Yvan Loskoutoff, « Astrée à la licorne », BHR, LIV, 1992, p. 373-384.

980. *Exercites* : ici, armées navales. Allusion au désastre de l'Invincible Armada de Philippe II (1588).

987. Rose rouge et rose blanche, emblèmes des maisons de Lancastre et d'York, engendrent par leur alliance, lors du mariage d'Henri VII, la rose unique de la dynastie régnante des Tudors.

988-990. Allusion aux navigations anglaises du temps d'Elisabeth et notamment à la circumnavigation ou « Fameux Voyage » de Francis Drake (1577-1580).

990. *Grand'Reine de la mer* : rapproché de « rose sans seconde », ce titre évoque étrangement les litanies de la Vierge, auxquelles cet éloge de la reine protestante est secrètement apparenté. Voir M.-M. Fragonard, « L'Eloge d'Elisabeth », *Cahiers Textuel*, Nº 9, 1991, p. 39-52.

991. *Neuf lustres* : soit quarante-cinq ans. Elisabeth régna en effet de 1558 à 1603. Ce passage des *Tragiques* est évidemment postérieur à la mort de la reine.

992. Psaume XC, 10 : « Les jours de nos années reviennent à soixante et dix ans. »

993. Débora : prophétesse et juge en Israël, qu'elle gouverna en paix pendant quarante ans (Juges IV et V). Son règne fut donc légèrement plus court que celui d'Elisabeth.

996. Jacques Iᵉʳ Stuart.

998. Autant ou plus que l'expression biblique « rassasié de jours » appliquée à Abraham (Genèse XXV, 8), Isaac (XXXV, 29) et David (I Chroniques XXIX, 28), ce vers rappelle curieusement, mais en l'inversant, la formule par laquelle Juvénal dépeint Messaline au sortir de ses débauches : « et lassata viris necdum satiata recessit » (*Satires* VI, 130). Plus tard dans son testament, d'Aubigné s'appliquera à lui-même une expression très voisine : « Quand donc il plaira à Dieu appeler mon âme lassée de vains travaux, en son véritable repos, rassasiée et non ennuyée de vivre... » (*OC*, éd. Réaume et de Caussade, t. I, p. 117). — On sait que Baudelaire a choisi la formule de Juvénal pour titre d'un des sonnets des *Fleurs du mal*, Spleen et Idéal, XXVI, « Sed non satiata ».

1000. Souvenir biblique du Psaume LXXIX, 12, dans la version protestante de 1588.

1008. David s'accompagnait de la harpe (I Samuel XVI, 17, 23).

1009-1054. Le lyrisme prophétique s'exprime ici par la paraphrase du Psaume LVIII. Aux onze versets du Psaume après l'introductif correspondent ici onze quatrains, dont le rythme mélodique, les parallélismes, les hébraïsmes et les images sont calqués sur le texte biblique.

1012. *Fils d'Adam* : transcription exacte de la formule hébraïque du Psaume LVIII, 2.

1013. L'expression est de saint Paul, Romains XIV, 12.

1014. Même jeu de mots sur « rendre » et « vendre » qu'un peu plus haut, aux v. 953-954.

1024. Même évocation pour peindre le démon dans *Les Fers*, 69-70.

1026. *Armé de soi* : couvert par les replis de son propre corps.

1050. Psaume LVIII, 11. Le geste du sang jeté vers le ciel se rencontre souvent dans *Les Tragiques* : I, 86 ; IV, 1069 ; V, 359 ; VI, 649-650.

1060. Thème de nombreux Psaumes, LXXIX et LXXX notamment.

1061-1062. La prophétie des derniers temps s'achève tout naturellement par une paraphrase de l'Apocalypse : XXII, 17.

IV. LES FEUX

1. *La porte dorée* : porte de Jérusalem située à l'Orient du Temple, traditionnellement identifiée avec la Porte Close d'Ezéchiel (XLIV, 1-3). Aujourd'hui murée, elle ne se rouvrira qu'à l'heure du Jugement, pour laisser passage au Messie.

4. Le caillou blanc est un signe d'élection (Apocalypse II, 17), comme le vêtement blanc (VII, 9). Les écharpes blanches portées par les troupes royales en France deviennent à partir de 1589 celles des troupes d'Henri IV. Pour la rime sang/blanc, cf. ci-dessus *La Chambre dorée*, 823-824 et la note du v. 822.

5. Cf. Psaume XXIV, 9 et Néhémie VII, 3.

6. Le lion est le symbole de la tribu de Juda : Genèse XLIX, 9 ; Osée V, 14 ; Apocalypse V, 5.

11. D'Aubigné souligne ici le dogme calviniste de la prédestination. Cf. Apocalypse XVII, 8.

12. *Le cheval blanc* : autre signe d'élection, d'après Apocalypse XIX, 14.

14. Ambivalence du feu, destructeur et purificateur. *Candides* a le double sens moral et étymologique (« blanc », « éclatant », « lumineux »). Pour la valorisation accordée au feu sur les autres éléments, cf. Jean de La Taille, *La Géomance abrégée*, Paris, Lucas Breyer, 1574, f. 2 r° : « Le Feu est invisible, pur, net, non corruptible, et presque incompréhensible... Il est au Ciel pour lustre, aux Enfers pour peine, en la Terre pour notre usage [...]. tellement qu'il n'y a Corps au monde qui ait vie, sinon par le Feu. »

15. Ces *témoins* sont les martyrs, au sens étymologique du terme. *Les Feux* sont un livre des martyrs, à la différence des *Fers*, qui rassemblent la cohorte plus confuse des « fidèles persécutés ». Pour cette distinction, qui recouvre partiellement le découpage chronologique en deux périodes, printemps-été des bûchers et automne-hiver des massacres et des guerres, voir ma préface, ainsi que plus loin la note sur le v. 1235.

22. Ce livre, ainsi que le suivant, sera composé d'une suite de « tableaux » vivants, répondant au principe de l'*énargeia*, qui donne à voir pour mieux frapper les sens et l'esprit du lecteur.

24. Le songe matinal, à la différence de la vision vespérale et démoniaque de Fortune dans *Princes*, 1177 sqq., est un songe de bon augure. Pour cette opposition, voir saint Augustin, *De Genesi ad litteram*, IV, 39-50, cité par M.-M. Fragonard, *La Pensée religieuse d'A. d'Aubigné*, 1986, t. II, p. 870-872.

45. D'Aubigné annonce l'*Histoire universelle*, dont l'élaboration est largement parallèle à celle des *Tragiques*. Là où le poète jouit d'une certaine liberté dans le choix et l'agencement de ses matériaux, l'historien doit s'en tenir rigoureusement au fil chronologique et n'omettre aucune circonstance. Pour cette distinction entre la poésie et l'histoire, d'Aubigné est tributaire de Ronsard, Préface sur la *Franciade* (1572 et 1587 ; éd. P. Laumonier des *OC*, t. XVI, p. 3-4 et 336-337), et plus lointainement d'Aristote, *Poétique*, 1451 a et b, ainsi que de Quintilien, *Inst. Orat.*, X, 31.

53. Verset de l'Apocalypse, VI, 9, déjà paraphrasé au début de *Misères*, 13-14.

62. Sodome désigne Rome, siège de la Papauté, qui fit brûler Jean Hus et Jérôme de Prague à Constance lors du concile en 1415 et 1416.

63-66. Allusion à la couronne de papier que portaient les condamnés de l'Inquisition et qui devient ici vraie couronne de gloire. Pour la même idée, cf. *La Chambre dorée*, 548-560.

69-70. Cf. l'ouverture de *Princes*, 6-8.

71 et 73. Pour l'image de la cendre-semence, cf. *La Chambre dorée*, 654-658, et ci-après les vers 1181-1182 et 1233.

73-76. Les pauvres de Lyon, groupés autour de Valdo, à la fin du XIIe siècle, d'où le nom de Vaudois, ne reconnaissaient pas la transsubstantiation et refusaient toute hiérarchie ecclésiastique. Contrairement à ce qu'affirme d'Aubigné à la suite d'autres historiens réformés, il n'y a pas de parenté stricte entre eux et les Albigeois ou cathares, dont l'hérésie manichéenne échappe à la sphère du christianisme.

77. *Gérard* : hérétique anglais que d'Aubigné rattache à l'hérésie cathare.

84. Cette maxime est tirée d'un verset de Matthieu V, 10. Cf. I Pierre IV, 14. Jean Crespin l'a fait figurer en lettres capitales dans l'épître liminaire de l'*Histoire des Martyrs* (éd. de 1619, f. 2 v°) : « Bien heureux ceux qui souffrent pour justice » — et c'est sous cette forme que d'Aubigné la reprend dans son *Histoire universelle*, II, 8, éd. A. Thierry, t. I, p. 195.

88. *Wiclef.* John Wyclif ou Wycliff (vers 1328-1384), condamné par le concile de Londres en 1382, ne fut pas lui-même martyrisé. Mais plus de quarante ans après sa mort et une nouvelle condamnation lors du concile de Constance (1415), ses restes furent exhumés, brûlés, et ses cendres jetées dans la Swift (1428). — On note à la rime l'équivoque *clef / Wiclef.*

91. James Bainham, avocat, fut brûlé à Londres en 1532, parce qu'il niait le Purgatoire. Le récit de son martyre est emprunté par d'Aubigné au martyrologe de Crespin.

97. *Fricht* : Jean Fryth, de Londres, brûlé en 1534.

102. Trois disciples de Wiclif, brûlés entre 1400 et 1416.

108. Thomas Cranmer, archevêque de Cantorbery, fut brûlé en 1556, bien qu'il ait à un moment de son procès rétracté « toute hérésie de Luther et de Zwingle ».

123-124. Le chas : le trou de l'aiguille. Echo d'une parabole de l'Evangile (Matthieu, XIX, 24).

126. « Angleterre = terre d'Anges ». Le jeu de mots est ancien sous sa forme latine : « Angeli, non Angli ». Cf. la variante de T pour ces deux vers :

> *Poursuivons l'Angleterre, où les vertus estranges*
> *La font nommer païs non d'Angles, mais des Anges.*

127. Thomas Haux, gentilhomme de l'Essex, brûlé à Cockshall le 10 juin 1555. Cf. l'*Histoire universelle*, II, 10, *op. cit.*, p. 227. On notera le jeu de mots à la rime (« Haux/haut »), l'équivoque ou annomination révélant un plus haut sens : c'est dans le geste symbolique qu'il fait au moment de mourir que le martyr découvre la vérité de son nom.

136. *Nourrisson Norris* : nouvelle annomination symbolique. Il s'agit de Thomas Norys, brûlé à Norwich en 1507.

138. Fusion d'une expression familière « chemin d'épines » et d'une image évangélique : « Car la porte est étroite, et le chemin étroit qui mène à la vie : et il y en a peu qui le trouvent » (Matthieu VII, 14).

144. La couronne du martyre, comme dans les *Hymnes* de Prudence.

157. Anne Askève, brûlée en 1546, subit la question mais refusa de donner les noms de ses coreligionnaires.

180. Le secours de Dieu met les tourments et le corps à part de l'âme, sur laquelle la torture n'a pas prise.

195-196. Fameuse apostrophe de saint Paul en I Corinthiens XV, 55, déjà paraphrasée par Marot dans la *Déploration de Florimond Robertet*, v. 276, in Clément Marot, *L'Adolescence clémentine*, éd. F. Lestringant, coll. « Poésie/Gallimard », p. 267.

200. Réminiscence biblique : I Samuel II, 2 : « Et il n'en est pas d'aussi fort que notre Dieu. »

201. Imitation du martyre d'Etienne, le protomartyr, d'après Actes VII, 55-56. Pour la transfiguration du mourant sur le bûcher, voir plus loin les v. 1275-1284, qui font mention expresse de « ce grand Etienne ».

207. *L'autre* : Jeanne Grey, petite-nièce d'Henri VIII, décapitée à Londres le 12 février 1554, dans sa dix-septième année. Tout ce passage, jusqu'au vers 220 inclus, est cité, avec quelques légères variantes, dans la *Lettre à Madame, Sœur unique du Roy, de la douceur des afflictions*, épître rédigée en 1600 et publiée l'année suivante sans nom d'auteur (éd. Réaume et de Caussade, t. I, p. 536). L'exemple de l'infortunée princesse d'Angleterre est employé par d'Aubigné à fortifier Catherine de Bourbon, sœur de Henri IV, dans sa résistance à ses convertisseurs catholiques. Dans le 41e quatrain de ses *Tablettes de la vie et de la mort* (1607), le conseiller catholique Pierre Matthieu commet un larcin de deux vers (v. 215-216) pour appliquer à Marie Stuart, décapitée en 1587, la même antithèse dramatique du trône et de l'échafaud :

> *Ceste Reyne qui n'eust qu'un chasteau pour retraicte,*
> *Prisonniere ça bas et Princesse là haut,*
> *Sentit un vent d'acier qui luy trancha la teste,*
> *Changeant son royal throsne au sanglant eschaffaut.*

D'Aubigné se plaint à juste titre de cette indélicatesse dans l'avis « Aux Lecteurs » qui ouvre *Les Tragiques*. Voir ci-dessus p. 366, note 14.

215-220. Mêmes images, mais mouvement inverse, pour le couronnement d'Elisabeth : *La Chambre dorée*, 960-962. Les détails du supplice de Jeanne Grey sont empruntés au martyrologe de Crespin.

265-272. César, au moment de mourir, se couvrit par pudeur la tête et le corps de sa toge, comme Jeanne Grey qui se mit elle-même le bandeau sur les yeux. Voir Suétone, *Vie du Divin Jules*, LXXXII. Même détail chez Plutarque, *Vie de Jules César*, LXXXIV. *Abria* (v. 269) : abrita, couvrit.

280. Comme le pauvre de l'Evangile, d'après Luc XVI, 22. L'expression se retrouve dans *Jugement*, 1118, 1206.

281. Thomas Bilnée, ancien élève de l'Université de Cambridge, accusé d'hérésie par le chancelier Thomas Morus, fut brûlé en 1530. Cf. l'*Histoire universelle*, éd. A. Thierry, t. I, ch. 10, p. 212 : « ... Thomas Bilnee Anglois, qui la veille de sa mort essaya à la chandelle comment il pourroit supporter le feu, dont ayant retiré son doigt à la premiere fois, il le remit et le fit brusler entierement ».

291. Guillaume Gardiner, négociant anglais à Lisbonne, arracha l'hostie des mains du cardinal célébrant la messe. Il fut brûlé (1552). Cette profanation ne fut pas commise lors des noces du roi Jean III, mais le dimanche suivant. Même erreur de d'Aubigné dans l'*Histoire universelle*, II, 10, *op. cit.*, p. 223-224.

300. Echo de Matthieu XVI, 18 : « Tu es Pierre et sur cette pierre j'édifierai mon Eglise et les portes d'Enfer n'auront point de force contre elle. »

305. Supplice de la serviette, que l'on fait avaler et digérer à la victime, et que l'on arrache ensuite brusquement par le cordon auquel elle reste attachée.

321. *Les tourments* : les instruments de torture ; les gênes ou *geinnes* : les différentes formes de la question.

324. *Le jeune Roi* est Edouard VI d'Angleterre (1546-1553), le « nouveau Josias » disparu prématurément et que Crespin nous montre ému de pitié pour les martyrs. La catholique Marie Tudor lui succéda, instigatrice d'une politique de répression du protestantisme, qui lui valut le surnom de « Bloody Mary ». Sous son règne furent notamment martyrisées, en 1556, les *trois Agnès* : Agnès Fauster, Agnès Snode et Agnès George. L'annomination « Agnès/agneau » permet de rapprocher la mort des martyres de celle du Christ qu'elles imitent.

326. Pour le qualificatif de « lions » donné aux Anglais, cf. *La Chambre dorée*, 972.

330-334. Il s'agit des trois martyrs du Brésil, précipités au fond de la baie de Rio de Janeiro au début de 1558. Villegagnon, qui avait fondé trois ans plus tôt la colonie de la France Antarctique, les fit mourir à la suite de dissensions religieuses et par crainte de rébellion. Le témoignage le plus connu sur cette affaire est l'*Histoire d'un voyage faict en la terre du Bresil* du huguenot Jean de Léry (Genève, 1578), mais d'Aubigné s'inspire ici encore de l'*Histoire des Martyrs* de J. Crespin.

337. *Elevés si haut* : selon l'*Histoire universelle*, I, 16 (*op. cit.*, p. 116), les victimes de Villegagnon auraient été « précipité(e)s des rochers qui regardaient vers la France dans la mer ». Cette circonstance, évidemment invérifiable, paraît être de l'invention de d'Aubigné. On voit mal du reste comment ces rochers situés à l'entrée de la baie de Rio, dans l'hémisphère austral et sous le tropique du Capricorne, pourraient bien « regarder vers la France ». Le détail est étranger à Crespin aussi bien qu'à Léry, et on ne le rencontre pas davantage dans le récit dérivé contenu dans l'*Histoire ecclésiastique* de Théodore de Bèze (Anvers, Jean Remy, 1580, p. 158-161). Voir F. Lestringant, « Le martyre mot à mot : les trois martyrs huguenots du Brésil (1558), de Jean Crespin à d'Aubigné », *Langage et vérité. Etudes sur l'humanisme européen de la Renaissance offerts à J.-C. Margolin*, Genève, Droz, 1993.

344. Inversion pour : aux solitaires bords des bêtes du Brésil. Cette vision d'un Brésil infernal et répulsif est largement répandue dans la littérature protestante du temps, Léry constituant une exception notable. Voir F. Lestringant, *Le Huguenot et le sauvage*, Aux Amateurs de livres, diff. Klincksieck, 1990, prologue, p. 7-18.

350. *Rouillée* : couleur de sang séché, thématiquement liée au temps dégénéré des « Fers ». Cf. *Tr.* V, 862.

357. Florent Venot, exécuté à Paris le 9 juillet 1549, lors de l'entrée à Paris d'Henri II (v. 375).

363. *Témoins d'Irus* ou plutôt d'Ibycus : expression proverbiale pour désigner les témoins imprévus qui collaborent involontairement à l'enquête de la justice.

369-370. Image de la lampe sous le boisseau, d'après Matthieu V, 15, déjà utilisée dans l'avis « Aux lecteurs », p. 3. Cf. ci-après v. 695. La parabole est ici associée au thème du feu, dominant dans tout ce livre. — Plutôt que « *cher* flambeau », leçon commune à A, B et T, on attendrait « *clair* flambeau ».

379. Même idée plus loin, aux v. 1251-1252, à propos du dialogue apocryphe entre Bernard Palissy et Henri III.

381. Allusion à David qui apprit sa désignation comme roi alors qu'il gardait les brebis. cf. *supra*, v. 324-325.

382. Allusion à la quatrième plaie d'Egypte : invasion de moucherons (Exode VIII, 16-24).

384. *Quatorze de Meaux* : condamnés à Paris en octobre 1546. Un tisserand se joignit spontanément à leur supplice.

394. *Paumier* : fabricant de balles pour le jeu de paume. Le célèbre Félix Platter de Bâle (1536-1614), alors étudiant en médecine à Montpellier, rapporte dans son *Journal*, à la date du 28 juin 1554, qu'on lui montra en Avignon, « tout au haut du château », la cage de fer « dans laquelle venait de mourir un chrétien réformé, qu'on avait laissé exposé à toutes les intempéries de l'air ». Voir : *Félix et Thomas Platter à Montpellier, 1552-1559, 1595-1599*, Montpellier, 1892 (Marseille, 1979), p. 81.

405. Comprendre : en soient témoins les deux ans six mois pendant lesquels...

412. *L'idole* : le Saint-Sacrement, aux yeux des protestants.

419. Image biblique des mains de Dieu repliées sur sa poitrine et demeurant oisives. Cf. Psaume LXXIV, 11, et plus loin *Fers*, 360-361, et *Vengeances*, 591. Image également présente chez Du Bartas, *Judit*, III, 369-370, et *La Sepmaine*, Septième Jour, 125.

428. Sans doute Louis de Marsac et son cousin, brûlés place des Terreaux à Lyon en 1553, après les cinq de Lyon mentionnés au v. 455.

436-437. Les Jacobins, ici, sont des Dominicains. Pour l'expression « meurtrier Dominique », cf. *La Chambre dorée*, 694.

443. Comprendre : mettant ce mont (= monceau, bûcher) à l'écart du feu et de sa rage (hendiadyn pour : de la rage du feu). Péripétie analogue, la pluie remplaçant le vent, lors du martyre de saint Romain, selon l'*Hymne* de Prudence, 856-860. Dans son *Journal*, à la date du 9 janvier 1554 (*op. cit.*, p. 67), Félix Platter, de séjour à Montpellier, relate le supplice d'un tondeur de draps pareillement différé par la pluie. Les moines dominicains arrivent à la rescousse avec de la paille et de l'huile de térébenthine.

453. *Dont les spectateurs vivent* : dont les témoins vivent encore.

454. *Ils* : syllepse du nombre pour « le peuple ».

455. Il s'agit de cinq étudiants de Lausanne, originaires du sud-ouest de la France, Martial Alba, Pierre Escrivain, Bernard Séguin, Pierre Navières et Charles Favre. Comme ils s'en retournaient au pays, ils furent arrêtés à Lyon le 1er mai 1552 et brûlés vifs après un an de captivité, le 16 mai 1553. Le retentissement de cette exécution fut considérable dans les pays protestants, si l'on en croit le *Journal* de Félix Platter : *Tagebuch (Lebensbeschreibung)*, éd. Valentin Lötscher, Bâle-Stuttgart, Schwabe, 1976, p. 167.

458. La corde qui devait les étrangler fut consumée trop vite par le feu.

D'où leur « franchise », leur liberté au moment de mourir, et le baiser qu'ils purent se donner.

468. Trois expressions bibliques : la force de Dieu (Nombres XIV, 17 ; Job XXVI, 12) ; le doigt de Dieu (Exode VIII, 19 ; cf. *Chambre dorée*, 708) ; les merveilles de Dieu (Job XXXVII, 14 ; Psaumes IX, 2 ; XXVI, 7 ; LXXI, 17, et *supra* v. 365).

469. Philippe de Luns, femme du seigneur de Graveron en Périgord. Cf. *Histoire universelle*, II, 10, éd. cit., t. I, p. 234-235 : se rendant à Paris pour faire hommage au cardinal de Lorraine, elle se serait convertie en cours de route en lisant l'*Histoire des Martyrs* de Jean Crespin. Son martyre prend la forme de noces mystiques avec le Christ.

475-478. Paraphrase de Luc I, 52-53.

499. La sentence ne précisait pas qu'ils dussent avoir la langue coupée (cf. *Histoire universelle, loc. cit.*). Les deux personnes suppliciées avec elle le 27 septembre 1558 furent Nicolas Clinet et Taurin Gravelle.

500. *Sacré à la mort* : consacré à la mort.

508. À la Pentecôte, où le Saint-Esprit descendit en « langues de feu » sur les Apôtres (Actes II, 2-4).

518. Ce supplice avait été prescrit dans certains cas contre les hérétiques en Flandres par l'édit de Bruxelles (1535). Il fut renouvelé en 1550 par Charles Quint et confirmé par Philippe II au début de son règne.

523-526. La souillure des quatre éléments, du plus élevé, le feu, au plus bas, la terre, employés successivement au supplice des fidèles, prépare, dans *Jugement*, 767-802, le tribunal des éléments qui, tour à tour, témoignent à charge contre les tyrans.

527. *Les rôles saints* : les listes (en rouleaux) sur lesquelles figurent les noms des martyrs. Cf. le « livre de vie » dont il est maintes fois question dans l'Apocalypse : III, 5 ; V, 1-5 ; XIII, 8 ; XVII, 8 ; XX, 12, 15 ; XXI, 27. Cf. ci-dessus v. 11.

529-532. Cf. *Histoire universelle*, II, 10, éd. cit., t. I, p. 217 : « Marie femme d'Adrian enterrée vive, elle se moquant de cette invention. »

533-534. Paraphrase de Jean XII, 24 : « Si le grain de blé tombant en terre ne meurt, il demeure seul ; mais s'il meurt, il apporte beaucoup de fruit. » Cf. I Corinthiens XV, 36-37.

539. *Plus douce que miel*. Transposition de l'expression appliquée à la Terre promise, « découlante de lait et de miel » : Deutéronome VI, 3 ; XI, 9 ; XXVI, 9 ; Josué V, 6.

545. Sur le rôle d'Anne du Bourg lors de la Mercuriale du 15 juin 1559, voir ci-dessus *La Chambre dorée*, 516 et la note.

547. *Seigneur des Seigneurs* : superlatif hébraïque. Cf. Deutéronome X, 17, et ci-dessus v. 472.

550. *Sage à Dieu* : sage vis-à-vis de Dieu, et donc fou aux yeux du monde. Cf. I Corinthiens III, 18-19.

566. Les larmes du crocodile, que l'on tient, au XVIe siècle, pour un trait d'histoire naturelle, ont donné lieu à un adage d'Erasme (II, 4, 60). Cf. par exemple André Thevet, *Cosmographie de Levant*, Lyon, 1556, chap. XXXVIII, p. 141.

579-580. Si l'on en croit d'Aubigné, *Histoire universelle*, II, 13, éd. cit., t. I, p. 250, Henri II aurait juré d'assister au supplice de Du Bourg, qui n'eut lieu que le 23 décembre 1559, cinq mois après la mort accidentelle du roi le 10 juillet. Il s'agit donc, selon lui, d'un exemple patent de la vengeance de Dieu.

582. Marguerite Le Riche, dite la dame de La Caille (de l'enseigne de sa boutique de libraire) fut brûlée en 1559. Emprisonnée à la Conciergerie, elle incitait, par la fenêtre de sa chambre, Anne du Bourg à persévérer dans sa foi.

597. *On l'élevait* : pour le pendre, avant de le brûler.

600. *Ne m'abandonne pas.* Echo du cri de Jésus sur la croix, prononçant le début du Psaume XXII : « Mon Dieu, mon Dieu, pourquoi m'as-tu abandonné ? » Cf. Matthieu XXVII, 46 ; Marc XV, 34.

603. L'allitération « O Français, ô Flamands » souligne l'identité des deux peuples, comme plus haut dans *La Chambre dorée*, 669 : « France et Flandres ». Le catalogue détaillé des martyrs (les « braves témoins » du v. 605) des Pays-Bas se trouve dans l'*Histoire universelle*, II, 10, p. 217, 223, 231, 235.

609. *Indice* : index. Le « plus gros ouvrage » est l'*Histoire universelle*. Cf. ci-dessus les v. 45-48 et la note.

619. Giovanni Mollio, de Montalcino, en territoire siennois, cordelier brûlé pour hérésie à Rome le 5 septembre 1553. Ce martyre est narré par Simon Goulart dans les dernières éditions augmentées de l'*Histoire des Martyrs* de Crespin.

623. *L'Antéchrist* : le Pape.

656. *Seul, seule et seulement* : la « théologie restreinte » que professe ici d'Aubigné par la voix de Montalchine avait déjà été exposée en termes très voisins dans la *Lettre à Madame, Sœur unique du Roy, de la douceur des afflictions* (1601 ; éd. cit., t. I, p. 544-545) : « si nous y prenons bien garde, toutes les controverses des idolâtres et de nous sont signalées par ces trois mots... C'est ce *seul*, sa simplicité et sa pureté, pour lequel nos ennemis nous reprochent que notre Religion est trop nue. » Un tel exposé doctrinal paraît emprunté à Henri Bullinger, *La Perfection des chrestiens* (1re éd., 1551).

687. *Le Pape en terre n'est point Dieu.* Comprendre : « le Pape n'est point Dieu en terre. » Allusion à la formule du droit canon désignant le Pape comme « Dieu en terre » et exprimant ainsi la « plénitude de puissance » reconnue au Souverain Pontife en matière de discipline ecclésiastique (*Decretal.*, l. III, tit. VIII. *De concessione prebende*, cap. 4. Proposuit). Rabelais s'en est moqué dans le *Quart Livre*, construisant à partir de là tout l'épisode de l'île des Papimanes (chap. 48-54). Voir sur ce point Robert Marichal, « *Quart Livre*. Commentaires », *Etudes rabelaisiennes*, t. V, Genève, Droz, 1964, p. 65-162, et en particulier p. 109-110.

688. *Evêque d'un* seul *lieu* : le Pape est évêque de Rome.

693. *L'esprit distributeur des langues* : le Saint-Esprit qui donna aux apôtres le don des langues (Actes II, 4).

695. Pour l'image évangélique de la lampe sous le boisseau, voir ci-dessus le v. 370 et la note.

709-710. *Ordonnée pour l'étouffer.* Construction subjective introduisant un infinitif substantivé et qui signifie : « qui a fait l'objet d'un ordre pour qu'on l'étouffât ».

715. *On vint des feux aux fers* : c'est ici qu'est la charnière du livre IV et le pivot de l'histoire universelle, telle que l'embrassent *Les Tragiques*. Au temps des « Feux », illuminé par la clarté des bûchers, succède, à partir de 1560, l'époque dégénérée des « Fers », qui correspond aux guerres de Religion.

719. Nicolas Croquet, Philippe et Richard de Gastines, père et fils, marchands parisiens, furent pendus et étranglés en place de Grève le 30 juin 1569, pendant la troisième guerre de Religion.

722. *De votre commun fils* : Nicolas Croquet, beau-frère de Philippe de Gastines, était l'oncle du jeune Richard.

727. *L'école de lumière* : d'après l'expression évangélique des « enfants de lumière » pour désigner les disciples du Christ. Cf. Jean XII, 36 ; Luc XVI, 8.

735. Expression biblique. Cf. Psaume XXXII, 11, et Esaïe LXI, 10.

749. *Dégénérés enfants* : au temps perverti des Fers, lorsque les protestants se défendent les armes à la main, les martyrs, qui faisaient la splendeur des Feux, sont devenus rares. Dans ce refus du sacrifice, d'Aubigné voit une irrémédiable décadence.

754. *Serfs d'iniquité* : expression évangélique tirée de Luc XVI, 8.

764. Fusion d'une image antique (Plutarque, *Consolation à Apollonias sur la mort de son fils*) avec l'image du Christ ouvrant les bras aux fidèles (H. Weber).

771. Même image de la mort libératrice de notre prison corporelle dans l'*Hymne de la Mort* de Ronsard, v. 51-56 (éd. P. Laumonier des *OC*, t. VIII, p. 164-165). C'est au demeurant un lieu commun de la sagesse antique, notamment présent chez Plutarque et dans le *Florilège* de Stobée, section CXX, *passim*.

775-776. Même idée chez Ronsard, *op. cit.*, v. 86 : « Où le chemin de Mort est un chemin tout droit » (éd. P. Laumonier, p. 166).

785. D'après Sénèque, *Lettres à Lucilius*, CII, 24 : « Quicquid circa te iacet rerum, tamquam hospitalis loci sarcinam specta : transeundum est ». Cf. lettre CXX.

789. Sénèque, *Lettres à Lucilius*, LXXVII.

797. *Autochires* : « qui se tuent de leur propre main » (hellénisme), comme les ennemis acharnés de *Misères*, 189. Le christianisme condamne le suicide, que prônait au contraire, dans les cas extrêmes, la morale stoïcienne.

798. *Les causes seulement...* Le terme de « cause » est ici essentiel. En vertu de l'adage venu de saint Augustin : « Martyrem non facit poena sed causa » (ce n'est pas la peine, mais la cause qui fait le martyr), les héros de la sagesse antique ne méritent pas le titre de martyrs.

806. Lucrèce, violée par le fils de Tarquin, se tua d'un glaive pour ne pas survivre à son déshonneur. Après la défaite des républicains, Porcie, femme de Brutus, se donna la mort en avalant des charbons ardents (Plutarque, *Vie de Brutus*, LXIV ; Valère-Maxime, IV, 6, 5). En 1568 Robert Garnier consacrait à cette héroïne la première de ses tragédies.

809. On connaissait depuis l'Antiquité l'art de conserver la neige et la glace, en les serrant dans des caves ou en les enterrant sous des lits de paille et de sable. — *Viande* : « nourriture » ; mais le sens actuel est possible, comme le suggèrent les « déguisements » (sauces, apprêts) du vers suivant.

810. Pour le sens culinaire de « déguisement », cf. III, 195 et 204.

815. Variation sur le verset de l'Evangile de Jean VIII, 34 : « En vérité, en vérité je vous le dis : quiconque fait le péché est esclave du péché.

821. Cf. *Misères*, 81. La métaphore du monde comme théâtre et de la vie comme rôle est récurrente dans *Les Tragiques*. Dans ce contexte moral précis, elle peut remonter à Sénèque *Lettres à Lucilius*, LXXVII, fin.

828. Même idée de la prison du péché — cette « geôle que l'on porte avec soi » — dans la *Méditation sur le Pseaume LXXXVIII*, où les vers 829-832 sont cités (« Pléiade », p. 551). Au demeurant ce sermon sur la mort, tout empreint de stoïcisme chrétien, fait penser au *Discours de la vie et de la mort* de Philippe Du Plessis-Mornay (1576). Voir notamment, dans l'édition critique de Mario Richter, Milan, Vita e Pensiero, 1964, les pp. 61-62.

830. Voir Genèse IV, 11-12. Cf. *Vengeances*, 201-214.

834. *Un point de courte haleine* : à peine le temps de reprendre souffle.

857. Comme Moïse sur le mont Sinaï, d'après l'Epître aux Hébreux XI, 27. Mais c'est aussi le privilège du martyr à l'heure de la mort, comme le montre plus loin, aux v. 1281-1282, l'exemple d'Etienne, le protomartyr.

874. En Angleterre et en Flandres on répandait de la poudre à canon sur le corps du condamné, pour hâter la combustion.

888. Etienne Brun, laboureur du Dauphiné, brûlé en 1540.

896. Paraphrase du Psaume XLVIII, 35.

902. La chapelle de la Conciergerie du Palais où fut prononcée la sentence contre Gastines.

927. Souvenir biblique, qui rappelle la plainte de Jacob après la disparition de Joseph : Genèse XXXVII, 35.

944. Cf. ces vers de Théodore de Bèze en tête de la *Confessio christianae fidei* : « Cur tibi mors premitur ? Mors quia mortis ego. »

971. Il ne s'agit pas du frère de Judas Maccabée, le héros de la liberté juive (I Maccabées VI, 42-46), mais du scribe Eléazar, beau vieillard de quatre-vingt-dix ans, qui meurt sous les coups, pour avoir refusé de manger — ou plutôt de *feindre* de manger — de la viande de porc, et de transgresser ainsi la loi de Moïse (II Maccabées VI, 18-31). Conclusion similaire de J.-R. Fanlo, *Tracés, ruptures*, p. 376, note 35. Dans son *Traité de l'exhortation au martyre*, saint Cyprien de Carthage recommande le « noble fait de ce bon vieillard Eleazare » à la méditation des fidèles (*Les Œuvres de sainct Cecile Cyprian jadis evesque de Carthage*, Paris, N. Chesneau, 1574, p. 192). Eléazar est donc le modèle du vieillard vénérable, acceptant le sacrifice suprême au terme d'une vie sanctifiée.

975. *Mourant à vie* : pour aller à la vie.

977. Richard de Gastines, âgé de 18 ans au moment de son supplice, avait été l'élève de l'humaniste protestant Matthieu Béroald, lui-même précepteur du jeune d'Aubigné.

987-988. Le martyr est lumière. La clarté de son bûcher est contagieuse et suscite des émules. Aussi le martyr que l'on cache ne remplit-il pas son office. Il appartient à l'historien et au poète de lui rendre son lustre en l'arrachant à la nuit (v. 994).

990. Pour l'idée, cf. Matthieu X, 41-42.

991-992. Allusion à la parabole de la brebis égarée : Luc XV, 1-7 ; Matthieu X, 6, XV, 24.

1002. *La grand'boucherie* : le massacre de la Saint-Barthélemy.

1005. Il s'agit des filles du ministre Serpon qui furent torturées par leur tante et son mari. La cadette était âgée de neuf ans. Cet épisode de la Saint-Barthélemy est également rapporté dans l'*Histoire universelle*, livre VI, chap. IV, éd. A. Thierry, t. III, 1985, p. 348-349.

1020. *N'ayant place entière* : aucun endroit intact, indemne (lat. *integer*).

1036. Tournure hébraïque : génitif qualificatif.

1038. Echo du Psaume VIII, 2 et 3.

1039-1040. Allégorie du Bon Pasteur : Jean X, 1-29.

1045-1047. Comprendre : l'aveugle cruauté enflamma les gardes d'hôpital à commettre la mort, ce que la mort, c'est-à-dire la crainte de la mort, n'avait pu accomplir.

1052. La targe étant un bouclier, *se targuer* a ici le sens étymologique de « se couvrir », « se protéger ».

1068. C'est le thème du baptême de sang, dont le baptême de feu est une variante, comme lui lié à l'épreuve cathartique du martyre. Dans son traité *De l'exhortation au martyre* (*op. cit.*, p. 184), saint Cyprien déclare « ce second baptême [...] plus excellent en grâce, plus haut en puissance, plus précieux en honneur : c'est le baptême [...] qui nous rend unis et conjoints avec Dieu incontinent que nous partons de ce monde. Par le baptême d'eau on reçoit la rémission des péchés : et par le baptême de sang la couronne de vertus ».

1072-1073. *Au petit demeurant / De mes maux achevés* : au peu qui me reste pour arriver au terme de mes maux.

1089. *Bouche de louange* : qui louait Dieu sans cesse. Cette tournure hébraïque condense le Psaume XXXIV, 2.

1091-1092. Répétant les prodiges du Vendredi Saint, le cosmos en deuil communie à la souffrance du juste. — Le même phénomène surnaturel fut observé en 1554 à Montpellier, comme en témoigne dans son *Journal* le jeune Félix Platter, alors étudiant en médecine dans cette ville : « Pendant ce martyre, il se passa un fait extraordinaire. Le 6 janvier, immédiatement après le supplice (de Guillaume Dalençon, ancien prêtre passé à la Réforme), il se mit à tonner avec violence ; je l'ai entendu de mes oreilles, et bien d'autres avec moi. Les prêtres s'en moquèrent et dirent que c'était la fumée des hérétiques brûlés qui avait produit cet effet » (*Félix et Thomas Platter à Montpellier, op. cit.*, 1892, p. 67).

1103. La passion des trois martyrs anglais à Rome a été contée à d'Aubigné par le neveu du cardinal Baronius.

1107-1109. Ces vers annoncent le défi lancé par Satan à Dieu au début des *Fers* (v. 90 et 129 sqq.). Le passage des Feux aux Fers est une ruse du diable, qui « déguise » le combat religieux en une guerre de partis. Il y a donc urgence à raviver la clarté des bûchers au temps dégénéré et « enrouillé » des Fers. Ainsi sera restaurée l'évidence du juste combat. Voir sur ce point F. Lestringant, *La Cause des Martyrs*, Mont-de-Marsan, 1991, p. 93-103.

1110. Expression biblique, d'après Exode VIII, 19. Cf. *Princes*, 42 et ci-après v. 1129.

1112. *Le nid de Satan* : périphrase désignant Rome.

1121. *Un effort de manie* : une entreprise de folie. Cf. P. Corneille, *Polyeucte*, III, 2, 829-830, où le terme de « manie » désigne pareillement, dans la bouche de Stratonice, l'action des chrétiens iconoclastes.

1130. D'Aubigné justifie ici son intransigeance de « ferme », face aux calculs « politiques » de ses coreligionnaires. Ce passage préfigure le débat de Néarque et de Polyeucte (*Polyeucte*, II, 6).

1136. Comprendre : « au beau milieu de Rome », qui est ici désignée comme « le grand siège d'erreur ».

1142. Il s'agit du neveu du cardinal Baronius, l'informateur de d'Aubigné. Choisi avec six autres pour instruire le procès d'un petit capucin et des trois Anglais, il admira les réponses des hérétiques et finit par changer de camp.

1145-1146. Allusion aux trois compagnons de Daniel jetés dans la fournaise ardente pour n'avoir pas voulu adorer l'idole, et qui en ressortirent indemnes (Daniel III).

1149. Ce *coup du ciel* est un tremblement de terre à Philippes, en Macédoine, la nuit qui suivit l'emprisonnement de saint Paul : Actes XVI, 26-40.

1158. *Rengréger* : augmenter. — *Pérille* est le constructeur du taureau d'airain dans lequel le tyran Phalaris faisait brûler ses ennemis. Il en aurait fait l'essai sur l'inventeur même.

1170. Imitation des paroles du Christ lors de la Passion : « Père, pardonne-leur, car ils ne savent pas ce qu'ils font » (Luc XXIII, 34).

1174. *Une plus claire face* : le miracle du rajeunissement par le feu, la face du condamné apparaissant transfigurée aux yeux des spectateurs, était déjà constaté en l'évêque Polycarpe de Smyrne et en Pionius, ces martyrs des premiers siècles de l'Eglise chrétienne. Cf. ci-après, aux v. 1269-1284, le supplice des deux sœurs parisiennes. Sur ce thème, voir C.-M. Edsman, *Ignis divinus. Le feu comme moyen de rajeunissement et d'immortalité : contes, légendes, mythes et rites*, Lund, C.W.K. Gleerup, 1949, p. 166-173.

1177-1180. Monté sur l'ânon, le martyr anglais imite le Christ entrant à Jérusalem le dimanche des Rameaux (Matthieu XXI, 1-11 ; Marc XI, 1-10 ; Luc XIX, 29-38), mais c'est dans la Jérusalem céleste (« permanente à jamais ») qu'il fait son entrée.

1181. Pour ce thème de la germination des cendres des martyrs, cf. *La Chambre dorée*, 654-658. La métaphore s'épanouit plus loin aux v. 1227-1234.

1183. Ce vieillard anonyme est aussi mentionné dans le passage de l'*Histoire universelle* qui évoque le procès des trois Anglais.

1187. *Cygne* : à cause de la blancheur de ses cheveux blancs, mais aussi en raison de son éloquence (son « chant du cygne ») qui lui permet de convertir son confesseur au moment de mourir.

1189. Comprendre : il assista au supplice de l'Anglais précédemment évoqué.

1207. Allusion sur le nom de Clément VIII, pape de 1592 à 1605. Dans son *Enfer*, v. 348-352, Marot jouait déjà sur le sens d'un nom qu'il avait en commun avec le pape Clément VII (1523-1534).

1211. *Du monde les retraits* : les latrines du monde.

1212. Il s'agit donc des sermons prononcés durant le Carême.

1213. Cf. ci-dessus le v. 1136.

1214. *La robe de mensonge* : l'habit monastique.

1215. L'inévitable neveu du cardinal Baronius.

1217. Comprendre : morts propres à faire éclore des vies, au sens spirituel du terme.

1219. *Il se ravissait* : il était ravi, transporté.

1220-1226. La métaphore néoplatonicienne du corps, prison de l'âme, est transportée sur le théâtre des Feux et associée à celle du martyr soldat du Christ. La résultante d'une telle condensation métaphorique est l'image singulière de la tente diaphane, où campe l'« âme militante », qui n'hésite pas à y mettre le feu, lorsqu'il faut combattre.

1233. L'équivalence des graines et des cendres des martyrs (*Chambre dorée*, 654 ; *Feux*, 1181-1182), celle des boutons de roses et du sang (cf. ci-dessus, v. 41-42) aboutissent à ce vers d'anthologie, qui transpose le thème de la lyrique amoureuse dans le registre sacré. Ce vers a pu être préparé par J.-A. de Baïf, *Amours* (éd. Marty-Laveaux, t. I, p. 316) :

> *Hier, cueillant cette rose en automne fleurie.*

Mais il se situe également dans une thématique qui remonte aux premiers siècles du christianisme. De l'Eglise de son temps, saint Cyprien pouvait écrire dans une de ses *Epîtres* (II, VI, *op. cit.*, p. 53) : « elle n'a disette ni de fleurs de roses, ni de lis ». Ce que le traducteur Jacques Tigeou interprétait ainsi : « Par les fleurs de roses il entend le sang répandu pour la foi ; par le lis, la bonne vie et innocence, ou virginité. »

1235. La chienne est la canicule, période de la chaleur intense (24 juillet au 26 août) qui correspond pour d'Aubigné à l'acmé des persécutions. Le soleil passe dans le signe du scorpion du 20 octobre au 20 novembre, période de fraîcheur ou, du moins, de « tiédeur » (v. 1238), qui dénote le ralentissement du zèle pour le martyre. La suite des saisons de l'Eglise marque donc une déclinaison inéluctable, que traduit, en une métaphore parallèle, le passage des Feux aux Fers.

1240. *Barriqués* : retranchés derrière des barricades. Allusion à la journée des Barricades, 12 et 13 mai 1588, qui chassa Henri III de Paris. Le dernier des Valois est ici assimilé à Nabuchodonosor, roi babylonien persécuteur d'Israël.

1241-1248. Ce dialogue d'Henri III avec Bernard Palissy emprisonné à la Bastille est sans doute apocryphe. D'Aubigné en donne deux autres versions plus détaillées dans la *Confession catholique du Sieur de Sancy*, II, VII, « Pléiade », p. 651, et dans l'*Histoire universelle* (éd. A. de Ruble, Paris, 1895, t. VIII, p. 151-152). Voir sur ce point G. Schrenck et E. Surget, « Bernard Palissy dans l'œuvre d'Agrippa d'Aubigné », *Actes des journées d'études Bernard Palissy (Saintes-juin 1990). Albineana* n° 4, Niort et Mont-de-Marsan, 1992. — Cet épisode fameux se prête à une lecture allégorique, comme l'a suggéré J.-R. Fanlo (*La Mobilité*, thèse, Aix, 1990, p. 656) : la réponse de Palissy, modèle du bon serviteur et par conséquent double de d'Aubigné, viserait en réalité l'abjuration d'Henri IV. Henri III, ici, est présenté sous un jour inhabituel et somme toute favorable par rapport au reste des *Tragiques*. Il aime son vieux serviteur. Son seul tort est sa faiblesse face à la « contrainte » que font peser sur lui les circonstances politiques. Ce « grand Roy » (v. 1247), en fait, n'est autre qu'Henri IV.

1250-1251. Adaptation d'une maxime de Sénèque, *Lettres à Lucilius*, XXVI : « Qui mori didicit, servire dedidicit », ou de la formule équivalente : « Qui mori scit, cogi nescit », que d'Aubigné cite dans la *Confession de Sancy*, *ibid.* et qu'il traduit ainsi : « on ne peut contraindre celui qui sait mourir. »

1256. Bien qu'il n'ait pas péri sur l'échafaud et qu'il soit mort de vieillesse et de mauvais traitements à la Bastille, Palissy mérite le titre de martyr. En effet, comme le note J. Tigeou sur l'une des *Epîtres* de saint Cyprien, II, VI, *op. cit.*, p. 53, « ce nom de Martyr anciennement n'était point seulement accommodé à ceux qui par supplices et tourments étaient mis à mort pour la confession du nom de Jésus-Christ ; ains aussi était attribué à ceux qui étaient encore détenus prisonniers, et ne se laissant aucunement abattre par la tyrannie des persécuteurs des Chrétiens, persistaient en la confession du nom de Dieu. » La persévérance jusqu'à la dernière extrémité (cf. v. 1263) fait indéniablement de Palissy un martyr.

1258. Ces « âmes parisiennes » sont Radegonde et Claude, les deux filles de Jacques Foucaud, procureur au parlement de Paris, dont l'aînée était veuve de Jean Sureau, procureur à Montargis. Elles furent suppliciées en place de Grève le 28 juin 1588. Henri III leur aurait proposé un odieux marchandage : « la vie aux dépens de l'honneur ».

1263-1282. Ces vers, sous une forme un peu plus ample, ont été prépubliés par d'Aubigné dans la *Lettre à Madame, Sœur unique du Roy, de la douceur des afflictions* (1601), où ils sont introduits de la manière suivante : « Tout Paris en est témoin que telles beautés non accoutumées parurent au visage de la Damoiselle de Graveron et de ces deux sœurs, qui furent couronnées du martyre au temps des Barricades. Bienheureux sont ceux que l'Esprit de Dieu éclaircit et polit, et qui comme un cristal reluisant, ou plutôt comme les astres, renvoient les rayons de la face de Dieu qui se mire en eux, aux yeux des Anges et des humains » (éd. Réaume et de Caussade, *OC*, t. I, p. 549).

1270. *Un soutre* : un dessous clair. Variante de la *Lettre* : « sentre ».

1277-1278. Sur le rayonnement qui émane du visage de Moïse à sa descente du Sinaï, voir Exode XXXIV, 29-30.

1279. *Le premier couronné* : allusion étymologique sur le nom d'Etienne, en grec *Stéphanos*, « couronne », et de là « couronné ».

1281-1282. Etienne, le protomartyr, « plein de l'Esprit Saint et les yeux fixés vers le ciel, vit la gloire de Dieu et Jésus debout à la droite de Dieu » (Actes VII, 55-56).

1284. Comme le dit encore la *Lettre à Madame*, *op. cit.*, p. 549, la similitude du soleil et de la lune qui en tire sa clarté explique que les « affligés pour Dieu passent en blancheur la neige ». Une variante inédite contenue dans le Ms Tronchin 160, f. 60 v°, précise la métaphore cosmique :

> *Lune mirouer fidelle au soleil Eternel.*

Le thème de l'illumination du martyr au moment suprême rejoint celui de sa transfiguration par le baptême de feu. Voir ci-dessus le v. 1174 et la note.

1293. Voir ci-dessus le v. 896 et la note.

1294. Cf. v. 1038 et la note. Le second hémistiche est commun aux deux vers.

1305. Allusion au miracle du muet : Matthieu XII, 22 ; Marc VII, 31-37 ; Luc XI, 14.

1308. Pour l'idée, cf. I Corinthiens I, 19-20.

1315-1316. Mêmes antithèses à propos de Jeanne Grey, la reine martyre. V. *supra* v. 219-220. Les carcans sont de larges colliers d'orfèvrerie ; les jaserants, des chaînes d'or que l'on disposait en guirlandes sur le corsage.

1319. Ces trois fléaux sont souvent associés dans la Bible : Jérémie XIV, 12, et surtout Apocalypse VI, 1-8, vision des quatre cavaliers. Cf. *Misères*, 714, et ci-dessus v. 1398-1399.

1333. *Nous sommes des premiers...* Cette idée de la conformité des nouveaux martyrs aux martyrs des premiers siècles de l'Eglise chrétienne est essentielle. Elle est développée par Jean Crespin dans la Préface de l'*Histoire des Martyrs*, sous la forme d'une « conférence » — ou comparaison — systématique (éd. de 1619, f. ai v°).

1337. *Pour tuer la chandelle* : éteindre les lumières pour pécher dans l'ombre. Ces calomnies visant les Réformés avaient été déjà employées contre les premiers chrétiens, comme en témoigne, outre saint Cyprien, l'*Octavius* de Minucius Felix, *cap.* IX, VI-VII (*Patrologie Latine*, III, 262-263) : « ...ad epulas solemni die coeunt, cum omnibus liberis, sororibus, matribus, sexus omnis hominis et omnis aetatis : illic, post multas epulas, ubi convivium caluit, et incestae libidinis ebrietatis fervor exarsit, canis qui candelabro nexus est, jactu offulae ultra spatium lineae qua vinctus est, ad impetum et saltum provocatur : sic everso et exstincto conscio lumine, impudentibus tenebris nexus infandae cupiditatis involvunt per incertum sortis... »

1341. Saint Cyprien, évêque de Carthage, martyrisé en 258 sous l'empereur Valérien, est l'auteur de plusieurs traités sur le martyre, notamment *De l'exhortation au martyre* et *Des deux sortes de martyre*. D'Aubigné ne semble pas faire référence ici à un passage précis, mais résume ses thèses. V. M.-M. Fragonard, *La Pensée religieuse, op. cit.*, p. 970.

1346. Cf. ci-dessus le v. 1333 et la note.

1351-1353. Comprendre : Dieu n'a pas été retenu par le plaisir des cieux de tourner ses regards vers les martyrs.

1356. Cf. la *Préface*, v. 181 sqq. et l'histoire de David, berger vainqueur de Goliath.

1361. Ce point est longuement évoqué par Crespin dans l'*Histoire des Martyrs*, livre I, éd. de 1619, f. 2 v° : « (Dieu) une infinité de fois a fait sentir aux persécuteurs qu'il ne regardait pas de loin pour juger des coups comme on dit, ains était en la mêlée, pour accourager, bénir, adresser, consoler, guérir, vivifier et sauver les siens... »

1367. L'évocation de l'Eglise corrompue fait ici pendant à l'apostrophe aux mauvais juges qui clôt *La Chambre dorée*, 1011 sqq.

1377. *Sel sans saveur.* D'après Matthieu V, 13.

1378-1380. Paraphrase de l'épître de Jude, 12.

1382. Allusion à la nudité honteuse d'Adam et Eve après la faute : Genèse III, 7.

1384. Cf. *La Chambre dorée*, 599-602. Ces juges ecclésiastiques, aussi hypocrites que ceux de l'Inquisition, ne prononcent pas la sentence de mort, mais livrent leurs victimes au bras séculier.

1392. Dieu avait plusieurs fois promis au peuple d'Israël d'habiter avec lui dans la Terre Promise : Exode XXIX, 45 ; Nombres XXXV, 34 ; Deutéronome XVI, 2, 6. Ici se clôt l'épisode qui commence au début de *La Chambre dorée*, 161-175, par la descente de Dieu sur la terre.

1397. Cf. Genèse VI, 6 : « Iahvé se repentit d'avoir fait l'homme sur la terre et il s'irrita en son cœur. »

1399. Les trois fléaux bibliques (cf. ci-dessus v. 1319) sont ici associés au mythe grec de la boîte de Pandore.

1403. Après le déluge, Dieu promit en effet à Noé de ne pas le renouveler sur sa descendance : Genèse VIII, 21-22 et IX, 11.

1405. Dieu est le modèle du bon roi, à l'opposé du tyran cruel et couard. Pour cette antithèse, cf. *Princes*, 398-524 et *passim*.

1408. Cette notion du « comble des péchés » est fondamentale. Elle permet d'expliquer que la vengeance de Dieu soit différée dans le temps. Elle est d'origine biblique : Genèse XV, 13-16 ; Daniel VIII, 23 ; II Maccabées VI, 12-16 ; Matthieu XXIII, 31-36 ; I Thess. II, 14-16, et joue un rôle important dans la pensée théologique de Calvin. Voir sur ce point l'article d'E. Forsyth, « D'Aubigné, Calvin et le " comble des péchés " », *Mélanges à la mémoire de V.-L. Saulnier*, Genève, Droz, 1984, p. 263-272. — Il s'agit aussi d'une nécessité dramatique inhérente à tout poème héroïque chrétien, comme le confirme l'exemple du Tasse. Dans *La Jérusalem délivrée* également, Dieu retarde à dessein le dénouement heureux, qui est la prise de la Ville sainte par les croisés. Longtemps le mal semble devoir triompher et la victoire échapper aux justes. Cela n'est possible que par la permission divine : *sendole cio permesso* (*Gerusalemme liberata*, VII, 114, 7, éd. J.-M. Gardair, Paris, Bordas, « Classiques Garnier », 1990, p. 440).

1416-1417. Souvenir simplifié de la vision d'Ezéchiel, I, 4 sqq. et X, 9-

10. D'Aubigné remplace les quatre animaux par les vents. Cf. *La Chambre dorée*, 829-838 et 903-906.

V. LES FERS

1-3. Même mouvement dans l'*Hymne de la Justice* de Ronsard, 195-198. Tout ce prologue au ciel est du reste parallèle à celui de *La Chambre dorée*, 1-138, et a dû être composé vers la même date.

5. *Comme un Roi justicier* : pour cette homologie entre Dieu et le roi, cf. *La Chambre dorée*, 123-138.

7. *Le tour de son royaume* : tout comme Charles IX fit, en 1564-1566, le tour de la France. Cf. dans *Misères*, les v. 563-580.

18-20. Précaution importante : le poète s'exprime par similitude et non en vérité, à la différence du théologien. Comme le disait déjà l'épître « Aux lecteurs », la métaphore est licite, qui transporte « les affaires de la terre au ciel » ou abaisse en retour « les célestes en terre ».

25. *Célestes bourgeois* : habitants des cieux. L'expression se trouve chez Calvin et Du Bartas, comme, plus loin, au v. 1246. Cf. *Jugement*, 1075. La liesse qui ravit les habitants du ciel au retour de leur roi rappelle Le Tasse, *La Jérusalem délivrée*, IX, 58, 1-2 :

> *Al gran concento de' beati carmi*
> *lieta risuona la celeste reggia.*

26. *Ce palais d'ivoire* : souvenir d'Ovide, *Métamorphoses* II, 3-4, qui se conjugue à celui de Daniel VII, 9 et 10, et de l'Apocalypse IV, 2, et V, 11.

29-30. Dans la Bible pourtant, les Séraphins se voilent la face à la vue de Dieu (Esaïe VI, 2), alors que cela n'est pas dit des Chérubins (Exode XXXVII, 9 ; Ezéchiel X, 4).

42. *Ange de lumière* : expression tirée de II Corinthiens XI, 14 ; reprise dans *Vengeances*, 691.

44. Cette « fureur adoucie » marque le passage d'un âge à un autre, des Feux au calme précaire qui précède immédiatement le temps des Fers, en 1561-1562. Mais elle désigne encore, par une sorte de lecture en palimpseste, les séductions trompeuses du règne d'Henri IV, quand la courtoisie de Du Perron ou du Père Cotton s'emploie à débaucher les protestants les plus tièdes (J.-R. Fanlo, *La Mobilité*, thèse dactylo., p. 665).

52. Le schéma de cette scène, depuis le v. 36, est fourni par Job, I, 6-7 : « Il advint un jour que les enfants de Dieu vinrent se présenter devant l'Eternel et Satan aussi parmi eux. Alors l'Eternel dit à Satan : " D'où viens-tu ? " Et Satan répondit à l'Eternel et dit : " De rôder sur la terre et d'y circuler. " » — L'idée du défi de Satan vient également du livre de Job : c'est avec la permission expresse de Dieu que le juste va être frappé dans ses biens, dans sa famille et dans sa chair. L'épreuve qui frappe les protestants au temps des guerres de Religion répète l'épreuve comparable infligée à Job. Cette idée est souvent développée dans l'apologétique réformée de l'époque, notamment dans l'*Histoire mémorable de la ville de Sancerre* de Jean de Léry (1574).

59.   *La couleuvre coiffée* : le serpent à lunettes.

70.   Pour le serpent à la peau *marquetée*, cf. *La Chambre dorée*, 1023-1024.

74.   *Pour* : à la place de.

81.   *Le doigt de Dieu* : pour cette expression biblique (Exode VIII, 19), cf. *Princes*, 42 ; *La Chambre dorée*, 176 ; et plus loin le v. 398. Voir encore : *Vengeances*, 137.

84.   *Enroué* : l'enrouement caractérise la voix des êtres voués au mal (III, 316 ; V, 947) et notamment des démons (VI, 495, 938). Mais c'est aussi un trait de la Melpomène infernale surgie des tombeaux (I, 88).

102.   Cf. *Feux*, 944. L'idée des martyrs comme *champions* de Dieu et du Christ, combattant en une sorte d'ordalie contre les suppôts du Mal, remonte aux premiers siècles de l'Eglise chrétienne. Le renouvellement de cette thématique au profit des protestants est dû à Jean Crespin et Simon Goulart, *Histoire des Martyrs*, éd. de 1582 et suivantes. Voir sur ce point ma *Cause des Martyrs*, 1991, p. 50-57.

106-107.   *Que tu leur affrontais* : « que tu leur mettais sous les yeux », pour les éprouver. *Offenses* a le sens physique de blessures, de tortures.

108.   Expression biblique, d'après Ezéchiel XI, 9 ; Juges VI, 1 ; XIII, 1 ; II Rois XIII, 3 ; etc.

111.   *Le calomniateur* : c'est le sens propre du mot diable (*diabolos* en grec).

114.   Cette vapeur qui s'élève du bas du thorax doit être celle du chyle. Cf. *Misères*, 155.

122.   C'est l'image antique de la mort remède ou médecin des maux, que l'on trouve chez Eschyle et Euripide. Cf. Ronsard, *Hymne de la mort*, 337-338 (éd. P. Laumonier, VIII, p. 178) :

> *Je te salue, heureuse et profitable Mort,*
> *Des extrêmes douleurs médecin et confort.*

127-128.   Même idée, déjà, dans *Feux*, 987-992. Monté sur le bûcher, le martyr est lumière : il porte témoignage par le feu qui le consume, à la différence du prisonnier qui croupit dans l'obscurité d'un cachot.

132.   La proposition faite ici par Satan rappelle le début de Job I, 8-12, mais sur le mode inverse : alors que Job est éprouvé par l'adversité, les Réformés le sont par la prospérité. Comme le suggère J.-R. Fanlo, *op. cit.*, p. 667, le « favorable temps de la prospérité » désigne, autant ou mieux peut-être que la paix de concorde précédant les guerres de Religion, la douceur revenue sous le règne d'Henri IV. Tout ce

prologue au ciel doit être lu à deux niveaux : sous l'histoire déjà ancienne de la guerre civile se décèlent les préoccupations très actuelles du « Ferme » d'Aubigné L'allusion à la conversion et à l'avènement d'Henri IV, « protecteur des Eglises », est du reste précisée plus loin par le v. 140.

143. Ce terme de « prudents » est appliqué à ceux qui, à l'intérieur du parti protestant, étaient favorables, lors des assemblées de Saumur et de Thouars en 1611, à des concessions envers la cour et le pouvoir catholique, notamment sur la question des places de sûreté. Ce sont les adversaires des « fermes », résolument attachés, comme d'Aubigné, à la lutte idéologique et à l'indépendance du parti.

144. *Le ciel au miroir de la cour* : à rapprocher de la théologie par similitudes du *Sancy* (I, V, « Pléiade », p. 593).

150. C'est le contraire du précepte biblique (Psaume CVIII, 8-9) : « Il vaut mieux mettre sa confiance en Dieu qu'en l'homme, il vaut mieux mettre son espoir en Dieu que le mettre dans les princes. »

154. Echo de la réponse de Satan à Dieu dans le livre de Job I, 10-11 : « tu verras s'il ne te blasphème en ta face. »

157. La « guerre d'argent » désigne la politique de corruption des princes protestants pratiquée par la Régente Marie de Médicis, et qui réussit en 1611 auprès des délégués de l'assemblée de Saumur. L'« avare », c'est Henri IV, par trop chiche, comme le lui reproche d'Aubigné, envers ses serviteurs fidèles.

160. *Du sang juste le prix* : expression évangélique désignant les trente deniers de Judas (Matthieu XXVII, 6).

162. Cf., dans Jérémie XXIII, les imprécations contre les mauvais pasteurs et les faux prophètes.

166. Henri IV est comparé au roi Achab, que Sédécias, le faux prophète, entraîne à sa perte. Le prophète Michée, qui s'opposait à ce dernier, en reçut un soufflet : I Rois XXII, 23-24. Pour convaincre Achab, Sédécias, s'étant fait des cornes de fer, lui avait dit : « De ces cornes tu heurteras les Araméens jusqu'à leur extermination » (I Rois XXII, 11). D'où l'expression « cornus », qui joue également sur les cornes du diable...

177. *Les âmes réservées* : à l'exception des âmes. Cette restriction s'inspire encore de Job I, 12 : « Et l'Eternel dit à Satan : Voilà, tout ce qui lui appartient est en ta main, seulement ne mets point la main sur lui. »

180. *Premier que* : avant que. Il s'agit des âmes élues de toute éternité pour le salut, selon la thèse calviniste de la prédestination. Dieu ne laisse au diable que les âmes qu'il a décidé de perdre, si bien que Satan coopère, malgré lui, au dessein de la Providence.

181. *Vaisseaux de ma victoire* : les élus. L'expression vient de l'épître aux Romains IX, 21. Cf. Jérémie XVIII, 1-6.

183. Même mouvement au terme du prologue de *La Chambre dorée*, 139-141. *Le ciel pur* : l'empyrée céleste.

197-204. Cet élément de merveilleux est traditionnel et peut venir de Virgile, *Enéide*, VII, 346 *sqq.* où l'on voit la furie Alecto tirant de son sein un serpent qu'elle jette dans celui de la reine Amata. Cf. Ronsard, *Remonstrance au peuple de France*, 313-322 : l'Opinion jette un serpent dans le sein de Luther (Laumonier XI, p. 80). Dans *La Franciade*, III, 1349-1360, l'imitation de Virgile se combine à celle d'Ovide, *Mét.* II, 797 *sqq.* : la Jalousie instille du poison et insinue un serpent dans l'âme de Clymène, fille de Dicée (Laumonier XVI, p. 235).

204. *Les Tuileries* : le projet de ce palais fut commandé en 1564 par Catherine de Médicis à Philibert Delorme. Après la mort de celui-ci en 1570 l'ouvrage est poursuivi jusqu'en 1572 par Jean Bullant. La description de ce palais « aéré » et « hautain » amplifie celle du Palais de Justice de Paris dans *La Chambre dorée*, 166-170. L'orgueil de vent et les « folles girouettes » se retrouvent dans les deux édifices. Cf. III, 174.

211. *Ce butin conquêté* : ce butin une fois conquis, c'est l'esprit de Catherine de Médicis, la nouvelle « Jésabel » (v. 206).

211-252. Pour les différentes manières dont Satan s'insinue dans l'esprit des humains, cf. Du Bartas, *La Sepmaine*, *Le Premier Jour*, 575-634 (éd. Yvonne Bellenger, t. I, p. 29-30).

215-217. Allusion aux ordres mendiants, dont les représentants, Augustins, Carmes, Dominicains et Franciscains, s'introduisaient dans toutes les sphères de la société.

227-230. Il s'agit des retraites érémitiques mises à la mode par Henri III (note de J.-R. Fanlo).

232-234. Aux moines mendiants, qui professent l'ignorance, s'opposent les Jésuites, savants en toutes disciplines. Selon d'Aubigné ils usurpent le nom de Jésus : ils le « mentent » (cf. *Tr.*, I, 1251). Etres doubles, « de deux robes vêtus », ni clercs ni laïcs, ils deviennent confesseurs des rois de France, comme Auger, confesseur d'Henri III depuis 1583, et Cotton, confesseur d'Henri IV à partir de 1603, puis de Louis XIII. C'est sans doute le Père Cotton, dont il sera à nouveau question dans la postface des *Tragiques*, qui est visé ici.

240. Allusion à la tentation du Christ dans le désert, suivi de son transport par le démon sur une haute montagne : Matthieu IV, 5-9.

248. Pour une personnification analogue, cf. *Jugement*, 96.

250. Pour ce tour hébraïque, cf. *Misères*, 948.

255. Les *anges noirs*, absents de la Bible, font peut-être allusion au manteau noir des Jésuites.

258. Allusion aux trois fresques de Vasari ornant le vestibule de la chapelle Sixtine et célébrant le massacre de la Saint-Barthélemy. Elles furent exécutées sur l'ordre du pape Grégoire XIII et achevées en mai 1573.

274.   Cette fiction des tableaux peints sur la voûte céleste est justifiée par un souci de symétrie par rapport aux fresques du Vatican. Mais plus profondément elle marque l'ascension du drame des *Tragiques* de la terre vers le ciel. C'est seulement à cette distance et par ce surplomb qu'au temps des Fers la tragédie universelle devient compréhensible.

279-280.   *Une autre saison pire* : la succession des Feux et des Fers montre une dégénérescence inéluctable de l'Histoire, un « empire-ment », qui voit la lumière des bûchers céder la place aux ténèbres des massacres et des guerres.

287.   *Leur race douteuse* : en reniant la religion de leurs pères, ces fils indignes font douter de leur hérédité morale, voire simplement physique. Pour la même idée et la même expression, cf. *Jugement*, 107 *sqq.* et surtout v. 160. Il s'agit, entre autres, de Charles de Coligny, sixième fils de l'amiral, et d'Henri II de Bourbon, petit-fils du prince de Condé, converti au catholicisme en 1596.

293-294.   Dans *Sa Vie à ses enfants* (éd. G. Schrenck, p. 220), d'Aubigné emploie la même formule à l'égard de son fils Constant, l'aîné indigne qu'il a déshérité. L'expression « à la chair et au sang » est évangélique : Matthieu XVI, 17 ; Épître aux Hébreux, II, 14.

295.   Le « bras pesant » est signe de défaillance, d'après Exode XVII, 11-12. Pendant la bataille contre les Amalécites, Moïse tenait en main la verge de Dieu. « Il advint que, lorsque Moïse élevait sa main, Israël était le plus fort, mais quand il reposait sa main, Amalec était le plus fort. Les mains de Moïse devinrent pesantes. »

300.   Selon la Bible, seul le secours de Dieu est efficace. Cf. II Chroniques XX, 17.

306.   Ils contemplent les traits de leur propre visage, ils se voient eux-mêmes face à face, tels qu'ils se trouvaient dans la tourmente des événements. Ce phénomène de dédoublement a déjà été observé pour Coligny : *Princes*, 1431-1432 ; cf. *infra*, v. 831-836.

311-318.   Cette peinture compartimentée, accompagnée de commen-taires « ajoutés au pinceau » et qui fait coexister diverses « saisons » dans une même configuration spatiale, fait penser à l'antique « art de la mémoire » cher à l'imagination picturale de la Renaissance. C'est du reste « à la mémoire » qu'est consacrée (« sacré ») cette « histoire » par tableaux (v. 311-312).

317-318.   Echo probable de Tacite, *Histoires*, I, 1 (trad. Pierre Grimal, « Pléiade », p. 109) : « en même temps, la vérité fut faussée de plusieurs manières, d'abord par méconnaissance des affaires de l'Etat, auxquelles on ne participait plus, puis par un désir maladif de flatter ou, au contraire, par haine envers le maître ; ainsi ni les uns ni les autres n'avaient égard à la postérité, les uns par hostilité, les autres par servilité ». Dans la suite de cet exorde, Tacite déclare que « si l'on a promis d'être impartial, il faut parler de chacun sans amour et sans haine ». Cf. J.-R. Fanlo, *Tracés, ruptures*, 1990, p. 160.

323. Le ciel s'est mué (« déguisé ») en historien de la terre.

325. « Objets » a ici le sens étymologique de : « ce qui est placé sous le regard, devant les yeux ».

327-332. Ce portrait de Bellone, la déesse de la guerre, est inspiré du portrait de la Discorde chez Virgile, *Enéide*, VI, 281-282. On pense également au portrait de Méduse dans *La Pharsale* de Lucain, IX, 630-633.

333. Condensation de l'image développée dans *Misères*, 601-604.

335-342. Cette énumération des conjurés d'Amboise, évoqués d'après leurs régions d'origine, répond au procédé épique du dénombrement, présent chez Homère, Virgile et Lucain. Voir en particulier, dans *La Pharsale*, I, 396-446, la liste des légions rappelées de Gaule par César, dont d'Aubigné s'est peut-être souvenu. Je dois ce rapprochement à Jean-Claude Ternaux.

351-362. Le premier tableau est l'épisode de la conjuration d'Amboise (mars 1560) et de sa répression, dont le jeune d'Aubigné fut directement témoin aux côtés de son père. Voir *Sa Vie à ses enfants*, éd. Schrenck, p. 52.

359. Ce geste et ces paroles sont rapportés dans l'*Histoire universelle* (livre II, chap. XVII, éd. A. Thierry, I, p. 277) comme ceux de Villemongis-Briquemaut, au moment de son exécution devant le roi, ses frères et les dames de la cour.

360. *Tes mains seront ôtées...* : expression biblique déjà présente dans *Feux*, 418-419.

363. Le second tableau est celui de la bataille de Dreux, 19 décembre 1562, la seule bataille rangée de la première guerre de Religion. Cf. Montaigne, *Essais*, I, XLV.

367. *Les deux chefs* : le connétable Anne de Montmorency, chef de l'armée royale, qui fut pris dans la première phase de la bataille, et le prince de Condé, chef de l'armée protestante, surpris par l'intervention du duc de Guise, alors qu'il se croyait victorieux.

376. Pour l'expression, cf. *Misères*, 190, et la note.

377-378. Reprise résumée de l'allégorie de *Misères*, 179-190.

380. *L'autre*, c'est Coligny qui, après la capture du prince de Condé, parvint à rallier les fuyards et à se retirer en bon ordre.

383-384. Poltrot de Méré, assassinant le duc de Guise qui assiégeait Orléans aux mains des protestants (18 février 1563), est comparé à Judith tuant Holopherne. Il fut torturé et écartelé.

392. *Babel*, c'est Paris, bloqué en 1567 par les troupes de Condé, lors de la deuxième guerre de Religion. Le premier siège, par le même Condé, avait eu lieu en novembre-décembre 1562, juste avant la bataille de Dreux qui y mit fin.

396. Le connétable Anne de Montmorency, blessé mortellement à la bataille de Saint-Denis le 10 novembre 1567. A la tête des armées catholiques, il combattait ses neveux, les chefs du parti protestant.

398. Pour *le doigt de Dieu*, cf. ci-dessus le v. 81 et la note.

401. *Renaître* : début de la troisième guerre de Religion, août 1568.

403. *Doublement prince* : le prince de Condé, pour lequel l'élection divine et sa mort héroïque à la bataille de Jarnac (13 mars 1569) ajoutent un second titre à son titre terrestre.

410. Blessé à la jambe au début de la bataille de Jarnac, Condé fut capturé et achevé sur l'ordre du duc d'Anjou, le futur Henri III, lui-même assassiné en 1589. D'où l'expression « bourreau à soi-même bourreau ».

415. Combat de Saint-Yrieix ou de la Roche-Abeille, le 25 juin 1569. D'Aubigné, âgé de dix-sept ans, y prit part. Cette escarmouche, qui fut une victoire protestante, est sans commune mesure avec les défaites de Jarnac et de Moncontour qui l'encadrent dans la narration.

419. *En grand marge* : se dit de l'imprimé en feuille, c'est-à-dire in-folio, et, par suite, d'un tableau de grande dimension.

420. *Moncontour* : grande défaite protestante, le 3 octobre 1569, qui s'acheva en boucherie.

421. *On joua de sang* : allusion au jeu « tragique » (v. 420). Il s'agit d'une tragédie sanglante à la Sénèque, mais réelle et non feinte.

429-430. Les huguenots sont vaincus dans les grandes batailles, mais triomphent des « tyrans insolents » dans les petites rencontres.

434. *Choisis des Gédéons* : sur l'ordre de l'Eternel, Gédéon choisit seulement trois cents compagnons pour combattre les Madianites. Ceux qui lapaient l'eau à plat ventre furent renvoyés (Juges VII, 4-7). Cf. *Préface*, 301-312, et *Jugement*, 37-56, où ce thème de l'élection est longuement développé.

435-436. Pour l'idée, cf. Judith IX, 16, et Psaumes XXXIII, 16-17.

443. *La pieuse Renée* : Renée de France, fille de Louis XII, épousa le duc de Ferrare, Hercule d'Este, en 1528, et accueillit à sa cour Calvin, Marot et Villegagnon. Persécutée et séquestrée par son mari, elle revint, une fois veuve, se fixer à Montargis dont elle fit un asile pour les familles huguenotes (1560).

448. Le puits de l'Apocalypse (IX, 2-3), d'où sortent les sauterelles. Les chenilles désignent ici les prêcheurs catholiques qui influent sur le faible Charles IX. Cf. *La Chambre dorée*, 1039, et *Vengeances*, 1098, où il est question de « la vermine du puits ». Ces mêmes chenilles, dans le discours catholique et notamment chez Pierre Belon, *Chronique* (Bibl. de l'Arsenal : Ms 4651), ou Ronsard, *Continuation du Discours des Misères de ce temps*, 71-90, représentent les hérétiques.

452. Ce « messager de mort » est Jean de Chourses, seigneur de Malicorne, gentilhomme ordinaire du roi.

457. Expression biblique : Jérémie XXI, 8.

471. Il s'agit de la troupe des sauveurs qui, en réalité, était plus nombreuse que celle des poursuivants catholiques.

479. *Tendons les mains à Dieu*. Expression biblique : Exode IX, 29.

480-481. Ces deux vers sont la citation textuelle du Psaume XXXI, 6, dans la traduction de Théodore de Bèze.

485. Erreur de chronologie : l'épisode se situe « sur la fin de septembre » 1569 et la bataille de Moncontour ne fut livrée que le 3 octobre.

494. *L'étamine linomple* : toile de lin fin.

498. *Les merveilles de Dieu* : expression biblique. Cf. *Les Feux*, 365 et 468, ainsi que la note sur ce dernier vers.

499. *Navarrin* ou Navarrenx (Pyrénées Atlantiques). Montgomery en fit lever le siège en août 1569 et reconquit le pays pour la reine de Navarre. Par cette victoire s'ouvre une série d'exemples des « merveilles de Dieu », comme annoncé au v. 433.

503. *Une ville, un château* : Orthez et son château.

507. *Luçon*, en Vendée : victoire de La Noue le 14 juin 1570.

514. *Montbrun* vainqueur à Châtillon-en-Diois, sur la Drôme, le 13 juin 1575. Comme César et François Iᵉʳ (Marignan), il vainquit une armée de Suisses. D'où le v. 516. Sur la mort de Montbrun, cf. *La Chambre dorée*, v. 862 et la note.

519. Saint-Gilles du Gard, près de Nîmes : le 27 septembre 1562 une poignée de huguenots y défit les catholiques de Provence, renforcés d'auxiliaires italiens et espagnols, qui allaient assiéger Montpellier.

524. Cette traversée de la mer Rouge, mer de sang où périt l'armée ennemie, ouvre au peuple élu que sont les huguenots une nouvelle Terre Promise, le « Canaan » du v. 522. Cf. l'ouverture de *Misères*, v. 7-12 et 17-18, où le « Rubicon troublé » se superpose à la mer Rouge.

525. *A reins troussés* : allusion au rituel de la Pâque institué avant le départ d'Egypte des Israélites (Exode XII, 11).

526. *Sans humeur* : sans eau. Après avoir traversé la mer Rouge, les Israélites cheminèrent trois jours dans le désert, sans rencontrer de point d'eau (Exode XV, 22).

527-528. Sur le « pilier » de nuages et la « colonne de feu » guidant le peuple d'Israël à travers le désert, voir *Misères*, 22, et la note. D'après Exode XIII, 21.

529. *Carmes* : au sens du latin *carmina* : vers, chants. Cf. *Princes*, 1104.

530. *Donner gloire à Dieu* : expression fréquente dans la Bible. I Chroniques XVI, 29 ; Jérémie XIII, 16 ; Psaumes LXVIII, 35.

534. *Sans parti* : sans adversaire armé, capable de résistance, en face d'eux. L'expression est adaptée de Lucain, *Pharsale*, I, 682 : *bellumque sine hoste est*. Pour de nouvelles variations sur cette formule, voir ci-après les v. 567 et 841. Cf. André Baïche, *La Naissance du baroque français*, Toulouse-Le Mirail, 1976, p. 150. — Au spectacle des batailles va succéder celui des massacres, présenté comme le précédent sous la forme d'une suite de tableaux animés.

537. *Dieu des armées* : qualification constante de Dieu dans les prophéties d'Esaïe.

542. *Fume* : image biblique (Deutéronome XIX, 20), déjà imitée dans *La Chambre dorée*, 121-122.

545-572. Tableau du massacre de Vassy (dimanche 1er mars 1562), qui fut à l'origine de la première guerre de Religion.

547. *Au nez de Satan* : les huguenots de Vassy célébraient leur culte dans une grange proche de l'église où le duc François de Guise avait entendu la messe.

561. Le *cardinal sanglant*, c'est Louis de Lorraine, premier cardinal de Guise (1527-1578), frère cadet de François de Guise et du cardinal de Lorraine. Les protestants l'accusaient d'avoir assisté de loin au massacre.

564. Plusieurs de ces détails se trouvent dans la gravure des protestants Jean Perrissin et Jacques Tortorel faisant partie des *Histoires diverses... touchant les guerres, massacres et troubles advenus en France ces dernieres années*, recueil iconographique publié en 1570 à Lyon.

567. *Les combats sans parti*. Pour le sens et la source de l'expression, cf. ci-dessus la note du v. 534.

571-572. Sous l'action du feu, le taureau d'airain où le tyran Phalaris faisait brûler ses ennemis rendait une harmonie qui couvrait leurs cris. Cf. *Misères*, 819 ; *La Chambre dorée*, 533-534.

573-584. Tableau synthétique de l'épidémie de massacres qui prélude, au printemps 1562, à la guerre civile et annonce, à dix années de distance, la « saison des Saint-Barthélemy ».

585. *Sens insensée* : annomination expressive comme dans *Feux*, 126, 127-128, 133-134, 136, 324. Les cadavres charriés par l'Yonne, qui passe à Sens, se déversèrent ensuite dans la Seine et se virent jusqu'à Paris. Le massacre de Sens eut lieu le 12 avril 1562.

588-589. *Les premiers chus dans l'eau,/Les autres sur ceux-là* : emprunt ponctuel et littéral à Lucain, tant pour la situation que pour l'expression : « in fluvium primi cecidere, in corpora summi » (*Pharsale*, II, 211). Cf. J.-R. Fanlo, *Tracés, ruptures [...], op. cit.*, p. 207.

592. Cette lutte des éléments préfigure le mouvement plus large de l'Océan refoulant la vague de sang des fleuves, au terme des *Fers*, 1497-1500.

593. A Agen, les protestants qui n'avaient pas fui à l'approche de Monluc furent tués par la populace.

597. *Cahors*. La tuerie de Cahors précéda celle de Vassy (16 novembre 1561).

599-600. *La pâle mort courant...* Echo amplifié de Lucain, *Pharsale*, II, 100 : *quantoque gradu mors saeva cucurrit*. Cf. A. Baïche, *La Naissance du baroque français*, Toulouse-Le Mirail, 1976, p. 153. — *Son faible demeurant* : le peu qui reste.

605. Le massacre de Tours eut lieu le 11 juillet 1562. Il répliquait à l'occupation de la ville, durant trois mois, par les troupes protestantes de Condé, qui profanèrent et pillèrent les églises.

608. *Les Scythes gelés* : la réputation de cruauté des Scythes, ancien peuple de la Russie actuelle, était légendaire au moins depuis Hérodote. L'épithète « gelés » s'explique par le climat septentrional où ils vivaient.

617-618. *Sans connaissance...* : ces enfants que l'on massacre sont ignorants de tout ce qui fait la querelle des hommes. Ce tableau répète le massacre des innocents décrété par Hérode.

619-620. *Mais quel crime avant vivre ont-ils pu encourir* ? Idée et expression venues de Lucain, *Pharsale*, II, 108-109 : « Crimine quo parvi caedem potuere mereri ? / Sed satis est iam posse mori. »

623-624. *Le port / Du fleuve et de leurs jours* : le port du fleuve est aussi celui de leur vie, d'où ils s'embarquent pour la mort. Le zeugma a pour effet de conférer une valeur symbolique au lieu de la tuerie.

629. La verge dont on fouette les enfants quand ils désobéissent est le « supplice » qui convient à leur âge, non le glaive ou le couteau. — *Anoblir* (v. 630) : dispenser par privilège.

634. Pour le symbolisme du « bras levé », comparer avec le geste de Villemongis, au v. 359.

646-647. Le président du Parlement de Tours Jean Bourgeau, sympathisant de la Réforme, « fut lié à des Saules comme on va au Plessis (-lès-Tours), et lui fut, vivant, le ventre ouvert pour chercher dans ses boyaux de l'or qu'ils y pensaient caché » (*Histoire universelle*, III, 1, éd. A. Thierry, t. II, 1982, p. 13).

647-648. Episode du siège de Jérusalem par Titus, d'après Flavius Josèphe, *La Guerre des Juifs*, V, XIII, 4.

649. *Montant cette rivière* : la Loire. La succession des tableaux épouse un ordre géographique — le cours des rivières de France — et non pas chronologique. Le massacre d'Orléans eut lieu le 21 août 1569, pendant la troisième guerre de Religion. Cf. *Histoire universelle*, V, 13, éd. A. Thierry, t. III, p. 92-93.

658. Chez les Hébreux le meurtrier involontaire pouvait trouver refuge auprès de l'autel du Seigneur (Exode XXI, 12-14). Les églises remplissaient parfois la même fonction dans l'Europe du Moyen Age et de la Renaissance.

664. Les soldats en position (« affûtés » = à l'affût) recevaient sur leurs piques les corps jetés du haut de la tour la tête la première (« précipités »).

670. *Quelle bête est un peuple sans bride* : maxime politique inspirée d'Horace, *Epîtres*, I, 1, 76 : « bellua multorum es capitum ». L'expression de ce mépris et de cette défiance pour le populaire est fréquente chez Ronsard. Voir notamment la *Remonstrance au peuple de France*, 221-222 et 235 (éd. P. Laumonier XI, 76). Mais il s'agit alors de la

« tourbe mutine » qui adhère à la Réforme, non de celle qui la combat les armes à la main !

673. Le gouverneur catholique Guillaume de Saint-Pont ou Saint-Point, à Mâcon sur la Saône (et non pas le Rhône), offrait à ses convives après dîner le spectacle des condamnés que l'on jetait du pont dans la rivière. La scène se situe en août 1562, durant la première guerre de Religion. Cf. *Histoire universelle*, III, 7, éd. A. Thierry, t. II, 1982, p. 53-54.

674. Aux « sauteries de Mâcon » répondent, du côté protestant, celles que commanda le baron des Adrets à Montbrison le 16 juillet 1562. Ces prétendues « représailles » anticipent par conséquent les exactions de Saint-Pont.

677. *Mouvant* : Antoine de Richiend, seigneur de Mouvans, massacré en décembre 1559 « par la populace de Draguignan » (*Histoire universelle*, II, 20, éd. A. Thierry, t. I, p. 293). — *Tende* : René de Savoie, comte de Cypierre, fils cadet du comte de Tende, assassiné par trahison à Fréjus le 30 juin 1568.

688. Le massacre des Vaudois de Cabrières et de Mérindol, en Provence, remonte à 1545. Il fut exécuté sur les ordres du parlement d'Aix, par une troupe que conduisait le baron d'Oppède.

690. Sur la résistance opposée au duc de Savoie par les Vaudois d'Angrogne en 1560, cf. la Préface, v. 115 *sqq.*

691. *En lions les agneaux* : mouvement inverse dans *Feux*, 716.

693. *Amiral admirable* : Gaspard de Coligny, le protecteur des églises de France et la première victime de la Saint-Barthélemy. On note l'annomination expressive comme au v. 585.

700. *Zischa* ou Ziska (Jean, 1370-1424) fit en 1419 la guerre à l'empereur Sigismond pour venger les supplices de Jean Huss et de Jérôme de Prague (1415 et 1416).

702-703. *La tragédie / Qui efface le reste* : la Saint-Barthélemy (24 août 1572), qui constitue l'acmé des violences religieuses et le point culminant du drame des *Tragiques*.

705. Comme dans l'Ancien Testament, dieu « châtie » son peuple, avant de prendre vengeance de ses ennemis. Cf. Psaume CXVIII, 18 ; Jérémie XXX, 11. La faute du parti protestant est d'avoir plus escompté des ressources humaines que du secours de Dieu. Sur la distinction châtiment / vengeance et le retard de la seconde sur le premier, voir E. Forsyth, « Le Message prophétique d'A. d'Aubigné », *BHR* XLI, 1979, p. 24-39.

707. Les Prudents sont, comme au v. 143, les adversaires désignés de d'Aubigné à l'intérieur du parti protestant. Le mot s'applique ici aux vaines espérances fondées sur la paix de Saint-Germain (8 août 1570) qui conduisirent tout droit, deux ans plus tard, à la tragique surprise de la Saint-Barthélemy. Mais l'on peut y voir aussi, en vertu d'un déroulement cyclique de l'Histoire, une allusion à la situation politique sous le règne d'Henri IV et la régence de Marie de Médicis, quand le retour de la paix favorise les compromissions et entraîne l'affaiblissement du clan huguenot.

714. *Enfants du royaume* (de Dieu) : expression évangélique, tirée de Matthieu VIII, 12 et XIII, 38.

715. *Folie au vent.* Cf. I Corinthiens III, 19 : la vaine sagesse des hommes est folie devant Dieu. Orgueil et vanité sont ici métaphoriquement associés au vent (d'après l'Ecclésiaste II, 11 ; cf. *Misères*, 168), prélude à l'amplification des v. 725-728.

720. Expression biblique : Psaume XIX, 10.

721-742. Ce passage est une transposition très libre de la parabole évangélique du grain semé en différents endroits (Matthieu XIII, 3-8 et 18-23).

743. Dans la parabole du bon grain et de l'ivraie (Matthieu XIII, 24-30 ; expliquée en 37-43), la moisson est faite à la fin du monde par les anges. Cf. Psaume I, 3.

750. *Une troupe funèbre* : la troupe qui accompagne le roi de Navarre et Henri, prince de Condé à leur entrée dans Paris le 8 juillet 1572. Ils étaient en deuil de Jeanne d'Albret, reine de Navarre, la mère du futur Henri IV, morte le 9 juin d'une pleurésie. Mais le bruit courut, chez les protestants, d'un empoisonnement par des gants de senteur, légende que reprit Alexandre Dumas dans *La Reine Margot* (1844-1845).

755. *Notre Débora* : prophétesse d'Israël, qui libéra les Israélites du joug de Jabin, roi de Canaan, en entraînant à la guerre sainte le chef de l'armée Barac (Juges IV). La périphrase est courante chez les huguenots pour désigner Jeanne d'Albret, âme du combat protestant après la mort de Louis, prince de Condé, à Jarnac.

757. *Doubles mariages* : celui du prince de Condé (Henri de Bourbon) avec sa cousine Marie de Clèves, célébré selon le rite protestant le 10 août ; et celui d'Henri de Navarre avec Marguerite de Valois le 18 août.

767. *Le terme des appas* : la Saint-Barthélemy clôt les réjouissances qui accompagnèrent les « doubles mariages » (v. 757).

768 et 786. Souvenir possible du mythe de Thyeste, lorsque le soleil rebrousse chemin en plein jour pour ne pas voir les reliefs du repas cannibale. Cf. *Misères*, 561, et Sénèque, *Thyeste*, 1035-1036. Mais l'empreinte de Lucain est au moins aussi probable : *Pharsale*, VII, 1-6.

769-770. Cette pointe prétendument baroque, que l'on a rapprochée d'un vers de *Pyrame et Thisbé*, tragédie de Théophile de Viau (1623), a sans doute sa source chez Ovide, *Amours*, I, 13, 47. Comme l'Aurore rougit sous les reproches mérités que lui adresse l'amant, le jour de la Saint-Barthélemy s'empourpre au sentiment de sa propre culpabilité.

800. Les « ouvriers mécanics », c'est-à-dire les travailleurs manuels, sont les exécuteurs du massacre. Le renversement des valeurs et le bouleversement de l'ordre social culminent dans un événement où la fleur de la noblesse française périt sous les coups de la populace. La Saint-Barthélemy, entre autres composantes, comprend effectivement une dimension sociologique. C'est une journée révolutionnaire avant la lettre qui menace, à travers les protestants pris comme bouc émissaire, l'ordre seigneurial et monarchique lui-même. Pour cette lecture, voir les analyses récentes de Jean-Louis Bourgeon, « Les légendes ont la vie dure : à propos de la Saint-Barthélemy et de quelques livres récents », *Revue d'Histoire moderne et contemporaine*, t. XXXIV, janvier-mars 1987, p. 102-116.

804. *Les chefs* : les nobles protestants, capitaines dans les guerres de François Ier et d'Henri II contre l'Espagne. Il s'agit plus exactement de leurs descendants, héritiers de leur sang et de leurs « vertus » héroïques (v. 809).

808. Allusion à la captivité de François Ier à Madrid après la défaite de Pavie en 1525.

813. *Pour ceps* : pour entraves. La plupart des nobles protestants furent surpris au lit, sans avoir pu mettre la main à l'épée.

819. *Le Roi, parricide des lois* : le Roi tient son pouvoir des lois fondamentales du royaume, qui lui imposent en retour le devoir de protéger la vie de ses sujets. En tuant ou en laissant tuer une partie de ces derniers, il transgresse le pacte qui le lie à son peuple et sape du même coup les fondements de son autorité. Meurtrier des lois dont il est fils, comme Charles IX au matin du 24 août, le roi n'est plus roi légitime. C'est un tyran coupable de parricide. Son crime autorise par contrecoup le tyrannicide. Cette conception de la monarchie tempérée est exposée à plein par d'Aubigné dans son traité *Du Debvoir mutuel des Rois et des sujets* (« Pléiade », p. 467-489, et notamment p. 483-484).

822. *Les sénateurs de France* : les membres des conseils royaux aussi bien que les juges du Parlement et des cours souveraines.

827-828. Imitation par d'Aubigné du tableau des proscriptions de Sylla chez Lucain, *Pharsale*, II, 149-151 ; ou de la description des méfaits de l'Opinion chez Ronsard, *Discours des Misères de ce temps*, 159-164 (éd. P. Laumonier des *OC*, XI, p. 28). Cf. *Misères*, 212-213, et la note.

831. *Notre Caton* : l'Amiral de Coligny, dont un doigt avait été brisé par une balle lors d'une première tentative d'assassinat la veille du massacre. Pour le dédoublement entre Coligny spectateur au ciel et Coligny supplicié sur terre, cf. *Princes*, 1431-1434. — Caton d'Utique, exemple de vertu républicaine et stoïque, était le modèle du jeune d'Aubigné, si l'on en croit le discours de Fortune dans *Princes*, 1218.

834. *Sa tête court à Rome* : la tête coupée de Coligny aurait été embaumée et portée en guise de trophée au pape à Rome. C'est une des nombreuses légendes relatives à la Saint-Barthélemy ; également présente dans l'*Histoire universelle*, VI, 4, éd. A. Thierry, t. III, p. 332.

838-839. La cloche du Palais de justice, qui devait donner le signal du massacre, fut en réalité devancée par celle de Saint-Germain l'Auxerrois, qui déclencha l'attaque contre l'hôtel où se tenait Coligny.

840. *L'étendard cramoisi* : ce drapeau rouge est le symbole de la journée sanglante.

841. *Guerre sans ennemi*. Echo direct de Lucain, *Pharsale*, I, 682 : *bellumque sine hoste est*. Cf. ci-dessus, pour une adaptation moins littérale, le v. 534. Autre variante de l'expression au v. 567.

845-846. Idée que Lucain exprimait de manière plus concise : « sed hinc iugulis, hinc ferro bella geruntur » (« d'un côté on livre bataille avec sa gorge, de l'autre avec le fer »). D'après *La Pharsale*, VII, 533.

849-850. Sur la participation, bien attestée, des enfants et adolescents aux massacres, cf. *La Chambre dorée*, 630, et la note. Voir encore l'*Histoire universelle*, VI, 4, p. 343, etc. Pour l'idée des v. 848-850, cf. Lucain, *Pharsale*, II, 111-113.

856. Les autels, tout à la fois garants (« pleiges ») de la foi jurée et asile des fugitifs, font aussi allusion aux « doubles mariages » du mois d'août 1572 (v. 757).

860. Le vicomte de Léran (ou Leyran), blessé et en sang, vint se réfugier jusque dans la chambre de la reine de Navarre, la fameuse reine Margot qui venait d'épouser le futur Henri IV. Le sous-entendu de d'Aubigné concernant une liaison, un « faux amour », entre les deux protagonistes de la scène est pure malveillance.

861-864. *Libitine* est la déesse des funérailles (cf. *Misères*, 1146), confondue, par un jeu étymologique sur *libido*, avec Vénus. L'identité de l'Amour et de la Mort, que l'on retrouve plus tard chez Baudelaire, par exemple dans « La Mort des amants » (*Fleurs du mal*, CXXI), est déjà un lieu commun de la poésie amoureuse. Cf. Ronsard, *Sonnets pour Hélène*, II, LXXVII, v. 14 :

> Car l'Amour et la Mort n'est qu'une mesme chose.

870. *Les poisons du siècle*, ce sont les marchandises de luxe entreposées sur les berges (les « chantiers ») de la Seine.

873-874. A rapprocher, pour le mouvement et l'expression, des v. 588-589 ci-dessus et de Lucain, *Pharsale*, II, 211.

877. *Le pont...* : le Pont aux Meuniers, près du Pont au Change, conduisait aux moulins établis sur la rivière.

882. *La vallée de Misère* : surnom donné à la rue Trop-va-qui-dure qui longeait le Châtelet et conduisait à la Seine.

883. Ces quatre bourreaux sont Tanchou, prévôt de Paris, Pezou, Croiset et Perier. Cf. *Histoire universelle*, VI, 4, éd. A. Thierry, t. III, p. 349.

886-888. L'écroulement accidentel du Pont-aux-Meuniers le 22 décembre 1596 fut considéré par les Protestants et les Politiques comme une vengeance divine. D'Aubigné a grossi le nombre des victimes. La *louve* désigne, bien sûr, Paris, qui a massacré, dévoré ses enfants.

891-900. Madeleine Briçonnet, nièce du cardinal Briçonnet et veuve de Thibaud de Longueil d'Yverni, maître des requêtes. D'Aubigné lui reproche de s'être déguisée en religieuse, d'avoir « vêtu l'hypocrite », pour tenter d'échapper à la mort. Elle aurait été trahie par le « cotillon de couleur qui apparut sous ses habits », si l'on en croit le *Tocsain contre les massacreurs et auteurs des confusions en France*, Reims, 1577 (*in* Cimber et Danjou, *Archives curieuses de l'histoire de France*, 1836, t. VII, p. 56). Ce que d'Aubigné, en accord avec la couleur dominante de la journée, a transformé en une chaussure rouge (« patin incarnat »). L'*Histoire universelle*, VI, 4 (éd. cit., t. III, p. 342-343) évoque « ses mulles de velours cramoisi ».

905. *Le premier précipice* : la première chute.

907. *Ce point* : ce moment, c'est-à-dire celui où justice sera rendue.

915-916. Jetée du Pont-aux-Meuniers (le « pont tragique » du v. 903) le vendredi et retenue par ses cheveux, la femme surnage jusqu'au dimanche où son mari, à son tour précipité, la rejoint dans la mort et l'entraîne enfin dans le fleuve. Ce détail symbolique s'accorde avec le thème des amours funèbres qui parcourt tout l'épisode. Même anecdote dans l'*Histoire universelle, loc. cit.*, p. 350.

919. *Homme de sang* : expression biblique, d'après le Psaume V, 7.

920. Rappel du précepte évangélique sur le mariage : « Ce que Dieu a uni, que l'homme ne le sépare donc pas » (Matthieu XIX, 6).

921. Jeu étymologique sur le nom de Pierre de La Ramée, dit Ramus, professeur au Collège royal, mathématicien et philosophe anti-aristotélicien (1515-26 août 1572), l'une des plus illustres victimes de la Saint-Barthélemy. Cf. l'*Histoire universelle*, VI, 4, éd. A. Thierry, t. III, p. 343.

922. Anne de Terrière, seigneur de Chappes, avocat au Parlement et octogénaire.

923. Antoine de Foucauld, sieur de Brion, gouverneur du jeune prince de Conti qui le défendit vainement de ses poings.

933-936. Détails sur ce voyeurisme macabre dans l'*Histoire universelle*, VI, 4, éd. cit., p. 336-337, et dans les pamphlets du temps.

937. *Fume... d'âmes.* Même expression dans *Le Printemps, Hécatombe à Diane*, sonnet X, 6, « Pléiade », p. 250. Cf. *La Chambre dorée*, 109-122. La source probable de l'image est Lucain, *Pharsale*, VII, 768-770 : *terramque nocentem/inspirasse animas*. Je dois ce rapprochement à Jean-Claude Ternaux.

945. *Notre Sardanapale* : Charles IX. Le nom de ce despote oriental, cruel et efféminé, est appliqué dans *Princes*, 776, à Henri III. Voir la note sur ce vers.

951. *Juste arquebusier* : qui vise juste. Cf. *Histoire universelle*, VI, 4, éd. cit., t. III, p. 341. Cette image d'Epinal est aussi dépourvue de vérité historique que l'empoisonnement de Jeanne d'Albret, la tête de Coligny envoyée à Rome ou les mortels remords de Charles IX. Voir la mise au point de Philippe Joutard, Janine Estèbe, Elisabeth Labrousse et Jean Lecuir, *La Saint-Barthélemy ou les résonances d'un massacre*, Delachaux et Niestlé, 1976, p. 109-114. Comme le note pour sa part Henri Dubief, « toute l'histoire de la Saint-Barthélemy repose sur des sources suspectes » (*Actes* du colloque *L'Amiral de Coligny et son temps*, Paris, S.H.P.F., 1974, p. 352).

— Cette scène apocryphe connut une singulière fortune dans la littérature romantique. Son avatar le plus populaire est sans conteste un chapitre de *La Reine Margot* d'Alexandre Dumas (1845, chap. X ; Folio, p. 149), où, en présence d'Henri de Navarre, paralysé par la peur, Charles IX cède à un accès de folie furieuse, « poussant des cris de joie chaque fois que le coup avait porté ». Un peu plus tard, Dumas place dans la bouche du roi revenu au calme et s'adressant à Henriette de Nevers, sa cousine, une expression tirée, semble-t-il, des *Tragiques* : « Que m'a-t-on dit, ma cousine, que, de votre propre fenêtre, *vous avez giboyé aux huguenots*, et que vous en avez tué un d'un coup de pierre ? » (*op. cit.*, chap. XI, p. 161).

Le « balcon de Charles-Neuf » est deux fois mentionné dans *Les Châtiments* de Victor Hugo, IV, 13, v. 10, et V, 3, v. 27, éd. P. Albouy, « Pléiade », p. 112 et 119. Un fragment des « alentours des *Châtiments* » associe explicitement l'arquebuse au roi de la Saint-Barthélemy (*op. cit.*, p. 454). Dans *Les Fleurs du mal*, LXXVII, « Spleen » (« Pléiade », I, p. 74), Baudelaire a donné à l'image une portée immémoriale et à la figure du roi les traits d'un double solitaire et désespéré :

> Rien ne peut l'égayer, ni gibier, ni faucon,
> Ni son peuple mourant en face du balcon (v. 5-6).

956. *Gnathon, Thaïs, Thrason* : trois personnages de *L'Eunuque* de Térence, le parasite, la courtisane et le soldat fanfaron.

959. Cette fille, nommée Royan, aurait livré, outre un sien parent, un gentilhomme protestant qu'elle avait autrefois aimé (*Histoire universelle*, VI, 4, éd. cit., t. III, p. 344).

962. Condensation de l'image développée dans *Misères*, 581-586, où elle est déjà associée comme ici à la figure de Néron.

965-966. Les fêtes de cour ici énumérées se situent à différentes époques : celles de Bar-le-Duc et de Bayonne lors du « tour de France royal » de 1564-1566 ; celles des Tuileries, en septembre 1573, furent données aux ambassadeurs polonais venus offrir la couronne au duc d'Anjou (cf. *Princes*, 713-740). Celles de Blois accompagnèrent la tenue des états généraux de 1576. — Les *forts* étaient des simulacres d'attaque contre des citadelles de parade, en bois recouvert de toile peinte.

967. *Barrières et combats* : combats de barrière, tournois.

980. *Cause de ses feux.* Accusés par Néron d'avoir mis le feu à Rome, les martyrs chrétiens furent immolés par centaines, soit par le feu en servant de torches vivantes, soit lors des jeux du cirque sous la dent des fauves. Voir Tacite, *Annales*, XV, 44.

986. Antithèse de style biblique, mais de signification inverse, puisque l'action des hommes s'oppose à la volonté divine. Cf. Psaume LXXV, 8.

988. Telle est la formule de l'absolutisme monarchique, que d'Aubigné désapprouve. *Au prix que..., au prix* : à mesure que..., dans cette mesure.

989-990. L'idée du peuple complice de son oppression sous la tyrannie d'un seul vient du *Discours de la Servitude volontaire* de La Boétie, texte souvent utilisé par les protestants dans le combat antimonarchique. D'Aubigné y ajoute pour sa part le thème du bouc émissaire.

997. *Domitian* : Domitien, empereur romain de 81 à 96, exerça ses cruautés contre les membres de l'aristocratie romaine. Il persécuta aussi Juifs et chrétiens. Cf. *Vengeances*, 539-554.

1001-1004. Charles IX usa de menaces envers Henri de Navarre et le prince de Condé, dès ce moment prisonniers de la cour et contraints de professer la religion catholique. Cf. l'*Histoire universelle*, VI, 4, éd. cit., t. III, p. 339-340.

1007-1018. Ces merveilles, qui montrent, dès le crime commis, l'exercice des vengeances de Dieu sur le tyran Charles IX, auraient eu pour témoin oculaire le futur Henri IV (cf. v. 1025). Voir l'*Histoire universelle*, VI, 6, t. III, p. 367.

1020. Elisabeth d'Autriche, épouse de Charles IX, intercéda auprès de son mari en faveur de Condé qui refusait de se convertir (*Histoire universelle*, VI, 6, t. III, p. 369-370).

1025-1030. *Toi, Prince prisonnier* : D'Aubigné apostrophe Henri IV, le « prisonnier du Louvre », témoin des vengeances divines, et lui prédit le châtiment, au cas où il oublierait cet exemple et cet avertissement. L'assassinat de 1610 sera considéré par d'Aubigné comme la conséquence directe de l'abjuration.

1039. *La mouche* : le mouchard, le sycophante.

1056. *Les Amans* : les ministres fourbes et cruels, comme Aman qui obtint du roi Assuérus un décret d'extermination contre le peuple juif. D'après Esther, III ; cf. *Vengeances*, 432.

1059. Sur le massacre de Meaux, Cf. *Histoire universelle*, VI, 5, éd. A. Thierry, t. III, p. 355.

1067. *Contremont* : vers l'amont. Annonce de l'image finale des fleuves rebroussant leur cours vers leur source : *Fers*, 1497-1499. Tout ce passage est très proche de Lucain, *Pharsale*, II, 211-220.

1069-1071. Ces villes, qui suivirent l'exemple d'Orléans, sont Jargeau, La Charité, Beaugency, Blois, Amboise, Tours et Saumur. cf. *Histoire universelle*, VI, 5, t. III, p. 356-357.

1073-1076. Les protestants de Lyon furent massacrés dans les prisons, du vendredi 29 au dimanche 31 août 1572.

1079-1080. En vertu d'une équivalence anatomique qui assimile la ville à un corps humain, le « ventre » et les « boyaux », instruments du massacre, désignent la populace composée de bouchers, de crocheteurs et de bateliers. Les bras, qui sont les soldats, et les ongles, qui représentent le bourreau, ont refusé d'exécuter l'ignoble besogne.

1087-1092. Paraphrase de l'Apocalypse XVI, 4-6 : « Le troisième ange a versé sa fiole sur les fleuves et sur les sources des eaux, et ç'a été du sang. Et j'ai entendu l'ange des eaux qui disait : " Tu es juste, toi qui es et qui étais, toi qui es pieux, car tu les as jugés, car ils versaient le sang des saints et des prophètes et tu leur as donné du sang à boire, ils en sont dignes ". »

1093. *Le renchérit* : renchérit sur le Rhône.

1097. *Par le rôle* : suivant la liste d'appel. Les massacres de Rouen eurent lieu tardivement, du 17 au 20 septembre.

1106. *Communes cadences* : métaphore chorégraphique. Le jeu de mots macabre sur « cadence » (rythme et chute, fin) se trouve déjà chez Clément Marot, « Complainte du baron de Malleville, Parisien », v. 38, in *L'Adolescence clémentine*, « Poésie/Gallimard », 1987, p. 134 :

> *Las, or est-il à sa dernière danse,*
> *Où toi, la Mort, lui as fait sans soulas*
> *Faire faux pas et mortelle cadence,*
> *Sous dur rebec sonnant le grand hélas.*

1107. L'Université d'Angers, fondée en 1364, était une des plus anciennes de France, comme celle de Poitiers.

1109. Les massacres de Bordeaux durèrent trois jours, du vendredi 28 au dimanche 30 octobre.

1118. *Trente mille* : le même chiffre est donné par d'Aubigné dans le traité *Du Debvoir mutuel des Rois et des sujets*, chap. III, « Pléiade », p. 473. Mais, si l'on en croit J.-A. de Thou, il est exagéré.

1123. Paraphrase du Psaume CVII, 14.

1124. *Nous changeons de propos* : après l'évocation des victimes, celle des « échappés de mort », dont d'Aubigné lui-même. Cf. v. 1191.

1132. *Acertena la mort* : lui garantit, lui certifia que...

1141. *Un des bouchers* : un prêtre emprisonné pour dettes avait été tué à la place d'un prisonnier protestant. Le terme de « boucher » s'applique communément, dans la polémique calviniste, aux prêtres, qui, non seulement appartiennent au clan des bourreaux, mais sont de plus théophages et « sans cesse resacrifient encore Jésus-Christ en la messe » (*Tr.*, IV, 661-662). Voir à ce propos l'*Histoire de la Mappe-Monde Papistique* de Pierre Eskrich et Jean-Baptiste Trento (Genève, 1566, p. 133-134), qui assimile en outre ces « gentils bouchers » aux Cannibales du Brésil. J'ai commenté ce passage dans *Géographie du monde au Moyen Age et à la Renaissance*, Paris, Editions du Comité des travaux historiques et scientifiques, 1989, p. 103.

1147. Cf. *Vengeances*, 426, et la note.

1148. Cf. Matthieu XXVI, 52 : « Tous ceux qui auront pris l'épée périront par l'épée. »

1149. Jacques de Nompar, seigneur de Caumont (1559-1652), futur maréchal de la Force. Pour son sauvetage, sous les corps poignardés de son père et de son frère, cf. l'*Histoire universelle*, VI, 4, éd. A. Thierry, t. III, p. 337.

1151. *Quel Prince* : cf. v. 1426, pour une expression similaire, située cette fois dans une apostrophe adressée à d'Aubigné lui-même.

1160. L'avertissement se vérifiera : Caumont remettra sans combattre à Louis XIII la place de sûreté de Sainte-Foy et recevra en échange le titre de maréchal de France (1621).

1169. Paraphrase de la parole de Darius au prophète Daniel en l'envoyant dans la fosse aux lions : « Que ton Dieu que tu sers avec persévérance te délivre lui-même ! » (Daniel VI, 17).

1172. *De sa bouche le vent* : expression biblique, d'après Psaume XXXIII, 6, et Job XV, 30.

1174. Cette aventure merveilleuse pourrait, selon H. Weber, concerner d'Aubigné lui-même, attaqué dans une hôtellerie de Beauce à l'automne 1572. Voir plus loin les v. 1195-1206. Cf. *Sa Vie à ses enfants*, éd. G. Schrenck, p. 79.

1175. *Achas* : lapsus pour Achab, roi d'Israël, qui poursuivit de sa colère le prophète Elie et l'obligea à se cacher près du torrent Carith, où il fut nourri par les corbeaux (I Rois XVII, 1-6).

1182. Merlin était le pasteur attaché à la personne de Coligny. Fugitif et caché dans un grenier durant trois jours, il serait mort de faim sans une poule qui vint pondre en sa main. Cf. *Histoire universelle*, VI, 4, éd. cit., t. III, p. 350.

1183-1190. Vesins, grand ennemi de Jean de La Tour, seigneur de Reyniès (ou Resniers), vint le trouver pendant la nuit du massacre et l'emmena « à petites journées » jusqu'en son château du Quercy. Cf. *Histoire universelle*, *loc. cit.*, p. 351-352.

1199. C'est la vision de Talcy, à l'automne 1572, d'où seraient sortis *Les Tragiques*. En fait, sur le moment, d'Aubigné, qui était grièvement blessé, fut surtout occupé par la pensée de Diane Salviati, auprès de laquelle il s'était réfugié. Le songe justifie après coup la fiction des tableaux célestes qui remplit ce livre V, de même que la prophétie qui va suivre.

1201. Sur le caractère faste du songe matinal, cf. *Feux*, 24, et la note.

1207-1209. Le panorama de l'histoire universelle se déroule d'est en ouest, projeté sur la voûte des cieux. Il suit le mouvement apparent du soleil, qui est aussi celui du ciel entier, entraînant avec lui les sept sphères célestes qui, de leur mouvement propre, tournent à contresens. Les tableaux passés s'abaissent du zénith vers l'Occident, à droite du spectateur couché face au « Midi ardent », tandis qu'à sa gauche, c'est-à-dire à l'Orient, s'élève progressivement le spectacle des événements à venir. Face à lui, l'histoire au présent, telle qu'elle « s'exploite » ou se déroule au moment de la vision (v. 1210).

1211-1222. Cette vision récapitulative des massacres fait penser notamment à ceux de Lyon (31 août 1572), déjà évoqués aux v. 1073-1080.

1223. Les catholiques sont assimilés aux idolâtres de la Bible, qui sacrifiaient à Baal, le dieu des Syriens et de Jésabel. *Baalim* est en hébreu un pluriel qui désigne les idoles.

1230. *L'heureuse vie* : la vie éternelle. D'Aubigné évoque les protestants qui, sous la menace, s'apprêtent à abjurer. Dieu leur donne la « grâce » (v. 1237) de se faire massacrer au seuil des églises, avant d'avoir pu compromettre, par lâcheté, le salut de leur âme (v. 1233-1234).

1245. *Leçon* : lecture. L'avenir se lit dans les constellations. Il ne s'agit plus de tableaux figuratifs, comme pour le passé et le présent, mais d'une écriture abstraite, géométrique, « en lignes, points et ronds », qui fait penser peut-être à des caractères hébraïques, et suppose, pour être comprise d'un simple mortel comme d'Aubigné, le truchement divin de l'ange.

1246. *Les bourgeois célestes* : pour cette expression, voir ci-dessus le v. 25 et la note.

1250-1252. D'Aubigné reprend textuellement la traduction par Théodore de Bèze du Psaume CXIX, 89 :

> *En ce haut ciel que tu créas jadis,*
> *Se voit sur tout fermement engravée*
> *L'éternité de tout ce que tu dis.*

1254. Le livre scellé de sept sceaux vient de l'Apocalypse, V, 1.

1255. Le prophète Daniel (cf. ci-dessus le v. 1169 et la note). Cf. Daniel X, 21 : « Au reste je te déclarerai ce qui est écrit en l'Ecriture de vérité. »

1262. *Engeance* : descendance (aucune valeur péjorative dans cet emploi du mot).

1263-1270. La question abordée ici sera reprise et développée dans *Jugement*, 1107-1110 et 1143-1166.

1275-1280. Le premier siège de La Rochelle, la « nouvelle Béthulie », par l'armée catholique du duc d'Anjou, de décembre 1572 à juillet 1573. Le duc d'Anjou, futur Henri III, et sa suite avaient pris une part active à la Saint-Barthélemy.

1280. *Non au lit* : c'est au lit que Judith tua Holopherne lors du siège de Béthulie (Judith XIII, 4, 6, 10). C'est encore au lit qu'agirent les massacreurs du 24 août, bientôt rassemblés devant La Rochelle assiégée, qui les tint en échec.

1282. *Sancerre affamée* : le siège de Sancerre, ville de refuge protestante, eut lieu du 3 janvier au 19 août 1573. La famine culmina en juillet par un épisode de cannibalisme, dont on trouve l'écho dans *Misères*, 495-562. La capitulation eut lieu le jour même de l'entrée des ambassadeurs polonais à Paris le 19 août. Sur cette coïncidence, cf. l'*Histoire universelle*, VII, 1, éd. A. Thierry, t. IV, p. 158-159. Pour l'expression de « Sarmates rasés », cf. *Princes*, 713-722.

1285-1288. Analogue à la rosée de givre que recueillirent les Hébreux dans le désert (Exode XVI, 13-14), la manne envoyée à La Rochelle assiégée est constituée de coquillages qu'apporte la marée. Le rivage *abrié de sourdons* : couvert de bucardes et pétoncles. Cf. *Histoire universelle*, VI, 11, éd. A. Thierry, t. IV, p. 31.

1298. Cette prétendue « comète » est la supernova SN 1572, qui parut en novembre 1572 et disparut au début de 1574. Elle suscita dans toute l'Europe de nombreuses relations et controverses, auxquelles prirent part, entre autres savants, Cornelius Gemma, Guillaume Postel et Tycho Brahé. D'Aubigné suit l'interprétation donnée par Théodore de Bèze qui y voyait « l'étoile de Bethléem » apparue aux Mages du temps d'Hérode. Cf. *Sonnets épigrammatiques* XI, 12-14 (« Pléiade », p. 340) ; *Histoire universelle*, VI, 15, éd. A. Thierry, t. IV, p. 82. Voir sur ce point la communication de Jean Céard, « Postel et l' " étoile nouvelle " de 1572 », *Guillaume Postel 1581-1981*, Paris, Guy Trédaniel, 1985, p. 349-360.

1300. Charles IX est assimilé à Hérode ordonnant le massacre des Innocents au moment de la naissance du Christ. Il mourut le 30 mai 1574. D'Aubigné soupçonne Catherine de Médicis, *alias* Jésabel (v. 1301), d'avoir hâté sa mort pour favoriser l'accession au trône d'Henri III, son fils préféré.

1302. *Le fuitif de Pologne* : Henri III, qui, dès l'annonce de la mort de son frère Charles IX, s'enfuit de Cracovie pour gagner, *via* Venise, la France et sa couronne.

1304. *Des lions trompés* : allusion à la révolte des Malcontents, regroupant féodaux catholiques et protestants du Midi, qui se déclencha dès les premiers mois du règne d'Henri III.

1306. *Qui en esprit adore* : la périphrase, tirée de Jean IV, 24, désigne les protestants, dont le culte est tout intérieur. Le réveil protestant dont il est question ici a lieu aussi bien dans les provinces de l'Ouest soulevées par La Noue (« de la mer ») que dans le Dauphiné (« des Alpes ») et le Midi, des Pyrénées (« Pirenes ») aux « Cévennes d'Auvergne ».

1309-1311. Des pays de montagne sortent les défenseurs de la foi, comme en Matthieu III, 9 : « Je vous dis que Dieu peut de ces pierres susciter des enfants à Abraham » (paroles de Jean-Baptiste).

1312. Pour l'expression, cf. *Feux*, 2.

1313. *Conduits par les bergers* : comme David relevant Saül. *Destitués de princes* : Henri de Navarre était encore prisonnier de la cour de France, et le parti huguenot se trouvait donc sans chef. Pour l'antithèse des rois et des bergers, cf. *Feux*, 379-381, et les notes sur ce passage.

1318. *Une paix au progrès d'une guerre* : le processus qui fait passer de la paix à la guerre (la cinquième guerre de Religion). Les rois qui contribuent à ce « progrès » sont Henri III, retour de Pologne, Monsieur, frère du Roi, évadé de la cour le 15 septembre 1575, et Henri de Navarre qui s'échappe lui-même le 5 février 1576.

1319-1322. Allusion au sacre d'Henri III à Reims le 13 février 1575. Le nouveau roi prononça à cette occasion la formule rituelle contre l'hérésie.

1323. *François, mauvais François* (= Français) : François de Valois ou Monsieur, frère d'Henri III. Chef des Malcontents, il fut l'allié des protestants lors des cinquième et sixième guerres de Religion, puis se retourna contre eux. Appelé plus tard dans les Pays-Bas révoltés contre l'Espagne, il voulut devenir seul maître et tenta par traîtrise de s'emparer d'Anvers, d'où il fut chassé (1583). Cf. *Princes*, 928-930, et la note.

1335-1336. Lors de la bataille des Trois Rois, livrée à Alcacer-Quibir au Maroc le 4 août 1578, périt notamment Sébastien Ier, dernier roi du Portugal indépendant. Les « ennemis de Dieu » sont à la fois les catholiques portugais, vaincus, et les Musulmans vainqueurs. D'où la formulation en énigme du v. 1336.

1338. Dalila est ici Catherine de Médicis tentant de circonvenir Samson-Henri de Navarre lors des conférences de Nérac (1579-1580).

1339-1342. *Un Roi* : Dom Sébastien de Portugal. *Le grand Ibérien*, c'est Philippe II se saisissant du Portugal en 1580, puis distribuant l'or aux Guise et à la Ligue pour faire renaître, après cinq ans de paix, la guerre civile en France (huitième guerre de Religion).

1343. Allusion à la révolte des Pays-Bas, contraints à se soulever pour secouer le joug de Philippe II.

1345-1346. Philippe II mourant aurait été la proie des poux. Cf. *La Chambre dorée*, 26, et *Vengeances*, 515-516. Le même thème est développé par Pierre Matthieu dans les *Tablettes de la vie et de la mort* (1611), I, 42 :

> *Ce Roi qui pouvait voir en ses états reluire*
> *L'Astre du jour après qu'il se couchait pour nous,*
> *Qui avait au-delà de nos mers un Empire,*
> *Se vit abandonné à la merci des poux.*

1347-1350. Victoire d'Henri de Navarre à Coutras le 20 octobre 1587. Les protestants chantèrent avant le combat le Psaume CXVIII : « La voici l'heureuse journée... », ce qui leur attira les moqueries des catholiques. Le duc Anne de Joyeuse, chef de l'armée royale, fut tué dans la bataille.

1351-1353. Henri de Guise chassa Henri III de Paris lors de la journée des Barricades, le 12 mai 1588. Ce dernier, en « hypocrite renard », l'attira aux Etats de Blois et le fit assassiner le 23 décembre 1589.

1354-1358. Les corps du duc de Guise et du cardinal son frère, tué le lendemain dans son cachot, furent brûlés et leurs cendres jetées à la Loire, qui les rendra au jour du Jugement.

1360. *Des proscrits secouru* : le roi de Navarre « secourut » Henri III contre la Ligue. L'entrevue de réconciliation eut lieu au château de Plessis-lès-Tours le 30 avril 1589.

1362. C'est en effet le procureur général Jacques de La Guesle qui présenta à Henri III le moine Jacques Clément, son assassin (1er août 1589).

1364. C'est à Saint-Cloud, où Henri III fut assassiné, que la décision de la Saint-Barthélemy aurait été arrêtée, le 1er août 1572, par lui-même, alors duc d'Anjou, et le duc de Guise.

1365. *Porte-besace* : un mendiant. Jacques Clément, moine jacobin, appartenait à un ordre mendiant.

1366. *Le condamné*, c'est Henri de Navarre, qui devient l'héritier désigné du dernier Valois. Mais il est exclu du trône par le pape, comme hérétique.

1367. *Arques* (près de Dieppe) : victoire d'Henri IV le 21 septembre 1589. *Ivry*, le 14 mars 1590.

1370. Allusion à l'abjuration d'Henri IV à Saint-Denis le 25 juillet 1593 et, plus encore, à l'absolution sollicitée et obtenue à Rome le 17 septembre 1595.

1371-1374. Siège de Paris par Henri IV, de mai à septembre 1590. Le « tour des dix lieues » est la limite à l'intérieur de laquelle le culte protestant était interdit autour de Paris, aux termes des paix de Saint-Germain, 1570, et de Poitiers, 1577. L'expression biblique de « pain de la parole » vient de Matthieu IV, 4. Cf. Deutéronome VIII, 3.

1378. *L'engeance Loyolite* désigne la Compagnie de Jésus. Pour les menées de cet ordre au début du règne d'Henri IV, cf. *Misères*, 1245-1262, où l'on trouve la formule voisine : « engeance de Loyole » (I, 1246).

1386. Allusion à la guerre d'Henri IV contre le duc de Savoie pour la restitution du marquisat de Saluces en Piémont (août-décembre 1600).

1387. *Un sursaut de Genève* : c'est la victorieuse résistance de la ville aux troupes du duc de Savoie lors de la nuit de l'Escalade (11 au 12 décembre 1602).

1388. Le conflit de la République de Venise avec le pape Paul V en 1606 avait fait naître des espoirs chez les protestants. Du Plessis-Mornay tenta vainement de ménager une alliance entre Venise, les Provinces-Unies et les Princes protestants d'Allemagne.

1389. La *main rude* de Dieu : d'après I Samuel V, 7.

1390-1392. Prophétie, par la voix de l'ange, du châtiment d'Henri IV, environ trente ans après sa délivrance de la cour en février 1576. Les « funestes apprêts » évoquent probablement les fêtes données en l'honneur de Marie de Médicis, couronnée reine le 13 mai 1610.

1393-1416. Cette prophétie ou « apophétie », par son style sibyllin qui multiplie ellipses, anacoluthes et phrases nominales, rappelle assez précisément les fameuses *Centuries* de Nostradamus (mort en 1566), dont la première édition commentée avait été donnée en 1594 par Jean-Aimé de Chavigny. Cette annonce apocalyptique se réduisait à douze vers dans la première édition des *Tragiques*.

1394-1395. *Le fils de l'adultère* (supposé), c'est Jacques Ier d'Angleterre, fils de Marie Stuart, qui porte le deuil de ses parents. Il succéda à Elisabeth en 1603 et déçut l'espérance des protestants français, notamment par l'alliance anglo-espagnole de 1604 et ses persécutions contre les Puritains. D'où le ton sévère de cette prophétie, contrastant avec l'éloge d'Elisabeth qui clôt *La Chambre dorée*, 955-998. Le même Jacques Ier y était qualifié de « successeur d'élite » (v. 996).

1396. Allusion à la Conspiration des Poudres en 1605.

1397-1398. Des centaines de prêtres, formés notamment dans les séminaires de Douai et de Reims, avaient ainsi passé de France en Angleterre, *via* l'Irlande, « l'infidèle terre » demeurée catholique. Ils étaient destinés, non seulement à restaurer le catholicisme, mais aussi à renverser le souverain hérétique et à préparer un débarquement espagnol. Cf. *La Confession du Sieur de Sancy*, II, 8, « Pléiade », p. 655.

1401. L'éventualité d'une révolte des colonies espagnoles d'Amérique était considérée comme probable par les pamphlets protestants et « politiques » de la dernière décennie du XVIe siècle. C'était là la conséquence attendue des mauvais traitements infligés aux Indiens et que dénonçait depuis plusieurs décennies dans toute l'Europe la « leyenda negra ». Voir notamment Alexandre de Pont-Aimery, *Discours d'Estat, où la necessité et les moyens de faire la guerre en l'Espaigne sont exposez*, Paris, Jamet Mettayer et Pierre L'Huillier, 1595, f. 6 vo : « Les Mores de Grenade nous offrent leur infâme servitude, et les Portugais leur calamiteuse liberté. Les Américains sont revoltés en partie. » Sur cet espoir d'élargissement du combat anti-espagnol, cf. F. Lestringant, *Le Huguenot et le sauvage*, Aux Amateurs de livres, diff. Klincksieck, 1990, p. 258.

1403. *Un Prince Apollyon* : destructeur. C'est l'ange de l'abîme évoqué dans l'Apocalypse IX, 11. Il peut désigner ici l'empereur Ferdinand qui écrasa les protestants de Bohême à la Montagne Blanche en 1620 (selon Garnier et Plattard), ou plus simplement Louis XIII, roi destructeur de ses sujets, comme le qualifie le Sonnet épigrammatique XXIII (J.-R. Fanlo). Le Sonnet épigrammatique XV identifie Apollion à Luynes assiégeant Montauban en 1621 (« Pléiade », p. 342). *Un Péricle en serments* : allusion mal éclaircie à Périclès. Les vers 1403-1406 sont une interpolation de la seconde édition.

1407. *Les Bataves font faute* : font défection. Allusion probable à la trêve de Douze ans (9 avril 1609) négociée entre la Hollande et l'Espagne sous l'égide d'Henri IV, « accommodement » que condamne, comme à son habitude, le « ferme » d'Aubigné. Les hostilités reprirent en 1621 ; d'où la variante de B : *Les Bataves pipés* (= trompés). *Ottoman combattu* (par les Allemands) : allusion à la lutte de l'Autriche contre les Turcs, de 1593 au 11 novembre 1606, et dont les résultats furent incertains.

1409-1410. La fumée des combats d'Italie évoque le remue-ménage diplomatique provoqué par le massacre de la Valteline, le 9 juillet 1620, et qui devait aboutir en 1623 à une expédition française en Italie.

1414-1416. Prédiction apocalyptique de la fin du pouvoir des papes (« l'Antéchrist abattu ») et du triomphe universel de l'Eglise réformée pour l'an 1666. C'est l'addition de mille, pour le jour de Jésus-Christ, et de 666, chiffre de l'Antéchrist (d'après l'Apocalypse XIII, 18). Cette date, assez peu répandue, vient de l'*Ouverture des secrets de l'Apocalypse* de l'Anglais John Napier (1593), traduits par le pasteur écossais Georges Thompson, le précepteur des enfants de d'Aubigné, auteur lui-même d'une *Chasse de la Beste romaine* (1607). Napier proposait la date de 1686, que Paul de Perrières-Varin, auteur d'un *Advertissement à tous chrestiens* (1609), a corrigée en 1666. Sur ces différents calculs, voir M.-M. Fragonard, *La Pensée religieuse d'A. d'Aubigné et son expression*, 1986, p. 816-819.

1417. *Loisir de l'Eglise, repos de Capoue.* Ce passage laisserait à penser que d'Aubigné nourrit la croyance en un millénium, le Christ, une fois l'Antéchrist abattu, revenant sur la terre pour un règne pacifique de mille ans avant de prononcer le Jugement dernier. — Mais l'interprétation négative est plus probable, les délices de Capoue n'ayant jamais eu bonne presse, surtout auprès du « ferme » d'Aubigné. Comme l'a montré J.-R. Fanlo en reconstituant les étapes de la composition de tout ce passage, ce vers se rattache directement au v. 1392, pour condamner la nonchalance du parti protestant après la mort d'Henri IV. Loin d'éprouver le « catarrheux sommeil » où s'endorment ses coreligionnaires (v. 1387), d'Aubigné continue le combat en prophétisant les « vengeances de Dieu ».

1420. Annonce du livre des *Vengeances*. L'expression des « vengeances de Dieu » est fréquente dans les prophéties du temps de la captivité à Babylone : Jérémie L, 28 ; LI, 11.

1426. Cf. Psaume XXX, I, trad. de Théodore de Bèze : « Seigneur, puisque m'as retiré... »

1427-1428. Retour à l'agonie de Talcy, déjà évoquée aux v. 1195-1199.

1429-1430. D'Aubigné suit le courant néoplatonicien et Léon l'Hébreu qui, dans son *Troisième Dialogue d'Amour*, assimile l'esprit à l'élément masculin et le corps à l'élément féminin. Cf. *Jugement*, 659.

1432. Formule évangélique : Matthieu X, 39 et XVI, 25 ; Marc VIII, 35 ; Luc IX, 24 et XVII, 33 ; Jean XII, 25. Cf. ci-dessus la *Préface*, 150.

1447. *Le sein breton* : le sein étant une baie, un golfe ou une mer, il pourrait s'agir de la Manche, appelée aussi *sinus Britannicus*, élargie ici au golfe de Gascogne. Cette anomalie s'explique par le fait que, dans la cartographie du XVIᵉ siècle, la péninsule armoricaine apparaît fortement écrasée en largeur. Voir par exemple les cartes de Finé et de Postel.

1449. La Seine est dite « tournoyante » à cause de ses méandres.

1453. *Unions* : grosses perles. Tout ce tableau maniériste est dans le style de l'églogue marine, préparant par contraste le développement épique et merveilleux qui va suivre. Pour le commentaire de cette page, voir Perrine Galand-Hallyn, « *Enargeia* maniériste, *énargeia* visionnaire. Des prophéties du Tibre au songe d'Océan », *BHR*, LIII, 1991, 2, p. 305-328.

1456. *Lymphes* : les eaux, ici personnifiées.

1460. La mer, selon la légende antique, demeure calme tant qu'elle porte les nids des alcyons, oiseaux consacrés à Thétis.

1463. *Un contraste* : une lutte, un combat.

1466. *A son désu* : à son insu.

1467-1474. Cette apostrophe de l'Océan aux vents et aux flots agités rappelle la colère comparable de Neptune au début de l'*Enéide*, I, 132-141.

1476. *S'affûter* : se poster à l'affût.

1483. *Un fer pointu* : le trident. L'apparition progressive du vieillard Océan, paré des attributs de Neptune, au-dessus de la surface des eaux, est imitée de l'épisode, dans les *Métamorphoses* d'Ovide, des guerriers nés des dents du dragon et sortis tout armés des sillons labourés par Cadmus. Ils s'entre-tuent aussitôt à l'exception de cinq d'entre eux (*Mét.*, III, 102-137). D'Aubigné fait ailleurs allusion à ce mythe lorsqu'il parle de « vaincre à la Cadméenne » (*Misères*, 190 ; *Fers*, 375-376).

1485. *Les deux balais* : les queues des deux dauphins, représentés conformément à l'iconographie traditionnelle.

1493. *Bâtardes de la terre* : parce que les sources des rivières sortent de la terre, et non de la pluie du ciel. — Selon M. Soulié, *L'Inspiration biblique*, p. 365, le point de départ de cette péripétie a pu être la volonté de répliquer au poème de Jean Dorat qui montrait le rejet par l'Océan des cadavres protestants après le 24 août (*Tumbeaux des brise-croix*, Paris, 1573). Mais la source est Homère, *Iliade*, XXI, 211-250 : le fleuve Scamandre invoque Apollon et « repousse les morts innombrables, victimes d'Achille, qui pullulent dans son lit, il les jette au-dehors, sur le sol » (trad. P. Mazon, « Folio », p. 427).

1497-1498. Cet *adynaton* du fleuve remontant vers sa source est préparé par le v. 1067. Cf. Lucain, *Pharsale*, II, 212-218. L'image sera imitée par Voltaire dans *La Henriade*, pour une évocation de la Saint-Barthélemy qui rappelle souvent *Les Fers*. Cf. le Psaume CXIV, 5, trad. de Th. de Bèze :

> *La mer le vit, qui s'enfuit soudain,*
> *Et contremont l'eau du fleuve Jourdain*
> *Retourner fut contrainte.*

1504. L'image des anges recueillant dans la mer le sang des martyrs a peut-être été suggérée à d'Aubigné par l'Apocalypse XVI, 3, qui montre le mouvement inverse d'un ange répandant une fiole dans la mer et la changeant en sang. Cependant, en exaltant le précieux sang des martyrs et en le renfermant dans les « beaux cabinets » du palais céleste, d'Aubigné renoue, de manière inattendue, avec un imaginaire tout catholique : celui des reliquaires renfermant les reliques des saints.

1512. *Rouge pluie* : allusion au prodige des pluies de sang, souvent rapporté par les chroniqueurs et naturalistes du XVIe siècle. Voir par exemple Ambroise Paré, *Des monstres et prodiges*, chap. XXXVII : « Des monstres célestes », éd. J. Céard, Genève, Droz, 1971, p. 147.

1516. *Héritiers du royaume* (de Dieu) : expression évangélique tirée de l'épître de Jacques II, 5. *Départ* : accorde, attribue.

1526. *Les fils du bonheur*, variante de l'expression « les Bienheureux ».

1544. *Affligeant* : qui afflige (sens verbal).

1550-1554. Annonce d'un des premiers tableaux de *Vengeances*, 178-216 : le châtiment de Caïn.

1558. *La rude catastrophe* : le mot appartient au langage de la tragédie. Il annonce le dernier acte des *Tragiques*, dédoublé en *Vengeances* et *Jugement*.

1559-1560. Le narrateur, comme un personnage de récitant sur le théâtre, met fin au tableau des *Fers* et présente les deux suivants.

1563. La verveine a des tiges flexibles, dont on fouettait les enfants. L'antithèse, d'origine biblique, de la verveine et de la barre de fer recouvre celle du châtiment et de la vengeance, la première réservée aux élus, la seconde aux ennemis de Dieu. Idée déjà exprimée dans *Misères*, 1292.

VI. VENGEANCES

1. Invocation à l'Eternel qui rappelle l'exorde des *Feux*.

2. Pour l'image, inspirée d'Ovide et de Daniel, de Dieu en soleil, cf. *Fers*, 26, et la note.

4. *Ton sacré, ton secret* : ces deux adjectifs substantivés, associés par paronymie, évoquent le saint des saints du temple de Jérusalem.

6-8. L'or et la myrrhe sont les présents des Rois mages (Matthieu II, 11). L'offrande des bergers n'est pas spécifiée dans l'Evangile. L'idée de ce passage n'est pas spécifiquement chrétienne. On la trouve chez Horace, *Odes* III, XXIII, 17-20 : « Immunis aram si tetigit manus… » Mieux vaut l'humble sacrifice fait de bon cœur que l'hécatombe superbe.

9-10. Allusion au sacrifice du prophète Elie, dont l'holocauste, préparé sur le mont Carmel, fut embrasé par le feu du ciel, devant les prêtres de Baal incapables de susciter le même miracle (I Rois XVIII, 21).

16-17. Prophétie de Joël, II, 28-29, rappelée dans les Actes des apôtres, II, 17-20. Pour les commentaires de ces versets paradoxaux, qui semblent privilégier le charisme de l'enfant sur celui du vieillard, voir M.-M. Fragonard, « Vos jeunes gens auront des visions et vos vieillards des songes », in F. Charpentier éd., *Le Songe à la Renaissance*, Presses de l'Université de Saint-Etienne, 1990, p. 209-220.

21-22. Souvenir de la frayeur des Juifs, aux manifestations de la présence divine sur le Sinaï, quand Moïse y reçut les tables de la Loi : Exode, XX, 19, et Deutéronome V, 25-26.

34. Allusion à l'inspiration profane du *Printemps* autant qu'à la jeunesse du poète.

39. Ce vers n'est contradictoire qu'en apparence avec le v. 23, en vertu de la prophétie de Joël II, 28, qui commande tout cet exorde. L'« âge spirituel », traditionnellement attaché à la vieillesse, n'est que par figure assimilable à la jeunesse première ; il fait appel, comme le précisent les vers suivants, à la série des vertus évangéliques. Pour le commentaire de ce passage, voir M.-M. Fragonard, art. cit., p. 218-219.

45-46. Parole du Christ en Matthieu XVIII, 3.

49. *Les enfants de ce siècle* : expression fréquente dans l'Evangile. Voir par exemple Luc XVI, 8 ; XX, 34. Cf. *Jugement*, v. 981.

51-52. Paraphrase du Psaume LI, 7.

53-54. Echo à l'appel de saint Paul, Epître aux Ephésiens, V, 14.

55. L'exil comme mort civile sépare l'élu des méchants, de même que dans la péroraison de *Princes*, v. 1503 sqq. : « Fuyez, Loths… »

58. *Une langue de flamme*. Double allusion à la Pentecôte, par les langues de feu qui descendent sur les apôtres et par les langues qu'ils se mettent alors à parler (Actes, II, 3-4). En ne faisant qu'une de ces deux sortes de langues, d'Aubigné obtient, par condensation, une image particulièrement hardie, elle-même en rapport avec la vision du vieillard de l'Apocalypse, de la bouche duquel sort une épée à double tranchant (I, 16).

59. *Organe à la céleste voix.* Réminiscence probable de Du Bartas, *La Seconde Semaine,* IV : *Les Artifices,* 571-572 (éd. Y. Bellenger, 1991, p. 243). Adam, s'apprêtant à prophétiser, invoque ainsi l'Eternel :

> *[...] et fay qu'à ceste fois*
> *Je soy comme l'Echo de ta celeste vois.*

65. *Dépouille* : subjonctif optatif.

68. Le terme de *fureur,* hérité de la théorie néoplatonicienne de l'inspiration, permet à d'Aubigné d'identifier ici l'enthousiasme poétique à l'inspiration prophétique de l'Ancien Testament.

69-70. Ces deux vers d'avertissement sont cités, avec quelques variantes, dans la *Lettre au Roy Louis XIII* que d'Aubigné composa et publia à la fin de 1621 (éd. Réaume et de Caussade des *OC,* t. I, p. 509).

80. Le terme de cabale, en ce sens péjoratif, désigne toute espèce d'hermétisme.

82-84. Paroles du Christ en Matthieu XII, 39-40.

85-86. Thème d'une lettre de consolation écrite par d'Aubigné à M. de Rohan, après la mort d'un fils sur le point d'abjurer (éd. Réaume des *OC,* t. I, p. 403).

91-96. L'énumération des « Vengeances » ou des « Jugements de Dieu » découpe l'histoire universelle suivant un schéma triparti : temps bibliques, Eglise primitive, Réforme.

97-98. Au récit des vengeances de Dieu au cours de l'histoire universelle succédera, dans *Jugement,* la vision prophétique. Les *clairons de sa venue,* c'est la trompette du Jugement dernier, qui annonce le retour du Fils de l'Homme.

100. Prophète rétif et peureux, Jonas n'obéit à Dieu qu'après avoir séjourné trois jours dans le ventre du poisson. Voir le livre de Jonas, I, 1-3, et III, 1-3.

103. Le fer de vérité, c'est « l'épée de l'esprit qui est la parole de Dieu » (Ephésiens, VI, 17).

107. Allusion, d'après l'Evangile de Matthieu, XXV, 14-30, à la parabole des talents, déjà évoquée dans l'épître de l'imprimeur « Aux lecteurs », p. 4.

108. *J'ai senti l'aiguillon* : comme Paul sur le chemin de Damas (Actes IX, 5).

114. Le *grand chemin du vice* s'oppose à la voie étroite de l'Evangile. La parabole évangélique est contaminée par le souvenir de l'apologue de Prodicos, comme dans *Princes,* 1180. Voir la note sur ce passage.

121-122. Regret exprimé par David dans I Chroniques XXII, 8.

125. *Par les miens* : au moment où, revenant aux Landes-Guinemer, ses parents du côté maternel essayèrent de lui interdire de rentrer en possession de ses biens. D'Aubigné file le parallèle entre son destin et celui du prophète Jonas, que les matelots jetèrent à la mer pour conjurer la colère de Dieu (Jonas I, 11-15).

129. Admirable hypallage, que l'on peut ainsi « traduire » : j'ai conçu de vaines espérances sous des cabinets de verdure. D'Aubigné fait allusion à son projet de mariage avec Diane Salviati, que l'envie (v. 131) a brisé.

132. *Le quicajon* : sans doute le ricin arborescent. C'est l'arbre que Dieu fit croître en une nuit pour abriter le sommeil de Jonas et qu'à l'aurore il fit périr d'un ver, en confirmant le pardon accordé à Ninive (Jonas, IV, 7-11).

133. Séméis est l'homme qui insulta David et lui jeta des pierres, lorsqu'il dut fuir son fils Absalon révolté (II Samuel XVI, 5-7 et 13).

139. La nouvelle Ninive, c'est Paris, ville de la Saint-Barthélemy, ou Rome. Contrairement à l'ancienne ville d'Assyrie (Jonas, III, 6-9), elle ne manifestera aucun repentir et verra le châtiment de Dieu s'abattre sur elle. Sur cette réinterprétation pessimiste et rigoriste de la prophétie de Jonas, conforme, du reste, à la pensée de Calvin, voir Elliott Forsyth, « Le Message prophétique d'Agrippa d'Aubigné », *BHR* XLI, 1979, p. 24-39.

140. Suivant l'épître de Jacques I, 17.

141. Ici commence la première partie de l'histoire de l'Église, celle que couvre l'Ancien Testament et qui s'étend jusqu'au vers 448.

148. *L'arche d'élection*, c'est, désignée ici par la tournure du génitif hébraïque à valeur de qualificatif, l'arche élue, celle que construisit Noé avant le déluge (Genèse, VI et VII).

150-154. Image des épreuves de l'Eglise tirée de l'Apocalypse, XII, 1-2. Cf. plus loin les vers 719-721.

155. *Premier* : emploi adverbial.

158. *Le premier martyre* : Abel, victime du premier homicide, apparaît d'emblée comme la figure de l'élu supplicié par l'inique.

164-168. Ces vers développent la fable ésopienne du loup et de l'agneau, surtout connue aujourd'hui par la version plus tardive de La Fontaine, *Fables*, I, 10. La source est Esope (éd. Chambry, fable 163), ou Phèdre, I, 1. Le recours aux fables en contexte sacré ne doit pas surprendre. Dans ses *Propos de table* (*Tischreden*), LXIII, trad. Louis Sauzin, Aubier, 1992, p. 429, Luther ne recommandait-il pas, immédiatement après la Bible, la lecture des préceptes de Dionysius Caton et des fables d'Esope ? L'une de ses préférées était précisément celle du loup et de l'agneau. — Au temps de la Contre-Réforme, Jean-Pierre Camus, évêque de Belley, louait le recours aux fables jusque dans l'éloquence religieuse (*Les Diversitez*, Douai, 1620, III, XI, 27, « De l'attention », f. 141-142 ; cité par P. Dandrey, *La Fabrique des fables*, Klincksieck, 1991, p. 237-238). — C'est au moins la seconde fois que *Les Tragiques* intègrent la matière d'une fable. Cf. *Princes*,

876-878, où la fable du choucas et des pigeons était appliquée à François d'Alençon s'efforçant de tromper les protestants.

— *L'Antéchrist* (167), c'est, comme toujours dans la polémique protestante, le Pape, chef de l'Eglise romaine. Dans *Misères*, 1260, le Pape était déjà assimilé au loup, par antithèse avec l'agneau. — *Au contreflot* (v. 168) : à contre-courant, donc en amont.

171. *Balancent* : « oscillent dans les plateaux de la balance ».

173. Même antithèse symbolique entre la souillure du sang et le « beau sein » de la terre, dans *Misères*, 277-280.

175. Les protestants refusaient dans leur culte tout décorum et toute pompe, qui eussent pu rappeler l'« idolâtrie » des Papistes. Aujourd'hui encore l'austérité est de rigueur dans les temples de l'Eglise réformée.

178-216. Tout ce morceau sur Abel et Caïn amplifie le récit de la Genèse, IV, 1-16. Il sera imité par Victor Hugo dans « La Conscience », *La Légende des siècles*, I, II, 2, éd. Garnier, 1950, t. I, p. 26-27. Hugo connaissait également la version de Du Bartas dans *La Seconde Semaine* (voir note suivante). C'est à ce dernier qu'il emprunte l'épisode de la ville fortifiée, de la tour de pierre et de la muraille d'airain où tente successivement de s'enfermer Caïn (*Les Artifices*, v. 325-341). Nulle part chez d'Aubigné Caïn ne revêt cette figure de héros civilisateur qu'il est indiscutablement dans la Bible, et plus encore pour Maurice Scève (*Microcosme*), Du Bartas et Victor Hugo.

192-202. Ce passage tout en hypotyposes est à rapprocher de Du Bartas, *La Seconde Semaine, Premier Jour*, livre IV : *Les Artifices*, v. 303-308, éd. Yvonne Bellenger, p. 225.

210. *C'est qu'il cherche la mort...* La pensée du suicide est fondamentalement étrangère au Caïn de la Bible, qui craint au contraire d'être à la merci du premier venu, comme il s'en ouvre à Iahvé (Genèse, IV, 13-14). Du Bartas se montrait en définitive plus fidèle à l'esprit de l'Ecriture, quand il imaginait Caïn fuyant à cheval la vengeance de Lamech et inventant pour cela l'équitation (*Les Artifices*, v. 347-350).

215-216. D'après la Genèse, IV, 15 : « ... Ainsi l'Eternel mit une marque en Caïn, afin que quiconque le trouveroit ne le tuât point. »

217. *Meurtriers de votre sang* : du sang de vos frères. Synérèse sur meur*triers*.

219. *Tiercelets de géants* : géants en miniature, le tiercelet de l'autour, le mâle, étant d'un tiers plus petit que la femelle. Le déluge fut provoqué par la malice des géants engendrés de l'union des fils de Dieu et des filles des hommes (Genèse, VI, 1-5). — *Epouvantaux* (v. 220) : pluriel d'*épouvantail*.

225. *Les ventailles* : les écluses du ciel, *cataracta coeli* (Genèse, VII, 11). C'était déjà la traduction de Jacques Lefèvre d'Etaples dans sa version de 1530.

227. *Babylon* : Babylone, toujours confondue, au XVIᵉ siècle, avec Babel. Allusion ici à la fameuse tour (Genèse, XI, 1-9).

231-232. *Ni les plus forts châteaux/Ni les cèdres gravis.* A rapprocher de l'évocation du Déluge par Du Bartas, *La Sepmaine, Second Jour*, 1121-1124 (éd. Y. Bellenger, 1981, p. 93) :

> *Quant aux povres humains pense que cestuy gaigne*
> *La pointe d'une tour, l'autre d'une montagne :*
> *L'autre pressant un cedre, or'des pieds, or'des mains,*
> *A boutees gravit au plus haut de ses rains.*

239. L'antanaclase sur *enfler* et ses dérivés permet d'associer au gonflement des cadavres le sens symbolique d'un orgueil « de vent ». Cf. le vers 235, et plus loin les v. 771-772.

240. Les « petits », par opposition aux géants, c'est la famille de Noé, réfugiée dans l'arche. D'Aubigné modifie le sens de l'épisode, en situant l'élection divine dans la classe des humbles, conformément à la leçon de l'Evangile et à l'esprit des premiers réformés. Le récit de la Genèse (VII, 1) dit seulement que Noé fut sauvé parce qu'il était juste, non parce qu'il était d'humble origine.

250. Les vers 243 à 250 ne figurent pas dans la première édition. Ils visent sans doute à réconforter le parti protestant, sévèrement battu lors des guerres de 1621 et 1622, que conclut la paix de Montpellier (octobre 1622). L'hyperbole, qui en un mouvement contrasté, porte l'arche au ciel, et noie les géants jusqu'au fond des Enfers, conjugue à un élément du récit biblique (Genèse, VII, 17) le souvenir mythologique de la gigantomachie.

252. *Déluge d'eaux/déluge de feux.* Le parallélisme de la construction associe les éléments contraires de l'eau et du feu en des châtiments similaires. Il s'agit à présent de la destruction de Sodome et de Gomorrhe par le feu du ciel, d'après Genèse, XIX, 24.

258. D'après le récit de la Genèse (XIX, 4-5), les Sodomites voulurent en effet « connaître », au sens biblique, les trois anges à qui Lot avait offert l'hospitalité. Comme ils tentaient de forcer sa porte, ils furent frappés de cécité (XIX, 11). D'où l'antanaclase sur le propre et le figuré au vers 260.

261-270. D'Aubigné montre la conjuration des quatre éléments qui prennent également leur part aux vengeances de Dieu. Ce sont, dans l'ordre, le « feu le plus net » (v. 256), la terre (v. 261), l'eau, représentée par la mer (v. 266), et l'air (v. 267), plein de « noires vapeurs » (v. 269).

268. *Les oiseaux tombent morts.* Cette notation, étrangère au récit biblique, est à rapprocher du *Printemps, Stances*, I, v. 137-139, « Pléiade », p. 277 :

> *Ma presence fera dessecher les fontaines*
> *Et les oiseaux passans tomber mortz à mes pieds,*
> *Estouffez de l'odeur et du vent de mes peines.*

— L'image se rencontre déjà chez Lucain, *Pharsale*, IX, 649, pour décrire les effets mortifères du regard de Méduse, mais aussi chez Dante, *Vita Nova*, XXIII, st. 24. Marot l'emploie également dans la *Déploration de Florimond Robertet*, v. 469-474, pour peindre un paysage de peste, allégorie finale du triomphe de la Mort (*L'Adolescence clémentine*, éd. F. Lestringant, coll. Poésie/Gallimard, 1987, p. 273).

270. *L'ire... allumée* : métaphore d'origine biblique. Voir II Rois, XXII, 13, et Jérémie, VII, 20 ; XLII, 18 ; XLIV, 6. Cf. *Misères*, 199.

271-290. Feux (271), air (« vent », v. 281), terre (285) et eau (« déluges », v. 289) sont tour à tour invoqués. Les quatre éléments qui ont été les instruments des châtiments bibliques sont appelés par d'Aubigné à punir dès à présent les nouveaux impies. Ces quatre éléments se constitueront en tribunal au jour du Jugement. Voir *Jugement*, 767-802.

272. Echo d'une parole du Christ aux apôtres, jetant l'anathème sur les villes qui refusaient de les recevoir : « En vérité, je vous dis que ceux du païs de Sodome et Gomorrhe seront traittés plus tolerablement au jour du jugement que ceste ville-là » (Matthieu, X, 15).

273. L'Evangile prête cette attitude accusatrice non pas aux Sodomites, mais aux habitants de Ninive, moins coupables, car s'étant repentis à temps. Voir Matthieu, XII, 41.

275-276. D'après Genèse XVIII, 20-21 (à propos de Sodome et Gomorrhe). Cf. I Esdras IX, 6 et l'apocryphe III Esdras VIII, 77. Cette notion du *comble des péchés* est fondamentale dans la théologie de Calvin, comme l'a rappelé E. Forsyth, art. cit., 1984. Elle explique que la vengeance de Dieu sur les impies soit différée. Mais voici que pour ces derniers l'heure de la repentance est passée, et que la catastrophe menace. Voir ci-dessus *Les Feux*, 1408, et la note.

277. Le passage imprécatoire qui commence ici s'inspire de l'Apocalypse (apocryphe) d'Esdras, IV Esdras, XV, 49-51.

279. Pour qu'aussi inexpérimentés que lui, ils répètent la maladresse fatale de Phaéton, lequel, incapable de maîtriser le char solaire, embrasa la terre. Voir Ovide, *Métamorphoses*, II, 1-332.

280. Cf. *Princes*, 2, et la note. Python était le père de la plupart des monstres mythologiques comme la Gorgone, Géryon, Cerbère, l'Hydre de Lerne, le vautour déchirant le foie de Prométhée, le Sphinx, etc.

283. Traduction de I Esdras IX, 6. Cf. ci-dessus la note des v. 275-276.

292. *Qui sûtes distinguer.* Comme l'eau du baptême, les *eaux justicières*, jadis du déluge et maintenant du Nil, effectuent un partage et consacrent une *élection*. Les eaux ont une valeur discriminatoire un peu comparable dans l'épisode de Gédéon (cf. *Préface en vers*, 265 *sqq.*, 301 *sqq.* ; Jugement, 39 *sqq.*).

293. *Pour arche seconde*. La corbeille de jonc où Moïse fut déposé au bord du Nil (Exode, II, 3) est comparée à l'arche de Noé. Cette arche en miniature renouvelle, en faveur de l'enfant prédestiné, le miracle de l'arche de Noé. Car lui aussi doit être sauvé des eaux, où le Pharaon voulait faire noyer tous les enfants mâles hébreux (Exode, I, 22).

295-302. Ces vers sont une addition du ms Tronchin de Genève, écrits sur un feuillet additionnel avec renvoi.

299. Ce tableau des jeux de l'enfant Moïse à la cour de Pharaon n'est pas dans la Bible, mais dans les *Antiquités judaïques* de Flavius Josèphe (livre II, chap. V, trad. F. Bourgoing, Lyon, 1569, p. 59) : « Le Roy le tenant, le serra contre son estomach : et pour gratifier à sa fille, meit joliment son diademe sur la teste de l'enfant. Mais Moyse l'osta de sa teste, et le laissa cheoir en terre, et puis apres le foula aux pieds. » La scène, chez d'Aubigné, constitue une sorte d'emblème du mépris de la gloire terrestre, une enfantine et délicate « vanité », en même temps que l'annonce prémonitoire de la puissance future de Moïse. « Moïse enfant piétinant la couronne de Pharaon » est le sujet de deux tableaux de Nicolas Poussin, dont l'un, provenant des collections de Louis XIV, est aujourd'hui conservé au Louvre (vers 1647-1648, inv. 7273). On y voit l'enfant nu foulant aux pieds la couronne, pendant qu'un prêtre brandit un couteau au-dessus de lui, et que les princesses d'Egypte, dans un geste spontané, le protègent. L'attitude d'effroi et le manteau rouge de Pharaon à demi couché accentuent le caractère dramatique de la composition (Alain Mérot, *Poussin*, Hazan, 1990, n° 12-13).

303. *Eaux qui devîntes sang*. C'est la première plaie d'Egypte (Exode, VII, 19). D'Aubigné y joint le souvenir des eaux de la mer Rouge qui, plus tard, s'ouvrirent devant les Hébreux pour se refermer ensuite sur l'armée de Pharaon : *et changeâtes de lieu*.

305-306. Evocation des différentes plaies d'Egypte : les maladies constituent la sixième plaie (Exode IX, 8-9) ; les grêles, la septième (Exode IX, 18-19) ; les poux, la troisième (Exode VIII, 13) ; les « bêtes choisies » réunissent les grenouilles (deuxième plaie, VIII, 2-3), les moucherons ou scarabées (quatrième plaie, VIII, 16-20) et les sauterelles (huitième plaie, X, 12-15). Cf. *Préface en vers*, 245-246.

308-309. D'Aubigné regroupe trois autres plaies : la peste (cinquième plaie, Exode IX, 3) ; les ténèbres qui couvrent l'Egypte pendant trois jours (neuvième plaie, X, 21-23) ; l'extermination par l'Ange foudroyant de tous les premiers-nés (dixième et dernière plaie, XI, 4-7). Les échecs signifient ici les ravages, les attaques.

312. Au passage de la mer Rouge, les Hébreux échappèrent miraculeusement à la poursuite de l'armée de Pharaon, d'après Exode XIV, 21-

30. Pour l'antithèse des loups et des agneaux, voir ci-dessus les v. 164-168 et la note. Cf. *Misères*, 198, et la note.

313-314. *Le Jourdain, votre fils*. Quarante ans après le passage de la mer Rouge, le miracle des eaux se répète à la sortie du Désert, lorsque Josué fait traverser le Jourdain aux Israélites, en face de Jéricho qui sera bientôt prise. Cf. Josué III, 14-17.

321. *Dathan et Abiron*. Ils essayèrent de soulever contre Moïse les Hébreux, lassés de vivre au désert. D'après Nombres XVI. Les deux cent cinquante Lévites qui s'étaient ralliés à leur révolte et qui offraient l'encens devant le tabernacle furent consumés par le feu. Ils avaient tenté de ravir l'alliance (v. 325) au grand-prêtre Aaron et à ses descendants.

329. *Saül l'enragé* : allusion à la démence du roi Saül, que pouvait seule apaiser la harpe de David. D'après I Samuel XVI, 14-23. Après la victoire de David sur Goliath et les Philistins (cf. v. 334), Saül fut jaloux de lui et, de nouveau en proie au mauvais esprit, voulut le tuer (I Samuel XVIII, 10-12).

331-334. L'apostrophe vise Henri IV, assimilé à Saül, l'oint du Seigneur auquel Dieu a ensuite retiré sa grâce, pour la transférer à son serviteur David. Elle contient, suivant J.-R. Fanlo, une allusion aux persécutions dont sont victimes les fidèles serviteurs protestants qui ont assis le roi sur le trône.

332. *Un cœur de caillou* : métaphore biblique, qu'on trouve dans la relation des visions d'Ezéchiel, pendant la captivité de Babylone (Ezéchiel XI, 19 et XXXVI, 26). *Un fusil de courroux* : bon exemple de génitif hébraïque.

335-336. *Absalon*, fils de David, se révolta contre son père. D'une grande beauté, il portait les cheveux longs, ne les faisant tondre qu'une fois par an (II Samuel XIV, 25-26). Cela fut cause de sa mort : après sa défaite contre David, il s'enfuit sur un mulet et, passant sous les branches d'un chêne, il resta suspendu par les cheveux. Joad, le général de David, le transperça alors de trois javelots. — Les vers 335 à 344 ne se trouvent pas dans la première édition. Le personnage de Jézabel était directement introduit par ces deux vers :

> *Donne gloire au grand Dieu et te montre à ton rang,*
> *Jézabel altérée et puis ivre de sang.*

337. *Achitophel* : conseiller de David, il le trahit et passa au service d'Absalon. Mais parce que ce dernier ne suivit pas le plan qu'il préconisait, ulcéré, il se donna la mort (II Samuel XVI, 20-23, et XVII, 1-23).

339. *Achab*, roi d'Israël, régnait à Samarie. Il avait épousé Jézabel, la Phénicienne, qui l'avait poussé au culte des faux dieux. C'est elle qui fit tuer Naboth, dont Achab convoitait la vigne (I Rois XXI).

347. *Tes tours florentins*. Derrière Jézabel, on devine la présence de

Catherine de Médicis, comme dans *Misères*, 747 *sqq.* L'adjectif « florentins » est du reste laissé en blanc dans les deux éditions publiées du vivant d'A. d'Aubigné.

361. Jézabel fut tuée par Jéhu, que le prophète Elisée avait suscité pour renverser la maison d'Achab. Elle fut précipitée par la fenêtre du palais, et son cadavre dévoré par les chiens. Voir II Rois IX, 30-37.

368. Fille de Jézabel, qui était reine d'Israël, Athalie régna sept ans sur Juda, avant d'être renversée par le grand prêtre Joïada, qui avait sauvé et élevé secrètement un des enfants de sang royal, qu'elle avait donné ordre de tuer (II Rois XI, 13-16). C'est le sujet de la pièce de Racine.
— L'image du bâton-tisonnier, qui se brûle peu à peu de lui-même à la flamme, est une variante de celle de la « verge du châtiment » que l'on jette au feu après qu'elle a servi. Cf. *Misères*, 1287 et *passim.*

369. *Je sacre* : je consacre, je dédie à la mémoire des hommes.

370. Cette « véritable histoire » est celle de Nabuchodonosor, d'après Daniel IV.

384-385. *Contre bas / Ce visage élevé* : en le dirigeant vers le bas, dans l'attitude des animaux. Le propre de l'homme est en effet d'avoir le visage tourné vers le ciel, comme le veut l'adage ancien : « Os homini sublime dedit » (Ovide, *Métamorphoses*, I, 85 ; cf. Cicéron, Lactance, etc.). Voir *Jugement*, 499, et la note.

388. Ongles et cheveux longs : allusion à la mode de la cour sous Henri III, jugée par d'Aubigné efféminée ou plutôt, comme ici, bestiale. Pour les « petits géanteaux » du v. 387, cf. ci-dessus le v. 219 et la note.

389-390. D'après Daniel IV, 33 : Nabuchodonosor mangeait l'herbe comme les bœufs. Sa chevelure poussa comme les plumes des aigles, et ses ongles, comme ceux des oiseaux.

391-392. Cette leçon est tirée de Daniel IV, 17.

416. Quand le temps de l'épreuve fut passé, Nabuchodonosor retrouva sa forme humaine, et avec la raison recouvra sa puissance. Il rendit alors gloire à Dieu (Daniel IV, 33-34).

419. *Le doigt qui écrivit* : allusion à Balthazar ou Belshassar, roi de Babylone, à qui apparut, durant le festin sacrilège, une main qui écrivait sur le mur « Mane, Thekel, Phares » (« Compté, pesé, divisé »). Le prophète Daniel interpréta l'inscription comme l'annonce de la destruction imminente du royaume, qui advint la même nuit (Daniel V).

420. *Préfix* : fixé à l'avance.

423. *O tyrans, apprenez* : paraphrase du Psaume II, 10 : « Et maintenant, rois, comprenez… »

426. Antithèse biblique, venue du Psaume LXXV, 8. *Verse* : renverse.

427. *Un Chérub* : un chérubin, ange à face de bœuf. Cf. *La Chambre dorée*, 993. Dieu envoie ses anges à travers l'espace pour exécuter ses jugements.

429-430. L'armée de Sennachérib assiégeant Jérusalem fut anéantie par l'ange durant la nuit (II Rois XIX). Cf. *La Chambre dorée*, 898-899, et la note.

432-438. Par haine de Mardochée, oncle de la reine Esther, Aman, ministre d'Assuérus, avait fait prendre au roi un décret d'extermination des Juifs. Intercédant auprès d'Assuérus, Esther obtint la grâce de son peuple. Aman fut pendu au gibet qu'il avait préparé pour Mardochée (Esther VII). Avant Racine, le protestant André de Rivaudeau avait porté cette histoire au théâtre dans sa tragédie d'*Aman* (1565). — Au v. 435 *mignon* a le sens de « favori », sans plus.

440. Adonibésec avait tenté d'arrêter la conquête du pays de Canaan par les Hébreux après la mort de Josué. Il fut battu, capturé et eut les pouces des mains et des pieds coupés, comme il l'avait fait lui-même auparavant à soixante-dix rois (Juges I, 6-7). Cette mutilation rendait en particulier inapte au maniement de l'arc et donc à la guerre.

444. Sur Gédéon et sur Samson, deux des juges d'Israël, voir les notes sur la *Préface*, v. 301 et 315. Samson fut aveuglé à la suite de sa trahison par Dalila. — Selon J.-R. Fanlo, l'antithèse de ces deux figures désigne Henri IV dans ses rôles successifs de prince élu de Dieu et de héros dépouillé de sa force par une femme, la favorite Gabrielle d'Estrées.

445. *Antioch* : Antiochus Epiphane, roi de Syrie (174-164 av. J.-C.) et persécuteur des Juifs, l'adversaire des Maccabées. Tombé de son char au retour d'une expédition malheureuse contre les Perses et succombant à la gangrène, il s'humilia devant Dieu, trop tard pour obtenir sa miséricorde (II Macchabées IX, 9-18).

447. *La seconde Eglise* : il s'agit de l'Eglise primitive, « seconde » dans la mesure où elle succède à l'Eglise juive de l'Ancien Testament, mais aussi « première », puisque avec elle commence l'histoire du christianisme (v. 449). C'est ici que s'ouvre le second volet du triptyque des *Vengeances* (v. 449-680).

453. Le *Lion de Juda*, comme l'Agneau triomphant du v. 451 et par un symbole opposé, désigne le Messie dans l'Apocalypse V, 5. Dans l'Ancien Testament, le lion est l'emblème de la tribu de Juda, d'où est sorti le Christ.

454. *Traînés au chariot* : d'Aubigné évoque ici un triomphe à l'antique, sur le modèle de Pétrarque. Cf. dans *La Chambre dorée*, 695-954, le triomphe de Thémis.

456. *En grinçant les dents* : expression biblique du désespoir, comme dans *La Chambre dorée*, 901 et ci-dessus, 72.

457. *Hérode le boucher*. C'est le massacre des Innocents qui vaut à Hérode le Grand ce surnom. Cf. Matthieu II, 16-18.

481. *Il fit tuer son fils* : Il en tua cinq, en réalité. D'Aubigné paraît suivre ici une tradition médiévale, rapportée dans la *Légende dorée*, selon laquelle le propre fils d'Hérode aurait été tué par méprise dans le massacre des Innocents. Marguerite de Navarre a utilisé cet épisode dans sa *Comédie des Innocents* (v. 561-650).

483. *Hérode Antipas* était le fils du précédent, ce qui contredit l'affirmation des v. 481-482 : « et par lui fut éteinte/Sa noblesse ». C'est lui qui fit tuer saint Jean-Baptiste pour complaire à Hérodiade et à sa fille Salomé ; lui encore qui se moqua de Jésus, que lui renvoya Pilate. D'où « ses cruautés ».

487. *Le tiers triomphant.* Ce troisième est Hérode Agrippa Ier (14 av. J.-C. — 44), qui par la faveur de l'empereur Caligula reconstitua à son profit l'unité du royaume de son grand-père.

488-502. La mort du roi Hérode, dévoré par les vers, est l'amplification du récit d'Actes XII, 21-23. Elle est associée au blasphème de la foule qui honore dans le roi non un homme, mais un dieu. Cf. Flavius Josèphe, *Antiquités judaïques*, XIX, VIII, 2.

496. *Par contrainte avoué* : Marc I, 23-26. A Capharnaüm, dans la synagogue, un possédé interpelle Jésus et s'écrie : « Es-tu venu pour nous détruire ? Je sais qui tu es : le Saint de Dieu. » D'un simple commandement, Jésus oblige l'esprit impur à sortir.

503. *Balancés* : pesés dans la balance. D'après Proverbes XVI.

514. *Délices des hommes.* On pense au surnom donné à l'empereur Titus : « l'amour et les délices du genre humain » (Suétone, *Vies des douze Césars*, VIII, « Le divin Titus », I). L'allusion est évidemment ironique, s'agissant des tyrans.

515. *Paul, Pape incestueux* : sans doute Paul III, Alexandre Farnèse, pape de 1534 à 1549, que l'on accusait d'avoir trop chéri sa fille Constance et l'une de ses sœurs. D'Aubigné paraît l'avoir confondu avec Paul IV Caraffa, pape de 1555 à 1559, qui réorganisa l'inquisition à Rome et mourut hydropique.

517. Philippe II, roi d'Espagne, est dit *incestueux* parce que sa première femme, Marie de Portugal, était sa cousine germaine, et que la troisième, Elisabeth de France, aurait été promise d'abord à son fils Don Carlos ; *meurtrier* de son fils Don Carlos, qu'il aurait fait empoisonner pour raison d'Etat en juillet 1568. Cette dernière légende a été au point de départ de l'opéra de Verdi *Don Carlos* (1867). — Sur l'agonie de Philippe II, consumé de vermine, cf. *La Chambre dorée*, 26, et *Les Fers*, 1345-1346.

519. A partir d'ici, d'Aubigné suit la liste des empereurs persécuteurs du christianisme, qu'il a trouvée toute prête dans l'ouvrage du pasteur Jean Chassanion de Monistrol, *Les Grands et redoutables jugemens et punitions de Dieu advenus au monde, principalement sur les grands, à cause de leurs meffaits, contrevenans aux Commandemens de la Loy de Dieu* (Morges, Jean le Preux, 1581 ; rééd. *ibid.*, 1586). Chassanion, avant d'Aubigné, distingue trois périodes dans les vengeances de Dieu.

519-521. Ces trois vers rapportés, dont chacun est divisé en trois, se correspondent membre à membre. Néron fit mettre à mort son précepteur Sénèque, impliqué dans la conjuration de Pison (Tacite, *Annales*, XV, 60-64), et sa mère Agrippine (*ibid.*, XIV, I sqq. ; cf. Suétone, *Vies des douze Césars*, VI, 34).

522. *Avorter en vipère.* On croyait que les jeunes vipéreaux crevaient le ventre de leur mère en naissant (Hérodote, III, 109 ; Pline, X, 62 ; *Physiologus*). C'est donc ici l'emblème d'une ingratitude poussée jusqu'au matricide. Selon Orapollon (Orus Apollon), *De la significa-tion des notes Hiéroglyphiques* (Paris, 1543, n° 88), et Piero Valeriano, *Hieroglyphica*, XIV, les anciens Egyptiens figuraient par la vipère les enfants parricides. — Dans le camp catholique, Artus Désiré avait appliqué cette image aux huguenots (*Le Miroir des francs Taupins, autrement dictz Antechrists*, Rouen, Jehan du Gort, vers 1560) :

> *Vous ressemblez aux petites viperes*
> *Qui de leurs dents en grand douleur amere*
> *Mengent le ventre et le cueur de leur mere,*
> *Pour preceder le jour de leur naissance.*

Cf. *Princes*, 110 et 839.

524. Allusion à l'incendie de Rome par Néron (juillet 64). Voir Tacite, *Annales*, XV, 38-44. Cf. *Misères*, 584 ; *Les Fers*, 963-980 et la note sur ce dernier vers.

525. Selon une légende médiévale, recueillie notamment dans le *Mystère des Actes des Apôtres* (éd. R. Lebègue, 1929, p. 218 sqq.), Néron aurait fait mourir sa mère pour en arracher et voir de ses yeux la matrice dans laquelle il avait été conçu.

538. Néron se donna la mort, aidé de son secrétaire Epaphrodite, le 11 juin 68, quand le sénat eut reconnu comme empereur Galba, révolté contre lui. Voir Suétone, VI, XLIX.

539. Domitien, empereur romain de 81 à 96 et frère de Titus à qui il succéda. En raison de ses cruautés contre l'aristocratie romaine principalement, et aussi contre les Juifs et les chrétiens, il fut surnommé le « Néron chauve ».

550. *Par sa femme.* Domitien fut assassiné par un de ses affranchis à l'instigation de sa femme Domitia, fille du général Corbulon (96 ap. J.-C.). Pour tout ce passage (v. 548-554), d'Aubigné s'inspire de Chassanion, I, chap. XII, p. 47 : « Domitian fut celui qui émut la seconde persécution contre les Chrétiens : et tant s'éleva en orgueil, qu'il se voulut faire appeler Seigneur, et dieu. Ses domestiques et serviteurs conspirèrent contre lui, et le tuèrent à coups de dague dans sa chambre, du consentement de sa femme. Son corps fut enterré sans honneur, sa mémoire condamnée, ses armoiries abattues et abolies. » Je modernise l'orthographe.

555. *Adrian.* Pour ce portrait négatif de l'empereur Hadrien, qui régna de 117 à 138 et dont *La Chambre dorée* (767-768) célébrait la justice, d'Aubigné paraphrase toujours Chassanion, à la suite (p. 48) : « Hadrian fit crucifier dix mille Chrétiens en Arménie le neuvième an de son empire. Ayant encore depuis ému une bien âpre persécution, voilà Dieu qui le persécute par un flux de sang, qui le débilite, avec telle inquiétude, que souvent il tâcha de se défaire soi-même. Il vint à cracher ses poumons : puis l'hydropisie l'empoigna. Se voyant en grand langueur il demanda du poison pour hâter sa mort, puis un couteau, pour s'en donner au travers du corps. Ce qui lui ayant été refusé, fut contraint de languir davantage, et mourir en grand tourment. »

567. *Sévère.* Septime Sévère, empereur de 193 à 211, rangé au nombre des princes justes dans *La Chambre dorée*, 766.

568. *Herminian* ou Herminien n'est pas un empereur mais un gouverneur de la Cappadoce sous Septime Sévère. D'Aubigné suit toujours de très près Chassanion, I, XII, p. 49 : « Claude Herminian gouverneur de la Cappadoce, ayant affligé les fidèles à toute outrance, en haine de sa femme, qui était Chrétienne, fut par après atteint et affligé de peste, et persécuté de vermine qui s'engendra en lui, en telle sorte qu'il en était mangé tout vif. En cet état languissant il disait, Que personne ne le sache, de peur que les Chrétiens ne s'en réjouissent : donnant assez à entendre, que par sa cruauté telle punition lui était advenue. »

578. *Spécieux* (sens étymologique) : éclatant, lumineux.

580. *Marchepied... fangeux.* Image biblique déjà présente dans *Misères*. 1217. D'après Psaume CX, 1, et Matthieu XXII, 44.

581. *Saporés* : Sapor ou Shâhpuhr Iᵉʳ, roi sassanide de Perse, vainquit l'empereur Valérien près d'Edesse en 260. De nombreux bas-reliefs représentent Valérien à genoux devant Sapor. D'Aubigné s'inspire toujours de Chassanion, I, XII, p. 50 : « ... Sapor le Roi de Perse se servait de son dos comme d'un tronc de bois, pour monter à cheval. Et tant ce roi barbare usa de cruauté à l'encontre de ce pauvre et misérable vieillard (selon le récit d'Eusèbe) que finalement pour le comble du malheur d'icelui, il le fit écorcher tout vif. » Récit voisin dans l'*Histoire des Martyrs* de Crespin et Goulart (éd. Lelièvre, I, p. 71, col. 2).

591. *Ouvrer* : « œuvrer », c'est-à-dire « agir ». Pour l'image biblique des mains ployées dans le sein, symbole d'inaction, cf. *Les Feux*, 419 et la note.

599-600. *Aurélian, Dioclétian.* L'association entre Aurélien et Dioclétien est déjà présente chez Chassanion, I, XII, p. 50-51, qui s'inspire, pour le récit de leurs châtiments, de l'*Histoire ecclésiastique* d'Eusèbe. Ayant fait démolir les temples des chrétiens, Dioclétien aurait eu « sa maison foudroyée et brûlée du feu du ciel ». A la suite de quoi « il devint enragé et se tua, ayant peu de temps auparavant été tellement étonné du tonnerre, qu'il ne savait où se cacher » (*ibid.*, p. 51).

615. *Maximian.* D'Aubigné, à la suite de Chassanion, confond Maximien (Hercule), collègue de Dioclétien pour l'empire d'Occident, et Galère, Caius Galerius Valerius Maximianus, qui inspira à Dioclétien les édits de persécution contre les chrétiens et lui succcéda en Orient (305-311). Chassanion, p. 51-52 : « A cestui-ci était adjoint au gouvernement de l'Empire Maximian, qui fut si méchant et si cruel, qu'un jour solennel auquel grand nombre de Chrétiens étaient assemblés dans un temple en la ville de Nicomédie, il envoya gens pour les enclore et les brûler illec. Ce qui fut fait. Et y en eut de brûlés (selon Nicéphore) vingt mille personnes. Il y eut aussi une ville de Phrygie, laquelle après avoir été assiégée, il fit brûler entièrement, et réduire toute en cendre avec tous les habitants. La fin de ce malheureux fut, qu'après avoir quelque temps langui par une griève maladie, en une vermine et puanteur horrible qui sortait de son corps, il s'étrangla avec une corde. »

618. *Dans les nareaux de Dieu...* Ce vers est très proche d'un vers de *La Chambre dorée*, 122, dans la variante Tronchin 160 : « Fit des nareaux de Dieu sortir l'ire allumée ». Voir la note sur ce passage.

627. *Maximin.* Maximin Daza, parent de Galère, qui l'avait nommé César d'Orient, quand lui-même était devenu Auguste lors de l'abdication de Dioclétien (305).

628. *Forgeur de fausses paix* : d'après Chassanion, I, XII, à la suite, p. 52, qui a mal interprété Eusèbe. Allusion évidente ici, de la part du « ferme » d'Aubigné, à la paix trompeuse du règne d'Henri IV et du début de la régence de Marie de Médicis. Cf. *La Chambre dorée*, 75 et la note.

629. *Sa prunelle échappée.* D'Aubigné suit toujours Chassanion, p. 52 : « ... S. Chrysostome dit que la prunelle lui sortit hors de ses yeux étant encore en vie ».

635. *Voici...* Il s'agit de Julien surnommé l'Apostat, empereur de 361 à 363, qui combattit le christianisme par la philosophie. La source de d'Aubigné n'est plus Chassanion, mais le *Martyrologe* de Crespin et Goulart.

647. *Au milieu des combats.* Julien fut blessé mortellement d'une flèche au cours d'une campagne contre les Perses (26 juin 363).

652. « *Je suis vaincu...* » Ce mot fameux prêté à Julien par une tradition chrétienne transmise par Sozomène et Théodoret, les continuateurs de l'*Histoire ecclésiastique* d'Eusèbe, est apocryphe. Montaigne en met en doute l'authenticité, en s'appuyant sur le témoignage oculaire d'Ammien Marcellin (*Essais*, II, 19 : « De la liberté de conscience », éd. Villey, p. 671). *Nazarien*, « le Nazaréen », désigne évidemment Jésus-Christ, né à Nazareth.

653. *Impudent Libanie* : Libanios, rhéteur et philosophe grec (314-

393), défenseur de l'hellénisme contre les progrès du christianisme. Selon J.-R. Fanlo, l'apostrophe à Libanios viserait en fait le cardinal Du Perron, le « convertisseur » et le conseiller d'Henri IV, roi apostat tout comme l'empereur Julien.

661. *Commode*, empereur de 180 à 192, fils de Marc-Aurèle, se comporta en tyran, mais ne persécuta pas particulièrement les chrétiens. Sur ordre de sa maîtresse Marcia, qui craignait pour sa vie, il fut étranglé par l'athlète Narcisse (cf. v. 664).

662. *Valentinian.* Confusion probable avec Valens son frère, empereur d'Orient de 364 à 378, qui soutint l'arianisme. D'Aubigné s'inspire ici du *Livre des Martyrs* de Crespin et Goulart.

665. *Galérian*, l'empereur Galère (305-311), dont d'Aubigné a déjà raconté la mort plus haut, sous le nom de Maximian. Cf. v. 615 et la note.

666. *Décius.* L'empereur Dèce (249-251) déclencha la première persécution systématique contre les chrétiens. Celle-ci fut interrompue, quand, poursuivant les Goths qui avaient pénétré en Thrace, Dèce périt dans les marais du Danube où il se serait englouti. D'où le v. 668.

670. *Zénon Izaurique.* Zénon l'Isaurien, empereur d'Orient de 474 à 491.

671. *Honorique* : Honorich ou Hunerich, roi des Vandales en Afrique du Nord. Il soutint l'hérésie arienne et persécuta les chrétiens orthodoxes. L'arianisme, doctrine qui niait la consubstantialité du Fils avec le Père, fut condamné par le concile de Nicée en 325.

673. *Constant* : Constance II, Flavius Julius Constantius, fils de Constantin le Grand, empereur romain de 337 à 361. Il choisit l'arianisme contre l'orthodoxie chrétienne.

674. L'hérésiarque Arius mourut en 336, alors qu'il allait être réintégré dans l'Eglise. Cette mort dans les latrines est évidemment légendaire. On en trouve le récit chez Chassanion, 1581, p. 106 : « Comme il se bravait accompagné de ses suppôts..., il fut contraint d'aller à des latrines publiques prochaines de là où il perdit le souffle, ses entrailles lui sortirent par le fondement, et demeura mort sur le siège des retraits. »

679. *Le Sinon d'Enfer*, c'est le diable qui use de toutes les perfidies dans sa lutte séculaire contre les justes. Pour le personnage de Sinon, antonomase du traître, voir *Princes*, 91 et la note. Le cheval *duratée* (hellénisme signifiant « de bois ») est le cheval de Troie.

684. *A ce siècle plus fin* (plus rusé, plus perfide que les précédents). S'ouvre ici le troisième volet du triptyque des « vengeances de Dieu » : après l'Ancien Testament et l'église chrétienne primitive, voici l'âge moderne et le temps de la persécution contre la Réforme. Satan change à présent de stratégie, comme au début du livre V, avec le passage du temps des « Feux » au temps des « Fers ». L'aggravation du combat s'accompagne là aussi d'une perte de lisibilité.

691. *Satans vêtus en Anges.* Expression biblique. Cf. *Fers*, 42 et la note. Julien le fin (« le rusé », « le perfide »), c'est encore Julien l'Apostat, comme plus haut aux v. 634-652.

695-696. *Ne put pas / Rendre sèche leur mort* : non sanglante. Cette mort que le « masque » de « feinte piété » catholique n'empêche pas d'être violente, c'est celle que prophétise à Henri de Navarre le juge de Moncontour (*Histoire universelle*, éd. de Ruble, t. IX, p. 463). Par conséquent, ces deux vers peuvent contenir une allusion à l'assassinat d'Henri IV, où d'Aubigné est enclin à voir un effet de la justice divine (J.-R. Fanlo). On trouve dans la *Confession du sieur de Sancy*, « Pléiade », p. 666, l'expression voisine de « *jugulo sicco*, sans faire saigner la gorge ».

712. *A qui la louve ou l'ourse* : tandis que la louve fait allusion à Rémus et Romulus, l'ours évoque un roman de chevalerie, l'*Histoire des deux nobles chevaliers Valentin et Ourson*, dont la fortune se poursuivit au long du XVIe siècle.

718. Le « Louvre » a ici le sens général de demeure royale.

719-720. L'image de l'Eglise fuyant au désert et poursuivie par le dragon est tirée de l'Apocalypse XII, 1-2. Elle est récurrente dans *Les Tragiques*. Cf. *Préface* 167-168 et la note sur le v. 165 ; cf. ci-dessus, 150-154.

726-729. D'après Exode IV, 24-26. En fait Séphora, femme de Moïse, circoncit elle-même son enfant pour sauver son mari, menacé de mort à ce moment par Dieu. Les vers 725-732 sont un ajout de la seconde édition.

740. Trois marques de l'Enfer : ténèbres et grincements de dents, d'après Matthieu VIII, 12 ; les vers, d'après Marc IX, 48 : « Là où le ver ne meurt pas et le feu ne s'éteint pas ». La formule est une reprise assez libre d'Esaïe LXVI, 24.

744. *De jugements autant* : les jugements, c'est-à-dire les vengeances de Dieu, qui s'attachent à punir les « cruautés » des hommes.

746. *L'Eglise seconde* : l'Eglise chrétienne qui succède aux trois mille ans couverts par l'Ancien Testament. Cf. le v. 447 et la note. Pour d'Aubigné comme pour ses contemporains, l'âge du monde n'excède guère une durée totale de 4 500 ans.

750. *Monstrueux* : prodigieux, sans valeur péjorative.

752. Après la Pentecôte, quand l'Esprit-Saint descendit sur les apôtres en langues de feu et qu'ils se mirent à parler en langues (Actes II, 1-4), la religion est devenue toute spirituelle et les miracles ont été moins nécessaires. C'est ici la réplique des protestants aux catholiques qui leur reprochaient de ne pouvoir prouver la vérité de leur dogme en renouvelant les miracles des temps apostoliques. Voir par exemple Ronsard, *Continuation du Discours des Misères de ce temps*, v. 228-231 :

> *Faites à tout le moins quelques petits miracles!*
> *Comme les peres saincts, qui jadis guerissoient*
> *Ceux qui de maladie aux chemins languissoient,*
> *Et desquels seulement l'ombre estoit salutaire.*

754-755.   *A eux qui espéraient en ombre / Ces ombres profitaient* : Dans des demi-ténèbres, la vérité ne se montre que voilée sous des apparences, sous des « ombres ». L'ombre, par opposition au corps, évoque chez l'apôtre Paul les usages et pratiques des Juifs, avant la Révélation. Le corps est opposé à l'ombre, comme la réalité à la figure. D'après l'Epître aux Colossiens II, 17. Même idée dans l'Epître aux Hébreux, VIII, 5 et X, 1.

760.   *Jeunes* : sous-entendre l'adverbe « moins », deux fois exprimé au vers précédent. *Avortaient* : « produisaient » avec effort, avec douleur. *Insolents* (sens étymologique) : « inaccoutumés », « extraordinaires », « hors de la norme ».

762.   *Les malices de l'air.* Comme dans *Feux*, 1237 : « Cet air doux qui tout autre en malices excède ». La saison est au déclin. En cet automne de l'Eglise, de même que les vocations au martyre se font plus rares, les oracles s'espacent (v. 749-750) et les miracles deviennent moins lisibles. Ils subsistent toutefois, ces « exprès témoignages / Que nature ne peut avouer pour ouvrages » (765-766).

764.   *Enthousiasmes saints* : d'Aubigné évoque ainsi le don de prophétie, qu'il reconnaît plus rare que dans l'Antiquité juive, mais qu'il s'efforce de découvrir parmi les protestants et, bien sûr, en lui-même.

769.   *Archevêque Arondel* : Thomas Arundel (1353-1413), archevêque de Cantorbéry. Il persécuta les disciples de Wicliff, mort en 1387, que l'on considérait au XVIe siècle comme un précurseur de la Réforme. Chassanion écrivait déjà « Cantorbie en Angleterre » (p. 58).

770.   *Des paroles de vie.* L'idée et l'expression viennent du Nouveau Testament : Jean VI, 63 et 68. Cf. Philippiens II, 15.

772-779.   Le récit de cette agonie s'inspire de Chassanion, I, chap. XIV, p. 58 : « Sa langue s'enfla tellement qu'elle lui remplissait toute la bouche, de manière que quelques jours avant sa mort il ne pouvait rien avaler, ne même parler, et mourut affamé en grand désespoir : lui qui avait voulu fermer la bouche à Dieu, et empêcher le cours de sa sainte Parole par ses cruautés. » Chassanion renvoie en marge au « livre I. de l'Histoire des Martyrs ».

778.   *L'instrument de vivre* : périphrase désignant la bouche.

788.   En août ou septembre 1555, quand les pasteurs commencèrent à prêcher publiquement les Vaudois de la vallée d'Angrongne, un nommé Jean-Martin Trombaut, « se vantant partout qu'il couperait le nez au ministre d'Angrongne, fut bientôt après assailli d'un loup enragé qui lui mangea le nez, puis il mourut enragé ». D'après l'*Histoire des Martyrs*, III, p. 116, col. 2.

793. Cette « juste analogie » est celle qui fait du châtiment l'image, souvent métaphorique, du crime. La punition emprunte de la sorte au forfait sa « forme » et sa « qualité ». Telle était déjà, dans *L'Enfer* de Dante, la loi du *contrappasso*, terme inexactement traduit en français par « loi du talion » : à la fin du chant XXVIII, le troubadour Bertrand de Born qui, de son vivant, avait dressé un fils contre son père, séparant ce qui était uni, déambule tenant à la main sa propre tête séparée du tronc. — Cf. la *Méditation sur le Psaume LXXIII*, « Pléiade », p. 534 : « Or Dieu seul parfait en justice observe en elle les analogies des péchés aux punitions. »

795. *Le comte Félix.* D'après Chassanion, I, chap. XIV, p. 59 : « Le comte Félix de Wurtemberg l'un des Capitaines de l'Empereur Charles V (Charles Quint), estant à Ausbourg (Augsbourg) en un souper avec plusieurs de ses semblables, où on menaçait fort les fidèles, jura devant tous, qu'avant mourir il voulait chevaucher jusqu'aux éperons dans le sang des Luthériens. Advint en la même nuit, qu'il fut frappé de la main de Dieu, en telle sorte que son sang le suffoqua, et ainsi il se baigna jusqu'à la gorge dans son propre sang avant que mourir. »

801. *Le stupide Mesnier.* Jean Maynier d'Oppède, premier président du parlement d'Aix-en-Provence à partir de 1543, fit exécuter en 1545 l'arrêt de condamnation des Vaudois de Cabrières et Mérindol et prit la tête de l'expédition punitive. Il s'ensuivit la destruction de plus de vingt villages du Lubéron, le massacre de toute la population adulte et la vente des enfants comme esclaves. Sa punition est évoquée ici d'après Chassanion, p. 63 : « … il fut abattu d'un flux de sang ».

805-808. Ces deux princes sont Charles IX, responsable des massacres de la Saint-Barthélemy, et son frère François d'Alençon, duc d'Anjou, auteur de la « Furie d'Anvers » (17 janvier 1583 ; cf. *Princes*, 930, et *Fers*, 1328).

809. *Leur rouge mort.* Tous deux étaient phtisiques et sujets aux hémoptysies.

814. *Maximian.* En réalité, l'empereur Galère. Cf. ci-dessus v. 615 et la note.

815. *Adrian.* Sur la mort d'Hadrien, cf. v. 559 et la note sur le v. 555.

818-819. *Quel songe…* « Apophétie » de la mort d'Henri IV, frappé par le couteau de Ravaillac le 14 mai 1610. Son corps inanimé, aussitôt transporté au Louvre, aurait ensanglanté « toute la rue Saint-Honoré » (*Histoire universelle*, éd. de Ruble, t. IX, p. 472).

820. Ce Roi ingrat envers les siens est évidemment Henri IV, oublieux des services à lui rendus par les huguenots au temps de sa longue conquête du pouvoir.

823. *Les vers persécuteurs.* La première édition des *Tragiques* donnait une leçon apparemment plus acceptable : « les *fiers* persécuteurs », où le mot « fiers » avait le sens étymologique de « féroces ». Mais la variante retenue est moins absurde qu'il semble : les persécuteurs de la foi peuvent être comparés aux vers qui tourmentent les damnés. Cf. le v. 837 : « Ce ver sentit les vers. »

824. *Un des inquisiteurs.* Il s'agit de Jean de Roma, moine jacobin qui par ses persécutions et ses tortures fit régner la terreur parmi les Vaudois de Provence, avant leur extermination finale. Saisi d'une plainte contre lui, François Ier ordonna une enquête qui devait aboutir à son arrestation. Mais l'inquisiteur s'enfuit en Avignon, qui était alors possession pontificale.

832. Comprendre : « Si bien qu'un seul eut soin d'enterrer ce demi-mort ». Le détail, comme tout le reste de cette narration, est une nouvelle fois emprunté à Chassanion, I, XIV, p. 60-61 : « En ces tourments horribles et désespoir épouvantable, il finit malheureusement ses jours, et ne se trouva personne, qui le vousît (= voulût) toucher pour l'ensevelir, sinon un moine convers de son ordre, lequel pour tout bénéfice de sépulture ayant accroché cette puante charogne la traîna en une fosse prochaine, qu'on lui avait faite. » Récits parallèles dans l'*Histoire des Martyrs*, livre II, dont s'inspire Chassanion, et dans l'*Apologie pour Hérodote* d'Henri Estienne (Genève, 1566).

838. *La vermine.* Le mot désigne le moine dominicain Jean de Roma, personnage insignifiant en comparaison de ceux qui suivent. La même idée, mais l'image en moins, était exprimée par Chassanion, p. 59 : « ...lequel combien qu'au regard de son habit et de son froc, ne mérite pas d'être mis au rang des gens de marque : si est-ce toutefois, que pour l'horrible vengeance de Dieu qui est tombée sur lui, de laquelle il a été étrangement marqué et flétri, il doit avoir ici place ».

839. *Du Prat.* Antoine du Prat (1463-1535), chancelier de France en 1516, cardinal en 1527, légat *a latere* en 1530, fut le premier qui déféra au parlement la connaissance des hérésies. Pour les détails de sa mort, voir l'*Histoire des Martyrs*, II. Ces *mêmes animaux* sont évidemment les vers.

845. *L'Aubépin.* Conseiller au parlement de Grenoble, il proposa en 1560 que les ministres de l'Eglise de Valence, condamnés à mort, fussent bâillonnés pour l'exécution, afin de ne pas pouvoir parler au peuple (*Histoire des Martyrs*, II). Chassanion, dont d'Aubigné s'inspire, range L'Aubépin, qui avait fait naguère « profession de l'Evangile », parmi les « Apostats les plus coupables » (chap. XIX, p. 100-102).

848. *Le soulas* : le soulagement. La consolation suprême du martyr est de faire entendre la parole de Dieu au moment de mourir. Le bûcher se transforme alors en chaire, si l'on en croit *Les Feux*, 588.

854. *Ses amis.* Par dépit amoureux, L'Aubépin se laissait mourir de faim. Les efforts de ses amis pour le faire manger en introduisant un bâton dans sa bouche seraient survenus trop tard.

862. *Quelque prince mi-more* : Philippe II d'Espagne. Le qualificatif
« mi-more » était en France une injure raciste qualifiant traditionnel-
lement les Espagnols. Sur l'agonie de Philippe II, cf. ci-dessus le v. 517
et la note.

866. On notera le double jeu de mots sur « ver(s) », « vert(s) » et
« vers », qui serait caractéristique, selon H. Weber, du « goût
baroque » d'A. d'Aubigné. En fait l'équivoque se rencontrait déjà
chez Clément Marot, héritier en cela des grands rhétoriqueurs. L'idée
est ici que le châtiment du corps dévoré vivant par la vermine et vert
de gangrène a son équivalent moral dans le châtiment de la prophétie
versifiée. Le futur « peindra » indique bien qu'il s'agit là d'une
« apophétie ».

871. *Bellomonte.* Ces détails sur l'agonie de Bellomonte, conseiller au
parlement de Provence, sont empruntés à Chassanion, chap. XIV,
p. 61-62, dont voici la conclusion : « Etant mort son corps fut trouvé
tout havi, et tout ainsi que si on l'eût rôti au feu. En cette sorte celui
qui était si échauffé à faire brûler les pauvres fidèles, fut lui-même
brûlé par une flamme secrète de l'ire de Dieu, qui le consuma comme à
petit feu. »

873. *Les gênes* : les tortures.

874. *Dans les crotons* : dans les cachots. *Au contempler des peines.*
Infinitif substantivé, que l'on peut ainsi traduire : « au spectacle des
peines ».

886. *De rang* : chacun à leur tour.

890. *Pontcher.* D'après l'*Histoire des Martyrs* et l'*Apologie pour
Hérodote* d'Henri Estienne, il s'agirait d'Etienne Poncher, archevêque
de Tours de 1551 à 1553, qui voulut ériger une chambre ardente
contre les hérétiques. Confusion possible, chez d'Aubigné comme
dans ses sources, avec François Poncher, archevêque de Sens, qui
intrigua contre Louise de Savoie pendant la captivité de François Iᵉʳ à
Madrid et fut enfermé au château de Vincennes, où il mourut en 1532.

893. *Logis* a le sens militaire de « retranchement ». La mort est
comparée à une armée assiégeante qui progresse par étapes, et creuse
des tranchées devant chaque fort à prendre. Il faut donc comprendre
que le corps de l'agonisant est amputé membre après membre. Mais
ces amputations successives ne peuvent enrayer le mal. Pour une
métaphore relevant du même registre, cf. ci-dessus v. 861, où les vers
sont joliment appelés « petits soldats de Dieu ».

897. *L'évêque Castelan* : nom latinisé de Pierre Duchâtel (1480-1552).
Bibliothécaire et lecteur de François Iᵉʳ, il fut promu archevêque de
Tulle, de Mâcon, grand aumônier de France en 1547 et évêque
d'Orléans en 1551. Son principal crime aux yeux des protestants était
d'avoir abjuré leur foi. Chassanion le place en effet au rang des
« Apostats les plus coupables » (I, chap. XIX).

901. *De col roide* : expression biblique, d'après Actes VII, 51. Cf.

Discours par stances, v. 349, « Pléiade », p. 358 : « Tyrans à roide col... »

906.   *Balancent* : « oscillent », comme ci-dessus au v. 171. Pour l'idée, cf. Proverbes XVI, 11.

909.   *L'imposteur Picard*. Autre « apostat », selon Chassanion, I, XIX, p. 100. Ce moine cordelier aurait été frappé en chaire à Orléans, alors qu'il appelait la mort sur lui, au cas où Dieu l'aurait trouvé apostat. *Duquel à la semonce* : inversion. Il faut comprendre : « à la semonce duquel », « à l'invitation duquel ».

915.   *La chaire d'erreur*, génitif hébraïque : la chaire de l'église catholique, d'où il prononce son sermon.

917-918.   Echo de Jérémie V, 21, ou Ezéchiel XII, 2. Cf. *Misères*, 1297-1298 ; *Jugement*, 13-14.

919.   *Lambert, inquisiteur* : docteur en théologie et prieur du couvent des Augustins de Liège. D'après Chassanion, I, XIV, p. 67.

929-930.   Ces deux vers rapportés, à construction tripartite, évoquent la mort d'Henri II blessé à l'œil lors du tournoi contre Montgomery en 1559, celle d'Antoine de Bourbon, roi de Navarre, blessé à l'épaule en 1562, au siège de Rouen, et celle de François II, mort d'un abcès à l'oreille en 1560. — Ce distique est cité — un peu retouché — et commenté dans la *Lettre au Roy Louis XIII* publiée par d'Aubigné en plaquette en 1621. Il prend place immédiatement à la suite d'un autre emprunt de deux vers au même livre de *Vengeances* (cf. ci-dessus les v. 69-70 et la note). Je cite d'après la variante du ms. Tronchin (éd. Réaume et de Caussade des *O.C.*, t. I, p. 509) : « Trois pareils accidents aux mesmes trois parties ont encor desployé mesme vengeance de Dieu et desquels on a dit que Dieu :

> *Dit, exerça, fit droit, (et) vengeance et merveille,*
> *Crevant, poussant, perçant l'euil, l'espaul' et l'oreille*
> *A ses persequuteurs.* »

La *Lettre* complète cet avertissement par une allusion à la mort de Philippe II (cf. ci-dessus v. 862) :

> « *Qui peut cacher la vermine de poux ?*

Qui a devoré vostre voisin, chef de l'Inquisition et en ceste annee son fils suivant son train, annee qui n'est pas finie et qui a enlevé pour sa part sept Souverains ? »

934.   *La peine seconde* ou la « seconde mort », c'est la mort de l'âme après celle du corps, autrement dit la damnation éternelle. *Arrher* : donner des arrhes, un avant-goût en quelque sorte.

940.   Le *désespoir*, après les vers et le feu, est le troisième instrument de la vengeance divine. C'est aussi le plus grave des châtiments de l'Enfer, celui qui correspond chez saint Thomas d'Aquin et chez

Dante à la peine du *dam* et consiste dans la privation éternelle de Dieu.

944. Le sieur de Revest, premier président au parlement de Provence et insigne persécuteur, « mourut agité de furie et de rage », si l'on en croit Chassanion, I, chap. XIV, p. 61. Gaspard de Renialme, un des magistrats municipaux d'Anvers en 1559, avait condamné à mort des innocents : « il fut mené à demi désespéré en sa maison, où tôt après mourut, criant et lamentant qu'il avait jugé le sang innocent » (Chassanion, *ibid.*, p. 64, d'après l'*Histoire des Martyrs* de Crespin).

948. *Du démon* : déjà évoqué ci-dessus au v. 496. Voir la note.

950. *Latome* : Jacques Masson, dit Latomus, humaniste et docteur en théologie de l'Université de Louvain, mort en 1544. Il avait polémiqué avec Luther et persécuté les protestants de Flandre et de Brabant. Selon Chassanion, qui le tient pour apostat, il serait mort de désespoir, en proclamant qu'il était damné et « rejeté de Dieu » (chap. XIX, p. 97-98).

951. *Le grand Dieu m'a frappé.* Expression biblique : Exode IX, 15 ; XII, 29 ; XV, 6. Genèse XXXVIII, 10 ; Deutéronome XXVIII, 22.

952. *Blasphémais contre Dieu.* Autre expression biblique : Nombres XVI, 30 ; Esaïe XXXVII, 17.

953. *En ces derniers orages* : ce morceau sur trois des acteurs de la Saint-Barthélemy, punis aussitôt après leur crime, pourrait appartenir, selon Garnier et Plattard, à la rédaction primitive des *Tragiques* (à partir de 1577). En ce cas « ces derniers orages » feraient allusion aux trois guerres de Religion (de la quatrième à la sixième) qui se succédèrent entre 1572 et 1577. Mais il peut s'agir aussi bien des dernières persécutions de l'Eglise, prélude à l'apocalypse. Cette dernière hypothèse s'accorde mieux à la tonalité générale de *Vengeances*.

956. Bezigny est inconnu. *Cosseins* : Jean de Monlezun, seigneur de Caussens, qui, affecté à la garde de la maison de Coligny, y introduisit les assassins au commencement de la Saint-Barthélemy. Il mourut durant le siège de La Rochelle le 18 avril 1573 en maudissant sa trahison, selon son ami Brantôme (éd. Lalanne, t. VI, p. 69-70). *Tavanes* : Gaspard de Saulx, seigneur de Tavannes (1509-1573), gouverneur de Bourgogne et maréchal de France.

969. *Cinquième au conseil des coupables* : Tavannes avait pris part au conseil nocturne qui se tint au Louvre le 23 août 1572 et où fut décidé le massacre du lendemain. Les quatre autres mauvais conseillers de Catherine de Médicis, de Charles IX et de son frère le duc d'Anjou (futur Henri III), également présents à cette réunion, étaient Henri, « le bâtard d'Angoulême », frère naturel du roi, Louis de Gonzague, duc de Nevers, Retz et Birague.

971. *Alentour de Paris.* Tavannes s'était mis en route pour le siège de

La Rochelle, lorsque la maladie l'arrêta à Chastres (Arpajon), où il mourut.

973.   *Gêné* : torturé.

975.   *Le Cardinal Polus*. Le cardinal Reginald Pol ou Pool (1500-1558), parent d'Henri VIII d'Angleterre, dont il désapprouva le schisme, encourant sa disgrâce. Président du conseil royal sous Marie Tudor, il organisa la réaction catholique et réprima l'hérésie avec une certaine férocité. Il mourut la même semaine que « la reine sanglante ». Chassanion le place parmi les apostats (chap. XIX, p. 98).

977.   *Nos honteuses vues*, valeur proleptique : « qui avaient honte d'un tel spectacle ».

980.   *Des nôtres présageurs* : annonciateurs des nôtres, si nous trahissons comme eux la vraie foi.

984.   Comprendre : l'accident est en proportion du sujet. L'âme étant supérieure au corps, les maux qui la frappent sont d'autant plus cruels. La *Somme théologique* de saint Thomas, qui distinguait entre la peine du dam, souffrance purement spirituelle, et la peine du sens, corporelle et physique, considérait la première comme la plus terrible. Cf. ci-dessus la note du v. 940.

991.   *Charlatan florentin* : Albert de Gondi, duc et maréchal de Retz, né à Florence en 1522, mort en 1602, grand-père du fameux cardinal. Cf. *Princes*, 542 et 868.

999.   *Excellente duchesse* : la duchesse de Retz tenait un brillant salon littéraire, participant aux débats de l'Académie du Palais. Elle était parente de Suzanne de Lezay, la première épouse d'A. d'Aubigné. C'est donc d'elle directement que le poète tient ses informations sur l'interminable agonie du maréchal (cf. v. 1001-1002).

1006.   *S'en allait terminée*. Des cinq conseillers responsables de la Saint-Barthélemy, en dehors de la famille royale, Retz fut le dernier survivant. Tavannes était mort en 1573, Birague en 1583, le bâtard d'Angoulême en 1586, et Nevers en 1595. Cf. v. 969 et la note.

1011.   *Crescence, cardinal*. Le cardinal Marcello Crescentio était légat du pape Jules III lors de la réouverture du concile de Trente, en 1551. L'épisode du chien noir est raconté par Chassanion, chap. XIV, p. 66-67. Ayant travaillé toute la nuit du 26 avril 1552 et s'étant levé pour se délasser et faire quelques pas, ce que signifie ici l'expression « à ton pourmenoir », le cardinal vit venir à lui un chien noir d' « excessive grandeur, ayant les yeux flamboyants et les oreilles pendantes jusqu'à terre ». Ses serviteurs, ayant apporté de la chandelle, ne trouvèrent rien. Le cardinal tomba au lit malade « par une véhémente appréhension qui lui causa la mort ». Le chien noir est une des formes animales empruntées par le démon. Pierre Le Loyer raconte que le chien noir d'Henri-Corneille Agrippa, que l'on accusait de sorcellerie, sortit de sa maison et alla se noyer dans le Rhône peu avant sa mort (*De l'apparition des esprits*, liv. IV ; cité par H. Weber).

1020. Vers ternaire, à membres inégaux (2 + 4 + 6) : le chien annonce la maladie, le maladie annonce la mort, la mort annonce le désespoir, tourment de l'Enfer évoqué plus haut au v. 940.

1022. François Olivier (1497-1560), garde des sceaux en 1544, chancelier en 1545, fut rappelé aux affaires sous François II. Il n'approuva que du bout des lèvres la politique de répression anti-protestante et le supplice d'Anne du Bourg.

1023-1024. Ce « cardinal sans pair en trahison » est Charles de Guise, cardinal de Lorraine (1524-1574), l'une des bêtes noires du parti protestant.

1025. *Les hôtes de Saül* : les démons qui le possédèrent, par la permission de Dieu, désireux de le châtier. Cf. ci-dessus le v. 329 et la note. *Ou du cardinal même* : lui aussi possédé du démon, à en croire d'Aubigné (cf. ci-après les v. 1035 sqq.). Tout le récit de l'agonie du chancelier Olivier vient de Chassanion, chap. XIV, p. 65.

1037. *Que sent encor la France.* Cette indication chronologique est bien vague. Il peut s'agir des derniers soubresauts des guerres de Religion ou des dissensions civiles qui renaissent après la disparition d'Henri IV, sous la régence de Marie de Médicis.

1040. *Un organe si beau.* Les démons qui habitaient le cardinal de Lorraine auraient préféré accompagner son âme au tombeau plutôt que d'abandonner un instrument diabolique aussi parfait.

1042. « Flambeau » est l'expression consacrée pour désigner le cardinal de Lorraine. Cf. *Misères*, 723-725.

1046. Sur les troubles atmosphériques qui signalèrent la mort du cardinal de Lorraine, le 26 décembre 1574, cf. *Misères*, 1005-1008 et la note.

1058. *Des vieilles inféries.* Les « inféries » (lat. *inferiae*) sont des sacrifices offerts aux mânes des morts.

1064. *Au corps de Jézabel.* Cf. ci-dessus v. 348 sqq.

1065. *Clas* pour « glas ». Il s'agit des voix fantastiques que Charles IX entendit au-dessus du Louvre peu après la Saint-Barthélemy. Cf. *Les Fers*, 1007-1018 et la note.

1070. *Ces monstres hauts* : ces prodiges élevés.

1084. *Un ignorant bandeau* : attribut de la Fortune aveugle, cette divinité païenne souvent courtisée à la Renaissance et que l'on représentait comme une femme aux yeux bandés, debout sur une roue ou une « boule » tournoyante (v. 1086). D'Aubigné rappelle ici qu'une telle croyance est incompatible avec l'affirmation de la Providence, dont la preuve éclate à ses yeux dans l'exacte « analogie » observable entre le crime et le châtiment.

1087-1102. Récapitulation de tous les exemples précédents, destinée à ruiner la position des incrédules, adeptes de la fortune et du sort.

1091. *Qui blasphémaient...* : comme Lambert, inquisiteur. Cf. ci-dessus v. 919-920.

1092. Allusion à la mort de Picard. Cf. v. 909-917.

1095. *Froide langueur* : allusion à la mort de Pierre Duchâtel, « l'évêque Castelan ». Cf. v. 897.

1096. *Bouillante ardeur* : allusion à Bellomonte (v. 871) et Pontcher (v. 890).

1097. *Brider ceux qui bridaient* : allusion à L'Aubépin (v. 845-860).

1098. *La vermine du puits* : un des fléaux de l'Apocalypse IX, 2-3. Cf. *Les Fers*, 448 et la note. Les châtiments par les vers sont ici les plus nombreux (ci-dessus v. 821 sqq.).

1099. *Les sanglants* : allusion au comte Félix de Wurtemberg (v. 795-800), à Charles IX et à son frère (v. 809-812).

1100. *Livrer le loup aux loups*. Cf. l'anecdote du nez mangé par le loup, v. 781-788.

1101-1102. *Une enflure de langue* : comme celle dont mourut Thomas Arundel, v. 772-779.

1110. *Testaments d'Antioch.* Sur Antiochus Epiphane, roi de Syrie et persécuteur des Juifs au temps des Maccabées, et sur sa repentance tardive, exprimée par lettres, cf. ci-dessus le v. 445 et la note.

1111. *Spera* : Francesco Spiera, jurisconsulte de Citadella près de Padoue. Ayant adhéré à la Réforme, il fut dénoncé à l'Inquisition en 1547. Il abjura publiquement ses erreurs, mais fut miné par le remords jusqu'à sa mort. D'après Chassanion, qui le range parmi les « Apostats et révoltés trébuchant par infirmité et crainte » (chap. XVI, p. 75-77).

1113. *Ceux qui dans Orléans.* Quelques-uns des massacreurs de la Saint-Barthélemy à Orléans seraient morts « furieux et en désespoir horrible », si l'on en croit l'*Histoire des Martyrs* (éd. de 1582, augmentée par Simon Goulart).

1117. *Lizet.* Pierre Lizet, premier président du parlement de Paris en 1529, institua une « chambre ardente » pour juger les hérétiques. Il fut frappé de disgrâce en 1550 à la suite d'une querelle de préséance avec les Guises. Théodore de Bèze s'en est moqué dans le *Passavant* (1553).

1118. *De son Simon* : l'indicateur qui lui servait d'espion auprès des protestants. Ce pseudonyme est une allusion à Simon, administrateur du trésor du temple de Jérusalem, qui en révéla les richesses au roi de Syrie, Séleucus IV Philopator (187-176 av. J.-C.), suivant II Maccabées III, 4-6 et IV, 1-6. L'indicateur de Lizet s'appelait en fait Jehan André, imprimeur juré de l'Université. Il mourut dans un accès de fureur, si l'on en croit l'*Histoire des Martyrs*.

1119. *La lèpre de Roma.* Voir ci-dessus les v. 824 sqq. et la note.

1121. *Le despoir* : le désespoir. *Des Morins* : Jean Morin, lieutenant criminel de la prévôté de Paris, particulièrement rigoureux contre les hérétiques lors de l'affaire des Placards (1534).

1122. *Les foyers* : le « feu ardent », l'inflammation qui consuma leur chair. *Ruzé* : Jean Ruzé, conseiller au parlement de Paris, puis, en 1522, avocat du roi au même siège. L'inflammation se prit « à ses

parties secrètes », selon le martyrologe huguenot. *De Faye d'Espesse* :
Jacques de Faye, seigneur d'Espesse, président au parlement de Paris,
fit fonction de premier président à Tours, où les conseillers fidèles
avaient suivi Henri III après les Barricades (13 mai 1588). Il mourut
président de la Chambre des Enquêtes le 22 septembre 1590.

1123. *Le haut tonnant* : expression employée par Ronsard pour
désigner Jupiter, par Du Bartas (*Judit*, III, 379) pour qualifier
l'Eternel.

1124. Echo du Psaume XI, 6. Pour la pluie de feu et de soufre, cf.
Ezéchiel XXXVIII, 22 ; Luc XVII, 29 ; Apocalypse IX, 17-18 ; XIV,
10.

1128. Echo du Psaume XVIII, 11. Cf. II Samuel XXII, 11.

VII. JUGEMENT

1-2. *Baisse donc, Eternel...* Ces deux premiers vers sont littéralement
empruntés au Psaume CXLIV, 5, tel qu'il se trouve dans le Psautier
huguenot. D'Aubigné a légèrement amplifié la traduction de Théo-
dore de Bèze, en transposant les décasyllabes en alexandrins :

> *Baisse, Seigneur, tes hauts cieux pour descendre,*
> *Frappe les monts, fay-les fumer et fendre,*
> *Lance l'esclair, dissipe ces pervers,*
> *Lasche tes traicts, romps-les tout au travers.*

— Cette source a été identifiée par Marguerite Soulié, *L'Inspiration
biblique, op. cit*, 1977, p. 369, note 1. Cf. Elliott Forsyth, « The role of
the Psalms in d'Aubigné's *Les Tragiques* », *Australian Journal of
French Studies*, vol. XXIX, nʳ 1, 1992, p. 14-29.

2. *Les monts cornus* : symbole d'orgueil blasphématoire, comme dans
Princes, 369. Voir la note sur ce passage, II, 367-390. Cf. *Misères*,
1379-1380.

5. *La salutaire crainte.* Cf. Psaume CXI, 10 : « La crainte de l'Eternel
est le commencement de la sagesse » (trad. L. Segond).

6. La « crainte » de Dieu, qu'éprouve le juste, supprime la « peur » de
l'Enfer. Pour l'opposition des fidèles et des méchants, qui est le thème
de ces vers, cf. *Misères*, 1289-1290.

7. *Instrument.* Cf. *Vengeances*, 59 : « Que je ne sois qu'organe à la
céleste voix ».

11-13. L'idée vient de l'apôtre Paul, I Corinthiens III, 6-7 : « J'ai
planté, Apollos a arrosé ; mais Dieu a donné l'accroissement. Par quoi
ni celui qui plante n'est rien, ni celui qui arrose, mais Dieu qui donne
l'accroissement. »

14. *Les Pharaons ferrés* : « endurcis ». Allusion à l'obstination de

Pharaon refusant de laisser partir le peuple hébreu malgré les avertissements de Moïse et les plaies frappant l'Egypte (cf. *Vengeances*, 303-309, et les notes sur ce passage). — *Point d'yeux, point d'oreilles* : pour cette expression biblique, cf. *Misères*, 1297-1298 et la note.

16. Allusion à la conversion de saint Paul, ébloui et renversé à terre par une vision céleste sur le chemin de Damas. Voir Actes IX, 3-9 et XXVI, 12-19. *L'étonnement* (sens fort) : le fait d'être frappé violemment.

19-20. Paraphrase de l'épître aux Romains, VIII, 15.

23. *Des deux... messager* : annonciateur du supplice éternel pour les méchants (« la gêne sans fin », v. 24) et du salut pour les fidèles.

25. *Ananie* : Ananias. C'est le disciple qui fut envoyé à Paul, après la vision qui l'avait ébloui sur le chemin de Damas, pour lui rendre après trois jours la vue et lui donner par le baptême la vie spirituelle (Actes IX, 10-19). De persécuteur des chrétiens, Paul devint alors le plus zélé des apôtres du Christ.

27. *Qui pour Christ la perdez* : formule évangélique, déjà paraphrasée dans la *Préface*, 150, et dans *Les Fers*, 1432. Voir Matthieu X, 39 et XVI, 25 ; Marc VIII, 35 ; Luc IX, 24 et XVII, 33. Cf. Jean XII, 25.

29. *En bonne ombre.* Paraphrase du Psaume XCI, 1, ainsi traduit par Clément Marot :

> Qui en la garde du haut Dieu
> Pour jamais se retire,
> En ombre bonne et en fort lieu
> Retiré se peut dire.

30. Cf. *Les Fers*, 435-436 et la note.

33. *Révoltes* : ce mot désigne toujours chez les protestants le retour au catholicisme.

34. Allusion à la parabole du bon grain et de l'ivraie, selon Matthieu XIII, 24-30 et 37-43.

36. *L'éteule* : le chaume. — *Au feu qui ne meurt point.* Paraphrase de Matthieu III, 12, où Jean-Baptiste annonce la venue du Christ en ces termes : « Il a son van en sa main, et nettoiera son aire toute nette, et assemblera son froment, mais il brûlera entièrement la paille au feu qui ne s'éteint point. »

37. *Feront leur ventre boire.* Allusion à l'épreuve à laquelle Gédéon soumit ses soldats avant d'affronter les Madianites. Cf. *Préface*, 301 ; *Fers*, 434 et la note. D'Aubigné confond délibérément cet épisode avec un autre, bien antérieur, lorsque Moïse fit jaillir l'eau du rocher d'Horeb (Exode XVII, 6). « L'eau d'Oreb » est ici la figure de la grâce spirituelle qui abreuve les justes.

39. *Le Gédéon du ciel* : sur ce juge d'Israël « choisi » par Dieu pour briser le joug de Madian, cf. *Fers*, 434, et la note.

43. *Le grand Jérubaal*. Répondant à l'ordre de l'Eternel, Gédéon renversa une nuit l'autel de Baal. Ses concitoyens effrayés voulurent le faire périr, mais son père Joas refusa de le leur livrer. « En ce jour on donna à Gédéon le nom de Jérubaal, en disant : Que Baal plaide contre lui, puisqu'il a renversé son autel » (Juges VI, 32).

49. *Leurs Samsons*. Craignant les représailles des Philistins, les gens de Juda s'emparèrent par surprise de Samson (Juges XV, 10-13).

51. *Sans compter Israël* : sans tenir compte du petit nombre des guerriers d'Israël. Il y avait au départ trente-deux mille hommes dans l'armée de Gédéon, bientôt réduits à dix mille par le congédiement des peureux. L'épreuve de l'eau en fit trier trois cents seulement sur ces dix mille (Juges VII, 2-8).

52. *Par son couteau* : les Madianites, surpris la nuit dans leur camp par les hommes de Gédéon, s'entre-tuèrent (Juges VII, 22).

57. *Cercle ces épines* : Dieu « sarcle » les épines qui étouffent le grain semé parmi elles. Allusion à la parabole du semeur (Matthieu XIII, 7). Vers 1620, date de la rédaction des v. 27-84, absents de l'édition *princeps*, la plupart des princes protestants se sont convertis ou ont cédé aux pressions de la cour.

60. *Vos germains* : « vos frères » (lat. *germanus*). Tout le passage est fait pour consoler les protestants des défections qui se multipliaient dans leur parti ; bien plus, pour trouver dans cette *sélection* sévère de nouvelles raisons de croire en leur *élection* particulière.

63. Le « sacré mont », c'est le mont Sion, la colline sur laquelle était édifié le temple de Jérusalem. La « génération du sacré mont », c'est celle des enfants de Dieu, des protestants héritiers de l'élection d'Israël. Cf. Psaume XV, 1.

64. *Au sein de Jacob* : variante de l'expression biblique « dans le sein d'Abraham » (cf. ci-après v. 646, 1118 et 1206).

65-68. Succession irrégulière de deux couples de rimes féminines. — *Ces débonnaires* (sens premier) : ces cœurs généreux.

67-68. Souvenir des Psaumes LXIII, 7, et LXVIII, 4.

72. D'Aubigné se souvient ici du premier verset du Psaume LXVIII, « le psaume des batailles ».

77-80. Ces vers sont la paraphrase poétique du Psaume LXVIII, 24, dans la traduction de Théodore de Bèze :

> *Si que ton pied bagné sera*
> *Dans le sang qui regorgera*
> *De la tuerie extreme ;*
> *Et tes chiens le sang lècheront*
> *De tes ennemis qui cherront,*
> *Voire de leur chef mesme.*

78. *A tas* : en quantité.

81. *Je retourne à la gauche*. Après s'être adressé aux huguenots fidèles, le poète se tourne maintenant vers les « prudents » qui ont trahi et préféré les séductions de la cour à la poursuite du combat. Dans le rôle de juge placé entre les justes à sa droite et les réprouvés à sa gauche, il préfigure l'attitude du Christ au jour du Jugement dernier. Cf. ci-après v. 867 et 883-884.

82. Comprendre ainsi l'inversion : « vendus pour néant (= pour rien) aux diables, qui sont de faux marchands, des marchands trompeurs ».

86. *L'abîme pour le port* : l'abîme au lieu du port.

90. *Révoltés* : synonyme d'« apostats ». Cf. v. 33 et la note.

92. *De leurs idoles* : celles des catholiques.

99-106. Nouvelle addition de la seconde édition.

103. *Retraits* : latrines. Cf. « puants excréments » au vers suivant. Même registre scatologique que dans *Princes*, 17 et *passim*, pour stigmatiser les vices de la cour.

107. *Apostats dégénères* : « dégénérés » (lat. *degener*). L'apostrophe, qui s'adresse en général aux fils des chefs huguenots convertis au catholicisme, vise plus particulièrement le marquis d'Andelot, sixième fils de l'amiral de Coligny, qui, tombé aux mains des ligueurs en 1590, abjura et consentit à servir les ennemis de son parti, le duc de Nemours puis le comte d'Auvergne. Cf. *Princes*, 1438 et la note.

115. *Hérissé* d'horreur ou de honte, devant votre lâcheté. Cette scène fantastique, où le spectre sanglant des pères apparaît aux fils oublieux de leur devoir et réclame vengeance, fait penser au *Hamlet* de Shakespeare, pièce composée vers 1600 et donc contemporaine de la phase ultime de rédaction des *Tragiques*.

117 et 120. Le verbe « laver », employé absolument, signifie « se laver les mains avant de se mettre à table ». Le maître de maison « lavait » en même temps que l'hôte qu'il voulait honorer, en plaçant alors ses mains au-dessous des siennes. Cet usage est illustré notamment dans la nouvelle XXXII de l'*Heptaméron*.

121. *Versent mon courroux*. Expression biblique, d'après Psaume LXIX, 25 ; Esaïe XLII, 25 ; Jérémie X, 25, etc.

125. *Des infâmes chapeaux* : ces chapeaux rouges de sang humain et décorés d'oreilles, de nez, de sexes coupés enfilés en guirlande, se métamorphosent ensuite en chapeaux de cardinaux, de même couleur rouge et ornés de cordons. D'Aubigné fait ainsi allusion à ceux qui se sont acquis la dignité de cardinal par leurs cruautés envers les protestants. Mais il n'a pas inventé le détail morbide qui sert de point de départ à l'image : on le trouve notamment dans l'*Histoire ecclésiastique des Eglises réformées au royaume de France* de Théodore de Bèze (1580, II, p. 608 : « fricassée d'oreilles d'hommes » à Poitiers le 1er août 1562) ; repris par Jean de Léry, *Histoire d'un voyage fait en la terre du Brésil* (Genève, éd. de 1600, p. 278).

126. *Les enfants de ceux-là* : « les enfants des victimes ». Il y a anacoluthe dans la construction : pour relier grammaticalement ce vers au début de la phrase, il faut faire de « tels bourreaux » l'antécédent retardé de « ceux qui ont retranché... »

131-134. Clemens, esclave de Postumus Agrippa, que Tibère avait fait mettre à mort, se fit passer pour Agrippa et vint à Rome pour venger son maître. Il fut trahi et livré à Tibère, qui le fit secrètement assassiner dans son palais. Ni Tacite (*Annales*, I, 6, et II, 39-40), ni Suétone (*Vie de Tibère*, XXV) ne disent que Clemens se soit défiguré pour exécuter son dessein. — *Qui se fit méconnaître* : « qui se rendit méconnaissable ».

137-140. Nouvelle addition de B et T.

143. *Le vin* : « le pourboire », « le salaire » (cf. en français moderne, le « pot-de-vin »), avec jeu sur les sens propre et figuré du mot. Les *bravades* des fils dégénérés, comme dans *Misères*, 1098, s'opposent à l'héroïsme véritable des pères.

144. Pour la dégénérescence des guerriers en « gladiateurs », cf. *Misères*, 1105-1120.

149. *En retraits* : « en latrines ». *Les hauts lieux* : « les lieux saints ». D'Aubigné se félicite du sac et de la profanation des églises catholiques par les huguenots au cours des premières guerres de Religion. Ils suivaient en cela l'exemple du roi Josias, qui détruisit les idoles de Baal et Astarté (II Rois XXIII).

152. *Lettrain* : lutrin.

153. *Trois Bourbons*. Le premier est le connétable Charles de Bourbon, qui, à la tête des armées impériales, prit Rome d'assaut en 1527 ; le second est Louis de Bourbon, prince de Condé, qui mourut à la bataille de Jarnac en 1569 ; le troisième est Henri de Bourbon, prince de Condé, son fils, cousin germain d'Henri IV. — Le nom de *Bourbons* est laissé en blanc dans les deux éditions des *Tragiques* publiées du vivant de d'Aubigné.

155. L'*ingrat successeur* est Henri II de Bourbon, né six mois après la mort de son père, le 1er septembre 1588 ; d'où le doute sur sa légitimité exprimé au v. 160. Le prince fut amené par ses précepteurs à se convertir au catholicisme en 1596. Il était âgé de huit ans. En 1615, l'année qui précède la publication des *Tragiques*, d'Aubigné avait accepté de ce prince catholique soulevé contre Marie de Médicis une charge de maréchal de camp.

156-158. Evocation des détails de la cérémonie d'abjuration. La « canette » est la burette. — *Retordre la queue* : relever le bas de la chasuble, quand le prêtre fait une génuflexion.

170. *Pour Christ et son pays*. C'est le mot prononcé par Louis de Bourbon, prince de Condé, avant la charge fatale de Jarnac le 13 mars 1569. Cf. *Les Fers*, 403-410, et les notes sur ce passage.

181. *Au jour de votre change* : au jour de votre abjuration. Pour l'antithèse *blanc/sang* à la rime, cf. *La Chambre dorée*, 823-824 ; *Les Feux*, 3-4, et ci-dessus les v. 113-114. Mais le blanc, que revêtent ceux qui font amende honorable en abjurant le protestantisme, a ici une connotation négative, qui valorise par contraste le sang de la vengeance divine.

182. *Au jour de son courroux*. Expression biblique, qui rappelle le *dies irae* : Esaïe XIII, 9-13. Cf. Job XX, 28 et XXI, 30.

186. *Le sens vainquit le sang*. L'homonymie parfaite de « sens » et « sang » souligne l'antithèse entre une éducation perverse qui flatte la sensualité et les qualités naturelles de noblesse et de vertu transmises par l'hérédité. Cf. ci-après le v. 193, qui explicite l'intention de ce jeu de mots.

187. Georges Castriot, dit Scanderbeg (1414-1467), héros de l'indépendance albanaise, souvent célébré à la Renaissance comme le champion de la résistance chrétienne aux Ottomans. Enlevé tout jeune enfant, il fut élevé au sérail de Constantinople dans la religion islamique. Nommé despote d'Epire, il abjura l'Islam et organisa victorieusement la résistance des montagnards contre les Turcs.

194. *Tant d'arborés croissants* : le croissant de l'Islam, figurant sur les drapeaux des armées ottomanes. — Le « grand Empereur » du v. 196 est le Grand Turc.

202. *Générosités* (sens premier) : héritage de noblesse morale par le sang. — *Nativités* (v. 201) : « naissances ».

203. *Engeances* : « lignée(s) », « enfants ». Le sens, ici, n'est nullement péjoratif, bien au contraire. *Hautes* : nobles, au sens moral.

204. *Les mères du siècle*, comme Charlotte de la Trémoille, épouse d'Henri de Bourbon, prince de Condé, soupçonnée d'infidélité envers son mari et accusée de l'avoir empoisonné. Six mois après la mort de celui-ci, elle accoucha d'Henri II de Bourbon, l'héritier indigne. Cf. ci-dessus les v. 159-160, et la note sur le v. 155.

205. *Ponds*, ancien participe passé de pondre : « pondus ».

205-208. Ces quatre vers ne sont pas dans la première édition des *Tragiques*.

206. *Quand ils sont éprouvés* : écho possible d'Esaïe LIX, 5 : « Ils ont éclos des œufs de basilic… ; qui aura mangé de leurs œufs en mourra ; et si on les écrase, il en sortira une vipère. »

207-208. Sur l'ingratitude légendaire des jeunes vipéreaux, cf. *Vengeances*, 522 et la note. — Le « fiçon », c'est le dard. Cf. *Princes*, 1390, et la note.

209. Le « ou » introduit le second membre de l'alternative amorcée au v. 203. L'ajout de la seconde édition (v. 205-208) a pour effet de distendre la syntaxe du passage, rendant le balancement entre les deux hypothèses peu compréhensible. — *Le règne* : non pas le « royaume », mais la « royauté », par opposition à la servitude (« servir »). Les princes, au lieu de régner, comme il leur appartient, s'asservissent en renonçant à la vertu. Cette idée était déjà présente tout au long du livre de *Princes*.

214. Pour l'idée, cf. *Sa Vie à ses enfants*, « Pléiade », p. 395 : « et avouèrent que Dieu ne donnait pas le courage et l'entendement, mais les prêtait ».

218. *Comme petits portraits* : les malédictions de l'Ancien Testament sont la « figure » (la préfiguration) des peines éternelles. Cf. ci-après les v. 321-324.

222. *Les organes de Dieu* : c'est Dieu qui parle ici par la voix de Moïse et des Lévites. Les malédictions qui commencent au vers suivant reprennent en effet pour l'essentiel celles de Deutéronome XXVIII, v. 27-32 et 43-44 notamment.

238. *Verges de mon peuple* : cf. *Misères*, 804 et la note.

239-246. Ces vers sont un ajout du manuscrit Tronchin.

241. *De faux parfums* : l'encens des cérémonies catholiques, comparées aux idolâtries fréquentes d'Israël. Cf. II Rois XXII, 17.

245-246. Les murailles de Jéricho s'écroulèrent lorsque au septième jour l'Arche d'alliance en eut fait sept fois le tour (Josué VI, 4-5 et 15-20).

253. *Ce funeste jour* : la Saint-Barthélemy. *Hiérosolime* (Jérusalem) est l'Eglise huguenote, que l'on détruit en assassinant ses membres. *Babel* (Babylone) représente au contraire l'oppresseur du peuple de Dieu. Dans cet anathème, d'Aubigné paraphrase le Psaume CXXXVII, 7-9, dans la traduction de Clément Marot :

> *Mais donc, Seigneur, en ta mémoire imprime*
> *Les fils d'Edom qui sur Jérosolyme*
> *Crioyent au jour que l'on la destruisoit.*
> *Souvienne-toi que chacun d'eux disoit :*
> *A sac ! à sac ! Qu'elle soit embrasée*
> *Et jusqu'au pied des fondements rasée !*
> *Aussi seras, Babylon, mise en cendre,*
> *Et très heureux qui te saura bien rendre*
> *Le mal dont trop de près nous viens toucher.*
> *Heureux celui qui viendra arracher*
> *Les tiens enfans de ta mammelle impure,*
> *Pour les froisser contre la pierre dure.*

261-262. *Le reître noir* introduit une touche de réalisme contemporain dans la paraphrase du texte biblique. Cf. *Misères*, 372, et *Fers*, 365.

265. Pour cette malédiction particulière, retour au Deutéronome, XXVIII, 18.

268-269. La *peste*, le *glaive* et la *faim* : ces trois calamités sont toujours associées dans la Bible, comme châtiments célestes (Jérémie XIV, 12 ; XXI, 9 ; XXIX, 17 ; XXXII, 24 et 46 ; XXXVIII, 2 ; XLII, 17, etc.). Cf. *Misères*, 715 et la note ; *Jugement*, 828.

273. *Diverses factions* : dans Paris assiégée par Henri IV (avril-août 1590), les Ligueurs fanatiques, conduits par les Seize, imposaient à la population une résistance à outrance, alors que les Ligueurs modérés et les « Politiques » étaient prêts à la négociation. De même Jérusalem, assiégée par Titus, était déchirée entre le parti de Simon, fils de Gioras, et les Zélotes, eux-mêmes partagés en deux factions, celle de Jean qui occupait le Temple extérieur, et celle d'Eléazar qui tenait le Temple intérieur. Cf. Flavius Josèphe, *La Guerre des Juifs*, V, chap. 1, 2-3.

278. Les Ligueurs se disaient « catholiques zélés », brûlant du saint zèle de la Religion, à l'exemple des Zélotes à Jérusalem, que Flavius Josèphe, pour sa part, qualifie de brigands.

279. Cf. *Misères*, 495 et la note.

281. *Repos tel.* Pour cette idée d'une rémission au moment ultime de l'agonie, cf. *Misères*, 621-644, où il est question, non de Paris seulement, mais de la France.

284. *Massacreurs de prophètes.* Echo des lamentations du Christ sur Jérusalem, d'après Luc XIII, 34 : « Jérusalem, Jérusalem, qui tues les prophètes et lapides ceux qui te sont envoyés. » Cf. Matthieu XXIII, 31, 37. Dans le cas de Paris, les « prophètes » sont les pasteurs de l'Eglise réformée.

286. *Au siège languissant.* Expression voisine dans *Misères*, 499 : « C'est en ces sièges lents, ces sièges sans pitié... » — *Ton Roi* : Henri IV, qui assiégea Paris d'abord en 1589, puis d'avril à août 1590. L'événement fait ici l'objet d'une « apophétie ».

290. *Ciel d'airain.* Même annonce en Deutéronome XXVIII, 23 : « Le ciel sur ta tête sera d'airain, et la terre sous toi sera de fer » (trad. L. Segond).

291. D'après Deutéronome XXVIII, 24 : « L'Eternel te donnera, au lieu de la pluie telle qu'il faut à la terre, poussière et poudre qui descendra sur toi des cieux jusques à ce que tu en sois exterminé. »

293-296. Ces vers sont un ajout de la seconde édition.

293-298. Cette belle hypotypose est l'amplification expressive de la prophétie d'Osée VIII, 7 : « Pour ce qu'ils sèment le vent, ils recueilleront ce qui s'en ira en tourbillon ; et il n'y aura point de blé debout, le grain ne fera point de farine ; que s'il en fait, les étrangers la dévoreront. » Pour une image comparable, cf. *Les Fers*, 727-728.

299-302. L'annonce apocalyptique d'un peuple d'envahisseurs est encore empruntée aux malédictions de Deutéronome XXVIII, 49-50 : « L'Eternel lèvera contre toi de loin, à savoir du bout de la terre, une nation, laquelle volera comme vole l'aigle, une nation de laquelle tu n'entendras point le langage ; une nation impudente qui n'aura point égard à la personne de l'ancien et qui n'aura point merci de l'enfant. »

304. *Tes passions* (sens étymologique) : « tes souffrances ». *N'auront l'usage de la langue.* Il ne servira à rien de les exprimer, puisque ce peuple étranger, parlant un langage inconnu (cf. Deutéronome XXVIII, 49), ne sera pas accessible à tes plaintes.

309-311. D'après Deutéronome XXVIII, 68. *Ne seront enchéris* : personne ne relèvera l'enchère ; ils resteront donc invendus.

312-316. D'Aubigné noircit encore la peinture de Deutéronome XXVIII, 53-56, où l'on voit le mari et la femme manger leurs propres enfants et défendre jalousement cette proie l'un contre l'autre. Mais il n'est pas dit qu'ils éprouvent la tentation réciproque de se dévorer.

320. *L'avorton* : l'enfant tout juste sorti du ventre. *Les peaux* : le placenta. Ce détail horrible vient de Deutéronome XXVIII, 57.

321-324. Idée présente déjà chez Calvin, *Institution chrétienne*, t. III, p. 41 : « Or comme le Seigneur, en testifiant sa bénévolence envers les fidèles par bénéfices terriens, leur figuroit la béatitude spirituelle, à laquelle ilz devoient tendre, aussi d'autre part les peines corporelles qu'il envoyoit sur les malfaicteurs estoient enseignes de son jugement futur sur les reprouvez. » Cité par E. Forsyth, « The role of the Psalms... », art. cit., p. 24. Cf. ci-dessus v. 217-220.

324. *Les corps*, par opposition aux « ombres » : la réalité même, en comparaison de laquelle les châtiments promis par Moïse ne sont qu'une pâle préfiguration. Les vers 321 à 324 répondent au couplet introductif de cette sentence de malédiction (217-222), formulée dans le langage de la Bible. Le poète reprend maintenant la parole en son nom.

329. *Corps... complice du péché.* Cf. épître de Paul aux Romains VII, 22-24 : « ... Qui me délivrera de ce corps de mort ? »

333-340. Addition de B et T.

341. Les Sadducéens niaient la résurrection de la chair. Ils cherchèrent à embarrasser Jésus en lui demandant à qui serait, après la résurrection, une femme qui aurait successivement épousé les sept frères, décédés l'un après l'autre (Matthieu XXII, 23-30).

350. *Les excréments* : le mot s'applique a tout produit des corps minéraux, végétaux ou animaux. Pour cet emploi, cf. *Misères*, 151 et la note.

356. Le sens est le suivant : la Nature n'est-elle pas capable de faire à plus grande échelle ce que la maladie, à savoir l'indigestion, fait dans le corps, en triant parmi les aliments absorbés ceux qui lui conviennent ?

360. *La naissance seconde* : la résurrection de la chair.

361. *Enfants de vanité* : tour hébraïque. Cf. dans la *Vulgate* l'expression « enfants d'iniquité » (II Samuel III, 34 ; VII, 10).

362. *Ne semble assez joli* : l'accusation est répétée dans la Préface des *Méditations sur les Pseaumes*, où d'Aubigné s'en prend aux « esprits de vanité qui déclament ouvertement contre la Parole de Dieu, (et) la décrient pour être d'un style grossier, infectant d'un mortel dégoût les oreilles des Grands » (« Pléiade », p. 493). Elle viserait les théologiens catholiques comme Du Perron, adeptes du style doux-coulant et refusant la doctrine protestante de la *sola scriptura*. La dispute est tout à la fois théologique et littéraire. La Bible, assurément, est « anti-

classique », et c'est à ce titre aussi que d'Aubigné s'en réclame
exclusivement.

366.   Ces « philosophes vains », qui auraient affirmé la résurrection,
sont les Grecs, appelés ici à la rescousse du dogme chrétien :
Anaximandre, Héraclite, Empédocle, les Pythagoriciens, Platon, les
Stoïciens. Dans son traité apologétique *De la vérité de la Religion
chrestienne* (1583), Philippe Du Plessis-Mornay cite Platon, Aristote,
Proclus, Jamblique, le *Pimander*. — *En doctrine cachée* : c'est la
théorie de la *prisca theologia* qui fait des sages de l'Antiquité des
prophètes à leur insu du christianisme.

370.   *La voie de lait* : la voie lactée.

371.   Le « grand moteur » ou le « premier moteur », c'est la voûte
extérieure du monde qui dans sa rotation entraîne avec elle toutes les
sphères célestes. Lorsque au terme d'une grande révolution de
plusieurs milliers d'années, il a ramené tous les astres à leur position
initiale, le cycle du monde recommence et les êtres vivants reprennent
exactement leurs formes anciennes. Tel est le mythe de l'éternel retour
que l'on trouve chez les Pythagoriciens et les Stoïciens, et qui sera plus
tard remis à l'honneur par Nietzsche. D'Aubigné a sans doute trouvé
chez Du Plessis-Mornay le rapprochement entre ces théories cosmo-
logiques et le dogme de la résurrection des corps (*De la vérité de la
Religion chrestienne*, chap. XXXIV, p. 599).

373-374.   L'air, comme les trois autres éléments, terre, eau et feu, ne
peut revêtir certaines formes qu'à la condition de perdre celles qu'il
avait prises tout d'abord.

380-394.   Chaque être comporte une perfection, un « état, fin de son
action » (v. 381). Il ne peut obtenir cette perfection au premier repos,
quand une forme transitoire se réalise en lui, mais au « second repos »
(v. 382), dans la réalisation de la forme parfaite. Celle-ci ne se produira
qu'au moment où le ciel aura achevé sa rotation ou « encyclie » (v.
389). Alors « la matière aura son repos », n'ayant plus de désir (v. 393-
394). Car le changement est provoqué par le désir, effet d'un manque
et signe d'inachèvement (v. 386). Tout ce développement de formula-
tion aristotélicienne est repris dans la *Méditation sur le Psaume XVI*,
« Pléiade », p. 568.

383.   Les éléments du monde se transforment chacun suivant ses lois
propres (« règles ») et son espèce (« sortes »).

397.   A la différence des plantes et des animaux, dotés seulement d'une
âme végétative ou sensitive, l'homme, seul être doué d'une âme
raisonnable, gardera son individualité lorsque tous les changements
auront pris fin.

399.   Cette âme humaine ne sera plus unie à un corps de chair. Elle aura
pour support un « corps essentié », formé de la « quinte essence » de
ce qu'il y a de plus pur dans la nature, l'éther.

406.   L'âme raisonnable, l'intellect actif d'Aristote, le *noûs*, vient non du monde humain, non des parents, mais du « dehors », de Dieu. — *Raisonne* (v. 407) : « conçoit par la raison ».

408. *Hôtes d'éternité* : alliance de mots, un hôte étant en général de passage.

421. *Efformation* : en langage philosophique, le dernier stade de notre évolution, celui en vue duquel nous sommes créés.

422-423. L'homme est façonné directement selon le modèle (« l'exemplaire ») qu'est Dieu (« la cause première »), et non pas suivant un patron crée par Lui, un « prototype ». Dans toute cette démonstration, d'une parfaite orthodoxie religieuse au demeurant, d'Aubigné mêle à plaisir le lexique d'Aristote et celui de Platon : au premier il doit la distinction des causes en matérielle, efficiente, formelle et finale ; au second l'idéalisme et la notion d'« exemplaire » ou archétype.

425. Cf. I Corinthiens XI, 7 : « L'homme est l'image et la gloire de Dieu. »

427-438. Ces douze vers ne sont pas dans la première édition. Les vers 433-438 sont cités avec quelques variantes dans la *Méditation sur le Psaume XVI*, composée en 1626 (« Pléiade », p. 568).

427-432. L'âme, d'origine divine et dont la patrie est au-dessus des cieux (« surcéleste »), dans le domaine qui dépasse nos connaissances (« sur nos connaissances »), participe de ce qui est très pur. La matière qui aura servi au monde sublunaire (« sous-céleste ») est au contraire soumise au changement et sera détruite.

430. *Anobli du changer* : dispensé du changement par privilège. Même emploi d'« anoblir » dans *Les Fers*, 630. — *Habitacle de Dieu*, pour *habitaculum Dei* : expression de l'apôtre Paul, dans la version de la *Vulgate*, Ephésiens II, 21-22.

439-445. Les philosophes païens veulent revivre tout entiers pour jouir de la gloire de leurs écrits. Ainsi, selon d'Aubigné, le désir d'immortalité par la gloire implique la survie du corps aussi bien que de l'âme. L'ajout de la seconde édition (v. 443-448, amplifiant deux vers de la première) précise l'argument, en évoquant la collaboration des sens à l'œuvre immortelle.

449-450. *Les pointes de Memphis* : les pyramides d'Egypte, Memphis étant une ancienne ville de la Basse-Egypte. Pyramides, arcs de triomphe et obélisques, vestiges d'une Antiquité de synthèse, sont considérés par d'Aubigné comme autant de monuments funéraires.

453. *Elevée en haut lieu.* Comme ses contemporains, d'Aubigné croyait que l'on plaçait les cendres des morts au sommet des obélisques et pyramides. Dans une lettre de 1626 (éd. Réaume, t. I, p. 336), il fait allusion aux cendres des Césars qui auraient été enlevées de dessus l'obélisque, à Rome, pour être remplacées par celles d'un cordelier.

455. *Buste(s)* : latinisme, pour bûcher. Le mort reposait au sommet du bûcher funéraire. D'Aubigné l'imagine comme une sorte de pyramide éphémère, orientant la face du mort vers le ciel et bientôt consumée par les flammes. C'est une pyramide comparable, assurant la transition de la terre au ciel, et pareillement ouverte sur l'au-delà, que figure au XVIᵉ siècle le bûcher des martyrs, si souvent présent dans le livre III des *Tragiques*. — Pour toutes ces informations, d'Aubigné a pu puiser dans les *Funerailles et diverses manieres d'ensevelir* de Claude Guichard (Lyon, J. de Tournes, 1581), ou encore dans *Les Cimitieres sacrez* d'Henri de Sponde, évêque de Pamiers, le frère du poète (Bordeaux, S. Millanges, 1598), qui est nommément cité dans *La Confession catholique du Sieur de Sancy* (« Pléiade », p. 648). L'argumentation de ce dernier ouvrage est la suivante : les nombreux exemples de piété funéraire observables chez les peuples « ethniques » doivent servir de leçon aux chrétiens et condamner l'indifférence des calvinistes, qui refusent le culte des morts. Conclusion : il faut interdire aux hérétiques la sépulture en terre chrétienne.

460. *Cendres et fanges* : réminiscence possible de Job XXX, 19.

462. *Franchises et droits.* Le sol où reposait les morts, chez les Anciens, était inaliénable. Le champ vendu, le sol du tombeau restait propriété du vendeur. Voir Cicéron, *De legibus*, II, 24. Cf. le *Digeste*, XVIII, titre I, 6.

468. *La Reine de Carie* : Artémise, la veuve inconsolable de Mausole, aurait absorbé dans une infusion les cendres de son mari. Ce magnifique exemple de dévotion nuptiale, rapporté par Aulu-Gelle (*Nuits attiques*, X, 18), est souvent évoqué à la Renaissance, dans les relations de voyages en Orient et dans la poésie amoureuse notamment. Voir en particulier *Le Printemps, Hécatombe à Diane*, XII, « Pléiade », p. 250. Cf. André Thevet, *Cosmographie de Levant*, Lyon, 1554 et 1556 (rééd. Genève, Droz, 1985), chap. XXXI, p. 112.

476. *La seconde merveille.* Le Mausolée, tombeau élevé par Artémise à la mémoire de son mari Mausole, était compté (« dressé ») par les Anciens comme la seconde des sept merveilles du monde. — *Etoffe*, au v. 475, a le sens de « matériau » (cf. l'allemand *Stoff*).

479. *Les deux.* Ces deux sages de l'Antiquité sont Pimandre et Mercure-Hermès, l'un et l'autre considérés comme des dieux par les Anciens. En vertu d'une interprétation évhémériste, d'Aubigné y voit plutôt de grands initiés.

480. *Pymandre, Pymander* ou *Poemander.* C'est le titre d'un certain nombre de traités philosophiques et religieux, qui constituent une synthèse éclectique de tendances stoïciennes, aristotéliciennes et néoplatoniciennes, avec influence de la Kabbale juive. Ils sont traditionnellement attribués au dieu égyptien hellénisé, Hermès Trismégiste, c'est-à-dire le « trois fois très grand » (cf. v. 482), mais n'ont pas été rédigés avant le IIᵉ siècle de notre ère. Dès la fin du XVᵉ siècle la traduction latine de Marsile Ficin avait rendu accessible au

public cultivé les douze premiers traités du *Corpus Hermeticum*. Le *Pymandre* est souvent allégué par Du Plessis-Mornay dans *De la vérité de la Religion chrestienne*. D'Aubigné a pu aussi consulter la traduction largement commentée et profondément christianisée de François de Foix, comte de Candale, évêque d'Aire, *Le Pimandre de Mercure Trismegiste. La Philosophie chrestienne, cognoissance du verbe divin et de l'excellence des œuvres de Dieu, traduit de l'exemplaire Grec*, Bordeaux, 1579. Il a lui-même rencontré le traducteur en 1581 à Cadillac, selon *Sa Vie à ses enfants*, « Pléiade », p. 414.

483-486. Transposition fidèle du début du IIIᵉ traité du *Corpus Hermeticum* : « Gloire de toutes choses est Dieu et le divin, et la nature est divine. Principe de tous les êtres est Dieu, — et l'intellect et la nature et la matière, — puisqu'il est sagesse pour la révélation de toutes choses. Principe est le divin, et il est nature, énergie, nécessité, fin, renouvellement » (trad. Festugière, t. I, p. 44). Résumé par Du Plessis-Mornay, *De la vérité*, chap. II, p. 28.

487. *A son point* : au point qu'il a décidé d'avance.

488. *En cercles moindres, grands* : grands, mais de grandeur moindre que Dieu, lui-même pensé, selon une définition scolastique célèbre, comme « un cercle (ou une sphère) dont le centre est partout et la circonférence nulle part ». Dieu, assimilé au premier moteur immobile, enveloppe lui-même la création tout entière, composée de cercles concentriques qui vont en diminuant jusqu'au noyau central, la Terre. Voir la note du v. 490.

489-496. Ces vers ne figuraient pas dans la première édition.

490. *Dès la huitième sphère* : « à partir de la huitième sphère ». La description de ce système cosmologique syncrétique remonte de la périphérie vers le centre : autour de la Terre sphérique immobile, qui constitue le noyau de la Création, tournent les huit sphères cristallines de la Lune, de Mercure, de Vénus, du Soleil, de Mars, de Jupiter, de Saturne et des étoiles fixes. Au-delà est le premier mobile (ou neuvième ciel), qui provoque le mouvement des huit autres sphères ; au-delà encore l'empyrée, « pure lumière », ciel immatériel et immobile, où Dieu siège en sa cour. Dans la conception néo-platonicienne chaque sphère est mue par une intelligence céleste, « démon » (*daimon*) pour les païens, « ange » pour les chrétiens : ce sont les « officiers du ciel » dont parle d'Aubigné (v. 493). Le IIIᵉ traité du *Corpus Hermeticum* dit en effet : « Et l'on vit apparaître le ciel en sept cercles, et les dieux apparurent au regard sous forme d'astres avec toutes leurs constellations et la nature d'en haut fut ajustée selon ses articulations avec les dieux qu'elle contenait en elle. Et le cercle enveloppant tourna en rond dans l'air, véhiculé dans sa course circulaire par le souffle divin » (trad. Festugière, t. I, p. 44-45).

492-498. D'Aubigné suit toujours le *Corpus Hermeticum*, III : « Et chaque dieu, de par son propre pouvoir, produisit ce qui lui avait été assigné, et ainsi naquirent les animaux quadrupèdes, et ceux qui rampent, et ceux qui vivent dans l'eau, et ceux qui volent, et toute semence germinale et l'herbe et la tendre pousse de toute fleur ; ils avaient en eux la semence et la reproduction » (*ibid.*, p. 45). Cf. Genèse I, 29.

499. *La tête levée* : thème platonicien souvent repris dans l'Antiquité. La source probable, ici, est Ovide, *Métamorphoses*, I, 85 : « Os homini sublime dedit » (éd. Néraudau, p. 45). Cf. Cicéron, *Des lois*, I, IX, 27 ; *De la nature des dieux*, II, LVI, 140 ; Salluste, *Catilina*, I ; Germanicus, *Les Phénomènes d'Aratos*, vv. 11-12. — Pour l'antithèse de cette image, cf. *Vengeances*, 384-385. Avant d'Aubigné, Du Bartas, dans sa première *Sepmaine* (*Sixième Jour*, 493-498 ; éd. Y. Bellenger, 1981, p. 274), avait adapté ce lieu commun dans le sens de l'apologétique chrétienne :

> *Ne courbant toutesfois sa face vers le centre,*
> *Comme à tant d'animaux, qui n'ont soin que du ventre*
> *Mourans d'ame et de corps : ains relevant ses yeux*
> *Vers les dorez flambeaux qui brillent dans les cieux :*
> *Afin qu'à tous momens sa plus divine essence,*
> *Par leurs nerfs contemplast le lieu de sa naissance.*

500-504. D'Aubigné poursuit son résumé du Trismégiste, III, *ibid.* *Augmenter* : non pas seulement progresser, mais s'associer à l'œuvre de la création en la prolongeant.

507. *Renouvelle* (emploi neutre dans le sens réfléchi) : se renouvelle.

511-526. Addition du manuscrit Tronchin.

511. Le « curieux chimique », c'est le chimiste, ou plutôt, comme l'on disait à la Renaissance, l'alchimiste. — *L'ouvroir* : l'atelier, le laboratoire où s'opère l'*œuvre* alchimique, la transmutation des sels.

521. *La cendre au vent.* Le mot « cendre » est un des mots clefs du développement sur la résurrection, parce qu'il rappelle le sort des martyrs péris sur le bûcher, et que leur martyre est un gage de la résurrection. Cf. *La Chambre dorée*, 654-658, et la note.

528. Retour au *Corpus Hermeticum*, traité VIII, « Qu'aucun des êtres ne périt et que c'est à tort qu'on nomme les changements destructions et morts » (trad. Festugière, t. I, p. 87).

530-534. D'Aubigné suit un autre passage du même traité : « Quant au retour des corps terrestres à leur place première, c'est la dissolution de l'assemblage, et cette dissolution consiste en un retour aux corps indissolubles, c'est-à-dire les corps immortels ; et de la sorte, il se produit bien une perte de conscience, mais non pas un anéantissement du corps. » Cf., pour une même utilisation de ce texte, la *Méditation sur le Psaume XVI*, « Pléiade », p. 568.

542. L'homme est « image du soleil », parce que lui aussi *brille* au premier rang de la Création et qu'il en est l'*œil* qui contemple et connaît, étant seul capable, parmi les êtres animés, de s'élever à la science. Le soleil est lui-même appelé « œil du monde » (v. 541).

544. Tout ce dont disposent au contraire les chrétiens pour connaître la vérité : la « vive voix », c'est la parole de Dieu ; « l'exemple », les figures et paraboles de « l'Ecriture » sainte. A défaut de la Révélation, les païens ne peuvent s'instruire que dans le livre de la Nature. Mais ils ont le tort de la diviniser et d'en « adorer l'image », versant ainsi dans l'idolâtrie.

545-546. « *Je ne crois...* Telles sont les paroles d'incrédulité de l'apôtre Thomas après la résurrection. Voir Jean XX, 25.

552. *Si que* : si bien que. *Marquent* : remarquent.

553. *Les organes parés* : les corps et les membres tout prêts (lat. *parati*) pour loger l'âme dont ils ont été séparés.

556. *En Aran* : nom hébreu de la Syrie, remplacé dans la Vulgate par la Mésopotamie.

558. Ce miracle décrit plus loin est probablement un phénomène de mirage, nullement surprenant dans les déserts de l'Egypte. *L'antique Memphis* (cf. ci-dessus v. 449) était située sur la rive gauche du Nil, alors que Le Caire est sur la droite, plus en aval.

561-563. *Un sot et long voyage.* Cette critique des pèlerinages en Terre Sainte ou ailleurs remonte au moins aux *Colloques* d'Erasme et au *Gargantua* de Rabelais. Du premier on peut citer *Le voyage pour motif de piété*, « colloque » qui date de 1526 (éd. J. Chomarat des *Œuvres choisies*, Livre de Poche, 1991, p. 705-745), et du second l'épisode des pèlerins mangés en salade par Gargantua et sermonnés ensuite par Grandgousier (*Gargantua*, chap. 38 et 45 ; éd. G. Demerson des *OC*, 1973, p. 175-176). Elle est ensuite devenue traditionnelle dans la polémique protestante.

564. Les *Syrtes* sont des hauts-fonds périlleux au large de la Libye. *Charybde* est un rocher du détroit de Messine.

572. *Vanies* : avanies. Le mot désigne les vexations infligées aux chrétiens en Orient par les Arabes et les Turcs.

573. Ici commence, en parallèle avec les pèlerinages chrétiens, une diatribe contre les pèlerinages musulmans, qui culmine aux vv. 588-592.

576. *Archipelage* : l'*Archipelague* ou Archipel : la « mer principale », c'est-à-dire la mer Egée, dont c'est l'appellation usuelle aux XVIe et XVIIe siècles. La *Natolie* : l'Anatolie ou Asie Mineure.

578. Ces « périlleux monceaux » sont les sables de l'Arabie dite Déserte, l'actuelle Arabie Séoudite. — *Percer* (v. 579) : traverser, passer au travers.

580. *Panorme* : sans doute le port de Marmatique, entre Libye et Egypte. *Biserte*, port de Tunisie.

583. *Sans liqueur* : sans eau.

584. Les tempêtes de sable enterrent vivants et conservent intacts les voyageurs qui traversent le désert. Telle était, croyait-on, l'origine des corps « mommiés », les fameuses momies dont on faisait usage en pharmacie. La controverse sur ce point rebondira jusqu'à la fin du XVIe siècle, opposant notamment Claude Guichard au cosmographe André Thevet.

587. *Talnaby de Médine.* Plus exactement Medinet El-Nabi, la ville où mourut Mahomet, seconde ville sainte de l'Islam, à 432 km au nord-ouest de La Mecque.

590. Suivant les relations de voyages en Orient, promptes à recueillir les merveilles les moins avérées, le cercueil de fer de Mahomet était maintenu suspendu à une voûte par la force d'un aimant. Cette fable est au départ rapportée par Laonicus Chalcondyle, *L'Histoire de la decadence de l'Empire Grec et establissement de celuy des Turcs*, trad. fr. par Blaise de Vigenère, Paris, 1577, livre III, chap. V, p. 166.

596. *Pour pourmenoir.* Se rendre au Caire, au XVIe siècle, est une promenade, tant le voyage est aisé, si l'on en croit d'Aubigné.

599. *La gent* : cette périphrase désigne les Bédouins, peuple nomade vivant sous la tente.

600. Echo possible d'Esaïe LXVI, 14 : « Vos os germeront comme l'herbe », selon M. Soulié, *L'Inspiration biblique*, p. 420. Il ne s'agit pas seulement ici d'une notation pittoresque, en accord avec la date du miracle, à l'équinoxe de printemps, mais d'un élément qui est partie intégrante d'un phénomène cosmique, préfiguration du renouvellement du monde aux derniers temps : les morts qui se relèvent sont à l'unisson de la Nature renaissante.

601. Ce phénomène de résurrection près du Caire est comparé par d'Aubigné à la vision d'Ezéchiel, XXXVII, 1-14 et retranscrit dans les termes du prophète. La main du Seigneur conduisit celui-ci dans une vallée remplie d'ossements desséchés. Le prophète conjura l'esprit qui vient des quatre vents, et les os se joignirent, se couvrant de nerfs, de chair, de peau, et s'animèrent, donnant naissance à une armée nombreuse. C'était tout le peuple d'Israël qui sortait de ses tombeaux.

611. *Les arènes bouillantes* : les sables chauffés à blanc et comme agités par les corps qui s'en dégagent.

614. *Soupçonner* : regarder avec une stupeur mêlée de doute.

620. Pour le récit de ce « miracle non feint », d'Aubigné suit d'assez près les *Histoires admirables et memorables de nostre temps* de Simon Goulart (Paris, J. Houzé, 1600-1601, privilège du 4 nov. 1600, t. I, 1re partie, f. 6-9 ; 2e éd. Cologny, P. Marteau, 1610, t. I, p. 42-45). Goulart traduisait ainsi le cri énigmatique du « barbe grise » : « *Kali, Kali, anté matarafdé* : c'est-à-dire : *laisse, laisse, tu ne sais que c'est de cela.* » Goulart joignait à ce récit d'Etienne Duplais, témoin oculaire, d'autres témoignages empruntés à Ph. Camerarius et à un voyageur vénitien. — Le pseudo-miracle de la résurrection près du Caire est rapporté successivement par le dominicain zurichois Félix Fabri (*Voyage* de 1483 ; éd. par J. Masson, S.J., 1975, Le Caire, I.F.A.O., p. 458-460), le captif Michael Heberer von Bretten (*Voyages* de 1585-1586 ; éd. par Oleg V. Volkoff, Le Caire, I.F.A.O., 1976, p. 57), le Tchèque Christophe Harant (1598 ; éd. par C. et A. Brejnik, IFAO, 1972, p. 194), l'Allemand Johann Wild (1606-1610 ; éd. par O. V. Volkoff, IFAO, 1973, p. 171-172) et l'Anglais George Sandys (1611 ; éd. par O.V. Volkoff, 1973, p. 154-155), ce dernier étant l'un des rares à conclure à l'imposture. Sur cette tradition, voir Serge Sauneron, *Villes et légendes d'Egypte*, Le Caire, I.F.A.O., 1975, p. 103 : « La colline des ressuscités » ; p. 121 : « Les ressuscités du Vendredi Saint ».

626. Ces « trois jours » rendent ce miracle conforme au mystère de Pâques. Cf. Goulart (f. 7 r°), citant Camerarius : « Cela commence le Jeudi et dure jusques au Samedi, que tous disparaissent. »

627. *Votre mère* : la terre, comme l'explique le vers suivant « fils de la terre » (à rapprocher des vv. 950-951). D'Aubigné continue de s'adresser aux « curieux païens » (v. 593), qui « adorent l'image de Nature » (v. 543), au lieu de rendre à son auteur le seul culte qui est dû. « Ces deux » désignent le Ciel et la Terre.

633. Ce « troupeau tant prisé » est celui des philosophes anciens, ignorants de la Parole, mais capables de lire dans le grand livre de la Nature (« Des écrits où Nature avait thésaurisé »).

641. *Ces hauts monts*. La vérité révélée par l'Ecriture est au-dessus de la vérité acquise par la philosophie naturelle.

643. *Le cahier sacré* : la Bible.

644. *Chambrières*. Suivant la tradition scolastique, les sciences profanes sont les servantes (*ancillae*), ici les chambrières, de la théologie. Les huguenots reprennent l'idée en remplaçant la théologie par l'Ecriture Sainte.

645. Sara était l'épouse légitime d'Abraham. Opposée à Agar, sa servante et concubine, elle symbolise chez saint Paul (Epître aux Galates IV, 22-26) la lignée des enfants de Dieu, des chrétiens, opposée à celle des enfants selon la chair, les Juifs. Tout ce passage est à rapprocher des *Lettres sur diverses sciences*, XVII, « A M. Goulard, ministre à Genève, l'an 1616 », « Pléiade », p. 871 : « et ainsi après avoir mugueté les sciences chambrières, j'ai trouvé qu'elles étaient menteresses ou impuissantes de me contenter, mais que le repos, vrai salaire des labeurs, était dans le giron de Sara, quand même il n'y aurait en la Théologie autre fruit que de s'apprivoiser à la mort. »

659. *Pauvres femelles* : cf. *Les Fers*, 1430, et la note.

661. Ici s'ouvre le « théâtre des derniers jours » (C.-G. Dubois), c'est-à-dire le récit du Jugement dernier sous forme de tableaux, visions prophétiques et hypotyposes rhétoriques. L'ordre de succession est le suivant : la résurrection de la chair (661-684) ; la parousie et le renouvellement du cosmos ; les plaintes des éléments suivies du réquisitoire (765-861) ; la sentence (862-892) et son exécution : peines de l'Enfer, que prépare la destruction du monde physique (893-1044), et béatitude céleste au Paradis (1045-1208).

663. *Dieu vient régner.* Au Jugement dernier, le Christ remet à Dieu le Père son royaume de la terre. Cf. Origène, *De principiis*, I, 6, 3.

664. La *période*, au sens étymologique de parcours circulaire, de révolution, d'encyclie.

670. *Les ressuscitants.* La forme se rencontrait déjà chez S. Goulart, *Histoires mémorables*, 1600, f. 8 r° : « Il me disait avoir [...] touché divers membres de ces ressuscitants. » L'adjectif verbal formé sur le participe présent, de préférence au participe passé, plus attendu dans cet usage, traduit le caractère progressif et inachevé du phénomène. Dans cette extraordinaire *ekphrasis*, abondante en adverbes locatifs et en déictiques, le lecteur est rendu témoin d'un miracle actuel, rapporté au présent de l'indicatif : la résurrection se déroule littéralement sous ses yeux. On pense aux nombreuses représentations picturales de l'automne du Moyen Age ou de l'aube de la Renaissance, des fresques de Signorelli à Orvieto à celles de Michel-Ange à la Sixtine, sans oublier, en France même, Albi ou Issoire.

678. *Asserrés* : rassemblés, resserrés. Cf. *Misères*, 269.

680. *L'Afrique brûlée,* car située en partie sous la zone torride. *Tylé froiduleuse* : c'est l'*ultima Thulé* chantée par Virgile (*Géorgiques*, I, 30), cette île mythique que les Anciens considéraient comme la limite septentrionale de l'oekoumène ou terre habitée. Dans la cosmographie traditionnelle, dont, malgré les grandes navigations, la géographie de la Renaissance reste tributaire, l'Afrique et Thulé représentent donc, au Sud et au Nord, les extrémités opposées du monde connu. La même idée est exprimée par Du Bartas dans son évocation parallèle du Jugement dernier (*La Sepmaine, Premier Jour*, 403-404 ; éd. Y. Bellenger, p. 21) :

> *Fay, las ! que quand le son du cornet de ton Ange,*
> *Huchant de Thule au Nil, et d'Atlas jusqu'au Gange,*
> *Citera l'univers prochain de son deces...*

681. *Les cendres des brûlés.* Deuxième retour de cet hémistiche déjà présent dans *La Chambre dorée*, 182 et 654.

683. *A leur poteau.* Le poteau auquel les suppliciés ont été attachés pour être brûlés. Cf. *La Chambre dorée*, 544. L'ensemble de ce tableau peut être comparé à celui de Du Bartas (*La Sepmaine, Premier Jour*, 391-396 ; éd. Y. Bellenger, p. 20) :

> *Ceux qu'un marbre orgueilleux presse dessous sa lame,*
> *Ceux que l'onde engloutit, ceux que la rouge flamme*
> *Esparpille par l'air : ceux qui n'ont pour tombeaux*
> *Que les ventres gloutons des loups ou des corbeaux :*

> *Esveillez, reprendront, comme par inventaire,*
> *Et leurs chairs et leurs os...*

685-686. Cette question de l'âge des ressuscités avait été tranchée depuis longtemps par les théologiens dans le sens indiqué par d'Aubigné. Cf. Hugues de Saint-Victor, *De Sacramentis*, II, XVII, 18.

693-694. *Changea... au tribunal* : la tournure et l'idée se sont déjà rencontrées plus haut dans le livre des *Feux*, 234 et 956.

697. *Fils de l'homme, Fils de Dieu* : les deux natures qui coexistent en Jésus-Christ. Ces deux appellations sont fréquentes dans l'Evangile. Fils de l'homme : Matthieu IX, 6 ; XXVI, 24 ; Fils de Dieu : Matthieu IV, 3 et 6 (l'expression est alors ironique dans la bouche du Tentateur) ; XXVI, 63-64 ; XXVII, 43, 54 ; etc.

698. *Préfix* : fixé d'avance.

700. *S'étonne* : est frappé de stupeur.

703. *En une période* : terme de médecine et non plus d'astronomie, comme plus haut au v. 664. « Dans les fièvres intermittentes, l'espace de temps qui comprend un accès et une intermission, le temps qui s'écoule, par conséquent, de l'invasion d'un accès à l'invasion de l'accès suivant » (Littré).

707-711. Paraphrase de l'Apocalypse XXI, 1 : « Puis je vis un nouveau ciel et une nouvelle terre, car le premier ciel et la première terre s'en étaient allés, et la mer n'était plus. »

713-714. Echo du Psaume CXIV sur la sortie d'Egypte et l'entrée en Canaan, dans lequel est décrit, de manière alerte, joyeuse et presque comique, l'émoi des éléments devant l'intervention de l'Eternel en faveur d'Israël. Cf. *La Chambre dorée*, 149-150, et la note.

715. *Rien mortel ne supporte...* D'après Job XLI, 1, et Judith XVI, 17.

721. *Le soleil radieux* : celui que nous connaissons, et qui est maintenant éclipsé par la présence de Dieu et des anges.

724. *Le centre...* La terre elle-même, au centre du cosmos bruissant et lumineux, devient clarté. Noyau jusqu'alors immobile et aveugle, elle s'associe désormais au flamboiement universel.

730-731. Souvenir de l'Apocalypse XX, 11-12, associé à l'une des visions de Daniel VII, 9.

737. *Dieu leur en a fait don.* Exauçant ainsi la prière de l'oraison dominicale. Cf. Matthieu VI, 12.

738. *Vêtus de blanc et lavés de pardon* : un zeugma de même type se rencontre dans « Booz endormi » (v. 14), poème de *La Légende des siècles* de Victor Hugo (1859) : « Vêtu de probité candide et de lin blanc ». Pour la même figure, associant en un parallélisme le concret et l'abstrait, cf. *Tragiques*, I, 505-506 ; III, 234 ; IV, 712 ; etc. Elle se rencontrait déjà chez Ronsard, *Remonstrance au peuple de France*, 434 (éd. Laumonier, t. XI, p. 86) : « Soyés moy de vertus non de soye habillés » ; formule imitée dans la Préface en vers du *Printemps*, 161-

162 : les soldats de l'ignorance « Parent leurs cors de richesses, / Non leur esprit de vertuz ».

739.   Des douze tribus d'Israël, Juda est celle où se recrutent les rois, dont la succession aboutit à Jésus, « le lion de Juda » (Apocalypse V, 5). *A la dextre, à la senestre* : à la droite du souverain Juge sont les élus ; à sa gauche les damnés. Cette disposition s'inspire de la prophétie de Jésus en Matthieu XXV, 31-33. Elle est au reste conforme à toute la tradition iconographique des Jugements derniers (Signorelli, Michel-Ange).

740.   *Edom, Moab* : ennemis d'Israël. *Agar*, la servante et concubine (cf. ci-dessus le v. 645 et la note) qui a conçu Ismaël « le fils de la femme esclave », représente la postérité non élue d'Abraham.

745-752.   Rappel des épreuves endurées par le Christ lors de la Passion. La face frappée : Matthieu XXVI, 67 et XXVII, 30. Le corps et les membres transpercés : Jean XIX, 37. Les liens : Matthieu XXVII, 2. Le roseau en guise de sceptre dérisoire : Matthieu XXVII, 29. La couronne d'épines : *ibid.* Pour le parallélisme antithétique de ces vers, cf. *La Chambre dorée*, 960-962 (avènement d'Elisabeth), et *Les Feux*, 215-220 (martyre de Jeanne Grey). L'exemple de Jésus-Christ, de roi bafoué fait monarque véritable et universel, et de victime juge suprême, garantit pour les fidèles la perspective d'un renversement total des conditions.

752.   *Le ciel l'a couronné.* Epître aux Hébreux II, 9 : « Mais nous voyons couronné de gloire et d'honneur celui qui avait été fait un petit moindre que les Anges, à savoir Jésus par la passion de sa mort, afin que par la grâce de Dieu il goûtât la mort pour tous. »

755.   *Etrange* : sens fort, monstrueuse, terrifiante.

756.   La *mort éternelle* : la damnation.

758.   *Caïns fugitifs.* Pour l'expression, cf. *Vengeances*, 157, et pour l'évocation de la fuite, *ibid.*, f. 195-202.

760-764.   Ces diverses images viennent du Psaume CXXXIX, 7-12, qui évoque l'impossibilité d'échapper au regard de Dieu. Elles sont associées au souvenir de la fuite de Caïn, telle qu'elle est décrite dans *Vengeances*. — *Vous enceindre* : vous entourer d'une ceinture protectrice.

765-766.   Les tyrans sont maintenant semblables à des lions que l'on fait reculer en agitant des torches, à des ours tenus en laisse par leur nez percé, à des loups muselés. L'« antipathie » du lion pour le feu allumé était légendaire depuis Pline l'Ancien, *Histoire naturelle*, VIII, 16, § 52, trad. Du Pinet, Lyon, 1581, p. 303. Cf. A. Thevet, *Cosmographie de Levant*, 1556, chap. XVIII, p. 67.

769.   *Se confrontent en mire* : se regardent face à face comme dans un miroir, pour comparer ce qu'elles étaient et ce que les tyrans ont fait d'elles.

770-802.   C'est le tribunal des éléments. Cette plainte est préparée tout au long du poème, en particulier dans *Les Feux*, par le rôle des quatre éléments dans les supplices (v. 523-526) ; dans *Les Fers*, par le concours des fleuves et de l'Océan charriant, refoulant puis recueillant les dépouilles et le sang des massacrés ; dans *Vengeances*, par la part de chacun des éléments dans les châtiments de Dieu. — Les modèles possibles de cette fiction sont nombreux : une plaquette anti-luthérienne de 1530 intitulée *La Complainte des quatre Elemens* (Montaiglon, *Anciennes Poésies françaises*, t. XI, p. 218) ; le XXIIIe traité du *Corpus Hermeticum* (trad. Festugière, t. IV, p. 18) ; Ronsard, *Les Elemens ennemis de l'Hydre*, cette dernière étant évidemment protestante ; Clovis Hesteau de Nuysement, *Les Gemissemens de la France, au Roy*, 1578 (Fleuret et Perceau, *Satires françaises du XVIe siècle*, t. II, p. 6). Voir Henri Weber, *La Création poétique*, 1955, p. 634.

778. Pour une métamorphose semblable, cf. *Misères*, 59-64.

780. *Vos précipices.* Le précipice est l'action de précipiter la tête la première. Cf. *Les Feux*, 334, et la note sur le v. 337. Le sens du vers est donc le suivant : pourquoi nous avez-vous utilisés pour précipiter vos victimes dans le vide ?

785. *Aux peuples d'Italie.* D'Italie vient l'usage des poisons. Ce trait d'anti-italianisme se rencontrait déjà dans *Misères*, 745, 767, et dans *Princes*, 797, 864 et *passim*, souvent associé au personnage exécré de Catherine de Médicis.

788. *Tromper* : dissimuler. *Viandes* : mets.

789. *Faux* : perfide. *Le métier* : « l'office » de nourrir.

790. *Embûcher* : placer en embuscade. *Le mourir* (infinitif substantivé) : la mort. L'image de la mort ou du sang sous les fleurs est récurrente dans *Les Tragiques*. Voir notamment l'avis de l'imprimeur « Aux Lecteurs », note 5, et *Princes*, 214, 1343-1344.

792. *Qu'en son ventre.* Pour l'évocation de la terre-mère, qui recueille en son ventre ses enfants, mais de manière douce et pitoyable, cf. *Misères*, 270. Autres expressions, plutôt négatives, de cette maternité : *Jugement*, 627, 950-951.

793. *En les enterrant vifs.* Voir *Les Feux*, 518.

799. *Les rôles* : les listes, l'inventaire. Le passage s'inspire de l'Apocalypse XX, 12 : « Les livres furent ouverts... et furent jugés les morts par les choses qui étaient écrites ès livres, selon leurs œuvres ».

806. Le poète songe au précepte de l'Evangile : « Ne jugez point, afin que vous ne soyez point jugés » (Matthieu VII, 1).

810. C'est le mot de Jésus sur Judas Iscariot qui s'apprêtait à le trahir, au soir de la dernière Pâque : « Malheur à cet homme-là par lequel le Fils de l'homme est trahi : il eût été bon à cet homme-là de n'être point né » (Matthieu XXVI, 24).

811. *Antéchrist* : le pape, objet d'une controverse d'actualité dans les années 1600. En 1603 le Synode calviniste de Gap avait proclamé que

le Pape était vraiment l'Antéchrist. Pour répondre à la commande du même synode, le pasteur de Blois Nicolas Vignier, fils de l'historiographe d'Henri III, publiait en 1610 à Saumur un volumineux *Théâtre de l'Antéchrist*. L'ouvrage fut bientôt suivi du *Mystère d'Iniquité* de Du Plessis-Mornay sur le même sujet (1611). Pour le détail de cette controverse, voir M.-M. Fragonard, « Erudition et polémique : *Le Mystère d'iniquité* de Du Plessis-Mornay », *Les Lettres au temps de Henri IV. Actes du colloque Agen-Nérac 1990*, Pau, J & D Editions, 1991, p. 167-188.

813. *Nature... tournée à l'envers*. Allusion probable à la sodomie, le « péché contre nature ».

816. *La sodomie concédée* : Du Plessis-Mornay, dans *Le Mystère d'Iniquité* (Saumur, 1611), rapporte qu'une bulle du pape Sixte IV avait légalisé la sodomie pendant les trois plus chauds mois de l'année, juin, juillet et août. Dans son *Dictionnaire*, à l'article « Sixte IV », Pierre Bayle a fait justice de cette fable.

821. *Les clefs* de saint Pierre sont le symbole de la puissance des Papes.

822. *Des diables stipulants*. Allusion ici à plusieurs récits légendaires de papes ayant passé contrat avec le diable, comme on le disait au Moyen Age du pape Gerbert et comme d'Aubigné lui-même le raconte des papes Alexandre VI et Sixte Quint dans la *Confession de Sancy*, I, chap. I, « Pléiade », p. 580-581.

824. *La putain qui monta sur le siège*. La légendaire « Papesse Jeanne » aurait occupé le siège pontifical de 855 à 858. Rabelais fait plusieurs fois allusion à ce conte, qui aurait imposé la nécessité d'un examen intime lors de l'élection des papes (*Tiers Livre*, chap. 12, éd. Demerson, p. 412 ; *Quart Livre*, chap. 48, p. 709 ; *Cinquième Livre*, chap. 8, p. 813). — *L'erreur populaire de la Papesse Jeanne* avait été réfutée par le controversiste catholique Florimond de Raemond en 1587, ce qui n'empêcha pas les polémistes protestants de revenir à la charge. Voir le *Dictionnaire* de Bayle à l'article « Papesse ».

825. Le Pape est donc pour d'Aubigné le fils aîné de Satan.

828. *Famine, guerre et peste* : les trois châtiments apocalyptiques, comme ci-dessus v. 268-269.

830. *Lécher la poudre* : la poussière. C'est la caricature du baise-mule pratiqué lors des audiences accordées par le pape. Les protestants avaient jugé humiliantes les cérémonies de l'absolution, par personnes interposées, d'Henri IV à Rome (17 sept. 1595). Cf. *Misères*, 1218 et la note. Cf. ci-après le v. 846.

834. *Vice-Dieu* : selon le droit canon le Pape était effectivement considéré comme « Dieu en terre ». On connaît les railleries de Rabelais sur ce point (*Quart Livre*, chap. 48). Mais tout ce passage est un écho précis de la *Déclaration* votée au Synode de Gap (octobre 1603) sur l'article de l'Antéchrist : « Et puisque l'Evêque de Rome, s'étant dressé une monarchie dans la chrétienté en s'attribuant une

domination sur toutes les églises et les pasteurs, s'est élevé jusqu'à se faire comme Dieu, à vouloir être adoré, à se vanter d'avoir toute puissance au ciel et en terre, à disposer de toutes choses ecclésiastiques, à décider des articles de foi [...] et, pour le regard de la police, à fouler aux pieds l'autorité légitime des magistrats, en ôtant, donnant et changeant les royaumes, nous croyons et maintenons que c'est proprement l'Antéchrist et le fils de perdition prédit dans la parole de Dieu sous l'emblème de la paillarde vêtue d'écarlate, assise sur les sept montagnes de la grande cité... » — Le titre de « vice-Dieu » figure en toutes lettres dans le portrait satirique du pape Paul V qui est inséré en tête du *Mystère d'iniquité* de Du Plessis-Mornay (éd. in-folio de 1611 ; reproduit dans M.-M. Fragonard, art. cit., 1991, p. 169). On y lit en effet, sous la figure papale qu'adorent les allégories des quatre continents, la formule latine de dédicace : PAVLO V. *VICEDEO* CHRISTIANAE REIPUBLICAE MONARCHAE INVICTISSIMO ET PONTIFICIAE OMNIPOTENTIAE CONSERVATORI ACERRIMO. Ce pourrait donc être la source de d'Aubigné sur ce point précis.

835. *Fils de perdition* : appellation de l'Antéchrist selon saint Paul, II Thessaloniciens II, 3, reprise par le Synode de Gap dans sa *Déclaration*.

836. On ignore qui est ce commandeur de l'ordre de Malte et de Rhodes.

838. « *Or laisse, créateur.* » Ces paroles sont celles du vieillard Siméon lorsqu'il eut contemplé le Sauveur (Luc II, 29-30). Le cantique de Siméon est ainsi traduit par Marot (Psautier huguenot de 1562, p. 495) :

> Or laisse, Créateur,
> En paix ton serviteur,
> En suivant ta promesse,
> Puisque mes yeux ont eu
> Ce crédit d'avoir vu
> De ton salut l'adresse.

L'application au pape de ce cantique adressé au Christ constitue un blasphème éclatant aux yeux de d'Aubigné.

839. *Apollyon* : en grec, le destructeur (Apocalypse IX, 11). D'Aubigné joue sur le nom du pape Léon X (1513-1521), à qui était attribué ce propos impie, selon Henri Estienne, *Apologie pour Hérodote*, et Du Plessis-Mornay, *Le Mystère d'iniquité*. Pierre Bayle, sur ce point encore, affiche son scepticisme. Léon se prononçait Li-on. Cf. Clément Marot, « Épître à son ami Lion (Jamet) », dans *L'Adolescence clémentine*, « Poésie/Gallimard », 1987, p. 128-130.

843-844. A rapprocher, pour le mouvement, du *Triomphe de la Mort* de Pétrarque, I, 82-84 :

> U'sono or le ricchezze ? u' son gli onori ?
> e le gemme e gli scettri e le corone
> e le mitre e i purpurei colori ?

852. *Jules tiers.* Le pape Jules III (1550-1555) aurait substitué sur la mitre pontificale son propre nom aux armes de la papauté. Le mot « mystère » est écrit sur le front de la grande paillarde (Apocalypse XVII, 4-5), qui, aux yeux des protestants, symbolise la papauté. Voir ci-dessus la note du v. 834.

856. *Des haillons du Lazare.* C'est la parabole du mauvais riche et du pauvre Lazare, d'après Luc XVI, 19-31. Après sa mort, le riche, plongé dans les tourments de l'Enfer, voyant de loin Lazare dans le sein d'Abraham, réclame de lui une goutte d'eau, qui lui sera refusée. Cf. ci-après les v. 1111-1118, pour une exploitation différente de cette parabole.

862. *Confus :* confondus.

863. *La gueule de l'enfer.* L'expression renvoie à une représentation populaire de l'Enfer sous la forme d'une gueule dévorante (cf. ci-après le v. 896 : « l'Enfer glouton »). Commune aux spectacles des Mistères et aux Apocalypses historiées, cette conception fut fort en vogue durant tout le Moyen Age. Au XVIe siècle les protestants la reprirent dans une intention parodique et caricaturale. En témoigne par exemple la *Mappe-Monde Nouvelle Papistique* de Pierre Eskrich et Jean-Baptiste Trento (Genève, 1566-1567). Sur ce document représentant la ville de Rome à l'intérieur d'une bouche de diable démesurément ouverte, voir F. Lestringant, « Une cartographie iconoclaste », *in* Monique Pelletier éd., *Géographie du monde au Moyen Age et à la Renaissance*, Paris, Editions du C.T.H.S., 1989, p. 99-120.

866. *A l'épouse l'époux.* Pour la tonalité apocalyptique de ces réjouissances nuptiales associant l'Eglise au Christ, cf. *La Chambre dorée, in fine*, 1061-1062.

870-892. *Leur Roi donc les appelle.* Tout ce tableau en partie double est emprunté à Matthieu XXV, 31-46, où Jésus donne lui-même une description prophétique du Jugement dernier.

890. *Fiel pour eau.* Ainsi firent les soldats qui escortèrent Jésus jusqu'au Golgotha. Matthieu XXVII, 33-34. — *Pierre au lieu de pain :* réminiscence d'une parole du Christ dans le Sermon sur la Montagne (Matthieu VII, 9).

891. *Grincer les dents.* Pour cette formule biblique exprimant la colère et le désespoir des damnés, cf. *La Chambre dorée*, 901 ; *Vengeances*, 72.

895. *Un glaive aigu de la bouche divine.* D'après l'Apocalypse I, 16.

903-931. Cette vive peinture de la destruction du monde physique s'inspire de l'Apocalypse VI, 12-17. Mais c'est d'Aubigné qui assimile le ciel à un visage humain, conférant une unité vivante et organique aux images divergentes de la vision de saint Jean à Patmos.

927-928. *Les prophètes fidèles/Du destin* : les étoiles, dont les configurations dans le ciel formaient des signes à déchiffrer. Cf. *Les Fers*, 1239-1245, et la note sur ce dernier vers.

929-931. *Le feu s'enfuit dans l'air...* Le feu, dont la sphère élémentaire est la plus extérieure, s'abîme dans l'air, l'élément voisin qu'il enveloppait. La sphère de l'air se résorbe à son tour dans celle de l'eau, qui lui est inférieure, et celle-ci se mêle enfin à la terre, qui forme le noyau central, constitué de l'élément le plus lourd et le plus froid. On assiste de la sorte à une implosion du cosmos : la construction-gigogne des quatre sphères élémentaires s'effondre sur elle-même, de l'extérieur vers l'intérieur et de la périphérie vers le centre. Le noir mélange (« funèbre mêler ») qui en résulte ramène au tohu-bohu des origines, à cette terre informe et vide décrite dans le deuxième verset de la Genèse.

934. Tels qu'on voit devant le fourneau paraître ceux qui sont transis, c'est-à-dire qu'ils sont colorés par le feu du fourneau.

940. *La seconde mort* : la damnation éternelle (Apocalypse XXI, 8), comme plus haut « la mort éternelle » (v. 756).

941. *Aux monts cornus.* Cf. ci-dessus le v. 2 et la note.

941-946. Cette apostrophe aux montagnes est imitée de l'Apocalypse VI, 16-17.

948. *Femmes enceintes.* Echo de Jérémie XIII, 21.

955. *L'étang de soufre vif* : Apocalypse XXI, 8.

957-960. Selon la doctrine calviniste, l'au-delà échappe à toute possibilité de représentation matérielle, en raison de l'interdit qui frappe les spéculations sur la vie après la mort. Dans ses *Disputations chrestiennes touchant l'estat des trepassez* (Genève, 1552), le pasteur Pierre Viret avait longuement ironisé sur la « cosmographie (ou géographie) infernale » patiemment arpentée au fil des siècles par les théologiens du Moyen Age.

961-972. *Vous avez dit, perdus* : Cette apostrophe est une paraphrase poétique du discours des impies dans la Sagesse de Salomon II, 2-5. Elle vise traditionnellement les Epicuriens et ici, à travers eux, les modernes libertins qui nient la Providence divine et la survie de l'âme après la mort. Le v. 972 appartient bien au discours de ces matérialistes « perdus » de désespoir et donc promis à la damnation. Il peut être ainsi compris : l'arrêt de mort — ou, ce qui revient au même, le sceau qui clôt la vie terrestre — ne saurait être levé par une grâce spéciale. Or, pour d'Aubigné, cette Grâce existe et elle agit, de la manière la plus terrible.

973-974. Il s'agit encore d'une opinion hétérodoxe qui limiterait les tourments de l'Enfer à la peine du dam (*poena damni*), la privation de la contemplation de Dieu, en excluant toute peine du sens (*poena* *sensus*). Tel était à peu près l'Enfer platonique de Marsile Ficin (Robert Klein, *La Forme et l'intelligible*, Paris, Gallimard, 1970, p. 89-124, et notamment p. 94-95). Même si le dam l'emporte en rigueur sur le sens, comme il a été dit dans *Vengeances* (940-941), il reste que l'Eglise Réformée maintient la coexistence des deux.

980. *Au mal le goût de la menace* : c'est-à-dire que vous sentirez dans le malheur (de la damnation) quelle était la valeur de la menace.

986. *A sa mesure* : à la mesure de ses fautes.

989. *Un abîme est entre eux.* D'après la parabole de Lazare et du mauvais riche (Luc XVI, 26). Cf. Pierre Lombard, *Quatrième livre des Sentences*, Distinctio L : *De chao inter bonos et malos.*

992. *L'aube de l'espérance.* On pense à l'inscription fameuse placée par Dante sur la porte de l'Enfer, *Inferno*, III, 9 : « Vous qui entrez, laissez toute espérance. » Marot, dans son propre *Enfer*, l'avait contredite *in extremis*. Voir *L'Adolescence clémentine*, « Poésie/Gallimard », 1987, p. 258 et 383, note 52. — Pour le retour de la même expression chez d'Aubigné, cf. la *Méditation sur le Psaume LXXXIV*, « Pléiade », p. 518 : « ... les ténèbres les plus obscures de toutes, qui nous donnent la dernière nuit, sont celles qui sont vaincues par l'aube de l'Espérance... »

993-1008. Addition de la seconde édition et du ms. Tronchin 153.

993. *Sa merci* : sa pitié. Cf. Psaume LXXVII, 10 : « Le Dieu fort a-t-il oublié d'avoir pitié, a-t-il resserré par courroux ses compassions ? »

998. *Ne détruira-t-il...* La même question est ainsi posée et résolue par la négative dans le *Livre des Sentences* de Pierre Lombard, IV, *Distinctio* XLIV, E, qui s'appuie sur saint Augustin, *La Cité de Dieu*, XXI, I-III, etc.

1007. *Branle* : mouvement. *Motives cadences* : cadences motrices, génératrices de mouvement.

1008. *Sans muances* : sans changements. Le mouvement circulaire du firmament et des sphères célestes qu'il enveloppe est à l'origine des changements et transmutations de la matière qui font la génération et la corruption, la vie et la mort. Dès lors qu'il cesse, les éléments perdent leur efficace : l'air ne peut plus corrompre ni le feu consumer.

1009-1022. Pour cet état paradoxal de « mort morte », cf. dans *Vengeances*, 195-200 et 216, le châtiment de Caïn qui préfigure cette peine suprême.

1016. *Précipice* : cf. ci-dessus le v. 780 et la note.

1023. *Vous vous peigniez des feux* : vous ne vous représentiez que les feux de l'Enfer, vous avez pis : les tortures de l'âme. Car à la peine du sens s'ajoute celle du dam.

1025-1032. Ces vers sont absents de la première édition.

1026. *Que dedans le sentir* (infinitif substantivé) : qu'à partir du moment où vous avez senti les effets du châtiment.

1029. *Par vos côtés* : le long de vos flancs.

1031. Le *chariot*, le *torrent* et la *grêle*. Pour ces manifestations de la colère divine, cf. Esaïe LXVI, 15 ; XXX, 28 et 30.

1035. *Découplés d'ongles*. Découpler, c'est libérer les chiens, qui étaient attachés par deux, et les lâcher sur le gibier. Les ongles et les dents de Satan se ruent sur les damnés comme une meute que l'on vient de lâcher.

1045. *Ennuyeux* (sens fort) : douloureux. Les vers 1045-1054 sont cités avec variante et largement commentés dans la *Méditation sur le Psaume LXXIII*, « Pléiade », p. 534.

1046-1048. La question de savoir si les bienheureux et les damnés ont une connaissance réciproque de leur état est déjà posée dans la philosophie scolastique, mais résolue différemment. Pierre Lombard, dans le *Livre des Sentences*, IV, Distinctio L, E, estime qu'après le Jugement, les bons voient encore les méchants, mais que les méchants ne peuvent plus voir les bienheureux (éd. de Paris, 1564, p. 399). — *Mais non pas accessible* (1048) : en raison de la leçon tirée de la parabole du mauvais riche et de Lazare, selon Luc XVI, 23-26 (cf. ci-dessus le v. 989 et la note).

1053. *Les orbes des neuf cieux*. Les sphères célestes produisent en tournant à des vitesses inégales une musique ineffable. Cette musique des sphères, à laquelle l'humanité ordinaire est devenue sourde, est évoquée dans le *Timée* de Platon et dans le *Songe de Scipion* de Cicéron. Cf. *La Chambre dorée*, 116, et la note. — Une légère contradiction pourrait surgir avec le v. 1008 ci-dessus, où d'Aubigné affirme que mouvement et changement cessent au jour du Jugement. En fait, le supplice des damnés est associé à la mort du monde ancien, qui a imposé et dont le mécanisme est arrêté, alors que la félicité des justes s'accorde au mouvement retrouvé d'un univers restitué et « neuf ».

1055. *Saint...* C'est le chant des séraphins qui magnifient le Seigneur sur son trône, dans la vision d'Esaïe, VI, 3.

1058-1059. *Jérusalem la sainte, Sion la bienheureuse* : ces deux expressions désignent la Jérusalem céleste décrite au chapitre XXI, 10-27, de l'Apocalypse. D'Aubigné en résume fortement la description.

1065-1068. Echo de l'Apocalypse XXII, 1 et 2, où sont évoqués le fleuve d'eau vive et l'arbre de vie croissant sur ses bords.

1069-1070. *Plus ne faut de soleil* : d'après l'Apocalypse XXII, 5.

1075. *Bourgeois* : concitoyens.

1078. *Les mansions* : les demeures célestes.

1080. *Les fils de Zébédée*. La mère des fils de Zébédée, Jacques et Jean, avait demandé à Jésus de leur accorder des places de choix au royaume des cieux, l'un à sa droite et l'autre à sa gauche (Matthieu, XX, 20-21). Jésus répondit que la décision en appartenait à son Père (XX, 23).

1083-1084. Ces deux vers sont cités et commentés dans la *Méditation sur le Psaume XVI*, « Pléiade », p. 572.

1084. Pareille inégalité (« imparité ») dans la différence mise entre les élus les égale en fait les uns aux autres.

1085. *La Sorbonne* : la faculté de théologie de l'Université de Paris, dont l'intolérance et le dogmatisme avaient été dénoncés par Erasme et Rabelais aussi bien que par Calvin. *Les docteurs subtils* : les théologiens scolastiques. Le titre de « Docteur subtil » avait été conféré à Jean Duns Scot (v. 1270-1308), en raison de son habileté à manier la dialectique. Mais dans la littérature polémique de la Réforme, le théologien franciscain avait mauvaise presse et son surnom était devenu synonyme de « sophiste ». Voir par exemple John Bale, *Scriptorum illustrium Maioris Brytanniae... Catalogus*, Bâle, Oporin, 1557, I, Cent. IV, chap. 82, p. 362. Réplique du catholique André Thevet dans ses *Vrais Pourtraits et Vies des hommes illustres*, Paris, 1584, III, chap. 72, f. 147 v°.

1085-1092. Ces vers, absents dans la première édition, sont une addition de la révision manuscrite.

1093-1094. *Au prix / Des grades* : en comparaison des degrés d'honneur.

1100. *Sans change renouvelle* : sans changement se renouvelle (emploi neutre du verbe, comme au v. 507).

1106. Pour un développement analogue, cf. *Méditation sur le Psaume XVI*, « Pléiade », p. 571.

1107-1110. La même question a été abordée dans *Les Fers*, 1263-1270.

1111-1118. Nouvelle allusion à la parabole du mauvais riche et de Lazare (Luc XVI, 19-31), déjà évoquée ci-dessus aux v. 856 et 989. Cf. encore la note sur les v. 1046-1048. La scolastique, déjà, tirait argument de cette parabole : Pierre Lombard, *Livre des Sentences*, IV, Distinctio L, D : « Quomodo accipienda sunt quae de Lazaro et divite leguntur. »

1123. *En Christ transfiguré.* C'est l'épisode de la transfiguration (Matthieu XVII, 1-9 ; Marc IX, 2-8 ; Luc IX, 28-36), lorsque Pierre, Jacques et Jean (« sa chère compagnie ») reconnaissent à côté du Christ, rayonnant de lumière, Moïse et Elie, qu'ils n'avaient évidemment jamais vus. Cette connaissance intuitive, qui est reconnaissance, figure pour d'Aubigné celle des bienheureux au Paradis.

1127-1129. *Adam.* Adam donna lui-même un nom à tous les animaux et à tout ce qui possède vie (Genèse II, 19-20).

1131. *Une aide* : Eve, créée par Dieu pour aider et assister Adam, d'après Genèse, II, 18 et 20.

1133-1136. Paraphrase de I Corinthiens XV, 44-48 : « Il est semé corps sensuel, il ressuscitera corps spirituel... »

1137. Cf. Romains V, 12 : « Par un seul homme le péché est entré au monde, et par le péché la mort. »

1143-1150. Ces vers ne sont pas dans la première édition.

1144. *Rien n'ôtera.* Comprendre ainsi l'inversion : l'acier des ciseaux de l'absence n'ôtera rien. Image voisine dans la *Méditation sur le Psaume CXXXIII*, « Pléiade », p. 496 : « L'Androgène séparée par le couteau de l'Absence. » Cf. *Printemps, Stances*, I, 87 : « l'acier du temps » (« Pléiade », p. 275).

1145.   *Franc anobli* : affranchi des larcins du temps. Pour l'expression, cf. ci-dessus le v. 430 et la note.

1150.   *Fusils* : amorces, le fusil étant le briquet en fer qui sert à allumer l'amadou. Cf. Ronsard, *Premier Livre des Amours*, XXVIII (« Pléiade », t. I, p. 14) : « Injuste amour, fusil de toute rage ».

1152.   *Les storges* : les affections humaines (hellénisme). Cf. *astorge*, au sens d'« insensible » (III, 352).

1155.   *Le banquet.* D'après l'Apocalypse XIX, 7-9 : « Bienheureux sont ceux qui sont appelés au banquet des noces de l'Agneau ». L'épouse de l'Agneau est l'Eglise. Cf. la parabole des invités au festin selon Matthieu XXII, 2-14, et Luc XIV, 16-24.

1156.   *Les aulx et les oignons d'Egypte* : C'est ce que faisaient les Israélites dans le désert, regrettant de n'avoir que de la manne à manger (Nombres XI, 5).

1159.   *Les apôtres...* Il s'agit des trois témoins de la transfiguration, Pierre, Jacques et Jean. Cf. ci-dessus v. 1123 et la note.

1172.   *Les compagnons d'Ulisse.* Souvenir de l'épisode des Lotophages dans l'*Odyssée* (IX, 83-104). Pour avoir accepté leur hospitalité et mangé du lotos, les compagnons d'Ulysse ne voulurent plus rentrer dans leur patrie. Ulysse dut les rembarquer de force et les mettre à la chaîne. — *On feint* : il s'agit d'une fiction poétique, non de la vérité de l'Ecriture Sainte. Homère n'est pas l'Evangile.

1176.   *Le Man* : la manne, nourriture envoyée par Dieu aux Israélites dans le désert et considérée dans l'Evangile comme une figure imparfaite de Jésus-Christ, « le pain de vie » (Exode XVI, 15 et 31 ; Jean VI, 32-35).

1180.   *Sans porreaux* (poireaux) : sans verrues. On appelait « poireau », à cause de sa forme, une « excroissance verruqueuse qui se développe spécialement aux mains » (Littré, *s. v. porreau*).

1181.   Le *De Harmonia Mundi* de Francesco Giorgio, moine de Venise, a pu fournir à d'Aubigné un point de départ pour cette réflexion sur le rôle des sens dans la béatitude des bienheureux (Canticus Tertius, t. II, chap. XII, Paris, 1544, p. 362).

1182.   *Souefve* : suave.

1183.   *L'encens/Qu'offrit Jésus en croix.* D'après Ephésiens V, 2 : « Christ... s'est donné soi-même pour nous, en oblation et sacrifice à Dieu, en odeur de bonne senteur ».

1184.   *Le prêtre, l'autel et le temple et l'hostie.* Point fondamental de la théologie calviniste qui insiste sur l'unicité du sacrifice du Christ, à la fois sacrificateur, temple et victime (« hostie »), en se fondant principalement sur l'épître aux Hébreux IX, 11-28. Cf. Hébreux VII,

26-27, et X, 10-14. Cette « théologie restreinte » a déjà été exposée dans *Les Tragiques* par la voix du martyr italien Montalchine. Voir *Les Feux*, 656, et la note.

1186. Platon passait pour avoir entendu l'harmonie produite par les sphères célestes, qui est évoquée dans le mythe d'Er (*La République*, X, 617b). Sur cette musique ineffable, voir ci-dessus le v. 1053 et la note. Rabelais, par la voix de Panurge, ironise à ce sujet (*Tiers Livre*, chap. IV, éd. G. Demerson, p. 386).

1191. *Des viandes étranges* : des aliments rares, recherchés de loin.

1193-1196. Ces vers sont absents de la première édition.

1194. *L'eau du rocher d'Oreb.* Cf. *Jugement*, 37 : « l'eau d'Oreb », et la note. — *Le Man* : cf. ci-dessus v. 1176 et la note.

1198. *Doux baisers.* Cf. le prélude du Cantique des Cantiques, I, 2 : « Qu'il me baise des baisers de sa bouche. »

1201-1202. Pour Aristote, le désir, étant effet d'un manque, est imperfection, donc passion, et s'oppose ainsi à l'acte pur. Pour la même définition aristotélicienne du désir, cf. ci-dessus *Jugement*, 380-394 : la fin de l'Histoire, c'est la fin du désir. Dans l'état de béatitude, selon d'Aubigné, le désir est immédiatement accompagné de satisfaction. Il n'est donc plus privation (cf. v. 1207).

1208. *Qu'une naissance* : c'est-à-dire que les fruits viennent en même temps que les fleurs.

1212. *La grande âme du monde* : l'*anima mundi*, émanation divine, qui se confond ici avec Dieu.

1214. Cf. I Corinthiens II, 9 : « Ce sont les choses qu'œil n'a point vues, ni oreilles ouïes, et qui ne sont point montées en cœur d'homme, que Dieu a préparées à ceux qui l'aiment. »

1215. *Mes sens n'ont plus de sens.* Cette rhétorique de l'indicible, qui s'énonce sur le mode de l'oxymore (identité des contraires), apparente l'apothéose des *Tragiques* au discours mystique. De telles « phrases mystiques » se retrouvent vers la même époque chez l'Espagnol saint Jean de la Croix. Voir Michel de Certeau, *La Fable mystique*, Gallimard, 1982, chap. 4, p. 179-208 : « Diego de Jésus, introducteur de Jean de la Croix ». — L'extase finale du poète n'est pas sans rappeler par ailleurs celle de Dante au terme de la *Divine Comédie* (*Paradiso*, XXXIII, 142-145 ; trad. A. Masseron) : « Ici les forces manquèrent à ma sublime vision... »

1217. *Son lieu* : son lieu originel, qui est aussi son lieu final, c'est-à-dire le ciel, patrie de l'âme.

1218. *Au giron de son Dieu.* Echo possible d'Esaïe XL, 11.

AU LECTEUR

1. *Variante de la seconde édition* : trois.

2. Prométhée, le voleur de feu, était déjà le signataire de l'avis liminaire « Aux Lecteurs ». — Le panégyrique qui suit serait à dater de décembre 1608, si l'on en croit le témoignage de Pierre de L'Estoile, *Mémoires-Journaux*, IX, p. 183 (cf. J.-R. Fanlo, *Tracés, Ruptures*, 1990, p. 346-347). C'est du moins la date probable de sa publication. Car il faut tenir compte de l'étroite parenté de propos et de ton entre cette pièce et la *Méditation sur le Psaume CXXXIII*, qui est aussi un éloge de la monarchie et d'Henri IV. Or cette *Méditation*, qui remonterait à 1606, fut composée à la suite d'une discussion, en présence du roi, avec le père Cotton, qui reprochait à d'Aubigné « un esprit toujours prêt à déclamer contre les vices, et qui ne se plaisait point aux louanges » (cf. l'*Occasion et argument de la Méditation faicte sur le Pseaume 133*, éd. Réaume des *OC*, t. II, 1877, p. 117-134).

3. Le futur Henri IV naquit au château de Pau le 13 décembre 1553, douze jours avant Noël. Son grand-père maternel Henri d'Albret (« Henri son aïeul »), que d'Aubigné, conformément à une légende précoce, considère comme le responsable de son éducation spartiate, mourut en fait dès le mois de mai 1555, alors que le petit Henri était tout juste en âge de marcher. Voir J.-P. Babelon, *Henri IV*, Paris, Fayard, 1982, p. 49 et 60.

4. *Son père mort* : Antoine de Bourbon mourut en novembre 1562 des suites d'une blessure reçue au siège de Rouen, alors qu'il combattait dans l'armée catholique. — *Sa mère fuitive* : Jeanne d'Albret, reine de Navarre (1528-1572), s'était ralliée ouvertement à la Réforme dès Noël 1560. Elle s'enfuit de la cour de France le 27 ou 28 mars 1562, puis de nouveau en janvier 1567, emmenant cette fois son fils avec elle. A partir du début des guerres de Religion, elle vécut la plupart du temps dans ses domaines du Béarn, dont elle fit un bastion huguenot.

5. Les noces d'Henri de Navarre et de Marguerite de Valois, « la reine Margot », furent célébrées en la cathédrale de Paris le 18 août 1572, moins d'une semaine avant le massacre de la Saint-Barthélemy (24 août). Le même chiffre de trente mille victimes est donné dans *Les Fers*, 1118. Il est sans doute exagéré.

6. Victoire de Coutras le 20 octobre 1587 contre Joyeuse, tué au cours de la bataille.

7. Le roi Henri III, avec qui Henri de Navarre s'était réconcilié le 30 avril 1589 à Plessis-lès-Tours. Tous deux vinrent investir Paris dans les derniers jours de juillet. C'est alors, le 1er août 1589, à Saint-Cloud, qu'Henri III fut mortellement blessé par le couteau de Jacques Clément.

8. Arques, près de Dieppe, où Henri IV remporta une victoire inespérée sur le duc de Mayenne le 21 septembre 1589.

9. La victoire d'Ivry fut remportée le 14 mars 1590, une nouvelle fois contre Mayenne, en dépit de la disparité (« l'imparité ») du nombre.

10. Allusion au mot fameux de Jules César : « Veni, vidi, vici » (Je suis venu, j'ai vu, j'ai vaincu).

11. *Il se vainquit soi-même* : comme doit savoir le faire le juste roi, en pardonnant et en montrant sa clémence. Pour le règne que le vrai roi doit établir sur ses passions, cf. *Princes*, 665.

12.   *Olive* : l'olivier, dont le rameau est symbole de paix, comme les palmes et les lauriers sont les emblèmes de la victoire. *Un chapeau d'olive* : une couronne de rameaux d'olivier.

13.   Cette accusation de plagiat fait pendant à celles que Prométhée a formulées dans son avis « Aux Lecteurs », à l'encontre de l'ex-Ligueur Pierre Matthieu notamment. Voir cet avis à l'appel des notes 13 et 14.

14.   *Père Cotton* : le jésuite Pierre Cotton (1564-1626), confesseur d'Henri IV et de Louis XIII, une des bêtes noires, assurément, de d'Aubigné, qui s'en moque dans le *Faeneste* (« Pléiade », p. 692 et 807) et dans des épigrammes satiriques. Les rapports des deux personnages étaient de l'ordre de la rivalité jalouse pour une sorte de magistère moral sur Henri IV. D'où l'enjeu d'importance que constitue l'éloge du roi vainqueur : c'est beaucoup plus qu'un compliment de rigueur, un véritable programme politique qui s'esquisse à travers le rappel d'un passé glorieux. Le roi y est dépeint comme un restaurateur, rappelé en même temps à son devoir de vigilance : la paix véritable dont il est le garant, n'est que le terme et la récompense des « tourmentes » essuyées auparavant, non pas le fruit de l'illusoire et fausse *Pax Romana* prônée par les jésuites. Plusieurs thèmes sont communs à cette pièce et à la *Méditation sur le Psaume CXXXIII* : le roi restaurateur (Réaume, t. II, p. 123), la prudence supérieure alliée à la magnanimité, par laquelle le roi guide vers leur bonheur ses sujets rebelles, le morcellement conjuré du corps de l'Etat et pour finir la récompense du rameau d'olivier.

GLOSSAIRE

Abécher : donner la becquée.
Abimer : précipiter dans l'abîme.
Abject : humble, de modeste condition.
Aboi : point extrême, dernière extrémité.
Abrier : abriter, couvrir.
Abruti : transformé en bête.
Accident : événement.
Accraser : écraser.
Accravanter : briser, écraser.
Acertener : garantir.
Acroches : retardements.
Adiaphoriste : qui professe l'indifférence en matière de religion.
Affaité, affété : mignard, mignon. — Un *affété valet* : un jeune sodomite (II, 973).
Affronter : assaillir, outrager, tromper.
Affronteur : trompeur.
Affûter (s') : se poster à l'affût.
Ahan : grand effort, fatigue, souffrance.
Ains : mais plutôt.
Allouvi : affamé comme un loup, au point de devenir loup.
Alternatif : intermittent (I, 255).
Amas : rassemblement.
Anange : la Nécessité (hellénisme).

Anatomie : squelette.
Androgame : époux d'un homme.
Animé : indigné.
Anoblir : exempter par privilège.
Apophétie : prédiction faite après coup.
Appareiller : disposer, préparer.
Appellation : appel d'un jugement. — *Relever appellation* : interjeter appel (III, 851).
Appointement : sommation d'avoir à plaider à date fixée.
Approuvé : qui a fait ses preuves, éprouvé (II, 1427).
Archipelage : la mer Egée (VII, 576).
Ard, arse : participe passé de *ardre* ou *ardoir*, brûler.
Ardeur : brûlure.
Arée : charrue.
Arène : sable.
Argolet, argoulet : arquebusier à cheval.
Asserrer : rassembler, resserrer.
Assidu : continu, constant.
Assiette : point d'appui, position, lieu où l'on se place.
Astorge : rude, insensible.
Atterrer : jeter à bas.
Aumônier, aumônière : qui pratique l'aumône, charitable.

Auteur : garant.
Autochire : qui se tue de sa propre main (I, 189 ; IV, 797).
Avorter : produire, mettre au monde un avorton ou un monstre.

Badin : sot, niais.
Bailler : donner.
Balai : queue (V, 1485).
Balancer : peser, osciller.
Balier : balayer.
Barge : embarcation plate à voile carrée, barque (V, 1041).
Barriquer : barricader.
Bauger (se) : rentrer dans sa bauge.
Bélître : mendiant.
Berlan, brelan : maison de jeu.
Besson : jumeau.
Bienheurer : rendre heureux, favoriser.
Bissac : besace, sac de mendiant.
Blasonner : médire, blâmer.
Bougre : sodomite, homosexuel.
Bourbe : vase, lit.
Bourde : béquille.
Bourgeois : citoyen.
Bourlet : bourrelet, chaperon des gens de justice (I, 1174).
Bourrelle : féminin de *bourreau*.
Brassard : bracelet (IV, 219).
Brave : beau, élégant.
Brayer : ceinture qui maintenait les braies.
Brelan. Voir: *berlan*.
Brouiller : tromper.
Buste : bûcher (VII, 455).

Cadence : chute, fin.
Cagot : faux dévot.
Camps : champs, campagnes (I, 477).
Candide : blanc.
Canette : burette (VII, 156).

Carcan : collier d'orfèvrerie.
Carmes : vers.
Catastrophe : fin, dénouement.
Caut : avisé, rusé.
Cauteleux : rusé, faux.
Cédule : reconnaissance de dette.
Cemitière : cimetière (V, 1517)
Ceps : fers des prisonniers, entraves.
Céraste : serpent né du sang de Méduse.
Cercler : sarcler (VII, 57).
Chaire : chaise, siège, chaire.
Chamade : batterie de tambour.
Chapeau : couronne.
Chausser : revêtir.
Chef : tête.
Chère : visage, mine, accueil.
Chérub : chérubin.
Chétif : malheureux, misérable, captif.
Chevêche : capuchon, chouette.
Chevêtre : licol.
Chime : chyle ou chyme.
Chimique : chimiste, alchimiste.
Choix : élite, quintessence.
Cimois : cordons, lisières pour attacher les enfants.
Circoncis : (au sens spirituel) purifié.
Circuir : entourer, tourner autour.
Clas : glas.
Collauder : louer.
Combien que : bien que.
Comédiante : (ital.) comédien(-ne) (III, 276).
Complainte : plainte, réclamation.
Complaisant : qui plaît, qu'on aime (I, 276).
Connaître : reconnaître.
Conquéreur : conquérant.
Conquêter : conquérir.
Conséquentieux : conséquent.
Contemner : mépriser.

Contemptible : méprisable.

Contenance : toute sorte d'objet (manchon, miroir, éventail, etc.) que l'on porte à la main pour se donner une contenance.

Contraint, -e : serré, angoissé.

Contraste : conflit, lutte, opposition.

Contre-bas : vers le bas.

Contrefaire : imiter, feindre, simuler.

Contremont : en arrière, vers le haut, en remontant vers l'amont.

Convent : couvent.

Cornette : bande d'étoffe de soie que les docteurs en droit et les avocats portaient autour du cou ; étendard, puis détachement de cavalerie.

Corps : cadavre.

Couler : se retirer promptement et sans bruit (II, 685).

Coulpe : faute.

Coup, coup d'État : acte d'habile politique.

Coupeau : sommet.

Courage : cœur, sentiment.

Couvert : abri.

Couverte : couverture (I, 651).

Croton, crotton : prison, cachot, souterrain.

Crouler : presser (I, 223).

Cuider : croire, faussement ou avec présomption le plus souvent.

Curer : soigner.

Curieux : diligent.

Dam, dan : peine spirituelle des damnés, par opposition à la peine du sens, souffrance physique ; dommage.

Danger : hésitation (I, 315). *Sans danger* : sans hésiter.

Débauché : détourné de son travail ou de son devoir.

Débonnaire : généreux, noble.

Débris : destruction, mise en déroute.

Décevoir : tromper, abuser.

Déchasser : chasser, poursuivre.

Déchiffrer : expliquer.

Déchiquetures : taillades faites dans un habit et qui laissent voir les passements.

Décocher : voler depuis la coche (l'encoche) de l'arc (I, 834 ; III, 844).

Défaillir : manquer, faire défaut.

Défaire : tuer. — *Se défaire* : s'entre-tuer (I, 1178).

Défaut : lacune, manque.

Dégât : destruction, ravage.

Dégâter : gâter, détruire.

Dégénère : dégénéré.

Dégoutter : laisser couler goutte à goutte.

Déguiser : rendre méconnaissable ; changer en ; accommoder une viande ou un plat de manière qu'on ne reconnaisse pas ce que c'est.

Délivre : libre, exempt de.

Demeurant (le) : reste.

Département : partage.

Dépendre (p.p. dépendu) : dépenser.

Dépiter : mépriser, braver, injurier, défier.

Dépouiller : déshabiller.

Dépriser : mépriser.

Dérompre : briser.

Désastré : bouleversé (III, 794).

Désoler : ravager (au sens propre, faire le vide).

Despoir : désespoir.

Desserrer : ouvrir (VI, 1053).

Desservir : servir, mériter.

Désu (à son) : à son insu.

Détester : maudire, lancer des imprécations contre.

Détrancher : couper en morceaux, tailler en pièces.

Detteur : débiteur.

Devis : propos, discours.

Dextre : droit ; main droite.

Diffamer : traiter indignement ; défigurer, gâter.

Dilucide : clair, lumineux.

Dipsade : serpent dont la piqûre cause une soif extrême.

Discord : désaccord, discorde.

Discrasie : mauvais mélange, déséquilibre des humeurs.

Discrétion : discernement.

Dorne : giron.

Doubler : redoubler.

Dougé : fin, délicat.

Douloir (se) : se plaindre.

Douter : craindre, mettre en doute.

Douteux : incertain ; dangereux.

Duratée : de bois, comme le cheval de Troie.

Ébrancher : élaguer, mutiler.

Échafaud : estrade, scène, tribune.

Éclater : faire éclater (des cris, notamment).

Écurieu : écureuil.

Effet : acte, réalité.

Efficace : action, effet, puissance, pouvoir.

Efformation : forme définitive.

Effort : violence.

Élire : choisir.

Élite : choix.

Embûcher : placer en embuscade.

Empêché à : occupé de.

Empour : pour, en échange de.

Emprise : entreprise.

Encharné : devenu chair, incarné.

Encliner : incliner.

Encombre : empêchement, obstacle.

Enferrer : mettre dans les fers, enchaîner ; transpercer.

Enflambé : enflammé.

Engeance : lignée, enfants.

Engorger (s') : se gorger de.

Engraver : graver.

Enlever : élever.

Enluminer : illuminer, éclairer.

Ennui : tourment, danger.

Ennuyeux : douloureux.

Énorme : hors norme, monstrueux.

Enrôler : mettre en liste.

Ensevelir : envelopper.

Ensuivre : suivre.

Entier : intact.

Entrant : insinuant.

Entresuivre (s') : se suivre, se succéder.

Envie : haine.

Envier : rivaliser avec (VII, 786).

Épisodie : épisode.

Époinçonner : aiguillonner.

Éprendre : enflammer.

Épreuve : preuve.

Éprouver : faire l'essai de.

Équanime : impartial.

Erre : route d'un cerf. — *Sur ses erres* : en chemin.

Escapade : action de s'échapper.

Estomac : poitrine, cœur.

État : office d'administration ou de judicature.

Étêter : décapiter.

Éteule : chaume qui reste sur la place après la moisson faite (VII, 36).

Étonner : frapper de stupeur.

Étouper : boucher.

Étrange : étranger ; inouï, monstrueux, terrifiant (VII, 755).

Étui : tout lieu étroit, prison, tombeau.

Éventé : écervelé.

Excrément : produit des divers corps ou éléments de la nature.

Exercite : armée ; armée navale.

Exoine : excuse pour ne point siéger au tribunal.

Exploiter : exécuter (une sentence), accomplir.

Exquis : précieux, recherché.

Face : aspect.

Fantaisie : imagination.

Faute : manque. — *À faute de* : par manque de.

Faux : méchant, perfide, injuste.

Fendant : pourfendeur, escrimeur redoutable.

Fener : faner.

Ferré : dur, endurci.

Fiance : confiance, foi.

Fiçon. Voir : *Fisson.*

Fier (adj.) : féroce, cruel.

Fin (adj.) : rusé.

Finesse : ruse, tromperie.

Fisson, fiçon : pointe, dard, aiguillon.

Fonde : fronde.

Forain : étranger.

Forçène : forçat.

Forcènement, forcènerie : folie, fureur insensée.

Forcener : être furieux, perdre la raison.

Fouler : maltraiter.

Franc : libre.

Frésaie : effraie, oiseau nocturne (I, 938).

Froiduleux : froid, où règne la froidure.

Froisser : meurtrir par un choc, briser.

Fuie : petite volière pour pigeons domestiques, colombier (I, 1310).

Fuitif : fugitif.

Fulcre : support, soutien.

Fumeau : haleine, dernier soupir.

Fureur : délire de l'inspiration poétique ou prophétique.

Fusil : pierre à fusil ; (fig.) ce qui excite les passions.

Gagnage : pâturage, pâtis.

Galant : plaisant, de bonne compagnie, habile.

Garçon : adolescent, jeune débauché.

Gauche : sinistre, de mauvais augure.

Géhenne géenne, gêne : torture.

Géhenner, gêner : torturer.

Géniture : progéniture.

Gentil : noble.

Germain : frère, proche parent.

Gibecière : sac de mendiant.

Giboyer tirer comme sur du gibier.

Glener : glaner (I, 1044).

Grade : degré.

Grillons : menottes.

Groton. Voir : *Croton.*

Guinder : élever, hisser.

Haineux : ennemi.

Halener : (transitif) pousser son haleine sur, flairer (I, 891).

Hasard : péril.

Hasardeux : qui aime les périls de la guerre.

Hasmal : (mot hébreu) métal étincelant, alliage d'or et d'argent d'un blanc éclatant (III, 828).

Haussecol : armure qui couvrait le cou, les épaules et le devant de la poitrine.

Hautain : haut, élevé.

Havre : port.

Heur : chance, fortune, bonheur.
Hochenez : refus, rebuffades.
Hostie : victime immolée.
Huis : porte d'entrée.
Humer : boire.
Humeur : eau ou tout autre liquide. — *Aigre humeur* : vinaigre (I, 3).

Immune : exempt de.
Imparité : inégalité.
Impiteux : sans pitié, impitoyable.
Impollu : sans souillure.
Improvis (à l') : à l'improviste.
Incessamment : sans cesse.
Incurieux : négligent.
Indice : sommaire, esquisse.
Inféries : sacrifices sanglants offerts aux mânes des morts (VI, 1058).
Inquisiteur : chercheur.
Insensible : qui n'est pas apparent (VI, 993).
Insolence : action insolite, excès monstrueux.
Insolent : extraordinaire, monstrueux, hors nature.
Intendit : offre faite par le demandeur de prouver certaines conclusions.
Ire : colère.
Irraisonnable : privé de raison.

Jà : déjà.
Jaçoit que : bien que.
Jaserants : chaînes d'or en guirlandes sur la poitrine.
Joint que : outre que.
Jours (Grands —) : assises extraordinaires tenues par des juges choisis et députés par le roi (III, 676).
Juger à : condamner à.
Justice (rendre la) : subir le châtiment mérité (cf. lat. *poenas dare* : V, 678).

Larrecin : larcin.
Latiares : habitants du Latium, Latins (II, 851).
Laver : (intr.) se laver les mains (VII, 117, 120).
Leçon : lecture.
Létanie : litanie (II, 981).
Lettrain : lutrin.
Lieu (donner) : faire place.
Linceul : drap de lit.
Linomple : linon, toile de lin (adj. : V, 494).
Liqueur : toute substance liquide et en particulier l'eau.
Lites : prières.
Litures : ratures.
Loge, logette : petit réduit, cabane.
Loger (se) : se retrancher (I, 1127).
Logis : retranchement.
Loisir : faculté, liberté.
Los : louange.
Louche : obscur.
Loyer : récompense.
Lymphe : divinité des eaux.

Main (de la) : sur-le-champ, aussitôt (III, 9).
Man : manne.
Manie : folie.
Mansion : demeure.
Marmiteux : papelard, hypocrite.
Marquer : remarquer.
Matras : matelas.
Mauvaistié : méchanceté.
Mécanic (ouvrier) : travailleur manuel.
Méchef : malheur.
Méconnaître (se) : se tromper sur soi-même par orgueil (III, 64).
Merci : grâce, faveur, miséricorde.
Mercures croisés : statues d'Her-

mès dressées aux carrefours des routes en Grèce ancienne.

Mercuriale : assemblée du parlement tenue, deux fois l'an, le mercredi, au cours de laquelle le président passait en revue la conduite des conseillers (III, 516).

Meshui : aujourd'hui.

Métail : métal.

Métier : besoin ; besogne, office. — *Métier est que* : il faut que.

Mire — *se confronter en mire* : se regarder face à face.

Monstre : objet ou phénomène prodigieux.

Monstrueux : prodigieux.

Morgant : arrogant.

Morgueur : plein de morgue, arrogant.

Motif, -ive : moteur, -trice (VII, 1007).

Mouche : espion, mouchard.

Muance : changement.

Muer : changer.

Muguet : jeune galant.

Munir : fortifier.

Muscadin : pastille parfumée au musc (III, 407).

Naïf : natif, naturel.

Nareaux : narines.

Nativité : naissance.

Néant (pour) : pour rien, inutilement.

Nef : navire.

Nerf : muscle. — *Les nerfs* : la force physique (I, 148).

Nerveux : musclé.

Nom : renom, gloire (IV, 19).

Nourri : élevé.

Nourrisson : père nourricier (I, 564) ; nourrisson.

Noyer : se noyer.

Nue : nuée, multitude (II, 1147).

Occir : tuer.

Offense : attaque, faute.

Offenser : attaquer (I, 1184), blesser.

Offerte : offrande.

Offusquer : cacher, gêner.

Olive : olivier.

Ombrage : ombre (VII, 971).

Ombrageux : ombreux (VI, 372).

Onc, oncques : jamais.

Ondé : ondoyant.

Onomastique : vocabulaire.

Or trait : or filé.

Ord : sale, ignoble.

Ordonner : régler, préparer.

Ore(s) : maintenant. — *Ores... ores...* : tantôt... tantôt.

Ouailles : brebis.

Outrageux : qui cause des dommages physiques.

Outrecuidé, outrecuideux : présomptueux.

Ouvrer : travailler.

Ouvroir : laboratoire.

Parangon : modèle.

Paréatis : ordonnance d'exécution d'un jugement dans un lieu qui n'était pas du ressort de la juridiction où ce jugement avait été rendu (III, 923).

Parfournir : fournir complètement, achever.

Parti (combattants sans — ; *combattre sans* —) : sans adversaire digne de ce nom, capable de résistance (V, 534 et 567).

Partialité(s) : divisions, factions.

Partir : partager, diviser.

Parvis : cour, temple, lieu sacré.

Pasquil : pasquin, écrit satirique (II, 1059).

Passer : dépasser.

Passion : souffrance.

Patin : mule, soulier haut laissant le talon découvert.

Paumier : fabricant d'éteufs, ou balles pour le jeu de paume.

Pédante : (ital.) maître d'école.

Peine (à —) : avec peine.

Pennache : panache (II, 1284) ; pennage, plumage (V, 65).

Penne : plume.

Perdu : désespéré.

Période : l'acmé, le plus haut point (II, 255) ; (astronomie) révolution, encyclie (VII, 664) ; (médecine) espace de temps qui s'écoule d'un accès de fièvre à l'accès suivant (VII, 703).

Perruque : chevelure.

Pigne : peigne (III, 408).

Pinceté : épilé.

Piper : attirer, prendre par ruse.

Pipeur : trompeur.

Piquon : piquant.

Pis : sein de la femme.

Pistole : pistolet.

Piteux : pitoyable, qui inspire la pitié ; compatissant.

Plaint : plainte.

Planier, planière : plénier, -ère.

Pleige : garant, caution.

Plonge : plongeon.

Poignant : qui point, pique.

Police : gouvernement, science politique.

Pollu : pollué, souillé.

Pond (p.p. de *pondre*) : pondu (VII, 205).

Porque : féminin de porc.

Porreau, poireau : verrue.

Porte-besace : mendiant.

Porte-fraise : bâti de fil de fer qui soutenait la fraise.

Porter : supporter.

Portraire : peindre, faire le portrait de.

Portrait : p.p. de *portraire*.

Poste : postillon, courrier.

Poudre : poussière.

Poudreux : couvert de poussière ou de terre.

Poulet : billet doux.

Pource que : parce que.

Pourmener (se) : se promener.

Pourmenoir : promenoir.

Pourpris : enceinte, habitation, demeure.

Pourvoyance : providence.

Pratiquer : séduire, suborner (III, 267).

Prêcher : annoncer, déclarer.

Précipice : chute (V, 186) ou action de jeter (ou de se jeter) la tête la première depuis un lieu élevé (I, 274 ; V, 673 ; etc.) ; ce lieu même (IV, 334 ; VII, 780).

Préfix : fixé à l'avance.

Premier : (adv.) d'abord, en premier. — *Premier que* : avant que.

Presser : opprimer, écraser.

Preuve : épreuve. — *À preuve de* : à l'épreuve de.

Prévaricateur : qui viole la loi de Dieu (sens biblique).

Prévoir à : pourvoir à.

Privé : intime, familier (IV, 979, 1178).

Prix (au — de) : par comparaison avec. — *Au prix que... au prix* : à mesure que... dans cette mesure.

Procéder : agir en justice.

Prou : assez, beaucoup.

Prouver : éprouver.

Proximité : parenté.

Puissant de : qui a la puissance de (VII, 1001).

Purent : passé simple de paître (*Préface*, 197).

Quant et quant : en même temps, aussi.
Quart : quatrième.
Querelle : plainte.

Raisonner : concevoir.
Rang (de) : en bon ordre. — *A son rang* : à son tour.
Rebelle. Voir : *révolté.*
Recoup : contrecoup.
Redoubler : répliquer, répéter (IV, 907).
Refroncé, refronché : froncé, renfrogné.
Regard : action de regarder ; aspect.
Règne : royaume ; royauté.
Regrissé : hérissé (V, 1484).
Rein ou raim : rameau (I, 32).
Remontrer : représenter, exposer.
Renchérir (quelqu'un) : renchérir sur ce qu'il dit ou fait (V, 1093).
Rencontre : rencontre, occasion, trait d'esprit, bon mot.
Rengréger : augmenter.
Renier : blasphémer, jurer.
Renoncer : renier, désavouer.
Renouveler : se renouveler.
Renvier : renchérir au jeu.
Reposée : lieu où les bêtes sauvages se reposent pendant le jour.
Retors (à col —) : malgré leur résistance (IV, 112 : ils tordent le cou pour tenter de s'échapper ; cf. III, 496).
Retrait(s) : latrines.
Retrait (p.p. de *retraire*) : contracté, retiré (I, 423).
Rets : filet, réseau.
Révolte : apostasie.
Révolté : apostat.
Rézeul : réseau, tissu à mailles (II, 1180).
Ribaud : débauché.

Ris : rire.
Rogne : gale.
Rogneux : galeux.
Rôle : liste.
Rondelle : rondache, bouclier rond.
Rotonde : collet empesé.
Rouer : aller à l'entour, tourner autour.
Rufian : homme débauché.
Rumeau : râle, dernière extrémité.
Rythme : rime.
Rythmeur : rimeur.

Sacrer : consacrer.
Saler quelqu'un : lui faire son affaire, le tuer.
Saltarin : sauteur, acrobate.
Saltin-bardelle : saute-en-selle, écuyer de cirque.
Salvation : salut, conservation.
Sambénit : san-benito.
Saoul : satisfait, comblé.
Saouler : rassasier, satisfaire.
Sardonien : sardonique (en parlant du rire).
Scadron : escadron.
Seconder : suivre, faire suivre.
Secoux, secous : (p.p. du verbe « secorre ») secoué. — *Baume secoux* : baume répandu sur la tête (II, 1402).
Seigneurier : dominer, commander.
Sellette : petit siège de bois sur lequel on faisait asseoir l'accusé.
Semblance : ressemblance.
Semonce : invitation.
Senestre : gauche.
Sentir (se) : se ressentir.
Seréner : rendre serein, rasséréner.
Serpenteux : rempli de serpents.
Si : ainsi ; aussi, pourtant.

Si que : si bien que.

Signalé de : marqué par le signe de.

Soigneux : soucieux.

Soin : souci, tourment.

Soldart : soldat.

Solenniser : publier.

Somme : en somme. — *Somme que* : si bien que.

Sonner : résonner, faire résonner.

Souef, -efve : suave, doux.

Souil (le) : la souille.

Soulas : soulagement, consolation.

Souloir : avoir coutume de.

Sourcil : orgueil, dédain.

Sourdon : coquillage, espèce de bucarde.

Souris : sourire.

Sous-céleste (monde) : monde sublunaire (VII, 431).

Soutre : partie inférieure, dessous (IV, 1270).

Spécieux : éclatant, lumineux.

Storge(s) : affections du monde.

Subroger : substituer.

Substance : biens.

Subvertir : renverser.

Succéder : être héritier (I, 200) ; réussir.

Succès : événement ; issue (heureuse ou malheureuse) ; succession d'événements.

Suivre : poursuivre.

Surcéleste : plus que céleste.

Tais. Voir : *têt*.

Tant (à —) : alors, là-dessus. — *Tant que* : jusqu'à ce que.

Targuer (se) : se défendre.

Tas (à —) : en quantité.

Tenir : contenir.

Tenue : tenure, propriété rurale.

Têt : crâne, tête.

Tétric : sombre, farouche.

Tiercelet : mâle d'oiseau de proie, d'un tiers plus petit que la femelle.

Tiers : troisième.

Tirer : attirer.

Tirures blanches : passements d'argent.

Tissure : texture.

Toquement : battement.

Toquer : battre, frapper.

Tortu : tordu, tortueux.

Tracer : parcourir.

Trafic : échange, troc.

Transmettre : envoyer.

Trépigner : fouler aux pieds.

Tressaut(s) : tressaillements.

Trictrac : train.

Tusque : Toscan.

Ubris : démesure criminelle.

Union : grosse perle.

Usance : usage.

Vaisseau : vase, récipient.

Vanie : avanie.

Ventaille : écluse.

Viande : nourriture.

Vif (au —) : d'après nature, sur le vif.

Villéner : vilipender, insulter.

Vin : pourboire, salaire (VII, 143).

Vite : (adj.) rapide.

Vitupère : blâme.

Vue (à —) : en vis-à-vis (V, 29).

LE XVIᵉ SIÈCLE
DANS *POÉSIE/GALLIMARD*

Ce volume,
le deux cent quatre-vingt-sixième
de la collection Poésie,
a été achevé d'imprimer sur les presses
de Bussière Camedan Imprimeries
à Saint-Amand (Cher),
le 22 février 2003.
Dépôt légal : février 2003.
1ᵉʳ dépôt légal dans la collection : décembre 1994.
Numéro d'imprimeur : 030789/1.
ISBN 2-07-073724-1./Imprimé en France.